《国际象棋全书》编纂指导委员会

《国际象棋研究文库》编辑委员会

王国平 总主编

棋文化全书

国际象棋论丛

（第 1 辑）

浙江古籍出版社

棋文化全书总序

中国棋院杭州分院的棋文化研究项目起步于2013年10月份在杭州举办的首届中国杭州国际棋文化峰会。从那时起，我们动员了国内外一大批专家、学者，开始大规模、系统性、广泛性，有目标、有组织、有计划、有支撑的棋文化研究。在此之前，我们只有一些自发的、零散的、小规模的研究。

分院为什么要开展棋文化研究？这是分院成立10余年来孜孜探索不断努力的自然结果；是分院人厚积薄发、只争朝夕，在责任感、使命感催促下的本能驱动；是杭州这座历史文化名城，在新形势下、新机遇中，秉持弈林繁盛的传统，绘制蓝海新图，全力打造全国文化创意产业中心，打造中国棋类运动副中心的必然要求。

在10余年探索历程中，分院紧紧围绕“提高老百姓的棋文化生活品质”和“打造棋类全国乃至世界冠军的摇篮”两大宗旨，逐步确立了以打造八大标志性成果为体系的棋类事业和产业发展大格局。这八大标志性成果分别是：第一，以围甲为代表的三棋男女甲级队；第二，以围棋学校学生冲段为代表的三棋专业棋手的培养；第三，以三棋棋王争霸赛为代表的国内顶尖级业余赛事；第四，以棋博会和峰会为代表的最大的棋类会展品牌；第五，以天元大厦和兼容性中国围棋博物馆为代表的棋文化产业；第六，以“棋文化全书”为代表的棋文化研究；第七，以天才儿童发现计划为代表的棋琴书画新国艺；第八，以第二课堂为代表的棋类活动载体。

这当中，打造一批以棋文化全书为代表的棋文化研究成果，则可谓重中之重。为此，分院在2013年决定成立中国杭州棋文化研究中心。经过两届峰会讨论，我们形成一个判断，就是当今棋文化研究处于“公说公有理，婆说婆有理”的现状。棋文化研究的众多问题，特别是涉及理念、思路、目标等重大问题，没有统一，没有达成共识。因此，非常有必要通过一揽子的规划来解决这些问题。这正是成立中国杭州棋文化研究中心的初衷。我们志在抛砖引玉，努力尝试去破解这一命题。

和其他学科的学术研究一样，棋文化研究也一定是百花齐放、百家争鸣，而且会体现深厚的地域特色。中国杭州棋文化研究中心，跟北京、跟其他地方可能成立的研究中心也必然要有定位上的差别。分院确定的抓手就是编纂“棋文化全书”。

我们认为，棋文化全书是保护中国棋文化的基础，推进中国棋文化建设的前提，进行国际棋文化交流的保障，弘扬中国棋文化的依据，研究中国棋文化的载体。没有这样的定位，一切无从谈起。

以此为基础，我们明确开展棋文化研究、编纂棋文化全书要着力办好7件事：

1. 明确目标。希望通过10年努力，形成有国际视野、中国特色、杭州特征的棋文化研究体系，形成棋文化研究的杭州学派，把杭州建设成为国内领先、世界一流的棋文化研究中心、交流中心、信息发布中心和人才培养中心。这是总目标。但棋文化研究绝对不可能只有杭州一派，我们的任务是努力说好杭州学派的一家之言。

2. 创新思路。棋文化研究要想后来居上、后发制人，就必须要创新思路，做到“五个坚持”：一要坚持“1+4+5”的棋文化全书编纂成果展示体系。二要坚持党政、企业、专家、媒体、市民相结合的保障体系，形成能够有效整合资源的“五位一体”的研究主体。要以改革的思路面向全社会组织开放性的研究，充分吸收各方面的专家力量，集聚各方面的资源形成合力。三要坚持打好杭州牌、浙江牌、中华牌和国际牌相结合，形成“四牌共打”的运作模式。四要坚持权威性、系统性、学术性、普及性相结合，形成专家叫好、百姓叫座的研究效果。五要坚持有章办事、有人办事、有钱办事和有房办事相结合，形成良好的研究保障体系。

3. 编纂全书。棋文化研究的所有成果，彰显的主要载体，就是“1+4+5”

的全书。“1”是指全书总名称为“棋文化全书”；“4”是指全书又包括“四大子全书”，分别是围棋全书、象棋全书、国际象棋全书和其他棋类全书；“5”是指每一部子全书还要分成五大类，分别是文献集成、丛书、研究文库、通史和辞典。

五类书的定位各有侧重：一是文献集成定位为史料集，突出“全”字，做到“应收尽收”，采用“存书”和“存目”两种办法。一般情况下，改革开放以后出版过的书，就不再重印，只存目；改革开放以前出版过的但已经绝版的（一般都是绝版的），而且存世很少的，可以重印；重点是1949年以前没有出版过的史料，多是在私人手里、博物馆馆藏的史料，经过编纂出版，让专家、市民、棋类爱好者享用。二是研究文库定位为论文集，突出“专”字，要围绕重大工程实施、通史编纂、遗产申报等相关内容来确定文库计划。三是丛书定位为通俗读物，突出“俗”字，做到有特色、有卖点、有市场。四是通史定位为史书，突出“信”字，要体现系统性、学术性、规律性和权威性。五是辞典的定位是工具书，突出“简”字，做到简明扼要、准确权威、便于查询。

全书编纂是一项浩大的工程。首先，要统一规划、统一大纲、统一规范、统一体例，做到“四个统一”；其次，要注重发挥全书存史、释义（对重大概念、观点进行解释）、资政（对当今的棋类事业发展起到镜鉴作用）、育人的作用。

4. 搭建平台。要搭建好四大平台：一是“一刊”，即办一本棋文化研究的学术刊物，搭起棋类专家高水平的棋文化研究交流平台。二是“一网”，即办好中国棋院杭州分院网，要和国内各大网站、知名网站进行合作。三是“一峰会”，即中国杭州国际棋文化峰会。四是“一会展”，即中国国际棋文化博览会。峰会和博览会要年年举办，且越办越好。

5. 培育人才。研究工作关键在于人才。中国杭州棋文化研究中心将坚持培养与引进并举、专职与兼职结合的模式，建起一支高素质的研究人才队伍，同时，棋文化研究人才要争取进入大学的本科、硕士、博士阶段进行培养。

6. 扩大交流。虽然当前中国的围棋竞技水平整体上已经超过日韩，但是棋文化研究依然落后于日韩。中国要真正成为围棋强国，不仅竞技水平要超过日韩，棋文化研究也应该超过日韩，特别是超过日本。扩大交流是后发制人、后来居上、跨越式发展的好办法。开放合作、扩大交流也是做好棋文化研究的必由之路。我们会面向国内外开展广泛的学术交流，吸引国内外棋文化研究领域的专家来杭州研修，提高中国杭州棋文化研究中心的学术水平和国际影响力，同时也拓宽杭州棋文化研究中心人员的研究视野。

7. 加强领导。棋文化研究是一项量大面广的系统工程，必须要加强领导形成合力。杭州市委市政府设有中国棋院杭州分院领导小组，四大班子和各有关部门均有领导参与，是分院建设的统一领导机构。中国杭州棋文化研究中心将在该领导小组的领导下，和分院实行一套班子两块牌子，整合杭州市所有资源来做好棋文化研究工作。

上述内容主要源于我在第一届（2013）和第二届（2014）中国杭州国际棋文化峰会闭幕式上的讲话。恳请各界批评指正，也希望大家积极参与分院的棋文化研究和棋文化全书编纂工作。

代为序。

2015 年 9 月

目　录

立足四位一体　迈向数字文明　构筑六力合一　搭建智力运动“16+X”研究框架体系大格局

——在第九届棋（智力）文化峰会闭幕式上的讲话

（2021年10月17日　根据录音整理）

中共浙江省委原常委、杭州市委原书记
浙江大学兼职教授、兼职博士生导师
中央美术学院客座教授、客座博士生导师
浙江省大运河文化保护传承利用暨国家文化公园建设工作专家咨询委员会主任　王国平
中国棋院杭州分院领导小组组长
中国棋院杭州分院顾问

首先，请允许我代表峰会的主办方，向在今天大会上受到表彰的所有同志表示最热烈的祝贺；向为第二届“智圣”智力运动会、“智圣”智力运动产业博览会、第九届棋（智力）文化峰会作出突出贡献的在座同志们表示衷心的感谢。

时间过得很快，棋（智力）文化峰会已经成功举办了九届，峰会内容从无到有、规模从小到大、范围从窄到宽、影响力从弱到强，峰会的目标定位也从棋类运动迈向智力运动，举办地点也即将从天元大厦移师智力大厦，我相信本届棋（智力）文化峰会一定会在全国棋类运动、智力运动发展史上留下浓墨重彩的一笔。同时，棋文化峰会和智力运动文化峰会的有机结合，也一定会在未来在智力运动发展的历史上留下光辉灿烂的一页。

举办棋文化峰会的目的是为棋类运动找到一条成功的出路。今天我们在为棋类运动找到一条成功的出路的同时，也将要为智力运动找到一条成功的出路。但是找出路应该从何入手？新世纪初，杭州和宁波的 GDP 仅仅相差 200 亿元，当时宁波市委、市政府提出“两年超过杭州”的口号，给了杭州干部很大的压力，杭州依靠“理念决定思路，思路决定出路”两句话，找准了比较优势、打造了竞争优势、构筑了发展优势，闯出了一条具有杭州特色的发展之路，这两句话也被很多其他兄弟城市所采纳。

20 年后的今天，从杭州的总体情况看，制约杭州出路的不是理念而是格局，制约今天棋类运动和智力运动出路的也不是理念而是格局。在新的历史大背景下，我们要高度关注四句话、五个关键词：“格局决定眼界，眼界决定理念，理念决定思路，思路决定出路。”

2015 年 10 月，在党的十八届五中全会上，习近平总书记提出了创新、协调、绿色、开放、共享的发展理念，强调坚持新发展理念是关系我国发展全局的一场深刻变革。习近平总书记继强调新发展理念之后，又提出了新发展格局。2020 年 4 月 10 日，在中央财经委会议上，习近平总书记强调要构建以国内大循环为主体、国内国际双循环相互促进的新发展格局，其最本质的特征是实现高水平的自立自强。我认为习近平总书记从“理念”到“格局”的判断同样适用于棋类运动和智力运动的发展。

在现一阶段的棋类运动和智力运动发展历程中，我们一定要高度关注以下 4 个方面的格局上的机遇和挑战。

一、高度关注“四位一体”的体育发展大格局

习近平总书记在 2019 年考察北京冬奥会、冬残奥会筹办工作时强调：“我们要弘扬中华体育精神，弘扬体育道德风尚，推动群众体育、竞技体育、体育产业协调发展，加快建设体育强国。”

2020 年 9 月 22 日，习近平总书记在教育文化卫生体育领域专家代表座谈会上指出：“体育是提高人民健康水平的重要途径，是满足人民群众对美好生活向往、促进人的全面发展的重要手段，是促进经济社会发展的重要动力，是展示国家文化软实力的重要平台。党的十八大以来特别是‘十三五’时期，我们全面推进群

众体育、竞技体育、体育产业、体育文化等各方面发展。‘十四五’时期，要科学研判体育发展面临的新形势，坚持问题导向，聚焦重点领域和关键环节，深化改革创新，不断开创体育事业发展新局面。”

中国有句老话“不谋万世者，不足谋一时；不谋全局者，不足谋一域”就是强调格局问题。我以下围棋为例，围棋分布局、中盘和收官三个阶段，其中布局便是战略和格局，之后进行中盘战斗，最后收官。必须先有战略和格局，才能用战斗决出最后胜负。如果布局出现失误，中盘、收官的水平再高，也无济于事。“格局”好比围棋的布局阶段，也是棋类运动和智力运动的发展当务之急需要解决的问题。为此，首先要高度关注总书记系统阐述的“四位一体”的体育发展大格局。

棋类运动、智力运动作为体育事业的有机组成部分，也要构筑起群众、竞技、产业、文化 4 个方面的大格局。分院早期只专注于围棋一个项目，10 年前我担任分院院长时召开的一次“献一计”活动中，有两位象棋、国际象棋教练员建议分院不仅要抓围棋，也要抓象棋和国际象棋，院领导班子采纳了这一建议，从此分院的棋类项目逐步形成以围棋为龙头，象棋、国际象棋齐头并进的格局。2020 年 5 月，杭州市委编办印发《中国棋院杭州分院主要职责、内设机构和人员编制规定》（杭编〔2020〕44 号），明确分院管理职能扩大至棋牌类、电子竞技等智力运动及相关项目，增挂“杭州市智力运动管理中心”牌子。分院业务领域的“三级跳”，表示杭州市委、市政府对分院成绩的认可，也是对分院坚持贯彻落实“四位一体”体育发展大格局实践与思路的肯定。

智力运动领域出现的“杭州现象”“杭州经验”“杭州模式”不仅是杭州体育的比较优势，更是杭州体育的新机遇、新动力、新方向、新蓝海。

（一）发展群众体育更亲民、更便利、更普及

分院已举办两届“智圣”智力运动会，同时在市教育局、市体育局、分院等单位的共同努力下，构筑起覆盖幼儿园、中小学、高中、大学的 514 所智力运动共建学校，全市每年举办校园智力运动赛事场次过万，几十万少年儿童参与其中。

中共杭州市委宣传部、浙江日报报业集团、中国棋院杭州分院发起联手打造的国内首款以互联网、人工智能和大数据为主的智力运动发展平台——弈战，以移动端、电脑端、电视端三大终端，以赛事、培训、资讯三大功能，实现“平台智能化、赛事专业化、体验娱乐化”。截至目前，弈战平台累计线上有效账号突破 87.5 万个，总对局数突破 597.6 万局，全年参与人次超过 240 万，建立了水平最高、

门类最全、终端最齐、人数最多、奖金最高的OTO（OMO）模式业余棋类比赛新标杆，充分彰显了群众体育极端重要性。

（二）推动竞技体育更好、更快、更高、更强

分院已经累计自主培养象棋大师16人、国际象棋大师级以上6人；围棋、象棋、国际象棋三棋专业队获得国际冠军16项、国内冠军47项；杭州智力运动学校获得国际冠军12项，国内冠军296项。分院全力打造国内梯队建设最完善，水平最高的智力运动专业队，目前拥有围棋、象棋、国际象棋共计7支甲级队，其中2支围棋男子甲级队、2支围棋女子甲级队、1支男子象棋甲级队、1支女子象棋甲级队、1支国际象棋甲级队（不分男女）。分院培养和引进连笑、李钦诚、谢科、丁浩、王天一、丁立人等一批具备世界最高水平赛事“夺金”实力的青年运动员。杭州智力运动学校在2021年的全国围棋定段赛上，有24名学生定段成功（占全国总定段名额的80%），2012年至今已培养围棋职业棋手145人，为打造“冠军摇篮”夯实基础。

在2022年杭州亚运会设置智力运动大项，分设围棋、象棋、国际象棋、桥牌、电子竞技五个小项的历史大背景下，分院锚定亚运智力运动项目金牌“保五争七”目标不懈努力，已经取得了显著成效。截止到今年10月，国家体育总局棋牌运动管理中心已授予分院“中国国际象棋国家队杭州训练基地、象棋国家竞赛训练（杭州）基地、全国桥牌竞赛训练基地”三块牌子。在亚洲电子竞技联合会等国际单项协会的支持下，分院争取并实现了网易“炉石传说”、电魂“梦三国”等杭州本土电子竞技项目入选亚运会正式比赛。在接下来不到一年的备战期内，分院将在国家体育总局棋牌运动管理中心、国家体育总局信息中心，各单项协会的指导下，承担亚运会三棋一牌一电竞智力运动项目的国家队组建、选拔及集训等组织保障工作，为展现杭州精彩形象创造条件。

（三）促进体育产业更大、更活、更优

分院持续深化“以棋养棋、以院养院、滚动发展”以及“以产业促事业”的发展模式，运营好天元大厦、建设好智力大厦两座总面积18.6万平方米的大楼，启动智力运动产业园区建设。

去年分院在解决自身发展的同时，还作为主办方支持天元公学发展。天元公学是由杭州城市学研究理事会倡导，杭州未来科技城（海创园）管委会、余杭区

教育局、杭州国际城市学研究中心、中国棋院杭州分院、杭州师范大学、杭州第二中学等单位共同发起筹建的新型教育集团，借鉴传承杭州智力运动学校培养天赋棋手的成功经验，以“棋、琴、书、画、外文、数学”六个方面为切入点，致力于在高等教育之前，更早发现、选拔和培养各领域的拔尖人才，在回答好“钱学森之问”这一世纪命题上，开拓视野、兼收并蓄，为实证“中国教育是能够培养出大师来的”而不断努力。

产业的发展促进杭州棋类运动、智力运动摆脱了“抱着金饭碗要饭吃”的尴尬局面。分院几乎在财政支持力度递减的情况下，保证了杭州棋类运动、智力运动的顺利发展。刚才也有讨论小组提出，我们对体育产业、智力运动产业的研究不够，这个提醒是中肯的。

（四）提高体育文化感召力、影响力、凝聚力

分院以棋文化峰会和《棋文化全书》为代表的棋文化研究硕果累累，《棋文化全书》已正式出版 68 册共计 3000 余万字，还建成了总展陈面积近 6 万平方米的全世界最大的兼容性棋文化博物馆，规划建设世界智力运动博物馆和图书馆，在智力运动文化研究中寻找新的结合点和载体。坚持研究为人民、研究靠人民，研究成果由人民共享、研究成效让人民检验，着力构建智力运动文化研究的“杭州学派”，擘画出电竞为特色的文创产业发展“路线图”，为杭州塑造古今交流的文化盛景作出更大贡献。

二、高度关注迈入数字文明新征程的时代大格局

9 月 26 日，习近平总书记向 2021 年世界互联网大会乌镇峰会致贺信，指出：“数字技术正以新理念、新业态、新模式全面融入人类经济、政治、文化、社会、生态文明建设各领域和全过程，给人类生产生活带来广泛而深刻的影响。当前，世界百年变局和世纪疫情交织叠加，国际社会迫切需要携起手来，顺应信息化、数字化、网络化、智能化发展趋势，抓住机遇，应对挑战。”

“迈向数字文明新时代”，这是今年世界互联网大会的主题。数字技术会影响棋类运动和智力运动的发展，相反地，围棋这一我们祖先在 3000 年前发明的游戏，为数字技术、人工智能的变革，起到了“磨刀石”和“试金石”的作用。人

工智能这一概念自1955年提出，距今已有六十多年。在近二十年间，AlphaGo还没有出现之前，人工智能的发展几乎停滞不前。1985年，中国台湾企业家应昌期先生在“电脑围棋终有打败人脑的一天”的理想下举办了应氏杯国际电脑围棋赛。第二年，应昌期先生悬赏100万美元，征集一款能够下败围棋职业选手的比赛软件。2000年，是应昌期先生许诺百万美元奖金的最后期限，而电脑围棋最好的水平却只能达到业余级的水平。几十年间，人工智能逐渐可以下败围棋业余棋手，却下不过围棋职业初段棋手。对比国际象棋，IBM公司在20年前研发的超级计算机“深蓝”击败了国际象棋世界冠军加里·卡斯帕罗夫。计算机可以战胜国际象棋顶尖棋手，却下不过围棋职业初段棋手，是因为围棋的变化比国际象棋复杂得多，甚至围棋的变化比可观测宇宙中原子总数还要多。现在人类可以观测到的宇宙是有限的，半径约为160光年，其中有2000多亿个类似银河系的星系，平均每一个星系中有2000多亿个太阳系这样的恒星系。人类所能观测的宇宙如此之大，其原子数量不过只达到1080数量级。棋类运动的下法，或称复杂度通常有两种算法，第一种称为状态空间复杂度（State-space complexity），即从一局棋最开始的状态可以变化出的符合规则的状态的数量；第二种称为游戏树复杂度（Game tree size），即在构成初始状态取值的最小“整个”决策树中，叶子节点的数量。据专家保守估计，围棋的下法（状态空间复杂度）是10171，这是谷歌和DeepMind公司比较认可的数字。相比较而言，国际象棋的下法（状态空间复杂度）为1048，中国象棋的下法（状态空间复杂度）为1041。而围棋的游戏树复杂度可以达到10800这一数量级。计算机领域专家们一定没有想到，是3000多年以前中国人发明的一项游戏——围棋，催生了人工智能的重大突破。没有围棋这块试金石、磨刀石，可能人工智能至今仍然在徘徊，我们也不会这么早迎来数字文明时代。

（一）研究OTO（OMO），关注智力运动技术模式创新

习近平总书记明确指出：“加快数字中国建设，就是要适应我国发展新的历史方位，全面贯彻新发展理念，以信息化培育新动能，用新动能推动新发展，以新发展创造新辉煌。”《中华人民共和国国民经济和社会发展第十四个五年规划和2035年远景目标纲要》提出，迎接数字时代，激活数据要素潜能，推进网络强国建设，加快建设数字经济、数字社会、数字政府，以数字化转型整体驱动生产方式、生活方式和治理方式变革。加快数字化发展，对“十四五”时期经济社会发展具有十分重大的意义。

分院构建的“16+X”智力运动体系，要研究与数字时代、OTO（OMO）模式、游戏化教学的有机结合。在最近召开的OTO（OMO）背景下的天元公学模式座谈会上，我们发现教育也面临着数字化技术的冲击，先后有国内顶尖级专家学者对学前教育领域的“游戏化学习（教学）”发表意见。

1. 何谓“OMO”模式

OMO（Online Merge Offline），即线上与线下融合模式，是继OTO（Online To Offline）之后，利用科技发展带来线上线下快速融合，效率大幅提升的数字经济新模式。2017年9月，创新工厂董事长李开复首先提出OMO概念，并认为教育是OMO的重要应用场景，其特征为场景多元化、行为数据化、形态去中心化、运营管理一体化。

“教育OMO”模式为OMO模式在教育领域的应用，指教育培训借助互联网、人工智能、大数据等新技术，融合线上线下优势，实现提高教学效率、提供更优质教学产品与服务的模式。国家有关部门对于OTO（OMO）形式的新型教育概念有“远程教育”“电视教育”“在线教育”“慕课教育”“智慧教育”“智能教育”“翻转课堂”等不同的称谓。仅就互联网教育而言，先后历经慕课MOOC（2011年—2013年）、OTO（2013年—2016年）、双师课堂（2016年—2018年）等阶段，逐渐从大规模线上单向教学转向精细化线上线下双向互动。2020年初因为新冠疫情的影响，强调线上线下融合的教育OMO模式由此迎来正式爆发期。基于“5G+”的智慧教育将发挥高速率低时延特性，进一步促进线上线下融为一个生态体系。

2. 何谓“游戏化学习（教学）”

游戏化学习（Learn through play），又称为学习游戏化，就是采用游戏化的方式进行学习。游戏化学习的表现形式主要有两种方式：线下和线上。线下是指学习者面对面的游戏，线上是指学习者通过虚拟的媒介不用面对面就可以开始互动的游戏。

在OTO（OMO）背景下的天元公学模式座谈会上，有国内教育界顶尖的专家学者不赞同小学的教学方法进入幼儿园，杜绝幼儿园“小学化”倾向；但是他们恰恰反过来赞同游戏化教育进幼儿园，提倡幼儿园实行以游戏为主的基本教育活动，我感到非常震惊。这还只是传统层面的游戏，事实上*Nature*、*Science*等国际期刊及子刊中发表了多篇文章探讨电子游戏与脑认知能力的关系，证明动作类游戏使得大脑顶叶、额叶和前扣带回工作更有效率，能够提升注意力[①]，第一人称射击游戏（FPS）明显提高视觉对比敏感度[②]，赛车类游戏提高老年人因衰老而减弱的认知能力[③]，3D 电子游戏可以增加大脑海马体灰质，有助于逆转灰质萎缩[④]。游戏化学习（教育）将成为一种新的教育手段，与移动学习、VR/AR、STEM 学习、编程学习、脑科学等结合，成为未来教育模式的必然发展趋势，共同推动教育发展。

因此，智力运动领域的研究要为游戏、为电子竞技“正名”，深入研究智力运动与人类多元智力发展的深层次联系。如果强行将游戏和电子竞技等智力运动项目割裂开来，是极其不科学、不负责的做法。

（二）深入数字化改革，助力数字化素质养成

习近平总书记在浙江工作期间作出了建设“数字浙江”的重要部署，他指出：“数字浙江是全面推进我省国民经济和社会信息化、以信息化带动工业化的基础性工程。推进数字浙江建设应以网络系统和数据库建设为基础，应用系统建设为重点，数字城市建设为支撑。加快建设数字浙江支撑平台，积极运用数字化、网络化、智能化等信息处理技术，深度开发经济、社会等各类信息资源，逐步形成面向城乡、以中心城市为基本单位的信息资源集成、应用与共享系统。”

今年，浙江省发布的《数字化改革总体方案》指出：“数字化改革是围绕建设数字浙江目标，统筹运用数字化技术、数字化思维、数字化认知，把数字化、一体化、现代化贯穿到党的领导和经济、政治、文化、社会、生态文明建设全过程各方面。”围绕贯彻落实省委、省政府“数字浙江”“数字化改革”的重要决策部署，棋类运动与智力运动也要高度重视、积极准备。

1. 深化智力运动数字化改革

传统棋类、智力运动多是线下途径，随着近几年 OTO（OMO）模式逐渐普及，

---

① Green, C.S., Bavelier, D., 2003. Action video game modifies visual selective attention. Nature 423, 534 - 537. doi:10.1038/nature01647

② Li, R., Polat, U., Makous, W., Bavelier, D., 2009. Enhancing the contrast sensitivity function through action video game training. Nat. Neurosci. 12, 549 - 551. doi:10.1038/nn.2296

③ Anguera, J.A., Boccanfuso, J., Rintoul, J.L., Al-Hashimi, O., Faraji, F., Janowich, J., Kong, E., Larraburo, Y., Rolle, C., Johnston, E., Gazzaley, A., 2013. Video game training enhances cognitive control in older adults. Nature 501, 97 - 101. doi:10.1038/nature12486

④ West, G. L., Konishi, K., Diarra, M., Benady-Chorney, J., Drisdelle, B. L., Dahmani, L., Sodums, D. J., Lepore, F., Jolicoeur, P., & Bohbot, V. D. （2017）. Impact of video games on plasticity of the hippocampus. Molecular Psychiatry, 23（7）, 1566 - 1574. https://doi.org/10.1038/mp.2017.155

棋类、智力运动开展线上线下相融合的模式是大势所趋，分院在这一方面是行业的“领头羊、排头兵、先行者”。所有“16+X”智力运动项目都要走出OTO（OMO）模式的技术创新，实现线上和线下相融合发展路径。未来，伴随线上与线下持续打通和融合，现实生活向虚拟世界迁移，人类可能成为现实世界与数字世界的“两栖物种”。

1992年，Neal Stephenson在科幻小说《雪崩》（*Snow Crash*）中提出了“元宇宙（Metaverse）”和“化身（Avatar）”这两个概念。书中情节发生在一个现实人类通过VR设备与虚拟人共同生活在一个虚拟空间的未来设定中。今年随着人工智能、虚拟现实、区块链、云计算、5G、数字孪生、脑机接口等相关技术逐渐成熟或萌芽，我们正式迎来了“元宇宙”的元年。在不远的将来，“元宇宙”将极大地拓展人类的生存维度和感官维度，开启继Web时代、移动互联时代之后新的数字化时代篇章，智力运动要布局和把握这一历史机遇。

2. 助力数字化素质养成

“数字化”已经成为未来城市发展的必然趋势，让数字赋能造福于社会和人民，需要全社会共同提升数字化素质，让“数字化”成为人民自我实现与追求美好生活的阶梯。2016年，正值AlphaGo战胜李世石九段之际，浙江大学原校长、中国工程院原常务副院长潘云鹤院士到分院参观，建议我们：“不应该仅仅强调围棋是一门竞技运动，而应该强调围棋是人类智力开发的工具。”今年，潘云鹤院士又建议在大力发展智力运动的同时，要高度关注数字化素质的养成，潘院士的提醒非常及时。所以我在这里特别想强调，棋类运动特别是智力运动在数字文明的时代大格局到来之际，我们的地位和作用大有作为，不仅棋类和智力运动本身就在探索OTO（OMO）模式的道路，许多新型智力运动项目如编程、模型、电子竞技就是典型的数字时代的产物。最近天元公学数学部（编程院）正如火如荼组织开展“电魂网络•天元菲尔兹数学建模竞赛”，来自全国各地初高中167支队伍争夺冠军，预示着数字文明时代新型智力运动的广阔发展前景与极高的群众需求。

在座的棋类运动、智力运动从业人员要聚焦于助力数字化素质养成。数字化改革要从娃娃抓起，从普及智力运动进幼儿园、进中小学、进大学抓起，让中国的孩子在数字化素质养成方面走在美国和其他发达国家前列，数字化素质是中国未来几十年真正的希望之所在，也是中国未来真正的核心竞争力之所在。棋类运动和智力运动，在培养中国青少年数字化素质、培养中国数字化人才方面有着不可替代的重要作用，我们一定要意识到这一点。

三、高度关注“六力合一”的产业发展大格局

最近在分院倡导下，成立了“智圣”全国智力运动联盟、“智圣”全国电子竞技联盟，分院召集国内百余家“政产学研资用”领域单位及机构，既有像网易、电魂这样的国内电竞头部企业，也有十余家智力运动相关领域的上市公司，联盟成员以沙龙形式，为中国智力运动的发展出谋划策，目的是要构筑“六力合一”的产业发展大格局。

（一）党政主导

分院享有国家体育总局棋牌运动管理中心授予的省一级管理权限，同时具有杭州市委、市政府授予的棋牌类、电子竞技等智力运动项目管理权限，这都是分院能够发挥党政主导作用的底气和依靠。由一个部门统筹管理和规划全市的智力运动，这在全国是首创。当前国内智力运动尤其是电子竞技普遍存在跨部门管理的情况，电子竞技在国家层面至少涉及中宣部、文旅部和国家体育总局三个管理部门，上海、广州、深圳等城市的电子竞技也是跨部门管理，宣传、文旅、体育三家单位共同挂牌，唯独杭州由分院一家单位统一管理，这是杭州智力运动实现“党政主导”的重大优势，对于制定出台智力运动相关规则、标准有着极大助推作用。

（二）产业推动

分院产业推动力的具体载体是场地建设，下一步还要从场地建设拓展到园区建设。截止到今年 10 月，国家体育总局棋牌运动管理中心已授予分院“中国国际象棋国家队杭州训练基地、象棋国家竞赛训练（杭州）基地、全国桥牌竞赛训练基地”三块牌子，为园区化建设奠定基础，借鉴好分院“以棋养棋、以院养院”产业促事业发展模式，实现“以基地养基地、以园区养园区”。此外，围绕智力运动的培训、比赛、考级、会展、网站等各领域各方面形成智力运动产业体系，进而构筑智力运动的商业模式，也将成为产业推动力的有效载体。

（三）教育基础

正式的体育项目必定要有与之匹配的教育、培训体系才能更好更快地发展。杭州智力运动学校三度更名，从围棋学校到棋类学校，再到智力运动学校，积极

探索科学、专业的智力运动教学之路，凭借在全国围棋定段赛上出色的表现，杭州智力运动学校已经成为培育全国围棋职业选手的“冠军摇篮”。在党中央国务院高度重视职业教育的大背景下，杭州智力运动学校准备花5年的时间，从中专过渡到大专甚至本科，从中专变成高职，成为中国第一所智力运动的高等职业学院，来满足智力运动，包括智力运动产业发展的需要。

（四）科研先导

通过“智圣”全国智力运动联盟、“智圣”全国电子竞技联盟，可以整合阿里巴巴、腾讯、网易、电魂等大型企业和科研机构，加快科研在智力运动发展中的先导作用。

（五）金融支撑

分院通过下属企业中国棋院杭州分院国际交流中心有限公司与杭州电魂网络科技股份有限公司共同组建合资公司，公司名称为“杭州智圣数字科技有限公司”。合资公司的创立，是分院从棋类运动时代扩展到智力运动时代的一大标志，对分院今后一个时期的整体发展具有开创性的重要影响。力争在3—5年内成为全国首家以智力运动文化为特色的“独角兽”上市企业。

（六）用户主体

要高度关注棋类和智力运动用户。这个用户可以是党政机关、企事业单位、城乡居民家庭，最主要的是城乡居民家庭，杭州一座城市就可以覆盖数百万户城乡居民家庭。从数量上来看，棋类运动和智力运动最大的用户还是城乡居民家庭。所以“党政主导”“用户主体”的提法从另一个方面看，也是彰显这一点。

四、高度关注“16+X”智力运动框架体系大格局

构建“16+X”（围棋、象棋、国际象棋、桥牌、五子棋、国际跳棋、电子竞技、记忆、编程、模型、数独、扑克、麻将、军棋、无线电测向、魔方）智力运动框架体系大格局首先对峰会提出了具体挑战。峰会最初仅仅关注围棋，随即拓展到三棋，三棋尚未研究透彻，进而拓展到智力运动以及“16+X”项目。围绕智力运动框架体系大格局进行研究势在必行，我们现在对“16+X”智力运动框架体系的

研究相对滞后，要做到基本适宜甚至适度超前，可能还要经过10年的努力，我们必须为此而不懈奋斗。

虽然麻将、电子竞技等智力运动在我国有上亿的爱好者，但一直无法摆脱“玩物丧志”“赌博工具”等负面标签。我国“水稻之父”袁隆平院士也是一名麻将爱好者，他生前公布的最后一个视频是在打麻将。今天我看到“复式麻将”这种新打法，感到非常震撼和欣慰，这是麻将运动从群众体育走向竞技体育的必然路径。“复式麻将”很重要的一点就是规避了发牌过程中的偶然性，使得其不可能成为赌博工具。

电子竞技（Electronic Sports）是电子游戏比赛达到“竞技”层面的体育项目。电子竞技就是利用电子设备作为运动器械进行的、人与人之间的智力和体力结合的比拼。2020年12月，电子竞技项目被纳入杭州亚运会正式竞赛项目。电子竞技之所以被贴上“玩物丧志”的标签、不被大部分家长接受，主要原因是家长担心孩子过于沉溺其中、会影响学业。若是从片面的角度看待这个问题，我以同属于智力运动范围的围棋项目举例，围棋也会让下棋者痴迷、沉溺，然而围棋已然成为家长心目中最能开发孩子智力潜能的体育运动，国内也形成非常浓厚的学棋氛围。

曾经桥牌也一度成为赌博工具，但几十年前出现的“复式桥牌”规避了随机性风险，桥牌成为国际性竞技体育项目，甚至进入亚运会成为正式比赛项目。如今，国际智力运动联盟把麻将作为正式的比赛项目，也正是因为有了“复式麻将”这样的创新。而创新的前提是研究，没有研究就没有创新，没有创新就没有发展。围棋等智力运动能被大众认可，而电子竞技、麻将等智力运动却得不到大众的认同，是因为相较围棋在规则、标准、教育、培训、比赛、考级、会展、研究、宣传、竞训基地和专业队建设十个方面的差距，智力运动项目要对标与围棋在十个方面的差距进行研究，从智力运动技术标准入手，统揽解决技术模式和商业模式的创新。

智力运动的范畴是开放式的，不同国家、不同地区的智力运动会出现各自鲜明的特色，分院要结合自身特点，构建起智力运动创新发展新格局，才能不断满足人民群众多样化的健身需求、满足人民对美好生活的日益追求。特别是在人工智能大时代背景下，要充分挖掘“围棋、象棋、国际象棋是智力运动、智力体操，是开发智力的有效工具”的深层次研究，在此基础上开展对麻将、桥牌、电子竞技等新型智力运动竞技功能、规则和标准的研究，这对智力运动文化的研究、传承和发展都有着重要意义。

当前正处于智力运动项目大发展的窗口期，今后“16+X”智力运动项目的内容可能还会增加，抓住机遇做好研究很有必要且机不可失。但对于“16+X”智力运动项目的研究首要是解决“0 和 1”的问题，解决了“0 和 1”即有无问题后，我们再来研究解决各个项目“一变二、二变三、三变更多”的问题，这也是对“16+X”智力运动框架体系大格局研究的总体思路。

总之，棋类运动、智力运动正面临着以上四个大格局的机遇和挑战。立足四个大格局，我们的研究工作大有可为。中国人的祖先在 3000 年前发明的围棋为数字文明时代的到来作出了历史性贡献，我们这些后人也应该为智力运动四个大格局的形成作出应有的贡献。再次祝在座的各位身体健康、事业有成，谢谢大家。

打造智力丝绸之路，发挥国际象棋在“一带一路”建设的积极作用

谢　军

一、研究背景

“一带一路”是“丝绸之路经济带”和“21世纪海上丝绸之路”的简称，2013年9月和10月，中国国家主席习近平在出访中亚和东南亚国家期间，先后提出共建“丝绸之路经济带”和“21世纪海上丝绸之路”的重大倡议，得到国际社会高度关注。2015年9月，习近平总书记在纽约联合国总部发表重要讲话中提出“构建人类命运共同体”的治国理政方针理论将我国与国际社会更为紧密地联系在一起。

当今世界，各国相互联系、相互依存、相互合作、相互促进的程度空前加深，国际社会必将逐步形成你中有我、我中有你的命运共同体。“一带一路”开辟了我国参与和引领全球开放合作的新篇章，2017年10月，党的十九大中指出要以“一带一路”建设为重点，并写入中国共产党章程。“人类命运共同体”加强合作共促发展的时代核心发展观、价值观彰显中国的大国风范，体现中国风范、传播中国声音、发扬中国智慧、创造中国价值成为中国特色大国外交的重要任务和使命。2018年3月，联合国人权理事会通过决议，呼吁构建新型国际关系、构建人类命运共同体。

民心相通是“一带一路”建设中的基础性工作。古人曰，得民心者得天下。民心相通才能顺民心，顺民心才能得民心，得民心才能聚民心，民心齐才能共谋

发展。让更多世界朋友了解中国立场，认同“一带一路”理念，在构建人类共同体史诗工程中有着举足轻重作用。

体育拥有改变世界的力量。体育大舞台不仅局限于竞技场，更可以借助体育丰富的内涵和表现形式担负民间外交的使命，丰富多彩的体育竞赛交流活动可以起到加强民间密切沟通、促进民意基础和牢固社会根基的作用。国际象棋作为世界上最有代表性的智力运动项目，黑白64格棋盘上演绎精彩智慧篇章，谱写了壮丽灿烂的历史文化，用国际象棋打造智力丝绸之路，实现小棋子大作为、小棋盘大世界的作用，助力“一带一路”建设发展。

（一）民心相通是“一带一路”建设的核心基础

“一带一路”建设秉承共商、共享、共建原则，重点围绕经济建设发展，实现共同繁荣发展进步的目标。“一带一路”沿线地域辽阔国家众多，沿线国家政治、经济、文化等呈现多样性，不同国家地区间在宗教信仰、社会文化、管理制度等方面存在差异。随着科学技术的迅猛发展，全球化的发展速度不断加快，同量级国家之间一方面在经济硬实力方面的差距逐渐缩小，另一方面在软实力方面的竞争呈逐步升温态势。

由于政党制度差异以及一些不同声音对中国的错误解读的因素，个别沿线国家认为中国的“一带一路”倡议和“人类共同体”理念是实行对外扩张，具有侵略性。例如零点智库《围绕“一带一路”做好“点穴式”公共外交》2015年报告中显示，有58%的菲律宾和74%的越南民众认为安全威胁最大的国家是中国。同一时期的调查数据显示，2015年上半年BBC、CNN等20家较有影响力海外媒体对“一带一路”的相关报道仅322篇，全球十大顶级智库同期公开发表的相关报告和专题文章仅54篇，以上信息表明“一带一路”建设在提升国际社会关注获取世界各国民众广泛认同的工作任重道远。

网络时代的到来，各种信息的快速传播以及各种新媒体的广泛应用令人们的观点在很大程度上比过去更容易受到影响。面对客观存在的质疑和阻力，超越文明隔阂、加强文明互鉴可以化解文明冲突，文明共存可以替代文明优越，采取各种行之有效的活动方式和手段推动各国人民的相互理解、相互尊重、相互信任，跨越区域、文化、宗教信仰之间的差异，正所谓“民心所向，胜之所往”，在国家外交及相关工作中，需要在软实力建设和民心工程方面下更大的功夫，在“一带一路”建设当中广交朋友，讲好中国故事，民心相通才能同心协力。构建人类命运共同体，需要有效沟通求同存异，同心协力发挥各自优势资源朝着一致方向实现多赢的发展目标。“民心相通”是“一带一路”建设的基础性工作，正如法国前总理德维尔潘所言，“一带一路”建设非常重要，“它是政治经济文化上的桥梁和纽带，让人民跨越国界更好交流”。

（二）体育具有传播文化自信的核心价值功能

开放性和包容性体现的是一个国家和民族的文化自信。体育作为一种世界性通俗文化活动，具有强健体魄、加深了解、建立友谊、平等交流的特质，体育赛事活动本身便是传递不同国家地区人们积极追求幸福生活的绝佳体现。民心相通是“一带一路”建设的社会根基，重视人文交流，增进各国人民的理解与合作，形成共建“一带一路”的美好共识，令体育成为促进不同国家地区人文交流的凝聚剂和重要突破口。

习近平总书记在十九大报告中指出：“文化是一个国家、一个民族的灵魂。文化兴国运兴，文化强民族强。没有高度的文化自信，没有文化的繁荣兴盛，就没有中华民族伟大复兴。”体育具有传播文化自信的核心价值功能，承担体育大国责任、展示体育强国风采是中国向世界体现国家软实力的重要法宝。“一带一路”时代背景为体育赋予了文化交流的使命，我国正在从体育大国向体育强国坚定前进稳步发展，通过体育传播文化自信，弘扬中国精神、凝聚中国力量、展示中国风采。

（三）棋局博弈理念与国家聪明才智展示

智力运动项目有着悠久的文化历史，深受世界各国人民喜爱。“纹枰论道”不仅是棋艺的比拼，更是人们日常生活喜闻乐见的一种交流活动内容。智力运动项目的核心是逻辑思考，博弈之道贯穿于运动项目本身，深层次文化价值和意义令智力运动项目成为展现中华民族聪明才智的有效载体。

国际象棋是人类文明历史的瑰宝，被誉为“智力体操”和“人类智慧的试金石”。自从 1978 年中国国际象棋协会第一次组队参加国际大赛，经过 40 余年的发展，目前我国在国际象棋运动项目中的竞技成绩已稳居世界强国之列，逐步达到影响力大、号召力强、信誉度高、竞赛成绩好、普及程度不断提升的良好发展局面，在世界棋坛上具备深入参与项目发展规划、引领项目未来发展的能力和条件。作为世界上最有代表性的智力运动项目，国际象棋可以成为表现中华民族高超认知水平和独特文化发展轨迹的绝佳载体，弘扬光大中华民族的聪明才智和海纳百川的包容精神，在“一带一路”建设体育外交工作中发挥积极的作用。

中国特色社会主义道路和中国特色社会主义文化，自主发展自主创新的国家发展道路体现中华民族的独特智慧和卓越贡献。小棋局，大世界，围绕国家政治、经济、社会、文化等方面的工作大局，运用和而不同、各美其美、博弈共赢的棋文化理念，贡献于“一带一路”人心相通宏伟工程，彰显中国智慧、传播文化自信，展示改革开放国家经济水平迅速发展的势头和水平，助力“一带一路”建设发展。

二、研究意义

（一）体育外交的价值

体育具有超越语言、种族、文明的中性色彩，伴随着政治、经济的发展而发展，为不同国家地区间的相互交往和理解沟通搭建平台开拓畅通渠道。体育，有着通行的规则标准、健康向上的公平竞争、挑战困难的拼搏精神以及赏心悦目的表现形式和老少皆宜亲身参与等特点，是社会文化的有机组成部分。体育赛事活动，既能在一个公开的平台上进行充分展示，又较少受到国家大小、社会制度、意识形态、文化传统、宗教信仰等复杂因素的影响，可以从容跨越不同国家民族间的语言障碍和价值差异，发挥其丰富内涵和张扬个性的表现形式，从而达到加深了解形成文化认同的目标。

在我国对“一带一路”沿线的一些国家工作开展当中，绝大部分具有政府官方背景。在国际大形势日益错综复杂的环境中，政府官方色彩在把握舆论导向和塑造话语权方面受到一定的制约和局限。《中共中央国务院关于进一步加强和改进新时期体育工作的意见》指出，体育是社会发展与人类文明进步的一个标志，体育事业发展水平是一个国家综合国力和社会文明程度的重要体现。精心的策划、细致的准备、一流标准的赛事组织管理、卓越的运动技术水准和成绩本身就是国家软实力最好的证明和体现。正如鲍明晓《体育大国向体育强国迈进的战略研究》指出，竞技体育对一个国家政治稳定、经济发展、精神文明建设、社会繁荣与和谐等方面有着不可替代的作用，它已成为一个国家社会进步、文明程度和展示国家软实力的重要标志之一。

（二）体育彰显中国软实力

改革开放以来，中国在首都北京相继举办了1990年的亚运会和2008年的奥运会，两次成功的体育盛会成为展示国家形象人民风采的绝佳舞台，成为促进和平外交的全球交流互动，向世界展示一个展开和平双臂的不断强盛发展的中国。在竞技赛事活动互动过程中，体育起到了国家之间不断增进理解、加强合作、共进共赢的作用，成为我国公共外交、人文外交的有机组成部分， 体育的独特魅力将不同国家和民族紧密连接在一起。

几千年的中华民族发展史已经反复证明先进文化交融促进社会发展的合理性和重要性，项目自身的文化特性决定了其内在的价值和品味，坚持优秀传统文化的同时吸取他山精华，不妄自尊大盲目排外的同时，不妄自菲薄崇洋媚外，将开放性和交往性成为文化活力和生命力的发展动力源泉，融汇于体育大舞台，体现在智力运动项目的思维比拼、文明较量和智慧分享交流当中。在现代化建设的进程中，体育伴随着政治、经济的发展而发展。在“一带一路”建设宏伟工程中，体育可以成为“民心相通”建设的重要路径，促进各国文明对话合作交流，搭建信誉度高、参与度广、交流充分、充满活力的公开、公平、互动交流充分的平台，发扬健康社会风尚满足人民群众需求。

（三）国际象棋在历史文化长河中的发展历程

在众多深受人们喜爱的体育运动项目中，棋类项目有着悠久的文化历史和广泛深厚的群众基础，其中国际象棋在世界范围内普及程度最高、参与人群最广。作为最有代表性的棋类运动项目，国际象棋有着“智慧体操”“人类智慧试金石”的美誉，国际象棋可以成为“一带一路”建设的背景下打造智力丝绸之路的重要载体。

国际象棋1500余年前起源于印度，沿着古丝绸之路逐步在世界各国传播推广，在行棋规则和棋艺理论当中体现了不同国家地域的历史文化特征和社会文明发展的烙印。国际象棋是智力运动项目，在保持竞技体育精彩对抗的同时，自身所具备的科学、艺术、体育集结于一体的独特风貌，使项目本身所具备的内在涵义更为丰富。1999年，世界国际象棋联合会（FIDE）被国际奥林匹克委员会认定为单项体育赛事组织，FIDE目前拥有191个会员国，参与项目活动的爱好者数以亿计。

国民的智力水平、文化素质和精神面貌是国家发展的核心基础和根本保障，直接影响一个国家的强盛兴衰和未来发展。因为国际象棋是世界范围内普及程度最高、覆盖地域最广、涉及人数最多的智力运动项目，国际象棋丰富的体育竞技表现形式、文化内涵和启智益智功能为人民群众生活增添了别样的智慧色彩，因此在某种意义上，国际象棋项目强国的地位是国家民众的智力和社会文明水准的实力表现。从20世纪50年代以来，以苏联为代表的东欧国家高度重视智力运动项目的象征意义，一直在国际象棋运动项目上牢牢占据竞技比赛方面的绝对优势，在理论研究、赛事组织、人才培养和教学实践等领域处于绝对领先地位。随着20世纪90年代苏联的解体，众多苏联和东欧国家培养出来的优秀选手纷纷移居他国代表不同国家参赛，国际象棋竞技赛场上一时间烽烟四起霸主难寻，竞技赛场上一家独大的局面成为历史。与此同时，以中国、印度、美国为代表的国家快速发展稳步崛起，近20余年来在竞技成绩、项目普及和文化传播发展方面呈现多强角逐的局面，大大加强了国际象棋在世界范围内的影响力和观赏性。

从国际象棋项目历史发展路线中可以清晰地看到丝绸之路的地理轨迹，项目在“一带一路”沿线国家中十分普及，棋文化融入民众日常生活。在21世纪人类文明不断吸纳交融的今天，以棋为媒，弈棋为乐，乘着“一带一路”的东风，借助各种各样的国际象棋赛事活动开启智力丝绸之路建设，在不断的交流沟通过程中广泛开展相关领域合作，令小棋子在国际外交平台上充分发挥应有的作用。

（四）国际象棋在中国的发展轨迹

与世界上传统的国际象棋强国相比，国际象棋在中国的发展“根底”并不厚实。1956年，国际象棋在我国被列为国家正式体育项目；1975年中国国际象棋协会加入国际象棋世界联合会（国际棋联）；1978年正式派队参加世界国际象棋奥林匹克团体赛。从1956年到1978年的22年间，国际象棋在中国只是作为一个运动项目客观存在，但是无论从整体水平还是从项目普及率方面，发展速度十分缓慢。1978年中国第一次派队参加国际象棋世界奥林匹克团体赛到2018年的国际象棋奥林匹克团体赛包揽男女冠军的40年，国际象棋在中国的发展踏入了快车道，中国后来居上跻身国际象棋运动项目世界强国之林，竞技赛场上突飞猛进的发展速度世人瞩目。中国体育健儿在国际象棋项目中不断夺取辉煌战绩，用拼搏精神向世人展示中华民族的聪明才智和风采。竞技赛场上中国棋手的骄人战绩极大程度促进了国际象棋在华夏大地的普及和发展，特别是国际象棋在教育领域促进青少年多元认知提升全面发展的作用更是得到了广泛的认可。

“国运盛，棋运盛”，中国棋手在国际赛场上取得的优异成绩是中华民族聪明才智拼搏精神的最佳体现，是一个运动项目在我国取得长足发展的全面展示，更是国家改革开放繁荣进步的丰硕成果。在中国已经当之无愧成为国际象棋世界强国的今天，一个个骄人战绩有效促进了国际象棋运动项目在华夏大地的普及和发展，带动了广大媒体对国际象棋运动项目的关注和宣传，有效激发了市场认可度和大众参与热情。中国现象引发世界棋坛的瞩目与好奇，究竟是什么原因中国能够在参与项目爱好者人数、人口比例以及专业运动员数量方面与其他传统强国都不占优势的情况下短期内取得如此辉煌的业绩？

（五）团队合作拼搏精神是胜利法宝

从 20 世纪 50 年代以来，以苏联为代表的东欧国家一直在国际象棋运动项目当中占据比赛成绩方面的绝对优势和人才培养项目发展的领先地位。随着 20 世纪 90 年代苏联的解体，一家独大的局面成为历史。在这样的时代背景下，国际象棋在中国的快速发展稳步崛起越发具有跨时代的深远意义和示范效应。2014 年 5 月 4 日，习近平总书记在北京大学师生座谈会上深刻而精辟地指出，“人生如棋局！外交如棋局！”并且强调了学习博弈思想的重要性。习近平总书记对文化育人和棋理内涵的精辟阐释，深刻揭示了棋文化的丰富内涵及其所具有的重要育人价值。2016 年 12 月，习近平总书记在全国高校思想政治工作会议上指出，要更加注重以文化人以文育人工作。

国际体育竞赛与国家荣誉紧密相关，长久以来中国体育健儿征战国际赛场顽强拼搏为国争光的精神激励鼓舞广大民众。国运兴，体育兴；体育强，中国强。2019 年 6 月 18 日，习近平总书记在给北京体育大学 2016 级研究生冠军班学生回信时提出了勉励和期望：“新时代的中国，更需要使命在肩、奋斗有我的精神。希望你们继续带头拼、加油干，为建设体育强国多作贡献，为社会传递更多正能量。”

事实证明，爱国主义精神和团队协同作战理念对运动员统一思想稳定心理状态起到正能量的积极作用。例如中国国际象棋队男子一号选手丁立人曾表示他在比赛期间喜欢聆听《光荣与梦想》，特别是代表国家参加世界团体赛听到歌词中“跟着必胜的信仰前进”时，为国家拼搏奋战争取胜利的感觉令人振奋自豪。在 2018 年国际象棋世界奥林匹克团体赛上中国队囊括男女冠军，呈现出一个国家在最高级别比赛中取得的垄断性优势成绩。比赛结束后，国际象棋第 12 位世界冠军、俄罗斯国家杜马成员卡尔波夫在接受俄罗斯媒体采访时对俄罗斯队在奥赛男队第三名女队第四名的成绩表示不满。在论及俄罗斯队问题症结时，卡尔波夫直接指出俄罗斯顶尖棋手不具备团队素质，不像中国队那样具有良好的团队精神。1982年至1995年任国际棋联主席坎波马纳斯先生来自菲律宾，他见证了中国国际象棋运动项目从1974年以观察员身份出席国际棋联会议到1981年首夺亚洲团体冠军的崭露头角，以及1991年打破欧美垄断登顶女子个人世界冠军取得历史性成绩突破的创业发展历程。在21世纪初，坎波马纳斯先生接受媒体采访预言国际象棋强国的中心地位正在从西方移至东方，并将良好的组织、科学规范的训练和棋手严格有序的纪律归纳为中国国际象棋不断取得优异成绩的制胜法宝，对中国棋手严格有序的纪律观念赞不绝口，称其为很多西方国家的选手所不具备的品质。1995年至2018年任国际棋联主席的伊柳姆日诺夫来自俄罗斯，他在2016年接受记者采访时明确表示中国有可能很快成为国际象棋头号大国，指出“中国人清楚地认识到，国际象棋之所以重要，不仅仅因为它是一项运动，还在于它可以挖掘和拓展人的推理和思维能力，加强孩子们的纪律性，提高孩子们的整体文化素养”。国际棋联副主席鲍里斯·库廷则将中国国际象棋在短短几十年取得的杰出成绩归纳为励精图治、厚积薄发的奋斗精神。优异成绩的取得，体现了中国国际象棋队在平时训练、运动队管理、竞赛激励等方面多因素共同作用的结果，黑白64格里的团队紧密合作与拼搏精神是中国棋手取得神勇进步和骄人战绩的利器。

三、国际象棋在“一带一路”倡议背景下的价值体现

中华民族的聪明才智与悠久璀璨的文明历史造就了高度的文化自信，“国运盛，棋运盛”。改革开放41年也是中国国际象棋运动发展迅猛的41年，优异成绩不仅是一代又一代中国运动员竞技能力不断提升的体现，更是一个运动项目在我国长足发展的全面展示，是国家改革开放繁荣进步的成果。国际象棋是“人类智慧试金石”，该领域的体育竞赛和文化交流可以有效达到展示中国智慧彰显国家“软实力”的作用。

（一）国际象棋在建设和谐文明社会的作用

体育是社会文化有机组成部分，是文化创新和文化积累的过程，国际象棋以竞赛、训练、教学、展示、文化交流等多样化的表现方式贯穿于人们生活当中。

人类的认知水平提升是一个漫长的渐进过程，核心是个体的思维能力和水平。智力运动项目对个体的逻辑思维能力可以起到积极的锻炼和提升的作用，充分发挥国际象棋“智力体操”功能和广泛社会影响力，弘扬推动发展智力运动项目不仅能够彰显国民智慧水准，更将产生“功在当代，利在千秋”的作用。

体育是社会发展和人类进步的重要标志，是综合国力和国家软实力的重要体现，以国际象棋作为有效活动载体，在服务“一带一路”构建良好的国家形象的伟大工程中，让古老的智慧文明之花焕发出更为夺目的光彩。服务国家“一带一路”建设的同时，智力丝绸之路的广阔平台也为运动项目带来巨大的提升空间，极大程度促进项目的发展。深入研究国际象棋运动项目的特点和深层次社会文化价值，运用多样化的赛事活动方式，紧密结合“和平合作，开放包容，互学互鉴，互利共赢”的丝路精神，将智力体操在丝绸之路的弘扬发展构思不断深化落实，紧紧围绕“一带一路”建设，谋划具有中国智慧的国际象棋运动项目新的篇章。

（二）以国际象棋打造智力丝绸之路的理论依据与现实条件

1. 打造智力丝绸之路的必要性

《丝绸之路：一部全新的世界史》一书的英国历史学家彼得•弗兰科潘指出：“丝绸之路曾经塑造了过去的世界，甚至塑造了当今的世界，也将塑造未来的世界。”国际象棋在漫长的发展历程当中沿着丝绸之路融入世界各国民众的生活当中，人类文明智慧的瑰宝在“一带一路”建设中发挥出独特的作用，承担更为神圣的使命。

以国际象棋作为有效活动抓手，不断丰富“一带一路”智力丝绸之路建设的多元文化元素和智慧内涵。借力世界上最为流行的智力运动项目为载体，体现不断发展强大的中国海纳百川的包容气度，塑造和平友好的国家形象。加强智力运动项目领域的多样化赛事交流活动，有效调动非政府组织力量，发挥市场规律和影响效果，加强民间沟通，凝聚民心力量。在智力丝绸之路的建设过程中助力民意相通，体现中华民族聪明才智，彰显大国文化自信。

2. 棋赛台前幕后的深层内涵和影响

第一次世界大战结束，面对刚刚经历战争浩劫百废待兴的国家，列宁同志将国民精神文化生活建设放到国家重建复兴的首要任务之一。国际象棋在这一时期的苏联国家建设中承担了表现俄罗斯民族聪明智慧和坚忍不拔战斗精神的重要使命。列宁同志亲自担任苏联国际象棋协会主席，在他的积极倡导和支持下，国际象棋成为苏联举国上下最为重视的体育项目，竞技赛场上苏联选手一举包揽世界各项重要赛事桂冠的耀眼成绩。直至近百年之后的今天，国际象棋仍然是最能代表俄罗斯竞技体育运动项目的传统优势项目，是彰显俄罗斯民族聪明才智顽强不屈战斗精神的象征，也是俄罗斯人民日常生活活动的重要组成内容，被称为是俄罗斯民族血液中的“聪明基因”，在丰富人民生活振奋民族精神增强国家自信方面潜移默化发挥着重要的作用。

1971 年中美 “乒乓外交”小球推动“大球”打破两国坚冰，成就大国外交史上一段佳话。同样，那些具有跨时代意义的国际象棋赛事案例也曾对国际政治形势产生了重要的影响，必将铭刻于史书。例如在 20 世纪苏美两个世界超级大国冷战时期，空气中弥漫着核武器一触即发的危险，1972 年的国际象棋男子世界冠军赛在这样的时代背景下拉开帷幕。卫冕者和挑战者分别来自苏美两个冷战国，国际棋联寓意深远地将比赛举办地放在冰岛（Iceland）。比赛能够如期进行吗？两个势不两立超级大国的破冰按钮会因为这个比赛启动吗？一场比赛不仅仅是两个世界顶级棋手的较量，更因为政治环境因素被赋予了更多的意义，全世界的人都在关注——比赛会顺利进行吗？比赛过程中会不会发生一些体育比赛之外的事件？比赛的胜负对国际社会将会产生什么样的微妙影响？……正因为如此，这场比赛也被媒体称作是“冷地热赛”（Ice Land，Hot Game），恰如其分与当时的地理位置、政治环境和国际社会大气候相吻合。经历了各种曲折和协商谈判，比赛历时两个月终于得以完成，美国棋手费舍尔挑战成功，成为新的世界棋王。在苏联人的优势竞技领域中笑到最后，这样的结果显然不仅仅是美国棋手获得了国际象棋男子世界冠军头衔那么简单。赛后不久，美国总统尼克松访问苏联时将一副袖珍国际象棋当成国礼送给时任苏联总书记勃列日涅夫，新闻媒体对此的评价是：这是文明的胜利，两个世界超级大国采取文明对抗的方式比出了高下。

在科技领域同样有不少有着四两拨千斤效果的“超级”赛事活动。1997 年计算机行业巨头 IBM 公司组织的人机大战，计算机在最能代表人类智力运动项目的国际象棋较量当中赢了世界冠军级别棋手，这样的胜利对于计算机人工智能发展具有跨时代的象征意义。1999 年互联网刚刚风靡世界的时候，微软公司推出了国际象棋男子世界冠军“一人挑战全世界”的赛事活动，历时两个多月的比赛吸引了数以亿计的棋迷参与，丝毫不在意这样的赛事活动原本充满了浓重的商业广告色彩。该项赛事活动大大提升了微软公司和国际象棋的市场号召力，潜移默化中构建了人们对互联网的关注程度和线上新闻报道传播途径的依赖性，成为体育赛事与市场结合的经典案例。经济科技搭台，文化体育唱戏的案例不胜枚举，赛事活动的内涵意义远远超出棋局本身。

四、国际象棋在智力丝绸之路建设中的发展现状与思考

智力丝绸之路的规划设计要紧密围绕“一带一路”背景下民心相通的总体目标，紧扣国际象棋智力运动项目的鲜明特征，突出国际象棋的竞技特色、教育功能、文化传播和大众参与等特点，结合当前国内和国际相关赛事活动开展的实际状况，聚焦发展目标科学规划，整体布局，规范运作，精细落实。正如2016年7月18日《每日经济新闻》以“下好‘一带一路’建设这盘‘国际象棋’”为标题论述在公共外交“一带一路”建设中的作用，文中的“国际象棋”一词揭示了吸取不同文化文明精华，加强社会文化的有效沟通融合，达成求同存异共同发展战略目标的深刻内涵。

体育竞赛可以展示国际象棋运动之美，在竞技赛场上，体育公平竞争顽强拼搏的精神得以充分体现；国际象棋在促进个体多元认知领域的积极作用是项目的“先天优势”。国际象棋发展需要良性的市场化运营，自身市场价值得到充分发掘，可以有效激发项目自身旺盛的活力和持久的成长价值。国际象棋发展要突出文化传承元素，充分挖掘国际象棋启智益智作用和历史文明进程中的文化功能，才能得到广大教育工作者和青少年学生群体的更为广泛认可。

（一）政策是保障，竞技水平是综合实力的考核

《国务院关于加快发展健身休闲产业的指导意见》于2016年10月25日出台，其中特别强调“围绕‘一带一路’建设，以健身休闲重点运动项目和产业示范基地等为依托，促进区域经济发展和改善民生”。有了国家层面政策的方向引导和支持，广东、陕西、宁夏、甘肃、新疆和黑龙江等十余个省自治区纷纷结合本省（市）的实际情况出台地方性指导意见，在相关文件中明确响应国家“一带一路”号召，服务“一带一路”倡议促进体育事业发展。

竞技体育称得上是反映一个国家体育综合实力的“考试”，其中包含了科学训练水准、理论与技战术水平、赛程表现与发挥、大型赛事运作能力以及国际体育组织话语权和体育产业发展水平等诸多领域。特别是竞技人才培养、使用和储

备方面，一线参赛选手高超的综合实力、运动队后备人才梯队年龄是否合理等因素都在极大程度上对可持续发展潜力产生重要影响。将运动项目的整体发展视为一项工程，在各个环节充分运转到位，以若干个局部一流水准的组合实现整体高水平的表现，才称得上是真正的冠军王者水准。

政策是保障，成绩是作品，赛场是舞台，活动是品牌，效应是市场。当下，无论从政策保障还是竞技水平方面，我国都具备以国际象棋项目为切入点打造智力丝绸之路的必要条件。接下来的任务是如何在现有的基础之上科学规划，让“舞台”和“市场”更好地发挥作用，在“一带一路”倡议背景下科学规划总体布局，协调沟通机制和设计内容，提升“一带一路”国际象棋主题赛事活动的文化内涵和整体价值。

智力丝绸之路的建设过程中有很多任务有待实现完成，例如建立“一带一路”沿线国家国际象棋联盟和“一带一路”国际象棋体育文化交流机制，丰富“一带一路”国际象棋体育文化交流内容，扩大“一带一路”国际象棋体育文化交流影响……加强沿线国家和地区体育外交工作重点，通过智力丝绸之路特色赛事活动实现“一带一路”沿线国际象棋领域的体育文化交流互通，让国际象棋这朵智慧之花为民心相通工程发挥积极作用。

（二）我国“一带一路”国际象棋赛事活动开展状况

本研究选取中国国际象棋协会官方发布的年度赛事表中的数据对国内举办的国际象棋赛事进行梳理分析，统计涵盖时间为2016年至2019年协会备案的各项国际级和国家级赛事活动。需要说明的是，2019年数据为3月公布的版本，尚有相关数据存在微小调整变化的可能性。

表1　2016—2019年国内举办相关赛事数量和办赛地

类别＼年份	2016	2017	2018	2019（3月版）
赛事总数	99	116	109	96
一带一路	1	2	7	6
举办省（市）	陕西	甘肃、重庆	陕西、江苏、甘肃、河北、深圳、山东、哈尔滨	海南、湖南、深圳、陕西、浙江、河北
双边、多边国际赛事活动	2	2	9	10

通过表1的数据可以看出，以“一带一路”为主题背景的赛事活动呈上升趋势，说明随着时间的推移，将国际象棋赛事活动与国家发展战略主题紧密相连的理念逐步得到重视和落实。双边、多边的国际比赛具有主、客队交换的对抗交流的性质和特点，该类比赛的操作相对自主性强，易形成传统性赛事活动的特点，目前举办国家和比赛形式主要集中于中俄、中印、中欧的团体和个人赛，此类赛事活动可以成为未来打造智力丝绸之路“产品”的有效储备。目前，双边、多边国际比赛的次数呈显著上升之势，但同时也存在突发、偶发现象，缺乏整体策划和统领，尚未形成合力，还没有达到计划性强、特色化明显的水准。数据信息也反映出“一带一路”主题赛事活动在一些省市逐步形成传统品牌效应，从比赛冠名情况上反映出社会力量积极支持企业热情参与的可喜势头。

据不完全统计，2015 年以来我国广东深圳、河北秦皇岛、海南三亚、山东聊城、黑龙江哈尔滨、重庆等地均举办过“一带一路”高水平职业赛事、学生体育竞赛和国际象棋教育论坛等活动，随着“一带一路”倡议不断深入，越来越多的国际象棋赛事活动组织者将围绕“一带一路”主题打造特色精品项目列入发展计划。总体来说，目前国内举办的“一带一路”赛事活动文化交流已经从自发性起步阶段逐步发展进入到打造传统品牌时期，前期的各项活动为后续深入整合相关资源，不断提升“一带一路”品牌国际象棋赛事活动积累了宝贵的实践经验和市场基础。

（三）欧亚大陆板块国际象棋赛事活动特点

本研究中世界及洲际比赛统计数据参考国际棋联官方网站公布的信息，时间为2016年至2019年官方正式比赛（世界个人赛、团体赛、世界杯、分龄组赛等），不包括公开赛、邀请赛等开放式临时组织举办的赛事活动。数据采集强调地域相邻的因素，对“一带一路”智力丝绸之路研究的范围重点聚焦欧亚大陆，在赛事举办地选取方面，未对美洲、大洋洲等地区的数据进行归纳分析。

表2　2016—2019年国际举办相关赛事数量和办赛地

类别 \ 年份	2016	2017	2018	2019
世界级赛事	19	22	18	21
欧洲举办数量	13	14	15	12
主要举办国家	俄罗斯、乌克兰、亚美尼亚、格鲁吉亚、德国、希腊、土耳其、罗马尼亚、捷克、爱沙尼亚、意大利、英国、摩纳哥			

续表

年份 类别	2016	2017	2018	2019
亚洲举办数量	5	3	1	5
主要举办国家	中国、印度、卡塔尔、伊朗、阿联酋、蒙古、菲律宾、哈萨克斯坦、乌兹别克斯坦			
亚洲洲际赛事	22	28	13	22
欧洲洲际赛事	13	15	14	16

从表 2 的数据中可以反映出年度世界级及洲际级别赛事数量总体稳定；赛事举办国均是与我国建立保持友好外交关系的国家；欧洲国家和地区承担世界级赛事的频率远远高于亚洲国家；苏联前加盟国及前东欧国家继续保持国际象棋传统，积极承办高水平赛事；亚洲国家和地区在承担世界级国际象棋赛事活动方面的能力落后于欧洲国家；亚洲国家举办洲际比赛的频率反映出中国、印度、菲律宾及一些阿拉伯国家具备承办比赛的积极性和能力，但是赛事规模和办赛层次方面仍与欧洲传统国际象棋优势国家地区存在一定的差距。

目前，以“一带一路”主题冠名的国际象棋赛事活动尚未在中国境外举办，该领域工作处于需要开拓的状态。相关数据表明，具有国际象棋传统、积极参与世界级、洲际比赛组织活动的国家长期以来与中国国际象棋协会保持良好的伙伴合作关系。近年来，来自以上国家的协会官员、管理工作人员和顶级水平棋手频繁到我国参与国际象棋赛事活动，愿意与中国国际象棋协会加强合作，共同促进彼此国家智力运动项目的事业发展。此外，中印、中俄、中欧双边、多边对抗交流赛以主客队形式在不同国家交替举办，这类赛事活动对于举办国双方而言可以协商沟通，具备以“一带一路”冠名方式确定主题方向的基础。此外，双边、多边国家的国际象棋赛事活动大多是国家政府体育赛事交流清单上的内容组成部分，因此在政策支持、经费保证和宣传组织方面具有得天独厚的资源保障。在科学规划的前提下，可以以此类赛事为特色牵引，打造传统“一带一路”友好交流品牌赛事活动，并以此为核心基础，注入更为丰富多彩的活动内容。

综上所述，开启举办中国境外“一带一路”主题赛事活动目前已经具备一定的基础，需要在赛事活动科学规划和沟通设计方面予以跟进，细化落实。

（四）“一带一路”背景下国际象棋赛事活动组织与项目发展的思考

国务院 46 号文件提出加快发展体育产业、培育多元主体、促进融合发展，“一带一路”建设为国际象棋项目发展开辟了新的方向领域和发展思路。一个运动项目长盛不衰的持续发展，必须具备广泛的项目认知度、群众基础和市场价值，需要以产业的观念，结合社会需求对项目的发展方向和措施内容进行合理规划设计。

在“一带一路”的时代背景下，以加强民心相通为使命，发挥国际象棋智力体操的项目优势，秉承“一带一路”友好共建、资源共享、文化包容、共同提升的理念，实现打造智力丝绸之路的愿景。推出符合市场需求的智力运动赛事活动精品，通过国际象棋赛事活动满足民众多元化实际体验和深层次的文化需求，令智力丝绸之路成为加强“一带一路”沿线国家民众沟通交流的有效途径。

1. **“一带一路”元素国际象棋赛事活动分析与思考**

自2015年3月28日《推动共建丝绸之路经济带和二十一世纪海上丝绸之路的愿景与行动》政策文件出台之后，国内一些省市在国际象棋赛事活动组织和承办方面积极与“一带一路”进行有机融合，经过几年的探索实践，一些省市已经初步形成较为稳定的“一带一路”赛事举办时间表和企业合作伙伴，进行了有效的实践探索，形成表率作用。从体育赛事活动的策划和组织方面，组织者充分考虑“一带一路”主题，在赛事冠名和宣传方面突出重点，开、闭幕式环节新意频出，体现“一带一路”元素和中国传统文化。但与此同时，相比较于其他国际象棋赛事活动，冠名“一带一路”赛事活动从整体数量上仍相对较少，“一带一路”主题文化元素与智力运动文化内涵结合尚显不够充分，与其他国际象棋赛事活动的相似度过高，缺少辨识区分度。例如，在与教育主题相关联的“一带一路”国际象棋进校园活动中，缺少棋的文化教育理念与学生发展以及“一带一路”时代背景的紧密关联，缺少丝绸之路对智力运动的演进发展以及文明社会进步的影响，一些具有“一带一路”鲜明特色的元素未能在活动中进行有效充分的展示阐述，多层次文化宣讲互动的内容也有待进一步补充完善。此外，个别“一带一路”国际象棋赛事活动由于参加人员的专业水平参差不齐，赛事举办单位社会资源调动能力有限，宣传力度不够，造成赛事活动的影响力与预期存在距离的现象。从赛事活动举办地的角度进行分析，“一带一路”国际象棋赛事活动举办主要集中分布在“一带一路”建设的重点省份和主要城市，在策划和执行过程中以常规的比赛举办方式邀请和组织国内外参加活动的人员和选手，未能高效地将有限资源聚焦于“一带一路”国家和地区，从参与赛事活动的国家地区覆盖面和人员结构方面，尚有不少环节可以进行更为科学有效的规划实施。

目前，我国举办的“一带一路”元素国际象棋赛事活动总体呈现日趋发展向上的势头，但同时也存在整体规划不够、深挖潜力不足、赛事活动内容相对单一、总体数量有待提升以及赛事影响力亟待加强等客观不足。未来工作中需要不断创新理念，不同省市组织者有效沟通，进而形成合力共创品牌发展之道。

针对欧亚大陆“一带一路”沿线国家国际象棋赛事活动特点，可以看到参与国际棋联官方赛事承办地均是具有良好的国际象棋运动项目传统和基础的国家地区，这些国家地区的国际象棋协会具备丰富的项目推广普及和赛事活动组织能力。目前，以“一带一路”为主题的国际象棋赛事活动尚未走出国门，需要充分加强“一带一路”沿线国家和地区国际象棋协会的沟通交流，形成品牌共建、资源共享、发展共促的统一认识。以举办国际象棋赛事活动为抓手，在条件允许的情况下发挥国内相关人才培养、企业赞助、市场推广等方面的资源优势与其他国家的国际象棋协会组织进行合作，共同打造智力丝绸之路上的国际象棋品牌赛事活动，实现民心相通。

随着“一带一路”理念不断深入人心，相关的国内外国际象棋赛事活动将如雨后春笋不断涌现，影响力提升促进赛事活动规格不断扩大。与此同时也应该看到，“一带一路”国际象棋赛事活动在营销和赛事运作以及赛事赞助方面都与国际上成熟品牌赛事存在差距，办赛规格、表现形式和影响力都亟待提升，与“一带一路”赋予的使命还存在较大距离，需要相关组织者凝心聚力不断开拓创新，将智力丝绸之路国际象棋赛事活动真正做优、做大、做强。

2. 打造智力丝绸之路，创建“一带一路”品牌赛事文化交流平台

“一带一路”沿线国家的国际象棋运动项目普及程度高，项目在民众当中认知度好，具备举办传统的、大型的以及不同年龄段不同层次国际象棋体育赛事活动的基础。借助国际象棋在“一带一路”沿线国家良好的群众根基，以国际象棋为主题载体的文化交流研究以及教育教学活动具备广泛开展的有利条件。结合不同国家地区政治背景、经济实力、文化底蕴、竞技水平、群众基础，紧密围绕国际象棋运动项目的发展规律和需求，充分发挥体育的多元功能，不断满足民众需求，达到更为充分的“民心相通”积极效果，为构建文明和谐社会发展服务。

五、小结与建议

“一带一路”建设是一个长期过程，不可能一蹴而就，在国际象棋这个智力运动项目领域中，打造智力丝绸之路的相关工作特别是迈出“一带一路”国际象棋赛事活动国际化步伐还处于探索实践的过程当中。立足加强自身建设，不断增进与“一带一路”沿线国家和地区人们之间的交流与沟通，借助国际象棋运动项目自身的多彩魅力，为不同国家地区的民心相通和更广泛的多赢合作发挥作用。

从赛事活动、文化交流、教育实践、人才培养等方面进行有效切入，秉承“一带一路”友好共建、资源共享、文化包容、共同提升的理念，以国际象棋为媒介，实现打造“一带一路”智慧丝绸之路的发展目标。在规划设计方面，可以将目标设定为近期、中期和远期。近期目标为打造具有鲜明中国特色的“一带一路”国际象棋品牌赛事活动，建立有效的项目活动内容抓手；中期目标为加强“一带一路”沿线国家地区国际象棋协会及专业人士的合作，形成具有相对稳定的组织联络和多样化活动内容；长期目标为借助已经形成的品牌效应和优势专业智库人才资源，以国际象棋作为体育外交的有效工具，推进国际象棋市场化建设和项目的体育产业化发展。

打造智力丝绸之路，发挥国际象棋在“一带一路”建设中的积极作用，提出以下几点建议：

（一）积极争取多方资源，将国内“一带一路”国际象棋赛事做出品牌特色

积极争取国家和省市政府管理部门对“一带一路”国际象棋赛事活动的支持力度，在有关政策和资金等方面给予优惠和倾斜。吸引优质企业加入联合办赛，集中整合优质资源举办高级别、高水平国际象棋赛事活动。以高标准、高规格、品牌化、职业化的竞赛为龙头牵引，吸引社会公众对比赛的关注，打造具有浓厚“一带一路”文化色彩、具有高认知度的赛事活动。同时，要加强体育赛事市场化运作和进程，政府和体育管理部门的资源与市场紧密结合，积极招商引资进行市场化运行，系统合理、科学有效的筹划，争取一切可以争取的资源。“一带一路”为智力运动项目发展提供了新的平台，让古老的文明智慧之花在时代的征程中焕发新的光彩。

（二）加强“一带一路”沿线国家合作，联手共创智力丝绸之路

发挥“一带一路”国家建设的政府资源内部推动力，在中俄、中美、中英、中欧、中法、中印尼、中德、中南8大高级别人文交流机制中的体育交流内容中积极扩展国际象棋运动项目。体育交流搭建起民心相通的桥梁，也为今后更为广泛的“一

带一路”国际象棋双边、多边国家赛事活动计划打下良好基础。

打造智力丝绸之路，需要“一带一路”国际象棋品牌赛事活动作为有效载体，在赛事活动的互动过程中产生综合效应夯实民心相通建设。对外合作国际交流方面，从赛事活动的策划阶段就要牢牢树立品牌意识和“一带一路”建设理念，从国际象棋的文化内涵上做文章，从赛事活动的组织和执行环节谋创新和突破，获取广泛支持认可，打造智力丝绸之路实现民心相通。

加强各方共识是根本，实现市场需求是动力，提升人才队伍培养是基础、促进项目发展壮大是目标、改善各方现有条件是前提。要充分利用现有的合作机制，如国家发改委推出的“一带一路”体育节活动中，高端体育竞技项目特色辅以多样化活动呈现，同时体育节形式并不拘泥于某种特定的体育项目，在“一带一路”沿线国家和地区拥有较好的品牌资源和市场号召力。打造“一带一路”多元化合作平台，创立国际象棋为核心竞赛元素的“一带一路”智力运动体育节或者以运动单项加盟其他综合体育赛会计划项目，无疑都可以有效加强各方资源的自身价值，从而达到 1+1 ＞ 2 的效果。

（三）承担体育强国责任，以国际化视野和长远目光开展工作

深入挖掘国际象棋项目文化与“一带一路”建设间的内在关联，在参加赛事活动的队伍和人员组成方面要注重邀请“一带一路”沿线国家和地区成员，尤其是向具有国际象棋传统、与中国国际象棋协会保持良好关系的国家单项体育组织协会优先发出邀请。通过有目标、有计划、有选择性的赛事活动组织和安排，克服国际赛事活动组织环节繁琐、影响因素复杂、邀请时间和经费成本高等因素，主动寻求各种办法为各国参加赛事活动的人员提供最大程度的便捷，消除后顾之忧，从而吸引更多国家地区参与到“一带一路”国际象棋赛事活动当中。

作为国际象棋运动项目的竞技强国，中国国际象棋协会可以发挥技术领先优势，借助国际棋联的支持力量为“一带一路”沿线国家的协会管理者和教练员、运动员提供运动训练、教学管理、赛事推广等方面的技能培训。通过类似的活动交流方式，一方面体现作为体育强国承担责任义务的担当精神，另外一方面广泛获得外部多方支持，为今后开展国际交流活动进行必要的感情沟通和人才储备。

（四）注重国际象棋教育领域的功能开发，培养具有国际视野的复合型人才

在校际交流、师资互换、人才培养、文化沟通、赛事组织、宣传合作等方面

的交流与合作，增进青少年之间的了解和友谊，培养具有“一带一路”高认知度和国际视野的高素质、复合型人才，发挥国际象棋特长，服务智力丝绸之路的发展建设。

注重棋文化传承，以学术研讨会、交流会的形式进行高水平智力运动文化传播，条件成熟时成立“一带一路”国际象棋发展战略联盟，从体育、教育、文化等视角加强跨国多方位交流合作，以利益共同体的合作视角实现发展共赢的目标，打牢民心相通社会基础，进一步传承和弘扬丝绸之路友好合作的精神。

打造“一带一路”国际象棋高水平人才智库，依托教育文化论坛，打造专业化高水平人才团队。任何一个体育运动项目都有自身独特的发展特点和规律，从国际象棋的社会影响、文化传承、教育功能、科技注入等诸多角度出发，不断深入探究促进更广泛人群参与到国际象棋项目建设当中的原动力，基于大众对国际象棋运动项目的认识和需求基础，不断改进工作方式方法，实现项目更好地发展。在这个过程当中，打造一个来自不同行业领域、拥有不同资源、直接参与或关注关心国际象棋运动项目发展的专业人才团队，形成事业发展的人力资源保障。

（五）重视宣传，讲好“一带一路”建设中的棋局内外故事

项目的发展离不开成功的宣传，特别是在互联网信息发达的时代，如何获得大众关注和认可在某种程度上成为决定赛事活动项目成功与否的关键因素。在国际象棋赛事活动方面，要有意识加大宣传力度，强化互联网思维，从主题宗旨、活动内容、人物背景等方面进行专业化的设计，为媒体宣传提供充足的素材。要善于培养项目自己的明星榜样，要精于讲述项目与众不同的精彩故事，要敢于采取不同方法手段展示项目丰富内涵。需要注意的是，在不同国家地区宣传智力丝绸之路品牌建设过程中，要尊重不同国家、民族和地区的历史文化、价值观和生活习惯等方面的差异，擅于用国际语言讲中国故事，传播中国文化。

参考文献：

[1]谢军.国际象棋项目在中国的发展研究[J].首都体育学院学报，2019（1）.

[2]于殿利.用出版涵养国家文化自信[N].人民日报，2017-12-05.

[3]王子朴，朱亚成.“一带一路”背景下体育赛事发展的价值、困境与策略.北

京体育大学学报[J]，2017（7）.

[4]仇华飞. 一带一路:当下与未来[N].大众日报，2017-05-10.

[5]钟秉枢,何俊等. 基于“补短板”视野下的新时代中国体育强国发展道路探索[J].首都体育学报，2018（1）.

[6]钟秉枢. 从封闭到开放——对中国体育与世界体育互动的思考[J].体育科学，2018（7）.

[7]鲍明晓. 体育大国向体育强国迈进的战略研究[J].南京体育学院学报（社会科学版），2009（6）.

人工智能背景下专家知识经验在教学中拓展应用的研究

谢　军

前　言

个体理解认知水平是决定思维逻辑能力的关键因素，青少年时期是个体思维逻辑认知水平发展最关键的阶段。国际象棋是世界上最有代表性的智力运动项目。研究表明，以国际象棋为代表的智力运动项目对青少年的逻辑推理能力和认知水平提升具有明显促进作用。

2019 年 2 月，《中国教育现代化 2035》中明确指出人工智能技术与教育科研结合的探索方兴未艾，要积极推进新型时代文化教育转型，建设集成化、智能化课堂教学和服务管理平台。在棋类培训领域，随着国家对学生素质教育的重视不断提升，参加棋类项目活动的青少年人群越来越多，校外培训市场规模日益发展壮大。如何高水平开展棋类教学工作，需要不断继承传统教学经验的基础上实现创新发展，与时俱进与科学技术前行的脚步同轨。

前期调研结果表明，计算机辅助技术在国际象棋教学训练中应用广泛，然而，在以计算机为主要工具的教学训练模式中，学习者往往只能看到人工智能技术棋艺软件决策的呈现结果，却不知道 AI 决策判断依据是什么，导致学习者难以获取、理解和掌握棋局发展的知识要素、决策规律和思维推理判断等要领。人工智能背景下科学高效开展国际象棋教学，需要在教育技术上实现创新，学习者能够读懂计算机人工智能软件决策的“内在逻辑”，将有效提升学习效率，大大促进运动项目的普及推广，切实提升人才培养的内核水平。

一、研究背景

（一）智力运动项目具有良好的社会基础

棋类活动是智力运动的代表，我国开展的主流智力运动项目为国际象棋、围棋、中国象棋，三项棋从新中国成立初期就被列为国家正式体育比赛项目，项目独特的魅力和启智益智功效受到社会各界的广泛欢迎和认可。三项棋当中，中国象棋在我国的群众基础最佳，受众最广；围棋在我国历史渊源最久远，文化挖掘和爱好者群体组织工作水平最好；国际象棋是新兴项目，在我国发展速度快，在世界范围内影响力强认知度高。三项棋交替生辉特色各异，呈现良好的发展势头。

2001 年，国家教育部、国家体育总局发布《关于在学校开展围棋、国际象棋、象棋三项棋类活动》通知，要求各级教育、体育行政部门在促进学生全面发展的素质教育过程中，要结合本地区和各学校的实际，有计划、有组织地开展“围棋、国际象棋、象棋”三项棋类活动。该通知的下达成为各级各类教育工作管理和执行单位部门的政策依据，有效促进了棋类运动项目在我国青少年群体里的普及发展。

“国运兴，棋运兴”，国家的改革开放和经济快速发展令我国的棋艺爱好者数量雪球式发展壮大。在这个人群当中，校外培训是市场活跃的主力军和棋类运动项目普及发展的重要力量。国家需要什么样的校外培训？2021 年 7 月 3 日《新京报》《俞伟跃任教育部校外培训监管司司长，建议校外机构开展琴棋书画培训》给出了最好的回答。文中引用了俞伟跃司长 2020 年 12 月出席“2020 在线教育论坛”对校外培训机构“要做学校教育的有益补充，开展音体美、琴棋书画等培训”的要求，作为国家对校外培训监管工作的主要负责人，此观点值得重点关注。可以预见的是，未来一段时间里以全面提升学生综合素质为己任的棋类项目校外培训工作将得到国家政策的倾斜。如何实现高质量棋类活动课外培训教学工作，成为具有极大挑战的新课题。

棋类运动项目普及开展与教育培训市场的工作水平息息相关，以国际象棋为例，在其项目工作推进中注重与国际接轨，对教育培训市场的改革创新和教研工作需求的敏感度最高。这是一个不断成长、有待不断规范提升超越国界的教育市场，2020 年夏天国际棋联与欧洲棋协联手对“国际象棋进学校” 项目的进展情况进行全面调查，2021 年 6 月 7 日国际棋联在官方网站上公布了调查结果。通过对 135 个棋协、39 个国际象棋校园组织，以及 22 所私立和公立学校的 196 个受访对象的调查数据分析，目前全球共有 2560 万名儿童在学校环境中参加国际象棋活动，约 92550 名国际象棋教师和约 145690 名国际象棋指导员在各学校提供国际象棋教学和指导工作。对于制度化（政府支持下，国际象棋纳入校本课程）模式和多样性（以多种方式进行国际象棋教学）模式，受访者普遍认为，挖掘教师培训方面更多潜力将支持国际象棋教育领域的发展。

（二）国际象棋教育发展动态

国际象棋有着智慧的体操和人类智力试金石的美誉。特别对于青少年学生群体，国际象棋的学习训练不仅可以提高学生的棋艺水平和成绩，同时对强化学生学习动机、挖掘学习潜能产生积极作用，教育效果迁移作用明显。

20 世纪 50 年代国际象棋正式列入我国体育比赛项目，被人们视为舶来品。1991 年中国棋手获得女子国际象棋世界冠军之后，国际象棋逐步为国人所了解和接受，教学活动逐步进入我国基础教育领域。2002 年“中国国际象棋高水平后备人才培训基地”首次在基层学校授牌；近年来，众多国内外重点大学优先录取国际象棋特长学生；每年各级各类青少年赛事活动频繁。截至 2017 年 9 月，全国国际象棋特色学校（幼儿园）已逾 400 所；专业从事国际象棋教学工作者数千人；国际象棋青少年爱好者超过 500 万人。整体而言，国际象棋在我国处于蓬勃发展之势，国际象棋的启智益智功能得到社会广泛认可，市场需求不断上升。国际象棋校外培训成为学校教育的有益补充。

国际象棋在苏联从 20 世纪 60 年代开始进入全面学校基础教育课程，提出了以“国际象棋是培养孩子逻辑思维的最好学校” “下棋应成为小学锻炼学生智力的一门基础课程”的教育理念。2011 年 9 月，亚美尼亚将国际象棋列为全国 6 岁以上儿童的必修课；2013 年欧洲议会通过国际象棋列入基础教育体系的议案；2014 年希腊教育部正式将国际象棋纳入全国学校校本课程；2021 年，卡塔尔将国际象棋列为大学正式课程，教学目标和内容以培养学生博弈思维策略为主；美国、德国等数十个国家也将国际象棋列入课本教程内容之一。由此可见，国际象棋在欧美国家的中小学教育实践中占据重要位置。

思维是对棋手的核心品质要求，下棋考量参加活动个体逻辑思维能力，通过棋艺训练对棋手思维品质的提升具有积极的作用。国际象棋活动具有鲜明的启智益智的教学效果，这种效果的根本性质并不拘泥于青少年棋艺水平，而是更多体现在加强学习者的思维逻辑水平。也就是说，国际象棋教育以棋局思考过程和决策为载体，在棋局中充分考验棋手思维的直观性、连贯性、创新性以及想象力和计算力等。通过参加国际象棋活动，棋手思维能力得到有效锻炼，全面提升个体的综合素质。

棋类活动对青少年教育的积极作用在国内外相关研究实验结果中得以验证。国外学者在一项委内瑞拉开展的青少年教学研究和实验表明，通过对超过 4000 名学生的调查，国际象棋学习和训练对提高学生学习成绩作用明显，数学、语文阅读方面均取得明显进步，学生在学业方面获得积极效果与参加国际象棋活动的投入程度呈正相关。我国学者研究认为，在学校有组织地开展国际象棋教学活动对促进学生智力水平和综合素质的提高有积极意义。实验数据显示，学生投入国际象棋训练的兴趣程度和自我成就感与棋艺水平呈正相关；国际象棋训练令学生在耐心、耐挫力、逻辑思维能力及问题实际解决能力方面产生明显变化。国内外学者研究结果均验证了国际象棋在青少年教育领域的积极作用。

（三）人工智能在智力运动领域的研究应用进展

国际象棋活动对学生综合素质提升具有巨大的教育价值，在人工智能飞速发展、互联网高度普及的 21 世纪，国际象棋学习训练中计算机应用已经逐步取代传统人工教学方式。众所周知，伴随人工智能大数据科技飞速发展，在最能代表人类智力活动水平的棋类运动项目中计算机功力尽显。越来越多的国际象棋爱好者借助国际象棋电子产品进行真人对弈、引擎分析和课程学习，国际象棋现代教育技术创新发展需求迫切。

国际象棋人工智能研究有着清晰的发展轨迹。从 20 世纪 50 年代“图灵测试”令人工智能概念第一次出现，此后国际象棋一直作为测试计算机智能与人类智慧水平的参照标准，并逐步拓展到其他智力运动项目当中。1997 年，IBM 开发的 Deep Blue 在国际象棋人机大战中战胜世界最强棋手；2016 年，谷歌开发的 Alpha Go 在围棋比赛中击败男子世界冠军李世石。2017 年 11 月，Alpha Go 的升级版 Alpha Zero 在只输入国际象棋、将棋的规则基础上，通过机器对弈所产生的数据进行深度学习，打败其他顶级水平计算机程序。棋类运动史翻开新的篇章，人类向人工智能学习的序幕彻底拉开。

人工智能在棋类项目上的研发应用具有深远的意义，相关研究成果在*Science*、*Nature*等世界最有影响力的学术期刊上进行专题介绍，人工智能技术在棋类项目上的应用与发展广受社会关注。从长远来看，Alpha Zero提出的算法与大脑运作逻辑相似，意味着这种方法能够拓展到解决复杂的现实世界问题上。机器学习与人工神经网络结合产生了深度学习的应用，深度学习、大规模计算和大数据三位一体融合应用不断深入。

（四）传统教学模式与计算机AI教育在棋类教学上的应用

传统的棋类教学培训模式是培训主要在校内课堂和校外机构办学地开展，其中，学校校园内的课堂棋类教学活动大多是以棋艺知识普及为主，能够培养达到初级水平的棋艺爱好者。更多层次水平、更为广泛的棋类学习活动主要在校外培训机构中开展，校外培训机构教学体系通常设定不同的教学重点和目标，形成不同的教学模式风格和特点：

1. 校外棋类培训机构的不同性质与发展重点

随着人工智能的出现，棋类运动项目的训练和学习方式发生了巨大改变，教师教学不仅仅局限于传统的教育模式，更是可以借助AI技术进行资源更为丰富的多元化棋艺课程教学。那么，AI在棋类运动项目当中棋艺水平和作用发挥到底处于什么样的“地位”？人工智能技术在棋类运动项目教学培训中不断冲击着人们对棋本身的认知。

校外棋类培训机构的工作发展方向及教学重点大致具备以下的风格特点：

以市场为主导的培训机构注重学员数量，将棋作为一种文化普适性活动予以推介，重视教学活动中学员的体验，重点在初学者和低龄儿童。也有学校将培养学生参赛并获奖列为重点发展领域。

以成绩业绩为特色的培训机构重视向学员传授棋艺技能，希望学员通过相对长时间的训练在比赛中取得一定的成绩，借此提升机构的品牌和师资口碑。需要说明的是，一些地方的少年宫、体校和属地棋院也组织类似的培训班。

以竞技专业人才培养为目标的培训机构，这类机构的运营模式类似于韩国和日本的围棋名家道场工作室，强调优秀人才培养，以参训青少年学院成为专业运动员和职业棋艺工作者为重点。通常这样的培训机构存在于一线城市或经济发展水平好的城市，吸引来自全国各地的学员集中学习生活。

以大型综合培训机构业务分支出现的棋类培训平台的发展路径也非常有特色，该类机构的棋类培训活动是大型综合培训机构众多可供选择的方向内容之一。通常，这类培训机构凭借的是多学科生源和场地聚集的优势，棋类教学活动只是其中很小的一部分，很难成为主流教育教学业务板块。

在以上提及的四种培训机构模式当中，前三种以多项棋类活动或某项棋为教学培训内容主体，培训机构的发展对棋类互动具有唯一性和依赖性，第四种比较灵活。线下教学活动开展是培训机构的主要工作开展方式。鉴于棋类项目的体育运动属性，棋局结果以胜负客观呈现的方式，因此在教学实施过程中，学习者的棋艺水平成为影响社会和家长群体评价的重要指标。针对不同需求、不同棋艺水平阶段的群体，培训机构对学员入门到提高阶段乃至后续进入比赛的成绩是筛选最优威胁选手阶段的师资和教学水平成为衡量竞争力的重要砝码。

2. 人工智能应用于棋类项目教学大势所趋

棋艺博大精深！日本棋圣藤泽秀行九段多年前曾说“若棋道有一百，我只知晓其中之七”，这样的感叹在国际象棋和象棋顶尖高手的言论中也曾出现，从中可见棋类项目的博大精深和复杂。刘宇在《AI 时代围棋教育与围棋五阶教学法研究》试图总结出适合 AI 时代的合理、科学、严谨的训练方法概论，研究指出传统围棋培训机构的教学方法多是以老师的个人经验及理解进行授课，但由于教学标准没有统一且教师素质良莠不齐，导致了教学效果易出现南辕北辙。

如何更好地将人工智能技术应用于棋类教学和学习？通过对中国知网进行文献检索数据表明，计算机 AI 技术与未来教育发展领域的研究呈现井喷之势，已经成为近年来的研究重点和热点。特别是将 AI 技术与学习者思维特质结合进行的教学策略研究，被视为实现教育教学模式改革创新的突破口，通过研究报告、专著书籍、论坛讲座、学术专题等多种方式传达最新研究进展，人工智能推进课程教学最前沿的研究方向成为学界研究重点关注领域。

人工智能技术的飞跃令探索棋类运动本质的速度大为加快，人们学棋需要适应从带来了更高水准、更为快捷便利的教育和学习训练模式。但是，计算机仅展示判断结果无法解释判断依据的问题，致使人们在借助计算机进行国际象棋学习时难以充分了解棋艺知识要点和判断规律，无法从根本上提升对棋艺知识的理解水平，难以从逻辑思维水平和认知能力方面实现积极的促进作用。因此，近年来权威棋艺教育专家建议将传统的训练方法与电脑相结合，达到理想训练效果。

（五）人工智能与专家智能结合的“混合智能”呼之欲出

1. 人工智能背景下的学习目标设定

2017年，国务院印发《新一代人工智能发展规划》（以下简称〈规划〉），明确提出教育技术发展要以学习者为中心的教学理念，要包容用户个体差异，提升学习材料实用性和运用性，开发出符合需求的教育类产品。《规划》强调要加强“人机协同的混合增强智能”研究，旨在将人类的认知能力或人类认知模型引入人工智能系统中，开发新形式的人工智能教育模式。

以“人工智能、教育”为关键词在百度搜索，在近千条相关信息新闻报道中对人工智能与教育的研究发展和社会认知情况进行阐述。斯坦福大学计算机博士朱定庄以《人工智能与未来教育》为题进行专家讲座，指出计算思维是人工智能的核心，是运用计算机科学的基础概念去求解问题，包括问题分解、模式识别、抽象化和算法。强调人工智能引入教学领域已是必然趋势，如何把计算思维图示化，转化为眼见的生动的“图式”，成为当下教育的一项紧迫任务。

2. 人工智能背景下实现棋类教学目标的新需求

人工智能在国际象棋教育中有着显而易见的优势，存在不容忽视的问题。研究表明，国际象棋专家与初级水平选手的差异体现在对棋艺知识模块理解和掌握方面，棋局评价分析基础是对棋艺知识模块更高水平的感知，专家棋手表现出对国际象棋知识的精准把握和丰富的经验。人工智能大数据的广泛应用令国际象棋计算机程序在与人类的棋赛对抗中占据上风，但是计算机无法解释棋局过程中的判断依据，缺少对棋艺知识要素的必要解读，令学习者难以从中领会国际象棋的内在规律及知识要领。由此可见，AI+专家智能相结合的混合智能，可能是解读AI决策内涵的最佳方式和载体。

人工智能展示出精深弈棋思路和新的逻辑思维视角，“阿尔法狗”的横空出世标志着人工智能技术的突破。凭借计算机日新月异的硬件性能升级，得益于以蒙特卡洛树搜索为代表的深度算法，计算机人工智能实现了基于大数据决策的自运行决策模式，表现出快速、精准、深远的算力，不同于人类棋手受到个体棋风、能力、思维惯性和临场发挥的影响，计算机人工智能软件在棋局过程中能够做到以棋局的需求来做决策，保持绝对稳定的发挥，且随着软件技术开发水平的提升，在对局过程中实现不断自我完善水平渐进。人工智能水平的提升，令国际象棋软件在与人类棋手的对抗中的水平发挥几乎达到“无懈可击”，占据绝对的优势。

但是，人类的逻辑思维和认知习得与机器的物理结构不同，学习者的知识习得不是通过视觉获取和结果呈现便可以获取，而是需要一个认识、理解、消化和应用的过程，并且在这个过程当中接受教育引导，从而达到学习目标的实现。如同在很多学科当中发生过的情景，例如，AI 可以通过数据算法在数学方面告诉人们 5+6 的结果等于 11，但是 AI 无法告诉孩子们这个 11 是怎么来的，为什么 5+6、7+4、8+3 都可以等于 11，因为简单的人工智能决策结果呈现无法让学习者了解内在的逻辑与道理。棋类运动项目教学同理，国际象棋的学习过程同样如此。以学习者通过 AI 软件学棋为例，受到棋手自身的棋艺水平、基础知识掌握层次、思维水平和知识重点理解把握等因素的影响，绝大多数学习者对于 AI 软件呈现出来的决策结果和建议的行棋着法难以理解内在的规律，无法懂得 AI “思考决策”的门道便获取不到核心知识点，这时就需要能够读懂这些内容的“明白人”把其中的知识点解读出来，为学习者搭建一条获悉 AI 决策依据知识体系的道路。

二、研究意义

（一）教育中的人工智能

人工智能是实施棋类教学的有效工具。在联合国教科文组织教育信息技术研究所（UNESCO Institute for Information Technologies in Education，UNESCO IITE）2020 年 11 月发布的《教育中的人工智能》报告指出，以探讨由于技术的使用及其对教育和人类生活其他领域的影响，教育领域正在发生和正在出现的根本性变化。UNESCO IITE 报告特别强调人工智能在实现个性化学习方面发挥着关键作用，并且从人工智能对利益相关者（学生、教育者、家长、学校领导和管理部门）的积极作用、挑战以及在教育中应用的未来展望进行了分析。需要特别关注的是，在这份权威报告中高度关注学生通过人工智能在不同数据源之间建立联系的能力对实现学习认知水平提升和社会情感技能，以及加强个性化教学的指导、利用人工智能的实时识别和预测功能可以在学生身心健康方面发挥积极作用。报告中指出人工智能不仅不会取代教师，反而会重新肯定教师的角色，帮助教师的专业发展和自我反思。教师和学生是教育实施的主体，UNESCO IITE 报告预测和判断，对未来教育工作的目标实现无疑具有前瞻性和引领性，在棋类教学相关研究和应用过程当中需要引起高度重视。

正确把握人工智能在教育应用中的属性定义和作用发挥是将AI技术发展与人类智慧的优势进行有效结合的关键，要想实现这一目标，首先要回答人工智能是什么，能干什么，应该怎样使用的问题。美国计算与学习科学综合研究中心2020年11月发布报告——《人工智能与学习的未来：专家小组报告》对人工智能的重要优势和劣势、人工智能应用于学习的机会和障碍、人工智能在学习中的新设计概念和应用设想、风险和建议进行了论述，强调人工智能可能会对未来学习产生巨大的影响，对于人工智能在教育中的理解进行了简要的归纳和阐述。首先，人工智能被视为“计算智能”，可以为教育培训实施增添新的资源；其次，人工智能是包括感知、识别模式、表示知识、制定和执行计划等方面的一组正在迅速发展的特定能力，可以被设计成解决方案方便教学者和学习者使用；最后，人工智能可以视为一种开拓未来学习空间的工具。

（二）人工智能在棋类教学当中的理论和实践价值

人工智能辅助教学模式是当下教育模式改革创新的最新成果，将成为未来教育的发展趋势。学生是受教育年龄段的主要群体，将成为人工智能解决方案和服务的主要用户，这个用户群体当中不仅仅包含教育者、管理员和系统所有者分析数据的对象。

从学生学习的角度，学习者对自己的学习方式和思维方式有更深入的了解，就会对自己的教育有更大的能动性和控制力，提高洞察力并加强自我认知了解，形成终身学习的基石。从教师教学的角度，人工智能可以帮助教师快速呈现课业内容、及时获取学生学习情况信息反馈，有效利用数据分析结果，建立个性化教学方案等目标。对于家长来说，人工智能的教学模式方便家长参与了解孩子的情况，在棋艺训练过程中信息获取和资料储存方面具有传统教学方式无法比拟的优势。客观准确的信息有助于家长在参与到孩子棋艺学习的过程中发挥更加重要的作用。对于教育管理者的人而言，人工智能可以将教师和学生活动期间的数据有效覆盖，数据客观反映出周期内教和学的质量，帮助管理者通过数据分析每一位教师和学生在行为、习惯、出勤率等方面的数据，通过数据采集对学生在不同情境下的思维特点和水平。人工智能教学模式方便教学管理者参与了解、信息获取和资料储存，数据客观真实。凭借科学的数据管理分析，对教师和学生在教和学的过程中提供必要干预的支持性见解，对教学效果进行科学预测和目标调整，形成良性作用力。

特别需要关注的是，在人工智能与专家智能结合拓展应用的现实作用方面，相关的研究和现象解读都处于起步阶段，混合智能的功效提升作用受到业界的高度重视。随着科学技术的发展，人工智能被认为是教育实践当中的一个重要变量，近年来有关人工智能与棋类项目教育的研究唤起业内人士的关注，呈现出逐渐增长的趋势。

（三）人工智能技术在棋类培训当中的教与学视角

从可供性视角来看，人工智能在教学当中的优势体现在信息全面，对于规则、知识、计算类内容运用准确，并且相关内容和呈现可以随着 AI 技术升级得以提升，不会出现低级失误；不足之处表现在缺乏情感、态度、价值观等需求，对需要批判思维、创新能力等方面内容难以实现高水平的正确表达，当教学目标、教学内容、教师角色、教学评价等不同环节需要非常规性的任务目标实现时，专家知识经验可以发挥独特的功效。

从学习科学和脑科学角度分析，大脑具有可塑性，不同脑区控制不同功能，表现在专家与新手方面呈现明显差异。以棋局过程为例，下棋是一项需要大脑多个脑区协同完成的高级认知活动，国际象棋和中国象棋均存在专长效应。对局过程中，专家可根据经验进行选择注意，具有视觉搜索优势；专家擅长利用组块进行记忆，以实现对棋子间的位置关联分析判断，而新手则通常关注单个棋子，缺乏全局思维。这种区别随着棋手的棋力水平提升而发生变化，在棋手大脑激活区域呈现可识别认知模式的变化趋势。这意味着，棋手通过学习改善大脑内环境，在从新手走向专家的过程中，棋局技艺的比拼和练习的方法，激活脑区不同部位实现针对性训练效果。

从工程学角度来衡量，可基于人工智能技术与专家知识经验形成产品或教学系统，该系统构建人工智能与专家知识经验相结合，可应用于不同的教学场景，可以复制的模式适用于不同学科，针对传统及线上教学、自学或教师辅助的学习、教师备课或管理、教学资源开发、学习成绩分析、心理素质测评、自动排课等，助力实现个性化学习与教学。

从复杂系统科学视角来认识，教育是一项需要多方面因素共同作用的系统工程，人工智能所重塑的教育景观正在随着科技的进步浮现得越发清晰。在创造中的未来应平衡人与人工智能的关系，理性统合组织、文化、人员、环境，努力打造自适应的教育生态圈，在棋类教学培训领域发挥积极的作用。

人工智能技术在棋类项目上已具备了深度自我学习功能（如 Alpha Zero），依靠机器之间的自对弈、自分析实现技能的快速进化提高。AI 在与人类的棋局较量当中优势逐步扩大，体现出行棋速度快、计算算度深、思考无禁忌、判断精度高等特点，应用在计算机上面的棋艺软件已经成为从业余爱好者到职业棋手平时训练学习的标准配置，在培训机构的群体教学当中应用也较为广泛。

（四）新冠疫情常态化带来变革需求，加快了创新棋类教育培训的转型周期

从 2020 年初的疫情突发而至到逐步转入常态化应对模式，整个地球村上的生活轨迹都受到巨大影响，新冠疫情的全球暴发加快人工智能应用于教育领域的步伐，教育培训市场的经营方式和教学模式都发生了巨大的变化。根据 2020 年中国民办教育协会发布的《疫情期间培训教育行业状况的调研报告》显示，调研涉及全国 31 个省市自治区，152 个城市，其中成立时间在 20 年以上的机构占比 5%，10—19 年的机构占比 22%，5—10 年的机构占比 23%，50% 的机构都是成立 5 年之内。在调查的 1459 家教育机构中，由于疫情突发而至带来的影响，29% 的机构可能倒闭；36.6% 的机构经营暂时停顿；还有 25.4% 的机构经营出现部分困难，处于勉强维持状况。其中，传统的线下培训机构遭受冲击最为严重，线下讲授课程受到防疫隔离和公众聚集条件等管理法规的限制，线下培训课程难以正常执行令招生受阻，学生流失比例严重。疫情令一些完全采取传统模式经营的培训机构陷入严冬。教育教学理念和模式的创新改革成为解决问题的必由之路，培训市场由线下为主转到线上课程，实现教学方式和内容的升级拓展，棋类教学培训线上课程和赛事活动一时风起云涌。

通过不同的教学平台媒介，教师采取多样化的教学方法和课堂指导，围棋授课在线平台如 99 围棋、新博围棋、棋本易、虎牙直播等，国际象棋授课在线平台如钉钉、虎牙直博、zoom、calssin 等，中国象棋凭借着极高的普及率，在抖音、快手、腾讯等极具影响力的网络平台上成为热播题材，实现快速发展。真金不怕火炼，棋类项目的启智益智功能和优秀传统文化的影响力，市场上广大青少年和儿童群体的学棋需求会一直存在。从好的一面来看，突发的疫情让更多的棋类培训机构意识教育模式不是一成不变的，需要更多新的思路、新的方法、新的媒介来服务社会，实现优质教育输出。疫情是一场危机考验，也给了一些培训机构趁势异军突起的机会。在教学培训工作中以线上平台为突破口，以人工智能技术为依托，以个性化服务为特色，实现跨国、跨地域招生，教师借助人工智能技术成果开展课程讲授，成功转型的棋类培训机构业务体量在新理念新模式的有力支撑下实现快速增长。

所以，从更准确意义上讲，新冠疫情既给棋类培训市场带来了挑战，也让人们更加清楚地认识到线上教学市场发展方向，对AI辅助教学的作用有了新的认识，进而思考如何实现教学优质化和学习个性化的目标。新冠疫情既是危机，也是棋类教学培训市场教学升级的契机。

三、研究设计与应用前景

（一）研究设计

以学习者明辨棋理促进思维的需求为引导，突破人工智能大数据背景下国际象棋教育技术智能化与知识化同步呈现的难题，为国际象棋教学训练的智能化发展提供支撑，为相关类型的智能化知识传授教学模式创新起到借鉴作用。

国际象棋的逻辑复杂性和变化多样性令学习者难以准确捕捉到思考的关键线索，通过研究棋手在平时训练学习中容易发生概念不清及临场比赛对局中最容易出现判断失误的知识板块，借助专家的知识和经验将国际象棋计算机程序的判断依据进行具体化的知识呈现，具有较强的线索捕捉和知识引领意义，进而形成范式化知识板块。

1. 研究任务

研究将运用国际象棋专家知识和经验对国际象棋计算机人工智能软件在不同局面中做出的判断进行分析解读和总结归纳，在此基础上综合分析不同类型棋局研判的内在关联规律，由此实现对国际象棋计算机人工智能软件决策规律的专家解读，并在教学中进行步骤化、系统化的运用。在人工智能技术飞速发展的社会背景下，探索人机协同的混合增强人工智能+专家智慧的国际象棋辅助教学模式，初步实现人工智能大数据背景下国际象棋教育技术智能化与知识化同步呈现的目标。例如，当棋局中出现图1的情况时：

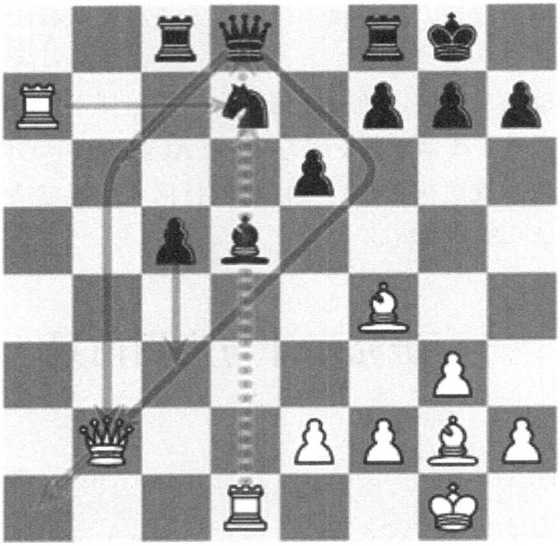

图1　专家解读人工智能行棋的依据范例

在图 1 当中，计算机界面出现棋局状况和棋子位置，并以箭头、线段等方式对棋局接下来的走势进行演示，以供学习者清楚了解棋局进程中需要解决的问题。在这样的情况下，白方通过棋局分析评价做出决策，软件建议白棋下一步走用绿色箭头标记出来的 Qa1。此时，学习者可以看到的是图形示意，但是对于棋艺技能尚未达到一定水平的棋手而言，并不清楚发生了什么。接下来，在本研究开发的人工智能 + 专家智能的系统平台上，计划出现以下文字：

白方走 Qa1 是好棋，因为这步棋能够达到以下目的：

（1）威胁要走 Bxd5；

（2）有效连接位于 d1 车和 a7 车；

（3）打消黑方走 Qb6 或 Qf6 的可能。

本研究设计中，实现将专家的解读用直观的文字进行阐述、解释知识原理和技术关键以及提示后续计划和威胁是什么。这样一来，学习者就会借助专家经验解读清楚知道白方走 Qa1 这步棋的用意，从而达到解读人工智能决策的内涵，回答走这步棋为什么、是什么和计划做什么。

2. 研究路线

本研究将运用国际象棋专家知识和经验对国际象棋计算机人工智能软件在不

同局面中做出的判断进行分析解读和总结归纳，在此基础上综合分析不同类型棋局研判的内在关联规律，由此实现对国际象棋计算机人工智能软件决策规律的专家解读，并在教学中进行步骤化、系统化的运用。在人工智能技术飞速发展的社会背景下，探索人机协同的混合增强人工智能 + 专家智能的国际象棋辅助教学模式，初步实现人工智能大数据背景下国际象棋教育技术智能化与知识化同步呈现的目标。

具体实验手段为：专家对国际象棋计算机程序决策内容的深度分析和知识要素提炼；发现棋局形式与子力位置之间内在关联关系，形成知识性的判断依据；人机协同混合增强智能辅助教学模式预演与实践，初步达到计算机智能走法与专业知识要素同步呈现，实现国际象棋人机协同教学目标的实现。（图 2）

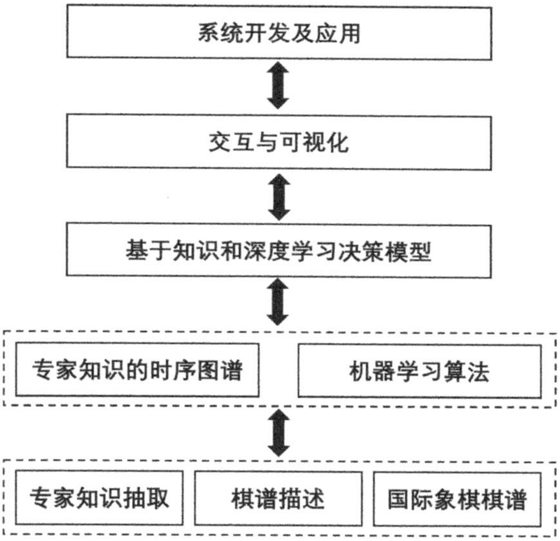

图2　研究技术路线

3. **研究框架**

研发基于专家知识的智能国际象棋学习协同混合增强智能辅助教学模式，设计对比实验验证系统的有效性及用户的学习效果。构建专家知识与棋局动态演化的融合模型，结合预实验反馈信息进行国际象棋兵残局关键知识与棋局演化的融合模型建设（图 3）。

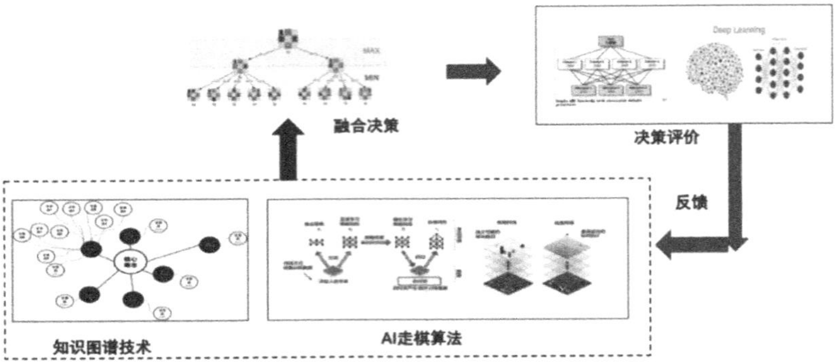

图3　构建专家知识与棋局动态演化的融合模型

通过本步骤研究实现以下目标：

（1）基于专家经验和计算机优化决策的全局评价准则；

（2）根据评价准则形成人机智慧结合的融合决策方案；

（3）对人机融合决策进行评价和反馈。

研究构建基于专家经验知识能力和计算机优化决策教学工具，实现可视化交互作用。将实验成果在国内的国际象棋培训实验基地学校进行验证，结合教学评估反馈进行方案改善，推广新教学方法，提升学习者棋艺认知和逻辑推理水平。（图4）

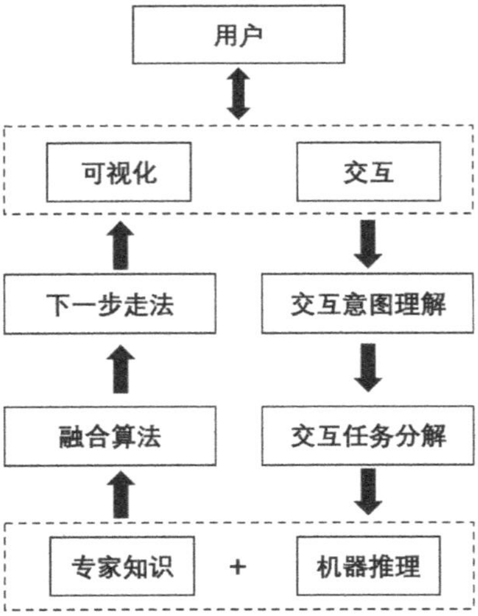

图4　融合专家知识和自主博弈的交互式走棋模型与智能解读

通过该交互式学习走棋模型，实现以下目标：

（1）结合实物和触控交互技术，研究专家知识与机器自主博弈的棋局演化过程的多模态交互模型；

（2）分析研究用户学习行为及学习状态，融合专家知识和经验，构建基于用户意图的走棋模型。

（二）项目创新点

针对国际象棋学习者理解、掌握棋艺知识内涵和AI走棋的思考判断方法，研究从发现和解决问题的原始性、创新性和应用性出发，在研究国际象棋专家知识图谱、棋局动态演化的融合算法和决策机制，设计了国际象棋人机协同智能辅助教学系统。本项目的创新点包括：

1. 基于国际象棋专家的知识提取和知识图谱建模技术

本研究中提取国际象棋专家知识，根据专家对遴选的人工智能走棋知识要素深度分析解读，在此基础上建立图谱模型，这为学习者更好地理解、掌握棋艺知识内涵和AI走棋判断方法奠定了坚实的基础。

2. 基于专家知识与棋局动态演化的融合算法

在专家知识图谱建模和AI走棋算法的基础上，通过新建立的融合算法，形成融合决策机制，将开局中棋局动态演化与专家知识图谱进行呈现。

3. 面向学习者的可视化交互智能教学环节原型

通过建立专家知识和自主博弈的多模态交互模型，研制国际象棋人机协同混合智能教学系统，实现计算机人工智能走法与专业知识要素同步呈现，让学习者更好更快地理解、掌握棋艺知识内涵和AI走棋方法，有效地提升学习者的下棋走法思考和决策能力，提高棋艺能力。

（三）应用前景

人机协同混合智能将人的作用或认知模型引入到人工智能棋类项目教学系统中，提升人工智能系统的性能。计算机思维能够在揭秘人类大脑如何学习方面提供新的视角，实现计算机人工智能走法与专业知识要素同步呈现，让学习者更好更快地理解、掌握棋艺知识内涵和AI走棋方法，有效地提升学习者的下棋走法思考和决策能力，提高棋艺。不断提升学习材料的实用性、适用性和专业性，打造人机协同混合增强智能教学系统是破解难题的关键。

人工智能＋专家智慧的高效组合将成为国际象棋相关领域研究和教育应用发展趋势，国际象棋人机协同混合增强智能辅助教学系统创新教育技术研究成果，提升教学品质，令国际象棋教育在社会价值中得以更好地体现，为人民幸福生活增添更多精彩。

四、思考与建议

（一）思考

人工智能的发展为棋类教学带来很多便利，但是不同忽视的是应用过程中可能产生的弊端和风险。作为教育工作者，我们要思考的是，如何结合人工智能技术与人类自身优势，更新教育理念，研发制作更好的教育技术产品，有效激发学生的兴趣，提升学习效率。面对人工智能技术带来的无限广阔空间，人们需要改变固有的思维方式，从帮助学习者塑造能力的视角创造性开展工作。在棋类教育教学和培训工作中，需要思考并想明白以下几个问题：

第一，科学看待。如何看待人工智能在棋类项目活动当中应该扮演的角色，需要转变传统观念，客观分析人工智能的优势和不足。棋类活动最大的益处是帮助参加者启迪智慧，学会更好地思考，如何捕捉到高水平的人工智能思维规律，进而使用这样的规律影响人的思维模式。

第二，适度研发。如何看待现实生活环境当中人工智能技术全方位超越人类智力水平的客观事实，在教育工作开展中使用人工智能技术服务于学习者的需求。进入到人类向人工智能学习的阶段，如何创造出服务于不同任务需求的AI技术，帮助我们解决人的认知能力提高目标，而不是盲目开发AI功能，退化人的学习和生活能力。

第三，合理使用。回答人工智能会不会替代人类的社会热议问题。人工智能技术的突破无异于为世界带来人力解放的革命，当前很多工作机器和计算机程序都可以完成。在棋类运动教学领域，我们需要做的是把人工智能和人的优势融合在一起，令两个角色的优势都能得到充分的发挥，实现强强联合。何谓合理使用？要看人和人工智能与人类智慧如何无缝地衔接在一起。

第四，分享互动。强调互联网时代人的主体性和创造性，教育的重点从知识、信息获取转向更加注重体验和个体的能力形成。相信未来的人工智能技术将会朝着越来越互动的方向发展，当人们真正实现个体与机器融洽交流，计算机世界构造出来的虚拟状态就发展成为虚拟现实。在这样的环境空间当中，重要的不是学习者看了什么，而是体验到什么、认知到什么、分享了什么，进而通过交互实现充分了解。所以，在这样一个环境中，我们需要不断学习全新的技术，打造个体核心学习能力，根据不同的信息输入进行决策，并作出相应的变化。

（二）建议

人工智能时代给棋类运动带来的最大改变在于精准计算和冷静决策，基于严谨精确深远的计算的 AI 模式，人类对弈的不同棋风功效失去了特色，一些带有冒险性的走法在电脑的精准分析之下显露出弊端，衡量棋局判断和决策的依据主要与准确度相关联。从这个角度来看，AI 的出现会使得棋类运动项目在竞技属性上功能减弱，棋手的弈棋风格向着人工智能棋艺软件的风格靠近。另一方面，正是因为计算机的普及和 AI 技术的进步，人们对复杂的棋局知识内在规律和技术掌握比过去有据可依和更加便捷，可借鉴的资源更多，促使更多人参与到智力运动项目当中。研究提出以下建议：

第一，改变传统教学目标，以培养学生兴趣和独立思考能力为中心任务。采取启发式教学，结合 AI 的判断，附以专家的解读，优化教育教学环境，令学习者能够快速知道自己在对局中表现并结合数据反馈进行对比分析。避免采用填鸭式、大水漫灌式教学，那样只会本末倒置令学棋者对棋类运动项目失去学习和思考的兴趣。在教育中合理开发和使用人工智能，减轻由于过度依赖计算机而产生的惰性思维。

第二，研发棋类项目人工智能辅助教学系统，开拓更广泛的学习应用场景。人工智能在棋类教育教学中应用正处于开启阶段，目前的棋类计算机软件已有网络平台资源大多是以方便学习者使用为导向，对教师教学功能需求拓展的探索还很不够。以人工智能 + 专家智能的模式打造支持教师教学的课堂环境，需要对混合智能教育模式和方法进行更多的研究，以利于开拓更为广泛的学习应用场景。

第三，强化和拓展人工智能在动态学习评价和学生自我考察的研究。现有的棋类教学模式，无论是线上还是线下，不管是采取传统的教师讲授方法还是人工智能技术广泛的应用，都主要体现在教与学方面，忽视了对学习者的科学动态评价和学生自我考察的环节，难以有效激发学生的积极性和独立学习能力。在未来的研究实践工作中，应扩大能够对学习活动的评估和考察环节，跨时间、跨环境在可捕捉的信息范围开展相关工作，确保评估的质量、效度和公平。

第四，制定更为科学的评估依据，加强大数据库研发建设。科学的评估标准和依据是规范开展教学工作的基础，资源充沛的数据库是建设研发的保证，高水准完成相关领域的建设，能够为设计决策提供有效信息，从而实现科学化、自动化和个性化的教育方案。对于评估和政策制定环节，管理者、规则制定者和具体操作者需要学习更新对人工智能功效的认知，考虑到政策执行中可能出现的风险和障碍，切实投入资源到数据库基础建设研发工作当中。

第五，建设健康教育环境，拥抱教育技术更新换代。人工智能的发展改变了棋类运动的训练和教学方式，很大程度上促进了项目的推广普及，加快了学棋者技术水平提升的速度，凸显了信息获取的途径和资源优势，更新了传统的学习和教学方式方法。在这个发展的过程中，棋类项目的教育技术更新换代起到核心的支持保障作用。教育技术升级中的“技术”一词并不特指某个棋艺技巧或者计算机代码技术，更多意味着总体的“趋势”变化，即棋类运动教育培训产业会朝着什么样的方向发展。虽然，我们无法预测人工智能技术在未来的发展轨迹，但是作为应用于棋类教育当中的“技术”而言，未来发展趋势一定沿着融合人类专家智能优势、服务广大使用群体、满足项目发展需要前进。

科技进步为棋类运动项目发展带来巨大的变革，在棋类项目培训教学领域要跟上时代科技发展的节拍，我们需要做的就是不断以开放的心态学习和接受新的事物，拥抱教育技术更新换代，迎接棋类项目更加灿烂的明天。

参考文献：

[1]孙婧.人工智能时代教学价值的变革[J].华中师范大学学报（人文社会科学版）,2021,60（03）:174-181.

[2]董倩.学习科学视角下的棋类教学设计研究[M].杭州：中国棋院杭州分院第八届（2020）中国杭州国际棋（智力）文化峰会论文汇编补充材料,2020：362-377.

[3]专家系统及其在教育中的应用研究https://wenku.baidu.com/view/0eb09abe856a561252d36feb.html

[4]顾小清.人工智能促进未来教育发展[J/OL].教育与教学研究:1-2[2021-05-21].https://doi.org/10.13627/j.cnki.cdjy.20210507.001.

[5]徐莉,梁震,杨丽乐. 人工智能+教育融合的困境与出路——复杂系统科学视角[J].中国电化教育,2021（05）:78-86.

[6]赵广立. 混合智能：人工智能研究的下一站. 中国科学报. 2017.

[7]薛永红，王洪鹏. 机器下棋的历史与启示——从“深蓝”到AlphaZero. 科技导报. 2019（19）:10.

[8]Dabney W, Kurth-Nelson Z, Uchida N, Starkweather CK, Hassabis D, Munos R, Botvinick M. A distributional code for value in dopamine-based reinforcement learning. Nature. 2020;577（7792）:671-5. Epub 2020/01/17. doi: 10.1038/s41586-019-1924-6. PubMed PMID: 31942076.

[9]国务院. 国务院关于印发新一代人工智能发展规划的通知：国发〔2017〕35号[A]. 2017.

[10]世界各国争相把国际象棋列入孩子们的必修课！ 2017 [cited 2020-2-12]. Available from: https://www.sohu.com/a/197022230_771983.

[11]教体艺司函. 关于进一步加强在学校开展“围棋、国际象棋、象棋”三项棋类活动的通知. In: 教育部体育卫生与艺术司、国家体育总局群众体育司, editor. 北京2001.

[12]David I. Poston KKV. The Effect of Chess on Standardized Test Score Gains2019;19（3）:10.

[13]谢军. 国际象棋进入学校课堂的实践研究[D]. 北京:北京师范大学,2005.

[14]Kasparov G. Chess, a Drosophila of reasoning. Science （New York, NY）. 2018;362（6419）:1087. Epub 2018/12/14. doi: 10.1126/science.aaw2221. PubMed PMID: 30523085.

[15]公彦霏. 关于组块机制及其与国际象棋技能之间关系的拓展研究[D]. 上海:华东师范大学, 2018.

苏联国际象棋王国现象探析

林　峰

引　言

国际象棋自15世纪末16世纪初定型为现制起，迄今已经有六百年以上的历史。这六百多年，大致经历了如下五个阶段：

一、文艺复兴时代以后，西班牙、意大利棋手相继在世界棋坛上占主导地位。

二、英国工业革命以后和拿破仑称帝前后，英法棋手百年争霸。

三、德国和美国崛起之时，两国棋手先后称雄。

四、第二次世界大战之后，苏联棋手执牛耳于天下，该国也因此被誉为“国际象棋王国”。

五、进入21世纪，为俄罗斯、中国、美国三足鼎立的时代。

上述阶段中，最令全球注目，或者说最使人们感兴趣的，也许是苏联棋手独霸天下的第四阶段。如果说，当时在国际象棋起源的亚洲还未普及此项运动而无法与世界争锋，那么，国际象棋在欧洲各国风靡已久，何以苏联得能一骑绝尘，遥遥领先全球长达近半个世纪？这真是国际象棋理论界尤其是正在当今世界出色崛起的中国棋坛人士值得探讨与分析并借鉴的一种现象，因此，就有了本文的课题。

本课题的框架由如下部分组成：

（一）苏联国际象棋王国之强盛业绩

（二）苏联棋坛育才之途径和渠道

（三）国际象棋王国之成因

（四）国际象棋王国之文化渊源

（五）统驭世界棋坛之苏联（俄罗斯）国际象棋学派

一、苏联国际象棋王国之强盛业绩

苏联国际象棋王国称霸时期，从 20 世纪 40 年代后期起，一直延续到这个国家解体之时，前后持续了几乎半个世纪。试想，以其一国之力，可以荡平世界：两场不同年代的团体对抗赛，一个国家组成的队伍，可以打败全世界除苏联本国外所有国家组成的联队；无论男女世界个人冠军和团体冠军，都是该国棋手的囊中之物……

自 1948 年和 1950 年，苏联棋手鲍特维尼克和鲁丹科相继登上男女个人世界冠军宝座起（有的资料中，将阿廖欣列入俄国的第一位国际象棋世界冠军。但阿廖欣在夺冠之前数年即已成为法国公民了），此后四十余年，世界棋王棋后冠冕就像世袭财产一样，在苏联人手中传来传去。更有甚者，连世界冠军挑战者也基本上都是清一色的同国籍棋手。其间，唯有荷兰尤伟（1935—1937）和美国菲舍尔（1972—1975）一度打破苏联男棋手的垄断；而女子，直到 1991 年才由中国棋手谢军来接管了这块“世袭领地”。

1990 年 12 月 3 日，南斯拉夫诺维萨德举办的第二十九届国际象棋奥林匹克赛的最后一轮，对于苏联男队而言，仅仅是走走过场，小胜冰岛队以后，便以领先 3 分半的优势卫冕成功。这场团体赛期间，苏联的卡斯帕罗夫和卡尔波夫正在纽约和里昂争夺个人世界冠军头衔，两位世界一、二号顶尖高手的空缺，毫不影响苏联队在 108 个参赛队中轻而易举地捧走哈密尔顿 · 罗素金杯（顺便一提：这次比赛，中国队取得男子第六名、女子第三名的佳绩，这是该赛自 1927 年创办以来中国和亚洲队获得的最好成绩。作为随队工作人员，在见证中国队历史性进步的同时，笔者也是苏联队超强业绩的目击者）。

苏联自从 1952 年参加芬兰赫尔辛基举办的第十届国际象棋奥林匹克赛以来，直至第二十九届，参赛二十届，夺杯十八次，没有捧杯的两次，有一次还是因为 1976 年抵制以色列办赛而拒绝出战。另外，1985 年和 1989 年的首届和第二届世界国际象棋团体锦标赛，也是苏联队包揽了冠军奖杯。

1970 年和 1984 年，南斯拉夫贝尔格莱德和英国伦敦先后举办了轰动一时的国际象棋团体超级对抗赛，一方是苏联明星队，一方是非苏联的世界明星队。每队 12 人，上场 10 人，各赛四轮。两次对抗赛都是苏联明星队获胜，其结果并不令人意外。

苏联在解体之前，它所拥有的国际特级大师数量居世界首位，国际棋联每年公布两次的世界万名以上的棋手等级分名册，最高前五十名中的半数以上总是由苏联人占据，而且名次越往前靠，苏联棋手所占的比例也越高。苏联棋坛群星璀璨，其中既有鲍特维尼克、斯梅斯洛夫、塔尔、斯帕斯基、彼得罗辛、卡尔波夫、卡斯帕罗夫这些世界冠军称号持有者，还有龙虎大将凯列斯、布龙斯坦、盖列尔、泰曼诺夫、科托夫、斯坦因、波鲁加也夫斯基、科尔奇诺依、伊凡邱克、盖尔凡德、希洛夫、沙洛夫、尤苏波夫、巴里也夫、德里也夫、克拉姆尼克及其他许多杰出人才，正是他们，保持着苏联（解体后，即是俄罗斯。就像接替苏联成为联合国安理会常任理事国一样，俄罗斯接过了苏联“国际象棋王国”的旗帜）在世界棋坛上的霸主地位。

二、苏联棋坛育才之途径和渠道

“请问，苏联棋手何以能把持棋坛，历久不衰？”

笔者作为中国国际象棋队的管理层成员兼新华社特约记者，曾向苏联国家体委国际象棋司司长克罗基乌斯发问，那是 1991 年 3 月北京举办第二届国际象棋公开赛期间。

来华亲自参赛的克罗基乌斯乃是中国人的故交。早在 1965 年，这位集领导、特级大师和理论家（代表作是《国际象棋心理学》）三职于一身的他，就以苏联代表团一号棋手的身份和中国棋手下过棋。对笔者的提问，他像背书一般侃侃而谈，显然，这样的问题对于“国际象棋王国”的统帅来说，已经不知回答过多少次了：

“原因很多，主要是两条。其一曰‘国家重视’（党政工团青妇学校分头抓）；其二曰‘群众基础广泛’（注册棋手 400 多万人，参加各种比赛有 4000 多万人）。”

这是书刊报章中常能见到的答案，这里，还能具体化地作如下补充：

苏联建立了一整套体系，建立起一座巨大的金字塔，底层是数百万的爱好者，顶层则是世界一流的大师。政府提供了充裕的资金，确保全国从城市到乡村、从军队到工厂都有国际象棋俱乐部。尤其重要的是，国家为发掘和培养有才华的小棋手，专门在少年宫建有完整的培训体系。

（一）出色的训练网络

全国各地的少年宫和学校国际象棋训练班，是培养和发现“棋苗”的“巨大温床”，由于培训与选择的覆盖面广，天才棋童不易“漏网”，而能得到逐级输送和深造。

至苏联1991年解体之前，全国中小学、高等学校中，就已有国际象棋运动员400多万人，这里指的是定期参加比赛、学习和训练的棋手。

自20世纪40年代初开始的将近50年，青少年棋手每年都参加少儿俱乐部组织的群众性比赛，这些联赛的决赛一般都在暑假里进行。苏联有成百上千个国际象棋俱乐部，其中有许多是非常大型的，例如莫斯科的中央俱乐部，列宁格勒俱乐部，第比利斯、埃里温、里沃夫市的国际象棋宫，布列斯特、列宁纳坎、斯维尔德洛夫斯克、平斯克市的棋院和塔林市的凯列斯棋院，等等。

在俄罗斯国际象棋协会的日程上，有两项比赛特别引人注目，这就是“白车”俱乐部和少年宫队的国际象棋比赛。之所以会特受关注，并非因为参赛胜利者能获得很高的等级称号和证书，而是因为这是独具特色的“希望之星比赛”，未来的大师和各类大赛的冠军通常在这里初露头角。

有浪漫特色称号的“白车”俱乐部成立于1968年，该俱乐部的创始人是著名儿童作家列夫·卡西里。他在《少年真理报》编辑部的一次会议上说道：

“我完全赞同苏霍姆林斯基（俄罗斯著名教育家）的看法，国际象棋是培养儿童的一种最好手段，我们为什么不利用这个手段呢？”

在卡西里的积极推动下，国际象棋俱乐部初具规划。“白车”俱乐部的组织者考虑到这一比赛应该有利于选拔培养少儿人才，所以初赛对象是三年级的男生和女生。学校派出最优秀的少先队棋手获取区比赛的参赛权，出线者再参加市、州和共和国的冠军赛。经过严格公正的层层选拔，最后选出参加全国国际象棋少年冠军赛的棋队。

“白车”国际象棋俱乐部要求只有学习成绩良好的学生才能参加这项比赛。

在每一学年中，从9月到次年5月，全国举行共和国强队资格选拔赛（每队包括4名男生和1名女生），这些强队从15个加盟共和国、莫斯科和列宁格勒产生，总共有100多万参赛者参加角逐。

6月，当暑假开始时（俄罗斯中小学的暑期，从6月1日始，至8月31日止），17支优秀棋队来到决赛赛场。这次比赛要决出“白车”俱乐部赛全国冠军，并给冠军队授予荣誉奖。

棋史上第七位世界冠军米哈依尔·塔尔曾感叹道：

“我在一年一年地变老，棋赛也在变老，只有‘白车’不老。”

他的感慨不是文字游戏。虽然至1991年苏联解体之前，“白车”俱乐部已历经30多个春秋，但是“白车”俱乐部比赛的参赛者年龄从来都不准超过14岁。这是该赛组织者的严格规定。

另一赛事，即少年宫队国际象棋普及比赛，从形式和内容上也都颇吸引人。

最初，此赛和“白车”俱乐部一样，由在各少年宫学习的少年棋手组成棋队参加迎接决赛的选拔赛，确定决赛人选。

1972年，这项引人注目的比赛首次亮相，成为国际象棋历史上的少年赛事浓墨重彩的一个闪光点。

比赛最后阶段，棋队（6名男生和1名女生）在特级大师（队长）的率领下，同其他所有棋队下循环赛，以队长和他的队员得分多少决出最终的总冠军队。这样一来，特级大师们和孩子们真正在一起角逐了。

在这样的比赛中，孩子们能在平等条件下和世界上最强的棋手比赛。世界级的特级大师米哈依尔·纳多尔夫，他的运动生涯就是在列宁格勒少年宫开始的。他曾感慨地说：

“这里有最老和最年轻的参赛者，年龄相差在半个世纪左右，这种比赛形式使两极棋手都参加。孩子们有足够时间思考，如同在与自己的同龄棋手对弈。”

特级大师们不仅是对手，更是老师，比赛的共同特性使孩子们和他们紧紧联在一起。

这是非常美妙的组合，父辈和孩子们的代沟问题，在国际象棋中得到圆满解决。

棋史上第十三位世界冠军卡斯帕罗夫曾动情地说：

“少年宫非常需要比赛，俄罗斯棋校是最好的传统棋校之一。和著名棋手在一起是新手们最高兴的事情。少先队员直接向特级大师学习，看他们如何走棋。我忘不了米哈依尔·塔尔（前世界冠军，比卡斯帕罗夫年长27岁）同我握手的那一刻。”

1980年时，该赛就有870个少年队参赛。

值得指出的是，卡斯帕罗夫曾五次参加少年宫棋赛决赛，两次在阿塞拜疆首都巴库少年宫表演。这位被誉为“棋坛巨无霸”的多届世界冠军获得者，曾当过巴库少年宫国际象棋队的队长。

“白车”俱乐部赛和少年宫队普及比赛两大少年赛事，是真正的国际象棋棋艺培训学校，孩子们由此受到了锻炼，检验自己的知识和智慧，并学习集体主义精神。

例如将第一届（1969年）的参赛成员的技术等级和1990年的参赛成员对照，后者大致都已拥有苏联候补大师和一级棋士的称号。

这一事实，有力证明了少年参赛者棋艺水平的提高。在“白车”俱乐部和少年宫队比赛期间，有很多特级大师和大师来教授国际象棋的战略和战术。他们之中有男子世界冠军卡斯帕罗夫，女子世界冠军奇布尔达尼泽，特级大师阿·索科洛夫、尤苏波夫、多尔马托夫、马卡雷切夫、沙洛夫，女子世界冠军挑战者约谢里阿妮，还有第一届“白车”俱乐部参赛者、特级大师阿兹曼依帕什维里及其他许多著名棋手。

1973年，“白车”俱乐部的决赛是在顿河岸上的古城伊斯马伊尔的列宁格勒第一学校举行的。最小参赛者、年仅9岁的华列里·沙洛夫吸引了众人的视线。人们发现该名儿童对每局棋都严肃认真，在防御局面中表现顽强，而且残棋也走得相当不错。到比赛闭幕式时，沙洛夫被授予“体育比赛拼搏奖”。此后沙洛夫又三次进入“白车”俱乐部决赛，在每一次新的比赛中，他的棋艺水平都有显著提高。他是从二级棋士开始运动生涯的，至1977年参加决赛时，他已经是候补大师中的领衔者了。此后，沙洛夫进入列宁格勒大学读书，并以优异的成绩毕业。与此同时，他晋升特级大师，并在全国和国际比赛中崭露头角。他是在20世纪八九十年代中少有的曾战胜过两卡（卡尔波夫和卡斯帕罗夫）的世界级棋手。而且，他还是一位杰出的教练和棋艺理论家，也是苏联国际象棋学派很有影响的代表人物之一。沙洛夫的情况，只是苏联“白宫”俱乐部和少年宫队两大少年赛事中引导和开发出的诸多成才者的案例之一。

值得一提的是，2002 年，为更快提高中国男队水平，笔者以中国国际象棋协会代表的身份，特邀沙洛夫来华，在天津南开大学，以当时堪称先进的多功能媒体技术设备，为中国青少年精英成功进行了为期一个月的封闭式强化集训。中国棋院院长陈祖德特意为此召集了围棋队高手，来听取由笔者与国象队教练李文良介绍聘请高级外教集训的成功经验的讲座，以期有力促进高水平棋手更上层楼。优质培训的新思路，不仅对国际象棋、对围棋精英也深受启迪，反响非常热烈。当年参加集训的倪华、卜祥志、王玥、王皓等这几位 80 后，进入 21 世纪后，都成了为中国夺得世界团体冠军的中坚力量。

中国棋协欢迎沙洛夫（右三）

（二）强大的教练队伍

苏联的体育学院，都开设国际象棋专业，由高级教练、列宁勋章获得者、棋史上第六和第七位世界冠军鲍特维尼克、斯梅斯洛夫等在国立莫斯科体育大学任教，多年来已经培养出诸多棋艺高超、理论精深的优秀教练。

全国从事棋艺教练工作的有数千人，教练员素质甚高，除本身要有一定的技术水平外，还必须接受棋类专业的高等教育。苏联高级棋手都有教练甚至教练班子。

（三）丰富的理论资料

全国发行的国际象棋刊物有 5 种。此外，各共和国均有地方性读物。苏联出版的国际象棋书籍是全世界最多而且价格最低廉的。

在苏联体育科学研究所，有一组专门从事科研工作，每年就国际象棋专题进行论文答辩、出版科学文献和答辩文章。人们对于俄罗斯教育科学院“关于国际象棋”方面的研究很是重视，国际象棋书籍的出版工作及广播电视宣传的规模也很大。举例来说，《农村生活报》举办的通讯赛即有近 7 万国际象棋爱好者参加；在俄罗斯国际象棋协会和俄罗斯体育杂志社举办的国际象棋模拟比赛中，则有 18 万多名运动员们寄信参加报名。

在 20 世纪 40 年代初起的半个世纪里，苏联出版的国际象棋书籍接近十万种，数量之多可以说是全世界之最，且分别有多种民族文字出版。

（四）频繁的出访比赛

有关部门一旦发现“雏鹰”“幼凤”，就帮助其到国外“振翮展翅”，让良苗去广泛接触不同风格的高手，经受多种规格规模的赛事历练。例如在 1978 年 17 岁时就获得女子世界冠军的奇布尔达尼泽，在其刚满 20 岁未久，就已经在 10 多个西方国家进行过比赛，并访问了亚洲和南美洲，此后更是经常参加各种男子高级别的国际比赛。

三、国际象棋王国的成因

为了对“国际象棋王国”现象进行研究，探索其长盛不衰的奥秘，即棋国的成因，了解它的过去是很有必要的。

第二次世界大战刚结束，苏联棋手以迅雷不及掩耳之势令人折服地横扫了国际象棋之岭。对于苏联棋手称霸天下现象的形成，有家英国杂志作如是评论：

“俄国冬季漫漫，其民众无所事事，遂围坐炉前，以弈为乐。”

对此，苏联著名棋艺理论家、国际大师帕诺夫在他的《苏联国际象棋学派》一书中反驳道：

“倘若如此，爱斯基摩人的棋艺也许更佳。”

国际象棋为什么会特别受到某些民族的喜爱或是冷遇，如果能探究一下个中原因，颇有意味。

近期在某微信公众号[①]中读到："俄语，具有训练逻辑逻辑推算能力的基因。俄罗斯人只要说话，就如同在做数学题，每个单词都像公式一样，要转置成正确的形态，再被填充到合适的位置。于是，俄国人在这种与生俱来的思维训练中，都练就了过人的逻辑推算能力，这也就是为何俄罗斯会盛产数学家、国际象棋大师，和天才程序员或者神级黑客，以及金融市场'大鳄'级操盘手的原因。

"而反过来，母语为汉语的人，往往有着天马行空的整体式发散式思维，不按有板有眼的逻辑出牌。因而，国际象棋水平再高的俄国人，遇上围棋这种不能用线性逻辑去理解的游戏，也会一筹莫展。"

得到更多人认可的原因，还是如棋史上第三位世界冠军，古巴棋艺巨擘卡帕布兰卡在1935年即已指出的：

"近10年，世界范围内的国际象棋运动水平无论取得了怎样的进步，这种最大的进步总是集中发生在苏联，该国政府将国际象棋作为促进文化事业发展的一种手段，因此取得了其他任何国家都无法企及的成果。"

就在20世纪30年代，国际象棋开始跨进鼎盛年代的时候，著名苏联导演波道夫金摄制的电影《国际象棋热》中，卡帕布兰卡亲自出任了一个角色，他走上莫斯科大街，身后是棋手们组成的一支长长的队伍……波道夫金拍摄这部电影的动机，源于一个历史事件的激励：1925年，在莫斯科首都大饭店，第一次世界大战和十月革命后第一次国际锦标赛正在进行。如潮的人群堵在饭店门前，都想挤入赛厅一睹为快，而场内却仅有1500个席位。为了维持好场内外秩序，当局无奈只得召来一批骑警，在前挤后拥的人丛中不断吆喝：

"散开，快散开，棋局已经和了，和了！"

莫斯科首都大饭店门前，时见人山人海，公众聚精会神地聆听着广播喇叭中传出的比赛实况，这情景正是国际象棋具有广泛普及获得千百万棋迷青睐的一个缩影。也正是在这样的社会背景下，代代涌现出了如鲍特维尼克、斯梅斯洛夫、布龙斯坦、凯列斯、盖列尔、彼得罗辛、塔尔、斯帕斯基等等棋坛精英。

1. 棋弈流行的悠久历史与多民族人才的融合

国际象棋在俄国有悠久的传统，考古工作者在距圣彼得堡不远的诺夫哥罗德

① 文字见哈尔滨北方棋馆微信公众号转载的文章，未注明原作者。

市挖掘出大约产自公元13世纪前后的一些棋子。还有一些考古学者声称：他们发现的棋子是公元2世纪或更早的。

然而，在中世纪时期，由于俄罗斯东正教认为博弈有罪的观念，国际象棋是被排斥而禁止的。一直到了16世纪，因为宫廷中逐渐流行国际象棋，国际象棋被视为高雅技艺而引入社交聚会。俄罗斯沙皇从首任伊凡雷帝大帝始，到他之后的几代继任者，都很爱好国际象棋。根据史书记载创作的名画《伊凡雷帝大帝之死》，显示了老沙皇至死都不曾离开国际象棋——

第一本俄语国际象棋书，即出版于凯瑟琳大帝统治时期（1762—1796），是美国开国元勋之一富兰克林撰写的《棋品》（*The Morals of Chess*）的译文。

虽然，俄国的地理位置离东方更近些，有些棋子的名称至今仍然沿用波斯（现为伊朗）的旧名，但是现代国际象棋却是从西欧传入俄国的。这项运动很快赢得了民众的兴趣。即使在1919年和1920年的饥馑年代里，也从未停顿过，其时，莫斯科国际象棋冠军赛和全俄罗斯国际象棋奥林匹克赛相继揭开战幕。后来成为棋史上第四位世界冠军的阿廖欣双管齐下，独得两项冠军。

应该指出的是，俄罗斯帝国吞并了数百个国家和种族，因此，很多国际象棋大师其实并非俄罗斯族。

例如19世纪出现的第一批俄罗斯大师，其中最具影响力的彼得罗夫，著名的彼得罗夫防御（即俄罗斯防御）创造者，他编撰了俄文最早的国际象棋对局选评集，他的陪练伙伴雅尼什即是出生于芬兰的理论家。

第一位扬名世界棋坛的俄罗斯帝国棋手温纳维尔，则是波兰犹太人。他参赛很少，但首次参加国际大赛，即夺得亚军，比后来成为首位世界冠军的斯坦尼茨得分更高；对国际象棋理论也有贡献（例如创作了法兰西防御中一个主要变例）。

1920年归入苏联的亚美尼亚，历史上一直受到强大的邻国侵扰，而在此过程中，国际象棋也因此被罗马、波斯、阿拉伯等入侵国早早带进了亚美尼亚。12世纪以后，国际象棋已经出现在亚美尼亚的历史文献手稿中。因此，这个小国中的国际象棋爱好者很多，自然也由此产生了杰出的大师。

19世纪初期，国际象棋的领军人物是卡斯帕尔扬，亚美尼亚全国冠军获得次数最多者，并数次进入高手林立的全苏锦标赛。他是国际棋联的首批国际大师称号获得者，并出版过多部棋艺著作，还是获得排局特级大师称号的第一人。

后来成为第9位世界冠军的彼得罗辛，与卡斯帕尔扬一样，也是亚美尼亚人，而在格鲁吉亚进军棋坛。他赢得与卡斯帕尔扬的对抗的那场胜利，被认为是亚美尼亚两代棋杰的接力。他在世界冠军赛中的胜利，再次推动了亚美尼亚的国际象棋热。至今，彼得罗辛仍被视为亚美尼亚的民族英雄。

有意思的是，1991年，最后一届全苏锦标赛冠军获得者米纳西扬，也是亚美尼亚人。

至19世纪末，出现了第一个挑战世界冠军的俄罗斯人奇戈林。他与当时的最强棋手进行过四场对抗赛，其中两场即是世界冠军赛，奇戈林向棋史上第一位世界冠军斯坦尼茨挑战。这几位俄罗斯棋手的领头人，已名列世界最佳棋手行列。1880年，奇戈林创办的国际象棋棋社就是后来苏联国际象棋棋校的前身。

1853年，圣彼得堡创设了俄罗斯第一个国际象棋俱乐部，其会员中有文学家托尔斯泰、屠格涅夫和塞尔托科夫、西奇金等。其会章第一款开宗明义，规定俱乐部的宗旨是为了弘扬“高贵和启迪人心的国际象棋艺术”。

2.举国体制的全民国际象棋运动

苏联的全民国际象棋运动，大致始于20世纪20年代初。

此前流传的说法是：国际象棋运动在苏联普及，功归列宁的着力推广弘扬。他揭示了“国际象棋是智慧的体操”这一名言，而且是这项运动在苏联最积极、最主要的倡导者。“十月革命”胜利后，他被选为莫斯科国际象棋协会名誉主席，领到了第一号会员证，并在苏联全国范围内大力提倡开展国际象棋活动。列宁曾多次在广大群众主要是工人中普及国际象棋的必要性，指出这有助于使他们摆脱沙俄时代遗留下来的酗酒、迷信和斗殴等不良习惯，是建设社会主义精神文明的

列宁（右）在高尔基的意大利的别墅与博格达诺夫下棋

有效工具。由于列宁的不懈努力，促使国际象棋在苏联不仅成为占突出地位的体育项目，而且也成为人民大众文化生活的重要组成部分。无产阶级革命诗人马雅科夫斯基在著名的长诗《列宁》中有这样的描绘：

> “他爱下国际象棋——国际象棋对领袖更加有用，他由下棋转而对真正的敌人发起进攻，他把昨天的‘小兵’工人阶级升变为‘王后’，在那资本主义监狱的‘城堡’（即‘车’）上建立起无产阶级专政。”

而较新的研究认为：国际象棋大师吉涅夫斯基乃是这场非凡运动的创始人。吉涅夫斯基大师是布尔什维克高级官员，20世纪20年代初期负责军事教育时，决定将国际象棋纳入这一计划，从此奠定了著名的苏联国际象棋学派的基础。

无论如何，一如德国《国际象棋消息报》所指出：

“苏联政府宣布国际象棋具有文化教育功能，这是很了不起的举措。由于得到国家的有力支持，国际象棋已成为一门艺术，这种现象在全世界是独一无二的。”

自20世纪20年代始，苏联国际象棋出版物得到进一步复兴，书籍和期刊，从俄文的，后来又扩展到格鲁吉亚语、乌兹别克语等其他语言。月刊《苏联棋弈》即于1921年在列宁格勒（现圣彼得堡）创刊，一直延续到1991年苏联解体。

令人感奋的是，1941年冬天，就在德国纳粹的军队兵临城下，已逼近伏洛科拉姆斯克时，莫斯科红场在举行十月革命24周年庆祝大典，斯大林镇定自若地检阅红军；而在离莫斯科不远处，莫斯科国际象棋冠军赛同样在有条不紊地进行。

第二次世界大战后，社会一旦回归和平，已曾经历全民普及培训近廿年的苏联国际象棋便是厚积薄发，人才辈出。这一智力运动与芭蕾同被俄罗斯人视为民族文化的骄傲。

四、国际象棋王国的文化渊源

（一）托尔斯泰与国际象棋

19世纪的俄罗斯，涌现出不少杰出的文学家，这些文学家几乎都有一个共同的爱好，就是热衷于下国际象棋。除了屠格涅夫、托尔斯泰棋艺不凡外，普希金、莱蒙托夫、赫尔岑、陀思妥耶夫斯基、车尔尼雪夫斯基、别林斯基都是棋迷。

“所有富有文学艺术细胞的俄罗斯作家（包括被沙皇当局抓去坐牢或流放的那些作家）都喜欢下棋”，这也应该算是苏联国际象棋的文化渊源吧！

“年青时下棋可以锻炼思维能力，加强记忆，培养坚强的意志；中年时下棋，是一种快乐和美的享受；到了老年，下棋则是一种最好的休息了。”

以上是被誉为世界文学史上最杰出的大文豪列夫·托尔斯泰的弈棋观。

托尔斯泰自幼喜好国际象棋，并把这个爱好保持终生。在大学读书时，他把下棋作为锤炼智力的必修课，每天坚持用3小时来钻研。

在他成为一名军官时，结识了一位叫乌鲁索夫的棋友（数学家兼当时俄国最佳棋手之一），两人经常对弈，这使托尔斯泰的棋艺大有长进。在军队供职期间，有一次托尔斯泰因下棋至深夜，翌晨未去值勤，以致被指挥部关了禁闭，还被取消已决定授予他的十字勋章。在克里米亚战争期间，他的好友维列索夫受其爱国热情的感染，竟天真地向上级提议，向英国人挑战——下一盘国际象棋，以胜负决定一道数度易主的战壕的归属。

1857年，托尔斯泰侨居国外，他经常同另一位文豪屠格涅夫切磋棋艺。每次他们见面，必先手谈数局，然后才探讨文学上的问题。经屠格涅夫介绍，他还参加了当时的"圣彼得堡棋艺研究社"。

1894年，66岁的托尔斯泰曾经想撇下巨著《复活》的写作，专程前往莫斯科观看拉斯克向斯坦尼茨挑战的世界冠军对抗赛，后经朋友力劝，才怏怏作罢。

著名的作曲家和钢琴家斯·伊·塔涅耶夫，也曾是托翁的棋友。

自1908年起，托尔斯泰常年居住亚斯纳亚—波利亚那。那些拜访他的座上客都成了他棋枰厮杀的对手。

托尔斯泰与妻子索菲亚相识于国际象棋沙龙。在日记和给其妻子的信中他都曾说道：

"我爱下国际象棋，因为这是一种很好的休息。虽然它要我们动脑筋，但是别有情趣。我一生不可能没有国际象棋、书籍和打猎。"

托尔斯泰在他的名著中有多处写到了国际象棋，他用棋局来解释拿破仑兵败莫斯科城下的道理，意味隽永，耐人寻味。

根据波兰人写的一本棋史上记载，托尔斯泰还是一位很有天赋的战术型棋手。托尔斯泰在自己的日记里，写下了这么一句警言：

"不应全力于取胜，而应创造有趣的战术组合。"

托尔斯泰的棋艺是从真正有才华的棋手们中间磨炼出来的。在塞巴斯托波尔围攻战期间，托尔斯泰与谢尔盖·S. 维列索夫王子下了好多局棋，而那位王子是19世纪俄罗斯最强棋手之一。

托尔斯泰和传记作者莫德之子下棋

托尔斯泰的有些棋局保留至今，其中一局是在年逾八旬高龄时与他的传记作者英国人埃·莫德所下，他以王翼弃兵起步，仅十九回合便使对方拱手认输。从中可以发现，他宝刀未老，风姿不减当年，在晚年时仍然保持有清晰的思辨能力。

（二）屠格涅夫与国际象棋

在19世纪杰出的文学家中，国际象棋棋艺最佳者，当属伊凡·谢尔盖·屠格涅夫。

早在少年时代，屠格涅夫就迷上了国际象棋。有一次，他在一家咖啡馆里看人弈战，见那位年轻的胜利者棋艺不凡，便鼓起勇气提出向他讨教几番，但很快连输3局。对方善告屠格涅夫，要提高棋力，必须懂得开局理论。于是，屠格涅夫决心下功夫研究国际象棋理论，他阅读了大量棋书，还订阅了英国的国际象棋杂志，不久之后，果然棋技大有长进。

成年后的屠格涅夫在文学创作之余，经常深入钻研各种开局书和对局谱，并勤奋解答棋题，因此棋艺渐趋精进，他同俄罗斯本国及其他国家的不少优秀棋手（如意大利一流棋手杜布阿等）有过交流。侨居巴黎期间，屠格涅夫常在摄政咖啡馆与著名棋手对弈，切磋棋艺。

1861年，已具备了相当实力的屠格涅夫，在巴黎与波兰的职业棋手马斯楚斯基下对抗赛，战绩是胜 1 和 2 负 3。一年以后，在巴黎摄政咖啡馆举办的有 60 位棋手参加的联赛中，屠格涅夫获得亚军，冠军是菲利多尔的老师、法国著名棋手里格尔。1870 年，在德国举办了有棋坛名宿安德森和未来的世界冠军斯坦尼茨等名将参加的国际大赛。屠格涅夫是这次大赛的组织者之一，担任赛会副主席。

爱棋、擅棋的屠格涅夫作品中多次出现生动而又细致入微的描写弈棋的场面。例如在著名的中篇小说《不幸的姑娘》中，就精心刻画了一个擅长下棋的男主角。有一次屠格涅夫乘船远赴德国，在船上与一位棋艺高超的富翁连续苦战四天四夜。突然船上起了大火，多亏船员抢救，屠格涅夫才幸免于难，那位富翁棋友却紧抱着装有黄金的盒子坠海而死。这段经历给屠格涅夫留下了难以磨灭的印象，他把这次充满传奇色彩的对弈写进特写《海上大火》中，栩栩如生地刻画了一个既嗜棋成癖而又爱财如命的典型人物形象。

（三）爱好国际象棋的俄国作家群体

俄国作家中爱好国际象棋者可谓众多。前面介绍了托尔斯泰和屠格涅夫两位大文豪兼棋艺高手，而文学家派斯脱奈克棋艺也不俗。除了这三人之外，值得提及的有以下几位：

大诗人亚历山大·普希金是个“棋痴”。在他的书房里藏有不少棋书，其中包括菲里多尔、彼得罗夫等棋家的著作。普希金对棋的爱好也在他的作品里得到反映。例如在著名长诗《叶甫盖尼·奥涅金》第四章里，生动地描写了连斯基下棋时如何一时糊涂，错用自己的兵吃掉自己的车的情景，刻画得极为传神。1832 年 11 月底，普希金在给妻子娜泰莉娅的一封信里说：

“亲爱的，学棋吧，这是理想家庭中绝对必需的。”这一名言也是相当精到和准确的。

遗憾的是，国际象棋还不足以赢得娜泰莉娅的心，由于她的用情不专，普希金不得不参与了一次殊死的决斗，时年 37 岁的世界级大诗人，即刻就倒在他的情敌的剑下。劫数降临之前，他还在以棋消磨最后的时光。

名家还有如莱蒙托夫（与他的前辈普希金一样，这位杰出的诗人也在决斗中丧生），代表作为《罪与罚》、被鲁迅先生誉为“颤抖地拿着一把灵魂的解剖刀写作”的文豪陀思妥也夫斯基（圣彼得堡国际象棋俱乐部的会员），出色的文学评论家别林斯基、“俄国社会主义之父”赫尔岑、贫民出身的大文豪高尔基（有图片资料证明，他是列宁的棋伴），也都喜好下棋。

俄罗斯革命民主主义者车尔尼雪夫斯基更是一个大棋迷。1849 年，他曾在日记中表达了这样的愿望：

“要是能更经常下国际象棋，那该多好！”

车尔尼雪夫斯基在名著《怎么办》里，描写了像他本人一样“爱下棋胜过散步”的人们。1862 年 1 月，车尔尼雪夫斯基在圣彼得堡组织了一个国际象棋俱乐部，其成员包括当时的许多进步人士，如诗人涅克拉索夫等。俱乐部成立不久即受到沙皇当局严密监视，因为这么多进步人士聚集在一个团体里，这是反动统治者不能容忍的。1862 年 6 月 8 日，这个成立还不到半年的国际象棋俱乐部就被当局下令查封了，它的许多成员被捕，另一些被驱逐出俄国首都。

但是，国际象棋已经成为俄罗斯民族的一个重要文化符号。

五、统驭世界棋坛的苏联（俄罗斯）国际象棋学派

（一）概述

第二次世界大战结束以后，苏联兴起了一个世界上前所未有的国际象棋的普及和提高双管齐下的运动。为说服政府能予准许，使国际象棋得以在苏联社会中占有特殊的重要地位，以鲍特维尼克、斯梅斯洛夫、塔尔、斯帕斯基、彼得罗辛、卡尔波夫、卡斯帕罗夫等世界冠军称号获得者为代表，和诸多高级棋手勇猛精进，

持续创造出了令世人惊叹的辉煌战绩。与出众的实战业绩同时创建的苏联（俄罗斯）国际象棋学派，也在世界国际象棋棋艺理论领域占据高屋建瓴的统驭高峰。

毫无疑问，国际象棋在苏联社会占据重要地位这个目标，已经谱成了完美的历史篇章。直至1991年秋苏联解体之前，苏联“国际象棋王国”稳稳保持了半个世纪左右的世界棋坛霸主地位。

苏联（俄罗斯）国际象棋学派强调发挥棋手的主观能动作用，其风格面貌的特点是：

（1）力争主动。

（2）勇于战斗，不主动求和。

（3）积极防御，时刻寻求反击机会，苏联（俄罗斯）棋手执黑力争胜者，不乏其例。

（4）精心研究开局，尤其是有争议的战术组合变例。

（5）不以子力多少作为局面判断的依据。重要的是子力可以实现的目标而不是棋盘上能够留存的子力数量。

反映以上特点的一个现象，就是所谓“俄罗斯式弃半子”。多次连续弃半子，在苏联（俄罗斯）棋手中似乎比其他国家的棋手更为常见。

以下，我们把苏联（俄罗斯）国际象棋学派的七位代表人物（他们都是世界冠军称号的获得者）分别介绍如下：

（二）苏联国际象棋王朝始祖鲍特维尼克的辉煌业绩和棋艺风采

鲍特维尼克被誉为“苏联国际象棋之父”，是“苏联国际象棋王朝的始祖”和苏联国际象棋学派最杰出的代表人物。在号称“国际象棋王国”的苏联，他是第一个荣膺国际特级大师称号和第一个登上世界冠军宝座的棋手。作为电子技术领域和体育理论学的双博士，他被许多国家的协会授予签发发明专利权的资格。他不仅是棋艺和科研结合的卓越典范，而且在培养人才上也属功勋宗师，棋史上第十二位和十三位世界冠军卡尔波夫和卡斯帕罗夫均出自他的门下。

米哈依尔·鲍特维尼克（1911—1995），出生在列宁格勒附近的一个别墅村镇（如今名列宾）。同其他超级棋手不一样，他在12岁时才开始学习国际象棋。

这种“迟误”使他不得不加倍努力，付出艰苦的劳动。

1925 年，当时的世界冠军卡帕布兰卡为参加首届莫斯科国际大赛来到了苏联，在列宁格勒为他安排的一次车轮比赛中，14 岁的鲍特维尼克很快使卡帕布兰卡陷入困境，并使他在第 32 回合时含笑认输，从此，鲍特维尼克开始在棋坛扬名。

1931 年，20 岁的鲍特维尼克首次获得了全苏冠军赛的冠军称号；1933 年，他第二次获得此誉。

1935 年，在第二届莫斯科国际大赛中，鲍特维尼克和捷克冠军富洛尔并列第一，成绩超过了拉斯克、卡帕布兰卡两位前世界冠军。其中，他战胜“弃子专家”斯皮尔曼的对局只用了十二个回合，这个对局作为深刻理解开局奥秘的范例，为全世界的许多棋刊登载。从此，鲍特维尼克成了一名蜚声世界棋坛的顶尖高手。

1936年，英国诺丁汉举办的国际联赛，集中了所有有资格争夺世界冠军的棋手，而鲍特维尼克和卡帕布兰卡并列第一名，使阿廖欣、拉斯克、尤伟、法因、富洛尔、列舍夫斯基等诸多卓越棋手只能望其项背。

1938 年阿姆斯特丹国际联赛结束之后，当时的世界冠军阿廖欣曾说：“在本赛的十四个对局中，我只感到一个对局对方超过了我，这就是第七轮同鲍特维尼克的对局。”阿廖欣还认为鲍特维尼克战胜卡帕布兰卡的那一局精妙绝伦，是本次比赛的最佳对局。这一评论十分精准，并富有前瞻性：在 21 世纪初，这一精妙绝伦的对局被国际棋联专家委员会评选为整个 20 世纪中最佳十个对局之榜首。

从此时起，世界棋坛已经公认鲍特维尼克是无可争议的世界冠军候选人。然而，因缘尚未具足，要登上国际象棋的奥林匹斯山，鲍特维尼克还得秣马厉兵等待十年。由于第二次世界大战，他同阿廖欣之间的对抗赛终于未能如愿举行。

一位世界冠军大大地超过同时代特级大师，这在国际象棋历史上是罕见的。另一令人惊叹不已的情况是，鲍特维尼克在国际象棋领域上不断取得辉煌胜利的同时，其科学专业也不断上升，从 20 世纪 30 年代初期的电气工程师，到成为国际象棋历史上第六位世界冠军之后隔年，又成为技术科学博士。同时从事两个专业，且都达到超常的高度，其任务的繁重是可想而知的。但，也许正是技术科学专业使他具有超过常人的分析能力，促成他在棋艺上达到非凡的成功；或者说，正是国际象棋使他具有特别严谨的推理能力，助他在科技上亦获成就。

在 1941 年至 1948 年的 8 年中，鲍特维尼克赢得了其间所有的八次高级比赛，而且大多数以悬殊的比分获得冠军。1948 年的世界冠军赛，鲍特维尼克在最后三轮之前，就已经取得世界冠军资格。此后，他参加了七次世界冠军对抗赛，对手清一色为苏联同胞。此间，1951年和1954年，他分别战平布龙斯坦和斯梅斯洛夫，按照规则，卫冕成功；1957年和1960年，他分别负于斯梅斯洛夫和塔尔而失去桂冠，但是他均于次年的回敬赛中即予夺回。其中1961年对塔尔的那场回敬赛，鲍特维尼克已年届五十，竟能战胜风华正茂、年方25岁的对手，令人称奇。对此，他本人解释说：

“塔尔是一位很有天才的棋手，在尖锐的局面中，当胜负取决于复杂的子力调运，他的力量能最好地发挥。我成功地把战斗控制在另一条轨道上，使他不能得到他爱好的局面……”

鲍特维尼克的备战和训练以科学研究和坚定不移的逻辑为前提。他强调天才的秘密在于事先做好准备和深入理论上可能性的探索，以及局面中时时闪现的灵感。他经常阐发自己的这种观点和思路，认为国际象棋是一种体育，需要坚强的体力和有规律的思维。鲍特维尼克厌恶烟草，为此在训练前，他特意要求陪练的对手向他的眼睛上喷烟，以增强身心的适应能力。

鲍特维尼克技术全面，善走复杂局面，但也能以极为精确的算度简化局面。他的棋风富有独创性，既讲局面原则，又不受原则束缚，能控制局面。鲍特维尼克除了有一整套科学的备战方法外，还很重视完善“家庭分析”（独自的以及和团队协作的赛后分析），并特别注重提高分析的质量，克服可能产生的主观性，而使“家庭分析”经得起实践的检验，也就是说其评析内容要达到可以出版的棋艺论著的水平。所有这一切，都对苏联（俄罗斯）棋手和世界棋手的实战具有指导性的意义。

在1963年的世界冠军对抗赛中，鲍特维尼克输给了彼得罗辛，失去了保持十五年的世界棋王的王位（除了中间两次短暂的间断）。由于国际棋联取消了传统的回敬赛，鲍特维尼克遂拒绝为重新夺回这一冠冕参加候选人赛，虽然他继续参加国际比赛直至1970年。

鲍特维尼克作为登上世界冠军王座的第一位苏联公民，意味着其是“苏联国际象棋王朝”的始祖。他于1948年创建了这个“王朝”，他和他的后任斯梅斯洛夫、塔尔、彼得罗辛、斯帕斯基等，都是维护“苏联国际象棋王朝”的苏联国际象棋学派的代表人物。苏联在1991年秋天解体之后，以鲍特维尼克的学生辈卡尔波夫、卡斯帕罗夫为代表的棋手，又将这一“王朝”“翻版”为“俄罗斯国际象棋王朝”。鲍特维尼克留下了不少富贵的国际象棋遗产，其中，《我的棋艺生涯》《半世纪的棋》

等力作，都是世界国际象棋理论宝库中的珍品。

（三）绵里藏针的局面型巨匠——斯梅斯洛夫

华西里·斯梅斯洛夫（1921—2010），是在父亲（莫斯科一家汽车厂的工程师）的影响下，童年时代就爱上了国际象棋，以后又进入了区少年宫，认真学习棋艺研究战略战术。

1941 年，20 岁的斯梅斯洛夫成为当时最年轻的国际特级大师。

1948 年的五强赛，是一种特殊形式的世界冠军赛。在这次赛事中，斯梅斯洛夫第一次向世界棋坛的顶峰冲刺。结果，世界冠军被鲍特维尼克所得，斯梅斯洛夫紧随其后，被称为“世界第二棋手”。

斯梅斯洛夫的第二次冲刺是在 1954 年，这一次他以挑战者的资格，与鲍特维尼克进行世界冠军争夺赛。二十四局的对抗赛，以 12 ∶ 12 下平，按国际棋联的规定，鲍特维尼克保持称号，但斯梅斯洛夫通过这一战斗的磨炼，感觉自己已有足够能力来夺取国际象棋的这项最高荣誉。

1957 年，斯梅斯洛夫的第三次冲刺终于成功了。在向鲍特维尼克的再次挑战中，当下完第二十二局时，他已经领先 3 分（胜 6 和 13 负 3），提前两局宣告了挑战赛的成功。就这样，斯梅斯洛夫成了棋史上的第七位世界冠军。

斯梅斯洛夫的创作信条是：

“构思必需具有连贯性和逻辑性，但这并不意味着下棋可以没有想象力和创造思维。走棋绝不能墨守成规。在我看来，国际象棋是艺术高于竞技，如果没有想象力，没有创造思维，也就不会有真正的艺术。”

斯梅斯洛夫尊重法则，但也寻求例外和意外的解答。人们似乎找不到比他更正统的讲究局面的棋手，大家都了解他的平静、高雅几乎脱俗的风格，和纯朴、纯静而又明朗的战略，但要仿效他，却不容易。尽管斯梅斯洛夫的棋风是典型俄罗斯式的，但与鲍特维尼克有很大区别——

虽然他的棋风表现形式为沉稳平和，但为达到目标所使用的手段常常绵里藏针。他少直露而多计谋，因此，对对手造成的威胁更大。“平地起波澜”是他最大的能力所在。在看似神情平和的沉思中，他能数小时地进行着局面子力调运而耐心有余。当机会一旦来临，他就毫不犹豫地如饿虎般扑向对手。有人曾生动地总结他的下棋三部曲：（1）站稳脚跟；（2）收紧双拳；（3）挥拳出击。

令人感兴趣的是，斯梅斯洛夫年逾六旬时仍然宝刀不老。1982 年，他依然跻身于世界冠军候选人八强之列，更难得的是，次年他连续赢得了世界冠军候选人赛四分之一决赛和半决赛，这时他已经 62 岁了（决赛中才负给崭露头角、不久成为世界冠军的卡斯帕罗夫）。1993 年，72 岁的斯梅斯洛夫又参加了世界冠军赛的区际赛。年过八旬，还在元老和女星对抗赛中获得过最佳个人棋手的成绩。

（四）国际象棋魔术师——塔尔

米哈依尔·塔尔（1936—1992），以“国际象棋魔术师”而名闻全球。在 20 世纪 50 年代末，他在棋坛上掀起狂涛巨浪，力挫群雄，登上世界棋王宝座。当他在莫斯科世界冠军挑战赛一役中战胜伟大的鲍特维尼克，头戴金冠的时候，棋友们感觉如同重现了棋史上第三位世界冠军卡帕布兰卡或是第四位世界冠军阿廖欣的光荣岁月。塔尔的成就不仅仅是光辉灿烂，他的对局充满了才气横溢的战术组合，使对手和观战者们目瞪口呆。有一位名叫平科的美国特级大师，与塔尔交手时竟然戴上了黑色眼镜，以“抵御”从这位年轻斗士锐利的双眸中放射出来的令人晕眩的目光。

塔尔的棋艺特点属于典型的俄罗斯风格，但是好走极端。他棋风泼辣，毫无顾忌，战术组合能力甚至在阿廖欣之上。敢于弃子，是他棋艺风貌的第二大特征。大多数棋手只有在审视各种变例后确有把握时方敢弃子，而塔尔随时准备出手弃子，除非他明显看出弃子不合理。

塔尔生于拉脱维亚共和国的首府里加，童年时就显示出数学、音乐方面的惊人才华。在一年级时，因为能算三位数的乘法，惊讶不已的老师立即让他转到三年级就读，甚至几乎再跳一级。然而，他在国际象棋方面上升得更迅速，自 7 岁开始学棋，11 岁时参加国际象棋培训组，18 岁获大师称号。

当然，引发世界棋坛轰动的并非是这个称号，这个年龄获此称号的棋手还是大有人在的。令棋界震撼的是他的棋艺创作方法，他那种完全与众不同的、令人眼花缭乱的弈法。当现代国际象棋有很多对局已变成让人索然无味的机械运动时，出现了这位完全别具一格的奇侠，令人拍案叫绝。他以才思敏捷取胜，敢作敢为的、打破似乎不能动摇的常规的作战方法，给当时有些沉闷的棋坛带来了一股沁人心脾的新鲜空气。

1957 年至 1960 年，是世界棋坛交口称颂的“塔尔的四年”：在苏联冠军赛蝉联冠军，并获一次亚军；在世界冠军系列赛中——区际赛和候选人赛各获第一名一次，并赢得了与鲍特维尼克的世界冠军对抗赛（6 胜 2 负 13 和）；在国际象棋奥林匹克赛、世界大学生奥林匹克赛、欧洲冠军赛这三项大赛中，得分率为 80%；在苏黎世大型国际赛和斯德哥尔摩国际赛中皆获冠军。

“20 世纪的怪杰！”“塔尔是现代的摩菲！”“塔尔向对手施加催眠术！”……

新闻记者们争相报道，措辞夸张，以表达赞叹之至，并试图揭开塔尔奇胜的“奥秘”。国际特级大师拉戈金对塔尔的棋风描述，则深刻和严肃得多：

“第一，力求先手而不惜任何代价，经常不惜子力损失，也不惜局面受损；第二，棋子相互配合协调，并使它们充满活力，不受拘束；第三，子力集中对付棋盘上的主角——王；第四，用弃子的方法使局势急剧改变，这可能是最危险的武器，塔尔巧妙地运用于任一局面中；第五，不怕不明朗的尖锐局面。这些就是构成塔尔弈法的基本特点。”

需要补充的是，对手们极少在对弈时、而几乎总是事后分析中，才发现塔尔的计划其实是能够击破的！他从来不要求自己绝对正确。但是正如塔尔本人所指出的：“你们可以试试——就在这硝烟弥漫的战场之中，如何应对解决我所设置的难题。临场思考时迟疑延误就等于自杀。”

1960 年，他从鲍特维尼克手中夺过世界冠军的称号之时，也正是著名的“塔尔的四年”结束之日。在成为棋史上第八位世界冠军仅仅数月之后，塔尔患上了肾病。在 1961 年的世界冠军回敬赛中，病魔缠身的塔尔把冠冕还给了鲍特维尼克。此后很多年，塔尔就再也无法驰誉棋场了。不过，在无需持久消耗精力的快棋赛领域，双方各五分钟总计十分钟之内就能结束战斗的场合，塔尔还是过去的塔尔，几乎所向披靡。1988 年，在加拿大的圣约翰举行的世界快棋冠军赛中，塔尔重整昔日雄风，领先于卡尔波夫和卡斯帕罗夫而获得第一名。

塔尔不止一次地说道：“每一个棋手，都是自己幸福的铸造者。”在他看来，下棋本身就是幸福之源：“尽管棋手的生活是不安宁的，无穷的战斗，精疲力竭的选择、剧烈的竞争……但是，他获得了从事其他职业时所无法获有的喜悦——每一位棋手下出一盘精彩的对局，就是造就了一件真正的艺术品。不管一个棋手的命运如何，有多少挫折伴随着他，他都能以某几场激战，某几个构思，甚至某几个棋步，而永远感到自豪。”

塔尔惊动了世界棋坛，使最冷静的观战者也大为吃惊。他找出了并向全世界表明，国际象棋上有某些不平常的可能性，在这里，他揭示了棋盘上在此之前未为人知的美。

经受了长期的疾病折磨之后，塔尔于1992年逝世，时年56岁，引起世界棋坛深深的哀悼。

（五）铁的棋手——彼得罗辛

吉格兰·彼得罗辛（1929—1984），出生于亚美尼亚共和国首府埃里温，是在苏联卫国战争年代中成长起来的。艰苦的战火年代，形成了彼得罗辛坚强不屈的性格。童年时期的他为国际象棋魅力所吸引，在第比利斯少年宫学棋阶段，他幸遇名师艾勃拉利泽，一位细腻的局面型棋手，后者很快发现前者的国际象棋天赋。需要指出的是，进入国际象棋这个复杂世界的孩子们，通常首先能够学会的是战术方面的技巧，以后才能理解、掌握战略。如果一个孩子在开始时就能采用正确的局面弈法，那就意味着他有非凡的才能。卡帕布兰卡是如此，斯梅斯洛夫是如此，而彼得罗辛，也是如此。

在艾勃拉利泽的精心指导下，彼得罗辛努力而卓有成效地学习棋艺，研究卡帕布兰卡和尼姆佐维奇的对局，学会了老师的看家本领——卡罗·卡恩防御，于是，第比利斯国际象棋的地平线上升起了一颗新星，中学生吉格兰·彼得罗辛参加了格鲁吉亚冠军赛。

然而，母亲和父亲相继去世，使彼得罗辛的童年突然结束了。生活变得异常艰难，课堂学习难以维持了，彼得罗辛不得不去设法谋生。很难想象，如果没有国际象棋，他的将来会以什么作为精神支柱。青年彼得罗辛正是在国际象棋这个领域中，倾注了他的全部追求和理想。

1945年，在列宁格勒举行了战后第一届全苏中学生国际象棋冠军赛，16岁的候补大师彼得罗辛获得并列第一名。他以天赋的洞察力和青年棋手中罕见的高度技巧，引起人们的注意。1947 年，他获得大师称号。此后，彼得罗辛在较短的时期内，从一名大师成长为世界最强的特级大师之一。三年一期循环的世界冠军系列赛恢复进行之后，彼得罗辛令人惊异地每次都跻身候选人八强之列。其他国际大赛，他也总名列前茅。他的比赛成绩很是稳定。

彼得罗辛的对局不够动人，很少看到战术组合。报刊对这位年轻的大师是冷淡的：记者们不喜欢他的棋风，他的着法使人感到太枯燥和沉闷，几无扣人心弦的局势演变可供报道。人们开始批评彼得罗辛，在一篇文章中甚至称他为“披着虎皮的兔子”，因为他不肯进行不必要的冒险，因为他爱好“和平”，下了大量和棋。可惜批评家们没有注意到：他们所说的“兔子”在遇上“狼”和“熊”的时候却极少失败，而且“狼”和“熊”们都很乐意和“兔子”下和棋。他们应该明白，在严峻的形势下，兔皮背后是一只凶猛的虎（吉格兰的俄文意义就是“虎”）！

1962 年的世界冠军候选人八强赛在库腊索岛上举行。和彼得罗辛同场竞逐一个出线名额的有：凯列斯、塔尔、菲舍尔、盖列尔、科尔奇诺依等顶尖高手。在这些名声显赫的棋手中间，专家们一致认为彼得罗辛没有机会突围，他将如平常一样，走成“过多的”和棋，而无法成为挑战者。

这种四个循环的二十八轮马拉松式战斗，很像自行车比赛中的追逐，每一个循环都有一名落后者退出。彼得罗辛智慧的竞技实践帮助了他比别人更好地支配自己的力量。与评论家们的预言相反，第一名不是属于抢分多的选手，而是属于保持不败的彼得罗辛。

1963 年，更严峻的考验来临了。坐在彼得罗辛对面的是时代巨星鲍特维尼克。起先，彼得罗辛显得不自信，因初战胜利而振奋的鲍特维尼克，急于当对方尚未清醒之际打垮他。但就连鲍特维尼克这样经验丰富的战士，也未必能正确理解彼得罗辛。初战失利丝毫未使彼得罗辛气馁，相反，这更激起了他的斗志，促使他全力进入角色，成了“铁的吉格兰”。彼得罗辛成功地一次次化解了对方的攻势，不急不躁地等待着时机。终于，相持到第 14 局，鲍特维尼克虽因获胜拉平比分，但体力和精神的巨大消耗使他已无力再胜一局了。彼得罗辛最终以 5 胜 2 负 15 和的成绩，结束对抗赛，成为棋史上第九位世界冠军。

1966 年，这位亚美尼亚人在卫冕赛中，击败了鲍里斯·斯帕斯基的挑战，成为世界冠军赛开创三十二年以来第一位击败挑战者的成功卫冕者。

彼得罗辛的风格正好和塔尔南辕北辙。塔尔风格粗犷，冲杀凶猛，而彼得罗辛则是优雅从容，稳扎稳打。虽然彼得罗辛一旦被触怒也会使出杀手锏，但是他十分厌恶任何浅薄无力、毫不精彩的对局险着，而他的一些精美的战略妙手，无疑是国际象棋文献中的宝贵财富。彼得罗辛作为棋史上最完美的战略家之一，与其同伴相比，他所取得的局面性胜利不是依靠直觉，而是依靠精确的计算。彼得罗辛对各种局面都非常熟悉，他擅长突然袭击，有许多次竟然在失后的情况下反击取胜。他同时还是一个防御专家，这要得益于苏联国际象棋学派的主动出击原则。彼得罗辛不喜欢冒险，故其失败率很低，但是他的和棋率明显高于大多数苏联名将。

彼得罗辛保持国际象棋世界冠军称号六年，于1969年他40岁生日的那天输掉了与斯帕斯基的第二次对抗赛。十五年后，彼得罗辛仍是宝刀锋利的时候，因病突然逝世。棋迷们因他过早离开人世而深深痛惜，由于他把蕴藏于胸中的韬略全都带走了。彼得罗辛，作为一个风格无双的棋手，作为一个光辉的局面型天才，将永远载入国际象棋的史册。

（六）“无风格”棋圣——斯帕斯基

鲍里斯·斯帕斯基于1937年出生于列宁格勒。他9岁时，第一次跨进当地少年宫国际象棋俱乐部的门槛。在那里，“资深棋手”、15岁的科尔奇诺依正在下车轮战，正好有一个空位，斯帕斯基坐了上去，可被棋子挡着，瘦小的他几乎刚能让对手看到。科尔奇诺依哼了一下笑道：

“我将跟这个娃娃走蒙目棋。”

才走到第22步，“娃娃”被将杀了，他强自忍泪跑回家去，决心永远不再下棋了。但是，以后他一次次又回到了棋桌前，继续忍受冷酷的小木头军队给他的凶狠打击。

童年时期，斯帕斯基就表现出了出色的国际象棋才能。他的晋级比许多同龄人要早：11岁时他成了一级棋手，13岁成了候补大师，16岁成了国际大师。1955年，斯帕斯基夺得世界青年冠军，然后参加世界冠军区际赛，出线进入候选人赛，获得并列第3至7名；19岁成为国际特级大师，为当时世界上最年轻的国际特级大师。

斯帕斯基的腾飞是如此神速，如此自然。在很短的时间内，国际象棋的王冠似乎像一个熟透了的苹果一样，会自动落到他的脚下。但是，事实却远非如此。

1958年，出现了第一个令人惊慌的信号，第25届全苏冠军赛，由于最后阶段的突然失败，斯帕斯基失去了以苏联独立分区赛的代表参加区际赛的资格。痛定思痛，斯帕斯基终于作出了一个重大决定：把国际象棋作为自己唯一的真正的事业和爱好，从此不再分心于其他职业和爱好。

此后，斯帕斯基在国际和国内比赛中战绩辉煌，屡建战功，但在1961年的全苏冠军赛中，青年国际特级大师的“比赛机器”又和三年前一样，在精彩的开端之后突然出了故障。

第二次失败之后，他第二次又重新站了起来，他知道自己缺少的是什么：自信，对失败的“免疫力”。三年之后，当全苏联冠军赛即苏联独立分区赛开始时，作为“种子”的他输了前二局，而在后来的10轮中夺得9分获得第一名时，他已经有充分的把握对自己说：“现在可以试试了，去夺取世界冠军！”

1965年，斯帕斯基在候选人三阶段的系列对抗赛中，先后连挫凯列斯、盖列尔和塔尔三员大将，成为世界冠军挑战者。翌年在圣塔莫尼卡国际联赛中夺魁，名列于菲舍尔、拉尔森、彼得罗辛、列舍夫斯基和其他特级大师之前。在取得这两个最耀眼的成就之后，他向彼得罗辛挑战世界冠军王座。然而比分是11.5 ∶ 12.5，斯帕斯基未能攀上国际象棋顶峰。

斯帕斯基第三次倒了下去，但是他依然又站了起来。在三年之后，1969年的世界冠军对抗赛，两位老对手再度重逢。在莫斯科露天剧场灯火辉煌的舞台上，斯帕斯基终于挑战成功，以12.5 ∶ 10.5的比分战胜彼得罗辛。于是，世界棋坛又产生了一位苏联籍的新世界冠军。

据棋界评论，斯帕斯基早年天性散漫，因而在某种程度上损害了他棋艺天才的发挥。例如在1966年那场世界冠军对抗赛中，论棋艺水平，斯帕斯基已经超越了彼得罗辛，但是由于彼得罗辛在个性上比斯帕斯基成熟等原因，在斯帕斯基主攻、彼得罗辛主守的冠冕争夺战中，失利的乃是斯帕斯基。1969年，斯帕斯基挫败了彼得罗辛之后，人们总以为他从此会鹏程万里，不料，现实无常，令人扼腕嗟叹。

斯帕斯基登基成为棋史上第十位世界冠军之后，第一个来叫阵的是年轻力盛、才智过人的美国怪杰鲍贝·菲舍尔。1972年于冰岛雷克雅未克举办的世界冠军对抗争霸战，被称为“世纪之战”，因为这是1948年之后首次由不同国籍的棋手争夺世界冠军。两雄角逐，美国的棋王和苏联的世界冠军的交锋，无疑是具足了政治象征的强烈意义，而这种背负太多政治使命的决斗对于输者来说，很难承受。斯帕斯基竭尽全力仍卫冕失败，此顶王冠的转移，已远远超越了棋盘上的胜负，而成为世界新闻媒介的热点。

斯帕斯基遭此重击，身心俱呈崩溃边缘。重返帝位已是力不从心，同时他的国内声誉也已经被新秀卡尔波夫所替代。苏联管理严厉的生活方式，使性喜自由的斯帕斯基深感压抑和苦恼，于是几年后，他从苏联移居他国，1980年，他已经成为一个法国公民，代表法国参加国际象棋奥林匹克赛。与菲舍尔之战失利后，斯帕斯基的昔日锐气丧失殆尽，斗志淡漠，从一位勇猛的斗士变成了一个唯唯诺诺的和平主义者。

在苏联征战时期，斯帕斯基被称为“无风格棋圣”，他适应各种弈法，在风格上没有明显的特征。他时而奋发进取，时而小心谨慎；时而慷慨弃子，时而锱铢必较；既工于算度，又善于直觉。但是，他随时都在迎接战斗。正是这一点，使他成为苏联国际象棋学派中的一个很有影响的代表人物。

（七）国际象棋丛林的蟒蛇之王——卡尔波夫

阿那托里·卡尔波夫，俄罗斯棋手。棋史上第十二位世界冠军（保持称号时间为1975—1985年和1993—1999年），1951年生于苏联乌拉尔冶金城市兹拉托乌斯特，毕业于莫斯科大学经济学系。是国际象棋世界一位罕见的奇才。他4岁跟父亲学会下棋，7岁读小学一年级时就成了三级棋手，10岁时则成为一级棋手。那是在1961年俄罗斯联邦青少年冠军赛中，年方10岁的卡尔波夫在参赛者中年龄最小，个子最矮，以至工作人员不得不为他提供一只板凳垫脚和一个枕头坐垫。但这样的坐姿很不自在，影响思考。于是，他干脆站着下棋，自始至终，绝无倦意。开始，卡尔波夫连负两局，以后又一次失利，他情不自禁地冲出大厅，狠狠地哭了一场。然而，他很快就控制住了自己，迅速抹干眼泪，镇定自若地继续参加以后的各轮比赛，开始一盘盘收割，于是获得了一级棋手称号。

1963年1月，不满12岁的卡尔波夫获得了候补大师的资格，比另一位“神童”斯帕斯基还要早，因而引起了苏联棋坛的高度重视。

同年11月，卡尔波夫被选送到苏联培育棋艺天才的场所——莫斯科国际象棋学校，由“国际象棋之父”鲍特维尼克亲自执教，进行系统正规的训练。这一年，卡尔波夫初遇著名棋艺著作家、杰出的教练富尔曼，就对他产生了好感。这也许是他们两人以后长期合作的伏笔。

1966年卡尔波夫15岁时，成为苏联最年轻的国家大师；同年参加捷克成年赛，以9胜4和的成绩夺冠。首次出国的胜利，使其在苏联名声大振。1967年他16岁时以6胜8和夺得格罗宁根举办的欧洲少年赛冠军。

1968年，卡尔波夫从莫斯科大学转学到列宁格勒大学。这一做法遭到了德高望重的鲍特维尼克等权威人士的竭力反对，他的父母也希望他留在莫斯科。然而，正如棋史上第八位世界冠军塔尔所说："卡尔波夫先是全神贯注地听意见，从中吸取有用的东西，然后，就只是按照他自己认为正确的去做，这就是他的个性。"促使卡尔波夫立意转学的原因，便是上面提到的那位出色教练、列宁格勒的特级大师富尔曼吸引了他。

年长卡尔波夫31岁的富尔曼，是一位卓越的国际象棋理论家，他对17岁的卡尔波夫的棋艺击节赞赏，洞悉其深蕴未露的内在力量，认为卡尔波夫是一位天才。从1968年铸定长久关系起，到1978年富尔曼因病逝世止，富尔曼倾心竭力地传授棋艺，卡尔波夫如饥似渴地汲取接受，然后经过自己的思索，开拓出新的境界。他们相互尊重，如影随形，亲密无间。卡尔波夫有了富尔曼教练，就像有一个取之不尽、用之不竭的棋艺仓库；而富尔曼有了卡尔波夫这样一个学生，对方的创造性思路又逼他不断地钻探棋艺，提高水平。正如《礼记·学记》所言："学然后知不足，教然后知困。知不足，然后能自反也；知困，然后能自强也。故曰：教学相长也。"卡尔波夫与富尔曼之间这种水乳交融的合作关系，正是教学相长、相得益彰的典范，而在棋坛成为佳话，广泛流传。

自师从富尔曼起，卡尔波夫如虎添翼，脱颖而出：1969年，在斯德哥尔摩，卡尔波夫获世界青年冠军，战绩是12胜5和，为苏联夺回了失去14年的世界冠军称号。同年，他获得国际大师称号。

1970年，19岁的他获俄罗斯冠军，成为国际特级大师。1971年莫斯科阿廖欣纪念赛，参赛18位国际特级大师中有4位前世界冠军，20岁的他以5胜12和不败纪录获并列冠军。1972年国际象棋奥林匹克赛，他作为替补队员，取得12胜1和1负的辉煌战绩，为苏联队夺冠发挥了关键作用。

1973年区际赛，他以10胜7和的不败纪录出线，进入次年世界冠军候选人八强淘汰赛，先后连挫波鲁加也夫斯基、斯帕斯基、科尔奇诺依，获得次年向世界冠军菲舍尔的挑战权。

1975年，因菲舍尔拒绝出席挑战赛，卡尔波夫遂不战而成为世界冠军。为证明自己当之无愧，卡尔波夫在1975年至1977年3年中，连续参加了14个高级别的世界大赛，赢得其中的12个冠军。

与富尔曼十年合作中，卡尔波夫犹如一柄精工磨成的长剑，一路过关斩将，锋利无比。

1978年，卡尔波夫第一次卫冕战，历时93天，至第32局才以胜6负5（和21局，不计分）险胜科尔奇诺依。1981年，又以胜6负2（和10，不计分）战胜同一对手，蝉联世界冠军。

两卡之战

1984年，苏联新秀卡斯帕罗夫挑战卡尔波夫以胜5负3（和40局，不计分）领先，但鉴于赛程已经长达五个多月，远超预计的冗长，国际棋联主席坎波马内斯宣布本赛无效，改于1985年9月重新比赛，从零开始，共赛24局。结果，比对手年长12岁的卡尔波夫终以11 ∶ 13失利，让出了保持十年的世界冠军称号。此后，他又曾三次与卡斯帕罗夫争夺世界冠军称号，均以微弱差距失败。

1993年，卡斯帕罗夫自组职业国际棋协和世界冠军赛。国际棋联于是将卡斯帕罗夫及其挑战者肖特除名，而由上届世界冠军对抗赛参加者卡尔波夫和候选人决赛参加者蒂曼两人进行对抗赛。卡尔波夫胜出，成为国际棋联世界冠军。1996年，在国际棋联世界冠军对抗赛中，45岁的卡尔波夫又击败年龄不到他一半的美国卡姆斯基，成功卫冕。1998年，在新赛制的世界冠军赛决赛中击败印度阿南德，再夺冠军。

由于与国际棋联在赛制问题上意见相左，卡尔波夫拒绝了随后2年的新赛制世界冠军赛；至2001年世界冠军赛复出，却在首轮被中国张鹏翔淘汰。

2008年，卡尔波夫曾在古巴与4000名大学师生下车轮战。2009年在西班牙巴伦西亚进行的两卡之战纪念赛中，年已 58 岁的卡尔波夫以 3 ： 9 负于 46 岁的卡斯帕罗夫（其中 4 局快棋 1 胜 3 负； 8 局超快棋 1 胜 2 和 5 负）。他在一生中，获得过各种循环赛冠军和对抗赛优胜共 150 多次，创下空前的纪录。1973—1984 年九度获得国际象棋奥斯卡奖。

卡尔波夫被人们誉为国际象棋丛林的“蟒蛇之王”，棋艺风格属于积极的局面型，行棋稳健细腻，讲究子力协调，善于捕捉对方的微小失误取胜，是有史以来棋艺和技术水平最高的局面型棋手。特点是布局严谨，算度精确，残局功夫深厚，作风顽强，常用扭杀、缠杀的战略予对手以沉重打击。自 1976 年至 1983 年，他的等级分在国际棋联公布的排名榜上长居第一。

卡尔波夫还积极推广少儿国际象棋，在国内外开办了 100 多所以他名字命名的国际象棋学校。自 1997 年始，他多次来中国访问，与包含中国青年队和中国女队在内的中国棋手下多面赛（车轮战），与我国顶尖男女棋手（叶江川、谢军、侯逸凡等）下对抗赛，均轰动一时。著有《第九条直线——国际象棋是我的生命》（与罗歇尔合著）、《我的最佳对局》、《国际象棋入门》（迪斯尼版）等书，影响甚广。

21 世纪以来，卡尔波夫还致力于社会公益活动，出任和平基金会国际联合会主席以及联合国儿童基金会形象大使。2001 年五十寿辰时，俄罗斯总统普京授予他“为国立功”三级勋章。现为俄罗斯国家杜马经济政策、创新发展及企业委员会第一副主席。

（八）世界国际象棋巨无霸——卡斯帕罗夫

加里・卡斯帕罗夫，俄罗斯棋手。棋史上第十三位世界冠军（保持称号时间为 1985—1993 年）。1963 年出生于阿塞拜疆共和国首府巴库，毕业于阿塞拜疆师范学院外语系。被喻为当今世界国际象棋的“巨无霸”。

他的父母都是工程师，并且都是国际象棋爱好者，稍有空闲便聚在一起研讨棋艺。他们很早就发现小卡斯帕罗夫有点与众不同，但是绝对没有想到他将来会成为国际象棋世界冠军。的确，小卡斯帕罗夫有很高的天赋，3 岁就能读书，5 岁时就爱上了地理和历史，对于旋律和节奏也很敏感。而他在国际象棋方面有更高的天赋。他母亲回忆道：

“有一天，当时加里还只有6岁，我记得是一个春天的星期六早晨，加里在吃早饭时突然说：‘昨天那盘棋应该这么走……’。我们俩听了面面相觑，十分惊讶。”

父母终于决定，应该让他学习国际象棋。酷爱下棋的外祖父对此也起了积极作用，他惊喜地发现年幼的小外孙在国际象棋方面是个可造之材，立即把孩子送到巴库少年宫，请名师指点。在试弈时，小卡斯帕罗夫就锋芒毕露，以致使得一些棋坛名将瞠目结舌。

在巴库少年宫学棋的第一个教练是奥列格，曾获得巴库冠军。教练很快就发现卡斯帕罗夫的棋感很好，记忆力过人，他能将大人们下的棋一着不错地复现出来；读过一遍的文章就能复述，真可谓“过目不忘”。这样的天赋，再加上少年宫的系统训练，卡斯帕罗夫的棋艺突飞猛进。

4年之后，已经是一级棋手的10岁的卡斯帕罗夫，进入全苏青年冠军赛的决赛，并在决赛中保持不败。他的教练、大师尼基丁把他介绍给鲍特维尼克国际象棋学校。鲍特维尼克为遇到这样的天才而十分高兴，总是精心地对他进行单独辅导，把棋艺理论知识和本人的丰富经验悉心传授给他。鲍特维尼克对他的关怀和教导，使卡斯帕罗夫终生难忘。

高质量的专业训练结出了硕果，卡斯帕罗夫的棋艺节节上升，13岁成为候补大师，14岁成为苏联最年轻的大师。他是第一个能两度获得全苏少年锦标赛冠军的少年。1977年，14岁的卡斯帕罗夫参加了17岁年龄组的世界大赛，获得第三名。

1978年，卡斯帕罗夫打进了第46届全苏冠军赛的决赛圈，与著名的国际特级大师们同场角逐，以8分半的成绩名列第九，而对该赛前6名（包含塔尔、波鲁加也夫斯基、盖列尔等名将）的得分率竟超过了50%。一个15岁的少年，在这些身经百战的棋坛名将面前，毫不逊色，说明他稚气未脱的外表下，蕴含有雄厚的实力。这使人们联想起了历届世界冠军获得者卡帕布兰卡、鲍特维尼克、菲舍尔、卡尔波夫的少年时代。

1979年2月，卡斯帕罗夫应邀去南斯拉夫的波良卢卡，参加国际比赛，一鸣惊人，连克名手，以不败成绩荣获冠军，并取得成为国际特级大师所需的第一个标准分。1980年，在巴库举行了一次大型国际比赛，卡斯帕罗夫以优异的成绩获得冠军，并获得第二个国际特级大师的标准分，从而成为苏联最年轻的国际特级大师，时年17岁。这一年是卡斯帕罗夫的丰收年，他不仅获得多特蒙德举办的世界青年冠军赛（20岁以下）的冠军，同队友一起夺得国际象棋奥林匹克赛冠军和欧洲冠军赛冠军；而且中学毕业时因成绩优异获得金质奖章。秋天，他考进了阿塞拜疆师范学院外语系。

1981 年，卡斯帕罗夫更上一层楼，在伏龙芝举办的第 49 届全联冠军赛中与另一名选手并列冠军。1982 年，19 岁的他又获布哥亚诺国际联赛冠军，更重要的是他以 13 轮积 10 分的成绩在莫斯科区际赛夺冠。1983 年，在世界冠军候选人八强淘汰赛先后战胜了苏联的别利亚夫斯基（6 ∶ 3）、瑞士原苏联的两届世界冠军挑战者科尔奇诺依（7 ∶ 4）和苏联的前世界冠军斯梅斯洛夫（8.5 ∶ 4.5）三位著名国际特级大师，而获得挑战权。

1984 年 9 月，21 岁的他与卡尔波夫争夺世界冠军称号，在 0 ∶ 5（22 局和棋，不计分）的劣势下，追至 3 ∶ 5（40 局和棋，不计分）后，因为赛程太过冗长，1985 年 2 月被国际棋联主席坎波马内斯宣布比赛无效，而于 9 月用新的规则（24 局制）重新开战。结果，卡斯帕罗夫以 13 ∶ 11 战胜了以防御坚韧著称的卡尔波夫，成为最年轻的世界冠军，时年 22 岁。此后，又三次与同一对手对抗，均以微弱优势卫冕成功。

1993 年，卡斯帕罗夫自组职业国际棋协和世界冠军赛，与国际棋联分庭抗礼。同年在伦敦，以 12.5 ∶ 7.5 击败英国肖特，成为该协会的第一个世界冠军。1995 年在纽约，又以 10.5 ∶ 7.5 击败印度阿南德的挑战，卫冕成功。2001 年负于俄罗斯克拉姆尼克。尽管如此，棋坛上仍公认卡斯帕罗夫为世界一号棋手，甚至不少棋界人士认为，卡斯帕罗夫是有史以来实力最强的棋手。原因之一，是其长期以来（自 1985 年起至 2009 年，时间之长也是一项世界纪录），他的等级分在国际棋联公布的名册中名列前茅，曾 23 次位居世界第一，并且他创下和保持了等级分 2800 分的历史纪录（1999 年时达到 2851 分）。

1996 年、1997 年，卡斯帕罗夫先后与美国超级电脑“深蓝”和“更深的蓝”进行了两场 6 局对抗，结果分别是 4 ∶ 2 和 2.5 ∶ 3.5，他一胜一负。这是最引世人瞩目的两次“人机大战”。

1999 年，在一人对抗世界 75 国逾 5 万人的网络大赛中，卡斯帕罗夫以 62 个回合赢得胜利。

2005 年，在第九次夺得利纳雷斯超级大赛冠军后，卡斯帕罗夫宣布退役，而投身政治。此后仅偶尔参加表演赛：2009 年在西班牙巴伦西亚两卡之战纪念赛 12 局快棋中，以 9 ∶ 3 的绝对优势战胜卡尔波夫；2011、2015 年与肖特两度进行对抗赛，皆胜。

1982 年至今，卡斯帕罗夫已经 11 次获国际象棋奥斯卡奖。

卡斯帕罗夫能讲 15 国语言，还是一位数学家和计算机专家。2014 年，他入籍克罗地亚。

卡斯帕罗夫从小就有一句格言：“不是我，是谁呢？”以此鞭策自己，大有“舍我其谁”的英雄气概。

他的棋风剽悍凶猛，胆略过人，行棋不拘一格，善于长驱直入弃子搏杀，是有史以来最卓越的战术组合型棋手。至 21 世纪，他的风格转为局面型和战术组合型并重。著有《时间的考验》《我的先辈们》《棋与人生》等力作，在世界棋坛受到普遍欢迎。2007 年被美国《时代》杂志评为当今世界 100 位最具影响力的人物之一。他与卡尔波夫争霸的两卡之战，是苏联最终留给世界棋坛的完美纪录。

结　语

综上所述，可以看到——

俄国那许多具有深厚的文学素养的文人学者对国际象棋的爱好、交流与推崇，因其“名人效应”感染了大众，引领激发起更多人士阶层对国际象棋的关注和研习，是国际象棋在俄罗斯初建领地的独特基础。

而苏联政府当时为改变社会不良风气，提高市民素质，作为政府的首脑列宁身体力行，亲自指挥推行国际象棋运动；后来更将国际象棋提升到文化教育层面，将国际象棋作为促进文化事业发展的重要途径。得到国家政府与政策的全力支持，是国际象棋这座城堡得以全面建设、日益高大的原因。

在“举国体制”支持下，苏联不断成长的优秀棋手水平上升迅速，他们的棋艺理论的深度与风格的全面，已达到世界同时代棋手难以企及、更遑论超越的高度。当今的俄罗斯杰出棋手，也是师承了苏联国际象棋学派的影响。对这一学派，国际棋联一直予以高度认可和尊重——

此之所以，苏联无可争议地成为国际象棋一代王国，巍巍不可撼动。

略论国运和棋运的正比例关联

林　峰

一、课题的缘起

“国运昌，棋运昌；国运盛，棋运盛”，这是我国国务院副总理兼外交部部长陈毅元帅生前的精辟论断。这一20世纪60年代发表的名言在“文化大革命”十年动乱的特定时期挨过批判，而如今越来越被证实是颠扑不破的命题。陈毅的国运棋运之说，可以通俗地解释为，一个国家棋艺事业的兴旺发达取决于该国政治经济文化的繁荣昌盛。作为有1500年以上悠久历史、在当今世界开展最为广泛的世界性竞技项目——国际象棋，如果纵观它的起源、演变和发展过程，同样能够反过来予以证实：一个国家棋运的盛衰起落，在很大程度上也可反映出该国精神文明和经济物质两个方面生活水平的高低。

于是，就有了论证国运和棋运之间正比例关联这一课题的本文。

本课题的框架由如下四个部分组成，它们是本文的第二至第五章节（第一章节则是“课题的缘起”）：

1. 国际象棋的发祥地在国运昌盛的亚洲的文明古国。

2. 国际象棋的千年演变史：从“恰图兰卡”（梵语，即印度语）、“恰图兰格”（波斯语，即伊朗语）、“沙特兰兹”（阿拉伯语）到定型为现制之前，漫长的一千年左右，原始国际象棋或称国际象棋雏形的棋战格局是，高手都来自当时是在世界上崛起的强国。

3. 国际象棋在15世纪末16世纪初定型为现制后至今的600年，棋运与国运两者之间的正比例关系更是清晰可见。

4.“历史不可选择，现在可以把握，未来可以创造”（习近平语录）：改革开放40年，中国人民从站起来到强起来、富起来的翻天覆地变化的历程所带来的政治、经济、文化成果，也正是我国国际象棋从小国到大国，从弱国到强国的充分保障和必要条件。

二、关于国际象棋的起源，其发祥地是亚洲文明古国

国际象棋是怎么产生的？这个古老而又恒久充满生命活力的世界性竞技项目到底是哪一个国家、哪一个人的发明？这些饶有兴味的问题长期以来吸引了许多学者、科学家和历史学家的注意力。

有些西方人，在对它的神奇魅力赞叹之余，无法知道发明者是谁，竟认为它是上天赐给人类的礼物。这种说法，对于具有科学头脑的现代人来说，当然是不会赞同和接受的。

国际象棋，也像其他许多（竞技）游戏一样，是人类社会发展的产物。当人类的力量在解决基本的生存问题之后尚有多余的时候，（竞技）游戏便自然产生了。关于国际象棋的起源，曾经有种种美丽的传说，其中著名的一个是这样的：

在古代印度有一个国王，他拥有至高无上的权力和硕大无比的财富。然而，权力和财富最终使他对生活感到厌倦。他渴望着新鲜的刺激。有一天，一位老人（一说是一位印度教宗师）带着他自己的发明——国际象棋——来朝见国王。国王见了这新奇的玩意儿很喜欢，就和老人对弈起来。但是一上手，就舍不得放下了，竟留着老人一连下了三天三夜。到第四天早上，国王感到非常满意，就对老人说道：

“你给了我无穷的乐趣。为了奖赏你，我现在决定，你可以从我这儿得到你所要的任何东西。”

的确，这位国王是如此富有，难道还有什么要求不能使人满足吗？可是老人却低首垂目，慢条斯理地回答说：

“万能的王啊，你虽然是世界上最富有的人，恐怕也满足不了我的要求。”

国王不高兴了，他皱起了眉头，严厉地说道：

“说吧，哪怕你要的是半个王国。”

于是，老人说出了自己的要求：

“请皇上下令在棋盘的第一格上放一粒小麦，在第二格上放两粒，在第三格上放四粒，第四格上放八粒，就这样每次递增一倍，一直到六十四格为止。”

“可怜的人，你的要求就这么一点点吗？”

国王不禁笑了起来。他立即命人去取一袋小麦来，按老人的要求如数给他。但是一袋小麦很快就完了。国王觉得有点奇怪，就命人再去取一袋来，接着是第三袋、第四袋……小麦堆积如山，然而离第六十四格还远得很呐。只见国王的脸色由惊奇逐渐转为阴沉，最后竟勃然大怒了。原来，他国库里的小麦已经搬光了，还到不了棋盘上的第五十格。国王认为老人是在戏弄他，就下令把老人杀了。

老人的话没有错，他的要求的确是满足不了的。根据计算，棋盘上六十四个格子小麦的总数是：$1+2+2^2+\cdots\cdots+2^{63}=2^{64}-1$。这是一个 20 位数，折算成重量的话，为 2587 亿吨以上，而当代全世界小麦的年产量也达不到这个数字。存放这些麦粒所需的仓库，以底面积 80 平方米来计算，就得从地球延伸到太阳。

另外一个有代表性的传说是这样的：大约两千年前，在古印度曾经发生过一场激烈的战事，战争过后，尸骨成山，血流成河，真是惨不忍睹。一位智者眼见这种景象，立即做了一块有六十四个黑白相间组成的正方形棋盘，塑造了一些形态各异，戴盔披甲的将士作为棋子，他把战场上的战斗再现在棋盘上，终于把孔武善战，争强好胜的国王、将军及婆罗门贵族的兴趣吸引过来，从此，以棋盘上的智力较量，取代了战场上的血腥厮杀。

再有一个印度的传说也颇有名：发明国际象棋的人名叫西萨，是一位王子的导师，他发明这个游戏是为了教育他的学生：国王如果没有臣民的支持，就会一文不值。

这些传说虽然很有意思，能给人以启示，然而，并不能帮助我们找到国际象棋的发明人。看来，我们不可能找到国际象棋的发明人，就像我们不可能找到小提琴或笛子的发明人一样。实际上，很难说国际象棋是哪一个国家、哪一个人的发明，而只能说，它凝聚了人类共同的智慧，是东西方文化交流、冲撞、融合的产物，经多国人民的创造、发展逐渐演变而成。它的产生、定型，和人类社会的发展是分不开的。

尽管国际象棋的发祥地众说纷纭，莫衷一是。然而，学者和考古学家们的主流意见认为是印度，也有认为是中国，甚至是伊朗、锡兰等国的。但是，要是笼统地说，国际象棋起源于国运昌盛的亚洲文明古国，那就不会有什么争议了。

目前世界上多数棋史学家认为国际象棋的原型最早出现在印度或中国，它们都是亚洲的文明古国。例如，苏联科学研究所的切列考夫博士在1984年11月的《苏联的棋弈》上发表论文说：“根据研究，国际象棋起源于《易经》中的六十四卦，而黑白又恰恰对应阴阳。”世界上不少学者包括中国的一些棋家也支持这一观点。这些中国专家们认为，易经是我国古老深奥的经典，中华民族的古代智慧与文化的结晶，被誉为“群经之首，大道之源”（据《史记》记载，《易经》是各个朝代帝王、政治家、军事家必须要掌握的知识，也可以说是一本未来事态发展进行预测的书）。

然而，按照比较可信而有文物资料支持的说法，它起源于公元5、6世纪的印度东北地区。更具体的说法是在印度的北部邦城市根瑙杰附近。据2007年英国《泰晤士报》3月12日报道，一个有四人组成的研究小组在当地的博物馆内发现的一些陶像并不是印度专家长期以来所以为的玩具，而是名叫“恰图兰卡”的棋盘游戏中所用的棋子。研究小组成员之一、慕尼黑大学的印度学家雷娜特·赛义德博士已经宣称，她发现了一些文本可以证明，一位印度国王在公元6世纪时把“恰图兰卡”游戏传入波斯（另一说是印度外交官把这种棋戏带到那里去的）。赛义德博士声言，自己对国际象棋的起源（包括具体的当时的国王、时间和地点）相当确定。她希望，在印度北方邦根瑙杰附近找到的陶制武士、马、战车和大象将是支持其理论的第一批物证。当地博物馆内存放着数以千计的此类陶像。赛义德和同事当时对大约40个陶像进行了考察，并拍摄了相关照片。赛义德说：“它们被设计成刚好适合放在手中——不太粗，不太圆，也不太大的——几乎牢不可破，而且有沉重的底座，便于移动。”

三、从国际象棋的千年演变史中可以知晓：高手都来自在当时崛起的世界强国

据可靠的文字记载，国际象棋至少已有1500多年的历史。尽管关于它的最早发祥地和诞生年代，至今仍有争论；但是对于它“源于亚洲，兴于欧洲，至15世纪末16世纪初定型为现制”这一结论却是基本公认的。

当时的梵文学者称它为“恰图兰卡”，后来另一种称法“恰图”即由此而来。在今天一些东南亚国家（新加坡、马来西亚以及印度尼西亚等）的棋协名称上还可以看到这样的称谓。其实，“恰图兰卡”这种棋戏早在公元2至4世纪就流行

于印度。当时，“恰图兰卡”的棋子只有四种。原来“恰图兰卡”在梵文里就是由四种棋子构成的“四军棋”的意思。这四军是：步兵部队、骑兵部队、战车部队和大象部队。它们正好反映了古代印度军队的组成兵种。在那时候流传的印度叙事史诗《摩诃婆罗多》中，有“四军将士已安排”的诗句。“四军”也是指这四个兵种。四军加上国王和它的大臣，就构成了国际象棋的基本棋子。“恰图兰卡”的棋盘并不是我们现在所知道的64格（8×8），而是81格（9×9）。这一切已为9世纪的实物资料所证实。

还有一种未经证实的说法是：在古代印度流行过一种四个人下的棋，每方各有四个步兵、一个骑士、一个战车、一个大象和一个统帅。这种“四方棋”是通过掷骰子的方式来进行的，棋戏的宗旨也不是俘获对方的王，而是吃掉对方的全部棋子。后来，这种四个人下的棋演变成两人对下了，每方的棋子数目也增加了一倍，有了八个兵、两个骑士、两个战车和两个大象，两个统帅则一个变为王，一个变为后。

至于“恰图兰卡”是怎样产生的，是古代印度土生土长的，还是由中国传过去的，东方学家和民族学家们的见解还未趋向一致。考古学家们从古代印度贸易的通道中得到了一些类似棋子的东西，据此认为早在6世纪之前，中印就相互传播这种游戏了。而目前中国尚未发现比印度更早就有这类棋子的确凿文字记载，问题的答案还有待进一步发掘和考证。

在“恰图兰卡”中，象可以在直线和横线上横冲直撞，走法同现在的车一样。随着时间的流逝，象的这种走法才逐渐让给了车。

据斯坦福大学资深研究学者玛里琳·亚洛姆所著的《国际象棋王后诞生记》一书中指出：“最早提到国际象棋的文献资料不是出于印度，而是出自波斯（即现在的伊朗）。”她接着说：“在一部题为《卡尔马纳克》的波斯古代传奇作品中，国际象棋已经备受推崇，人们对于国际象棋这种崇敬之情，一直延续到后来好多个世纪。”《卡尔马纳克》成书于公元6世纪（约590—620），是用钵罗钵语写成。钵罗钵语是伊斯兰教传到波斯之前的中古波斯语，波斯人接受了印度人发明的国际象棋的基本要素：六种不同的立体棋子。不过，棋盘已经由81格（9×9）改为64格（8×8）。他们用波斯语“恰特兰格”来称呼这种棋戏。

有一件名为“王者书”的波斯文文献，记载了6世纪波斯国王接受印度国王挑战，并赢得国际象棋游戏的传说。另外，公元600年前后，波斯萨桑王朝的库斯洛斯二世，曾经豪迈地说：“如果一个统治者不懂得下国际象棋，那么，他怎么去统治自己的王国呢？”

“恰特兰格”的进一步发展是“沙特兰兹”（阿拉伯语）。在公元6世纪时，“沙特兰兹”在中亚各民族广泛流传。看来，中亚人民对“恰图兰卡”和“恰特兰格”作了一系列重大的改进，从根本上改变了它的着法。在伊朗的历史文献中，关于“沙特兰兹”的记载可以追溯到公元600年。

公元638年，阿拉伯人征服了波斯，并从那里学会了这一棋戏。它很快在阿拉伯的上流社会中得到流行。因为语音的关系，国际象棋的雏形“恰图兰卡”（梵音）转为“恰特兰格”（波斯语），后又改称“沙特兰兹”（阿拉伯语）。

“沙特兰兹”要比“恰图兰卡”在棋子和规则上大大发展。棋子有车、马、象、兵、臣（穆斯林语，为“维齐尔”）、王六种，已具有现代国际象棋的规模了，只是走法还不大一样。车和马的走法和现制完全一样。王的着法和现代的相同，只不过没有王车易位的功能。兵的第一步只能走一格，到达底线时只能变为臣（“维齐尔”）而不能变别的棋子，也不存在着“吃过路兵”的规则。而臣（“维齐尔”）只能在斜线上一步走一格，很像中国象棋里的士。象只能在斜线一步走两格，类似中国象棋里的相，只是多一种功能，即斜走两格时中间格子被棋子所占，可以跳越过去，不受蹩足之限。此外，杀着或逼使对方无子可动都作胜棋，如果对方只剩下单王而一方多任一棋子时，也是胜棋。由于“沙特兰兹”对局进度缓慢，双方棋子与兵在很长时间内不能接触，故8世纪出现了兵的第一步可选择走一格或两格的走法。

“沙特兰兹”在公元8至10世纪时，在中亚和阿拉伯各民族中非常风行，出现了第一批著名棋手和大师。在公元9世纪时，已有相当数量的关于“沙特兰兹”的理论著作出现。世界名著《一千零一夜》中，描写过公元786—809年在位的阿拉伯国王哈里发何鲁纳·拉施，在他的宫廷诗人里，就有一位是著名棋手。公元819年，在巴格达举行了几个名手之间的相互比赛，这是历史上首次对抗赛。后来，像今日这样的名称“恰斯”（国际象棋“Chess”的英文音译）也形成了，这是一个由波斯语和阿拉伯语组成的复合词，意即“将死对方的王”。

通过贸易、战争、宗教、外交等多种渠道，原始国际象棋从东方向西方传播，其传播路线大致是：印度—伊朗（波斯）—中亚—阿拉伯国家—欧洲。随着阿拉伯人占领意大利和西班牙，这两个国家在公元8至9世纪就有了“沙特兰兹”，而在东欧，斯拉夫人是从中亚细亚学到“沙特兰兹”的。以后它又逐渐传播到法国、英国、斯堪的纳维亚、德国及其他中欧国家。11世纪末，它已遍及欧洲各国。

在“沙特兰兹”的传播过程中，各个民族根据自己的习性作了相应改变。例如在蒙古，象就被“沙漠之舟”——骆驼所代替。兵在西班牙称为“劳工”，在德国则称为“农夫”。而车在俄国则叫作“船”。

“沙特兰兹”在欧洲各国传播过程也是它的演变和定型过程。到了文艺复兴时代，它在欧洲已经风靡一时。在当时的文献中，它与骑术、游泳、射箭、击剑、狩猎、作诗并列为骑士教育的七大必修科目。法国的英雄史诗《罗兰之歌》中，也谈到这一点。15世纪的文艺复兴把“沙特兰兹”和其他艺术一样进行了改革，行棋度数迟缓的特点被变更了。其中最重大的变革发生在五个多世纪前的西方，棋子中的“维齐尔”（臣）被法国人更名为王的配偶——“后”，像社会革命一样，连性别也变了，允许它直横斜线均可行走，而且不拘远近。这种着法上的巨变使其赢得了“疯后”的雅号。前面提及的学者玛丽莲·亚洛姆在《国际象棋中王后的诞生》一书中指出，这也许是阿基坦的埃莉诺［（1122—1204），先嫁给法国国王路易七世，婚姻被宣判无效后和苏格兰国王亨利二世结婚］等中世纪显赫王后的写照。这个棋子“更名改姓”后，融合了“车”和“象”的功能，而且比原先“维齐尔”（臣）的实力增强了十倍。另外，象和兵的走法也改进了，王的功能增加了，胜和规则也趋向完善……直到15世纪末16世纪初，由“沙特兰兹”终于定型为国际象棋今日的样式。

从“恰图兰卡”（梵语，即印度语）、“恰图兰格”（波斯语，即伊朗语）、“沙特兰兹”（阿拉伯语）至定型为现制之前，漫长的一千年（公元6世纪至15世纪）左右，原始国际象棋或称国际象棋雏形的棋战格局是，高手都来自当时是在世界上崛起的强国。

这里列出“沙特兰兹”的世界领衔人物，鉴于年代久远，他们的生卒年月及称雄年代不太确切，尤其令人感兴趣的其中有非洲人和中国人。

姓　名	出生年月	国　籍	称雄期
萨特·宾·尤班	665—714	非洲/波斯	700？—714
耶皮·埃尔·古非		波斯	9世纪前叶
拉布拉布·卡泰伊		中国/波斯	9世纪前叶
阿布·纳姆		波斯	9世纪前叶
埃尔-阿特里·阿-罗米		土耳其/波斯	835？—848？
阿-拉兹		波斯	848？—？
阿-马瓦第		波斯	？—905？

埃斯-苏里	880？—946	土耳其/波斯	905？—940？
埃尔-拉拉链	？—970？	波斯	940？—970？
阿卜-弗阿梅特		波斯	11世纪—12世纪
阿拉·阿拉丁·阿-泰白兹		波斯	14世纪后半叶

美国海军研究生院防御分析学教授约翰·阿尔奎拉在 2013 年 7 月 8 日在美国《外交网站》中发表题为《如何通过国际象棋解读世界局势，预测国家盛衰》一文，其主要论点是“国际象棋折射世界格局变幻”。文章指出：“有时候，艺术是对生活的模仿，有些游戏也是如此。尤其是以国际象棋为例，几个世纪来与大国政治的相似之处比比皆是。”

从前面论述中我们已经清楚，一种主流观点是国际象棋发源于亚洲次大陆的印度，后来传至波斯，然而，真正的广泛传播是始自公元 7 世纪的阿拉伯征服时代，长期以来，国际象棋的结构和规则在伊斯兰世界几乎没有变化，而在基督教国家中创新层出不穷。

几乎与此同时，载有重型火炮的远程船只开始出现，预示着西方掌握世界格局。伊斯兰世界的大车从未真正模仿这个革新，一如伊斯兰世界的大国从未真正模仿那样赋予“维齐尔”（后）实权。此时，真正的竞争发生在欧洲之间，西班牙的领土曾经被伊斯兰帝国占领了几个世纪，而 16 世纪，西班牙不但出现了西方世界最早的国际象棋大师（其中，最知名的是路易·洛佩兹，以他名字命名的著名开局至今仍然流行于世），也打造了第一个纵横全球的国际象棋帝国。

四、国际象棋在15世纪末16世纪初定型为现制后的六百年，棋运与国运两者之间的正比例关系更是清晰可见

14 世纪，文艺复兴运动起源于意大利的佛罗伦萨，16 世纪，文艺复兴运动达到顶峰，这一时期标志着中世纪向现代社会的转型，其间，国际象棋游戏也发生了很大的变化。

走法和规则的改进及印刷技术的进步，又促进了国际象棋的发展。现存最早的国际象棋谱，出版于 1497 年。在此前后，人们就开始通信下棋了。此后，许多教人们如何弈棋的书先后问世，其中最有趣的也许是 1508 年巴黎出版的一本书，

书中记载了一段故事：一位十字军军士为了追求一位姑娘，先教她弈棋以博得她的青睐，然后把她从情敌手中夺了过来。

虽然在16世纪初，已初步形成了现代的弈棋规则，但是不少地区仍保留固有的地方特色，例如用掷骰子决定谁先行棋等。实际上，国际象棋的规则定型过程并不是一帆风顺的。每当一种新的走法出现，总是会有人反对。例如王车易位，反对的人特别多，直到19世纪中叶，在意大利还有所谓“自由易位”的提法。在以上的演变过程中，也有一些规则经不起时间的考验而永远销声匿迹了。

话说回来，到了15、16世纪，国际象棋终于定型成今日的样式和棋制。此后国运与棋运的正比例关系似乎也更脉络分明了。

1550年，世界上第一个国际象棋俱乐部在意大利组成。1575年，在西班牙首都马德里举行了意大利两名选手同西班牙两名选手的比赛，这是最早的国际性国际象棋比赛。这一时期（也即定型为现制之后）的称霸棋坛的人物是西班牙的路易·洛佩兹（1530?—1580?），他的称雄时期为大约1560年至1575年。此后意大利的吉凡尼·里奥纳多·第·邦纳·特·古特里（1542—1587）、保罗·鲍埃（1528—1598）、亚历山大·萨维奥（1570?—1640?）三位棋手相继把持棋坛（时间分别为：1575—1587、1575—1598、1598—1621）。

意大利棋手吉阿切诺·格里科（1600?—1650?）是浪漫主义学派的先驱者。他创设了意大利开局的许多变着，并于1625年撰写成文，手稿于他逝世后的1665年在伦敦出版。后又重版，并被译成多种文字，系早期经典著作。

在16世纪至17世纪，在国际棋坛上占主导地位的是意大利浪漫主义棋派，当时意大利开局风靡一时，这恐怕与意大利是文艺复兴的摇篮不无关系。

“国际海盗”横行世界时代，西班牙开局、荷兰防御应运而生。

然而，在接下来的几个世纪中，英法两国不但在国际象棋领域中高手如云，而且同时在海陆向西班牙挑战并最终将其击败。法国人无疑因为邻近西班牙而召开研习国际象棋，而英国人的国际象棋是古代挪威人传来的。英法百年争雄相当激烈——棋局上如此，在世界各地的交战时也是如此。因而，不仅法国和英国军队在亚洲次大陆、北美及世界其他地区难分胜负，两国的国际象棋大师，也是世界的顶尖棋手，同样旗鼓相当。

18世纪到19世纪前半叶，4名法国棋手和1名英国棋手相继在棋坛称雄。他们是法国的拉加尔·特·里格尔（1702—1792）、法兰西斯·安德烈·菲利多尔（1726—1795）、亚历山大·戴斯却班尔斯（1780—1847）、路易·特·勒·波多纳斯（1795—

1840）和英国的霍华德·斯当顿（1810—1874）。其中伟大的法国棋手、棋艺理论家菲利多尔不仅在1747年至1795年独领风骚半个世纪，而且是现代国际象棋的理论先驱。

英国工业革命后经济起飞，引人注目的是英国首创印刷术的嘉士顿发行《国际象棋》一书后，英国棋风大盛。法国健儿执掌棋坛牛耳则是在拿破仑叱咤风云前的几十年间。此时英国式开局、法兰西防御开始流行。在英国棋王麦克唐纳、布莱克拜伦于棋界逞雄之后，法国棋王兼音乐家菲利多尔称霸棋坛，他是棋坛上的拿破仑，从18世纪40年代起，半个世纪里转战英法，无敌于天下。

在菲利多尔1795年逝世之后，英法两强的争雄再度显现出势均力敌的状态。拿破仑遭遇滑铁卢一役之后，国际政治进入了“英国统治下的和平”时代，英国人霍华德·斯当顿也在此时战胜了法国人皮埃尔·德·圣阿芒。这场在1843年进行的对垒，被视作为世界级顶尖人物的较量，11 ∶ 6，斯当顿胜出，英国人引以为荣，把这一战绩视作为大英帝国和世界领袖的确认；而法国人则黯然失色。

19世纪初，国际象棋日趋国际化和普及化。1813年在利物浦出现了世界最早的国际象棋专栏报纸。1824年在伦敦和爱丁堡之间举行了世界最早的通信对抗赛。1836年在巴黎，世界最早的国际象棋杂志问世。1844年在巴尔的摩和华盛顿之间举行了世界最早的电报对抗赛。

19世纪后半叶，德国和美国逐步强大，其棋艺也开始问鼎于世。1851年国际象棋史上第一次国际循环赛在英国伦敦举办，德国数学教师阿道夫·安德森（1818—1879）摘得桂冠。因为这次比赛是当时世界水平的国际大赛，故其优胜者被公认为国际象棋历史上第一位非正式的世界冠军。此后安德森横扫棋坛，独步一时。但1858年，美国青年才俊保尔·摩菲（1837—1884）异军突起，他只身奔赴欧洲，一年之内战胜了包括安德森（轰动一时的巴黎对抗赛中）在内的英、法、德等国所有高手，成为棋史上第二位非正式的世界冠军。

不久，以两位德国大师和美国特级大师名字命名的卡罗—卡恩防御和西班牙开局马歇尔弃兵先后问世。德国的哲学博士爱姆纽尔·拉斯克从1894年至1921年一共保持了27年的世界冠军称号，而德国的塔拉什、米皆斯以及美国的皮尔斯伯里、马歇尔、法因等都是当时声名显赫的高手。

1886年，国际象棋史揭开了新的一页。出生布拉格的奥地利棋手斯坦尼茨（1836—1900）在对抗赛中以胜10和5负5的成绩战胜波兰名手楚凯尔托特（1842—1888），成为历史上第一个正式的国际象棋世界冠军。

如果说摩菲代表美国在国际象棋界和世界政治中的崛起，那么，德国和奥地利的狂热则有过之而无不及。讲德语的人（其中许多是犹太人），直到第一次世界大战结束以后，一直统治着国际棋坛，棋史上第一位和第二位正式世界冠军是捷克出生的奥地利棋杰威廉·斯坦尼茨（“在位时间”是1886至1894年）和德国哲学家、数学家、心理学家的爱默纽尔·拉斯克（“在位时间”是1894年至1921年）。

1924年，国际奥林匹克委员会同意将国际象棋列为奥运会的正式比赛项目，在巴黎举行的奥运会上，18个国家的50多名棋手参加了比赛。比赛结束后3天，以“我们都是一家人”为口号，国际象棋联合会（国际棋联）宣告成立，至1992年，这个国际统一组织已拥有148个国家（地区）会员协会，2018年会员国和会员地区增至190个，系世界性体育单项协会会员国最多的项目之一。国际棋联在1929年首次通过了正式规则，此后不断修改完善。目前，每年世界性国际性的比赛成百上千，国际象棋爱好者可用亿来计算，遍及全球。

第二次世界大战之后，国际象棋棋坛进入了美国和苏联两强争霸的时代，这也和当年美国和苏联两个超级大国的地位和在风起云涌的全球舞台上进行冷战的格局相吻合。

在革命导师列宁和斯大林的大力提倡下，苏联自20世纪中期起，成了世界棋坛“超级大国”。自1948年鲍特维尼和鲁琴科相继登上世界个人男子和女子世界冠军宝座，此后40多年来苏联棋手所向披靡，几乎独霸棋坛。世界棋王的冠冕就像世袭财产一样在苏联人手中传来传去。对此，苏联人就像对国防强大、科技发达一样引为自豪。

国际象棋兼具竞技性、艺术性、科学性，因而，这一项目在反映生活方面也被抹上了更浓的政治色彩。20世纪70年代初期，美国总统尼克松对苏联做国事访问时，曾赠送给苏联共产党总书记勃列日涅夫一副袖珍国际象棋。这件事的背景是前不久美国棋手菲舍尔战胜了苏联棋手斯帕斯基，打破了20多年来苏联对国际象棋世界冠军这一称号的垄断。

1972年菲舍尔战胜斯帕斯基这场国际象棋世界冠军对抗赛，被称为“世纪之战”。确实，在国际象棋历史上，这位美国天才横空出世，构成了一道独特的风景线，即“菲舍尔现象”。然而，公众对他之所以有那么浓厚的兴趣，不仅在于他杰出的棋弈才华以及令世人瞩目的成功，还因为，他“在俄国人的领域里打败了俄国人”，一人踏平了号称“国际象棋王国”的苏联。须知，在东西方对峙时期，苏联意识形态界把菲舍尔的棋弈也演绎成了一场政治斗争，这是两个世界、两种制度的较量。包括苏共领导在内的举国上下倾全力争取胜利，然而，未能如愿以偿。有趣的是，菲舍尔赢得“世纪之战”之后，退出棋坛。苏联棋手重又成为世界棋坛的霸主。新秀阿那托利·卡尔波夫和加里·卡斯帕罗夫相继成为棋史上第十二和第十三位世界冠军。无论男女、个人和团体，几乎所有世界重大比赛的冠军苏联人都把它收入囊中。

然而，在苏联解体以后，一向被视为“国棋”的国际象棋运动也不免蒙受损失：不仅原来加盟共和国的高手各自为战，而且很多高手脱离故土，移居至包括美国在内的西方国家。

1991 年秋天，稳坐世界冠军后座 13 年的苏联前棋手奇布尔达尼泽失冕于中国谢军。原因固然是多方面的，但后方不稳，失去了国家力量坚强后盾不能不说是其中的一条。对抗赛期间，据说受“国内麻烦”的影响。“代表团团长只关心挂否格鲁吉亚国旗”，奇氏私下透露道：“两位俄罗斯教练又不关心我，40 天时间除母亲陪我用餐并常到赛场观战外，其余时间我只能一个人关在屋子里摆棋，连平时喜爱的户外活动都因气候炎热等原因取消了。”

半年之后，苏联原一代棋王卡尔波夫和超级棋星尤苏波夫在男子世界冠军候选人半决赛中双双败于英国肖特和荷兰蒂曼之手，从而使 1993 年秋天向世界冠军卡斯帕罗夫的挑战权落到非苏联棋手手中，这也是 20 年来的第一次。论实力“两夫”不当输，这其中不能说与苏联解体没有一点关系。

前面提及了约翰·阿尔奎拉教授的文章，在“国际象棋折射世界格局变幻”方面，这位教授带有结论性地指出：“无论美国会遵循什么道路，显而易见的是，老布什在 1991 年取得了沙漠风暴行动的大举胜利后所构想的美国主导的‘世界新秩序’是不存在的。与此相反，21 世纪的高级政治风云变幻，有印度等新兴国家崛起，也有俄罗斯等老牌帝国回归。这个潮流也清晰地反映在国际象棋领域，男子世界冠军维斯瓦纳坦·阿南德来自印度，而捷克出生的英国籍女将维拉·明契克在 1944 年英年早逝前一直保持着女子世界冠军的荣誉，此后直至冷战结束前的冠军一直是苏联人，而之后虽然还有一名来自俄罗斯的女子获得过这个称号，但是有四名冠军棋手来自中国。”这位学者最后意味深长地说：“如果我‘以棋为镜’的观点在未来也能同过去一样可靠，那么系紧安全带吧，这个世纪的道路将崎岖不平。”

确实，在 21 世纪前 20 年，国际象棋的世界格局基本上是俄罗斯、中国、美国三强争雄的年代，而它们恰恰是在政治、军事、经济、文化等方面对世界最有影响的三个大国。

五、国际象棋在中国的发展史生动地反映了国运与棋运之间正比例关联

与国际象棋已经兴旺了五六个世纪的欧洲相比，我国的国际象棋运动发展可以用“起步晚，进步快，女子已处全球领先地位，男子跻身世界先进行列”来概括。虽然，也有国际象棋起源于中国的说法，但是，现代国际象棋传入我国较晚，不是我国的传统项目。

国际象棋运动在中国的开展大体上经历了五个阶段，依次是：萌芽阶段（新中国成立之前），自发阶段（1949—1956）、起步阶段（1956—1966）、受挫和复苏阶段（1966—1977）、振兴和腾飞阶段（1978—2019）。棋运国运息息相关，可谓是交相映衬、紧密联系的命运共同体。

（一）萌芽阶段和自发阶段

约在19世纪末，现制国际象棋开始传入我国沿海城市。据历史文献记载，晚清时，广东商人郑观音出洋经商，在外国轮船上曾与人下过国际象棋。此外，新疆、内蒙古、西藏自治区等地的少数民族接触国际象棋要比汉族早得多。在具有蒙古族人民民族特色的那达慕大会上，国际象棋是群众喜爱的活动。新疆的国际象棋普及程度也比内地高，在伊宁市等地都有国际象棋一条街，弈棋成风。

被誉为“百岁棋王”的浙江平阳人谢侠逊（1887—1987）不仅是我国的“象棋总司令”，而且也是我国国际象棋的先驱人物。他在《象棋谱大全》第四卷中记述，清朝光绪三十年（1903），在上海的外国侨民倡议下，成立了“万国象棋会”，其宗旨是联络国交、弘扬国际象棋和中国象棋。入会者一开始全是旅华外籍人。谢侠逊是最先入会的中国棋手。1927年10月，万国象棋会举行国际象棋比赛，谢侠逊等3名棋手首次代表中国参赛即获得好成绩。1933年1月，国际象棋世界冠军阿廖欣访问上海，谢侠逊代表上海的万国象棋会致欢迎词。阿廖欣与上海万国象棋会的中外棋手进行了两次蒙目车轮战，均大获全胜。阿廖欣访华这一盛事，一时轰动了上海甚至中国。

由于在当时中国的政治经济状况下，文化体育活动十分落后。尽管在上海、天津、广州等沿海城市，与外国人交往较多的中高级职员、知识阶层和旧中国政界人士中，有一些人开始接触国际象棋，其中个别人也达到一定水平，但是，总的来说，这项运动并没有得到很好的发展，可以说是国运衰、棋运弱。

1949 年 10 月，中华人民共和国成立后，党和政府重视关心文化体育事业，确保了国际象棋活动的顺利开展，1956 年，国际象棋和我国的传统项目象棋、围棋一起被国家体委（20 世纪 90 年代改名为“国家体育总局”）列为正式体育项目。这标志着我国国际象棋运动从自发阶段转身为起步阶段。

（二）起步阶段和受挫阶段

1956 年，国家体委在北京举办全国首届棋类锦标赛，其中，国际象棋是表演赛。1957 年国家体委主办全国棋类锦标赛，国际象棋首次成为正式体育竞赛项目，大连棋手张福江获冠军。1958 年，苏联一支由 2 名国家大师和 1 名候补大师组成的棋队来华比赛，这是我国首次的国际象棋双边交往，在广州、上海和呼和浩特 3 场中苏友谊对抗赛的结果是苏联队以总分 9 ： 0 全胜中国队。1965 年，苏联队派出一支由 1 名国际特级大师和 5 名国际大师组成的棋队，第 3 次来华访问（第 2 次是 1963 年），先后在北京、上海、杭州与中国队进行 9 场对抗赛，比赛结果，中国队以 18.5 ： 35.5 的比分失利。就个人成绩而言，中国队的刘文哲、张东禄分别战胜国际特级大师克罗基乌斯一局，两人各上 8 场得 5 分，胜率均为 62.5%，从中可以看出，与 1958 年相比，中国棋手的水平有了相当程度的提高。

灾难性的“文化大革命”使国际象棋项目也被当作“封资修黑货”受到批判。从 1967 年开始，全国比赛和国际性交流全被停止，直至 1974 年中断八年后恢复全国比赛。1975 年 10 月以国际棋联副主席坎波马内斯为团长的菲律宾国际象棋队来华访问比赛，紧接着，国际棋联主席、前世界冠军尤伟也来我国考察，这一年，我国国际象棋协会正式加入了国际棋联。

（三）复苏和振兴阶段

随着 1976 年“四人帮”被粉碎，尤其是 1978 年中国共产党的第十一届三中全会之后，我国的国际象棋重获新生，从全面复苏趋向振兴发展。1977 年 11 月，我国国际象棋队赶赴新西兰奥克兰，首次参加亚洲国际象棋团体冠军赛即获亚军，其中，30 岁的戚惊萱在第一台上，6 胜 3 和战绩突出。1978 年 10 月，我国男队出征布宜诺斯艾利斯，参加第23届国际象棋奥林匹克赛，这是我国棋队首次参加世界性大赛，在66个队中获并列第18名，在这次比赛中，39岁的北京棋手刘文哲以弃后妙杀，仅20回合便战胜了荷兰著名特级大师唐纳，这局棋轰动了整个比赛大厅，被南斯拉夫《政治报》称誉为“像一首优美动听的诗歌”“像一幅壮美华丽的图画”。

1980年，我国有了第一批国际大师，他们是北京刘文哲和广东梁金荣。同年10月，由刘适兰、吴敏茜、安艳凤、赵兰四人组成的平均年龄不到18岁的中国女队，首次参加女子国际象棋奥林匹克赛（马耳他举办），在42个参赛队中获得并列第5名。

1982年，20岁的四川棋手刘适兰进入女子世界冠军候选人行列，成为我国和亚洲的第一位女子国际特级大师和进入女子候选人八强的棋手。

1983年10月，在印度新德里举办的第5局亚洲国际象棋团体冠军赛中，以戚惊萱、李祖年、叶江川、梁金荣、徐俊、王犁组成的中国队，以2.5分的优势领先于老牌亚洲冠军菲律宾队，首次夺冠。

这一阶段，中国开启了改革开放的宏伟征程。如同春雷唤醒大地，中国共产党带领人民进行的这场“新的伟大的革命”，书写了一个国家繁荣发展的壮丽史诗，激荡起一个民族生机勃勃的复兴气象。有了这样的前提和背景，我国的国际象棋运动也开始走出国门，全方位地实现复苏和振兴。

（四）腾飞阶段

“历史不可选择，现在可以把握，未来可以创造”（习近平语录）：

回望改革开放四十年激情燃烧的岁月，在执政党的英明、正确的领导下，我们这个曾经面临“被开除球籍的危险”的国家，已经跃升为世界第二大经济体和第一大货物贸易国、最大的旅游市场。实现了从“赶上时代”到“引领时代”的伟大跨越。四十年的众志成城，四十年的春风化雨，四十年的经济高速持续增长，中国人民经历了从站起来、富起来到强起来的翻天覆地的飞跃变化，释放出蕴藏于亿万人民巨大活力的这一伟大转折，其所带来的政治、经济、文化等方面的成果，也正是我国国际象棋项目从小国到大国、从弱国到强国的充分保障和必要条件。

1986年底，出版过名著《超越自我》的我国围棋顶尖高手陈祖德，出任国家体委竞赛训练四司副司长，分管棋类工作。国际象棋国家集训队自此在北京开始了长期训练，“人才集中，旨在赶超”，这标志着我国国际象棋事业一个腾飞时代的开始。

1990 年 11 月至 12 月，在南斯拉夫诺维萨德举办的第 29 届国际象棋奥林匹克赛中，于 106 个国家（地区）108 个男队和 66 个女队的角逐中，以叶江川、徐俊、叶荣光、林塔、汪自力组成的中国男队获第 6 名，这是中国和亚洲国家在历届该赛中男队的最佳名次；以谢军、彭肇勤、秦侃滢、王蕾组成的平均年龄不到 19 岁的中国女队获得第 3 名。五星红旗第一次升起在国际棋坛上空，这也是 1927 年开创这一大赛以来，亚洲国家的国旗首次在世界比赛的赛场上飞扬。同一年，27 岁的浙江青年棋手叶荣光，成为我国第一位男子国际象棋特级大师。

1991 年世界棋坛有过两大爆炸性新闻：其一是我国 21 岁女棋手谢军，继 2 月于贝尔格莱德和北京两地累计以 4.5 ： 2.5 的比分，在世界冠军候选人决赛中战胜南斯拉夫特级大师马里奇，成为挑战者以后；在 10 月马尼拉以 8.5 ： 6.5 的比分把保持世界冠军称号 13 年之久的苏联名将奇布尔达尼泽拉下马，成为非欧洲人中的第一位世界棋后。这是中国国际象棋运动的历史性突破，也改写了世界冠军赛的历史。谢军的胜利在我国掀起了一阵前所未有的国际象棋热潮，她本人当年也被评选为我国体育十佳之首，并取得其他种种荣誉。其二是我国平均年龄不到 19 岁的 3 名女棋手彭肇勤、王频、秦侃滢，在 11 月结束的南斯拉夫苏博蒂察（今属塞尔维亚）女子世界冠军区际赛中。全数出线，跻身女子世界冠军候选人行列，并同时晋升为女子国际特级大师。国际棋坛上有人称这一年为“女子中国年”。

1996 年 2 月在西班牙哈恩，谢军的第二次卫冕战中负于著名的匈牙利波尔加三姐妹中的大姐苏珊，后者成为棋史上第八位女子世界冠军。1998 年谢军又从世界冠军候选人赛中杀了出来，1999 年在俄罗斯喀山和中国沈阳，谢军以 8.5 ： 6.5 的比分，击败了俄罗斯加里娅莫娃（国际棋联决定由她参赛，是由于世界冠军苏珊 • 波尔加拒绝卫冕而顶替之），重新夺回后冠。

2000 年 12 月在印度新德里举办了首届新赛制的女子世界冠军赛。由于是以对抗淘汰制为主体而非循环制，赛前国际棋坛和诸多新闻媒体预测，任何人包括卫冕冠军谢军在内，都难说有 20% 的希望夺冠，并把她排列在四名最热门的人选之外。然而，在长期辅佐她的叶江川等男子高手的帮助下，谢军凭棋艺实力和超常斗志，排除了前进道路上一个又一个的障碍，使自己从最后一届传统赛制冠军，转而成为新赛制的首届冠军。有“博士棋后”美誉的她，第四次获得世界冠军称号，并成为世界上首位“跨世纪棋后”。令人耳目一新的是，在决赛中与谢军相遇的是秦侃滢，相同国籍的棋手包揽世界女子冠亚军的情景，只有苏联解体前棋手之间发生过。

2001 年 12 月，25 岁的中国诸宸在莫斯科举办女子世界冠军赛决赛中战胜了俄罗斯的科斯坚纽克，成为棋史上第九位女子世界冠军。她开创了一人（包括男女）集世界少年、青年、成年冠军和团体冠军于一身的世界冠军。

2006 年，30 岁的许昱华在决赛中击败了俄罗斯加里娅莫娃，成为棋史上第十一位棋后和中国的第三位女子世界冠军。她开创了棋史上（包括男女）的一项新纪录，即第一位“大满贯”的世界冠军（集个人、团体、和世界杯冠军于一身）。

从谢军 1991 年打破欧美长期垄断，成为我国第一个女子世界冠军以后，到 2018 年的 28 年期间，我国有六名棋手（十三次）被封后，而其中谢军和侯逸凡两位分别四度加冕，居文君一年内两度夺冠。这是举世共睹的事实。具体获得女子世界冠军的时间是：

谢军：1991、1993、1996、2000 年

诸宸：2001 年

许昱华：2006 年

侯逸凡：2010（年龄 16 岁，打破世界女子冠军最轻年龄纪录）、2011、2013、2016 年

谭中怡：2017 年

居文君：2018 年 5 月、2018 年 11 月

另外，在两年一届的女子国际象棋奥林匹克团体冠军赛中，中国队的成绩也十分骄人，继第 14 届（1990 年南斯拉夫诺维萨德）获铜牌之后，第 15 届（1992 年菲律宾马尼拉）、第 16 届（1994 年莫斯科）蝉联第三名。第 17 届（1996 年亚美尼亚埃里温）更上一层楼，获取银牌。第 18 届（1998 年 俄罗斯埃里斯塔）、第 19 届（2000 年土耳其伊斯坦布尔）、第 20 届（2002 年斯洛文尼亚布莱德）、第 21 届（2004 年西班牙马略卡岛）以谢军、诸宸、许昱华为主体，加上王频、王蕾、赵雪、黄茜等女将组成的中国女队，连续四次夺得冠军。在 2004 年事隔 12 年以后的 2016 年，中国女队又第 5 次夺得桂冠，彰显在世界上的领先地位。还有，继 2007、2009、2011 年连续三次勇夺女子世界团体冠军赛以后，于 2019 年第 4 次荣获桂冠，而且这一次的成绩是创纪录的 9 连胜。因此，从很大程度上来说，中国女子国际象棋运动已经从 20 世纪 90 年代起的赶超世界先进水平，到世纪之交开始转为引领时代新潮流了。

这二十多年来，在黑头发一次又一次在女子世界棋坛顶峰上飘起来的时候，

中国男子棋手的棋艺也取得了长足甚至飞速的进步。在四年一届的第 6 届世界团体国际象棋冠军赛（2005 年在以色列特拉维夫举办）中，中国队荣获亚军；第 37 届男子国际象棋奥林匹克团体冠军赛（2006 年在意大利都灵举办）中，中国队又荣获亚军。这些成绩显示了中国男队已经具备世界一流的棋艺实力。八年之后，以王玥、丁立人、余映漪、倪华、韦奕组成的中国男队，在 2014 年挪威特罗姆瑟第 41 届国际象棋奥林匹克团体赛中荣获冠军。中国男队无疑已经跻身于世界超一流强队之列。

据 2019 年 2 月 22 日参考消息网报道，西班牙的《国家报》网站 2 月 20 日刊登了该国国际象棋专家雷昂托 • 加西亚题为《国际象棋热折射中国社会发展》的文章，热情洋溢地称："这是 40 年前没有人会预测到的景象。中国的技术、社会和教育转型可能是人类历史上所有国家中最快的。而且有趣的是，国际象棋是其中的一部分。"

这位专家形象而生动地说：

"这是我第八次来到中国，我永远不会忘记第一次（1995 年）和第二次（2010 年）来到这里时感受的巨大差异，20 世纪 90 年代， 中国大街上有成千上万的自行车和为数不多的汽车，而仅仅 15 年之后，情况发生了转变。而今，2019 年的中国更是处在技术飞跃发展的阶段，很多中国人已经习惯了移动支付。"

"目前国际象棋世界排名 50 位的棋手中有 6 名中国棋手，每年各年龄段的世界级比赛中，也涌现很多来自中国的冠军。一切迹象表明，这一执着将延续下去。"

随着我国两个文明建设的持续向前，及至跨入社会主义新时代，国际象棋事业也犹如旭日东升，蒸蒸日上。它在深化文明、与世界交流、共享互鉴方面，兼收并蓄，包容创新。其跨越式的业绩具体表现是 :

（1）在女子个人方面，谢军在世纪之交第四次夺世界冠军称号。进入 21 世纪以后，诸宸、许昱华、侯逸凡（四次）、潭中怡、居文君（两次）又相继成为棋后，确保了我国在这一领域的统驭地位。2019 年 1 月 1 日国际棋联的最新等级分排名（我国的侯逸凡和居文君以 2662 和 2575 包揽前两名），也可印证这一点。

（2）在男子个人方面，我国的年青棋手丁立人在 2017 年获国际象棋男子世界杯亚军和 2018 年世界锦标赛第 4 名。在 2019 年 1 月 1 日国际棋联公布的世界等级分中，丁立人以 2813 名列第四（不久，又稳居第三）；而余映漪（2764）、韦奕（2733）、卜祥志（2725）、王皓（2714）、李超（2699）、王玥（2684）、倪华（2683）七位青年才俊分列 12、22、26、33、43、57、59 位，充分显示了中国男子棋手接近世界顶尖水平的强劲实力。

（3）团体成绩方面，令国人振奋的是在2018年10月5日于格鲁吉亚巴统市举办的第43届国际象棋奥林匹克世界团体冠军赛中，我国男队（由丁立人、余映漪、韦奕、卜祥志、李超组成）和女队（由沈阳、黄茜、雷挺婕、翟墨组成）分别以8胜2平1负和7胜4平的优异战绩，技压群雄，双双夺冠。一个国家的男女队包揽两座奖杯，这种独领风骚的现象只有在30年前的苏联队曾经有过。因此，国际象棋项目登上了全国主流媒体评选的2018年十大新闻（第七条）。

（4）2018年5月和11月，我国女子青年棋手居文君先后在上海、重庆举办的世界女子国际象棋世界冠军对抗赛和在俄罗斯汉特·曼西斯克举办的世界杯女子国际象棋冠军赛中两次胜出，两度封后。同一人在同一年（不同赛制的）两次大赛中获得女子世界冠军称号，这在国际棋联历史上是第一次。27岁的居文君因此成绩被新华社评选的2018年全国体育十佳运动员之一（第五位）。

欧洲国际象棋赛事溯源

北京大学外国语学院　林　琳

引　言

国际象棋比赛，通常也可以被称为“国际象棋竞赛”，在如今的世界上有很多种的呈现形式。2020 年 1 月，全球范围内暴发了新冠病毒疫情（CoVid-19），为了避免病毒的传播而导致传染患病，在很多国家，人们被要求非必要不要出门，若需出门则须佩戴口罩，对自己和他人进行有效的保护。国际象棋这项面对面的智力体育运动因而失去了“天时地利人和”：在长达半年的疫情传播期间，室内运动场馆关闭，各项体育赛事推迟或取消，人们闭门不出，尽量以线上的方式进行工作和生活。在这样的大环境下，国际象棋线上赛事应运而生：国内外相继举办了地区或国际国际象棋赛事以飨国际象棋爱好者，这些赛事或以联赛（如 speed chess“速度象棋”世界国际象棋女子快棋比赛）或对抗赛（如“国家杯”赛事）的形式实现，吸引了全球众多爱好者观看比赛直播的同时，也开放了棋迷通道：爱好者们可以通过网上下棋获取积分，积分排名较为靠前者有较大的机会被参加正赛的高手们选中，获得与高手们在网上下“指导棋”（banter games）的机会，中国棋手丁立人、韦奕、侯逸凡等均先后在网上参加国际比赛并与爱好者下指导棋，这样的指导棋形式并不是以胜负为比赛目的，是一种“表演赛”。据不完全统计，在丁立人等参加“卡尔森百万慈善赛”系列赛和相关“指导棋”活动以及中国队参加“国家杯”对抗赛期间，特级大师王玥和李超在网上直播平台“虎牙”上对比赛进行直播，在比赛时间不利于中国时区爱好者的情况下（晚上 9:30 至凌晨，最迟约为凌晨2点），每次收看直播的在线人数均不低于7万。可以看出，国际象棋比赛对国际象棋棋手和爱好者都具有极大的吸引力和重要性。但是，国际象棋比赛并不是在国际象棋诞生之初就存在的，而是经历了很长时间的发展和磨合，才最终作为一个竞赛项目活跃在历史的舞台上的。

一、国际象棋比赛形式

根据《国际象棋词典》（林峰、殷昊，2010，p.524），国际象棋赛事主要分为三大类：第一类为“联赛”和“对抗赛”；第二类为“表演赛”（包括“名手表演赛”“名手应众表演赛”“真人活子表演赛”等）、“多面赛”（较为通用的是：“车轮战”）、“蒙目赛”（又称作“闭目赛”“盲棋”等）和“磋商赛”（也称“商量棋”）；第三类为“友谊赛”（或“即兴赛”）。以上三类的比赛在通常情况下默认为面对面的比赛，在科技日益发展的今天，也可以以线上的形式进行，在过去交通不甚发达时期，可以通过通讯（以信件的方式）或无线电（以电报的方式）进行比赛。另外，在一些出版物中会举行“排局比赛”“残局比赛”等，以出题的方式向爱好者们征询答案。

1. 联赛

联赛，又称为“大赛”，为两名或两队以上棋手参加的比赛。与对抗赛不同的地方在于，联赛是需要决出名次的比赛，通常两位棋手之间只进行一轮对局，同时也要和其他参赛棋手进行对局，而对抗赛是由两名或两队棋手之间进行两盘以上比赛的赛制（林峰、殷昊，2010，p.532）。现代联赛始于19世纪40年代，第一次国际联赛于1851年在伦敦举行，德国棋手安德森获得冠军。此后的40年中，最重要的联赛一个是于1882年在维也纳举办的联赛，奥地利棋手斯坦尼茨（Wilhelm Steinitz，1836—1900）和韦纳维尔并列冠军；另一个是1883年在伦敦举办的联赛，德国棋手楚凯尔托特夺冠。19世纪90年代起，联赛逐步发展，1895年的黑斯廷斯（Hastings）联赛中，美国棋手皮尔斯拜里（Harry Nelson Pillsbury，1872—1906）胜出；1895—1986纽伦堡（首次大型对抗赛）和1899年的伦敦联赛中，均是德国棋手拉斯克（Emmanuel Lasker，1868—1941）获得第一名；1911年圣塞巴斯廷联赛卡帕布兰卡（Jose Capablanca，1888—1942）夺魁；

1914 年圣彼得堡联赛中，拉斯克、卡帕布兰卡和阿廖欣分获前三名。第一次世界大战爆发后，欧洲的经济和政治格局发生了巨大改变，很多俱乐部和协会的经济来源被切断，国际象棋联赛在两次世界大战期间基本处于停摆的状态，举办的次数和办赛规模都有显著下降。两次世界大战期间的四次联赛中，1924 年和 1927 年的联赛都在纽约举办，1936 年举办地是诺丁汉，1938 年的联赛则是由荷兰广播公司组织的，这四次联赛的冠军分别是拉斯克、卡帕布兰卡、鲍特维尼克（Mikhail Botvinnik，1911—1995）、法因和凯列斯（Paul Keres，1916—1975）。20 世纪 80 年代起，联赛不断增多（1980 年全世界约有 60 次平均等级分为 2401—2425 以上的联赛），大师们的参赛选择也大为增加。

联赛的类型有：对抗制联赛，这种赛制始于 1873 年的维也纳，通常参赛棋手较少，相互下两局或两局以上，整个比赛的全过程为联赛制，每两位棋手相遇时下两盘，为对抗赛性质；公开性联赛，指的是对报名参赛棋手的国籍没有限制的联赛，这种赛制中，获得冠军的棋手不一定是举办国或者举办地的选手；国家联赛，即仅限于举办国本国国籍棋手参加的比赛，冠军将获得“全国冠军”的称号，1939 年起苏联举办了阵容最强的国家联赛，级别有时会达到 13 级（平均等级分为 2551—2575）以上，1941 年的列宁格勒—莫斯科的联赛，被称为“全苏绝对冠军赛”，冠军被鲍特维尼克获得；阶梯式联赛，指的是由国际象棋俱乐部组织的一种长期性的比赛，进行时将参赛者按照上阶段比赛名次编号，编号在后的选手可以向编号在前的选手挑战，如果获胜可以互换编号，如平局或者落败，则编号保持不变，挑战可以通过俱乐部竞赛部提出并具体安排，被挑战者执白；主题式联赛，规定必须走某种开局、按照联赛的方式进行的比赛，一般用于探索某些尚未成熟的变着，如：规定了某种弃子的开局，则整个比赛称为“弃子开局联赛”；让棋式联赛，由于参赛选手之间水平相差较大，水平较高的选手向水平较低选手作出某种让步，如让先、让子等。

现在较为热门的联赛是冠军赛，又称作“锦标赛”，是以产生冠军为主要目的的比赛，对参赛者的水平和名额都有严格的规定（林峰、殷昊，2010，p.525）。按照地理范围划分，有世界冠军赛、洲冠军赛、全国冠军赛、省市冠军赛等；按照性别和年龄进行划分，有男子、女子、混合、成年、青年、少年、儿童冠军赛等。其中影响力最大的是世界冠军赛和世界国际象棋奥林匹克团体赛。前者是个人比赛，会产生“世界冠军”，是国际象棋的世界最高级别的个人比赛，第一次正式的世界冠军赛是 1886 年在美国举办的世界冠军赛，斯坦尼茨成为第一位正式的世界冠军，在他之前，德国棋手安德森和美国棋手摩菲（Paul Murphy，1837—1884）都被认为是非正式的世界冠军，第一届女子世界冠军赛于1927年在英国伦敦举办，英国棋手明契克（Vera Menchik，1906—1944）夺冠；后者是团体比赛，是由国际棋联组织的最大规模的世界性比赛，1912年斯德哥尔摩和1924年巴黎奥林匹克运动会均设有国际象棋项目，因奥组委规定只能由业余选手参加比赛，后国际象棋奥林匹克赛便由国际棋联自行组织，凡会员国（或地区）皆可派队参赛，第一届奥赛于1927年在英国伦敦举行，有16个国家参赛，匈牙利获得冠军，此后每隔一年或者两年举办一次，1957年起增设女子比赛，与男子比赛同时进行。

2. 对抗赛

对抗赛（林峰、殷昊，2010，p.531）是由两名棋手或两队棋手之间进行的两局或两局以上的比赛，分为个人对抗赛和团体对抗赛两种。个人对抗赛是国际象棋最早的比赛形式，至今仍然非常流行，例如世界冠军候选人向世界冠军发起挑战时，挑战赛和复仇赛均为对抗赛的形式。早在公元9世纪时就已经有了关于对抗赛的文字记载，但定型为现制的国际象棋首次对抗赛是1834年英国棋手麦克唐纳（Alexander MacDonnell，1798—1835）与法国棋手德拉布尔唐纳（Louis de la Bourdonnais，1797—1840）之间的比赛，比赛长达85局，这次比赛标志着国际象棋对抗赛进入了黄金时期。对抗赛比循环赛更能够直接地衡量双方的实力，因为循环赛参赛者的名次还要受到他与其他棋手比赛成绩的影响，不能够最直观地反映两个人之间相对实力的高下。因此世界个人冠军赛长期使用这一赛制。具体的分类有：第一类：规定局数，如果一方获得半数以上分数则获得胜利，可以提前获胜；第二类：规定胜局数，首先获得规定胜局数者获胜；第三类：规定局数和胜局数。

团体对抗赛是两队之间进行的对抗赛，两个队相同台次选手进行交战，各队的成绩为各台次选手成绩之和。国家与国家、地区与地区以及省市之间的比赛皆属此类。历史上最为有名的两次团体对抗赛是世界头号国际象棋强国苏联明星队与非苏联的世界明星队的对抗，一次于1970年在贝尔格莱德举行，另一次是在1984年的伦敦，每队都有12名队员，每场比赛双方都可以派其中10人上场，两次比赛均以苏联明星队的获胜告终。

3. 表演赛

表演赛区别于对抗赛、联赛等正式比赛，目的是普及国际象棋活动（林峰、殷昊，

2010，p.533）。表演赛的形式种类较多，通常有组织观众观摩的“名手表演赛”“名手应众表演赛”“真人活子表演赛”“多面赛”和“蒙目赛”等。

名手表演赛指的是两名高手在舞台上进行对弈，观众坐在大厅中观看比赛实况。棋局旁即舞台的另一侧竖有较大的演示棋盘，棋子为平面图形，挂在或利用磁性吸在棋盘上。在对局进行的同时，会有大师在演示棋盘旁进行实时讲解。20世纪末以来，对局实况可以通过特制的电子棋盘直接显示在大屏幕上，现场观众可以一边观看一边通过耳机收听讲解。

名手应众表演赛通常由一名高手与一名爱好者在舞台上进行对阵，观众在大厅中观看比赛实况，形式与名手表演赛相同。可以一对一下平手棋（爱好者执白），也可以下让子棋（高手让子或者让先），或者也可以是高手下蒙目棋，爱好者下明棋。

真人活子表演赛指的是两位高手进行对弈，由真人扮演成棋子在地面演示对局进程，供观众欣赏。比赛通常在广场上进行。意大利等国家自18世纪以来就有举办年度比赛的传统，届时当地人民喜气洋洋，就像过盛大的节日一样。

多面赛又叫作“车轮战”，分为“一人多面赛”“双人多面赛”“计时多面赛”等。一人多面赛是由一名高手与多名棋手对战，一般将棋桌围成半圆形，高手在圈内依次到每一个台子前走子，所有对局都由高手执白先行。各台棋手都要做比赛记录，并且必须等到高手来到面前时才能走出自己的应着。双人多面赛是由两位高手执白轮流走棋、同时与多名棋手进行对抗。一般将棋桌围成半圆形，两名高手在圈内保持一段距离（通常为台次数量的二分之一），依次走到台前走子。与一人多面赛一样，各台棋手都要做记录，并且需要等到高手来到面前时才能走棋。计时多面赛是由一名高手与多名棋手（一般不超过12名）使用棋钟进行的比赛。棋桌排成一行，高手一半棋局执白，一半棋局执黑，待某一对手完成一步棋时，才到该棋桌前走出应着。因为存在几位选手同时走出应着的可能性，高手的棋钟会同时在几个棋桌上走动。计时方法与正式比赛相同，先超时的一方判负。

蒙目赛又可以称作“闭目棋”或“盲棋”，指不看棋盘进行对局，分为一方蒙目和双方蒙目两种。一方蒙目赛中，蒙目者背对棋盘而坐，对方在棋盘上走子后，由裁判报出着法，蒙目者口述应着。多见于高手迎战爱好者的表演赛。双方蒙目赛可不用棋盘棋子，仅口述着法进行。有史可考的最早的蒙目赛可追溯到970年，当时希腊的查理比遍游印度、波斯、阿拉伯和特里波里，通过下蒙目棋来展现他的技艺。

4. 磋商赛

磋商赛也叫作“商量棋”，对弈双方可以一方是一组选手，另一方是一位选手；也可以是双方均为一组选手。在对弈的过程中，组内的选手可以共同讨论应对的着法。磋商可在单独的房间内进行，由裁判来将着法告知对方。比赛过程中通常需使用棋钟，棋手也要对对局进行记录。这类比赛对于提高参赛选手的棋力很有促进作用，可以通过与同组选手交流着法和思路，扩展自己的思路、提高下棋的意识。

5. 友谊赛

友谊赛在很多体育项目中是传统项目。友谊赛顾名思义是建立在“友谊第一，比赛第二”的宗旨上，参赛者不是以获取更好的名次为最终目标。很多体育项目会在大赛前通过友谊赛的方式进行练兵，通过和其他选手在赛场上进行比拼，向对手学习长处的同时总结自身的不足，以实现在大赛前的备战中更加有针对性地进行训练和提高的目的。

6. 通讯赛和解题赛

通讯赛最为传统的比赛方式是“通信赛”，即异地棋手通过信件互寄每步着法。由于每步棋都有充分的时间进行思考，一名棋手可以同时与若干名棋手进行比赛。当今世界仍有国际象棋通讯赛协会，并设有通讯赛特级大师、通讯赛国际大师、通讯赛国际裁判等称号，得到国际棋联的承认。随着科技发展，通讯赛的形式陆续增加了“电报赛”（始于 1844 年，两位美国棋手之间进行，一位在华盛顿，另一位在巴尔的摩）、“电话赛”（始于 1878 年，在两位英国棋手之间进行）、“海底电报赛”和“无线电赛”。无线电赛最早是于 1945 年，在美国和苏联两国棋手的双边联赛中进行，指的是通过无线电互报每步着法进行的比赛。与“通信赛”相比，无线电赛效率较高，比赛战线较短，不再是旷日持久的比赛。随着高科技的发展，20 世纪 80 年代出现无线传真棋赛，尤其是 21 世纪初开始的网络棋赛，不仅使得异地棋手可以进行较有效率的比赛，而且还可以在比赛期间相互看见对方。网络棋赛在 2020 年疫情期间成为主要的比赛形式。

解题赛是解答棋题的比赛，不是常见的双方通过对弈分出胜负的比赛。比赛可以在室内进行，也可以通过在出版物（如：报纸、杂志等）上刊登题目，限时提交答案的方式进行。在室内进行的解题赛有两种方式：第一种，每位选手独立答题，在规定的时间内交卷，根据题目的难易程度进行评分，分数较高者获胜，如遇同分的情况则按照提交答案的先后顺序区分名次，提交答案较早者名次较前；第二种，所有选手答同一道题，限定答题时间，当超过半数选手提交答案后即时停止，选手走出房间等候裁判完成评分后再进入答题室回答下一问题，以此类推，其评分方法为最先答出者的得分为总人数的一半，名次每后一位分数相应少一分，参赛者的名次由所有题目的得分相加后进行排名确定。和解题赛类似的另一种比赛形式为排局赛，参赛者提交自己创作的排局，名次或等级根据提交的排局质量确定。主要的比赛方式有两种：第一种是对某一时期内（通常为一年）报刊上发表的排局创作进行评定；第二种是要求参加者按照某一特定主题进行创作，由中间人提交给裁判，不透露原创者的信息，由裁判根据主题和质量对排局进行评定。

7. 在欧美掀起国际象棋热的表演赛：土耳其机器人骗局

按照记载，马克思米利安一世（Maximilian I.，1459—1519）是哈布斯堡王朝最早收集昂贵棋盘的人；在十五世纪后半叶，哈布斯堡奥地利和西班牙的统治者先后用新颖的、更具活力的规则代替了中世纪时制定的规则。玛丽亚·特雷西娅是会下国际象棋的，但是应该只是会下，既不擅长，也不着迷。她要求贵族妇女能够对弈，自己仍然认为赌博游戏和其他一些玩意儿更为有趣：如雅克·沃康松（Jaqcques Vaucanson，1709—1782，法国发明家、艺术家）于1737年发明的发条鸭子，可以扇动翅膀，发出叫声，还能够吃食。应运而生的还有1769年匈牙利作家兼发明家沃尔夫冈·冯·肯佩伦（Wolfgang von Kempelen，1734—1804）发明的会下棋的土耳其机器人（der Schach-Türke）：这个机器人由一个枫木箱子和箱子后的人形玩偶构成，玩偶拥有土耳其人的外貌特征，穿着宽大的外衣。箱子的前部有三扇门，门内有由齿轮、杠杆、轮轴和绳子构成的机械系统。这三扇门会在展示开始前打开，以证明箱子中没有藏人作弊；有时，箱子后部的门和玩偶身上的门也会打开。Faber（1983，69）记述了展示的过程："肯佩伦用钥匙启动机器，机器发出吱吱呀呀的响声，每十到十二步棋便需要重复这一过程。棋盘两边有两个烛台，上面各有三根蜡烛。当有观众表示准备好与土耳其机器人对弈时，比赛便可以开始了。通常机器人执白先行，走每一步之前都摇晃脑袋，仿佛要将棋盘看得更清楚一些似的。要是对手走了一步坏棋，他便会摇头，将棋子退回之前的位置，自己走一步棋代替。将杀对方前，他会点三下头。这种展示无异于完美的表演，表演过程中观众全程集中精力。”[①]据1769年8月24日的《布尔诺知识界报》（Brünner Intelligenz Zeitung）记载：“一位叫冯·肯佩伦的匈牙利政府官员新近发明了一个钟表，不仅吸引了充满好奇的爱好者的目光，而且在他们对其构造工艺的探究中牢牢抓住了他们的心。肯佩伦带来的是一个真人大小的土耳其人外貌的机器人。这个机器人可以回答问题，可以进行最为复杂数学运算，通过字符和数字来给出答案。最令人惊讶的是，这个机器人还可以和人下棋，在对弈的过程中通过动头和手来完成比赛，和真的棋手并无二致。人们发现，如果对手走了坏着或者不合法的着法，机器人会马上指出和改正。王宫贵族几乎所有人都参与了与机器人的挑战。女皇陛下因此奖赏给肯佩伦一个装着1000枚杜卡特金币的金罐子，并将这个发明收藏于皇家珍奇屋中。”[②]

土耳其机器人在维也纳大获成功，肯佩伦也因此被称为工程界的天才、“新世纪的普罗米修斯（neuer Prometheus）”，当然一直不乏要求解密的声音，毕竟以当时科技水平发明出可以与二十世纪末的“深蓝（deep blue）”相媲美的机器人的可能性并不大。之后土耳其机器人经历过收回、再造、再展甚至世界巡游（包

---

① 原文为：Dann trat er [Kempelen] wieder zur Maschine und zog sie vermittels eines Schl ü ssels mit großem Geräusch auf. Dieser Vorgang wurde nach etwa zehn bis zwölf Z ü gen wiederholt. Links und rechts vom Schachbrett waren noch zwei Leuchter mit je drei Kerzen aufgestellt worden. Wenn einer der Zuschauer sich bereit erklärt hatte, mit dem T ü rken zu spielen, konnte die Partie beginnen. Der T ü rke hatte meistens Weiß und eröffnete die Partie. Vor jedem seiner Z ü ge bewegte er den Kopf hin und her, als wolle er das Brett besser ü berschauen. Falsche Z ü ge des Gegners verbesserte er, indem er den Kopf sch ü ttelte, den gezogenen Stein auf seine fr ü here Stellung setzte und dann selbst einen Zug tat. Wenn er Schach bot, nickte er vorher dreimal mit dem Kopf. Auf diese Weise lief die Partie als perfektes Schauspiel ab, das vom Publikum mit allergrößter Aufmerksamkeit verfolgt wurde.

② 原文为：Ein ungarischer Hofcammerrath, Namens von Kempelen, hat k ü rzlich ein k ü nstliches Uhrwerk erfunden, dessen sinnreicher Bau oder Zusammensetzung nicht nur das Ansehen der neubegierigen Liebhaber verdienet, sondern auch ihre Einbildungskraft bey Untersuchung der darinn verborgen liegenden Kunst ungemein beschäftiget. Er hat eine Maschine, so einen T ü rken in Lebensgröße repraesentieret, stehend bey Hofe dargestellet. Dieser T ü rke antwortet auf verschiedene an ihn gerichtete Fragen, löset die schweresten arithmetischen Problemata auf, indem er die ihm vorgelegten Buchstaben und Ziffers aussuchet und zusammensetzet, und was das wundernsw ü rdigste ist, spielet er mit jedem Zuschauer Schach. Die t ü rkische Figur bewegt sich mit Kopf und Händen, zieht, und macht alles Nothwendige beym Spiel selbst, wie ein anderer Spieler. Man hat dabey bemerket, daß, wann jemand falsch spielet, oder seine Desseins ändern will, es die Maschine sogleich wahrnihmt, und seinen Gegner durch Zeichen corrigiret. Es haben die höchsten jungen Herrschaften beynahe alle, wie auch andere hohe Nobleße mit dieser Maschine gespielet. Der Kaiserin Maj. haben dem Herrn von Kempelen eine goldene Dose mit 1000. Ducaten zur Belohnung gegeben, und es wird dieses Kunstst ü ck, wenn selbiges genau beschrieben und gedruckt ist, in das kais. Kunst=Cabinet gebracht werden.

括英、法等欧洲国家以及北美洲的美国、南美洲的古巴等国），在全世界掀起“国际象棋热”。虽然这种热度可能仅仅是对土耳其机器人的好奇，但是不可否认的是，开始下、喜欢下国际象棋的人数大幅度增长，国际象棋也成了世界性的智力体育活动。1821 年，英国人罗伯特·威利斯（Robert Willis）首次提出土耳其机器人中可能藏人的说法；1826 年，从肯佩伦手中买下土耳其机器人的德国人梅尔泽尔（Johann Nepomuk Maelzel）在带着它在美国巡游时，被两个半大的孩子发现阿尔萨斯籍的国际象棋大师威廉·斯伦贝谢（Wilhelm Schlumberger）从机器人中爬出，而斯伦贝谢是以私人秘书的身份参与巡游的；1836 年春天，斯伦贝谢在古巴因疟疾去世，同年梅尔泽尔也在从古巴返回美国的航程中去世，之后土耳其机器人于 1840 年被费城的中国博物馆收藏。1854 年 7 月 5 日，博物馆遭到火灾，土耳其机器人也随着那场火灾消失在这个世界上。

土耳其机器人在它近一个世纪的灿烂历程中，游历了世界上众多国家，在多国的领导和政要（包括玛丽亚·特雷西娅、约瑟夫二世、保罗大公等）的面前展示高超棋艺，和多位影响世界的名人对弈（如 1809 年与拿破仑），击败过包括美国驻法大使富兰克林等多位国际象棋大师。虽然它最后被证明是一场精心策划的骗局，但是它对人工智能的推动和发展、对国际象棋在世界的传播起到了不可代替的积极影响。

8. 赞助商与纪念赛：两大犹太财团

罗斯柴尔德家族（Rothschild family，犹太人）是欧洲乃至全世界久负盛名的金融家族，其创始人梅耶·罗斯柴尔德（Mayer Amschel Rothschild，1744—1812）与他的儿子“罗氏五虎”先后在伦敦、巴黎、维也纳、法兰克福和那不勒斯开设银行。罗斯柴尔德家族的家族传统除了皈依犹太教以外，还有世代传授国际象棋，梅耶·罗斯柴尔德本人甚至是法兰克福最有实力的棋手之一，据传他还以国际象棋为纽带搭上了黑森选侯（Kurfürst von Hessen）威廉一世（Wilhem I.，1743—1821）。1806 年，黑森选侯逃离拿破仑时，将 300 万美金交给梅耶·罗斯柴尔德保存。1805 年，梅耶·罗斯柴尔德最早获得拿破仑战败的消息，成为英国政府的债权人。1817 年 3 月 25 日，奥地利皇帝宣布罗斯柴尔德四兄弟阿姆斯洛·罗斯柴尔德（Amschel Mayer von Rothschild）、所罗门·罗斯柴尔德（Salomon Mayer von Rothschild）、卡尔·罗斯柴尔德（Carl Mayer von Rothschild）和詹姆斯·罗斯柴尔德（James Mayer von Rothschild）为贵族。1822 年，奥地利皇帝授予四兄弟男爵封号。

所罗门・罗斯柴尔德（1774—1855）为罗氏银行维也纳分行的创始人，于1843年成为维也纳荣誉市民。他的孙子阿尔伯特・所罗门・安瑟伦・罗斯柴尔德男爵（Albert Salomon Anselm Freiherr von Rothschild，1844—1911）可谓当时欧洲最富有的人之一，1910年时财富达到了10亿克朗。他是位狂热的国际象棋爱好者，曾为斯坦尼茨的学生，棋艺水平虽然已经达到了专业级别，但是因为时间安排过于紧张，没有参加过什么大型比赛，很少和顶尖高手对弈。他更喜欢与较低级别的棋手下棋，享受在棋力上压制对手的感觉，是个名副其实的"棋疯子（Schachfreak）"：几乎每天都会出现在咖啡馆或者俱乐部中，很少有人能从他的外表上把他和"富裕的罗氏家族"联系在一起。国际象棋大师、《维也纳国际象棋报》（Wiener Schachzeitung）的主编格奥尔格・马尔科（Georg Marco，1863—1923）对他进行了详细的描写（Wiener Schachzeitung 1911，67）："他不知疲倦地汲取国际象棋知识，每天下午五点到九点之间都会坐在维也纳国际象棋俱乐部中，全年无休，或推演开局，或分析局面。在他眼中，国际象棋并不是打发无聊时光的工具，而是他疯狂热爱的艺术。他对排局尤为偏爱。一旦在国际象棋报纸中看到排局题目，便沉浸其中。所有的题目对他来说都不算难，在解开之前，他不会停下，也没有人能打扰到他。据他的至亲表示，他研究国际象棋直到深夜，甚至到东方发白。"[①]

罗斯柴尔德男爵1868年成为维也纳国际象棋协会（Wiener Schachgesellschaft）的一员，1872年至1883年为主席，1885年成为名誉主席，同时也是维也纳国际象棋协会和新时代维也纳国际象棋俱乐部（der Neue Wiener Schach Club）合并的首要推进者。作为国际象棋的赞助商，他赞助了维也纳1868—1910年期间几乎所有比赛，每年《维也纳国际象棋协会年报》（Jahresbericht der Wiener Schachgesellschaft）的最后一句话，基本都是罗斯柴尔德男爵"友好地抹平了本年

① 原文为：Gleichwohl war er unerm ü dlich bestrebt, seine Kenntnisse noch zu erweitern. Tagtäglich analysierte er jahraus jahrein mit den Meistern des Wiener Schach-Klubs zwischen 5 und 9 Uhr abends schwierige Eröffnungsvarianten und interessante Stellungen. Er betrachtete das Schach nicht bloß als ein Mittel zur Zerstreuung in m ü ßigen Stunden, sondern als eine Kunst, der ein eigener Kult geb ü hrt. Daher auch seine Vorliebe f ü r Schachprobleme... Sobald die neuste Nummer irgend einer Schachzeitung erschien, vertiefente er sich in den Problemteil. Keine Aufgabe war ihm zu schwer und er ruhte nicht eher, bis er alle gelöst hatte. Darin konnte ihm niemand zuvorkommen, denn er studierte bis tief in die Nacht und – wie die Intimen wissen – bis in den grauenden Morgen hinein.

度财政赤字”[1]。为了在死后仍能继续资助维也纳国际象棋俱乐部，他要求两个儿子成立了“罗斯柴尔德男爵基金会（Freiherr von Rothschild-Stiftung）”，金额高达 2 万克朗（约合 7.26 万欧元）。

另一位值得一提的国际象棋赞助商为莱奥波德·特雷比奇（Leopold Trebitsch，1842—1906）。他是一位丝绸工厂主，32 岁才学会国际象棋，34 岁时加入维也纳国际象棋协会，1888—1892 年为维也纳国际象棋协会副主席，1985—1897 年任主席。正是因为他的倡议，维也纳国际象棋协会与新时代维也纳国际象棋俱乐部合并成为维也纳国际象棋俱乐部（der Wiener Schach-Klub），直到去世，他都担任副主席一职。据记载，莱奥波德·特雷比奇非常有责任感，信奉“谋事在人”；在俱乐部时不区别待人，面对工作人员和大师同样和蔼可亲；每天都会出现在俱乐部，参与棋局分析，和最喜欢的棋手下棋，关照新会员。因为他在组织和经济上的支持，很多俱乐部比赛得以举行，特别是 1898 年在维也纳举办的“皇帝庆典国际象棋国际锦标赛（Internationale Kaiser-Jubiläums-Schach-Turnier）”。1907 年的维也纳冠军赛由莱奥波德·特雷比奇筹办，但他在赛前一周不幸去世。为了纪念他，该项赛事改名为“莱奥波德·特雷比奇纪念赛（Leopold-Trebitsch-Gedenkturnier）”。他在遗书中将 10 万克朗（约合 363372 欧元）留给维也纳国际象棋俱乐部，该款项每年的利息可供俱乐部承办比赛。1909 年第一笔利息取出后用以举办第二届特雷比奇纪念赛。这项赛事成为了奥地利每年最为重要的国际象棋比赛，很多人在这项比赛中得以在国际平台上展现自己国际象棋才华。

维也纳国际象棋俱乐部因第一次世界大战的战争借款损耗大部分钱财，一战后再无财力支撑，1920 年由工厂主本诺·瓦鲁西克（Benno Waluszczyk）接手并举办过一场特雷比奇纪念赛后，于 1926 年再次由特雷比奇家族的奥斯卡·特雷比奇（Oscar Trebitsch）收回。20 世纪 30 年代，特雷比奇家族破产，席津（Hietzing，维也纳第十三区）国际象棋俱乐部及其赞助商菲利克斯·克莱因（Felix Klein，1849—1925，德国数学家）继续举办特雷比奇纪念赛事，直到 1938 年第 21 届纪念赛落幕。

---

① 原文为：heuer entstandene Defizit liebensw ü rdigerweise abgedeckt habe.

二、比赛形式溯源

1. 前现代国际象棋时期（公元 1497 年前）

在公元 1497 年之前，国际象棋虽然已经存在了很多年，但是并没有固定的规则与走法。很多史学家都论证过国际象棋究竟起源于哪里，一些认为在中东，更多史学家认为东亚才是国际象棋真正发源之处，无论是印度起源说，还是中国起源说，这些学说都认为国际象棋是一种战争游戏和策略游戏。游戏的目标不仅仅是娱乐消遣、结识朋友，还有通过谋略和计算获得胜利。国际象棋的胜利不同于纸牌游戏或者法老戏等需要借助运气实现，也和做题不一样，因为胜利不仅依靠个人的努力，还取决于对手的相对实力和发挥。最早的对棋盘游戏的考古证据是在埃及和美索不达米亚被发现的（林峰，2001，p.6）：埃及的希乃棋距今有 5000 多年的历史，从公元前 3100 年一直保留到公元 350 年，在游戏的进程中需要通过投掷骰子来控制棋子的进退，最先走完规定路程的一方获胜，可以说算是需要靠运气获胜的游戏，而且和攻城略地、运筹帷幄毫无关系；乌尔的 20 格棋流行的时间为公元前 3000 年到公元前 1000 年，是需要骰子和棋子共同协作的竞争性游戏。一般认为印度的“帕契希”和“乔格”两种棋戏是从这种棋戏中发源演化而来的。这些古时以投掷骰子为主要获胜手段的游戏和国际象棋不同，国际象棋更类似希腊的棋盘游戏“倍狄亚”，是需要技巧、逻辑和理性的战斗型游戏。虽然最早的文物证据不是在亚洲被发现的，但是国际象棋“源于亚洲、兴于欧洲，至 15 世纪末进化为现制”是没有异议的。“源于亚洲”的原因是起源于印度东北部的棋盘游戏“恰图兰卡”（chaturanga），这个词是一个梵文词，意思是“四个部分”，可能象征着当时印度的四个兵种：大象、战车、骑兵和步兵，恰图兰卡的棋盘还不是国际象棋的 8×8 的 64 格棋盘，而是 9×9 的 81 格棋盘，游戏的目的是吃掉对手的全部子力，而不是如今国际象棋的将死对方的王。恰图兰卡后来随着亚历山大大帝建立希腊殖民地后，与希腊棋盘游戏“倍狄亚”（zatrikion）进行了融合，恰图兰卡游戏中决定命运的骰子也就是在那个时候逐渐消失的，进化成为“沙特兰格”（chatrang）和“沙特兰兹”（shatranj），沙特兰兹也开始在阿拉伯世界中流行起来。沙特兰兹在棋子和规则上在“恰图兰卡”的基础上有了很大的进步，棋盘和棋子已经与现在的国际象棋一样了：棋盘为 8×8 的 64 格棋盘，每方都有

16 个棋子：一个王、一个后、双象、双马、双车和 8 个兵。虽然棋子在走法上与现在有些不同之处，但是可以说已经具有了雏形和规模。

通过贸易、战争和宗教等渠道，原始的国际象棋从印度通过波斯传到了阿拉伯世界，最后于约公元 7 世纪时开始逐渐登陆欧洲。随着阿拉伯人占领意大利和西班牙，沙特兰兹也在公元 8、9 世纪时随着摩尔人一起经由拜占庭王国和俄罗斯传入欧洲。斯拉夫人从中亚细亚学会了沙特兰兹，后来又将其传播到了法国、英国、德国等欧洲国家。有历史表明（Murray，1913，p.195），沙特兰兹在公元 8 至 10 世纪时在中亚和阿拉伯民族中非常风行，也出现了第一批著名棋手和特级大师，他们留下的一些（不完整的）棋局展现了他们的精彩技艺，技艺的高超程度背后隐藏着诸多的努力和切磋。在世界文学名著《一千零一夜》的《巴士拉银匠哈桑的故事》中，描写过公元 786 年至 809 年在位的阿拉伯国王哈里发有两位会下棋的公主，哈桑在王宫中第一次见到她们的时候，两位公主正在对弈。公元 819 年，在巴格达举行了几位高手之间的比赛，这是对抗赛第一次登上历史舞台。不难发现的是，在阿拉伯世界中，沙特兰兹的传播是有所限制的（Murray，1913，p.190）：沙特兰兹本不适合阿拉伯世界的规则，但是哈里发的喜爱使得沙特兰兹有了一线生机，后来也被证明不会对阿拉伯世界的生活方式产生影响，所以能够在一定范围内深受喜爱。当时为了使得沙特兰兹“合法化”，还出台了四项对弈沙特兰兹时需要注意的事项：第一，不可赌钱；第二，不可影响宗教义务和祈祷活动；第三，对弈时不可心态不宁、言语失当；第四，不可在大街或公共场合下对弈。这些条款所限制的行为，都不是沙特兰兹的特点而产生的，而是人类本性的弱点所在。因为巴格达的繁荣和沙特兰兹的流行，这个年代出现了很多关于沙特兰兹的理论著作，也有很多棋艺高超的人进入上层社会，成为门客，得到财富和地位或者获得对罪过的赦免（Murray，1913，pps.198—200），当然，喜欢沙特兰兹并且为优秀的选手提供金钱和地位的人也是宫廷中的有钱有地位的人，没有这些热爱沙特兰兹的位高权重的贵族，也就没有沙特兰兹在理论上的发展和广泛传播。后来，巴格达的繁荣不再，沙特兰兹的热潮也一去不复返，仅仅以休闲娱乐的形式存在，不再是两个选手之间谋略和实力的竞争。

从历史的角度来说，现代欧洲的国际象棋是从阿拉伯世界的国际象棋雏形经过很长的时间发展而来的（Murray，1913，p.394），在发展的过程中，规则上发生了很大的变化。当国际象棋的雏形首次登陆欧洲大陆的时候，也是正式参与到欧洲社会的文化史的进程中去了。因此欧洲国际象棋的历史就是国际象棋在形式和规则上不断改良的历史，这使得国际象棋在其他同类型的棋盘游戏中逐渐脱颖而出。国际象棋在欧洲起初在规则上和原来一样，没有什么变化，直到1200年前，从亚洲到欧洲，国际象棋的规则和走法是完全一致的。不同的是，因为阿拉伯世界的国际象棋已经发展得较为成熟，已经有了相关的书籍，也有一些著名的棋手，而刚刚接触到国际象棋的欧洲基督教世界相较而言则显得非常初级：国际象棋刚传入时，欧洲世界中只学会了棋子的走法，还有一些残局的解题练习。可以认为的是：欧洲国际象棋的发展是完全“欧洲化”的，丝毫没有受到阿拉伯世界的影响——甚至在欧洲国际象棋稳步向前发展的同时，阿拉伯世界的国际象棋停滞不前，再也没有延续之前的辉煌，棋局中开始逐渐出现欧洲国际象棋的气息。而欧洲国际象棋中的阿拉伯特质仅仅停留在棋局的行棋规则上以及残局图形和习题上了。

另外一个证明欧洲国际象棋是以阿拉伯世界的国际象棋为雏形的证据是：欧洲国际象棋的名字是来源于阿拉伯语的（Murray，1913，pps.395—398）：梵语的名字“恰图兰卡”（chaturanga）西进，在波斯语中成为“沙特兰格”（chatrang），进入阿拉伯语后成为“沙特兰兹”（shatranj）。随着摩尔人入侵伊比利亚半岛，伊比利亚半岛上的语言——西班牙语和葡萄牙语中出现了对国际象棋的表达：西班牙语的ajedrez和葡萄牙语的xadrez，这两个词都是对阿拉伯语ash-shatranj（即英语：the chess）的翻译。这之后欧洲大陆上所有语言的国际象棋都是“the chess”的对应翻译，甚至在西班牙东北部加泰罗尼亚地区的方言中也是如此。一个值得关注的有趣事实是：在古高地德语（Old High German，OHG，公元750—1050年间的德语，日耳曼语的一种）中，scáh，即后来中古高地德语（Middle High German，MHG，公元1050—1350年间的德语，日耳曼语的一种）scháh、当代德语（New High German，NHG，公元1650年至今的德语）中的schach（国际象棋）。在古高地德语中，scáh这个词有一个读音非常类似的词叫scac，意思是“偷窃、盗窃”，在中古高地德语中还派生出了schách“盗窃”（名词）、scháchœre“盗窃者”（名词）以及scháchen“盗窃”（动词）。德语词源的“国际象棋”还包括后来捷克语、波西米亚地区方言、波兰语、克罗地亚语、拉脱维亚语和匈牙利语中的“国际象棋”。事实上，如果我们按照不同的词源对“国际象棋”这个词进行分析的话：阿拉伯语中的意思是“皇室的游戏”，很多罗曼语中的意思是“棋盘上的格子”或者“棋子”，日耳曼语中的意思是“国王”或者“将军！”，这些都可以对国际象棋这种棋盘游戏的本质进行一定程度的说明。语言上的证据是在考古证据之外为欧洲国际象棋的来源提供了进一步的证明：欧洲国际象棋源于沙特兰兹，大约于10世纪时传入欧洲南部（考古证据为11世纪，但是古高地德语中国际象棋这个词的存在一定程度上需要将时间提前一个世纪左右）。

虽然在一些故事传说中提及国际象棋与查理曼大帝以及矮子丕平都有交集，但是这些故事缺乏考古学上的和语言学上的证据，所以我们不能将其严肃对待。在法国的一些教堂中也能发现一些水晶制成的国际象棋棋子，但是日期均不早于语言学上证据所提出的时间。我们虽然无法准确考据到国际象棋传入欧洲的具体时间和地点，但是我们可以从史籍中总结出两个早期国际象棋在欧洲的发展中心：西班牙和意大利。这两个地点均有国际象棋传入必需的条件：日常的交流，或是学术上的，也可以是贸易往来；是港口城市，与东方有海上贸易来往。在公元10世纪，这样的城市在欧洲有从墨西拿（Messina，意大利港口城市）到埃布罗（Ebro，西班牙港口城市）的地中海沿岸。撒拉逊人（saracen，阿拉伯游牧民族）在公元827—878年攻占了西西里岛，对罗马虎视眈眈，虽然教皇利奥四世（Pope Leo Ⅳ）在奥斯蒂亚（Ostia，罗马附近贸易区）战役中获胜，拯救了罗马和那不勒斯，但是意大利和普罗旺斯直到公元972年才真正解放，公元1000年前不久才将撒拉逊人赶出意大利的领土。西班牙也同样经历了长期的侵略，所以在文献中也有早期国际象棋的影子：在对巴塞罗那伯爵的记载中有多处提及国际象棋，其中一处写道："我命令你们，我的执行者，将我的这些棋子交予圣伊莱斯女修道院，作教堂建设之用。"（I order you， my executors， to give... these my chessmen to the convent of St. Giles， for the work of the church.）类似的记录中还包括在伯爵夫人去世后的信中写道"【伯爵夫人】将她的水晶棋子送给尼姆的圣伊莱斯女修道院……"（Murray，1913，p.406）[①]，这里我们得出结论：圣伊莱斯女修道院位于普罗旺斯教区尼姆（今法国普罗万斯尼姆）。按照信件的日期1058年3月6日来看，在这之前很久，西班牙的巴塞罗那就已经有了国际象棋。

值得注意的是，在欧洲的宗教中，奥斯蒂亚的红衣主教达米亚尼（Petrus Damiani，1007—1072）在对与佛洛伦萨主教对话的记录中提及一些有趣的言论（Murray，1913，p.409），我们从中可以看出这位红衣主教对于世俗的娱乐活动有些成见，但是他对国际象棋的态度却让人摸不透。他陈述了"骰子游戏和国际象棋给人带来的疯狂迷恋"（the madness of dice or chess），听起来好像在他的眼

① 原文为："And she [Countess Donna Ermessind] left ... to St. Giles of Nîmes her crystal chessmen for the board..."

中，国际象棋与骰子游戏之间并无差别，于是他认为对于骰子游戏（alea）的禁令对于国际象棋同样适用，因为“国际象棋常常需要靠掷骰子来玩”（chess as a game that was often played with help of the dice）。佛罗伦萨主教认为，只要不掷骰子，下国际象棋便不能算违规。红衣主教非常坚定地说：“不是：国际象棋是一个骰子游戏，不用骰子只是逃避而已。教规禁止的不仅有骰子，还有国际象棋。”（No: the game is a dice-game，and to omit the dice is a mere subterfuge or evasion. The canons forbid not merely the dice but also the game also.）事实上，阿拉伯世界的国际象棋并不使用骰子，只有一个变种会用骰子辅助游戏，而欧洲的国际象棋使用骰子还是在达米亚尼去世后的事情：因为下棋时间常常过长，使人过度疲累，因而使用骰子来缩短游戏时间。但是在罗马教廷中，国际象棋仍然是一种被禁止的游戏，在13世纪的法兰西浪漫作品《波尔多的胡昂》中，陈述了用走棋和掷骰子之间的区别：走棋是英雄的游戏（hero’s game），掷骰子是一般人的游戏（ordinary game）。尽管国际象棋被认为是和一个人的聪明才智相关的游戏，但是西方教廷并没有像阿拉伯世界那样为国际象棋在夹缝中求得生存。在日耳曼世界中国际象棋同样只能在王室中找到踪迹：在巴伐利亚英雄史诗《罗德立波》中描述了两位国王在马斯河的桥上，一位向另一位讲述了自己曾经故意在下国际象棋中输给对手的经历。大约一个世纪后，一位泰根湖（Tegernsee，位于德国巴伐利亚州）的僧侣记录了一位年轻的巴伐利亚贵族惨死于矮子丕平在位时的法兰西教廷的轶事：“王子尝与之对弈，后者更聪明，对棋的领悟也更快。输棋的那位故意挑起口角，仗着自己是父亲所爱，用一只车给了获胜者致命一击。”（Murray，1913，p.413）[①]把国际象棋与赌博游戏等同的传统一直持续到18世纪。在此期间，国际象棋一直被主流社会认为是上层阶级的游戏，在文学作品中，国际象棋也一直被认为是封建贵族的经典室内休闲娱乐方式。在11到13世纪关于法国贵族生活的文学作品中，国际象棋给人的印象便是晚餐后的活动。但是我们并不能认为国际象棋是贵族茶余饭后最喜欢的游戏，虽然亨利一世曾允许他的弟弟诺曼底伯爵罗伯特在狱中下棋；奥尔良伯爵路易曾斥巨资购买精美的棋具（公元1397年，Murray，1913，p.431），他的儿子查尔斯在当时是一位出色的棋手，并且喜欢四处邀请棋手。这期间关于贵族沉迷国际象棋的奇闻逸事不胜枚举，连中世纪骑士与贵族妇女的情

① 原文为：“The king’s son used to meet him at the game of the tabula, till at length the latter being the cleverer obtained the alea more quickly. The vanquished picks a quarrel, deeming himself the stronger in the affection of his father, and, taking aim with a Rook, he dealt him a mortal wound.”

事中也不乏国际象棋的增色。

由于缺乏对当时国际象棋在智力、专注、计算上的感知，我们也无法设身处地地体会国际象棋对于那个时代的骑士和封建贵族有多大的吸引力，所以我们也无法阐述究竟为什么国际象棋在那个时代有多么受欢迎。但是我们可以从当时的社会现状中一探究竟。首先，10 世纪至 12 世纪的欧洲贵族的最为主要的特征为：孤独、无正规工作、生活枯燥无味。在白天，他可能会困于一些对他来说并无实际意义的职责中，无论是狩猎还是交易，对于贵族是否能够支撑家庭支出来说没有什么影响。但是到了夜晚，尤其是难过的冬夜时，漫漫长夜更让人觉得难以打发。在这种情况下，很容易理解的是一个人会转而沉迷于游戏之中。在当时，桌面游戏的种类较少，国际象棋可以算是唯一的真正的智力游戏。国际象棋也逐渐从贵族专属的游戏逐渐向较富裕的阶层传播，但是商贾无权接触也理解不了这种游戏：只有真正拥有闲暇的阶级才能够享受这种游戏。只有在节日或者公共节日时，国际象棋只会在赌金限制在小吃和饮品的情况下才能够对公众开放。总而言之，有钱和有权的贵族闲人才是“手谈一族”（Murray，1913，p.441）。

1300 年前，国际象棋除了残局习题外，没有其他可以进行研究的书本。但是正是这些残局习题的存在昭示了一些棋手开始利用国际象棋获得收入。这些习题可能会使得棋局的结果发生翻天覆地的改变，这可能导致两个结果：第一，研究这些习题使得胜负不再是纯智力、专注度和计算的比拼，还和谁掌握更多习题有关，这在一定程度上会降低下棋的乐趣；第二，因为“开小灶”可以获胜，所以有研究资料优势的棋手一定程度上想要获得更多的胜利，并且将这些胜利转化为金钱、权利、地位上的增加。无论是哪种结果，这都要求国际象棋进行改革：究竟是否使用骰子进行对弈，究竟白方先走还是黑方先走，每个棋子究竟该怎么走，等等。这就带来了国际象棋在规则上的统一和定型，也就是现在国际象棋的开端。正是因为国际象棋定型的完成，标志着国际象棋比赛可以从小范围扩展到国际，加上文艺复兴和工业革命的推动，各国之间交通日益便利，国际象棋大赛的条件也逐渐得到满足。

2. 现代国际象棋（公元 1497 年至今）

在对国际象棋新的变着的不断实验中，对于新的规则的尝试越来越频繁，也越来越大胆。在 15 世纪即将结束的时候，在意大利、法国等地出现了一种新的国际象棋，在与旧的国际象棋的“争奇斗艳”中逐渐占据上风。中世纪及之前的欧洲国际象棋被称为“旧式国际象棋”（the old chess），新制的国际象棋取而代之称为“国际象棋”（chess）。新旧国际象棋之间最主要的差异在于新国际象棋的棋子有更大的威力，射程更远，活动范围也更大，这大大缩短了比赛的进程——骰子不再是减短游戏时长的必需品，国际象棋也更像真实的战争中的场景。在旧式国际象棋中，重子很晚才能出场，有些时候甚至还没有登上舞台棋局已经落下帷幕了；在新式的国际象棋中，后和象这些可以走斜线的棋子可以早早出动，开局四五步便可以对对方阵营进行压迫，伺机杀王。同时对棋手的要求也更高：棋手不再能够懒洋洋地按照自己的思路慢慢出子，而是从第一步开始就需要留意对手的计划并因势利导。于是对开局的研究正式进入了棋手们的视野，对行棋的分析也开始兴起，棋手也开始追求更具有科学性走法。另外，兵可以升变的规则使得残局多了很多可能性，轻子、兵和王在残局中的威力逐渐显示出来。众多子力的升级在加快了棋局发展的同时，也使犯错的代价增大，犯错之后能够回旋的余地变小。这些都要求更加精确的着法，也让国际象棋对局更加具有观赏性，著名棋手的社会影响力和追随者群体都爆发式增长。

无论新的国际象棋究竟具体何时何地首次出现，其传播速度之快、取代旧式国际象棋之彻底，令人难以置信。我们可以从“新国际象棋”（chess）的名字成为独一无二的国际象棋的时间中一窥究竟（Murray，1913，p.779）：在意大利和西班牙，旧式国际象棋在1510年前便消失在主流社会的面前；法国最后一次出现旧式国际象棋的踪迹大约是在1530—1540年间出版的一本旧式国际象棋的习题集；英国在1529年后就再也没有旧式国际象棋的影子了；1550年间，新式国际象棋已经在整个欧洲成为唯一的国际象棋。

尽管欧洲国际象棋已经有了一定的形式，但是这并不意味着欧洲各国的行棋规则也获得了统一。在16时期初期到中叶这段时间中，棋手们都在尽力尝试新式国际象棋的各种可能性，试图从中找出更为符合国际象棋发展趋势的走法。因此之前的关于行棋着法的书籍已经逐渐退出历史舞台，除了可以作为启蒙参考使用之外，别无用途。在各国棋手论证自己的走法更加具有科学性的过程中，只有通过棋盘上的交流才能够得出最后的结论。但是各国走法不同本身就是阻拦交流的最主要因素，因为无论采取哪种规则进行比赛，都不是对所有人一样公平的比赛：任何一位棋手使用自己不熟悉的走法与熟悉这些规则并且经常进行练习的人进行比赛都会感到束手无策。规则的不同包括两个方面：一方面是旧式国际象棋的规则本就不同；另一方面是每个国家对新式国际象棋的理解和建立的规则也不同。

我们可以尝试总结一下1560年前后欧洲各国之间的规则差异（Murray，1913，p.812），在这些国家中拥有确定规则的只有西班牙、法国和意大利：第一，在西班牙，吃掉对手全部棋子或者逼和算作小胜，而在其他国家中这种情况为和棋；第二，西班牙和葡萄牙中的兵可以吃过路兵，意大利没有这条规则，同时，如果可以通过兵走两格来躲避将军的话，在意大利，此时对手是不可以吃这个过路兵的，但是其他国家可以吃过路兵；第三，在西班牙，未移动过的王可以一次走两格，只要所经过的格子没有将军即可，法国在西班牙的基础上还增加了类似王车易位的优惠条件；第四，在意大利的一些地区，在被将军时，不存在王可以一次走两格的优惠条件，而在其他地区，只要王没有动过，无论是否被将军都可以走两步。

在1559年末，新教皇（即“庇护四世”，Pius IV，美第奇家族，1499—1565）在上任时将一些神职人员一起带去了罗马。西班牙牧师洛佩兹（Ruy Lopez）就是他们中的一员。他在罗马任职时和许多罗马棋手进行的比赛，并且在他回到西班牙以后将这一经历记录在自己的书中。在与罗马棋手的比赛中，他用自己的实力告诉他的对手们：想与西班牙顶尖高手掰手腕，他们还有很长的路要走。同时洛佩兹也学会了一个意大利语词：gambit，他在自己的书中如此写道（Murray，1913，p.813）：“这个词源于意大利语gamba，意思是‘腿’，与之相关的动词gambitare意思是设下陷阱，因而gambit这个词的意思是‘充满陷阱的棋局’，用于描写这样的开局，这种开局是达米亚诺的众多开局中最为优秀的，也是陷阱最多的。”尽管洛佩兹的书并没有获得广泛的赞同，但是他的棋艺水平还是得到了承认的，是当时西班牙的头号棋手（Murray，1913，p.817）。他和其他两位西班牙棋手都是盲棋大师，并且在西班牙国王菲利普二世（Philip II，1556—1598）面前下棋，甚至受到了国王的嘉奖。

菲利普二世并不是当时唯一的出资赞助比赛的权贵，贵族和神职人员为好棋手出资也司空见惯，例如洛佩兹每年可以从索拉伯爵处得到2000克朗，他的书能够翻译成意大利语出版也得益于索拉伯爵的资助。也是因为西班牙权贵们对于国际象棋的喜爱且出手大方，意大利的棋手对西班牙产生了向往，想要去感受西班牙国际象棋的热度，当然也有较为“世俗”的欲望：获得金钱和晋升的机会。意大利棋手保罗·博伊（Paolo Boi）在1655—1672年间在意大利遍访高手，在战胜了所有的意大利棋手后，他获得了贵族们和教皇庇护五世的奖励。1574—1575年，博伊在另外两位棋手伯乐里奥（Guilio Cesare Polerio）和罗斯克斯（Tomaso Caputo Rosces）拜访了西班牙，并且在西班牙国王菲利普二世的面前击败了洛佩兹和策隆（Alfonso Ceron）。之后博伊行至马德里，在那里再次击败这两位西班牙棋手。博伊得到了菲利普二世的大加封赏。他继续去了葡萄牙，并且与热爱国际象棋的葡萄牙国王塞巴斯蒂安（King Sebastian，1554—1578）对弈。西班牙人认为，1575 年在马德里的西班牙棋手和葡萄牙棋手的比赛是国际象棋真正的第一次国际比赛（林峰，2001，p.31），然而，棋界里不同意这种观点的也大有人在。反对派的依据是该赛的对局和成绩都没有能照一定规则以让后人确认比赛的资格，尽管洛佩兹名满天下，但是他当时已经年近花甲，棋力水平有了很大的衰退［博伊后来在 1598 年输给年轻的萨尔维奥（Salvio）时说道："年轻远胜于年迈，你正当盛年，而我已近七十。"[①]］。从当时留下的对局来看，那时候的水平总的来说还是不低的。棋手们弈棋总是过于理想化，走冒险的棋以求达到意想不到的效果，例如估计不到的杀王、得子和随心所欲的将军。在当时的棋手中，公网是最具魅力的，而有组织有计划的弈法还未出现；在棋盘上所发生的一切诚然是出于偶然和幸运，而不是客观评估局面和科学计算变着后得出的结果。从当时留下的手稿中存留的开局看来（Murray，1913，p.824），当时人们在开局中追求尽快地出动重子，这样可以尽可能地向对手施压；对中心考量是次要的；在防御中常出现"反弃兵"（counter gambit）的着法。无论马德里的比赛是否被视为第一次国际比赛，但是西班牙、意大利和葡萄牙棋手间能进行单一规则的比赛是不争的事实。格列科（Greco Cusentino）出生在那不勒斯王国，在 17 世纪游历法国和英国，并且保留下的大多数棋谱，这也一定程度证明了在他去世前（1634），法国和英国也和意大利一样遵循某种当时通行的国际象棋走法和规则。1585 年，现在通行的王车易位规则在罗马开始进入国际象棋行棋规则；西班牙的王车易位规则的引入则晚得多，直到 1604 年，一些西班牙棋手才开始使用；而法国和英国则在格列科到访前（1621—1622）便已使用成型的王车易位规则。可以说，国际大赛的举办促进了国家间的交流，加快了国际象棋走法和规则统一的脚步。

3. 国际象棋职业化和正规化

18 世纪初，欧洲各地的棋手都希望可以前往荷兰的城市海牙，因为在那里住着一位当时的超级棋手（1710—1730）：苏格兰人康宁汉姆（Alexander Cunningham）。他喜欢下王翼弃兵开局，这个开局在当时被称为"康宁汉姆弃

① 原文为："Youth can more than age; you are in the prime of life, and I am seventy years old."（Murray，1913，p.819）

兵”（Gabmit de Mr Cunningham）。找寻到这些棋谱并且向桑德兰伯爵（Earl of Sunderland）进行汇报的卡泽（M. Caze）认为（Murray，1913，p.845），黑方在应对正确的情况下最多可以获得和棋的机会。卡泽拥有超过20年的国际象棋经验，他始终觉得国际象棋存在两个问题：第一是双方后的位置不同，他建议应该进行修改，使得双方的后都位于己方王的左边；第二是先手具有较大的优势，于是建议执白一方应以 e3 开局，以维持平衡。为了能够验证自己的观点，他向桑德兰的君主（Lord of Sunderland）提议，在现有战争结束时，伦敦的棋手向巴黎的棋手发出挑战，两盘棋同时进行，双方棋手各在一盘执白先行。虽然卡泽没有从这场对抗赛中得到他希望的结论，但是棋手们却从比赛中得到了满足，并且从这次比赛开始，伦敦和巴黎的棋手开始聚集下棋。

在这两个国家的首都，聚在咖啡馆中下国际象棋开始逐渐常态化。在巴黎，很难说到底哪家咖啡馆是更加受欢迎的一家，在每家咖啡馆中都可以看见下棋的人们。当时最为出名的棋手有科穆尔（M. de Kermur）和利加尔（Sire de Légal，1702—1792，菲力道尔的老师）。在伦敦，棋手们喜欢聚在圣马丁小道的斯劳特（John Slaughter）咖啡馆，这里也成为 1700—1770 年间英国国际象棋的中心。这里的著名棋手包括康宁汉姆、桑德兰的君主、萨尔瓦多和斯塔玛（Phillip Stamma）。斯塔玛因为他出版的对残局的研究书籍而家喻户晓，他的书也被翻译成法语、英语、荷兰语、意大利语等多门语言，同时再次唤起了人们对残局研究的兴趣（Murray，1913，p.849）。除此之外，他还喜欢列出一些排局，排局中的白王处于一步杀的危险境地，而解题的要求是“白先胜”，其中三分之一不以杀王作为最终结果，解题的长度一般在五步棋到六步棋。斯塔玛的排局并没有作为解题赛的题目发表在报纸杂志上，而是整理出来成书出版。

菲力道尔（André Danican Philidor，1726—1795）从 1740 年起在巴黎的咖啡馆中下国际象棋。一开始，他的老师利加尔可以和他下让一个车的指导棋（让子赛），短短三年后，菲力道尔已经能在不让子的局面中与老师抗衡。在这之后，菲力道尔让巴黎的棋艺爱好者们大为惊讶，因为他可以同时与两个棋手下蒙目赛。也是因为国际象棋，菲力道尔得以结识伏尔泰和卢梭，这两位都是水平不高但是狂热的国际象棋爱好者。1745 年菲力道尔因为要参加音乐活动前往荷兰，也正是因为这次旅行他改行将国际象棋作为自己的职业。在阿姆斯特丹的时光里，因为英国驻军中不乏愿意为下棋出大价格的士兵，所以菲力道尔的生活并不拮据，还凭此认识了很多上层人士。1747 年，菲力道尔前往英国，在斯劳特咖啡馆中与斯塔玛下了一次十盘棋的对抗赛。赛制非常苛刻：菲力道尔只有取胜才能得分，而对手只要取得和棋便能够得分，最后菲力道尔以八胜一和一负获胜。1750 年菲力道尔受到弗里德里希大帝的邀请前往柏林，尽管到了波茨坦见到了皇帝本人，但是未能与皇帝一决高下。在柏林，他进行了盲棋表演赛，可以同时与三个人进行单人蒙目赛并且全部获胜。1754 年秋天，菲力道尔回到法国。在他离开法国的 9 年间，法国棋手开始意识到建立国际象棋中心的重要性。他们首先选择了普罗科普咖啡馆（café de Procope），但是因为围观伏尔泰和卢梭下棋的人群过多，咖啡馆不堪重负，后来中心转移到了摄政咖啡馆（café de la Régence）。摄政咖啡馆从此成为巴黎的国际象棋中心。在这里，菲力道尔战胜了他的老师利加尔，并且在之后的 15 年中在从事音乐工作之余来这里下棋。1772 年，菲力道尔去伦敦访友，发现斯劳特咖啡馆逐渐衰败，萨洛平咖啡馆（Salopian Coffeehouse）成为新的国际象棋爱好者聚集地。菲力道尔的到访促进了国际象棋俱乐部的成立，俱乐部严格限制会员人数为 100 人。俱乐部创始人的本意是可以确保菲力道尔可以每年的 2 月到 5 月来这里下棋，但是蜂拥而至的人数众多，该俱乐部成为伦敦最时髦的俱乐部之一。1775 年起，菲力道尔每年春天都会去伦敦进行蒙目棋表演赛。1783 年，巴黎人也模仿伦敦成立了国际象棋俱乐部，资助人为后来的路易十八（他自己也是会员之一），入会需要 100 法郎的会费，会员享有会员特权。法国大革命为巴黎的国际象棋俱乐部画上了句号，摄政咖啡馆中的国际象棋活动也一度因此而暂停，直到 1798 年德夏佩尔（Alexandre Louis Honoré Lebreton Deschapelles，1780—1847）重新将爱好者们聚集起来。菲力道尔去世后（1795 年 8 月 24 日），英国的国际象棋俱乐部大受打击，再也没有能够为英国国际象棋事业添砖加瓦，苦苦支撑 30 年后，于 1825 年退出历史舞台。

萨拉特（Sarratt）1821 年去世后，他的朋友、学生刘易斯（William Lewis，1787—1870）被认为是英国最具有实力的棋手。1821 年，刘易斯去往巴黎，与当时公认的法国国际象棋第一人德夏佩尔一决高下。在此之前，英国和法国棋手之间的交流甚少。正是因为这次到访，1824 年，伦敦国际象棋俱乐部计划与巴黎国际象棋俱乐部开展一次通讯赛。与巴黎的协商迟迟未果，伦敦决定在当年的 4 月与爱丁堡国际象棋俱乐部开展通讯赛，直到 1828 年春天都还未落下帷幕。根据当时的比赛规程，比赛一共有三盘，其中两盘同时进行，两个俱乐部各在一盘中执白先行。首先获胜的一方可以在第三盘中拥有先行之利。伦敦的队员有刘易斯、科赫兰（John Cochrane）、帕金森（Joseph Parkinson）、伍德（Joseph Wood）、弗雷泽（W. Fraser）、布兰德（Brand）和梅谢尔（T. Mercier）；爱丁堡则有唐纳德森（James Donaldson）领衔。比赛最终以爱丁堡获胜告终。刘易斯在这次比赛结束后成为不活跃棋手，致力于研究开局，获益者包括麦克唐纳和沃克（George Walker，1803—1879）。刘易斯的进步思想“用兵占领中心”（Murray，1913，p.881）影响了之后所有的英国和德国棋手，连第一位世界冠军斯坦尼茨都获益不浅，这个思想在摩菲（Paul Murphy）的棋局中达到了炉火纯青的高度。

沃克在1831年建立了威斯敏斯特国际象棋俱乐部，该俱乐部立即成为英国国际象棋界的佼佼者。1834年1月29日，俱乐部接受了法国俱乐部的挑战，与其进行了一场两盘棋的通讯赛。通讯赛一直进行到1836年，巴黎俱乐部在两盘棋中都获得了胜利，他们的领衔棋手为圣他芒（C. F. de Saint-Amant，1800—1872）。在威斯敏斯特俱乐部执白的对局中，巴黎俱乐部以法兰西防御应对，这是法国当时最为流行的开局。

1834年更为重要的比赛是德拉布尔唐纳和麦克唐纳之间的系列赛。这两位分别是当时公认的法国和英国最强的选手。这场系列赛的准确信息不详，只知道是在夏秋时节举办的，德拉布尔唐纳获得了绝大多数棋局的胜利。赛程很长，局数众多，名局也不少。其中第39局成为莫里（Méry）的诗《滑铁卢的复仇》（une revanche de Waterloo）的主题。19世纪30年代在国际象棋史上是一段重要的时期，不仅是因为举办了国际大赛，更是因为这十年象征着新时代的开始，从这个年代起，中欧，特别是德国，开始在国际象棋发展史上写上浓墨重彩的一笔。

1803年左右，德国柏林有一家国际象棋俱乐部，因为过于私密，以至于当地最著名的棋手都不在其中。1830年时，柏林一群年轻的棋手成立了柏林国际象棋协会（Berliner Schachgesellschaft），1835年起，布雷道（L. E. Bledow，1795—1846）开始将周围地区有天分的国际象棋爱好者收入麾下，并且向他们传授了刘易斯的学说。1837年，俱乐部中有了一个名为“柏林七子”（The Berlin Pleiades）的棋手团体，其中包括霍尔维茨（B. Horwitz，1807—1885）。1843年，德国国际象棋教科书《国际象棋手册》（*Handbuch des Schachspiels*）问世，立刻成为了世界上最好的国际象棋教材。1846年7月，布雷道见证了《国际象棋报》（*Schachzeitung*）的诞生，这是继法国（1836）和英国（1841）后世界上第三家国际象棋专业期刊。同时，布雷道也致力于收集国际象棋文献，在他去世后，柏林皇家图书馆完成了他的意愿。在这个时期，国际象棋史的研究开始出现在国际象棋报纸和杂志中。林德博士（Dr. Antonius v. d. Linde，1834—1897）出版了《国际象棋历史文献研究》（*Zur Geschichte und Literatur des Schachspiels*，Forschungen）。

麦克唐纳和德拉布尔唐纳分别于1835年和1840年去世，这对英国和法国国际象棋界来说都是不可估量的损失。1843年秋，英国棋手斯汤顿（Howard Staunton，1810—1874）在巴黎的一场21局的系列赛中战胜了德拉布尔唐纳的继任者圣他芒（胜11负6平4）。这场系列赛与1834年德拉布尔唐纳和麦克唐纳系列赛的最大区别为两位选手都选取了封闭开局，避免走开放局面，也因此受到的关注大打折扣。斯汤顿的获胜被视为英国从法国手中抢回了自菲力道尔时期便失去的霸主地位。这场比赛并不能算作世界冠军赛，如果当时有世界冠军赛的话，斯汤顿的实力也可以确保他获得冠军——事实上，斯汤顿自认世界第一人，虽然他之后也参加了很多比赛，但是这场系列赛是他生涯的巅峰。

19世纪中期对国际象棋习题感兴趣的人越来越多，愿意为和高手对局支付大笔资金的人也不在少数，这导致国际象棋文献朝向两个不同的方向发展：一个是专业国际象棋杂志，另一个是报纸专栏。这两种形式存在的时间都较短，没有任何一种在十年后仍能抓住国际象棋爱好者的眼球。当时法国的杂志只维持了区区三年（1836—1839），英国的杂志《菲力道尔》（*Philidorian*）仅办刊一年（1838）。最早的报纸中的国际象棋专栏是《利物浦水星报》（*Liverpool Mercury*），1813年7月9日开始，1814年8月20日结束。存在时间最长的是由斯汤顿负责的《伦敦图片新闻报》（*Illustrated London News*），从1845年一直到他去世的1874年都在不断更新。报纸专栏一般以习题为主，具有深刻历史意义的研究屈指可数（Murray，1913，p.887）。

随着报刊的创办，当时唯一需要完成的事便是举办世界冠军赛了。只有在世界冠军赛上，不同国家的顶尖棋手才能够在同一舞台上争奇斗艳。1851年，第一届国际锦标赛（the first International Tournament）在伦敦举行。正赛共有16位选手参加，赛制为淘汰赛制，“非胜即走”，只有赢家才能进入下一轮的比赛。来自柏林国际象棋俱乐部的安德森（Adolf Anderssen，1818—1879）获得了冠军，也因此成为公认的欧洲头号棋手。在第二年的比赛中，赛制从淘汰赛变成了循环赛。随着安德森的获胜，德国也成为欧洲国际象棋第一强国。安德森的辉煌在继续：在1851—1878年间，他参加了12次锦标赛，每次比赛都有所斩获，其中获得冠军7次。1860年后，认为锦标赛不能够决出最强选手的呼声越来越高。1866年后，安德森的光芒逐渐被美国棋手摩菲所取代，包括安德森在内的所有欧洲棋手无不倒在他的麾下。1857 年，安德森以胜 2 负 7 平 2 的成绩输给了摩菲。1866 年，斯坦尼茨在第一届世界冠军赛中击败了安德森获得冠军，1866 年到 1894 年均成功卫冕，1894 年输给了年轻的数学家拉斯克。斯坦尼茨是第一位称号为“世界冠军”（Champion of the World）的棋手。他意识到世界冠军的经济价值的同时，也使局面棋这样一种新的行棋方式热门起来。这种新的学派是当代锦标赛赛制的结果。锦标赛中最需避免的就是输掉棋局，而局面棋是极为安全的弈法。

三、余论

比赛的举办促进了国际象棋的交流与发展，提高了国际象棋在世界范围内的影响力，对于国际象棋规则的统一、理论的深入与发展以及国际象棋运动的职业化和标准化有着积极的推动作用。在国际象棋俱乐部和国际象棋协会成立后，拉斯克曾为国际象棋职业化提出建议（Kasparov，2003，v.1，p.116），倡导“将国际象棋世界统一起来，建立起一个有效的组织”，以及给予棋手的对局和理论版权，维护职业棋手的利益。这些在国际象棋运动专业化和合法化的历史上迈出了坚实的脚步。国际象棋比赛的公开、称号和等级分的统一、各国组织有效的棋艺交流活动都是为了实现国际象棋标准化而作出的努力。只有一项运动理论化、专业化、标准化、合法化都得到了实现，它才能在可持续发展的道路上砥砺前行。

参考文献：

[1] 林峰.国际象棋史话[M].上海：上海辞书出版社，2001.

[2] 林峰、殷昊.国际象棋词典[M].上海：上海文化出版社，2010.

[3] Brü nner Intelligenz Zeitung

[4] Faber, Marion (Hrsg) (1983): Der Schachautomat des Baron von Kempelen. Dortmund

[5] Kasparov, Garry (2003): My great predecessors. Vol. 1. London

[6] Murray, Harold James Ruthven (1913): A History of Chess. Cambridge

[7] Jahresbericht der Wiener Schachgesellschaft

[8] Wiener Schachzeitung

[9] Wiener Zeitung

国际象棋产业供给侧结构性改革方向探索
——以浙江为例

吴晓旻[①]

第1章　概念界定与理论基础

本章阐述本研究所涉及的主要概念及理论基础，以明晰本研究的理论出发点、研究的视角与范畴、研究的意义。本研究涉及的理论基础：体育经济学、产业经济学、供给侧结构性改革等；涉及的重要概念：国际象棋、国际象棋产业。

1.1 概念界定

1.1.1 国际象棋

国际通行棋种。习称“象棋”，在中国，为区别于中国象棋，故名。雏形为公元 2 至 4 世纪初流行于印度的一种棋戏恰图兰卡。约于 20 世纪初传入中国沿海城市，1956 年起列为国家体育项目。[②]

1.1.2 国际象棋产业

是以国际象棋为支撑点而形成的基本产业，以及围绕国际象棋推广产品、服务或提升知名度而形成的相关产业。为社会提供国际象棋服务和产品的活动，以

---

① 作者简介：吴晓旻，国际象棋二级运动员、国家一级裁判员。
② 林峰，陈桂康.国际象棋词典[M].上海：上海辞书出版社，1987.

及与这些活动有关联的活动的集合。

1.2 国际象棋产业的属性与分类

以国际象棋产品的不同性质作为分类标准，将国际象棋产业分为两大类：第一类为服务业，它主要提供服务产品；第二类是配套业，主要提供配套物质产品。在这两大类中，又进行细分，国际象棋服务业可细分为：竞赛表演业、教育培训业、传媒广告业、国象旅游业、国象经纪业等；配套业可细分为：国象器材、赛事用品、国象服饰、衍生食品、国象建筑等。

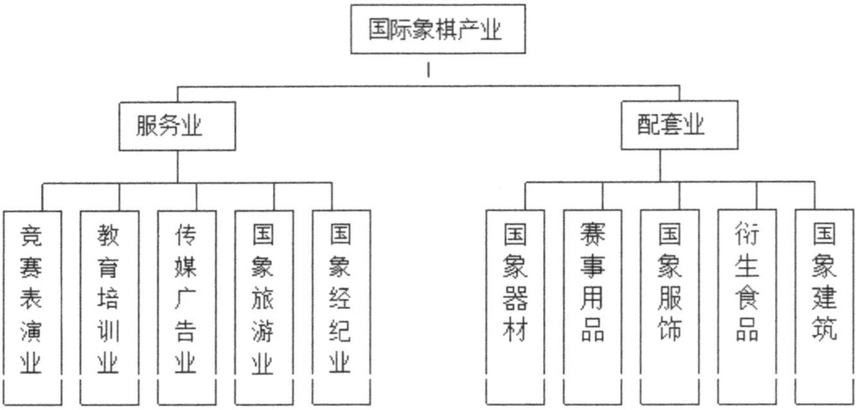

图1－1 国际象棋产品性质分类图

这种分类方法以国际象棋产品为核心，阐明了国际象棋产业是围绕国象产品的生产经营而开展的活动。

1.3 理论基础

1.3.1 产业经济学

产业经济学是一个包括众多相关理论的集合体或学科体系，属于应用经济学的范畴，是以哈佛大学经济学教授贝恩等提出的“市场结构—市场行为—市场绩效”的SCP分析范式为标志的。探讨经济发展中产业间的关系结构、产业内企业组织结构变化以及产业外的环境建设，主要研究内容包括产业结构、产业组织、产业发展、产业布局和产业政策等。

产业经济学对体育产业特别是国际象棋产业研究具有重要的理论指导意义。概而言之，可概括为以下三方面：

第一，产业经济学探讨经济发展中产业间的关系结构、产业内企业组织结构变化以及产业外的环境建设。国际象棋产业是体育产业的一种具体形态，产业经济学所揭示的规律与原理对于国际象棋产业来说是通用的，因而可以以产业经济学为理论指导。

第二，研究国际象棋产业的目的是促进其发展，这就需要运用产业经济学尤其是产业经济学中的产业发展理论来探讨国际象棋产业的发展演进规律，产业的升级、领域的资源合理配置等一系列涉及国际象棋产业发展的问题。

第三，国际象棋产业的发展需要采用有效的对策措施，为此就需要合理布局产业，需要适应社会经济发展，需调整和优化产业结构，需要有效的制度安排和政策指导来引导并确立国际象棋产业的核心产业、主导产业，形成产业的核心竞争力，即需要以产业经济学的相关理论来研究国际象棋产业。

1.3.2 体育经济学

体育经济学以经济学的分析方法研究体育，是体育科学与经济科学的交叉学科、边缘学科，本质上应划归于经济学范畴，属于经济科学中应用经济学的一个分支学科。体育经济学的研究对象是体育经济以及体育经济之间的关系。重点研究体育产品（劳务）的生产、流通、交换和消费，以及与之相适应的设施与组织机构的营销运行等，包括体育产业要素间的合理配置，体育产业结构的有效调整，体育经济运行的自身规律，并通过体育供求分析、体育商品（劳务）价格分析、体育资源合理配置分析、体育投资和体育经营管理分析等一系列分析，探讨体育产业发展变化的特殊规律性。

体育经济学对于国际象棋产业的研究具有重要的理论指导意义。其意义主要表现在：

第一，通过弄清体育经济学的基础理论，可以更准确和清晰地认识国际象棋产业研究对象的内涵与范围。

第二，作为应用经济学，体育经济学揭示了国际象棋产业在市场经济条件下的发展规律与运行机制。

第三，体育经济学强调资源的合理配置和经济效益的提高，这对国际象棋产业的研究具有重要应用价值。

1.3.3 供给侧结构性改革

2015 年 12 月，召开的中央经济工作会议把推进供给侧结构性改革确定为我国当下及今后一个时期经济改革与发展的中心任务。这是在坚持中国特色社会主义政治经济学的重大原则的基础上，结合中国改革与发展的实际情况和阶段性特征提出的战略布局，是我国为应对国内外经济发展的新挑战、主动适应经济发展新常态并自觉引领新常态制定的重大改革方略。具体而言，供给侧结构性改革就是从提高供给质量出发，用改革的办法推进结构调整，在供给侧打通物质生产力和人际生产关系的视角，处理好制度创新、管理创新、技术创新的互动与结合，以矫正要素配置扭曲，扩大有效供给，提高供给结构对需求变化的适应性和灵活性，提高全要素生产率，更好满足广大人民群众的需要，促进经济社会持续健康发展。

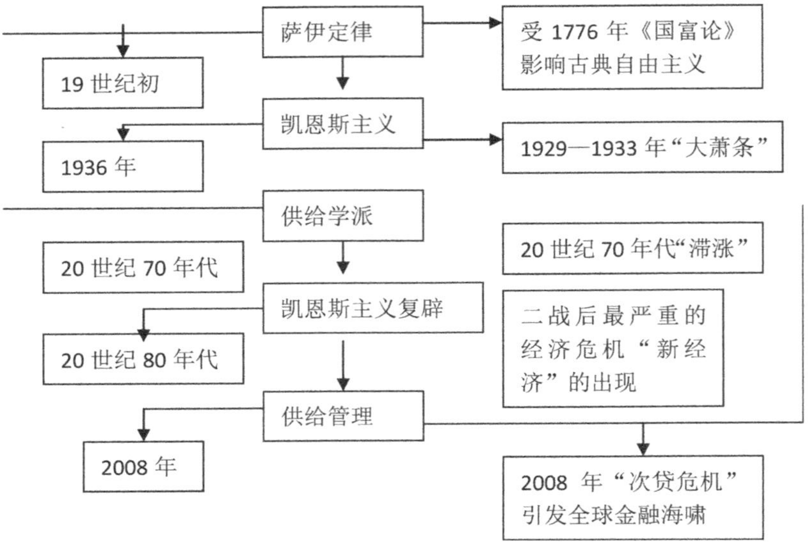

图1-2　“供给侧”学派发展源流图

探寻供给侧学派的逻辑线索，即：经济增长—增加供给—增强刺激—利用减税—减少干预。沿此线索，供给学派的主要观点可以归纳为以下四个方面。第一，经济增长的唯一源泉在“供给侧”；第二，增加供给的途径是经济刺激和投资；第三，增加刺激的主要手段是减税；第四，增加刺激的外部条件是尽量减少政府对经济的干预。[①]

供给侧结构性改革理论对国际象棋产业研究具有重要的理论指导意义，对国际象棋产业结构的调整主要是从体制机制入手解决问题，针对有效和高端供给不足等现状，破解体制机制束缚，释放新产品和新服务的供给潜力。

① 贾康，苏京春.供给侧改革：新供给简明读本[M].北京：中信出版社，2016.

第2章　国际象棋产业市场存在问题及原因

2.1 国际象棋产业基本情况

我国国际象棋产业市场仍处于发展的初级阶段，初具规模。根据 2017 年上半年百度指数数据显示，按省份分，排名前十位的依次为广东、北京、浙江、上海、江苏、山东、四川、福建、湖北、辽宁。

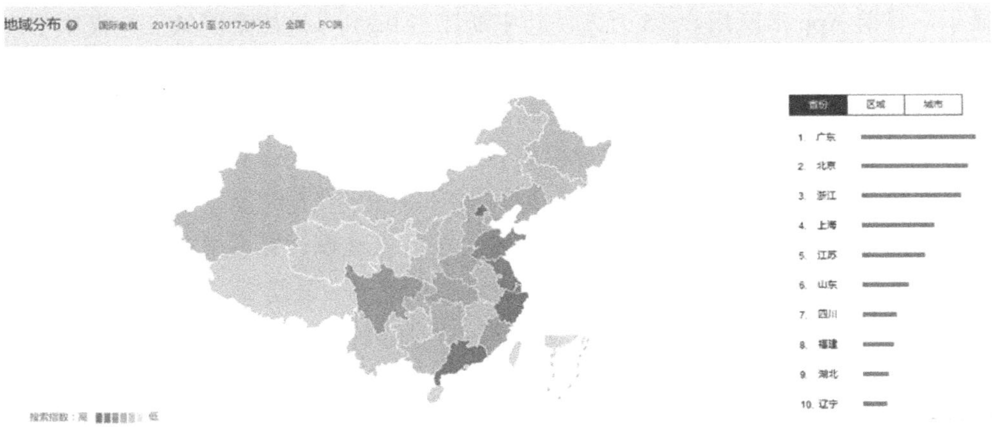

图2-1百度指数地域分布图

同时产业呈现出一些新趋势，一是国际象棋产业基金逐渐增多，如“景芝国际象棋发展基金会”主要用于宣传、推广普及国际象棋；奖励取得世界奥林匹克团体赛、世锦赛个人、世界冠军挑战赛个人、世界杯个人、世界明星赛等赛事的棋手及工作成绩突出的教练员、裁判员。[①] 二是精品赛事不断丰富，“映美杯”中国国际象棋甲级联赛、金砖国家大师赛、亚洲个人锦标赛、海南儋州特级大师超霸赛、“一带一路”国际象棋公开赛等，仅 2017 年中国国际象棋协会公布的赛事计划就达 129 项。三是国际象棋与互联网融合速度加快，赛事直播、对阵、成绩发布等相关资讯从纸媒、电视向互联网移动端发展，互联网教育形式多样化，如国内国际象棋在线教育龙头企业——深圳田地科技有限公司的爱棋艺国际象棋在线教育，成立两年来发展迅猛，App 注册用户 45 万人，用户覆盖广东、山东、浙

① 央广网. 国际象棋新科“棋后”谭中怡庆功会举行 国象发展基金成立http://china.cnr.cn/gdgg/20170316/t20170316_523660813.shtml

江、江苏、湖北、新疆等几十个省（区、市）。

2.1.1 浙江省国际象棋产业基本情况

浙江作为东南沿海经济发达地区，国际象棋项目经过近几十年的发展，涌现出中国第一位国际象棋男子国际特级大师——叶荣光、“棋后”诸宸、惟一同时获得奥赛、世界杯和世锦赛三项冠军的棋手——许昱华、“中国一哥”丁立人、国际象棋女子特级大师丁亦昕。据省体育局不完全统计，全省正式注册运动员约2000人。近三年，举办教练员培训班6期，培训人员172人次；举办裁判员培训班5期，培训人员123人次。另据爱棋艺国际象棋在线教育2017年6月统计数据显示，目前App活跃用户15万人，其中浙江占9.3%，排位全国第三，仅次于广东15.5%、山东11%。校园普及方面，2017年，浙江省杭州市南肖埠小学、温州市瓯海区新桥第一幼儿园分园、绍兴市越城区实验幼儿园等11所学校（幼儿园）获批2017年全国国际象棋特色学校。[①]形成了蓬勃的发展态势。按地域看，杭州市目前有国际象棋注册教练员60名，国际象棋特色学校47家。近年来，隶属于中共杭州市委宣传部的中国棋院杭州分院，在队伍建设、赛事举办、棋文化活动开展方面都卓有成效，如2015年起举办全国业余棋王争霸赛，2017年全国国际象棋团体锦标赛中获男子组亚军，连续举办四届国际棋文化博览会。自20世纪70年代起，温州棋手打遍浙江无敌手，有了“绍兴老酒、温州棋手”的美谈[②]，1989年起，举办“希望杯”“荣星杯”国际象棋比赛，已连续举办近三十年；1998年，国际象棋列入温州市中学生体育节项目，之后温州中学、实验中学等名校将该项目纳入加分特招之列，进一步夯实了幼儿及中小学生的国际象棋群众基础。

2.1.2 杭甬温三地消费群体分析

杭州、宁波、温州是浙江经济的铁三角。2016年，杭甬温三地财政总收入分别是2558亿元、2146亿元、724亿元，合计占全省总收入的58.84%。产业的发展与一个地区的经济发展水平及运动水平有密切关系。通过对杭甬温三地棋童家长进行网上问卷调查，收回问卷280份，剔除12份非棋童家长填写的无效问卷，有效问卷268份，有效率为95.71%。从三地消费群体的结构特征及其消费行为、消费观念、消费环境等方面进行分析，为促进国际象棋推广普及、丰富产品供给、

① 中国智力运动网. 关于2017年全国国际象棋特色学校的批复以及授牌会议的通知http://cca.imsa.cn/archives/49987

② 李娅媚，何倩. 教育为本，棋为载体——国际象棋的温州模式[J].温州人，2010.

提升消费者满意度，推进国际象棋供给侧改革提供决策依据。

2.1.2.1 消费者群体结构特征

一是性别特征。通过随机调查 268 名棋童家长，其子女男性 201 名，占比 75%；女性 67 名，占比 25%。如表 2-1 所示，学棋男生将近女生的三倍之多。且在一般低年龄段赛事中，女生参赛人数远低于男生。由于性别差异，女生更多倾向于选择学习舞蹈、音乐、美术等艺术门类。

表2–1　消费群体的性别统计表

性别	人	比例
男	201	75%
女	67	25%
合计	268	

二是年龄特征。调查显示，学棋儿童集中在 6—10 岁，为幼儿园大班至小学三、四年级阶段，为国际象棋学习黄金时期。如图 2-2 所示，5 岁以下占 5.97%，6—10 岁的占 65.3%，11—15 岁的占 27.61%。16 岁以上的仅 3 名，占 1.12%，显示孩子进入高中阶段，学业压力增加，学棋人数减少。

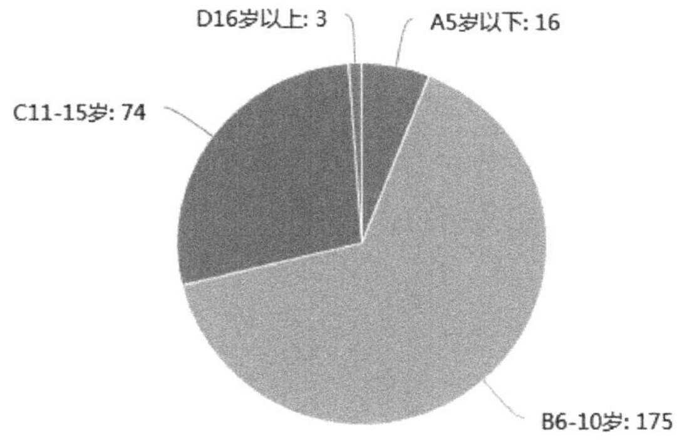

图2–2　消费群体的年龄段统计图

2.1.2.2 消费者群体消费观念

一是消费目的。下国际象棋最基本的功能是训练逻辑思维。如表 2-2 所示，选择下国际象棋为训练逻辑思维的频次是 255，占 95.15%。选择下国际象棋为丰富业余生活的频次是 197，占 73.51%。选择下国际象棋为培养一技之长的频次是

177，占66.04%。选择下国际象棋为社交需要的频次是146，占54.48%。另选择其他的频次是22，占8.21%，目的多集中于锻炼意志力，增强抗挫折能力。

表2-2 消费群体消费目的统计表

下国际象棋目的	频次	比例
A训练逻辑思维	255	95.15%
B丰富业余生活	197	73.51%
C培养一技之长	177	66.04%
D广交朋友	146	54.48%
E其他	22	8.21%
合计	797	

二是消费满意度。家长对于国际象棋的兴趣程度，也会在一定方面影响到孩子，调查显示，女性家长160人、近六成，男性家长108人、占40.3%。喜爱国际象棋的137人、占51.12%，认为一般的113人、占42.16%，不喜爱的18人、占6.72%。对于国际象棋的兴趣程度及其产品（培训服务、赛事服务、书籍等）的满意度影响到消费的热情。如果热情高涨，会持续加大在国际象棋产品方面的投入，反之，从思想观念上否决其价值，不利于国际象棋项目的推广普及。如图2-3所示，对于国际象棋产品比较满意的占49.25%，认为一般的占26.49%，认为非常满意的占19.4%，觉得不太满意的占3.73%，觉得不满意的占1.12%。由此得出，近七成家长对于国际象棋产品的供给是满意的。

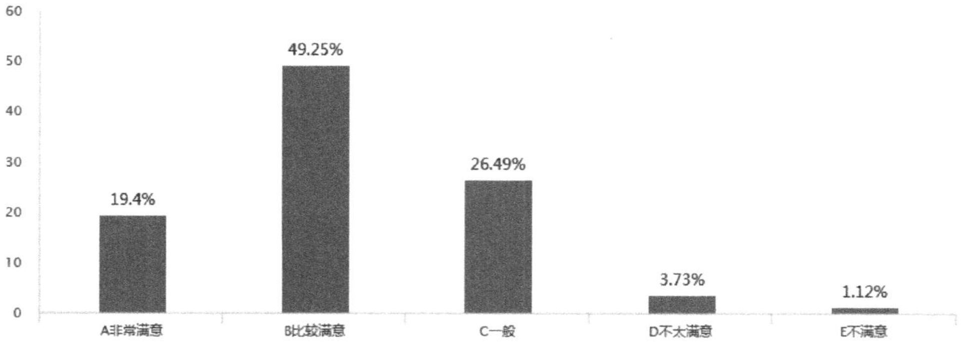

图2-3 消费群体对国际象棋产品的满意度统计图

三是消费意向。通过对消费群体的消费意向研究，可以更好制定提供国际象棋产品及其服务的长远计划，避免产能过剩。2017 年 6 月 12—18 日百度指数全国国际象棋需求图谱显示，对于国际象棋规则、网络对弈关注度上升。

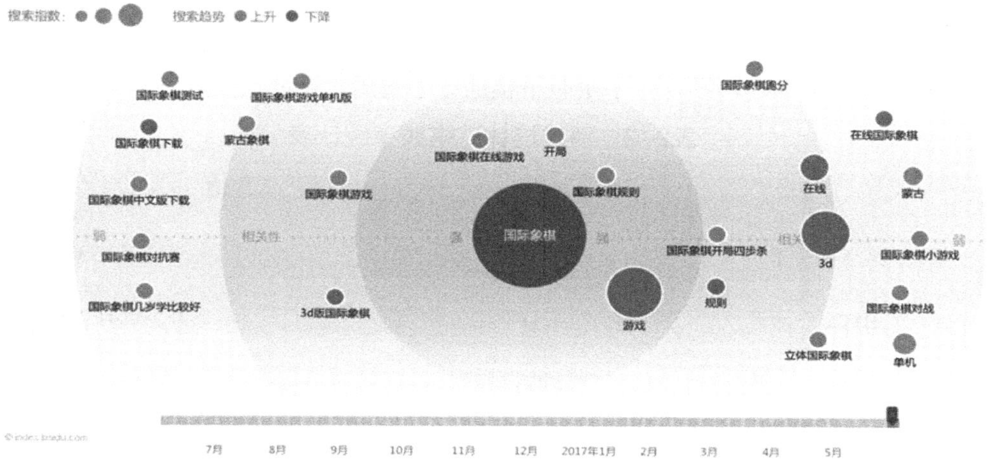

图2–4　百度指数国际象棋需求图

根据国际象棋需求的多项选择调查结果显示，如图 2-5 所示，希望提供国际象棋书籍的选择频次最多，有 190 人；其次选择是互联网培训、游学，分别有 164 人、141 人；然后选择文创用品，有 54 人；其他 22 人，对于国际象棋产品及服务的需求集中在校园联赛及相关政策方面。

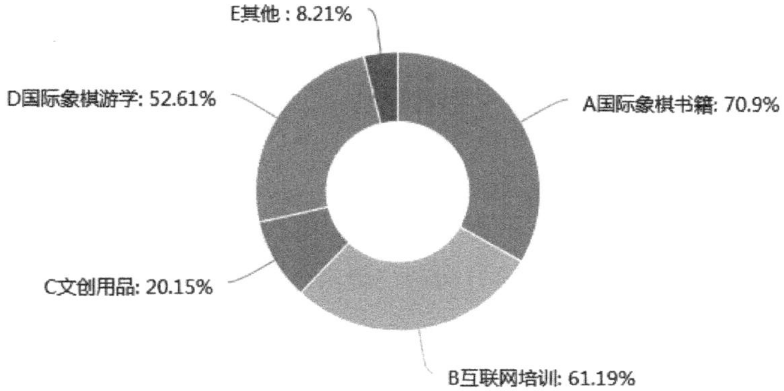

图2–5　消费群体对国际象棋产品及其服务的需求意向统计图

2.1.2.3 消费者群体消费行为

消费观念往往通过消费行为表现出来，通过分析消费群体在消费行为过程中经费支出情况、时间分配情况等，有助于全面掌握消费群体的消费行为特征。

一是消费群体的时间支配。本次调查中，学棋 4 年以上的孩子最多、占 31.34%；随后依次为 1—2 年、一年以内、3—4 年，分别占比 24.63%、23.88% 和 20.15%。而如表 2-3 所示，孩子平时下棋的频率每周一至两次居首，占 41.42%。

表2–3　消费群体下棋频率统计表

下棋频率	小计	比例
A几乎不下	10	3.73%
B每周一至两次	111	41.42%
C每周三次	47	17.54%
D每周三次以上	100	37.31%
合计	268	

如图 2-6 所示，几乎不下棋的孩子中，以一年以内的初学者居多，每周练棋三次以上的，以兴趣逐渐转浓的、学棋时间在 1—2 年的孩子居首，占 36%。

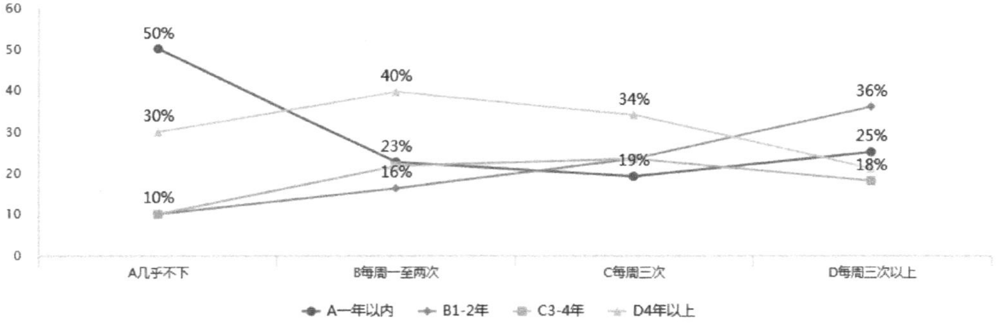

图2–6　不同学棋时间的消费群体下棋频率统计图

二是消费支出状况。孩子在国际象棋方面年均支出费用占所有学习培训费用支出的 11%—20% 的最多，占四分之一；其次是 1%—10% 的、21%—30% 的、41% 以上的、31%—40% 的，分别占 24.63%、18.28%、17.16% 和 14.93%。其中孩子用于国际象棋的年均支出费用（含培训、比赛等相关产品）以 5000—9999 元的居首，占 30.97%。

表2-4消费群体年均消费统计表

年均支出	小计	比例
A3000元以下	59	22.01%
B3000—4999元	63	23.51%
C5000—9999元	83	30.97%
D10000元以上	63	23.51%
合计	268	

2.1.2.4 消费者群体消费环境

据调查显示，孩子就读的学校有举行国际象棋比赛或者国际象棋兴趣活动的有 157 人，占 58.58%。了解国际象棋渠道以学校为主、占 40.67%，其次是亲朋好友同事、占 30.6%。由此可见，发展国际象棋特色学校对于推广普及国际象棋项目具有关键作用，另外亲朋好友同事口碑相传也起到重要作用。分地域看国际象棋信息获取渠道，杭州消费群体以学校推广为主，占 54.84%；温州消费群体以亲朋好友同事口碑相传为主，占 43.64%，原因是温州国际象棋项目开展早，许多家长是自己小时候学过国际象棋，认为项目好，所以让孩子也从小学习。

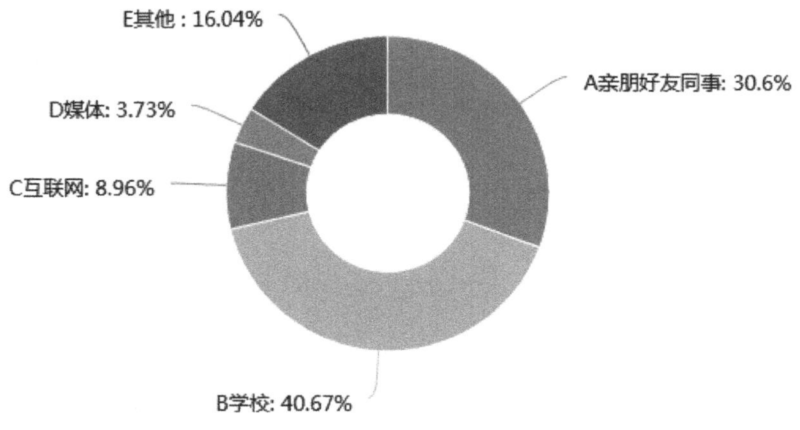

图2-7　国际象棋信息获取渠道统计图

2.2 我省国际象棋产业存在的问题

第一，区域发展不平衡。由于受经济、环境、文化和思想观念等方面因素的影响，我省国际象棋普及整体上呈现出明显的区域和城乡差距。从区域来看，早期温州、绍兴国际象棋发展势头较好，近年来，随着一批职业棋手的引入，杭州、宁波、嘉兴的国际象棋事业迅速发展。如温州市凭借本市优秀棋手的示范引领作用，从业者的普及推广，成功获批棋城的先发优势，奠定了群众性基础。杭州以其省会城市的特殊地位、经济发展的先锋优势，宁波作为副省级城市，两者均引入职业棋手从事国际象棋教育普及推广，后来居上。但舟山、衢州等地仍需花大力气开展普及推广工作。从城乡来看，以温州为例，鹿城、龙湾、瓯海、瑞安等经济相对发达的城区国际象棋普及相对较好。但一遇市运会等大赛，洞头、泰顺、文成等地均需向发达地区借棋手，显示其人才储备不足。由此可见，我省国际象棋产业的发展水平与发达地区仍存在着较大差距，区域发展不平衡。

第二，项目影响力较低。我省国际象棋赛事种类繁多，既有承办中外对抗赛事、职业联赛赛事，也有青少年业余赛事，还有一些校园级别赛事。但是相对于赛事的丰富而言，我省国际象棋竞赛表演业的竞争力则显不足，精品赛事稀少。相较其他体育产业，第一大运动足球、国内第一棋类围棋，以及在世界范围内顶尖赛事，美国男篮职业联赛、四大网球公开赛和欧洲足球冠军联赛等职业竞技项目，没有一项赛事可以具备这样的吸引力。从社交媒体指数看，项目关注度低。微博指数2017年6月数据显示，国际象棋热议指数：当月均值314，当月最高1624；足球热议指数：当月均值65104，当月最高157089；围棋热议指数：当月均值11344，当月最高103050。三者半年度趋势情况如下图：

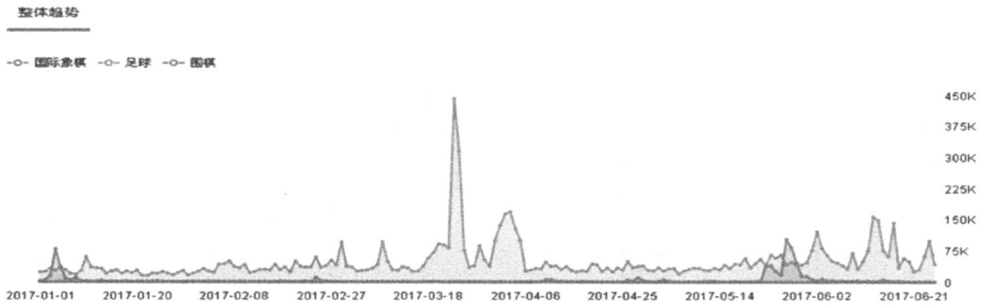

图2-8　热词（国际象棋、足球、围棋）半年度趋势统计图

第三，产业结构不合理。产业内部结构是指产业内部的各项产值分布情况，

是衡量产业内部结构是否协调的重要指标。据不完全统计，杭州市民政局登记注册的涉及国际象棋社会组织 2 家，其中社会团体 1 家、民办非企业单位 1 家；宁波市民政局登记注册的涉及国际象棋社会组织 2 家，其中社会团体 1 家、民办非企业单位 1 家；温州市民政局登记注册的涉及国际象棋社会组织 6 家，其中社会团体 2 家、民办非企业单位 4 家。温州市市场监管局登记注册企业涉及国际象棋经营范围的仅 1 家，为泰顺一生产国际象棋棋具企业。市场主体供给侧总量小，且多集中于教育培训业，传媒广告业、国象旅游业几乎没有涉足，难以支撑大量需求。

表2–5　杭宁温三地国际象棋社会组织清单

	杭州	宁波	温州
社会团体	杭州市国际象棋协会	宁波市鄞州区国际象棋协会	温州市国际象棋协会
			瑞安市国际象棋协会
民办非企业单位	杭州博弈国际象棋俱乐部	宁波市博弈国际象棋俱乐部	温州市诸宸国际象棋中心
			温州市心桥国际象棋俱乐部
			温州市瓯海区博尧国际象棋俱乐部
			温州市铭程国际象棋俱乐部

数据来源[①]：中国社会组织网 http://cx.chinanpo.gov.cn/

杭州社会组织网、宁波社会组织网、温州市民政局

2.3 造成我省国际象棋产业问题的原因

2.3.1 政府政策方面

国际象棋是体育门类中的一个小项，作为非奥项目，政府重视不够、项目影响力较弱，对国际象棋产业规划布局制度缺失，产业引导基金投向国际象棋项目的不多，促进发展的扶持力度不够，2016 年省本级仅投入专项资金 13 万元，用于国际象棋普及发展、职业队伍训练等方面。如温州市是全国“国际象棋之城”，但体育主管部门没有出台专门的国际象棋政策文件，没有充分认识到推动国际象棋产业发展，举办重大赛事，对提高城市的知名度和美誉度，吸纳就业起到一定的作用。

① 一些著名的国际象棋培训机构未在平台上显示，故未列入清单。

2.3.2 **企业主体方面**

一方面，主体经营意识淡薄。国际象棋产业缺乏熟悉国际象棋、懂得经营管理、综合素质较高的复合型人才，不注意宣传营销在国际象棋产业中的重要作用。在现有的国际象棋产业经营管理者中，许多是退役的运动员、教练员以及一些没有经济专业基础知识的人员，他们虽然熟悉国际象棋，但缺乏对市场运作和经济规律的了解，缺乏商品、服务的营销知识和技能，这也制约了国际象棋产业化水平和国际象棋产业社会化水平的提高。另一方面，衍生产品市场不丰富。产业结构不尽合理，分散经营、各自为政，发展也参差不齐，缺乏整体观念和规模效益，国际象棋产品多集中在棋具、书籍等方面，周边衍生产品设计开发不足。

2.3.3 **消费主体方面**

国际象棋项目属舶来品，普及时间相较围棋、中国象棋短很多，八九十年代在谢军夺得世界冠军之后，才逐渐兴起热潮。因此，相比围棋、中国象棋，国际象棋爱好者的年龄普遍较轻，棋童多处于6—10岁阶段，消费者低龄化平均消费率低。如明星IP号召力相对较弱，将国际象棋“天才少女”侯逸凡和“围棋一哥”柯洁进行百度搜索指数对比，柯洁热度是侯逸凡的75倍。

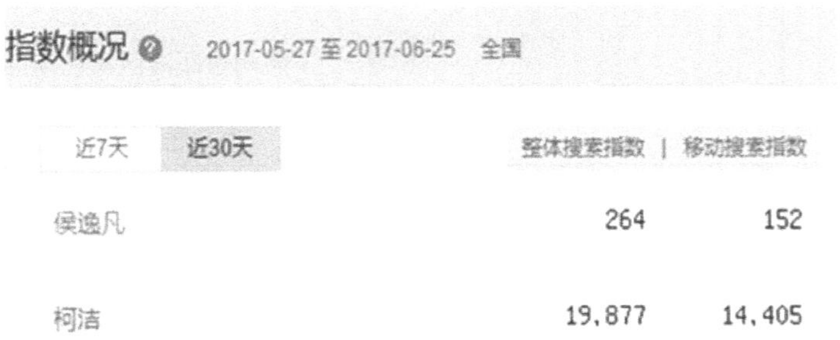

a)指数概况

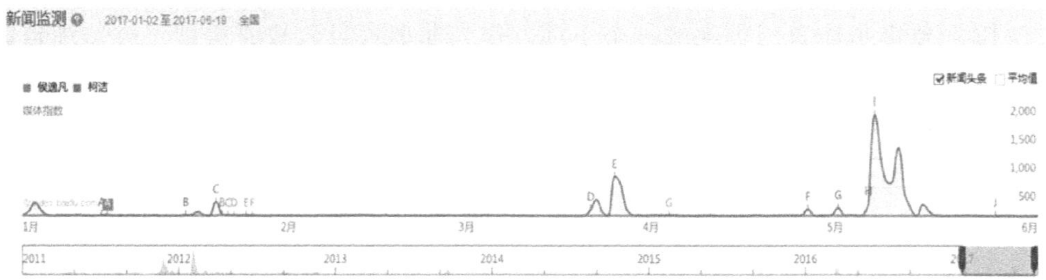

b)新闻监测

图2-9　百度指数趋势

2.3.4 市场环境方面

国际象棋产业的市场化程度普遍偏低，国际象棋存在一定的技术门槛、观赏性不强，受众较少，竞技体育的市场机制尚未建立。以体育核心产业——竞赛表演业为例，一般而言西方国家体育转播费在竞赛表演收入中占主体地位（占办赛费的40%—60%），国内由于电视转播垄断等原因，承办方须向电视台付费转播，因此国际象棋赛事仅在新闻中呈现，或在国际专业的网站直播，宣传效果不佳，直接影响了民间投资的积极性。资本方面，融合发展金融资本介入较低。截至2016年4月底，我省拥有莱茵体育等体育产业概念的上市公司10家左右，约占全国总数的20%，但资本大多投向足球等社会关注度高的项目。人才方面，国际象棋产业发展的急需人才资源紧缺，消费升级带动国际象棋产业迎来发展高峰，但紧缺的国际象棋专业人才不能满足日益增长的市场需求，一部分专业人才退役后从事其他行业，新入行人员国际象棋水平又参差不齐。

第3章　国际象棋产业供给侧结构性改革的构想

随着大众消费升级，人们在体育消费方面的需求日益旺盛，也为国际象棋产业发展提供强劲动力。供给侧结构性改革也要求国际象棋产业转型升级，提供新的高品质的产品。

3.1 深化体制改革

早期，受举国体制的影响，国际象棋主管部门把工作重心放在了竞技体育领域、教育培训领域。近年来，伴随着一系列的改革和创新，以及国际象棋项目竞技水平的提高，国际象棋产业的公开化、市场化、国际化程度大幅度提升，快速缩小了与成熟产业之间的差距，但对国际象棋市场融合发展，对国际象棋用品行业存在的低端同质化问题关注不够。为此，作为市场空间大的运动项目，国际象棋产业亟须结合行政体制改革，进一步完善体制机制，转变政府职能，激发市场活力，特别是支持教练员、运动员职业化发展。

一是转变政府职能。准确界定政府在体育产业发展中的角色定位，落实《行业协会商会与行政机关脱钩总体方案》[①]，进一步与有关部门合作，研究推进国际

① 国家体育总局. 体育产业发展“十三五”规划[Z].2016-06.

象棋产业发展的各项政策措施，完善体育产业政策体系，不“缺位、越位、错位”，做战略的规划者、环境的营造者、服务的提供者和市场的监管者，逐步提高职业国际象棋的成熟度和规范化水平。

二是搭建服务平台。完善政府在国际象棋产业领域的管理服务职能，结合“放管服”“最多跑一次”改革，积极为各类体育活动举办提供“一站式”服务。进一步完善国际象棋信息发布平台和信息交互平台，绘制国际象棋产业主管部门和社会组织布局图，并纳入“浙江政务服务网——地图服务”栏目。

三是推动职业发展。积极推进职业国际象棋发展，制定和完善发展专项政策，鼓励有条件的运动员走职业发展道路，加快国际象棋AI的研究和利用，打造强有力的经纪团队，借鉴网球项目职业化发展运动员的“单飞”经验，努力培育和打造一批具有国际影响力的国际象棋体育明星。

四是培养复合人才。一方面，依托上海财经大学、浙江大学等高校，在研究生招生阶段对国际象棋特长的人员给予加分或特招；另一方面，对在浙高校开设国际象棋选修课，培养既懂专业又熟悉国际象棋的高层次人才，为我省国际象棋队伍增添新生力量。

3.2 培育多元主体

根据国际象棋产业的特点，市场供给主体有政府、社会组织、企业和个人。受传统体育体制的影响，在多数地区和多数情况下，政府部门都对体育资源实施直接的计划与调控，控制着体育市场领域的人权、物权与财权，实际上扮演着体育社会经济活动主体的角色。[①] 随着我国体育产业改革步伐的不断加快，如国际象棋协会等社会组织在体育产业中发挥着越来越大的作用；而市场化程度不断增强，越来越多的企业和个人加入这一产业。为此，要将如何鼓励社会力量参与，调动社会组织、行业协会商会和市场主体的积极性和创造力，向社会提供丰富多彩的国际象棋产品和服务，作为一个重要课题摆上议事日程。

一是设立产业基金。鼓励有条件的地市设立由政府引导、社会资本筹资的国际象棋产业投资基金，充分发挥产业基金的杠杆作用，优化资金使用方向、创新资金使用方式，提高资金使用效益。推广运用政府和社会资本合作模式（PPP），支持社会力量进入国际象棋产业领域，鼓励各类孵化平台吸纳国际象棋企业入驻，

① 彭晶晶. 中国体育产业市场研究——基于SCP范式[J].武汉大学，2012.

为体育领域的“大众创业、万众创新”提供良好环境。

二是引导民资投入。充分发挥浙江民间资本活跃的优势，引导民间投资进入国际象棋产业。将国际象棋项目纳入全省招商引资项目库和体育资源交易平台，加强对国际象棋产业项目的招商推介工作，推进赛事举办权、无形资产开发权等资源公平、公正、公开流转。围绕推进供给侧结构性改革，发挥多层次资本市场作用，以“小升规、规改股、股上市”、债券融资为抓手，支持符合条件的企业上市，鼓励符合条件的企业和俱乐部发行企业债券。

三是政府购买服务。进一步健全政府向社会组织购买体育服务的体制机制，鼓励社会组织、企事业单位、学校等单位广泛举办各级别国际象棋比赛。加强国际象棋赛事评估，建立多层次、多样化的国际象棋赛事体系。探索完善赛事市场开发和运作模式，实施品牌战略，打造一批国际性、区域性品牌赛事。

3.3 利用人工智能

国际象棋作为一门生动而直观的国际语言，是科学与技术的完美结合。而移动互联网时代，棋牌类游戏将成为人们休闲娱乐的新宠。要以谷歌 AlphaGo 人机大战为契机，积极推动“互联网 + 国际象棋”，鼓励开发以移动互联网技术为支撑的产业服务，采用“O2O+ 工业 4.0”模式，提升训练指导、交流互动、赛事参与、器材装备定制等综合服务水平。针对目标群体，研发符合消费者年龄层次的文化传媒产品，加强与移动社交游戏产业衔接，布局推动国际象棋项目电竞化。

一是打造国象版淘宝平台。依托杭州市发达的信息经济产业和文化创意产业，与阿里巴巴集团对接，整合国内外优质资源、开辟专区，着力打造集互联网教育、竞赛直播、国象文创用品、国象旅游等为一体的国象版“淘宝”平台，普及国际象棋文化。

二是开发国象类传媒产品。大力开发群众喜闻乐见的体育传媒产品，鼓励开发以国际象棋为主、融合文化、人工智能等综合内容的组合产品，积极支持形式多样的国际象棋题材文艺创作，如卡通动漫、书法、绘画、摄影、儿童剧、歌舞等。鼓励发展多媒体广播电视、手机 App 等体育传媒新业态。

三是推广国象类电竞产业。积极推动在线国际象棋平台企业发展壮大，整合上下游企业资源，形成产业新生态圈。加强国际象棋 AI 的研究和利用，利用其在微观和宏观的盘内计算和盘外资料分析，为国象的理论研究提供海量经验数据，反哺提升棋手在中局搏杀中运用战术组合、判断局面形势的能力。加强国际象棋赛事版权的开发与保护，鼓励和支持各类新兴媒体，如斗鱼TV等直播平台，营造国际象棋国内赛事转播权的市场竞争氛围。

3.4 挖掘消费潜力

研究一个消费群体不仅研究其结构特征，还要通过其消费观念，挖掘消费需求，提供更好的服务性产品。因此，要加强国际象棋市场需求和消费趋势预测研究，引导企业开发符合市场需求的国际象棋产品和服务。加强与国际棋联等专业机构的交流合作，积极引进国际精品赛事。加大国际象棋项目的普及力度，提升其在国内的影响力。引导IP热转向国际象棋项目，吸引阿里体育、万达、腾讯等资本巨头关注。

一是丰富赛事供给。大力开展各类群众性国际象棋活动，合理编排地方赛事赛程，提升赛事影响力，丰富节假日国际象棋赛事活动供给，如针对青少年增加寒暑假夏令营赛事；针对职工在单位工青妇活动中适当增加棋类赛事或组织网络争霸赛；针对老年人在养老地产、疗养胜地举办三项棋类赛事，以象棋、围棋项目带动国际象棋项目在老年群体中的普及率。

二是培育国象IP。发挥国际象棋名人效应和国际象棋高手的示范作用，刺激棋迷消费需求。拓展国际象棋周边衍生产品研发，设计制作邮票、花火、精美棋具等收藏品，巧克力、饼干、蛋糕等棋元素食品，文具、服饰、吉祥物等快时尚文创用品，公园绿化、主题餐厅、咖啡馆、博物馆等国际象棋建筑。

三是增强消费黏性。促进区域间均衡化发展，合理布局国际象棋培训教育机构，为消费者提供便捷服务。积极推行国际象棋业余运动等级以及业余赛事等级标准，增强项目消费黏性。鼓励利用各类社交平台，促进消费者互动交流，提升消费体验。

3.5 促进融合发展

一是发展“国际象棋＋旅游”项目。实施体育旅游精品示范工程，培育赛事活动旅游市场，丰富赛事活动供给，打造赛事活动品牌，促进国象赛事与旅游活动紧密结合。引导旅游企业推介国象赛事旅游，鼓励旅行社结合国内体育赛事活动设计开发体育旅游特色产品和精品线路。[①] 依托国际象棋品牌赛事和“诗画浙江”旅游品牌，着力提升杭州旅游的核心带动作用，打造一批以杭州为龙头、依托浙江独有的自然资源和文化资源的赛事旅游品牌和精品线路。将优质的旅游文化资

① 国家旅游局，国家体育总局. 关于大力发展体育旅游的指导意见[Z].2016-12.

源串联起来，在东钱湖、太湖、湘湖、鉴湖—柯岩、平湖九龙山、千岛湖、舟山群岛普陀等休闲旅游度假区，更多融入国际象棋元素，策划赛事旅游活动，实现国际象棋和旅游良性互动。

二是发展“国际象棋＋外交”项目。积极参与“一带一路”倡议，利用举办G20杭州峰会和筹办亚运会的有利时机，以国际象棋为媒介，促进国际交流合作。“走出去”：通过“义新欧”班列，以义乌小商品市场为起点，打开中西贸易新通道；通过暑期国际象棋夏令营、国际赛事活动，带领部分有条件的棋童走出去，运用国际象棋语言与国外同年龄孩子交流切磋，开拓国际视野。“请进来”：通过海外华裔青少年暑期华文教育夏令营，搭建青少年国际象棋交流平台，增进友谊。

三是发展“国际象棋＋教育”项目。更加注重国际象棋的教育功能，推动国际象棋进课堂，建设国际象棋传统校、特色校，营造“聪明的孩子会下棋，下棋的孩子更聪明”的氛围，培育高校棋类社团，依托棋协指导，挖掘潜在师资，为国际象棋的普及奠定更坚实的基础。打造多样化、多层次的青少年传统赛事，注重运动员梯队建设，体教结合，促成本地名校招收国际象棋特长生。

参考文献：

[1]林峰，陈桂康.国际象棋词典[M].上海：上海辞书出版社，1987.

[2]贾康，苏京春.供给侧改革：新供给简明读本[M].北京：中信出版社，2016.

[3]鲍明晓.中国体育产业发展报告[M].北京:人民体育出版社，2006.

[4]丛湖平.体育经济学[M].北京:高等教育出版社，2004.

[5]杨公仆,夏大慰.产业经济学[M].上海:上海财经大学出版社，2002.

[6]彭晶晶.中国体育产业市场研究——基于SCP范式[D].武汉大学，2012.

[7]刘燕舞.论城市发展与体育产业的推进[D].广州:华南师范大学，2007.

[8]吴宝升.沿海城市体育产业发展现状、问题及对策研究——以浙江省温州市为例[J].北京体育大学学报，2010(10).

[9]李娅媚，何倩.教育为本,棋为载体——国际象棋的温州模式[J].温州人，2010.

[10]国家体育总局.体育产业发展“十三五”规划[Z].2016-06.

[11]国家旅游局，国家体育总局.关于大力发展体育旅游的指导意见[Z].2016-12.

[12]央广网.国际象棋新科“棋后”谭中怡庆功会举行 国象发展基金成立[DB/OL]http://china.cnr.cn/gdgg/20170316/t20170316_523660813.shtml.

[13]中国智力运动网.关于2017年全国国际象棋特色学校的批复以及授牌会议的通知[DB/OL]http://cca.imsa.cn/archives/49987.

附　录

尊敬的女士/先生：

您好！感谢您在百忙中参与我们的调查，本问卷旨在了解您对于国际象棋的了解情况，从而为促进国际象棋推广普及、丰富相关产品供给、提升消费者满意度等国际象棋产业改革提供理论指导和决策建议，因而真诚希望能够得到您的支持。本问卷不涉及商业机密和个人隐私，答案无对错之分，您的如实回答对我们的研究非常重要，非常感谢您的支持配合！祝您工作顺利，身体健康，家庭幸福，万事如意！

1. 您孩子是否会下国际象棋

A 是　　B 否

2. 您的性别

A 男　　B 女

3. 您孩子的性别

A 男　　B 女

4. 您孩子所处的年龄段

A5 岁以下　　B6—10 岁　　C11—15 岁　　D16 岁以上

5. 您所在的城市

A 杭州　　B 宁波　　C 温州　　D 绍兴

E 台州　　F 嘉兴　　G 金华　　H 湖州

I 衢州　　J 丽水　　K 舟山

6. 您喜爱国际象棋吗

A 喜爱　　B 一般　　C 不喜爱

7. 您是从什么渠道了解国际象棋

A 亲朋好友同事　B 学校　　C 互联网　　D 媒体　　E 其他

8. 您孩子就读的学校是否有举行国际象棋比赛或者国际象棋兴趣活动

A 是　　B 否　　C 不了解

9. 您孩子平时下国际象棋的频率

A 几乎不下　　B 每周一至两次　C 每周三次　　D 每周三次以上

10. 您的孩子接触或学习国际象棋的时间

A 一年以内　　B1—2 年　　C3—4 年　　D4 年以上

11. 您的孩子用于国际象棋的年均支出费用（含培训、比赛等相关产品）

A3000 元以下　　B3000—4999 元　　C5000—9999 元　　D10000 元以上

12. 您的孩子在国际象棋方面年均支出费用占所有学习培训费用支出的

A1%—10%　　B11%—20%　　C21%—30%　　D31%—40%　　E41% 以上

13. 您认为下国际象棋可以（多选）

A 训练逻辑思维　　B 丰富业余生活

C 培养一技之长　　D 广交朋友　　E 其他

14. 需要国际象棋协会或相关企业提供哪些国际象棋产品（多选）

A 国际象棋书籍　　B 互联网培训

C 文创用品　　D 国际象棋游学　　E 其他

15. 您对于国际象棋产品（培训服务、赛事服务、书籍等）的满意度

A 非常满意　　B 比较满意　　C 一般　　D 不太满意　　E 不满意

关于在中国国际象棋业余棋手中推行国内等级分制度的探讨

胡　艺

一、引言

国际象棋是世界第二大运动，集科学性、艺术性和竞技性于一身，下棋既可愉悦身心、陶冶情操，又能寓教于乐、开发智力。因而，数百年来，国际象棋深受世界各国人民喜爱，长盛不衰。

随着中国国际化步伐的加快，以及二十年余来中国女棋手和男棋手相继在国际赛场取得佳绩而带来的宣传效应，在中国，国际象棋不再是鲜为人知的“舶来品”。随着国际象棋的普及与发展，这个棋类运动项目越来越得到学校及家长的认可。群众性基础是一个项目蓬勃发展的土壤，越来越多的普通人，尤其是青少年，接触和喜爱上了这一运动。

二、国际棋联等级分

（一）艾洛分的发明和计算

等级分是棋手比赛成绩的数学化指标。在世界范围内，国际棋联采用的国际棋联等级分即“国际等级分”，也被称为“埃洛分”（Elo rating）。这套计分体系是由匈牙利裔美国物理学家、国际象棋棋手阿帕德·艾洛（Arpad Elo）创建，1960年被美国国际象棋协会（USCF）采纳，1970年取代“哈克尼斯体系”（Harkness System）成为计算国际棋联等级分的方法。艾洛分体系是一个小数分数与等级分分差相互转换的数字体系，转换关系用表格列出，其作用是为最佳的统计结果提供科学的量化数据。国际棋联（FIDE）监督并定期公布国际等级分，不断完善等级分条例，以确保同一数值的等级分能够始终代表相应级别的棋艺水平，因此《等级分条例》成为《国际棋联国际称号条例》和许多重大比赛竞赛规程制订的基础。

国际等级分的计算原理是：凡可以计算等级分的比赛，按本人等级分和对手等级分的差异从概率函数表上查出预期得分，把实际得分（对每一局来说，实际得分应为1、0.5或者0）和预期得分的差△R乘以换算系数K（根据不同情况分为10、20、40三种），得到这一局的升降值。当△R为正值时，新等级分上升，当△R为负值时，新等级分下降。在每个统计期内把每一局的升降值相加累计，小数点后四舍五入取整数，便确定了每个棋手下次公布的新等级分。

（二）等级分与国际棋联称号

艾洛分适用于包括国际象棋在内的零和游戏，因为它的核心假设是每一个选手在每一个对局中的表现是正态分布的随机变量，这也意味着艾洛分数值的高低在很大程度上反映棋手的实力水平。《国际棋联国际称号条例》将等级分表现（艾洛分）和称号表现（表现等级分）视为批准称号的重要依据。根据《国际棋联国际称号条例》的规定：

第0.5.1条 等级分表现用于表示棋手的成绩和对手的平均等级分。

第0.5.2条 称号表现（例如：特级大师表现）表示棋手根据1.4.6条款对对手最低平均等级分取得1.4.8和1.4.9条规定的表现等级分的成绩。

特级大师成绩是，对手的平局等级分为≥2380时，取得表现分≥2600。

国际大师成绩是，对手的平局等级分为≥2230时，取得表现分≥2450。

女子特级大师成绩是，对手的平局等级分为≥2180时，取得表现分≥2400。

女子国际大师成绩是，对手的平局等级分为≥2030时，取得表现分≥2250。

第1.3条 称号有时可以通过达成公布的或插入的等级分而取得。（参见1.5.3a条）

1.3.1 棋联大师

FIDE Master 2300

1.3.2 候补大师

Candidate Master 2200

1.3.3 女子棋联大师

Woman FIDE Mater 2100

1.3.4 女子候补大师

Woman Candidate Mater 2000

第 1.5 条规定了已经取得序分的棋手被授予称号时还应满足的要求，其中：

第 1.5.3a 条 已经同时或在另一时间取得如下的等级分：

GM ≥ 2500

IM ≥ 2400

WGM ≥ 2300

WIM ≥ 2200

三、美国国际象棋联合会等级分（USCF rating）

除了国际棋联之外，欧美许多国家都有各自棋联（协会）的等级分。美国是最早采用艾洛体系计算国际象棋棋手等级分的国家，由超快棋、快棋、常规时限、线上超快棋、线上快棋五个独立的部分组成，下文主要介绍常规时限等级分的情况。几十年来，美国国际象棋联合会形成了包括详细算法、近似公式、与国际棋联等级分换算关系、实际应用等方面在内的比较完备的等级分制度。美国棋联等级分每以 100 分为一个等级，2000 分以上为“专家”级，2200 分以上为“大师”级。

（一）起始等级分的设定

为了便于归并入相应的组别和采集无等级分棋手之间的对局结果，美国棋联为首次参赛的无分棋手设定起始等级分。美国等级分起始分主要是通过下公式设定：

1. 拥有艾洛分或者加拿大等级分（CFC rating）的棋手，

$$\text{美国等级分=}\begin{cases}\text{艾洛分}\leqslant 2000, & 180+0.94\times\text{艾洛分}\\ \text{艾洛分}>2000, & 20+1.02\times\text{艾洛分}\end{cases}$$

$$\text{或者}\quad\text{美国等级分=}\begin{cases}\text{加拿大分}\leqslant 1500, & \text{加拿大分}-90\\ \text{加拿大分}>1500, & 1.1\times\text{加拿大分}-240\end{cases}$$

2. 按照棋龄赋予起始分的公式，

棋手棋龄=（比赛结束日期－出生日期）/ 365.25

$$\text{美国等级分=}\begin{cases}\text{棋龄}<2, & 100\\ 2\leqslant\text{棋龄}\leqslant 26, & 50\times\text{棋龄}\\ \text{棋龄}>26, & 1300\end{cases}$$

（二）等级分在美国棋手日常训练和比赛中起到的作用

1. 基于等级分的训练指南。曾任美国国家青年国际象棋队教练的杰里米·西尔曼（Jeremy Silman）在《从入门到大师：国际象棋残局大全》一书中，按照等级分来划分残局类型，目的是“使你的‘残局智商’和你的棋力相符”。这种按照棋力循序渐进的方式大大降低了残局理论的枯燥，提高了残局训练的科学性和实用性。该书简目如下：

第一章　新手级残局技巧（未分级—999）……………………1
第二章　E 级残局技巧（积分 1000—1199）…………………31
第三章　D 级残局技巧（积分 1200—1399）…………………53
第四章　C 级残局技巧（积分 1400—1599）…………………85
第五章　B 级残局技巧（积分 1600—1799）…………………151
第六章　A 级残局技巧（积分 1800—1900）…………………201
第七章　专家级残局技巧（积分 2000—2199）………………255
第八章　大师级残局技巧（积分 2200—2399）………………327
第九章　趣味残局……………………………………………405

2. 基于等级分的比赛分组。在冠军赛和大奖赛中，采取以美国等级分为标准的分组。以著名的北美公开赛为例，该赛事每年圣诞节后在赌城拉斯维加斯举办，总奖金 12 万美元。2017 年第 27 届北美公开赛共分为 7 个组别：公开组、U2300 组（2300 分以下组，下同）、U2100 组、U1900 组、U1700 组、U1500 组和 U1250 组。公开组可以取得特级大师和国际大师序分，冠军奖金 10000 美元，U2300 组至 U1250 组冠军奖金为 7000 到 3000 美元不等。低分和无等级分棋手交纳更多报名费后，可以报名高分组和公开组的比赛，且不能赢得高分组和公开组的足额奖金。

青少年比赛分组的标准则较为复杂，采用年龄和美国等级分的双重标准。以历史悠久的纽约学校国际象棋锦标赛（Greater NY Scholastic Chess Championships，GNYSCC）为例，该传统赛事始创于 1966 年，每年 1 月在纽约举办，现由卡斯帕罗夫国际象棋基金会赞助。2018 年第 52 届 GNYSCC 比赛共分为 5 个年级、14 个组别：1998 年 1 月 7 日后出生的，分为高中冠军赛组、高中 U1900 组、高中 U1200 组；2002 年 1 月 7 日后出生的，分为初中冠军赛组、初中 U1300 组；2005 年 1 月 7 日后出生的，分为小学高年级冠军赛组、小学高年级 U1500 组、小学高年级 U1100 组、小学高年级 U700 组；2008 年 1 月 7 日后出生的，分为小学低年级冠军赛组、小学低年级 U1000 组、小学低年级 U600 组；2010 年 1 月 7 日后出生的，分为 K-1 冠军赛组、K-1 U400 组。（注：1 月 7 日为比赛结束日。）

（三）国际等级分对美国等级分的调整作用

美国棋手参加美国之外计算国际等级分的比赛，国际等级分发生变化，美国棋联有专人定期依据国际等级分的变化调整该棋手的美国等级分。比赛对手的美国等级分根据 3.1 的公式换算得出，再计算美国等级分的升级。如果是青少年的比赛，则对手等级分换算公式如下：

$$\text{美国等级分}=\begin{cases}\text{国际等级分}\leqslant 2000, & 560+0.76\times\text{国际等级分}\\ \text{国际等级分}>2000, & 80+1.02\times\text{国际等级分}\end{cases}$$

四、中国国际象棋协会关于业余棋士等级和等级分的规定

（一）业余棋士等级和等级分条例

2005年，中国国际象棋协会颁布《中国国际象棋业余等级条例》（试行）体棋牌〔2005〕44号文件。之后十几年，该《条例》多次完善修改，2018年启用的新版《条例》规定，中国国际象棋协会棋士等级称号共设17个等级和荣誉称号，即棋协大师、候补棋协大师、棋协一级至十五级棋士。从十级棋士起，需要通过比赛达到一定的胜率后，进行申报，逐级晋升，最高的棋士等级是棋协一级棋士，然后依次晋升候补棋协大师和棋协大师。这成为评价包括业余棋手在内的广大国际象棋爱好者实战水平的主要依据。

同时，国家体育总局发布的《国际象棋运动员技术等级标准》（2014年）规定，国际象棋（与其他体育项目一样）运动员技术等级分为国际运动健将、运动健将、一级运动员、二级运动员和三级运动员。三级运动员可以通过省、市级比赛晋升，二级运动员及以上通过全国比赛晋升。

目前，国内个人比赛的分组方式主要有：1. 按棋士等级分组，比如：全国国际象棋棋协大师赛，棋协大师组限国际等级分2000分以下，技术等级最高为一级运动员。2. 按年龄分组，多见于青少年比赛，比如："李成智杯"全国少年儿童冠军赛。3. 按国际等级分分组，比如：全运会国际象棋项目，国际等级分2000分以下为业余组，2000分以上为专业组。4. 公开赛。

2005年同年，中国国际象棋协会颁布《中国国际象棋协会业余棋手等级分实施条例（试行）》，遗憾的是，这一《条例》最终并未落地生根。

4.2 业余等级条例在国际象棋当下实践中的局限性

《中国国际象棋业余等级条例》的颁布，对于规范国际象棋业余等级、推动项目的快速发展起到了重要作用。但是随着我国国际象棋人口数量的膨胀，这一《条例》在实践中也表现出了一些局限性：

首先，从某种程度上说，仅仅以棋士等级不能完全、客观地衡量棋手的水平。一方面，类似于经济学的通货膨胀，学棋人数的爆发式增长必然会导致棋士等级

的“含金量”呈下降趋势；另一方面，各个升级比赛的情况不同，通过不同区域、不同规模、不同赛制的比赛晋级的棋手的水平和棋士等级的“含金量”必然不同。棋士等级是固定的，而棋手的水平是浮动的，棋童和家长如果认识不到“含金量”的差异和水平浮动的规律，很容易将棋士级别作为棋手长期棋艺水平的依据，仅仅以等级论胜负，极易在孩子遭遇失败，尤其是负于低级别对手时产生心理落差。

其次，学棋和参加比赛以升级为目的，功利性太强。等级分级、棋士和大师分级，一方面给了棋童和家长前进的目标和激励，但是也给学棋和比赛带来了功利性。很多家长在给孩子报名比赛前先问能不能升级，不能升级就不参加比赛。在市升级赛中，我们经常见到这样的情况：孩子输了棋，签字离场后，出去告诉家长说“赢了”。结果成绩公布出来，家长看到孩子输了就认为是裁判弄错了。很多家长都固执地认为：我孩子不会撒谎呀！但是经过裁判和家长的共同查证，几乎百分之百都是孩子撒了谎。原因是什么呢？就是家长一味追求满足胜率，“及格万岁”的心理对孩子施加了一些压力，导致孩子不敢说自己输棋。当然，在我国现阶段优质教育资源稀缺的国情下，特长常常成为升学的“敲门砖”，做到学棋没有丝毫功利性并不现实，但是过多的功利性，对比赛胜率和等级过分的苛求，正在使孩子们慢慢失去了学棋乐趣，也失去了通过更多比赛得到锻炼的机会。

再次，许多少年棋手，特别有天赋的少年棋手，在取得棋协大师和三级运动员称号后，失去了学棋的目标和动力。随着等级的提高，晋级自然越来越难，所需的积累沉淀自然越来越多。我们经常见到很多经过多年训练，通过层层比赛的考验，取得了棋协大师和三级运动员称号的孩子和他们的家长，在晋级之后反而失去了未来的目标。特别是一些学棋早、资质佳、出成绩快的有天赋的棋童里，不乏七八岁的“小大师”，他们小小年纪即在省市冠军赛、全国分龄赛中摘金夺银，收获称号。而可以晋级二级运动员的全国性比赛数量少、竞争激烈，且需要满足一定的年龄要求。因此，三级运动员晋升二级运动员、一级运动员的棋路漫漫，只能通过数年如一日坚持不断地训练和比赛，对家长和孩子来说，这个过程可能漫长孤独，并且没有“进度条”。

最后，比赛分组“一刀切”，不利于青少年棋手的锻炼和成长，更不利于国际象棋在我国的全民普及。美国国际象棋比赛的赛场上，老中少三代人同场竞技是常事，无论是退役的前职业棋手还是业余爱好者，都可以活到老下到老。目前，我们国内的比赛，国际等级分 2000 分以上的棋手和运动健将只能参加公开赛，这个群体中不乏高水平爱好者和年少时棋艺出色、工作后（无论是否从事国际象棋工作）依然热爱下棋的前职业运动员，考虑到参赛花费的时间和经济成本，当前按照等级称号或者国际等级分“一刀切”式的分组无疑是给他们设置了参赛障碍。老将们无法重回赛场续写热爱，小将们也失去了与“前辈”交流学习的机会，这是我们发展国际象棋事业的损失。

五、对于我们国内业余等级分制度的初步设想

（一）在全国性业余赛事中计算国内业余等级分的重要性

1. 健全我国国际象棋制度，为新时期国象事业规范、健康、科学发展助力。

2. 根据棋手对局结果上下浮动的等级分，更接近于棋手的真实水平，为家长和棋童评估棋艺水平提供参考，为基层教练有计划性的教学提供依据。

3. 通过等级分，及早发现青少年棋手中的好苗子，形成阶梯式的人才储备。

（二）对于中国国内业余等级分制度的初步设想

从国际环境上说，国际棋联及开展国际象棋运动较早的欧美国家已经形成较为完备的等级分体系，设定了称号与等级分之间的联系，给我们提供了许多有益借鉴。

我国开展国际象棋的时间短，有经验的专业人士数量有限，各地区的发展也很不平衡，中国国内业余等级分制度，应当体现中国特色。因此如何在坚持基本规则的基础上化繁就简，减少计算等级分的赛事主办方的负担，提高等级分制度的可操作性，是我们需要思考和解决的问题。

诸如联众、腾讯等网络平台，国象联盟、爱棋艺等手机 App，都已形成各自的等级分算法，大多数平台为新用户设置固定的起始分。考虑到我国已有健全的业余棋士等级制度和运动技术标准，不妨在业余等级分制度里加以运用：有棋士等级、运动员等级或者称号的，按照棋士等级、运动员等级或者称号折算成起始分数，取较高者为准。没有棋士等级的，参考国际经验，将棋龄折算起始分数，设置上限。

公式和算法方面，采用艾洛分的计算公式，现代大数据和智能软件技术可以大大减少统计和计算的工作量。

结 语

在中国国际象棋业余棋手中推行使用国内等级分，体现了国际象棋这一运动项目的特点，符合在中国规范健康发展的需要，顺应世界棋坛的趋势。

参考文献：

[1]朱佳琪，许昱华，徐家亮.国际象棋竞赛工作手册[M].北京：人民体育出版社，2016.

[2]中国国际象棋协会棋士等级称号条例(2018版)[EB/OL].(2017-11-23).[2018-05-23].http://www.qipai.org.cn/news-63364.html.

[3]中国国际象棋协会业余棋手等级分实施条例(试行)[EB/OL].(2005-08-22).[2018-05-23].http://sports.sina.com.cn/go/2005-08-22/16061732176.html.

[4]杰里米·西尔曼.从入门到大师：国际象棋残局大全[M].姚一帆 等，译.北京：北京联合出版公司，2017.

[5]Mark E. Glickman, Thomas Doan. The US Chess rating system [EB/OL]. (2017-04-24).[2018-05-23].http://www.glicko.net/ratings/rating.system.pdf.

专业棋手的职业生涯与转型

陈妍汀[①]

随着棋类运动的推广，越来越多的家长让孩子从小开始下棋，《棋魂》《女王的棋局》等电视剧进一步引发公众对于棋类运动的关注，也让一些家长希望孩子走上职业棋手的道路。在《浅论国际象棋产业研究》一文中，我们指出专业棋手和业余棋手的培养中具有明显的不同，专业棋手会选择较早地放弃学业，全身心地进行国际象棋训练，甚至前往国际象棋发展较好的地方寻找名师进行指导，对于需要仔细思考打磨的局面和问题有足够的时间和精力，之后通过国内和国际比赛获得等级分和等级称号，再经过选拔进入地方专业队乃至国家队参加顶级赛事。我们注意到专业棋手面临着巨大压力：现有国际象棋专业运动员数量较多，面临的竞争压力较大，有机会参加国际性比赛并跻身国家队的也是寥寥无几；很多专业棋手上升空间有限、可选择的高水平比赛受限、未来的发展不被保障，让很多过早放弃学业的专业运动员在职业选择的时候选择面窄等。这一现象性的问题不仅影响着国际象棋专业运动员，同样也体现在其他棋类运动上。

因此，对于专业棋手的培养和发展保障等方面仍是我们需要关注和改进的。正如《浅论国际象棋产业研究》指出的，在对国象现有的人才培养方式分析之后，我们提出分级培养模式：各级单位应在国象人才培养体系中明确并发挥自己的作用，同时增加专业棋手在适当年龄进入中学、高校学习的机会，并建立专业棋手在退役后按照职业生涯成绩进入省级和市级单位从政任职的保障体系和上升渠道。

在 2020 年的研究中我们将国际象棋专业棋手的发展、面临的问题和解决方案作为国际象棋产业的一部分，给出了初步的想法和建议。而专业棋手的选拔、培养以及退役出路的内在规律和体制机制受到越来越多的关注，国家体育总局早在

① 陈妍汀，北京大学国家发展研究院博士研究生。

2002 年就提出退役运动员就业安置工作至关重要，这将直接影响体育事业的长远发展，但是这一问题一直没有得到很好的解决。本研究将着眼于这一群体且不局限于国际象棋这一种棋类运动，详细地探讨他们的职业生涯和发展方向。

对于专业运动员退役后的再就业问题，社会上已经有过很多报道，其中有一些专业运动员在职业生涯中取得了很大的专业成就以及民众广泛的关注，他们退役后可以进入行政管理部门或者担任教练，继续从事其专业运动相关的职业；还有一些甚至进军文娱界、商界等，实现了成功转型。但也有一些获得过全国乃至世界金牌的运动员在退役后生活并不能得到保障，他们本人还备受伤病的困扰，这些经历令人唏嘘。

学者们从理论的角度对专业运动员退役后的情况有了很多讨论：周靖弦（2015）通过案例分析的方式，收集了 30 份退役运动员的问卷，研究专业运动员退役后再就业的一些方向和影响因素；卜恺（2018）在对我国退役运动员就业保障体系研究以上海市为例，分析现有就业保障体系存在的问题并提出建议；闫昱新、胡咏梅（2020）对现在已经退役运动员的再就业情况建立量表，用以评估运动员退役转型的适应性水平；刘洋、龚玉台、谢晓雪（2014）不仅关注了专业运动员退役后的职业发展问题，也关注了退役后在心理、人际和生活上的适应问题，这在我们考虑运动员转型时同样应当予以关注。

在国外已经有国家对专业运动员退役后的再就业进行了一些尝试并积累了一定的经验，卜恺（2018）的研究中对比了美国、日本、澳大利亚和韩国已有的运动员再就业保障体制，美国采用“以人为本”的教育制度、日本建立了完整的文化教育体制、澳大利亚和韩国对运动员提供合理的职业发展规划；王晶（2017）也从国际视野对这一问题进行了讨论。其他国家的一些有效尝试值得我们在建立自己的退役运动员再就业保障体制时进行参考，可以注意到教育是这一体制中不可或缺的部分。

然而，将目光聚焦于专业棋手，对于他们的职业生涯和转型这方面的讨论，现在还没有文献进行研究，本研究弥补了专业棋手在退役后再就业问题研究上的空白，在专业棋手乃至整个棋类运动的发展中具有重要意义。由于棋类运动的特点，专业棋手可选的再就业范围又将区别于其他竞技体育项目。例如其他项目的很多运动员退役后会担任体育老师或健身教练，但棋类运动是智力运动，相较于体力，专业棋手的优势更在于脑力，所以在这些职业的竞争力上不如其他竞技体育项目的退役运动员。但是专业棋手相对来说伤病较少，不会因为身体原因影响再就业。

本文将主要分三部分展开，第一部分将概述专业棋手选拔培养的机制、途径和地区发展不平衡，第二部分将总结专业棋手的职业生涯路径，第三部分将讨论他们的未来发展和如何实现转型，并给出专业棋手退役之后职业引导的建议，最后对文章的内容进行简单总结。

一、专业棋手选拔培养

卜恺（2018）在《我国退役运动员就业保障体系研究》一文中，将运动员分为了专业运动员、职业运动员和学生运动员，但对于棋类项目来说，商业化仍然处于初级阶段，并没有实现全面铺开，所以签约俱乐部的职业运动员不单独作为一类；而学生运动员一般都是通过体育特招的专业运动员，对于高校的普通学生运动队，虽然他们会代表学校参加一些棋类比赛，但是并不将棋类运动作为自己的职业，而是会根据自己的学习专业进行职业规划，所以这部分运动员没有转型的负担，他们的未来发展也不在本文的考虑范围内。

要讨论专业棋手的选拔培养，首先需要明确业余棋手和专业棋手的边界。这一界限往往模糊暧昧，一些棋手在小时候从同龄人中脱颖而出，甚至经过一段时间的系统训练，但之后并没有一直坚持下去而是选择了回归学业，但可能始终保持着颇具竞争力的水平，并仍活跃在一些棋类赛事上；还有一些棋手在取得一定成绩之后暂停了自己的训练，开始在与棋无关的方面发展，不再参与棋类的比赛等。这一部分棋手更多地会成为前面所描述的高校普通学生运动队成员。基于这种复杂多变的情况，我们难以通过水平、参加比赛的频次、训练的强度等进行很明确的界定，所以我们就暂时采用比较直接的区别方式，将是否获得专业等级称号作为区分的标准，这一标准在棋类比赛中也较多使用。

大多数专业运动员的选拔培养机制都是从小在地方学习某项运动，参加省级或国家级比赛获得突出成绩进入省队，在省队选拔中脱颖而出代表各省参加国家级或国际级赛事，进入国家队或继续留在省队。棋类运动也不例外，大体也是按照这一路径发展，经过层层选拔走上专业道路，但有所不同的是想要成为围棋的专业棋手，需要先获得定段的资格，这也使得在围棋运动中业余棋手和专业棋手区分明确。

国内外的研究中指出运动员的全程性多年训练一般包括基础训练阶段（3—5

年）、专项提高阶段（4—6年）、最佳竞技阶段（4—8年）和竞技保持阶段（王天齐，2019）。与所有竞技运动一样，专业棋手需要付出很多时间和精力在训练上才能够成为专业运动员，通常需要15年左右的时间。而棋类运动启蒙的时间通常在4—6岁，所以想要成为高水平的专业棋手一般在20岁之后。从专业棋手的地区分布中可以发现，各省之间存在着巨大的区别：棋类运动发展好的省份，对专业棋手的选拔培养就更为重视，也有着成体系的培养途径；而较为薄弱的省份，则缺乏一套选拔培养层层向上的机制，甚至缺乏道场、棋院和省队等培养场所，这也导致强省愈强，各省发展不均衡，部分想要成为专业棋手的孩子需要前往棋类运动发展较好的省份接受系统的训练。这导致现在的专业棋手所属省份集中，且东南地区发展普遍较好。而从专业棋手的选拔培养路径中可以发现，他们往往在较早阶段就展现出了天赋和极高的兴趣，甚至展现出对棋痴迷的状态。他们中的大多数从中学阶段甚至更早就放弃学业全身心投入棋类训练或者边学习边下棋，但已经将绝大多数精力放在训练上，这使得他们的学业水平基础较为薄弱，难以通过高考进入理想的高校。这也是导致现在对专业棋手退役后出路问题讨论和担忧的根源。

二、专业棋手职业生涯

当棋手决定走上职业道路，他们往往需要付出很多时间仔细思考打磨，所以现阶段专业棋手大多选择从10多岁的年纪甚至更早便专心于棋类运动，将训练和比赛作为生活的主要内容。俗话说“台上一分钟，台下十年功”，专业棋手要想在职业生涯取得优异的成绩，日复一日的训练和经常性的外出比赛是必不可少的。在专业棋手的职业生涯中，他们通常每年要在比赛中下上百盘棋，每年平均要前往十多座城市，全年训练量高达上千小时，在训练中进行上千局的对弈，这种状态一般持续十多年。他们的日常训练包括看棋类书籍、电脑分析、准备开局、做习题、日常对弈和复盘等，需要他们付诸极大的热情和心血。随着信息技术的发展，他们训练的手段增多，同时训练的强度也有所提升。每位专业棋手都要进行大量的训练，但是竞技体育终归是残酷的，能够取得世界冠军、全国冠军的只是他们中很少的一部分，并且不管已经取得的成绩如何，他们在职业生涯中都要为保持较高的竞技水平不断地努力，稍微的松懈可能都会让他们提前结束职业生涯。

众所周知的专业运动员在职业生涯中除了训练和比赛，还需要帮助该项运动在全民中普及推广和参加一些商业活动。棋类运动在我国的竞技体育中属于小众运动，尽管象棋有广泛的群众基础，但是作为竞技项目的关注度仍然不足。由于棋类运动自身观赏性和娱乐性的局限，普及工作困难、职业比赛转播较少、观众门槛较高等现状，棋类运动始终无法像其他竞技运动一样受到广泛关注。专业棋手几乎也只被同样下棋的人所知晓，只有很少数的专业棋手可以形成明星效应，所以专业棋手可以参加的商业活动较少。而对于棋类运动的普及推广，主要发生在学校，偶尔会请到一些专业棋手参与其中。所以专业棋手在职业生涯中的生活看起来十分枯燥，大部分时间都在集中训练和参加比赛，有些在职业生涯中获得高校学习机会的专业棋手，学习也成为他们生活的一部分。现在各地省队和国家队为专业棋手设立运动场所、组织两队之间交流等，以丰富他们的生活。

虽与其他竞技运动有所不同，棋类运动员面临的伤病困扰较少，但他们的竞技水平并不能始终处于高位。众所周知，棋类运动对于棋手的运算能力、判断能力和下棋时的体力等都有较高的要求，随着年龄和阅历的增长，判断能力和经验会获得提升，但计算能力和体力会有所下降，这中间有一个平衡。同时随着一批又一批低年龄运动员的成长，处于巅峰的专业棋手更替较快。所以与其他体育运动一样，专业棋手的职业生涯时间有限，如前文分析，往往专业棋手在20—30岁到达职业水平的巅峰，而35岁之后通常会大幅减少比赛数量和强度，而转向与棋类相关或者不相关的其他工作岗位。当然也不乏一些世界级专业棋手可以成为棋坛“常青树”，较长时间保持高水平竞技状态，但这种情况仅为少数。

三、专业棋手未来发展

随着整个社会对学历的愈加重视，对于长年投身训练的专业运动员来说，他们可以选择的职业范围非常受限。对于专业棋手，如果没有接受过高等教育，可能难以取得与棋类运动不相关的其他就业机会，很多专业棋手最终成为棋院、道场、俱乐部的教练。近年来家长愈加重视对孩子的教育，这对棋类教练提出新的要求：不仅要求专业水平过硬，更要求能够了解青少年教育、关注孩子心理健康，例如拥有教育学或心理学相关知识的储备。对于棋类入门和初级提高教育，并不需要专业棋手，很多初级教练员现在由业余棋手担任。大量青年专业棋手被培养，同时市场上所需要的高水平教练已经趋于饱和，所以未来专业棋手退役后的再就业需要更多的除棋类教练之外的工作，他们在退役后或者仍在役的时候需要进入大学进行某一方面专业知识的学习，以便他们更好地适应就业市场的竞争。现在绝大多数专业棋手也确实在职业生涯中选择进入高校进行学习。

现阶段，运动员可以通过保送进入高校的棋类项目包括围棋、国际象棋、象棋，五子棋、国际跳棋没有被纳入进来。全国高校中招收棋类特长生的学校有限、对水平要求较高，且排名靠前的学校往往不开放棋类特长生的名额，并且适合进行知识学习和积累的年龄恰好也是专业棋手职业生涯的巅峰时期，这就使得专业棋手转型困难，大多数仍会选择与棋类相关的工作，无法获得突破，这也大大限制了专业棋手未来的发展，如何为他们提供退役后的保障成为关注的焦点。

表1　2021年符合运动员保送条件的棋类项目赛事表

项目	全国体育比赛（前三）	亚洲体育比赛（前六）	世界体育比赛（前八）
围棋	全运会	亚运会	三星杯世界围棋大师赛
	全国锦标赛	亚洲室内运动会	LG杯世界围棋棋王战
	全国智力运动会	亚洲杯围棋电视快棋赛	国际智力运动联盟智力精英赛
国际象棋	全国团体锦标赛	亚洲团体锦标赛	世界国际象棋奥林匹克团体赛
	全国个人锦标赛	亚洲个人锦标赛	世界国际象棋团体锦标赛
	全国智力运动会	亚洲室内及武道运动会	世界国际象棋个人锦标赛
中国象棋	全国锦标赛	亚洲象棋锦标赛	世界象棋锦标赛
	全国智力运动会	亚洲象棋个人锦标赛	世界智力运动会
	全国象棋甲级联赛	亚运会	国际智力运动联盟智力精英赛

表2　2021年高校招收棋类运动特长生情况

学校	标准	名额
清华大学	体育特长生招生简章中没有棋类运动，但近年来具有棋类特长生进入清华大学	2018年1人（韦奕，国际象棋）；2019年1人（柯洁，围棋）；2020年1人（郑惟桐，象棋）；2021年1人（党毅飞，围棋）

续表

学校	标准	名额
上海财经大学	（一）拥护中国共产党领导，拥护社会主义制度；无犯罪记录，无严重兴奋剂违规记录。 （二）符合2021年高考报名条件，并取得生源所在地高考报名号。 （三）运动成绩优异，能够满足以下条件之一：1.奥运项目破世界纪录、亚洲纪录或全国纪录（不含青年纪录）；2.被授予国际级运动健将称号；3.被授予运动健将称号，且参加《2021年符合运动员保送条件的竞赛项目及赛事表》（附件）所列项目和竞赛，取得世界体育比赛前八名，或亚洲体育比赛前六名，或全国体育比赛前三名。	0—10名（包括国际象棋、围棋、象棋及其他一些体育项目）
深圳大学	二级运动员及以上	运动训练专业面向全国（不含中国港、澳、台地区）招生80名（包括国际象棋及其他一些体育项目）
中央财经大学	前三条同上海财经大学标准 （四）具有一定英语基础，并有强烈的学习愿望； （五）身体健康，符合《普通高等学校招生体检工作指导意见》及有关补充规定的标准； （六）年龄一般不超过25周岁，对国家有突出贡献的退役运动员可适当放宽至35周岁。	招收退役运动员保送生不超过20人
南昌大学	同上海财经大学标准	保送运动员简章中未进行说明（2021年实际招收围棋1人）
武汉体育学院	同上海财经大学标准	保送运动员简章中未进行说明（只招收围棋运动员，2021年实际招收1人）
注：招生标准和名额均参照各学校2021年招生简章；北京大学、南开大学、首都体育学院等近年来停止了对于棋类特长生的招生。		

现在各地棋院、俱乐部、道场等仍然是吸纳专业棋手的主要渠道，还有部分专业棋手退役后进入国家级、省级和市级与棋类运动或者体育运动相关的单位从

政任职，他们的职业起点与职业生涯中取得的成绩高度相关。但机关单位的岗位和棋院等的教练员名额都有限，已经有趋于饱和的趋势，也有部分专业棋手经过高校的学习转向了其他行业，尽管目前为止仍为少数，但这是未来需要关注和引导的方向。

国家体育总局2003年发布了《关于进一步做好退役运动员就业安置工作的意见》（以下简称《意见》），《意见》中指出："鼓励运动员进入高等院校学习并通过高校毕业生就业渠道就业。获得全国体育比赛前三名、亚洲体育比赛前六名、世界体育比赛前八名和获得球类集体项目运动健将、田径项目运动健将、武术项目武英级和其他项目国际级运动健将称号的运动员，可以免试进入各级各类高等院校学习，各级各类高等院校还可以通过单独组织入学考试、开办预科班等形式招收运动员入学。"但是社会上对此存在着不同的声音，北京社科院体育文化研究中心主任金汕评价道："不上课、不考试就让运动员进大学，这种奖励制度对他们来说究竟是否合适，他们到底需要什么样的教育，这些问题都值得相关部门深思。"根据对部分现在已经通过体育单招接受过高等教育的专业棋手的调查中，发现他们中有很大的比例并不能顺利通过大学的考核，拿到学士学位；或者需要依靠学校对于体育特长生的优待，在棋类比赛中取得好成绩以获得加分，才可以通过考试。这就使得一些专家学者对于现在的体育单招措施是否合理产生怀疑。

首先应当明确的是能够被选拔成为专业棋手，他们的智力水平一定在中上等，如果让他们正常完成学业，可以进入不错的高校深造，但他们在本来应该享受校园生活的时候，将几乎全部的精力投入到训练之中，如果对他们进入大学的标准设置太高，显然不符合实际和情理。但不代表完全没有标准，建议对于棋类运动员仍然采用保送录取运动员或以特定专业招收运动员的措施，让他们有更多的机会接受大学教育。但可以进一步改进录取规则，首先仍然采用根据运动员的职业生涯成绩给予参与体育单招的资格，然后进行文化课的考试，并在现在体育单招的录取分数线上增加区分度，即增加可选高校或专业的数量，仿照高考录取方式，根据运动员体育单招考试成绩进入不同的学校或专业进行学习，在录取过程中只依照考试成绩而不再考虑运动员职业生涯的成绩。

予以进入大学的机会并不代表可以顺利毕业，建议同时采用"宽进严出"的策略。对于选择进入大学接受进一步教育的专业棋手，适当提高他们从大学毕业的标准，尽管仍可以将体育特招的学生在校期间专业项目比赛成绩作为最终学业成绩的加成，但对于他们在学校专业课上的考核应该更加严格，让他们能够切实从大学的学习中了解选择专业的知识，将来可以利用自己在大学所学谋求除了棋类运动以外的就业机会。这也在一定程度上解决了很多人对于高校招收体育特长生的诟病。

从另一方面，现在我们总担心专业棋手退役后该去往何处，但我们没有向前追溯，没有去关注在他们的职业生涯中是否已经在为他们退役后就业保障进行努力。如果能够在他们的职业生涯中加入对于学业课程不间断的学习，他们将更容易进入大学，也能够更好地适应大学生活。大学之后可以与其他一直在学校学习的同龄人一样，进入劳动力市场找到自己的职业方向，同时他们的运动员经历将成为求职时的加分项，这样就从市场的角度解决了专业棋手退役就业安置问题。

正常学生进入高校学习的时间是20岁左右，与很多竞技体育项目不同的是，其他一些体育项目的运动员通常20多岁就会因为身体状态和伤病等选择退役，所以他们可以在退役后进入高校进行学习。但这个年龄段正值大多数专业棋手水平和状态的巅峰，很多专业棋手会选择在这段时间边继续下棋边进入大学进行学习，这也是棋类运动与其他竞技体育项目在退役运动员再就业保障上的重要区别之一。由于棋艺水平和学习能力巅峰期的高度重合，边学习边保持棋类运动竞技水平对专业棋手来说是挑战也是机遇。在对于下棋和学业的讨论中，广受认可的观点是认为下棋有利于思维锻炼从而促进学业，这在一些研究中也获得了反映，David et al.（2019）通过控制其他变量，只改变下不下国际象棋，追踪了854个学生从幼儿园到小学六年级的七年数据，结果显示不管学生开始学业水平如何，下国际象棋后学业成绩都有所提高；不过这种提高都发生在棋力水平较低的阶段，达到高水平之后，下棋对心智能力的提高有限，且下棋占据掉太多学习其他科目的时间，这时候孩子的学业成绩反而会不如棋力略差的学生。

但很少有人关注到学业是否能促进棋艺水平的进步，很多棋手会感受到尽管有段时间没有高强度的训练，但棋力有所长进。这是因为下棋所必不可少的理解力和判断力可以通过知识水平的提升和人生阅历的丰富获得积累。所以现在大多数专业棋手将近乎所有的精力投入棋类运动而忽略学业知识的做法是否最佳仍待讨论。许多国外的高水平棋手并没有将下棋作为他们的主业，他们还拥有自己的本职工作，例如医生、律师等。同时，专业棋手在职业生涯中需要参与大量的比赛，适当的知识学习对他们抗压能力的培养也很关键。所以在职业生涯的巅峰时期进入高校进行学习不一定会消耗他们的精力，相反对于他们棋艺水平的提高可能有促进作用，甚至进入高校学习可以让专业棋手实现“弯道超车”，获得棋类运动上更高的成就。

由此分析，在他们的职业生涯中应当由省队、国家队等组织对于中学教育涉及知识的学习并鼓励和帮助他们进入高校进行学习，或者引导他们以特长生的身份进入中学进行学习，并为他们制定特殊的学习训练安排。我们总说学问是可以触类旁通、融会贯通的，适当加入对于自然科学、人文艺术、语言等内容的学习，可以更好地帮助专业棋手吸收训练的内容，从而促进棋艺水平的有效提升和抗压能力的提高。例如围棋行棋需要大局观和通盘的思考，学习前人思想的精髓有助于培养这种大局观；棋类运动是完全信息的动态博弈，学习博弈论的相关知识可以更好地寻找占优策略；下棋的对手是人，学习心理学的知识有助于在比赛中调整自己心态、分析对手心理并加以利用等。从专业棋手的长远发展来看，辅以适度的学习可以扩展他们的知识面，帮助他们更好地应付比赛和生活中遇到的各种问题。

但是在职业生涯中加入不间断的学习并不是一件容易的事情，仍然需要保证他们在比赛和训练中投入大量精力，所以如何合理安排他们的学习和训练，各地省队、国家队需要经过精心的设计。可以考虑在白天他们训练之后，晚上增加1—2小时的课程学习时间，并类似学期，每四个月或半年对所学知识进行简单的考核；或者将学科的学习作为选修课，让他们按照自己的兴趣选择其中一科或两科进行学习；与对口中学合作，实现下棋和学习有所侧重但双线并行的培养。当这一制度建立并完善之后，甚至可以将他们职业生涯中的学业考试成绩作为将来体育单招的考核项目之一。这样不仅可以帮助他们学习了解各方面的知识，也可以让他们在下棋之余换换思路，更好地投入到训练之中，还能够减少一些人对于招收体育特长生的指摘。

除了利用上述市场化的手段保障专业棋手退役后再就业问题之外，在政策和制度上也要予以支持。之前已经提及有很多专业棋手退役后通过自己职业生涯的优异成绩进入到行政岗位，例如棋牌运动管理中心、各地棋院等，但是行政岗位的名额总归有限，且更替速度较缓慢，所以往往需要在职业生涯中取得国内非常顶尖的成绩，这也导致了大量专业棋手无法利用这种路径。还有部分专业棋手通过参加培训课程，成为棋类比赛的裁判员、编排员等，但是棋类运动的比赛终归有限，这也导致了所需要的裁判和编排人员的数量有限，且每一位裁判和编排人员能够获得的薪资也很有限，所以这只能作为他们退役后再就业的一个微小补充，仍然无法有效解决专业棋手退役后去向的问题。

除了直接按照职业生涯成绩进入省级和市级单位从政任职的保障体系和上升渠道或者成为裁判员编排员等外，体育相关的行政管理机构应该注重对广大棋类专业运动员予以就业上的支持和保障。建议专业棋手原属省队、国家队等为他们设立退役后的去向档案，及时了解他们的就业情况，并为再就业困难的专业棋手提供支持和保障。对于没有接受过大学及以上教育的专业棋手，予以一些就业指导和培训；对于已经接受过高等教育的棋手，则为其寻找工作岗位提供推荐和信息来源。同时对所有退役的专业棋手在他们退役前进行技能测评，了解他们兴趣所在和评定他们的能力适合的职业类型，进行针对性的信息推荐和就业培训指导。

还需要特别提出的，尽管本文更多地关注的是如何为专业棋手退役后提供就业保障，但对于他们的心理问题同样需要予以重视。对于心理状态的关注不仅要在退役之后，而是应该开始于他们成为运动员的时候。专业运动员需要长期面临巨大的压力，国家队和各地省队应该配有专门的心理咨询师，时刻关注他们的心理走向。在为他们建立退役后去向档案的同时，最好设立心理档案，在他们退役时进行一次系统的心理评估，并注意定期的追访，对于退役后可能产生的心理落差及时进行疏导。此外，各地省队、国家队等可以与一些单位有合作关系，在单位需要招收员工时，为他们提供退役专业棋手档案，由这些单位定向接收部分专业棋手，例如一些需要棋类教师的学校等，作为他们再就业问题的最后一道保障。

不仅如此，应该进一步加强棋类运动的整体发展。在全球范围内，国际象棋是第二大单项运动，拥有189个会员国（地区），但在我国显然达不到相应的发展水平；象棋已经拥有很好的群众基础，围棋的发展更是拥有悠久的历史，所以棋类运动有着很广阔的发展空间和前景。随着整个行业的发展，不仅现在已有的教练员等相关职业所需人数上升，更会催生很多新的职业，例如棋类比赛转播解说员等。现在解说员等职业更多的是在役或退役专业棋手的副业，因为现有比赛的频率和转播频次不足以让解说员这项职业成为退役棋手的主业。但如果整个行业的发展非常可观，大众对于棋类运动的关注度上升，转播的频次也会相应增加，解说员就很有可能成为专业棋手退役后的一个选项。其他棋类相关的职业，例如棋类运动宣传人员、外事联络人员、教材编写人员、文创产品设计人员等，也会产生类似的结果。如果行业发展伴随着商业化的进程，更多的俱乐部会涌现出来，所需要的教练员人数增加，俱乐部运营相关的岗位也需要懂棋的人担任，退役后的专业棋手自然是这些岗位最有力的竞争者。所以在考虑专业棋手退役后再就业问题时，应该目光更加长远，不仅考虑短期内如何增加他们就业的可能，更要考虑长期保障和行业的可持续发展。促进整个行业的发展，应该成为保障专业棋手退役后再就业问题的重要环节和长远目标。

在前文的论述中，讨论了专业棋手的选拔培养、职业生涯、未来发展等方面的问题，其中主要为专业棋手退役后再就业问题提供建议：通过市场化的手段帮助他们再就业——增加他们进入高校进行学习的机会，利用一些制度的建立督促他们在高校学习期间学到可以用于未来择业的专业知识；在他们的职业生涯的训练之余增加文化知识的学习，帮助他们获得进入高校学习的机会。通过政策手段帮助他们再就业——建立退役后包括去向在内的档案，提供适当有针对性的就业指导，继续维持利用职业生涯成绩直接进入行政管理机构的通道。更为长远的，促进整个行业的发展，增加在棋类运动相关职业上的再就业机会等。希望本研究可以为专业棋手的职业生涯和转型问题，特别是退役后的再就业问题提供理论上的建议。

参考文献：

[1]卜恺.我国退役运动员就业保障体系研究[D].上海工程技术大学,2018.

[2]刘洋,龚玉台,谢晓雪.退役运动员转型问题分析及职业发展理论模型初探[J].体育世界(下旬刊),2014(03):46－50.

[3]王晶.基于国际视野的运动员职业发展和转型研究探讨[J].河南教育学院学报(自然科学版),2017,26(02):90－95.

[4]王天齐,王一喆.大数据视野下围棋一流职业棋手的成长规律研究[J].山东体育科技,2019,41(04):50－54.

[5] 闫昱新,胡咏梅.《中国运动员退役转型适应评价量表》的建立及测评[J/OL].中国体育科技:1－8[2021－05－10].https://doi.org/10.16470/j.csst.2019152.

[6] 周靖弦.我国专业运动员退役后成功就业案例调查与分析[D].湖南师范大学,2015.

[7] David I. Poston and Kathryn K. Vandenkieboom. The Effect of Chess on Standardized Test Score Gains[J]. SAGE Open, 2019, 9(3) : 2158244019870787－2158244019870787.

后疫情时代“互联网+国际象棋”的未来发展思考

董　倩

一、问题提出

（一）疫情冲击

2020 年初，新型冠状病毒肺炎（COVID-19）疫情暴发并在全球范围内蔓延，为各项事业的发展带来冲击和挑战，公众生命安全遭遇严重威胁，经济发展蒙受重大损失，社会正常运行秩序经历巨大挑战，体育领域也未能幸免。体育赛事上，世界重大比赛因疫情纷纷停摆、延期或异地举行，如东京奥运会、世界杯、世界田径锦标赛、NBA 联赛等。体育休闲方面，运动馆、健身房、俱乐部等场馆被迫关闭，受场地和人员聚集性限制，射箭、攀岩、滑雪等各类休闲体育活动暂停，体育服务产业经营艰难维系。体育培训领域，由于线下体育场所的挂牌歇业，各类线下培训全面取消，学校体育教学开展网络授课。[①]

新冠肺炎疫情影响着国际象棋项目发展。比赛方面，线下比赛全面暂停或延期、依托 Chess.com、Chess24、智赛网等平台的网络比赛层出不穷，并提供多语种直播解说，丰富了互动体验。2020 年 3 月，备受瞩目的国际象棋世界冠军候选人赛中，各位顶尖高手一改往日的握手致意，出现“撞肘问候”的特别礼仪。我国国际象

① 张得保,秦春波,张辉,曾小松.新冠肺炎疫情下普通高校体育课在线教学的实施与思考[J].沈阳体育学院学报,2020,39(03):10-17.

棋运动员注册时间推迟，各级各类线下培训和比赛全面暂停。

随后受疫情影响，比赛被迫紧急叫停，具体恢复日期待定。2020 年 4 月，中国国际象棋协会发布《关于中国国际象棋协会网络比赛的通知》，在平台支持下开启系列“云赛事”，举办了明星新秀对抗赛、国家青少年网络赛、高校大学生网络精英赛、亲子赛等网络比赛。教育培训上，线下训练和培训全部转为线上形式。世界国际象棋联合会（FIDE）教练员培训委员会宣布 2020 年 4 月至 9 月，教练员培训班均采取线上研讨方式。①2021 年，中国国际象棋协会联合地方国际象棋协会陆续在合肥、郑州、深圳、上海等地启动全国国际象棋初级教练员网络培训班。

新冠疫情影响下，线下教学活动全面暂停，在线教学成为特殊时期的必然选择。截至 4 月 7 日，全球 191 个国家的 15.8 亿学生停课，占全部在校学生的 91.3%。②面对新冠疫情的冲击，教育部于 2020 年 1 月 27 日下发《关于 2020 年春季学期延期开学的通知》。③2020 年 2 月 4 日，鉴于疫情防控形势，保障全体师生的身体健康和生命安全，教育部办公厅提出“停课不停教、停课不停学”的要求。④世界国际象棋联合会（FIDE）教练员培训委员会宣布 2020 年 4 月至 9 月，教练员培训班均采取线上研讨方式⑤，直至 2021 年 12 月，仍然积极推进线上教练员培训活动。

面对新冠疫情冲击，教育部于 2020 年 1 月下发《关于 2020 年春季学期延期开学的通知》。⑥同年 2 月，鉴于疫情防控形势，保障全体师生的身体健康和生命安全，教育部办公厅提出“停课不停教、停课不停学”的要求。⑦国际象棋线下教育培训全部转为网络授课。疫情下的国际象棋项目在网络空间寻求突破。面对紧

① TRG. Series of Online Seminars [EB/OL]. https://trainers.fide.com/2020/04/11/series-of-online-seminars/. 2020-04-11.

② UNESCO (2020). COVID-19 Impact on Education [EB/OL]. [2020-04-08]. https://en.unesco.org/covid19/educationresponse.

③ 教育部.教育部关于2020年春季学期延期开学的通知[DB/OL].(2020-02-27)[2020-01-27]. http://www.moe.gov.cn/jyb_xwfb/gzdt_gzdt/s5987/202001/t20200127_416672.html.

④ 教育部.教育部办公厅工业和信息化部办公厅关于中小学延期开学期间“停课不停学”有关工作安排的通知[DB/OL].[2020-02-12]. http://www.moe.gov.cn/srcsite/A06/s3321/202002/t20200212_420435.html.

⑤ TRG. Series of Online Seminars [EB/OL]. [2020-04-11]. https://trainers.fide.com/2020/04/11/series-of-online-seminars/.

⑥ 教育部.教育部关于2020年春季学期延期开学的通知[DB/OL]. http://www.moe.gov.cn/jyb_xwfb/gzdt_gzdt/s5987/202001/t20200127_416672.html. 2020-01-27.

⑦ 教育部.教育部办公厅工业和信息化部办公厅关于中小学延期开学期间“停课不停学”有关工作安排的通知[DB/OL]. http://www.moe.gov.cn/srcsite/A06/s3321/202002/t20200212_420435.html. 2020-02-12.

急情况，在线教学成为国际象棋教学的首选方式。

（二）研究意义

本文聚焦新冠肺炎影响下体育运动项目国际象棋的在线教学。首先，国际象棋的“体育”内涵丰富，是一项兼具科学、艺术、竞技的智力运动。1956 年，我国将国际象棋列为体育项目。1999 年，世界国际象棋联合会被国际奥林匹克委员会认定为单向体育赛事组织。随着中国运动员在各大国际象棋赛事的夺冠，受到广泛关注，学校教学及校外培训纷纷开展国际象棋教育普及和推广。棋类项目作为一项人类智力的体操，对于培养学生的整体意识、注意力与抗挫折能力、独立解决问题能力、逻辑思维能力等发挥着积极作用，具有很高的教育潜力与价值。

其次，研究国际象棋项目的在线教学具有重大意义。一是场景丰富，受众多元。2001 年，国家教育部体育卫生与艺术教育司、国家体育总局群众体育司联合发布《关于在学校开展“围棋、国际象棋、象棋”三项棋类活动的通知》，肯定了棋类活动的积极作用，要求各级教育、体育行政部门结合本地区和各学校的实际，有计划、有组织地开展“围棋、国际象棋、象棋”三项棋类活动。① 随着三棋进校园的热潮，棋类项目的校外培训逐步开展。因此，国际象棋在线教学的场景丰富，既包括学校正式场景的体育在线教学，也涉及非正式教学的校外市场化体育培训机构，受众更加多元，可对棋类项目的校内外场景的在线教学提供启示和借鉴。

二是基因特别，具备基础。国际象棋项目是运动员以棋盘为中介的智力运动，而非传统体育运动项目基于身体行为的对抗竞技，棋手可将身体与棋盘较好地剥离，对于对弈场景、器材方面的限制相对较小，因此国际象棋领域在“互联网+”领域的探索并非疫情影响下的被动选择，而是主动尝试并探索。2008 年，Tom Kerrigan 开发了首款国际象棋在线教育 App。2015 年后，我国国际象棋领域在线教育比赛、训练、教学产品相继推出，如智赛网、国象联盟、爱棋艺、弈战、超玥等。截至 2019 年，全球国际象棋在线教育产品共有 82 款，产品内容全面、功能丰富，这些产品可有效帮助教师实现日常训练、线上比赛、课程教学等功能 ②，随着 Alpha Go 等人工智能引擎的发展，改进了运动员的训练方式，计算机早已深

① 教育部体育卫生与艺术教育司、国家体育总局群众体育司. 关于在学校开展“围棋、国际象棋、象棋”三项棋类活动的通知[EB/OL]. http://www.chende.net/download/jybw.htm，2001-02.

② 董倩. 国际象棋在线教育产品比较研究[EB/OL]. https://mp.weixin.qq.com/s/6hRIP5XKhDLgFYOK12FEUA. 2019-10-02.

度介入国际象棋项目之中。[①] 由上可知，国际象棋“基因”特殊，疫情前已有在线教学及混合教学尝试。因此，疫情下国际象棋项目的在线教学，有些群体是从无到有的不得已的选择，有些教练员则是已有一定在线教学基础的再度延续，他们之中既有创新者，也有迟缓者，既包括早期采用者，也有后期采用人群。群体的多样性可以体现新技术应用中创新扩散模型的多个阶段，如了解、兴趣、评估、试验、采纳等阶段。非常时期，国际象棋在线教学场景的丰富性、教学群体的多样性可以跨越技术应用体育领域中更为广泛阶段，囊括和体现更多问题，对研究疫情后体育发展具有深远意义。

（三）问题聚焦

在线教学在国际象棋教学的广泛应用是教育信息化的特殊尝试，突破了传统教学的时空限制，发挥重要作用。但疫情期间国际象棋在线教学究竟如何开展、实践效果如何、面临哪些挑战、疫情后潜力如何等问题值得关注。基于此，本文选取国际象棋在线教学作为研究对象，面向国际象棋教师开展问卷调查与访谈，结合具体教学案例，来了解疫情期间国际象棋在线教学实践实施现状，探索疫情对国际象棋在线教学的影响，以期对后疫情时代，互联网背景下的国际象棋发展提供启示。

二、在线教学现状分析

（一）主要依据

国际象棋在线教学现状分析依据源于文献研究和教师访谈两个部分。文献研究提供了自上而下的切入角度与基本框架参考，基于四名一线教师访谈的自下而上地编码，再现了国际象棋真实教学场景，补充了基本框架的维度。

文献研究上，从 20 世纪 80 年代，教育技术领域出现了以克拉克（Clark）和考兹玛（Kozma）为代表的“学媒之争”，学习与媒体是否有关一直备受关注。克拉克提出，媒体仅仅是传递信息的一种工具，其本身不会对学习产生任何影响。

① 谢军. 国际象棋项目在中国的发展研究[J]. 首都体育学院学报, 2019, 31(01):10–14.

不管用什么车子来运输蔬菜，都不能改变人的营养结构。[①] 考兹玛则认为，学习过程的各方面受到媒体的认知相关特征（技术、符号系统、处理能力）的影响。[②]

随着在线教学技术的发展，不同学者提出在线教学方式的影响因素。Webster 和 Hackley 认为，影响网络学习的要素包括技术、教学者、课程和学习者特性[③]。Hannafin 指出，影响在线学习的因素包括学习者和学习、教师和教学、领域和任务、组织和安排、社区和交流、评价六大类别。[④] 郭文革基于对网络课程的分类，提出互联网教育传播的五要素（受教育者、教育者、教学资源、教育交流工具、教学活动）模型。[⑤] 汪琼通过深入分析网络教学活动，将网上教学成功的要素归纳为认识、技术、教学、环境四个方面。[⑥] 谢幼如等基于疫情防控形势，提出影响在线教学的因素主要包括教学目标、教学环境、教师、学生、教学资源、教学活动、教学评价七个基本要素。[⑦] 还有学者从教学目标差异性[⑧]、教师角色[⑨]、学生任务时间[⑩]、心理因素[⑪]、教学平台[⑫][⑬]等角度对在线教学开展研究。

教师访谈上，对四名国际象棋教师，围绕个人经历（年龄、地区、个人等级、线上授课经验）、疫情期间在线授课方式、教学效果、线上教学困难及应对、个人对线上教学态度、疫情后的教学变化进行访谈，随后参考已有文献研究对访谈

---

① Clark R. E. Reconsidering research on learning from media[J]. Review of Educational Research,1983(4):445–459.

② Kozma R. B. Learning with Media[J]. Review of Educational Research, 1991, 61(2):179–211.

③ Webster J., Hackley P. Teaching effectiveness in technology-mediated distance learning [J]. Academy of management journal, 1997, 40（6）:1282–1309.

④ Michael H. Cognitive and learning factors in web-based distance learning environments [M]. Handbook of distance education. London：Lawrence Erlbaum Associates，Inc.，2003.245–257.

⑤ 郭文革.网络课程类别分析——基于互联网教育传播模型的分析视角[J].远程教育杂志,2014,32(05):41–46.

⑥ 汪琼. 网上教学成功四要素[M]. 北京大学出版社, 2007.

⑦ 谢幼如, 邱艺, 黄瑜玲, 王芹磊.疫情防控期间“停课不停学”在线教学方式的特征、问题与创新[J].电化教育研究, 2020,41(03):20–28.

⑧ 武法提,孙舒颖,李彤彤.微观视角下远程教学目标的差异化设计流程[J].现代远程教育研究,2014(01):33–41+71.

⑨ 翁朱华.我国远程教育教师角色与专业发展[J].开放教育研究,2012,18(01):98–105.

⑩ [美]比尔·佩尔茨著，郭文革译.我的网上教学三原则[J].开放教育研究，2007（12）：30.

⑪ 李锦汇, 曲蒙, 陈晓彤,等. 影响在线教育学习效果的因素分析[J]. 求知导刊, 2018, 000(004):59.

⑫ 沈宏兴,郝大魁,江婧婧.“停课不停学”时期在线教学实践与疫后在线教学改革的思考——以上海交通大学为例[J].现代教育技术,2020,30(05):11–18.

⑬ 陈实,梁家伟,于勇,孙艺倩,王润兰,曲馨,李烁.疫情时期在线教学平台、工具及其应用实效研究[J].中国电化教育,2020(05):44–52.

内容进行编码，并提出分析框架。

（二）分析框架

依据文献研究和教师访谈，提出新冠疫情期间国际象棋在线教学分析框架（如表 1）。框架从环境特性、教师特性、学生特性、课程特性四个一级维度出发，每个维度进行细分二级维度，并对此进行具体说明。

表1 新冠疫情期间国际象棋在线教学分析框架

一级维度	二级维度	说明	主要参考依据
环境特性	技术条件	包括网络接入条件、在线教学设备、在线教学平台、在线教学工具、在线教学支持服务等	Hackley, W. P. (1997) 汪琼(2007) 谢幼如等(2020) 陈实等(2020) 教师访谈
	家庭支持	家长对国际象棋在线授课的态度，包括是否愿意让学生使用电子设备、是否可协助解决技术问题与课堂管理、是否信任授课效果等	Michael H. (2003) 教师访谈
教师特性	教学目标	教师对国际象棋在线教学期待的结果	汪琼(2007) 武法提等(2014).
	专业水平	教师本身的国际象棋水平及教练员等级水平等	谢幼如等(2020) 教师访谈
	信息素养	教师能否合理运用在线教学工具完成线上教学	谢幼如等(2020) 教师访谈
学生特性	年龄阶段	学生所处学习阶段	郭文革(2014) 教师访谈
	初始能力	学生国际象棋等级水平	郭文革(2014) 教师访谈
	学习态度	学生对国际象棋在线教学的态度，如是否迟到早退、注意力是否集中、是否在课程中乐于互动等	谢幼如等(2020) 教师访谈

续表

一级维度	二级维度	说明	主要参考依据
课程特性	课程内容	教师授课的具体内容，例如开局、中局、残局、战术训练等专题课程、复盘课程、棋文化等	Hackley, W. P. . (1997) 郭文革(2014) 教师访谈
	授课方式	包括授课人数、是否同步、教学材料呈现等	教师访谈
	授课时长	课程授课时间、频率等	比尔·佩尔茨,郭文革(2007)
	教学活动	课堂教学的具体活动，如问答等互动交流活动	谢幼如等(2020(郭文革(2014)

（三）问卷设计

基于上述框架，编制《疫情期间国际象棋在线教学现状调查问卷》。第一部分是主体调查，主要包括三个维度的问题：在线教学环境、学生、课程特性，第二部分是教师特性调查，主要包括年龄、性别、所在城市、等级及称号、在线教学经验等。问卷设计完成后进行了小范围试测，试测对象均表示问卷易于理解和回答。调查问卷通过网络问卷调查软件采用无记名方式答题，调查问卷为全国国际象棋教练员，本次调查问卷发放时间为 2019 年 6 月，实际回收问卷 77 份，无效问卷 5 份，有效率为 93.51%。

有效调查样本中，包括黑龙江、山东、北京、河北、浙江、江苏、四川、福建等 18 个省市，基本覆盖了国际象棋在国内发展较为成熟、处于发展上升期、尚不发达的省市和地区。从性别比例看，男性教师（73.61%）高于女性教师（26.39%），与线下市场男性教练比例高于女性教练的教学现状一致。

三、调查结果与分析

（一）环境特性

1. 技术条件

技术条件包括在线教学设备、在线教学平台、在线教学工具、网络接入条件等。

疫情期间，国际象棋教练员主要使用的教学设备中，电脑（占比 58.33%）的数量最多，其次为手机（11.11%），平板（1.39%）的数量最少，还有部分教师同时使用两个及以上设备（29.17%）进行线上教学。

授课期间，主要使用的教学工具包括在线教学工具和国际象棋软件两部分。在线教学工具可通过语音视频通话、共享屏幕等方式建立教师与学员之间的连接，包括 QQ（48.61%）、微信（31.94%）、腾讯会议（34.72%）、钉钉（27.78%）、ZOOM（11.11%）、ClassIn（5.56%），直播网站（如抖音、虎牙、B 站、斗鱼、企鹅电竞）（1.39%），此外还有专业网站、爱棋艺、众弈世界等其他（15.28%）在线教学工具。

国际象棋教学软件可对教学内容进行展示及演练，包括 ChessBase（58.33%）、国象联盟（45.83%）、爱棋艺（22.22%）、Chess.com（16.67%）、Lichess（9.72%）、弈战（4.17%），还有 fritz、国际象棋大师、众弈世界等其他（9.72%）国际象棋教学软件。

例如疫情期间，山东省济南市寒冰国际象棋俱乐部借助“众弈世界”线上训练平台的对弈、解题、授课等功能开展线上授课。

图　众弈世界示意图

四川超玥国际象棋俱乐部运用 ClassIn 平台开展一对一、一对多的线上互动教学，并在虎牙平台开展高水平国际网络赛事的中文解说与转播，并通过弹幕与棋友实时互动。北京大学体育教研部开设的国际象棋选修课借助 ClassIn 平台开展线上教学，通过线上轮播学生上下台视频界面来实时查看学生学习状态，借助花名册、图片上传、加载预制板书、保存预制板书、屏幕共享、计时器、骰子、小黑板、抢答器与答题器等工具，增强学生课堂参与感和积极性。

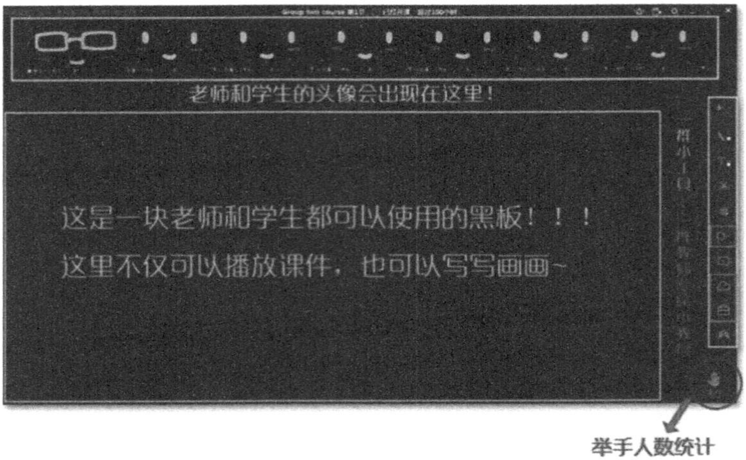

图　ClassIn平台示意图

通过对疫情期间国际象棋教练员在线教学面临问题进行频率分析（如图1）发现，目前网络接入、设备稳定性、软件使用等存在一定问题，但所有问题的偶尔、从不的比例均为全体的70%以上，总体来看国际象棋在线教学技术条件比较成熟，但仍有进一步提升的空间。

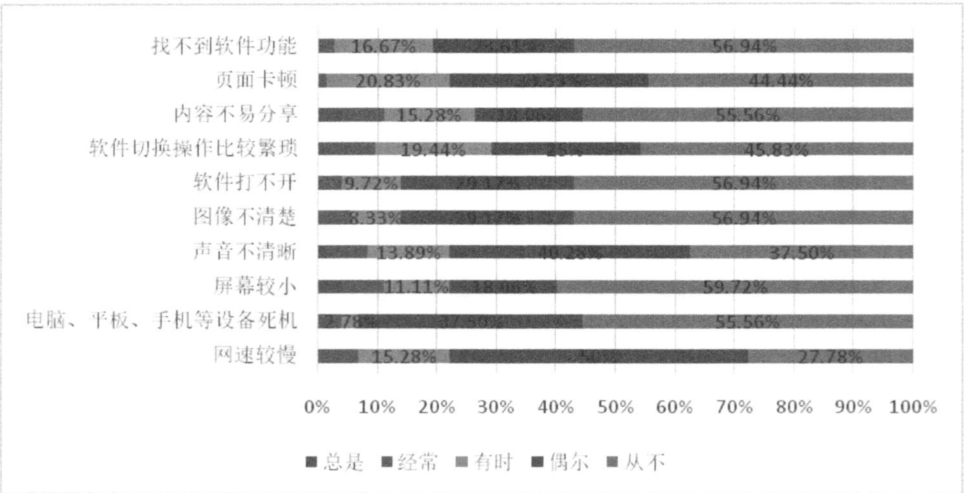

图1　国际象棋在线教学面临问题（技术条件）频率分析

2. **家庭支持**

家长支持包括家长对学生使用电子设备意愿、对学生监管、是否信任在线教学效果等。如图2所示，通过分析发现，国际象棋教练员面临家长在使用电子意愿、对学生监督管理、在线教学效果三个维度上，总是和经常的比例均低于20%。面临家长不信任在线教学授课效果方面的问题上，从不和偶尔的占全部的70%以上。

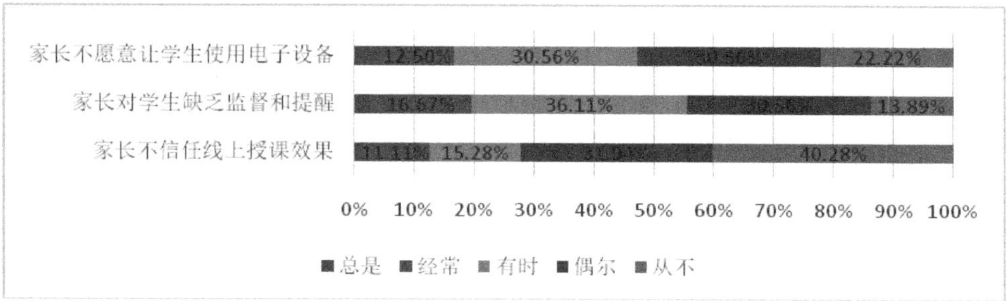

图2　国际象棋在线教学面临问题（家长支持）频率分析

（二）教师特性

1. **教学目标**

教师教学目标采用排序题。计算方法为：选项平均综合得分=（Σ频数×权值）/本题填写人次。综合排序结果由高到低依次为提升学生国际象棋兴趣（3.94分）、提高学生国际象棋比赛成绩（2.97分）、增强国际象棋教学经验（2.03分），提高个人收入（1.74分）、其他（0.14分）。其中其他选项中包括推广国际象棋、和学生保持联系、提高个人认识等。

2. **专业水平**

教师专业水平包括教练员棋力水平和授课水平。棋力水平通过其等级分和授予称号体现，其中国际级（等级分2000分以上）占全部教练的22.22%，候补棋协大师、二级运动员、棋协大师、一级运动员、运动健将占总数的50%，一级棋士和二级棋士占全体的6.9%，无称号的教练员占比为20.83%。

授课水平通过中国国际象棋协会和国际棋联教练员称号体现。中国教练员称号由高到低依次为高级教练员（5.56%）、中级教练员（38.89%）、初级教练员（25%）、无称号（30.56%）。国际棋联教练员称号由高到低依次为国际棋联高级教练员FST（2.78%），国际棋联教练FT（5.56%）、国际棋联教员FI（12.5%）、国家教员NI（20.83%）、普及教员DI（11.11%）、无（47.22%）。

3. 信息素养

教师的信息素养主要用在线教学经验体现。72% 以上的教师有 1 年以上的在线教学经验，其中 38.89% 的教师拥有 3 年及以上的线上教学经验，11.11% 的教师疫情之前无任何在线教学经验。总体来看，国际象棋教师线上教学经验较为丰富。

（三）学生特性

1. 学生年龄

学生年龄可以反映学生的认知阶段与学习特点。国际象棋在线教学的学生年龄阶段包括幼儿园及以下（34.72%）、小学 1—3 年级（80.56%）、小学 4—6 年级（62.50%）、初中（29.17%）、高中（4.17%）、大学生及成人（12.5%）。在教练员所有教授学生中哪个阶段学生最多这一问题上，54.17% 的教练员选择小学 1—3 年级、25.00% 的教练员选择小学 4—6 年级，初高中、幼儿园、大学生及成人的比例约为 20%。

2. 初始能力

学生的等级水平影响授课内容的理解程度。在教练员教授的学生中，包括棋协大师以上（2.78%）、棋协大师（2.78%）、候补棋协大师（2.78%）、六级棋士——一级棋士（40.28%）、六级棋士以下（26.39%）、无级别（25%）。

3. 学习态度

学生对国际象棋在线教学的态度，如是否迟到早退、注意力是否集中、是否在课程中乐于互动等。如图 3 所示，学生迟到早退问题上，从不和偶尔的比例超过 70%，可以看出虽然是网络教学，但是学生们较为遵守时间。而缺乏互动交流、学生注意力不集中或走神是教师面临问题频率较高的问题。

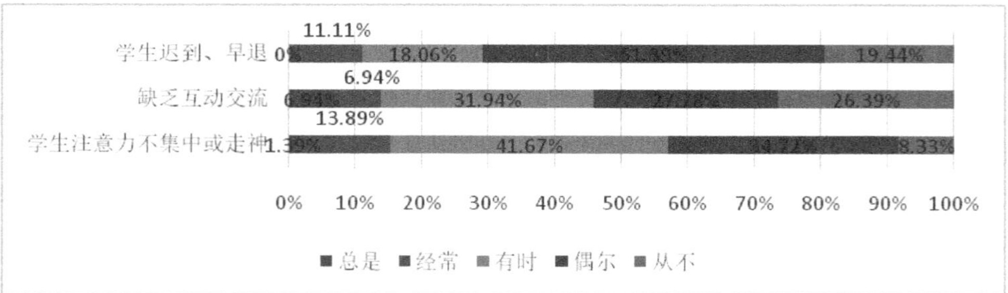

图3　国际象棋在线教学面临问题（学生态度）频率分析

（四）课程特性

1. 课程内容

不同的教学内容会影响教学媒体、讲授策略、评价方式的选择。国际象棋在线课程内容为多选题，计算方式为：多选题选项百分比＝该选项被选择次数 ÷ 有效答卷份数，具体含义为选择该选项的人次在所有填写人数中所占的比例。课程内容包括开局、中局、残局、战术训练等专题课程（67%），复盘课（49%），棋文化内容（47.22%），比赛、习题课等其他（11.11%）类型。

2. 授课方式

授课人数上，教师单次授课人数为多选，其中 5—20 人（51.39%）的比例最高，随后依次为 1 人（31.94%）、2—5 人（27.78%）、20—50 人（18.06%），50 人以上（5.56%）的比例最低。43.06% 的教师同意或完全同意，随着疫情逐渐好转，学生更关注文化课学习，学习人数逐渐减少。

授课方式上，86.11% 的教师采取直播课程教学，图文分享、录播课程、其他（如音频）等的教学方式依次为 8.33%、4.17% 和 1.39%。

3. 授课时长

单次授课时长为多选，45—60 分钟的课程占比最高，占 44.44%，随后依次为 60—90 分钟（38.89%），45 分钟以内（23.61%），90 分钟以上（8.33%）的单次授课时长占比最少。

授课频率上看，每周 2—3 次的授课频率最高，占全部的 48.61%，随后依次为每周一次（26.39%）、每周 4—7 次（15.28%），每周 7 次以上（9.72%）的比例最低。

4. 教学活动

国际象棋在线教学活动多元，包括内容讲授、习题训练、实战对局、小组讨论、互动问答、复盘讲解等。访谈对象 Y 谈到，相同的时间内，如果线下授课讲解 2 个例子，线上需要讲解 5—6 个例子。调查发现，62.50% 的教师完全同意或同意，相比传统教学，在线授课需要更加关注内容讲授。

四、结论与讨论

文章基于文献研究和教师访谈提出新冠疫情期间国际象棋在线教学分析框架，从环境特性、教师特性、学生特性、课程特性四个一级维度、十二个二级维度出发，分析新冠疫情期间我国国际象棋在线教学现状。

（一）疫情期间国际象棋在线教学现状

面对突如其来的疫情，国际象棋从以往以线下为主的教学模式被动转型为全面线上授课。疫情对国际象棋在线教学的影响远非从传统至网络教学场景的简单转变，而是在观念认知、教学过程、学习效果等方面带来了更为深层的影响。

1. 观念认知：接受或拒绝

疫情期间，国际象棋教练员的在线教学观念发生转变，包括创新者、早期采纳者、早期大众、后期大众、落后者五类。[①] 创新者热衷尝试，使用 ZOOM、ChessBase 等多种可能软件开展教学，如早期棋类在线教学平台创业者。早期采纳者则关注前沿创新，根据创新者成果来决定个人是否采用，他们受人尊重并乐于分享，如作为意见领袖的知名教练员。早期大众的教师思想前卫但较为谨慎，更善同伴沟通而非群体分享，这些老师更早地接受变革。晚期大众持怀疑态度，保守传统，对新技术的应用心存抗拒，未采纳在线教学的授课方式。对于在线授课方式的喜好程度、未来使用去向等观念认知的差异受到教师信息素养、授课水平、年龄[②] 等因素的影响。根据问卷结果，相比传统授课，具有 1—2 年在线授课经验的教师对网络授课的抗拒最高（53%），具有 1 年以内在线教学经验的教师对网络授课的抗拒程度最低（17%），而无任何经验、具有 2—3 年、3 年以上教学经验的教师的抗拒程度均在 40% 以内。教师普遍认为，在线授课的内容密度更大、备课时长更长、教学节奏有待适应。

2. 教学过程：包容或区隔

教学过程包括课前备课、课堂互动等基于内容的课程教学工作，也包括技术支持、时间协调、课堂签到等行政管理工作。信息技术接入要求门槛较低，推送

① 张进宝. 教育技术创新扩散研究[M]. 北京邮电大学出版社, 2013: 25–28.

② 张得保,秦春波,张辉,曾小松.新冠肺炎疫情下普通高校体育课在线教学的实施与思考[J].沈阳体育学院学报,2020,39(03):10–17.

资源和服务丰富，在其支持下的网络授课突破时空限制，打破了受教育机会的阶层壁垒，来自不同地域的教师可为不同家庭背景的学生提供数字化学习的契机，具有包容性，有利于均衡学习资源配置、提供个性化学习需求。但由于不同个体的家庭背景、成长环境、教育理念、使用偏好的差异，他们在信息技术的使用态度、行为上存在差异，相同的在线教学过程的会导致收益的不同，有可能会加剧原有的不平等，体现区隔的作用。

教学过程中包容与区隔双重特性在学生、教师、家庭上都有体现。学生方面，在线教学可以为贫困地区、弱势阶层家庭的学生带来优质的资源，体现教学过程的包容性。由于个体学习者自控能力有所不同，家长在网络授课过程中的监督管理会影响其最终效果，对于自控力较差的学生会产生区隔。此外，由于在线教学缺乏互动，且教师一人需承担管理、教学等多项工作，难以掌握所有学生动态并进行即时反馈，可能会区隔较为内向、学习动机不足的学生。教师方面，在线教学突破地域限制，处于不同地域的教师可为学生提供课程、开展教学，具有包容性。传统线下教学是地域内部教师与资源的竞争，但互联网以其强大连接特性，使得教师个体是与全国甚至全球教师争取生源，在生源与收入方面，可能会区隔校外名师与其他一般教师，导致两极分化问题，对学校教师权威地位也有一定影响。家庭方面，根据某平台创业者访谈，家长对于教学的反馈让他受宠若惊又如履薄冰。在线教学包容多样化的课程与资源，但是很多家长在发现认可的资源后，会选择适当雪藏而非广泛推荐，这在一定程度上区隔了优质课程与教学资源的推广和传播。其原因在于受项目竞技性影响，家长出于对个体孩子学习过程和效果的综合考量，若选择分享，一方面原本的一对六课程可能会变成一对几百的课程，享有的教学互动等会大打折扣，另一方面家长预约老师课程的难度和自由度加大，费用也会有所提升。

3. 学习效果：肯定或质疑

根据学者研究成果及对国际象棋教练员的访谈，国际象棋项目在线教学效果受环境特性[①][②][③]（技术条件、家庭支持）、教师特性[④][⑤]（教学目标、专业水平、信息素养）、学生特性（年龄阶段、初始能力、学习态度）、课程特性[⑥]（课程内容、授课方式、授课时长、教学活动）等因素影响。

从环境特性看，目前网络连接、硬件设备、教学软件等技术条件相对成熟，但设备稳定性仍有较大提升空间。授课期间，大部分教师需要同时采用教学工具、棋类教学软件两类技术支持才可实现线上教学。目前可实现一体化的专业国际象棋在线教学仅有爱棋艺、众弈世界两款，但均需俱乐部等机构支持或收取一定费用，个人使用上存在一定限制。家长对特殊时期的国际象棋在线教学比较支持，但对于授课效果存在疑虑。对于年龄较小的学生，家长监督也是影响教学效果的重要因素。

从教师特性看，疫情期间开展国际象棋在线授课的教师中，教学目标以提高学生兴趣和比赛兴趣为主，专业棋力水平扎实，初级和中级教练员居多，水平较高的教练员较少，这些教练员在疫情之前已有较为丰富的线上教学经验。

从学生特性上看，幼儿园、小学、初中是疫情期间国际象棋在线教学的主要群体，这与近五年来我国国际象棋领域最重要的比赛“李成智杯”全国国际象棋少儿冠军赛的丁组、8—16岁组人数较多的现实情况一致。所有学生中，六级棋士—一级棋士的人数最多，棋协大师以上、棋协大师、候补棋协大师等较高级别的人数较少，其原因在于这类级别较高棋手本身人数较少，他们年龄通常较大，一方面具有学业、生活等其他压力，另一方面具有较强的自主学习能力。学生较为遵守时间，注意力、互动交流是目前线上教学中面临的最大问题。

从课程特性来说，疫情期间国际象棋在线教学活动多元，单次课程时长多为90分钟以内，每周2—3次的比例最高。访谈对象L教练指出，在线教学时间通

---

① Webster J, Hackley P. Teaching effectiveness in technology-mediated distance learning [J]. Academy of management journal, 1997, 40（6）:1282-1309.

② 汪琼. 网上教学成功四要素[M]. 北京大学出版社, 2007.

③ Michael H. Cognitive and learning factors in web-based distance learning environments [M]. Handbook of distance education. London：Lawrence Erlbaum Associates，Inc.，2003.245-257.

④ 武法提,孙舒颖,李彤彤.微观视角下远程教学目标的差异化设计流程[J].现代远程教育研究,2014(01):33-41+71.

⑤ 谢幼如, 邱艺, 黄瑜玲, 王芹磊.疫情防控期间“停课不停学”在线教学方式的特征、问题与创新[J].电化教育研究, 2020,41(03):20-28.

⑥ 郭文革.网络课程类别分析—— 基于互联网教育传播模型的分析视角[J].远程教育杂志,2014,32(05):41-46.

常教师自定，设置在90分钟之内的主要原因在于，在线教学以内容讲授为主，时间过长，学生注意力不易保持，且孩子年龄越小，保持注意力的时间越短。

非常时期家长和教练员肯定在线教学方式的促进作用，但相比传统教学方式的教学效果仍面临较大质疑。

值得注意的是，无论是传统教学系统还是在线教学系统，均涉及家庭、学校等多个系统，这些因素共同影响和决定着个体的发展。虽然研究对国际象棋在线教学现状进行四个维度的分析，但是教学实践过程是一个整体，同时受到多个要素的共同影响和作用。教育问题是非良构问题，没有最理想的课程、教学方法，因此可以认为教育是一个过程，而不是一个产品，需要不断组织、发现、实践。①

（二）疫情后国际象棋在线教学思考

疫情期间的应急教学虽然是不得已而为之的被动选择，但是为以国际象棋为代表的棋类教学及其他学科在线教育提供了新思路。如何以此为契机，进一步推动信息技术与课程深度融合，联结“互联网＋国际象棋”的发展值得思考。

1. 政策管理：宏观引领

疫情国际象棋在线教学目前多为基于教师个人经验开展教学，缺乏规范的过程管理，未来可以基于现有教学现状，制定在线教学指南或手册（如授课人数、授课时长、互动方式等）、风险管控与应急备案、评价及考核标准等，从而实现疫后在线教学从应急到系统，再到常态应用的转变。此外，在线教学过程中，教师需要兼顾课堂管理、内容讲授、课后答疑、技术操控等多个环节，是否需要引入线上助教，明确责任分工，做好质量控制和精细化管理等问题值得深思。

新冠疫情影响下的国际象棋项目及在线教学发展受到政策出台的影响。网络赛事的举办、在线教学的探索离不开相关协会、国家部委政策的宏观引领。2017年10月，党的十九大报告中指出，要加快发展先进制造业建设体育制造强国，推动互联网、大数据及人工智能和实体经济的深度融合。2020年7月14日，国家发改委等13部门印发《关于支持新业态新模式健康发展，激活消费市场带动扩大就业的意见》，《意见》把支持线上线下融合的新业态新模式作为经济转型和促

① Bruer J. T. Schools for thought: A science of learning in the classroom.[M]. Schools for thought : a science of learning in the classroom. 1993: 294–295.

进改革创新的重要突破口，有效发挥数字化创新对实体经济提质增效的带动作用。[①]这些政策为数字经济与体育产业的融合，构建“互联网＋体育”的发展模式提供了动力和方向。后续可进一步推出具体意见、专项扶持、隐私制度等政策[②]，帮助增进民众对新技术应用的接受度，促进优质资源推广和共享，从而推动疫情后“互联网＋体育”从应急到系统，再到常态“线上线下”融合应用的转型。

2020年8月31日，国家体育总局、教育部联合印发《关于深化体教融合，促进青少年健康发展意见的通知》[③]，通知明确了体教融合发展的方向，鼓励开展丰富多彩的课余训练、竞赛活动，扩大校内、校际体育比赛覆盖面和参与度，组织冬夏令营等选拔性竞赛活动；支持大中小学校成立青少年体育俱乐部；按照“一校一品”“一校多品”的学校体育模式，整合原体育传统项目学校和体育特色学校，由教育、体育部门联合评定体育传统特色学校。相关政策的发布，有利于国际象棋校园工作的普及推广及品牌建设。

2021年6月15日，教育部召开校外培训监管司成立启动会，发布《教育部办公厅关于成立校外教育培训监管司的通知》。[④]经中央编委批准，教育部成立校外教育培训监管司，主要职责是：承担面向中小学生（含幼儿园儿童）的校外教育培训管理工作，指导校外教育培训机构党的建设，拟订校外教育培训规范管理政策。会同有关方面拟订校外教育培训（含线上线下）机构设置、培训内容、培训时间、人员资质、收费监管等相关标准和制度并监督执行，组织实施校外教育培训综合治理，指导校外教育培训综合执法。指导规范面向中小学生的社会竞赛等活动。及时反映和处理校外教育培训重大问题。在此政策下，很多校外在线教育培训机构有的关停，有的在线教学培训公司则是积极谋求从学科教学向素质教育等培训的转型，例如北京世纪好未来教育科技有限公司开拓围棋培训市场。这也为以国际象棋为代表的智力运动发展提供了新契机。

在此背景下，国际象棋项目的发展充满机遇。中国国际象棋协会等官方机构

---

① 发展改革委. 关于支持新业态新模式健康发展，激活消费市场带动扩大就业的意见[EB/OL]. http://www.gov.cn/zhengce/zhengceku/2020-07/15/content_5526964.htm. 2020-07-14

② 胡良平,骆秉全.新型冠状病毒肺炎疫情影响下中国体育培训企业发展困境及对策[J].首都体育学院学报,2020,32(03):228-232.

③ 体育总局,教育部. 关于印发深化体教融合 促进青少年健康发展意见的通知[EB/OL]. http://www.gov.cn/zhengce/zhengceku/2020-09/21/content_5545112.htm.2020-03-31.

④ 教育部. 教育部成立校外教育培训监管司[EB/OL]. http://www.moe.gov.cn/jyb_xwfb/gzdt_gzdt/moe_1485/202106/t20210615_538196.html.2021-06-15.

可在充分调研的基础上，制定在线教练员培训、网络课程、线上比赛评级及仲裁等行业标准及规范，方便市场在宏观指导下开展运作及摸索，逐步建立更为成熟的体系。

2. 技术保障：创新支持

疫情期间的国际象棋在线教学多为在线教学工具和国际象棋专业软件相结合，采用共享屏幕或语音通话等方式来开展教学，缺乏针对特定学科的一体化教学专业平台，未来在讲授平台功能整合或引入接口等技术上仍有较大潜力。Eagleton 等学者指出，学习者在网络学习中缺乏注意力参与和评估技能。[①] 目前国际象棋在线教学的课堂管理与过程性评价需要教师付出较多时间和精力，能否基于人脸识别等技术来提升学生注意力，并根据线上积累的学习行为和结果数据，分析学生学习过程的学习状态、学习效果，自动生成个性化的学生形成性评价报告，从而为教师教学评价、教学设计提供支持值得挖掘。线上比赛作为重要的学生棋力水平评价方式，由于线上作弊等问题受到颇多质疑，能否利用人工智能、区块链等技术，保障线上比赛的公正性值得期待。

技术保障在新冠疫情期间的体育比赛及解说、教学和服务等方面发挥重要支持与创新作用。疫情后的体育发展的技术保障方面可体现在数据分析、用户体验、促进公平三个方面。

首先，可以基于疫情期间的各类体育运动数据，深入研究并发现问题，从而助力体育产业变革。例如，国际象棋在线教学的课堂管理与过程性评价需要教师付出较多时间和精力。好未来开发了魔镜系统，可通过表情识别来帮助教师了解学生课堂情绪，能否借助技术手段，基于人脸识别等技术来提升学生注意力，并根据线上积累的学习行为和结果数据，分析学生学习过程的学习状态、学习效果，自动生成个性化的学生形成性评价报告，从而为教师教学评价、教学设计提供支持值得挖掘。

又如，借助人工智能技术进行新手与专家棋谱分析。大脑具有可塑性，不同脑区控制不同功能。下棋是一项需要大脑多个脑区协同完成的高级认知活动，专家和新手存在差异。例如国际象棋和中国象棋均存在专长效应，专家可根据经验进行选择注意，具有视觉搜索优势。专家可利用组块进行记忆，更多关注棋子间的位置，而新手则通常关注单个棋子。 随棋力水平提升，棋手大脑激活区域呈现

---

① Eagleton M. B, Guinee K. Strategies for supporting student internet inquiry[J]. The new england reading association journal,2002,38(2):39-47.

变化趋势。这意味着，棋手通过学习改变大脑，实现从新手走向专家的过程，也启示需要加强对棋子位置的关注，针对不同棋类激活脑区进行针对性训练。[①] 现有训练多以战术习题演练、观看经典名局及最新对局、对弈练习及比赛为主，如何借助人工智能技术进一步了解处于不同国际象棋等级棋手的特点，在此基础上，开展专项训练有待深入挖掘。

再如，人工智能善于知识记忆与高速计算，但缺乏情感、态度、价值观等需求，在批判思维、创新能力方面尚显不足。[②] 而专家的知识经验可有效弥补这一问题。未来可思考如何联结人工智能技术和专家主观判断，构建人工智能与专家知识经验相结合的系统，将产品应用于不同的教学场景，譬如一方面，在传统及线上教学、自学或教师辅助的学习场景，教师备课或管理（教学资源开发、学习成绩分析、心理素质测评、自动排课等），助力实现个性化学习与教学。另一方面，使得国际象棋引擎等分析显示的抽象的数字和着法经由专家解读，形成国际象棋的战略与行棋原则，让学生能够知其然，且知其所以然，推动智能化、精准化教学的落地。

其次，针对教学软件缺乏一体化支持、互动性不足的问题，需要开发与体育项目结合更加紧密的专项软件，设计和开发适于网络的教学活动，从而优化教师与学生操作与使用体验。2021 年 6 月，世界国际象棋联合会启动 Chessable 学院是一次新的尝试，世界国际象棋联合会教练员培训委员会（TRG）拟通过世界国际象棋数字学习平台 Chessable 服务青年教学计划训练营。学员通过 Chessable 平台开展学习，并结合 ZOOM 与国际象棋名师、教练直播课堂进行互动，通过汇总收集学生学习过程数据的分析，开展针对性反馈及指导。运动健身领域，目前已有 Keep、乐运动等 App 帮助记录体育运动时长或步数等数据、AI 自动识别动作规范性，但其数据准确性、识别动作类别有限，未来个性化支持服务以及与可穿戴等其他技术的融合支持发展上仍有较大潜力。

观赛体验上，目前直播多采用导演视角的单一画面，而近年来较为红火的选秀节目，如爱奇艺出品的青年励志综艺《青春有你》，腾讯视频、腾讯音乐娱乐集团联合出品的中国女团青春成长节目《创造 101》，芒果 TV 推出的女团成长综艺《乘风破浪的姐姐》等直播，可依据拍摄机位选取主舞台、后台等视角，为用

① 董倩.学习科学视角下的棋类教学设计研究[M].杭州：中国棋院杭州分院第八届（2020）中国杭州国际棋（智力）文化峰会论文汇编补充材料,2020：362–377.

② 孙婧.人工智能时代教学价值的变革[J].华中师范大学学报(人文社会科学版),2021,60(03):174–181.

户提供更多可能性和选择权。未来能否依托互联网平台，用户可根据个人喜好自行选择一个或多个观赛视角，例如导播画面与喜爱运动员视角的双界面观赛，全景、解说嘉宾、裁判员多角度观赛等。在了解用户观赛体验数据后，分析其观赛习惯及喜好，后续借助人工智能技术进行不同机位的个性化直播，力图为每个用户或学习者提供个性化的服务及体验。

第三，目前体育赛事线上比赛面临公平问题，目前大多是通过视频连线与AI识别相结合的方式，其结果经常面临质疑，疫后需要思考线上国际象棋比赛防作弊功能，确保线上比赛公平性。

教育是一个非良构问题，需要多方面因素共同作用。人工智能所重塑的教育景观正在浮现。创造中的未来应平衡人与人工智能的关系，理性统合组织、文化、人员、环境，努力打造自适应的教育生态圈。[①]

3. 教学设计：双线融合

疫情期间的在线教学打破时空壁垒，有利于内容的讲授，特别需要考虑如何设计和开展互动交流活动，以及如何在网络教学过程中，更好地实现情感、态度、价值观的教学目标，提升学习主动性，增强学习兴趣，维持学生注意力有待进一步研究。互联网时代，传统教学已经无法满足学生的个性化学习需求，未来可将传统课堂与线上教学的优势有机融合，最大限度发挥各自优势，开展混合教学，从而全面提升教育教学水平。

由于全球新冠肺炎疫情一时间难以完全消散，形势难以预料，因此“临时教改”转向“质量行动”迫在眉睫。后疫情时代的国际象棋教学，应采取线上线下相结合的双线教学模式。这种教学形式不是“线上教学＋线下教学”的简单叠加，而是依据从“混合”到“融合”再到“共生”的教学演进逻辑，向双线混融教学模式深度推进。[②]例如，在传统课堂继续开展面授教学，运用木质棋子进行对弈、训练。也可以开拓线上陪练及复盘、基于时间和正确率的习题训练等多样化的教学与学习方式。在未来，基于线上线下的新型教学活动有待探索。

双线混融教学作为技术理性与教学理想深度融合的教学新模式，既包含从传统混合式教学处继承的教学与信息技术结合的特征，也具备体现自己独有价值的

---

① 徐莉,梁震,杨丽乐.人工智能+教育融合的困境与出路—复杂系统科学视角[J].中国电化教育,2021(05):78-86.

② 邱燕楠,李政涛.从“在线教学胜任力”到“双线混融教学胜任力”[J].中国远程教育,2020(7):7-15.

关键特征，反映了从传统混合式教学到双线混融教学的转变，其本质是从智能教育向智慧型全人型教育的转变。[①] 双线教学在互联网背景下，在多种技术支持下的智慧教学环节中可以通过问卷调研、后台日志等快速便捷地收集全方位、多场景的数据（如人口统计信息、学习行为数据），通过提取有用数据进行统计分析与可视化描述，并进一步对应教育评测指标，形成学生个性化档案，便于教师开展教学。

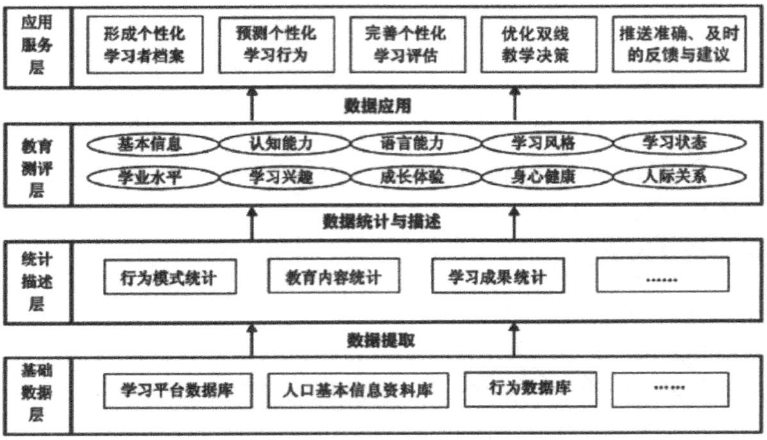

图4　学习数据分析与应用框架[②]

后疫情时代的“互联网＋国际象棋”的发展是一项复杂的系统工程，需要多主体协同、联动建设。首先，相关领导机构应当加强宏观顶层设计，在体教融合、三棋进校园等背景下，进一步推动棋文化的传播，完善行业制度建设及监管渠道，推动其规范发展；其次，技术方需加强与协会、学校等机构的交流合作，连接多方需求，充分发挥互联网的优势与特点，不断迭代产品，为用户提供更好的体验与服务；最后，家长、学校等应更新观念，适应新时代浪潮下的变革与角色转变。

① 侯佳希.论双线混融教学的新样态——后疫情时代基于应急在线教学的反思[J/OL].嘉兴学院学报:1–8[2021–06–30].http://kns.cnki.net/kcms/detail/33.1273.Z.20210624.1609.004.html.

② 杨雪, 姜强, 赵蔚. 大数据学习分析支持个性化学习研究——技术回归教育本质 [J]. 现代远程教育, 2016 (4): 71–78.

互联网背景下棋类比赛的突破性发展
——以2015全国业余棋王赛边锋网络平台为例

王晓晖　任　品[1]

一、绪论

（一）本论文的背景和意义

国际象棋作为世界第二大竞技体育项目，在全世界普及广泛，拥有着众多爱好者。中国正面向世界一体化的趋势，国际象棋近年来在中国的普及率越来越高。除了国际象棋专业棋手的培养以外，中国国际象棋的教育更加面向不同年龄不同性别的全方面发展。

虽然开展棋类比赛是普及棋类很好的方式，但是传统比赛因为受地域、时间、交通、教练水平等各方面因素，不能满足更多的业余棋手进行相互较量。因此出现比赛分区域化，各区域水平差距拉大。

在如今信息时代，国际象棋逐渐借助网络平台给学生们、教练们、家长们更多练习的机会。而此次 2015 全国业余国际象棋棋王争霸赛正是利用了互联网的优势，无地域限制、时间灵活可操控，进行线下海选的模式，邀请全国各地的业余

① 作者简介：
王晓晖，国际象棋女子国际大师、国家级运动健将，毕业于上海财经大学。
任品，国际象棋棋协大师、国际象棋二级运动员。

棋手在网上报名参加。一层层筛选，预赛、初赛、半决赛、总决赛，并且还有女双、男双、混合、亲子各个组别，选手们一起沟通，欢聚一堂其乐融融。

笔者亲身经历了此次比赛，深感此次比赛规模的庞大性和正式性。它将分散在全球各地的业余棋类爱好者都能以最便捷、最环保、最省钱的方式参与其中。故写此论文希望和更多的棋手、教练相互交流，为更好地支持棋类比赛在信息时代中的持久发展尽绵薄之力。

（二）本论文的主要方法和研究进展

笔者将传统棋类比赛模式与现代互联网比赛模式进行对比，通过比较找到差距。主要对国际上有代表性的重大赛事进行竞赛改革分析，从中思考最适合当代社会发展的互联网比赛模式。

我国在互联网棋类竞赛模式中的学术研究可谓是空白。本文以“2015 全国业余棋王争霸赛”为研究背景，填补现代互联网棋类竞赛的研究空白。将棋王争霸赛的推行、启动仪式、赛事三大特色作事实阐述，再到赛后对学生、家长、教练和业余爱好者的跟踪调查、问卷反馈。可以说，本文对 2015 全国业余棋王争霸赛做了比较深入的归整和调研分析。

二、国际象棋在中国发展的七个里程碑[1]

第一个里程碑——1956 年国际象棋被中国体育行政部门列为正式体育竞赛项目。国际象棋是思维艺术，是人对科学、艺术、竞技三者认识的结晶。尽管国际象棋有千年发展史，但是对国际象棋科研价值和教育功能的世界性兴趣不过是近六七十年的事情。可以想象，在 20 世纪 50 年代中期，刚诞生时间不长的新中国，百业待兴，由文化部规划体委领导的三棋（围棋、中国象棋、国际象棋）也列入了政府的日程。或许是受到当时苏联的影响，使国际象棋作为一个外来体育项目却能够在中国快速发展创造了条件。主要有以下几点：第一，作为体育竞赛项目，国际象棋有了更多的举办比赛的机会，而比赛对一项体育运动的发展是至关重要的。第二，就当时中国的经济状况，棋手在体育部门的生活条件相对要好一些。第三，可以创造较多国际交流机会。第四，较少受到意识形态争端的干扰。仅这四方面的有利因素，足以说明国际象棋列入正式体育竞赛项目对国际象棋在中国发展的重大意义。

第二个里程碑——1986 年组建国际象棋国家集训队。由中国国际象棋协会主席陈祖德亲自组建的国际象棋国家集训队具有中国特色，为中国国际象棋一个腾飞时代的到来创造了非常好的条件。国家集训队是中国培养国际象棋世界级顶尖人才的摇篮，特别是在女子国际象棋领域，培养出了世界超一流水平的人才群。

第三个里程碑——1987 年我国首次参加国际象棋奥林匹克世界团体赛。它标志着中国国际象棋走向世界的奋斗历程。世界也是从这里开始认识中国的国际象棋。

第四个里程碑——1991 年谢军荣获女子世界冠军。它打破了苏联 41 年、欧洲 64 年对国际象棋女子世界冠军的垄断，谢军成为棋史上第七位女子世界冠军。世界冠军的取得大大提高了国际象棋运动在中国的地位，也成为推动国际象棋空前大普及的激励因素。

第五个里程碑——1998 年中国女队获得国际象棋奥林匹克世界团体锦标赛冠军。它标志着中国女棋手的整体实力在领先世界。在其后的 2000 年和 2002 年，中国女队连续获得奥赛团体冠军，光荣地实现了“三连冠”。这个冠军队的成员不是博士生、硕士生，就是在大学就读。这样学历的世界冠军队在世界体坛也是罕见的。谢军正在北师大攻读心理学博士学位；诸宸和秦侃滢、王蕾、王频分别在清华大学和上海财经大学攻读硕士学位；许昱华在北京大学高年级就读。“棋艺高，学历高”，这在中国体育界独具风光，也再一次体现了下棋益智的说法。

第六个里程碑——2001 年 2 月，教育部体、卫、司和国家体育总局群体司联合下发《关于在学校开展“围棋、国际象棋、象棋”三项棋类活动的通知》（以下简称《通知》）。《通知》以“三个代表”重要思想为指导，明确提出“三棋”进学校的三个“有利于”：在学校积极倡导棋类活动，有利于青少年学生个性的塑造和美德的培养，有利于学生独立解决问题的思维能力操作能力，有利于提高学生的文化素质。为进一步落实《通知》精神，推动国际象棋在中国的普及，充分发挥国际象棋教育的功能，鼓励和表彰在国际象棋教育事业方面做出贡献的大、中、小学校和幼儿园，促进国际象棋进学校的推广，2003 年 4 月，在教育部和国家体育总局群体司的大力支持下，在苏州举办了“百校国际象棋进课堂国际研讨会”。《通知》和“百校国际象棋进课堂国际研讨会”的意义非同寻常，无疑对国际象棋在中国的发展产生极为深远的影响。

第七个里程碑——2005 年首届全国国际象棋甲级联赛开幕。其目标是向职业化过渡，这也意味着所有参加联赛的棋手都要向职业棋手的方向转变。这一赛事的开启将带动国际象棋进入市场化模式运转。随着各队冠名资金的注入，参加联赛的棋手收入肯定会逐步改善，以往难以在比赛中脱颖而出的“中间层”棋手也可以在这种团体赛中体现出价值。

三、古今棋类比赛的模式比较

（一）传统棋类比赛参赛模式

棋手参加传统国内比赛一般有以下流程：了解比赛规程信息——向赛事主办方报名——赶往比赛地点比赛——比赛结束赶回住地。这其中，棋手需要承担相当的时间用于来回路程消耗。对于青少年棋手来说，参加比赛既没有出场费也很难拿到比赛奖金，一次比赛下来的路费、食宿费成本非常高昂。特别是小年龄棋手，外出比赛往往还要家长陪同，这样一来比赛成本就要翻倍。此外，棋类比赛往往采用积分循环制而不是淘汰制，一个比赛下来少则三五天，多则一周，不少家长更是需要向单位请假方能外出，这些无不增加了比赛的隐形成本。

当水平提高到一定程度后，棋手们会逐渐增加国际比赛的次数。相对于国内比赛，国际比赛还需要办理各种手续复杂的签证手续。据不完全统计，每个月世界各地的国际象棋比赛就有上百场之多。出境比赛，光是来回机票费就是非常高昂的比赛成本，对于普通家庭来说，压力之大不言而喻。

（二）现代互联网的比赛模式

棋类发展经历了上千年的演绎，从来只听说面对面对弈，未承想20世纪计算机和因特网的发明，使这项人们玩了几千年的游戏有了一种全新的交流方式。网络对弈并不是近两年的事情，20世纪末期，随着网络游戏的不断走红，网络上的棋类对弈平台也逐渐应运而生。在国际上，国际象棋领域有著名的ICC、Play Chess、Play-game等专业平台。国内综合性棋牌类网络对弈平台也有很多，如联众世界、QQ游戏、边锋游戏等。这些平台的主要功能是提供人们在业余时间的休闲娱乐。然而近年来随着互联网技术的不断发展，一些商家和赛事组织者不再仅仅组织传统的线下比赛，越来越多的线上比赛进入了人们的视线。对于棋手来说，只需要在比赛官方网页注册自己的身份信息，就可以报名参赛。与传统赛事相比，大大节约比赛时间和参赛成本，参赛人数也因此可以大幅提升。做到选手、组织者甚至赞助商共赢的局面。

1. 棋手与计算机对弈

1996 年 2 月，时任世界头号棋手加里·卡斯帕罗夫在美国费城与 IBM 公司开发的计算机国际象棋程序 Deep Blue（深蓝）对弈。这次人机大战由美国计算机协会（ACM）发起，一共进行 6 局比赛，赢家获得 40 万美金的奖励。在此之前 40 年左右，人工智能领域的先驱者曾经预言，只要花 10 年功夫计算机就可以掌握跳棋，但是后来发现，为机器编程序甚至和新手对弈都很困难。研究者总结经验以后认为，其中的错误在于力求去模拟人下棋时的思维方式而不是充分利用计算机在速度和精确性方面的自然优势。为了和卡斯帕罗夫对弈，Deep Blue 的研究者所采用的策略是：让它最多考虑 12 步棋的一切可能性，然后采用多达 30 步棋深度的高风险走法。在对弈时，轮到每一位棋手走棋时大约有 30 种不同的起步，所以从开始前瞻 15 步就要考虑 30^{15} 种起步序列，这个数相当于阿伏伽德罗常数，约为 1.4×10^{22}。[2] 尽管计算机的计算力看似已经达到人脑不可企及的深度，但是人与计算机最大的不同就在于：人除了计算还可以通过直觉来对局面做出判断。棋手在对弈过程中往往会根据自己所掌握的理论分析知识选择最符合局面要素的棋步，摒弃那些不合理的着法，这样便大大提高了棋手的计算效率。最后，卡斯帕罗夫与深蓝的首次较量以人脑 4 ∶ 2 战胜电脑获胜。

IBM 公司的研发团队并没有因这次失败而感到沮丧，通过他们的努力，研制出了性能更强的“深蓝 2”。改版后的“深蓝”重量达 1.4 吨，有 32 个节点，每个节点有 8 块专门为进行国际象棋对弈设计的处理器，平均运算速度为每秒 200 万步。总计 256 块处理器集成在 IBM 研制的 RS6000/SP 并行计算系统中，从而拥有每秒超过 2 亿步的惊人速度。[3] 另外，IBM 研制小组向“深蓝 2”输入了 100 年来所有国际特级大师开局和残局的下法，自 1996 年在 6 局对抗赛中以 2 ∶ 4 败给卡斯帕罗夫之后，“深蓝 2”的运算速度又提高了一倍，美国特级大师本杰明加盟“深蓝”小组，将他对象棋的理解编成程序教给“深蓝 2”。比赛结束后，“深蓝 2”小组公布了一个秘密，每场对局结束后，小组都会根据卡斯帕罗夫的情况相应地修改特定的参数，“深蓝”虽不会思考，但这些工作实际上起到了强迫它“学习”的作用，这也是卡斯帕罗夫在 1997 年 5 月最终败给电脑的原因。

在 2004 年 6 月 8 日—12 日，中国首届国际象棋“人机大战”在北京举行，当时与“准妈妈”棋后诸宸对弈的是清华紫光公司推出的国内第一款采用64位CPU（中央处理器）的笔记本电脑“紫光之星”。它也是当时国内笔记本电脑领域最高水平的处理器，在数据运算、协同处理等方面达到了很高的水平。

6月8日的第一局比赛中“紫光之星”执白先行，对局双方采用国际上较为流行的“西西里布局”开局，前半阶段“紫光之星”全力进攻，诸宸防御得非常巧妙。开局后不久，“紫光之星”出现失误，诸宸抓住机会，局势逆转。对局进入中盘之后，诸宸多兵处于优势，“紫光之星”则挖好战壕等待诸宸的进取，局面出现封闭状态。最后阶段，诸宸过于想赢，想在“王”上打开线路进攻，但是因为时间紧张，出现不应有的失误拱手将胜利交与对手。行至54回合，诸宸因超时被判负。

6月12日，人机大战第二局再战，执白先行的诸宸在中盘时出现失误，导致局面处于被动。此后，“紫光之星”一直没有给诸宸翻盘的机会，用时紧张的诸宸也未能找到破敌良策。战至第33回合，诸宸认输。最终诸宸以0比2不敌计算机“紫光之星”。

这次人机大战的结果也印证了人工智能在未来的时间里在国际象棋领域占据的统治地位，计算机专家、清华大学的吴文虎教授认为：“紫光之星”采用了世界领先的64位核心处理器，软件则是国际上最好的国际象棋软件弗力茨。据说在短时间内能精确算出胜率极高的第13步布局运算，相当于国际等级分高达2600分，超过诸宸约100分。还有一点很重要，关键是让机器像人一样思考。[4]

“让机器像人一样思考”这样的评论，也成为如今人工智能在围棋领域上突破的重要因素。

2. 棋类软件的研发应用

“深蓝”的胜利，标志着电脑技术又上了一个新台阶，也渐渐影响了后来国际象棋专业棋手们的训练方式。笔者曾经从事专业棋手数年，听闻老一辈的棋手讲起20世纪八九十年代的经历，无不用艰苦来形容。那时棋手们出门参加比赛，都要背着厚厚的好几本书籍，以便在比赛中能够及时查阅到需要的资料，如果想“以防万一”，就得背上足够多的资料。背上火车、背到赛场、再背回家。然而近年来，再也不需要看到从前那番累人的景象。棋手们在平时训练或者外出比赛时，不需要准备厚厚的书籍，只需要借助一台笔记本电脑，就可以从数据库查阅19世纪到最新一年的上百万盘对局。并且通过电脑的分析软件，也帮助棋手们在分析特定局面时大大提高了运算速度和正确率。国际象棋软件的等级分如今已大幅超过人类，已经没有人类的世界冠军笨到跟计算机挑战自取其辱了。随着信息技术的发展，国际象棋的残局数据库已经囊括了六子（及以下）残局所有的变化和结果。由计算机算好剩余棋子的所有局面，并储存以备调用。[5]

四、国内首个利用互联网进行三项棋类的大型比赛

（一）2015 全国业余棋王争霸赛的推行

1. 启动仪式

2015 年 6 月 26 日，全国业余棋王争霸赛正式在杭州天元大厦 5 楼举行启动仪式。浙江省委原常委、杭州市委原书记、中国棋院杭州分院顾问、中国棋院杭州分院领导组组长王国平，杭州市教育局局长沈建平，杭州市体育局局长金承龙，常委吴仁财等人出席了此次启动仪式。

2015 全国业余棋王争霸赛赛事由中国棋院杭州分院和浙江日报报业集团联合主办，边锋网络、茶苑网络、杭州市围棋协会、杭州市象棋协会和杭州市国际象棋协会承办，比赛于 8 月 1 日正式拉开战幕，这也是国内首次以“O2O”方式，“线下”比赛和“线上”互联网相结合。在电脑、移动网络通信、电视三大终端同步推出的国际象棋、围棋、象棋三项棋类的大型业余赛事，无论在比赛模式、项目设置、奖金数量、参与人数等方面，都将创造国内业余棋类赛事之最。[6]

2. 比赛方式

本次棋王争霸赛不同于以往的线下比赛，此次比赛采取网上海选赛、网络入围赛和线下总决赛。[7]

（一）网络海选赛

1.采用积分晋级制。

2比赛时间9:00至23:00。

3.胜得2分，负-2分，平1分。

4.每期积分达到5分及5分以上，即可入选晋级赛。

5.获得等级证书的责任局数为至少10局。

（二）网络入围赛

1.采用积分晋级制。

2.比赛时间9:00至23:00。

3.胜得2分,负-2分，平1分。

4.录取总积分前120名(如积分相同,则平均局时少者列前），进入线下总决赛。

5.入围赛结束后,录取积分前120名普级线下总决赛。积分前10的女棋手直接普级线下总决赛。

（三）线下总决赛

1.选手来自网络入围赛决出的120名选手；12名杭州国际象棋等级赛季度赛男、女组前三名选手,若干名持外卡选手。

2.个人赛：个人赛采用积分编排,男女名次分开录取。

3.团体赛：男子团体名次按选手所在省、市、自治区、特别行政区以及国外代表队个人最好名次的3人排名总和计算,女子团体按各代表队个人最好名次的人排名总和计算。

3. **群英荟萃**

国内以往的国际象棋赛事大多数分为三大块：一、观赏性较强的专业棋手比赛；二、普及性较强的幼儿比赛；三、娱乐性较强的业余爱好者比赛。

2015全国业余棋王争霸赛赛事，可谓兼顾观赏性、普及性、娱乐性为一体。不仅有多数低年龄棋手来参赛,更有众多的棋迷爱好者,参赛者不分年龄不分等级。其中组委会还设置了非常具有特色的组别，女子双人组，男子双人组，混双组和大家最期待的家庭组。棋王赛总决赛的赛场上演绎了一场非常精彩的打仗亲兄弟，上阵父子兵，更有精彩的师生对决大赛。

此次比赛为了提高比赛的水平和观赏性，主办方中国棋院杭州分院决定广发英雄帖。三种棋类共计10张英雄帖，征选对象包括各省市享有“冠军”或者“棋王”称号的实力选手。凭借此帖，可以过滤掉层层竞争，直通线下决赛。对于各地“棋王”们来说，此次比赛不仅考验了选手的棋力和阅历的考验，更是一场心理素质的终极挑战。

4. **五路大部队**

为了确保2015全国业余棋王争霸赛大赛的比赛品质，主办方拿出了五路大部队作为赛事的保障。分别是：学校、工会、青少年活动中心、棋类协会、棋类培训学校。实现了三四万人参赛有两万多是有组织的部队，以便更好地保障赛事的正规性。其中杭州市棋类共建单位有150所，不乏幼儿园、小学、初高中等各所学校。

学校的大力推行促进了棋王赛顺利发展，得到了众多家长的普遍认可。其中棋类协会和培训学校也是要好的兄弟单位，真正做到互助联盟，守望相助。正规的比赛，严谨的态度，活跃的气氛，专业的比赛精神，把全国业余棋王赛做得有声有色。

2015年6月，杭州市育才外国语学校作为杭州市棋类项目进课堂共建学校，派出了王晓晖、方少雁两位老师前往中国棋院杭州分院参与2015全国业余棋王争霸赛的启动仪式。会中仔细聆听了其他学校的棋类教学经验，结合育才校情，进行整合。对棋王赛所做的宣传工作主要有以下内容：

（1）棋类总负责王晓晖老师在暑假放假前，对全校所有班级进行业余棋王赛的活动宣传和报名工作。各班的宣传工作15分钟，在黑板上写出参赛方法、参赛步骤，并解答学生的问题。

（2）利用分院下发的卡通宣传册，分发给学生，并且标注好学校代码。宣传册中有详尽的操作步骤，方便学生网上注册参赛。

（3）学校阅览室打印300份分院下发的三棋比赛规程，分发给有意向参赛的学生。

（4）利用微信群、QQ群、学校阿里师生平台向家长推送比赛消息和参赛方法。

（5）组织校队学生利用两三周校内训练课时间在电脑机房进行网络海选比赛。

（一）2015全国业余棋王争霸赛的特色

1. 大目标

究竟为何要举办此次规模庞大的棋王争霸赛？付出了努力和心血是否值得？我们尊敬的习近平总书记在中央深化改造小组会议上强调：“实现中华民族伟大复兴与中国体育强国梦息息相关，也是全国人民的热切期盼。”[8] 习近平总书记提出的此项观点，立即受到了广大人民群众的强烈呼应。近三十年，中国的经济不断地飞速发展，国民的经济水平不断提高，人民群众步入了小康生活。在经济发展的同时，国家也非常重视国民体育的发展，希望通过努力逐渐步入体育强国之路。而我们作为新一代的体育人，教育祖国一代又一代的幼苗，我们要时刻牢记为实现中国体育强国梦要做出的贡献。

那么如何实现中国梦和体育强国梦？习近平总书记强调：“关键是要把路子走对，长期努力、久久为功，重点打好群众基础，夯实人才根基，要从娃娃抓起，从基础抓起，从群众参与抓起。”[9] 做好群众基础是一切之根本，把握新一代新生力量。

此次比赛的组织者中国棋院杭州分院领导组组长王国平院长指出："首届棋王争霸赛的目标是成为 OTO 模式下全国最大的三棋业余赛事，没有'之一'。通过各种的努力，期望棋王赛参赛总人数超过十万人，以后每年的棋王赛参加人数逐年增长，参赛人员范围越来越广。"[10]

2. 大思路

体育是一个巨大的产业，全球数以千万人在为体育事业做不同的贡献。算上奥林匹克体育项目和非奥林匹克体育项目加上已经有四百多项目。棋类是非奥体育项目的后起之秀，属于朝阳产业。

在中国，围棋和中国象棋的普及面最为广泛。在春秋战国时期，已经有"举棋不定"这类围棋的术语，说明围棋活动在当时社会已经成为人们见惯的事物。东汉的马融在《围棋赋》中就将围棋视为小战场，把下围棋当作用兵作战。南北朝的上层统治者以棋设置官位，对有一定程度的棋士授予品级。经历了唐宋元明清几代，围棋的文化不衰更盛。中国象棋的起源，更多的人认为象棋是秦末楚汉相争的产物，后世棋盘常刻有"楚河汉界"的字样。中国象棋是中国社会发展的实践经验总结，俗话说不了解中国封建文化就不了解中国象棋。国际象棋在中国的启蒙和发展只有几十年。由此看来中国象棋和围棋的普及率高，群众基础好。此次棋王争霸赛更是一个推行和发展国际象棋绝好的契机。

众所周知现在是互联网大时代。互联网时代是一个非常好的机遇，也是非常大的挑战。阿里巴巴公司抓住了机遇，2015 年全年，阿里巴巴总营收 943.84 亿元人民币，净利润 688.44 亿元人民币。2016 年 4 月 6 日，阿里巴巴正式宣布成为全球最大的零售交易平台。现如今阿里巴巴已经成为国际知名企业，阿里巴巴成功运用了 OTO 模式改变了几亿人的生活方式和消费观。

OTO 商业模式是一种新诞生的电子商务模式，这种模式大大缩短了消费者决策时间，是由 TrailPay 创始人提出来的，"OTO"是"Online To Offline"的简写，意思是"线上变线下"。各行各业都要努力迎接互联网时代的到来，用互联网把自己的产业相结合，共发展共进步。[11]

棋王争霸赛就是要把棋文化棋发展和互联网模式联系在一起，把棋类比赛形式简单化、公开化、普及化，争取做到有人的地方就有人下棋。

3. 大举措

下面来细数此次棋王赛的五大特色：[12][13]

（1）比赛终端最齐全的 OTO 棋王争霸赛

目前国内现有的棋类比赛多数都是线下的比赛，耗费的时间长，比赛时间被固定，场地被固定。此次棋王赛采取线上线下比赛相结合，在初赛海选赛的阶段，使用电脑、电视、手机、平板等移动设备进行比赛。本次棋王赛技术平台以依托边锋网络平台和茶苑网络平台。为了保障各大终端平台的稳定性，边锋公司派出数十名技术人员日夜兼程为所有参赛选手进行技术测试。

（2）比赛组别最全的 OTO 棋王争霸赛

此次国际象棋业余棋王争霸赛，共设置了 8 个组别，其中包括：男子个人组、女子个人组、男子全体组、女子团体组、男子双人组、女子双人组、男女混双组、亲子家庭组等。所有组别无年龄限定，赛场上毛头小子对战满头白发的老者，可谓是初生牛犊不怕虎。亲子组是最大的亮点，许多家长受孩子的影响也变成了棋类爱好者。赛后采访时很多父子表示经常在家也会展开一场精彩大战。此次棋王赛，不仅给许多家庭提高了棋力，更为增进家庭亲子情创设了绝佳机会。

（3）比赛人数最多的 OTO 棋王争霸赛

2015 年业余棋王争霸赛的目标预期是“总参与人数不少于 10 万，总参赛人员不少于 3 万”。截止到首届棋王赛结束，此次棋王赛参赛人数突破 6 万、参赛人次超过了 60 万。拥有 20 个省、直辖市的棋友参加三棋比赛，浙江棋手和青岛棋手参赛数量位居前两名。开赛首日将近 1 万棋手同时在线比赛，创造了全国业余棋赛事参与人数最多的纪录。

（4）奖金最多的 OTO 棋王争霸赛 [14]

2015 首届棋王争霸赛总奖金超过百万元。其中男子个人冠军奖金到达 5 万元，并且前 32 名都拥有丰厚奖金。另外混双组、亲子组等的冠军奖金也都超过万元。不难看出组织者办赛之决心。

（5）首个线上比赛颁发等级证书的 OTO 棋王争霸赛

棋王赛不仅奖金丰厚、规模庞大，而且最吸引年轻小棋手的是根据参赛成绩，可以办理三棋的等级证书。围棋男子个人冠军选手将被授予业余七段称号，象棋和国际象棋个人赛前六名可以获得候补棋协大师称号。只要通过海选赛的小选手，都可以根据海选成绩获得等级证书。让年轻小棋手不出家门，认真参赛线上拿证。

五、2015全国国际象棋业余棋王争霸赛的效果和反馈

（一）赛后调查情况说明

为期几个月的 2015 全国国际象棋业余棋王争霸赛赛程全部结束，根据不同的参赛人员和参与人员，我们分为四类不同的人群进行了三棋之一的国际象棋赛后调查。调查人群分别是学生、学生家长、教练员、业余爱好人士，这四类人群基本涵盖了此次比赛的大多数群体。

我们采取赛后真人采访、赛后调查表数据、在校学生写赛后感等形式来评价此次比赛。所调查的方向类型分为：个人信息和参赛信息。其中个人信息包括：参赛人群的年龄、性别、接触棋的时间、业余等级水平、职业等。参赛信息包括：如何获知此次比赛、对此次比赛的评价和建议、参赛者在此次比赛上使用的终端设备、此次最吸引人的地方等。通过这几项信息我们可以更好地分析出大多数参赛者的实际情况，以便为下届棋王赛做足准备。

根据业余棋王争霸赛官方网站统计，2015 年全国业余棋王争霸赛参赛省份共计 34 个省、自治区、直辖市参赛。[15] 最热门的城市为青岛市，浙江省作为东道主位居第二，河南省广东省的大城市紧随其后。[15] 现在的青岛可谓是，有学校的地方就有国际象棋，有学生的地方就有比赛。青岛的原主教练、现任青伟俱乐部的创始人王青伟起了至关重要的作用。这与前期他们的大力推广是分不开的。青岛作为最热门城市，代表了青岛这些年来国际象棋的普及和推行之迅速，星星之火，可以燎原。

（二）赛后调查表格反馈

1. 学生反馈

赛后，我们一共下发了 100 份调查表格给国际象棋参赛学生，报告取自全省不同学校不同年级的在校学生。经统计，反馈如下：

参赛男生和女生的比例为 8 ∶ 2，可以看出，棋类竞技对男孩的吸引程度远高于女孩。此次学生参赛的年龄段一至三年级占到 70%，四至六年级 25%，初中 3%，其余高中、幼儿园占 2%。由于线上比赛需要电脑和鼠标的灵活操作，所以幼儿园的小选手寥寥无几。也说明，近几年来国际象棋的普及和发展越来越低龄化，从

侧面反映出国际象棋在中国普及的良好势态。

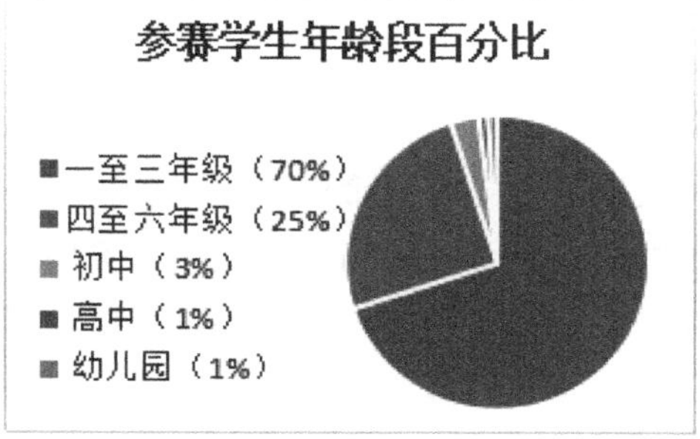

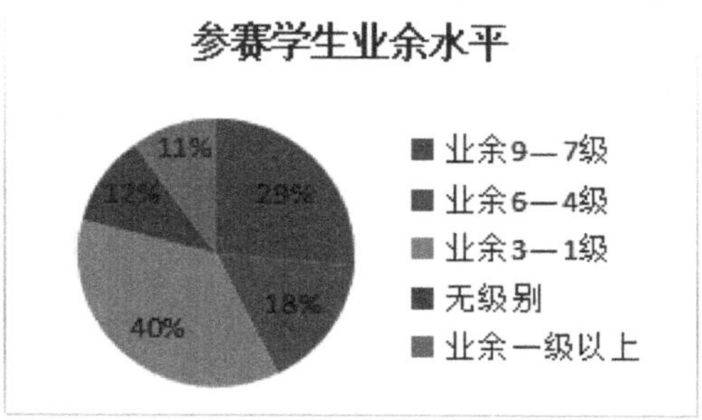

据统计，参赛学生29%在业余七级左右，18%在业余六级至四级，40%已经到达业余三级至一级。12%为无级别小选手，1%在业余一级水平以上。虽然参赛学生都在低年级，但下棋的水平可不容小觑，也为国际象棋棋王赛的大众参赛水平有很好的保证。赛后38%的学生通过了海选晋级比赛，2%的同学通过了线下决赛，说明此次参赛的选手水平不容小觑。虽然大部分同学没有进入最后的线下总决赛，但是不影响学生们对此次比赛的热情。赛后采访，学生们普遍表示平时业余时间很少能碰到这么多优秀的对手，很少能够抽出时间来实战那么多盘对局。这次棋王赛让小选手们过足棋瘾。“输棋不怕，我再下”是一名二年级小朋友的比赛口号。

经调查了解，大多数学生是通过学校和棋类协会宣传了解此次比赛。为了使学生充分参与，赛前老师们对学生进行了各种鼓励，并要求学生暑假在家勤练习，争取在线上获得更好地锻炼和名次。其中杭州市育才外国语学校的皇家国象队和杭州市南肖埠小学的金牌校队都在此次比赛获得很多历练，校队的整体水平都有不同程度的提高。

值得一提的是12岁的选手王行健，是杭州采荷实验学校新初一的学生。学习成绩优异，平日最大的爱好就是喜欢在家里研究国际象棋。在此次国际象棋棋王争霸赛海选比赛中，他共计下了120多盘棋，顺利进入线下决赛。接受采访时他说道：“下棋可以让我静下心来，学会思考，想尽办法攻克难题。是双方对手棋力的比拼，更是心理的较量，我更喜欢享受比赛的乐趣。”

2. **家长反馈**

我们对参加这次棋王赛的100名家长进行了赛后问卷调查。调查人选亲身经历，针对性强，相对得出的调查结果也比较真实。调查结果显示：女性家长占到了总家长人数的三分之二。75% 的家长非常支持孩子参加棋王赛，21% 的家长选择比较支持，为数不多的家长对棋王赛保持一般态度。其中 32% 的家长和孩子一起参加了线下的比赛。

值得一提的是，这次比赛组委会特意设置了亲子组。以往的比赛，我们的家长作为旁观者，不能完全体会到孩子赢棋的快感，一味地只希望孩子赢棋，忽略了享受竞技体育的乐趣。而此次棋王赛，学生和家长可以一同征战沙场！赛场上的亲子组远没有其他组别竞争那么激烈，也许对于他们来说体验比胜负重要，享受过程比结果更重要。赛后采访很多学生家长，他们欣赏这种比赛方式，锻炼了孩子棋力水平的同时，也给家庭带来很多亲子话题，增进了家庭情感。

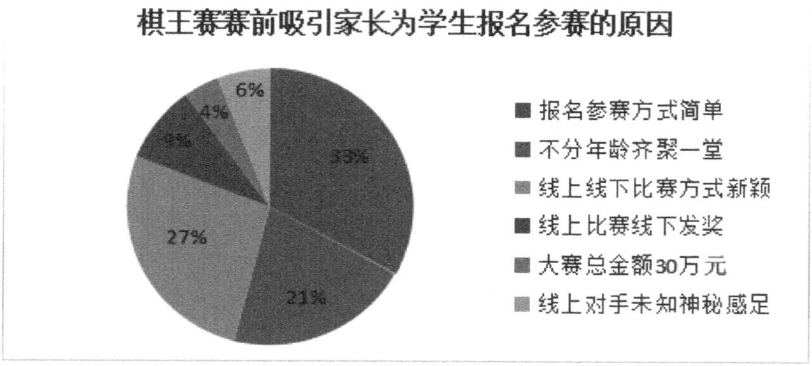

根据统计，33% 的家长觉得报名参赛方式简单是赛前吸引他们的。28% 的家长看中的是线上线下的比赛方式新颖，21% 的家长觉得不分年龄可以让孩子接触更多的棋手。仅低于 4% 的家长表示，达到 30 万元高额总奖金的更吸引人。说明此次的棋王赛新颖程度吸引到了家长和学生，报名参赛在官方网站上个人信息填写好，经过实名认证就可以参赛进行海选。赛后，让小参赛者们见识了更多的优秀棋手，增长了见识。水平和棋力得到了很好的提高，认识到了不足，是家长觉得此次比赛学生最大的收获。

棋王赛赛后，数据显示 87% 的家长非常满意此次比赛，11% 的家长觉得一般，不满意的占到 2%。后续调查，家长们对棋王赛提出了不同的意见。很多家长担心的是如何控制线上对手是否使用软件作弊器，影响比赛的公平性。参赛选手们的比赛积极性很高，但是由于年龄偏小所以在终端操作上会有失误，导致输棋影响了积极性。参赛人员过多，线上系统出现网络断线的情况导致此局比赛无效，需要重新再下。这些问题值得大赛组织者后续不断完善。

家长是孩子坚实的后盾，每次比赛都离不开家长的大力支持，希望棋王赛让每个参赛家庭都能收获满满。

3. 教练反馈

赛后我们把调查表发给了30名杭州市参与此次棋王赛的国际象棋教练，60%的教练教龄在1—3年，15%的教龄在3—5年，10%的教龄在5年以上。在此次棋王赛中75%的教练带领学生一同参与争霸赛，并肩奋战。

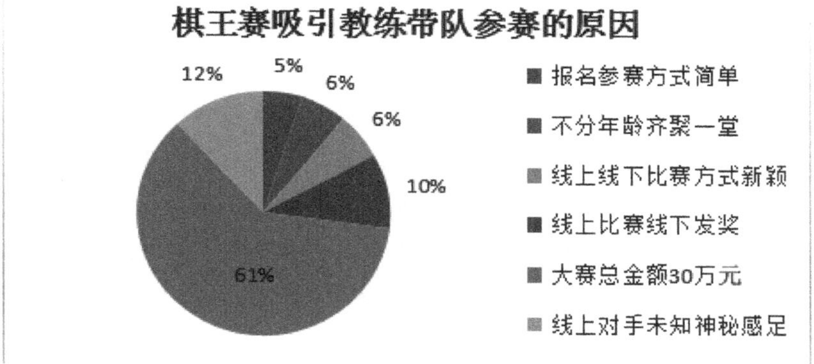

根据调查表显示，教练参与棋王赛的最主要原是棋王赛的高额总奖金高达30万元，诱惑力十足。比赛规定：只要没有国家级专业称号的所有棋手都可以参加业余棋王争霸赛。因此，一些符合条件的教练们就跃跃欲试，与同行和其他教练们一决高下。首届业余棋王赛国际象棋男子组单人赛冠军和5万元现金大奖，被青伟俱乐部的牟科教练捧回家。

我们摘取了赛后青伟俱乐部对此次棋王赛的一部分赛后总结：总决赛期间，青岛青伟俱乐部教练牟科经过9轮鏖战，以6胜3平积7.5分夺得冠军，获得男子个人奖金5万元。随后他和全国棋王争霸赛青岛站冠军杨宇轩、青伟俱乐部教练丁俊共同努力，夺得男子团体亚军，获得奖金9000元。这是对青岛国际象棋发展水平的又一次证明，成绩的背后，过程却一波三折。2015全国业余棋王争霸赛总决赛的线下总决赛是在11月1日下午在杭州开幕的，绝大多数选手都是提前一天甚至比赛当天上午才来到赛场，而牟科则是在10月27日中午就到了。他作为青岛实验初中队主力参加本赛季国象甲级联赛第五站比赛而来到杭州。10月31日休整一天后，牟科接着参加首届全国业余棋王争霸赛总决赛。

本次比赛为了体现赛事的参与度和广泛性，除了禁止专业选手和获得过国家级运动健将、国家大师及以上称号的棋手参赛外，对参赛选手不设置任何门槛，也不收取报名费。而持外卡参赛的牟科在本次比赛中可谓一波三折，原本青伟俱乐部推荐的参赛棋手是周江南，但是周江南面临考试，放弃了本次比赛，于是青伟俱乐部推荐牟科参加比赛。谁料在参加线下总决赛一天后接到了组委会的“禁赛令”，理由是很多参赛的业余棋手认为牟科是专业棋手。青岛市国际象棋协会会长王青伟闻讯后为其解围，他指出牟科虽然多年征战全国国象甲级联赛，但绝非专业棋手，因为专业棋手是指有当地体育局运动队事业编制并领取工资的棋手，而牟科只是青岛青伟国际象棋俱乐部的一名教练，利用教棋的业余时间参加比赛，是一名参加职业联赛的业余棋手，最终组委会“收回成命”，同意让牟科继续参赛。[16]

不过“资格风波”还是对牟科的情绪有所影响，在本次比赛中并没有一路奏凯，前 8 轮比赛中他先后被两位选手逼平。最后一轮比赛中，以 7 分暂居第一的牟科对阵积 6 分的浙江选手，而以 6.5 分排名第二的江苏选手因迟到而被直接判负，牟科的收官战对手自感没有获胜绝对把握求和可以夺得第三，于是主动求和，牟科乐享其成接受了平局。这样就以 9 盘 6 胜 3 平积 7.5 分的成绩夺得男子个人赛冠军，也将 5 万元奖金收入囊中。随后的团体赛，共有 22 个代表队参加男团比赛，其中浙江队和杭州队分别有 17 人和 32 人参赛，“人海战术”在团体赛中优势巨大，在男团赛中浙江队和杭州队分别获得冠军和季军，青岛队发挥出色，凭借在男子个人赛中分别夺得冠军的牟科、第 20 名的杨宇轩和第 29 名的丁俊的优异战绩，最终夺得男子团体亚军，并获得 9000 元奖金。

其中，正在青岛德县路小学读六年级的杨宇轩初生牛犊不怕虎，这位曾师从牟科的小学生在本次比赛青岛分站赛中夺得冠军，是青岛市第十届小棋王，今年先后夺得青岛小名人国际象棋赛 12 岁组冠军，“育才杯”第四届青岛市国际象棋学校锦标赛冠军，青岛市第四届体育大会男子少年组冠军，世界休闲体育大会少年男子团体亚军。本次来到杭州参赛更是一路过关斩将，最终夺得男子个人赛第 20 名。[16]

由此看出，很多国内有名气的棋类俱乐部对此次比赛抱着非常重视的态度。对于俱乐部来说，参加此类重大的棋类赛事，不仅可以锻炼棋手的水平，激发学员们的斗志，提高小棋手的学棋兴趣，更加可以提高俱乐部的影响力和名气，对俱乐部的宣传有着百利无一害。

4. 业余爱好者反馈

棋王赛结束后，我们还特意调查 50 名参加棋王赛的国际象棋业余爱好者和 50 名未参加棋王赛的业余爱好者。他们来自全国不同省市，不同的年龄段，不同的工作。参赛的棋迷爱好者中，75% 为男性，25% 左右为女性。年龄绝大部分分布在 25—45 之间，45 周岁以上的仅有 1%。32% 的参赛选手来自事业单位和机关单位，40% 为正常职员，20% 为自由职业人。这些大龄参赛棋手，多数从单位工会和网站了解到此次比赛。80% 以上的选手对此次参赛满意度还是很高的，线上线下相结合的比赛模式和不分年龄不分业余级别的方式尤为吸引人。

我们也对未参加的此次棋王赛的 50 名业余爱好者作出调查，其中参加过其他业余棋类比赛的人占到 25%。其中不知报名参赛途径，比赛时间与工作时间起冲突，这两类是爱好者参赛的最大困扰。通过了解业余棋王整个比赛的宣传和介绍，75% 的人有意向参加下一届棋王争霸赛。

我们在赛后特别采访了几名资深国际象棋爱好者，他们表示下棋是他们工作之余最大的爱好。以棋为乐，为棋着迷，以此来形容他们一点不为过。爱屋及乌的心态让他们对本次棋王赛提出了很多中肯的意见。

下面摘自棋迷爱好者郑锦雷先生（2013 年获得国际棋联预备级指导员资格），为棋王赛赛后提出的一些建议：

第一，要增加宣传力度。比赛即将开始，可是很多国内棋迷爱好者对比赛时间和比赛模式了解得还不充分。在百度上搜索时，可以看到边锋网站上的“2016 全国业务国际象棋棋王争霸赛”的网页说明，是否可以在一些著名的国内网站上、微博、微信群里，宣传这次比赛，也可以通过学生向会下棋的家长宣传，可以让更多的人来了解和报名。

第二，提高对软件作弊的识别度。网络比赛中，用软件作弊是个比较麻烦的事，国内对弈平台由于技术问题还很难进行判断。国际上著名的 playchess 和 ICC 两大下棋平台，都会自动识别软件作弊，一旦发现，就会自动判负，情节严重时还会对该棋手的账号进行封杀。边锋对弈平台需要在后台技术上不断完善，这是保障比赛的公平公正进行必须努力的方向。

第三，边锋比赛界面有待完善。建议边锋学习 play chess 的网络界面，专业、整洁、易查找。进入边锋主页时一些“不良广告”时不时会跳出来，这对于很多未成年的孩子来说影响是非常恶劣的。建议把网页绿色优化，选择性投放广告。另外，如果能与国内知名的网络平台合作，比如新浪棋牌等，在网络赛过程中宣传比赛，甚至可以采集比赛过程中的精彩棋局或是精彩局面，进行点评分析，以此来吸引更多学生的关注和加入。

大家一同努力，目标是希望棋王赛越办越好，每个参与棋王赛的人都会尽全力为棋王赛效力，盼望国际象棋普及遍布每个角落，棋类发展在互联网平台上蒸蒸日上。

六、总结

根据调查，我们得出了四类不同人群参与首届全国业余棋王争霸赛的统计数据。80% 以上的人群比较满意首届棋王争霸赛，线上线下的比赛模式十足地吸引人眼球。现在是互联网大时代，高效、迅速、直通、大数据、平民、透明化等特点使互联网与政治经济文化相结合。新事物的出现需要不断地改进，不断地磨合。相比于以往单一的线下比赛模式，高额的参赛费用，耗费时间过多，观赏性不强。线上比赛不仅参赛时间灵活，提高了比赛效率，也能让更多的棋手可以参与到比赛，不受地域范围影响。棋王赛的线上线下模式就是吸收了传统比赛模式的精髓再融入新颖现代的高效比赛模式，两者合为一体的新型比赛模式。

参赛者对此次棋王赛满意程度

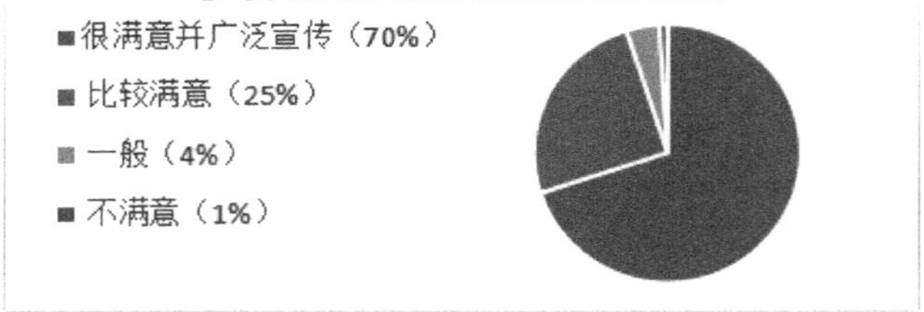

根据调查从学生、教练、业余爱好人士、学生家长的反馈此次比赛吸引眼球的地方。42% 的选择比赛模式新颖，20% 的选择不分水平挑战性强，15% 线上比赛对手未知神秘感十足。14% 的选择高额总奖金，诱惑力知足，奖金诚意满满。其余 9% 的人选择线上比赛线下颁发证书，比赛形式正规。

棋王赛后 参赛选手不满意的地方

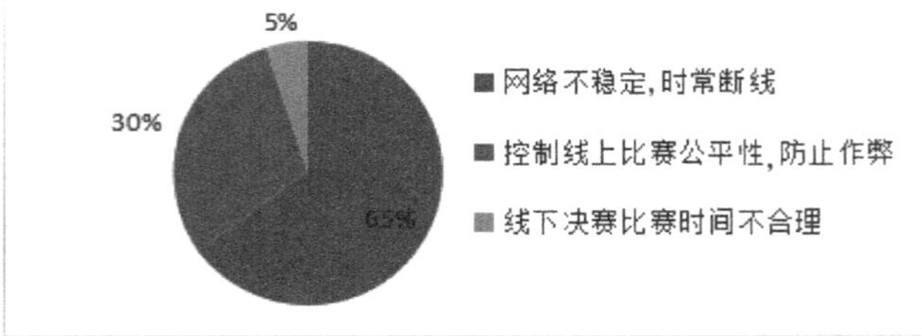

赛后参与比赛的选手对此次棋王赛提出了不少意见，65% 的选择线上比赛移动设备不稳定，设备掉线情况时常出现，影响比赛选手的成绩，打击积极性。30% 选择如何控制线上比赛作弊情况，保证比赛公平性。5% 选择线下比赛在正常工作上班时间，线下比赛时间不方便。同时也希望下届比赛可以设置一些参与奖的小礼品，提高参赛积极性。

写此论文的目的是想让更多爱好棋的人士参与到业余棋王争霸赛的大家庭中，了解棋王赛和宣传棋王赛。每一新的项目出现，都会有很多的不足需要大家一起改善一同完善。把全国业余棋王赛打造成国内一线的新型棋类大赛，含金量高、正规性强、受重视度高。感谢参与此次棋王争霸赛赛后调查的每一个家长、学生、教练、棋友，感谢大家提出的宝贵意见和建议。衷心祝愿棋王赛越办越好，以棋会友，期待 2016 年第二届全国业余棋王争霸赛棋类名流共襄盛举。

参考文献：

[1]刘文哲.国际象棋在中国发展的六个里程碑 [Z].水木清华站，2005-01-03.

[2]秦笃烈. 2：4计算机与国际象棋世界冠军的较量 [J].今日电子. 1996(04).

[3]历史上的今天 [N]. 人民网. 2003-8-1.

[4]数据资料来源：新浪体育 http://sports.sina.com.cn/go/2016-02-20/doc-ifxprucs6282464.shtml?from=wap.

[5]刘洋，吴彦波. 国际象棋网络教学平台设计 [J].科技创新与应用. 2014(35).

[6]王国平.2015年全国业余棋王赛启动仪式重要讲话.启动仪式[J].2016全市棋类工作会议暨“弘扬棋文化，助力G20，喜迎围棋人工智能时代的到来”主题活动启动仪式汇编材料.2016(3).

[7]数据资料来源:2015边锋网络对抗赛赛程说明.http://qw.bianfeng.com/info.

[8]习近平.中央全面深化改革领导小组第十次会议并发表重要讲话.《中国足球改革总体方案》.2015(02).

[9]习近平.如何实现体育强国梦[R].中央全面深化改革领导小组第十次会议并发表重要讲话.2015(02).

[10]王国平.2015年全国业余棋王赛启动仪式重要讲话[R]. 2016全市棋类工作会议暨“弘扬棋文化，助力G20，喜迎围棋人工智能时代的到来”主题活动启动

仪式汇编材料.2016(3).

[11]数据资料来源：百度百科http://baike.baidu.com/view/365398.htm.

[12]杭天鹏.把握“互联网+”时代机遇，迈入分院发展新常态加快推动我市棋类事业繁荣发展工作报告[R]. 2016全市棋类工作会议暨“弘扬棋文化，助力G20，喜迎围棋人工智能时代的到来”主题活动启动仪式汇编材料.2016(3).

[13]“弘扬棋文化，助力G20，喜迎围棋人工智能时代的到来”主题活动总体方案[R]. 2016全市棋类工作会议暨“弘扬棋文化，助力G20，喜迎围棋人工智能时代的到来”主题活动启动仪式汇编材料.2016(3).

[14]中国棋院杭州分院.全国业余棋王争霸赛组织实施纲要[R]. 2016全市棋类工作会议暨“弘扬棋文化，助力G20，喜迎围棋人工智能时代的到来”主题活动启动仪式汇编材料.2016(3).

[15]数据资料来源：业余棋王争霸赛http://qw.bianfeng.com/.

[16]青岛市体育总会.关于青岛选手牟科获全国棋王争霸赛男子组棋王称号报道.2015(11).

国际象棋在21世纪的教学意义

Leontxo García

一、概述

1925年以来，世界各国的诸多研究显示，学习国际象棋的儿童比没有学过国际象棋的儿童具备更高的智力发展水平，并能在学业上获得更高的分数（平均高出17%），尤其是在数学和阅读两个学科。尽管很多研究并没有以严谨的科学论文形式呈现，但我想这一结论应该不会有太大的误差，尤其是当你注意到，有很多研究并非国际象棋大师完成的，也就是说，研究人员并不是以获得有利于国际象棋的积极数据为目的的——而是出于对和国际象棋相关的，专业的教育学、心理学或其他分支学科的兴趣而开展的。

有越来越多的国家（贫穷的、富有的；大国、小国；不同大洲、不同文化、不同政治宗教体制的）正在将国际象棋纳入学校课时或是课外活动。2012年3月13日，考虑到国际象棋对教育的裨益，欧盟委员会的415位议员表示支持将国际象棋纳入欧盟范围内所有学校的决议。具体来说，他们认为国际象棋除了能够"……训练注意力、耐心和毅力，能够帮助（不同年龄段的儿童）培养创造力、直觉、记忆力、竞争意识、分析能力和决策力"之外，还有助于"……社会融合，对抗歧视，降低犯罪率，甚至改变各种不良嗜好"。

西班牙议会于2015年2月11日通过一致决定（在西班牙，教育的管辖权下放到大区政府），将国际象棋作为教学工具。此后，西班牙17个大区中的10个大区政府或议会也都相继通过了类似决议。将国际象棋作为教学工具同样在阿根廷和乌拉圭得到广泛运用（在附件中的英文材料“国际象棋在西班牙语国家的教育意义”中有详细数据）。

在阿尔马尼亚，国际象棋已经是学校的必修课程，是一项与足球一样流行的运动。除此之外，在教学中运用国际象棋的国家还有西班牙、匈牙利、阿根廷和乌拉圭等等。

名人语录

——歌德（1749—1832）：国际象棋是人类智慧的试金石。

——本杰明·富兰克林（1706—1790）：国际象棋不只是一项娱乐，它的习练能够有助于开发很多在日常生活中非常有用的智力能力，正如生活往往就是另一种形式的国际象棋，它需要我们拥有对未来的远见，对我们的行为负责，并承担相应的后果，要永远对形势，或是棋局保有大局观——而不是对局部的——能够衡量风险和危机，并谨慎地遵守各项规则。

——屠格涅夫，俄国小说家（1818—1883）：国际象棋如同文学一样，都是生活中不可或缺之物。

——豪尔赫·路易斯·博尔赫斯（1899—1986）：国际象棋和拉丁语，社会科学研究，阅读经典书籍，法律条款，道德规范一样，都是我们救赎文化的手段。

——费尔迪南·德·索绪尔（1857—1913），瑞士语言学家：在所有能想象到的比较研究中，最富有成效的是将语言表达方式和国际象棋规则进行比较，两者都是将一组不同价值的元素，组合成一个完整的系统。

二、素质、才能及应用

在有关国际象棋的教育作用的相关研究中，迪亚科夫、彼得罗夫斯基和鲁迪克（1927年）等苏联教授，可称为是当之无愧的先驱。他们的研究报告主要基于对 1925 年莫斯科锦标赛期间最优秀的运动员的研究，对苏联政府决定在世界上最大的国家普及国际象棋，起到了至关重要的作用。政府曾官方发表说：“国际象棋可以激发、发展和训练智力； 没有其他任何一项运动能与纯粹逻辑和现代思想的演绎如此接近的了，仅这一点就足以赋予国际象棋很大的教育价值，但这还不是全部：国际象棋也是一项需要强烈意愿和付出巨大努力的战斗。大量的组合变换能有助于发展具有逻辑性的反思和谨慎的素质。每一次的习练都有助于学习和提高计算能力。无论从心理还是智力的角度来看，所有这些特质的共同作用，使我们具备了完美的人格素养。”

今天，在近一个世纪之后，我们逐渐积累的经验，和任何一个在一定紧张状态下下过国际象棋的人的切身感受，都完美地证实了这些文字，同时也回击了当初那些认为俄政府仅仅是出于政治原因而推广国际象棋的质疑。还应该强调的一点是，在 20 世纪 80 年代中期，这个拥有 2.87 亿人口的国家，国际象棋棋手人数就已达到 500 万，业余棋手更是有 5000 万之多，和大多数人所认为的恰恰相反，国际象棋在苏联却从来都不是必修课。

在苏联时期，孩子们早上去学校上学，所学科目与其他任何国家的普通学校无异。下午他们则会去少年宫（作为公用的曾经的沙皇宫殿），在那里他们接受多种学科的课程：舞蹈、音乐、计算机、戏剧、国际象棋……但必须遵循一条神圣的规则，无一例外：如果某个学生在某些下午的学科中表现非常优异，但却在上午的基础课程中成绩很差，那么将会立刻被少年宫开除，直到他们上午课程的成绩合格之后，才能重新回来学习。通过这种方式，少年宫期望能够让孩子们得到全面发展，从而避免他们对某一方面的沉迷，或是造就只会弹钢琴或只会下国际象棋的怪才偏才。换句话说，如果鲍比·菲舍尔是苏联人，那么他的童年将会更加难忘，身心也能得到更加健康的发展。几乎所有我认识的苏联国际象棋大师们，都是具备高学识、良好修养和健全品格的人。

然而，在三位教授的研究报告中，列举了一份他们在所研究科目中发现的 16 项生理和心理素质表单，其中包括，“对外语的喜好和系统性研究方法”。但根据过去 80 年的其他重要著作，我详细阐述了以下 24 种关系：专注力、记忆力、逻辑推理、科学思维、自我批评、个人责任感、动机、自尊心、规划性、后果预期、计算能力、想象力、创造力、耐心、纪律、坚韧，同时兼顾多项工作的能力、风险计算、体育精神、冷血、遵守规则、尊重对手、空间视野和战斗力。

- 数学

几位教授基于自身经验的论证、研究和陈述都无不指向了国际象棋对提高数学能力有着明确的作用。如果我们把这些论证、研究和陈述汇总，并考虑到那些支持将国际象棋用作辅助教学工具的教师，我们可以得出一致的意见……如果不是费尔南德·戈贝特（Fernand Gobet）的话（请参阅本书最后与他进行的漫长对话）。（注：原文直译，这里就是没有说下一句）

其中最为重要的研究来自 Olewig de Tréveris 学校（位于德国特里尔）。在长达四年多的时间里，那里一半的低年级学生每周拿出一小时的数学课时间替换为国际象棋课，而另一半则继续上数学课，不接受国际象棋教学。必须强调的是，这些学生是遵照随机原则被分为两部分的，以此避免所谓的“自我选择偏见”（喜欢脑力训练的孩子会自愿报名参加国际象棋班，但这样可能造成研究结果的偏差）。到每学期末，接受国际象棋课程的学生数学成绩明显更好（高出两倍），尽管他们每周少上一小时数学课。同样的结果也出现在阅读理解课上。基于这项实践结果，这种方法已经在多个德国城市进行了复制。“国际象棋基地”网站（www.chessbase.com）上发表的数篇报告显示，汉堡的多个政府和教育机构都对此项措施表现出极大的认同。

莱比锡大学的 Markus Scholz 于 2008 年主持了一项类似的研究，但由于它是针对德国四所学校中有学习障碍的儿童（智商在 70 至 85 之间）所进行的研究，因而引起特别的关注。他的结论清楚地表明，研究结果具有相当的积极意义：国际象棋对于这类特殊儿童来说是非常有用的教学工具，并且已经发现国际象棋的训练与数学能力的发展之间存在明显的关联。甚至连 Gobet 都没有对此提出任何异议。

华金·费尔南德斯·阿米戈（Joaquín Fernández Amigó）的博士论文或许能称得上是对材料研究最为深刻的一篇著作，曾被答辩委员会称为是当之无愧的“优异作品”（《将国际象棋资源作为教学资料开展数学教学，以小学二年级学生为样本的成果研究》，巴塞罗那自治大学，贝亚特拉，2008 年）。费尔南多·阿米戈拥有 33 年的教师经验，并著有多篇有关国际象棋的文章。他的博士论文核心结论如下：

运用国际象棋作为教学工具，能够对计算能力和逻辑思维能力起到显著的提升。

同时也能够改进优化数学课程的教学方法。

国际象棋在教学中的运用，对于女孩的影响大于男孩。

国际象棋作为教学材料的功效很大程度上取决于教学机构本身的运作情况，即如何运用这类材料，当然，接受国际象棋教学的小组成绩始终会高于对照组。

尽管我们已经认识到可以将国际象棋作为交叉教学方法运用到算术和代数中，但最需要逻辑性的两个学科则是解决问题和几何学，我们将在后面谈论国际象棋的学前教育时再做阐述。

- 阅读理解

前面提到的在特里尔和汉堡研究，通过随机抽样调查，得出了非常积极的结果，这对于斯图尔特·马古利斯（Stuart Margulies）于 1992 年在布朗克斯第 9 区（纽约）进行的研究而言，也具有相当重要的影响。他的研究结论同样非常有意义：学习国际象棋的孩子在阅读理解方面的能力较对照组的孩子有明显的提升。然而应该注意到的是，这些孩子是自愿报名参加国际象棋课的，因此相比较而言，他们本身也许就具备更高的智力水平，或是更强的学习意愿。虽然说，以更大的取样人数和更严格的筛选条件来做研究，能够得到更加客观的结论，然而，由于斯图尔特的研究结果与在德国和其他众多国家的类似研究结果（虽然很多并未形成文字）不谋而合，同时，许多不具备国际象棋教学能力的老师也发现了国际象棋对于阅读理解的促进作用，因此该研究结果也就逐渐不再被质疑了。

然而，还需阐明非常重要的一点：为什么会下国际象棋的孩子具备更强的阅读能力？这两种行为之间的联系，相比较逻辑思考、数学能力和国际象棋之间的相互促进，并不是那么的显而易见。在反复思考之后，我似乎找到了答案。阅读和下国际象棋会经历相似的过程：识别符号（在阅读中，用不同方式组合的字母就是“符号”；而在国际象棋中，具有不同价值，不同形状，不同颜色的棋子，同样可以形成千万种不同的组合方式），找到他们之间的关联，并得出结论。一个孩子通过反复训练国际象棋，将这一过程转换为一种自发意识，从而使阅读变得更加容易，也能更好地理解所读到的内容。

- 历史

如果将国际象棋纳入至少一个学期的必修课程，即保证所有学生都知道如何下国际象棋，能够产生非常有效的交叉教学作用，会使得学生对其他的课程产生更大的兴趣。这一成效在历史课中最为显著，因为国际象棋起源于至少十五个世纪以前（虽然有些研究者，例如西班牙人华金·佩雷斯·阿里加（Joaquín Pérez de Arriaga）坚持认为国际象棋起源于古埃及，也就是说有更悠久的历史），因而有丰富的历史资料和极具吸引力的人物故事可讲。

我的脑海中快速闪过各种事例，全都写下来恐怕会占据太多篇幅，在此我就截取个别典型，希望对各位有所启发：

- 国际象棋是在伊斯兰入侵西班牙时传入的，并由西班牙人在其大帝国时期将之传播到了欧洲和美洲的大部分地区。

-13 世纪，智者阿方索十世曾写过一本有关国际象棋的书，在其中他称国际象棋为促进伊斯兰人、犹太人和基督教徒和平共处的有效工具。

- 现代国际象棋，也就是遵照目前现行规则的国际象棋，起源于 500 多年前的西班牙。它与阿拉伯式的国际象棋，或者说古代国际象棋相比最显著的区别，是“后”的加入，它的原型就是天主教双王中的伊莎贝拉女王。

- 法国作曲家菲力多尔 Philidor，不仅是位卓越的音乐创作者，更是十八世纪末全世界最优秀的国际象棋手。他对国际象棋策略最主要的贡献是，“兵是国际象棋的灵魂”，这一观点形成于法国大革命之前。

- 在国际象棋历史上的很多时期，最好的选手往往都出自当时处于主导地位的强国，如前文提到的菲力多尔。菲利佩二世统治期间的第一个非官方冠军，西班牙人鲁伊·洛佩兹·德·塞古拉或许也能算是一例。而在苏联与美国冷战期间，斯帕斯基和费舍尔之间的竞争就更具有代表意义了。

- 学前教育

五六岁以下的儿童在理解抽象概念上所遇到的困难，绝不意味着在他们的年纪，就无法享受国际象棋带来的乐趣并从中获益。一个最好的例子，是哥伦比亚学者阿德里亚娜·萨拉萨尔（Adriana Salazar）在波哥大开设的两家国际象棋中心，塔伦托（Talento）和奥西托·帕尔多（Osito Pardo）。当然据我所知，在其他国家也有类似的，具有积极意义的案例。

我在 2011 年和 2012 年的两次拜访，非常具有启发意义。3—5 岁的孩子在塔伦托（Talento）和奥西托·帕尔多（Osito Pardo）学习小提琴、跆拳道和国际象棋。这是萨拉萨尔 13 年前发明的教学法，目前有 2.6 万名幼儿参与其中，包括 20000 名哥伦比亚孩子和 6000 名西班牙孩子，他们来自两个国家的 60 多所不同的学校。

萨拉萨尔的基本原则是“寓教于乐”。而她的出发点是，只要运用适当的教学方式，幼儿的学习能力便是无穷的。

例如，在地上铺一块大板，让 3 岁的孩子在上面爬行、行走、跳跃或跳舞，在地上做出类似于国际象棋走法的斜线、水平线、垂直线，一边播放非常吸引人的歌曲，让他们在不知不觉中形成基本的几何概念。还有，为了训练孩子的空间感，他们在棋盘的某一位置放上两个兵（一黑一白），它们可以互吃，然后要求孩子们通过想象（不去触碰棋子）当白棋吃掉黑棋后，棋盘上的样子，反之亦然。这样的训练方式有许多益处，通过要求孩子在不触碰棋子的情况下进行脑力运算，让孩子们习惯在行动前先做思考，这样他们也能更自信地解释自己每一个决定的原因。

通过这类游戏，可以培养幼儿的注意力、感知力、记忆力、专注力、计算能力等等，以及，除了要对自己做出的决定负责并尊重对手的行为以外，还能学会以理性的方式解决问题。另一方面，萨拉萨尔用这种方法，弱化了国际象棋是两军之间的战争的想法，因为她认为最近几十年来，哥伦比亚发生了太多的暴力事件，因此，她会愿意把白棋和黑棋说成是奶油和巧克力，奶油总想去吃巧克力味的冰淇淋，巧克力也想吃奶油味的。

学龄前国际象棋教育的另一位杰出专家是乌拉圭人埃斯特班·哈拉吉萨（Esteban Jaureguizar）。他本是阿根廷人，移民后不久，他就将国际象棋引入了乌拉圭大学的各个学院。随后，为了解答以下三个问题，哈拉吉萨开始研究将国际象棋作为教学工具在更小的孩子身上运用的可能性：一个三岁的小孩是否有可能下国际象棋？是否有必要从幼年起就教授如此复杂的游戏？国际象棋中所要求的抽象思维，是否能够激发它们的某些逻辑思维能力？

哈拉吉萨总结出以下结论：“每个孩子都急于参与到任何性质的集体游戏中去。通常来说，他们只需花费很短的时间熟悉这类游戏的社交规则，便能很快地开始享受其中。但这在国际象棋中并不适用。这一点也是能够支撑国际象棋从幼儿时期便能有助于促进教学成果的基础理论之一。对那个阶段的孩子来说，下国际象棋是主动去‘学习’的过程，并没有‘我来教你下国际象棋’的那种概念造成的压力。通过这种方式，用玩的概念去下国际象棋，我们的研究或许能在不同的方向收获更大的成果。”

让我们来看看他是如何做的：“在国际象棋中，各种结构组合的演变带来的影响和意义是无穷大的。举例来说，我们可以想象一下，如果在幼年时期，依靠想象力把‘主教’这一角色在最初与‘大象’的含义联系起来，那么此后，在看到实物化的棋盘时，这种观念就能够和棋子的抽象意义所联系起来。之后，它又会呈现出新的含义，那将是与空间有关的含义。首先，孩子们会建立起这个形象与它所处在棋盘上的位置（棋子的初始位置）之间的联系，然后，一旦当孩子将‘主教’这一含义与‘斜线’这一新的组成部分建立起联系后，他将立刻意识到棋子是处在动态运动中的。”

依此类推：“主教的例子同样适用于所有其他的棋子逐渐构建多层级含义的过程。而且很显然，每一条价值链都会和其他价值链重合、连接，它们之间将不断重组，从而形成一个越来越复杂的价值结构，并持续不断地进化下去。”

以下这段结论，则讲的是幼儿并不需要完全理解国际象棋的所有规则，就可以享受其中：“这或许是国际象棋能够在学校教学中推广的最突出的优势：在国际象棋无穷的走法变化中，你可以在棋局中的任何一个时刻开始对弈，推理，并最终享受整个思考的过程。这也是我们希望呈现出的结果——在人类智力进化的美妙过程中，任何一个时刻我们都能够享受思考所带来的乐趣，尽管有时候过程是痛苦的。国际象棋要求对弈者不断地进行各种复杂的逻辑运算，享受这一美妙的过程吧。”

哈拉吉萨按照两岁到五岁的年龄划分，制定了一套教学目标规划，出于对它的巨大兴趣，我将其罗列如下：

总体目标：

• 促进幼儿在不同阶段发展健全的心智

• 帮助发展积极的能力，如专注力，面对小挫折的承受力，认清对手所处的位置

• 推进国际象棋概念纳入学前教育，并以一种有趣的、非传统教学场景化的方式呈现

• 为后续在学校环境中继续学习国际象棋起到积极推动作用

2 岁学习目标：

总体目标

• 通过国际象棋激发幼儿语言功能的建立

• 通过将棋盘作为对弈场所，巩固幼儿的空间概念

• 使幼儿建立起接受规则并尊重对局中任何情形的意识

- 通过国际象棋棋子的外形辨识，促进分类识别能力的形成
- 训练幼儿的序列化意识，最简单的如棋子在棋盘上的初始位置
- 与国际象棋游戏和教师建立情感纽带，将会成为学习过程的自然推动力

具体目标

- 使幼儿意识到国际象棋是一项能够与同伴分享的游戏
- 使幼儿认识到棋盘是开展国际象棋对局的空间
- 认识每颗棋子，知道它们的名字和应当摆放的初始位置
- 懂得每个方格同时只能容纳一颗棋子
- 知道所有白色棋子是同一方的，而黑色棋子则是另一方
- 学会兵的走法，也是国际象棋中最简单的走法（向前一步）
- 培养时间概念：学会接受每个人一次只能走一步棋

3 **岁学习目标：**

总体目标

- 建立动态空间概念
- 形成时间概念
- 发展逆向思维
- 接受对手意志的存在，因此使幼儿从以自我为中心的思维阶段向更高层的思维发展
- 构建绝对和相对的概念（大于，小于，等于）
- 强化在至少几分钟内持续集中注意力的能力

具体目标

- 学会各个棋子的走法（至少学会兵、车、马、象的走法）
- 理解“吃”的行为
- 掌握前进和后退的概念
- 知道吃掉对方的棋子是每一步的目标
- 能够将输和赢的概念与每一方被吃掉的棋子数量联系起来

4 **岁学习目标：**

总体目标

- 通过“长对局”训练整体空间感
- 建立“分值”的概念
- 通过步数的积累理解时间的概念

• 建立起“中局”的概念

具体目标

• 巩固对所有棋子走法的理解

• 强化对棋局的即时理解能力，特别是对吃子的可能性判断

• 对棋子分值的理解力

• 通过理解需要将棋子往前走才能在棋盘上获得更大的吃子机会，对战术建立基本概念。

5 岁学习目标：

总体目标

• 从“将杀”的概念出发，鼓励各种战术走法的想象力

• 通过思考“将杀”的局面，提升抽象思维能力

• 通过“适合我—不适合我”的方式，对开局进行假设性思考

• 加强专注力训练，直到能够独立完成一场对局

具体目标

• 建立“将”和“将杀”是棋局的终极目标的概念

• 掌握基础杀法，如：底线闷杀、交错杀、魔镜杀等

• 接触更复杂的规则，如王车易位、兵的升变等

• 培养基础战术能力，如击双、牵制、防御等

哈拉吉萨建议，有些课程可以在某些限制之下向家长开放，甚至可以鼓励家长和孩子们进行互动，例如开展团队比赛或双人赛。另外，他还建议专门针对家长开设课程。

如果您想要了解哈拉吉萨教学方法的更多细节，或是希望对国际象棋教学有所兴趣，可以在 www.ajedrezescolar.es 上找到大量有趣的素材。

- 情商

由拉古纳大学（西班牙特内里费岛）的心理学家拉蒙·阿西戈（Ramón Aciego），罗莱娜·加西亚（Lorena García）和莫瑟斯·贝当克（Moisés Betancort）于 2012 年以英语和西班牙语发表的一项研究，可能是最早得出以下重要结果的研究：国际象棋不仅有助于发展我们所称的纯智力或智商，对于社交情

感或情商的发展也同样有用。也就是说，国际象棋有助于培养社交和行为能力，如自尊心，自我激励，纪律性，对环境的适应，与教师的良好关系，学习研究的兴趣，对规则和社交性的尊重。

他们的研究，将170名在课外练习国际象棋的6—16岁之间的男孩女孩与60位在相同的时间内踢足球或打篮球的学生进行对比。研究结果非常显而易见。整个实验过程非常缜密，他们不仅比较研究了两个对照组的研究数据和不同的心理分析，同时还参考了学生的自我评价和每天给他们上课的老师对他们的评价。

我对这项研究结果唯一的异议是，与其他许多研究一样，是否会存在自我选择偏见。因为参加国际象棋班的孩子都是自愿报名的，那么就会出现一个问题，即，究竟是国际象棋开发了他们的智力，还是说因为他们本身就更加聪明才会选择下国际象棋。但是，以下事实抵消了可能出现的结果偏差：对比国际象棋学生组和足球或篮球学生组，学习国际象棋的学生在学期末表现出明显高于学习国际象棋之前的认知水平。也就是说，在课程开始前，两个组都做了算术、空间组合、相似性对比、编程、迷宫等测试，测试结果存在一定的差异，但不是很大，国际象棋小组的结果略好。但研究结果证明，在课程结束时，经过类似的测试后，两个小组之间的差异比9个月前大得多，并始终是国际象棋小组更好。

除了各类常规的智力测验外，该项研究还包括了其他30个领域的结果，心理学家将其归于社会情感能力的范畴。这些研究结果一方面基于学生对自己的看法，另一方面基于教师对学生的看法。与前文所提到过的那些领域一样，这些领域包括如自我安全感，发现并分析问题的方式，考虑替代方案并做出决定，社会进取心，羞耻心以及将学习视为一件愉快的事情，等等。 在这30个领域中的27个中，国际象棋组在接受课程之后都表现出了明显高于此前的水平。

- 加德纳多元智能理论

美国心理学家霍华德·加德纳，2011年阿斯图里亚斯王子科学奖得主，认为人的智能不能用数字来衡量（我们通常说的智商水平），而且，人类并不仅仅只有一种智能，而是八种：语言智能、数理智能、空间智能、自省智能、交流智能、节奏智能、动觉智能和自然观察智能。

在我看来，国际象棋显然能够促进上文提到的前五种智能的发展。在前文当中，我已经给出了足够多的论据来说明国际象棋能够发展数理智能、语言智能和空间智能。至于自省智能，很明显，一个好的国际象棋棋手必须能够清楚地认识自己（优势和弱点），才能在对弈中表现出最优状态。最后，同样是显而易见的，交流智能的发展也能通过练习国际象棋得到更大的发展，因为这是一项两人之间的对决，了解对手是非常有必要的。

在21世纪具有特殊价值的能力

在国际象棋能够培养的众多能力中，有些能力在当今社会中是非常有用的：自我批评，对自我行为后果的预判，全力以赴的信念，做出正确决定的过程，以及，最为重要的是，能够以最快的速度不断适应变化多样的现实。过去的30年，是人类历史上变化最大的30年。专家预测，同样的情形将会在未来30年内再次发生。在国际象棋的对弈中，经常会出现某一时刻，任何一方的一步棋会导致整盘棋局形势发生变化，从而迫使战术改变。一个人如果能够通过不断的国际象棋对弈，习惯这种变化过程，那么他也会有能力以同样的思考方式应对人生中的任何变化。

国际象棋对幼儿综合素质发展的教育价值和实施途径初探

毕立梅　胥家骏

从党的十九大精神可以感受到党和社会对素质教育的重视，对孩子们全面发展健康成长的希冀。2016年9月发布的《中国学生发展核心素养》中更是指出：以科学性、时代性和民族性为基本原则，以培养“全面发展的人”为核心的中国学生发展核心素养。中国学生核心素养具体分为文化基础、自主发展、社会参与三个方面，综合表现为人文底蕴、科学精神、学会学习、健康生活、责任担当、实践创新六大素养。幼儿期是发展核心素养的萌芽时期，这时的引导和培养会影响其一生的发展。

国际象棋有着1500多年的悠久历史，是一项风靡全球的智力活动，被誉为“人类智慧的体操”。随着素质教育的不断深入，国际象棋以它独有的游戏规则和深厚的文化底蕴，成为幼儿综合素质提升的优秀载体。三到六岁幼儿正处在“社会规范敏感期”和“文化敏感期”，从国际象棋的游戏规则和文化传承来看，都充分满足了幼儿敏感期发展的需要，对促进幼儿社会化成长，养成良好的社会规范意识和习惯，引发他们对科学艺术产生极大的兴趣，都有着不可或缺的教育作用。

长期以来，棋类教学的模式比较单一，多数以竞技为主要目的，重在教下棋的技能，而忽略了棋类活动在综合素质发展中的重要作用，忽略了棋类活动中良好的思维习惯、生活习惯、与人相处的态度，守规则讲礼仪、胜不骄败不馁等良好品质的培养价值，尤其是国际象棋教育多从中小学生开始，幼儿阶段的国际象棋教育研究则很少。基于国际象棋在幼儿综合素质发展中的作用和相对贫乏的教育研究，我们从幼儿国际象棋教材研发、师资培养和优化教学方法与教育途径等方面进行有益的研究与尝试。

一、关于幼儿国际象棋教材的研究与思考

幼儿国际象棋教材，是反映幼儿国际象棋学习内容和学习方法的有效载体，能具体形象地反映编写者的教育理念，是老师系统地进行幼儿国际象棋教学的依据，是幼儿获得国际象棋知识、启发智慧、塑造品格的重要工具。

（一）现状分析

通过调查发现少年儿童学习国际象棋的年龄正逐渐向低龄化发展，学棋的年龄从四五岁开始，如右图。随着三到六岁幼儿学习国际象棋的需求不断扩大，迫切需要我们研发出适合幼儿年龄特点的、科学有效的国际象棋课程和教材。

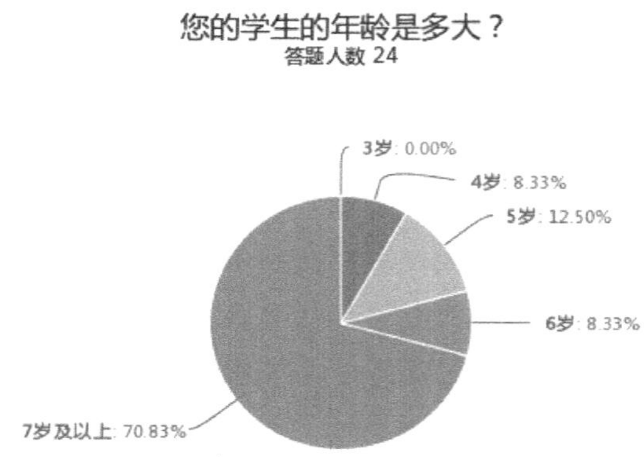

我国自20世纪90年代起就已经开始重视少年儿童国际象棋教育了，之后又开始逐步挖掘国际象棋在少年儿童素质培养中的作用，并出版了一些少年儿童的国际象棋教材，虽然国际象棋教材面向的使用者的年龄越来越小，但是三到六岁幼儿学习国际象棋的教材少之又少。纵观低幼儿童的国际象棋教材也存在着一些问题，需要我们去重视和改进。

1. 棋力知识内容多，综合素质教育培养内容少。虽然越来越多的人意识到国际象棋对幼儿综合素质培养和智慧启发、能力提升等方面的独特价值，但是基于对幼儿年龄特点和学习方式认识不足，对综合素质应包含的具体内容分析不足，对怎样在国际象棋教学活动中进行素质教育、品格塑造的方法研究不足，造成一些国际象棋教材在编撰中出现了以棋力知识为主要内容，对此之外的其他教育价值没有系统全面地开发，也缺少培养开发的方法，只是零散的、表面的呈现，达不到预期的效果。

2. 内容难度大，幼儿不易接受。三至六岁幼儿以具体形象思维为主，因此幼儿期的国际象棋教育应是国际象棋启蒙教育，是以培养幼儿的兴趣为出发点的教

育，过多地强调学习棋力知识，不利于幼儿理解和接受。在为数不多的儿童国际象棋教材中，一节课或一个单元中安排的棋力知识学习内容过多，专业概念术语过多，超出了幼儿的接受能力范围，幼儿不理解，学习起来很吃力。

3. 学习形式单一，不符合幼儿年龄特点。“游戏是幼儿的基本活动”，幼儿期的学习应该是在游戏活动中进行的。但有些国际象棋教材的教学形式比较单一，多以示范讲解为主。教材中很少看到游戏的影子，有的教材虽然能配以故事和儿歌进行学习，但是存在故事、儿歌篇幅较长，语言不够生动有趣等不适合幼儿年龄特点的情况，这也是幼儿国际象棋教材要改革的一个方面。

（二）挖掘国际象棋的教育价值

国际象棋是一项融科学、文化、艺术、竞技于一体的智力体育活动，对棋双方在分析对局时是一种逻辑思维的应用，在对局的攻守战略处理上又需要创造性的灵感。国际象棋是一种交流活动，是生动、直观的国际语言，增进了人与人之间的友谊。在丰富想象力、增强记忆力、培养逻辑思维能力的同时，人们还可以通过弈棋，学到条理性、系统性等生活的规则，增强应有的纪律性、忍耐性、判断力。人们在国际象棋的对弈过程中，一方面尽情享受着游戏的快乐，另一方面也在斗智斗勇，充分发挥自己的智慧、胆量和勇气。中国科学院大学人文学院的董俊林教授在他的《H. 西蒙与国际象棋》中提道：“国际象棋文化表现在三个方面：第一，国际象棋蕴含着教育文化；第二，国际象棋体现出社会文化；第三，国际象棋具有着人文文化。”因此我们积极探索利用国际象棋教育启发幼儿智慧、促进幼儿社会性发展，帮助幼儿塑造良好品格的有效途径和方法，充分挖掘和发挥国际象棋教育在幼儿教育中的价值，这将为研发高质量的幼儿国际象棋课程和教材提供有力的帮助。

1. 启发幼儿智慧。著名教育家苏霍姆林斯基，在他已被译成 10 多种文字的名著《把整个心灵献给孩子们》中，写道：“国际象棋是循序渐进的、逻辑思维的最好学校。下棋能使思维条理化，促使思想集中，但这儿最主要的是增强记忆力。”国际象棋世界冠军谢军说过：“下棋使我学会了思考，学会了集中注意力，学会了细心，学会了……好多好多的优良品质。”弈棋运动可以使人的注意力、观察力、记忆力、想象力、思维力这 5 种构成智力的基本因素处在良好的统一中，在智力各因素的组合作用下产生具有创造性的聪明和才智。

2. 促进幼儿社会化发展。社会化是指个体适应社会的能力，指与人交往、融入社会所需要的技能和品质。国际象棋作为一种休闲游戏，在全球爱好智力的人群中极具影响，对社会生活有着促进和交融作用，这种文化体育交流活动不仅能放松心情，也是良好的交流平台。幼儿学习国际象棋可以发展认知及判断能力，启发想象力和创造性的思维，培养兴趣、性格、信念、陶冶情操、感情、坚强毅力、意志品质等非智力因素，是一项“寓教于乐”的特殊教育手段。幼儿在学习国际象棋和参与国际象棋活动的过程中，可以结识更多的朋友，懂得与人相处之道，尊重对手，遵守规则。

3. 帮助幼儿塑造良好品格。董俊林指出：“通过国际象棋博弈，我们可以学会：（1）远见，考虑到行为可能导致的后果，可以看出一些未来的事件；（2）谨慎，考察国际象棋的整个棋盘或者对局场面，弈者之间的关系以及他们的环境位置；（3）注意，不要急于出招。”同样，幼儿在国际象棋学习和对弈中可以培养他们站在对方的角度考虑问题，关注全局不急于下结论，幼儿在对弈中能体验成功与失败，学习调节并控制自己的情绪，提高心理承受能力，培养纪律性和自我控制意识，提高认知自己的能力，培养坚持勇敢有毅力，胜不骄败不馁等良好的品格，从而形成健全的人格。

（三）对幼儿国际象棋教材编写的思考

尽管幼儿国际象棋教材还很少，但面向儿童的教材正逐渐增多，从这些教材中可以看到儿童国际象棋教材正在变革，这也为幼儿国际象棋教材的研发提供了有效的研究和参考价值，使我们能更好地创新幼儿国际象棋教材，让低幼儿童的国际象棋学习更具操作性、趣味性、游戏性和科学性，让幼儿国际象棋教材越来越符合幼儿的年龄特征和心理特点，学习的目的也从单一的知识技巧的学习，转向国际象棋知识、棋艺技巧、棋道礼仪、个性品质等身心全面的发展。以我参与研发的丹朱幼儿国际象棋教材《幼儿学国际象棋》为例，介绍一下对幼儿国际象棋教材编写的几点思考。

1. 设置情景，寓教于乐。在富有童趣的、与主题相互呼应的情境中学习，有利于帮助幼儿愉快主动地参与学习活动，具体生动地理解学习内容。因此，幼儿国际象棋教材可以借鉴优秀的绘本模式，将国际象棋的知识融入画面丰富、情景形象的绘本故事中，让幼儿的国际象棋学习活动更自然更有效。如《幼儿学国际象棋》这一教材就采用了流行的绘本表达方式，以丹朱哥哥带快乐猫和智慧鼠去欧洲游学的情节贯穿，用故事的形式向幼儿讲述了国际象棋的来历，认识棋盘、棋子，学习王、车、象、马、后、兵的走法和吃子规则，学习单兵升变，吃过路兵，王车易位，吃子，将军，应将，将杀，对局的结果等内容。生动有趣的故事情景，带孩子一起探索、交流国际象棋无穷的秘密，有效地激发了幼儿学习国际象棋的兴趣。

2. 学下棋，明道理。英国有句谚语：行动养成习惯，习惯形成性格，性格决定命运。这句话深刻地揭示了良好行为习惯对于人一生的重大影响。幼儿期是培养良好习惯的重要时期，注重这一时期良好习惯的培养，是为他将来成功地走向社会垒下的第一块坚实的基石。因此，品格养成方面的内容也是教材组成的一个重要方面，可以使教师明确每一课棋类学习中需要培养的良好品格是什么。如《幼儿学国际象棋》教材中，根据幼儿的接受能力由易到难地选择棋道礼仪内容，包括：安静、礼仪、动脑、感恩、优雅、坚强、自信、忍耐、规则、专注、合作、勤奋、互助、细心、诚实、文明、担当、独立、用功、淡定等。简单易记的口诀、朗朗上口的弟子规的形式，不仅让幼儿学会下棋，还懂得许多做人、做事的道理，让幼儿从小就养成良好的习惯，受益一生。

3. 动手动脑，操作学习。适合幼儿使用的教材不同于其他教材，它应更加活泼，更具趣味性和操作性，更有利于引导幼儿动手动脑操作学习。如《幼儿学国际象棋》教材中，闯关游戏、手工制作的穿插、粘贴方式的练习以及“调兵遣将”的留白，体现了游戏性、操作性、趣味性和科学性的理念，将幼儿带进好玩的国际象棋世界，在方方正正的棋盘上成为小小指挥官，变得更加专注、睿智和豁达！

4. 启发思维，提高能力。学习不只是获得具体的知识，还应该形成获得知识的能力，即学会如何获得知识、如何学习、如何解决问题。掌握学习方法、学习策略，有助于理解、巩固和应用所学的内容，提高学习效率。国际象棋具有抽象性和逻辑性，这对幼儿思维的发展有着特殊的意义。因此，在学习弈棋的同时，要引导幼儿多角度思考，提高思维的广度和深度，掌握解决问题的方法，提高思维和解决问题的能力。

5. 亲子共读，陪伴成长。幼儿年龄小，情绪情感发展不稳定，他们的成长需要父母的陪伴、支持和鼓励。然而，现在的父母工作忙压力大，往往会疏忽了对孩子的陪伴。有的家长虽然每天陪伴在孩子身边，但因沟通、游戏的技巧、方法少之又少，就会出现“假陪伴”。因此，面向幼儿的教材中可以设置亲子共读、亲子游戏、亲子制作等内容，给家长提供一个有效陪伴孩子成长的机会。

二、关于幼儿国际象棋教学活动组织的研究与思考

幼儿学习的特点和幼儿国际象棋教育中促进幼儿综合发展的目的，决定了幼儿国际象棋教学活动的组织有别于其他年龄段的棋类教学活动，更有别于培养国际象棋竞技人才的训练活动，因此我们要创新幼儿国际象棋教学方法和教学过程，促进幼儿全面发展。

（一）幼儿学习的特点

1. 游戏是幼儿的基本活动。游戏是幼儿生理和心理发展的需要，国家颁发的纲领性文件中都提到了游戏的重要性。2016 年 3 月公布和实行的新的《幼儿园工作规程》中一再强调“以游戏为基本活动，寓教育于各项活动之中”；“幼儿园应当将游戏作为对幼儿进行全面发展教育的重要形式”。在《3—6 岁儿童学习与发展指南》中也指出：“理解幼儿的学习方式和特点。幼儿的学习是以直接经验为基础，在游戏和日常生活中进行的。要珍视游戏和生活的独特价值，创设丰富的教育环境，合理安排一日生活，最大限度地支持和满足幼儿通过直接感知、实际操作和亲身体验获取经验的需要，严禁‘拔苗助长’式的超前教育和强化训练。”因此，幼儿国际象棋课程也应以游戏为主要活动，让他们在游戏中学习国际象棋知识，学会国际象棋技能，发展综合素质。如：认识棋盘的活动，可以让幼儿在涂涂画画、拼拼摆摆的游戏中完成。认识棋子和走棋规则时，可以利用黑白两色的泡沫地板，师生一起在操场上拼摆出一个大大的国际象棋棋盘，小朋友们带上棋子头饰扮演国际象棋棋子，在大棋盘上做“听指令走棋”的游戏，让幼儿既复习了国际象棋知识，又获得了愉快的游戏体验。

2. 在操作中建构知识。建构主义关注的是学习者如何来建构知识，强调学习者不是知识被动的接受者，而是知识主动的建构者。建构主义强调，教学不能无视幼儿原有的经验，而要把幼儿现有的知识作为新知识的生长点，引导幼儿从原有的知识经验中“生长出”新的知识经验。三至六岁幼儿以具体形象思维为主，他们知识的建构与思维的发展是建立在动手操作、亲身体验的基础上的。操作是幼儿摆弄物体进行探究的过程，在操作探究的基础上，幼儿会产生对事物本质的理解和相应的情感反应，这种反应就是体验。国际象棋教学中的操作学习，是幼儿自主地操作棋具、学具等材料，在与不同材料的相互作用中直接感知、探索获

得国际象棋知识的过程，是幼儿主动获取知识，发展感知和思维的重要方式。

（二）优化国际象棋课程组织的原则

1. 课程的游戏化，让国际象棋教育向低龄化发展。

游戏对幼儿来说，是一个开始探索客观世界的过程，游戏可以促进幼儿对新的知识产生兴趣。因此教师应将国际象棋的知识融入愉快的游戏之中，帮助幼儿更自然地内化、吸收；引发幼儿学习国际象棋的兴趣，让幼儿更容易地养成专注、礼让、尊重、守规则等良好的情感态度和习惯，达到更好的国际象棋启蒙教育。

2. 课程的开放性，促进幼儿逻辑思维、观察判断、动手动脑等能力的发展。

我们在组织幼儿国际象棋课程时应以《幼儿园教育指导纲要》《3—6 岁儿童学习与发展指南》精神为指导，注重整合的思维提升，通过国际象棋课程的实施，帮助幼儿提高观察、记忆、思维、判断、动手等综合能力。同时，幼儿国际象棋课程中还应融合棋道礼仪、思维拓展、动手动脑等多种操作。突出内容上的开放性，知识点呈现的开放性，能力培养的开放性等，尤其要注意课程组织的开放性，如：开放性的提问，环节组织的开放性等，凸显幼儿的主体地位。

3. 课程的综合性，重视幼儿健全人格和做人做事品质的养成。

古人云“养习于童蒙”，意思就是好习惯要从孩提时代开始培养。据科学调查结果显示：6 岁前的孩子无论是生理还是心理方面都是接受教育的极佳期，这个时期的孩子求知欲强烈，容易接受成人的引导和训练。因此，成人应抓住时机培养幼儿良好的行为习惯。我国幼教工作者根据《幼儿园工作规程》的基本精神以及幼儿心理发展的具体特点，对幼儿社会性发展目标进行了较多研究，概括起来包括如下内容：一是自我系统的发展。包括：自我认识、自我评价、自尊心和自我价值感、成就感与好奇心、自信心、主动性、独立性、自制力与坚持性等。二是情绪情感的发展。包括：情绪状态、情绪情感的表达与控制、同情心、责任感、好奇心与兴趣等。三是社会交往的发展。包括：交往态度、交往能力（合作、轮流、分享、遵守规则、解决冲突）、人际关系等。四是品德发展。包括：爱周围的人、爱集体、爱祖国、礼貌、诚实、爱劳动等。这些在幼儿国际象棋课程目标、内容和组织中要重视和体现的。

（三）建立完善的课程教学体系

1. 设置全面适宜的课程目标

目标是统摄和贯穿整个课程的灵魂和线索。课程目标设置得是否全面、适宜，直接决定着课程方案的质量和水平。课程执行的总目标应以《幼儿园教育指导纲要》《3—6岁儿童学习与发展指南》精神为指导，同时注重整合的思维提升，关注幼儿的社会性能力的发展，旨在通过本课程的实施，帮助幼儿提高观察、记忆、思维、判断等综合能力，体验参与国际象棋活动的乐趣，养成良好的棋道礼仪。

幼儿国际象棋课程还应关注幼儿不同的年龄特征和心理特点，在每一个独立教学活动目标的制定上都要兼顾情感态度、能力方法、知识技能三个维度。在情感态度的目标制定上，重点是引导幼儿体验国际象棋活动的快乐，萌发探索的兴趣和主动探究的愿望，促进幼儿良好的意志品质和社会化发展；在能力方法目标制定上，则偏重于幼儿智力和创造力的发展以及灵活行棋布局的能力；在知识技能目标的制定上，偏重于对国际象棋基础知识的学习和运用。

2. 创新国际象棋课程教学模式

根据幼儿学习国际象棋的特点和课程目标，教师应不断创新幼儿国际象棋课程的教学模式，使之更好地为幼儿的学习和发展服务，在我们的研究中，国际象棋课程主要包括以下六个步骤流程：

步骤一：棋趣故事

教师利用教材提供的棋趣故事导入活动，将枯燥的知识点融于故事情境中帮助幼儿理解，引发幼儿参与活动的兴趣和主动操作、自主探索的愿望，使幼儿的学习活动在有趣的故事情境和游戏中展开。

步骤二：棋力增长

这是整个教学活动中最主要的步骤，教师在此过程中应细心观察幼儿的表现和参与活动的态度，鼓励幼儿大胆自主地探索，给予幼儿切实的帮助和指导。此环节应用比较多的是讲解演示法。讲解演示是幼儿获取国际象棋基本知识的有效途径。在运用讲解演示法时应注意：（1）必须突出重点，讲解演示应围绕要求幼儿掌握的知识和技能，不要使其他细节分散幼儿的注意。（2）讲解时语言要简练、生动形象、通俗易懂和准确。（3）演示要真实、直观、整洁，以免分散幼儿的注意。通过提出问题、操作探索、交流讨论几个环节，教师利用大棋具引导幼儿带着问题，探索掌握国际象棋的知识，并在师幼、同伴间的交流讨论中发展思考和解决问题的能力。

步骤三：魔法口诀

幼儿需要对获得的行棋经验进行抽象概括，才可以达到从量的积累到质的改变。因幼儿是以具体形象思维为主，抽象概括能力有限，所以教师要及时引导幼儿利用魔法口诀进行归纳总结，对本次教学内容进行总结和梳理，使学到的知识、能力得到进一步的巩固和提升。同时，在活动中，教师要及时肯定幼儿在活动中的表现，帮助他们树立自信心。

步骤四：棋力练习

此环节主要引导幼儿完成知识点的练习，帮助幼儿完成从具体实物的操作到较为抽象的图像文字的过渡，同时也可以检验每位幼儿的掌握程度，此环节教师应注意及时肯定幼儿的表现，积极地表扬鼓励，使幼儿体验成就感。

步骤五：棋道弟子规

引导幼儿学习棋道弟子规，从而知道简单的棋道礼仪，培养幼儿良好的纪律性和自我控制意识，提高认知自己的能力，调节并控制情绪的变化，从而形成健全的人格。

步骤六：梳理与讲评

对整个教学活动进行总结，对本活动中所学的知识点进行梳理，对幼儿在活动中的表现进行公平的正面评价，激发幼儿参与学习的热情，增强其自信心和用于克服困难的勇气。

三、关于幼儿国际象棋师资培养的研究与思考

幼儿国际象棋课程较之其他课程对教师的要求更全面、更严格、更具挑战性。幼儿国际象棋教师既要掌握一定的国际象棋专业知识，又要懂得幼儿心理学、教育学，有幼儿课堂的掌控能力，这就需要我们创新幼儿国际象棋教师培训途径，促进教师专业成长。

（一）不同类型的国际象棋教师教学行为的反思

研究中，我们对已开展幼儿国际象棋课程的棋类培训机构的教师进行了问卷调查，从调查结果中发现，幼儿国际象棋教师 79% 为大专学前教育专业，8%—9%

为国际象棋专业教练，12% 为其他专业的国际象棋业余爱好者。不同背景和学历基础的教师在幼儿国际象棋教学中会有不同的表现，对幼儿的学习也会产生不同的影响。

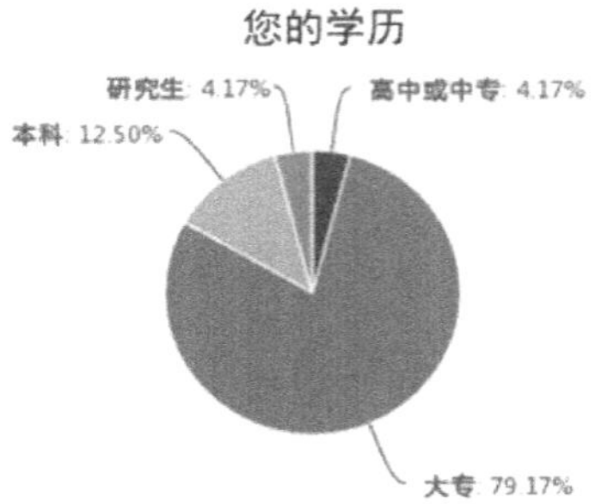

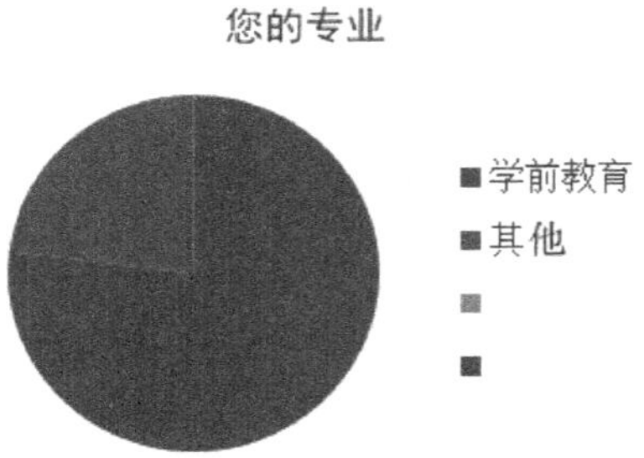

1. **幼儿教师型国际象棋教师**。

幼儿教师型国际象棋教师，幼儿教育的专业知识丰富，懂得幼儿的心理和学习的特点，教学能力比较好，课堂控制力较好，活泼亲切，与幼儿的关系融洽。一方面，他们能很好地利用专业知识和技能与幼儿互动，能用适合幼儿理解的语言将知识点讲清楚，便于幼儿理解掌握。他们会根据需要设计组织适宜的游戏，引导幼儿在游戏、操作中进行学习，同时对品格塑造、能力发展把握比较准确。另一方面，他们国际象棋的棋力较弱，可以说是边学边教，仅能掌握国际象棋的基本知识和行棋规则，但是在这些知识的灵活应用和对整个棋局的把控上就比较困难，因此对幼儿棋力的引导上有很大限制，不利于幼儿棋力的增长。

这类教师组织的幼儿国际象棋教学活动生动有趣，活动步骤环节清楚，能够兼顾国际象棋教育各层次的目标，能有效地激发幼儿的学习兴趣，综合素质和品格塑造的目标达成度高，有利于幼儿自信心的培养。不足之处是由于自身棋力不足，限制了幼儿棋力知识的灵活运用和对棋局的准确把握。

2. **教练型幼儿国际象棋教师**。

教练型幼儿国际象棋教师，教师的棋力知识深厚，有丰富的实战经验，对棋局的把控精准。一方面，这一类教师在课堂上可以熟练灵活地根据知识点摆出各种题型，让学生反复练习巩固，掌握应对各种棋局，可以很好地引导幼儿国际象棋棋力的增长。另一方面，他们缺少幼儿教育相关的理论、认知和教育技能，性格过于沉稳，对棋力知识过于严苛而忽略国际象棋教育活动的其他教育价值，容易挫伤幼儿学棋的积极性和自信心。

这类教师组织的幼儿国际象棋教学活动单方面追求幼儿棋力的增长，课堂气氛呆板，有时会出现揠苗助长的现象，使幼儿的自信心受到打击，丧失继续学习的兴趣和动力。另外，他们的教学方法比较单一，教学灵活性不够，不能兼顾国际象棋教育各层次的目标，忽视了幼儿综合素质和品格塑造的教学目的。

3. **其他类型幼儿国际象棋教师**。

其他类型幼儿国际象棋教师，一方面他们的棋力知识不及教练型的国际象棋教师，属于业余爱好者的较多，对棋力知识认识不够规范，把握不够精准。另一方面他们也缺乏幼儿教育的专业知识和技能，因此，他们是必须全面培训后才可以上岗的国际象棋教师。

这类教师组织的幼儿国际象棋教学活动，既没有幼儿教师型教师组织的课堂那么目标明确，生动有趣，也没有教练型教师组织的课堂那么严谨细致，专业度高。

（二）关于教师培训培养的研究

松下幸之助认为“没有成功的人才，就没有成功的事业”。幼儿国际象棋教育，因其在幼儿发展中的重要作用，必将成为幼儿教育事业中一个不可缺少的内容，幼儿国际象棋教师的专业度和教学能力的提高是提升幼儿国际象棋教育的首要条件。基于前面对教师学历和专业的分析，对幼儿国际象棋教师的培养培训就显得尤为重要和艰巨。

1. 教师培训与研究的内容应该包括：教师职业道德教育，幼儿教育学，幼儿心理学，教师专业化水平的提高，如教育理念、专业知识、专业能力等。专业性的国际象棋教学培训，国际象棋棋力知识和实战对局，教学方法，游戏的设计与组织，幼儿国际象棋课堂流程等。

2. 培训培养的原则。基于幼儿国际象棋课程的特殊性，对幼儿国际象棋教师的培训培养应遵循四个原则：第一是针对性原则，针对不同类型教师的情况提出针对性提高的培训目标，选取有针对性的内容，切实提升不同教师的教育水平和素养。第二是实效性原则，紧密结合幼儿国际象棋教育教学的实际，着眼于教材、教法、学法的掌握和提升。第三是系统性原则，不论是幼儿教育专业理论、技能的培训，还是国际象棋专业知识的学习都要系统扎实有效地进行。第四是开放性原则，注重学校之间的合作与交流，与培训机构有机的协同与结合，实行教研与培训的有机结合与协同，教师之间互帮互助。

3. 教师培训培养的主要形式。第一，集中培训。科学系统的幼儿国际象棋课程的组织开展一定要在专业理论知识的引领下才会有效，理论知识是教师提升教学能力的关键。专业理论知识可以划分为两类，一类是有关幼儿教育的专业知识，一类是有关国际象棋的专业知识。这一部分内容较多地使用集中培训的形式，能有效而全面地提升教师的专业理论知识水平。第二，技能比赛。通过技能比赛可以有效地促进教师业务技能的提升，针对幼儿教育专业的比赛有故事讲述比赛、课堂游戏设计、教具学具制作等；针对国际象棋专业的比赛有棋力知识比赛、实战对局、习题解答演示等。第三，师徒结对。教师之间取长补短，互相学习帮助提高。第四，教学研究。教学研究是提高日常教学质量，解决教学难题，改进教学活动的有效途径，教师可以在研究教材，撰写教案、组织教学、听课评课、反思交流的教研过程中提高教育教学水平。第五，外出学习与参观。可以开阔教师视野，加强交流，学习借鉴先进地区和学校的宝贵经验。第六，参与课题研究。课题研究可以促使教师用研究的眼光去思索国际象棋教育的过程和教育行为，可以有效地促进教师专业的成长。第七，网络学习。可以利用网络直播和微课堂等实行开放自主的学习与培训。

参考文献：

[1]董俊林.H.西蒙与国际象棋[J].自然辩证法通讯.2013(8).

[2]刘健.幼儿学国际象棋[M].成都时代出版社.2015.

[3]谢军.红袋鼠国际象棋课堂[M].中国少年儿童新闻出版总社.2010.

[4]王普华.幼儿园管理[M].高等教育出版社.2005.

国际象棋训练对大学生执行功能的影响

彭建国[1]　梁志华[2]　宋祯祥[3]　牛　宙[4]

一、研究背景

国际象棋是世界第一大智力活动，属于我国正式的智力体育项目之一，各种教育培训机构都将其作为青少年启智项目而设计成一系列课程。近几年来，国际象棋的作用被越来越多的人发现且认可。一些从事国际象棋培训的教师和接受过国际象棋训练的学生们曾表示，国际象棋训练在锻炼静心态度、培养静心能力等方面都有重要作用。而且，在学习国际象棋的过程中，复盘、背记定式等训练必不可少，而这些训练也可以显著提高少儿记忆能力。除此之外，在日常生活中与学习国际象棋的学生进行交流时，会发现接受国际象棋培训的青少年更能进行举一反三地思考，更能进行有效逻辑推理和准确判断。综上，通过对日常生活的观察可知，国际象棋训练是一款不错的认知训练工具。

除此之外，在理论上，一些研究也为国际象棋训练的意义提供了支持，尤其是在促进个体认知能力发展方面。康凯（2015）发现，国际象棋训练可以培养人的逻辑思维能力、丰富想象力并增强记忆力。张晓茹（2019）发现，经常进行棋牌游戏会减缓人的认知能力下降的速度，特别是记忆力下降的速度。谢军（2001）发现，青少年智力和非智力因素的水平可以通过参加类似棋类这样的脑力训练项

① 北京师范大学珠海分校教育学院
② 珠海市国际象棋协会秘书长、国际大师、国际级裁判
③ 北京师范大学珠海分校教育学院
④ 北京师范大学珠海分校教育学院

目得到提高。赵思迪（2019）发现，棋类活动能够促进儿童的坚持性能力（包括注意力、抗干扰和应对挫折）的发展。徐娴（2018）发现，棋类活动对幼儿的专注力提升有促进作用。在这些研究中，笔者发现大部分有关国际象棋影响的研究结果都聚焦于思维、记忆、注意等高级认知功能，而研究表明人的高级认知功能会受到执行功能（executive function，EF）的控制。执行功能作为大脑的控制中心，负责调控大脑认知资源的分配，是个体高级认知能力的保障机制（刘方英，2019）。由此可知，国际象棋与执行功能之间可能存在一定的联系。

执行功能的研究是心理学研究的一个热点，对于执行功能的研究最早开始于英国的一些学者对额叶损伤患者的研究。他们发现额叶损伤的患者可以完成一些简单的反应任务，却不能完成相对复杂的任务，这些复杂的任务往往需要患者存储相应的任务目标并监控目标的完成情况（李莉，2012）。如今，执行功能已经成为一个重要的概念，它的含义相当广泛，还没有一个明确的定义。总的来说，执行功能的含义可以分为广义和狭义两种。

广义的执行功能是指个体的许多认知加工过程的协同操作（李美华，白学军，2005）。Baddeley 对执行功能的定义是：在完成复杂的认知任务时，对各种认知过程进行协调，以保证认知系统以灵活、优化的方式实行特定目标的一般性控制机制；它的本质就是对其他认知过程进行控制和调节，根本目的就是产生协调有序的、具有目的性的行为（1996）。Perner 等学者也把执行功能定义为“负责高级行动控制的加工”（1999）。Rabbit 还将执行功能的特征概括为以下七点：（1）为完成新异任务所必需；（2）不仅仅关注当前的内在和外在环境，以构造对过去的解释，而且试图对将来产生主动的控制；（3）为启动新的行为系列、中断正在执行的反应所必需；（4）为阻止不恰当的行为反应所必需；（5）执行控制能够从一项任务迅速转向另一项任务；（6）为监控自己的表现、纠正错误、改变计划或意识到新的机会和可能性所必需；（7）执行控制使得注意能够长时间地保持（周晓林，2004）。而狭义的执行功能通常指抑制控制，它是指在认知加工过程中，根据任务需要对某些占主导地位的、自动的优势反应给予抑制，抑制控制被认为是执行功能的核心成分（李莉，2012）。

执行功能的各部分会在人的不同生长期进行发展，12 岁的儿童的执行功能发展水平已经近似于成人，但还存在不足，且这些不足只能在成人期进一步发展完全。一般情况下，大学生已经步入成人期，开始发展其未发育完全的执行功能成分（张婷，2010）。而国际象棋训练作为一种可以影响高级认知能力的手段，自然引起了笔者的重视，国际象棋作用的认知机制与执行功能成分的部分重叠，也使得笔者试图进一步探究国际象棋训练与执行功能之间的关系。因此，本研究将采用准实验设计，在接近真实且具有较高外部效度的情况下，去探究国际象棋训练对大学生执行功能的影响。

二、文献综述

（一）执行功能及执行功能训练

执行功能是目前被广大研究者重点研究的认知功能之一，它在人类的意识控制、思想转换和行为调节等方面都有重要作用。它是一种由人的自主意识控制的、自上而下的信息加工过程。它由一些广义上的认知结构组成，包括工作记忆、心理灵活性、反应抑制性等。当然，除上述较基础的认知过程外，诸如决策、判断、推理等高级认知过程，也被执行功能这个概念包括在内。总的来说，执行功能是在完成复杂认知任务的时候，对各种认知过程进行协调，以保证认知系统寻找最优途径去实现目标的一般性控制机制（周晓林，2004）。

目前认可度较高的对于执行功能的定义是以认知控制理论为基础的界定方式。该理论认为，执行功能是由意识控制的自上而下的、以目标为导向的高级认知功能（Burgess, 2005; Diamond, 2013），分为三个部分：（1）抑制能力；（2）工作记忆；（3）认知灵活性。本研究也将采用该定义。

抑制能力即抑制控制能力，指的是人们在进行有目的加工时仅注意和目的有关的刺激，忽略无关刺激的能力，可以表现为延迟行为、中断行为等（王元，李柯，盖笑松，2019）。

工作记忆是负责当前工作状态的记忆，它负责短暂地存储当前信息，同时还要对需要的信息进行加工，由视觉空间模板、语音环路、情景缓冲器和中央执行系统四个成分构成。

认知灵活性又称转换，负责在占用同一种认知资源的两项不同任务之间进行资源的分配，包括注意转换、认知任务和反应转换。它是最晚发展起来的执行功能的成分（Diamond,2006）。

对于所有人而言，良好的执行功能不可或缺，它是认知能力的重要组成部分。

因此大多数研究者都试图寻找方法去提升人们的执行功能水平。有研究表明，执行功能具有一定程度上的可塑性，这是因为人类大脑具有结构和功能上的可塑性，而执行功能归根结底是由大脑产生的认知能力之一（Chang,2014）。除正常个体之外，认知障碍患者也可以通过执行功能训练来改善其临床状况并提升其认知能力（Ballesteros, Zamarrón, Dolores, Calero & Tárraga, 2007; Lustig, Shah, 2009）。总的来说，因为执行功能存在可塑性这一性质，所以改变个体的经验和环境能够影响其执行功能发展水平。而这也是执行功能训练存在的意义。

对于执行功能训练的效果的评价，研究者大致分为两个方面，一方面是长期效应，即认知训练对执行功能的提升效果的持续时间；另一方面是迁移效应，举例来说就是训练了工作记忆之后会提高被试的记忆能力或流体智力水平等（王祥鹏，2018）。

本研究想要探讨国际象棋训练能否提升大学生的执行功能水平。

（二）国际象棋与执行功能训练的关系

执行功能训练是认知训练的一种。有研究表明，认知训练一般可分为两类，一种是基于策略的训练，一种是基于具体加工的训练（王祥鹏，2018）。笔者认为，国际象棋训练属于两种训练的综合。在棋手学棋早期的时候老师会在记忆策略方面提供相关指导，例如记忆国际象棋残局的策略等，而在其逐渐熟练之后，自己本身也会存在在下棋过程中思维效率提升、认知灵活性增强等优势。

由前人研究可知，执行功能可以划分为抑制能力、工作记忆和认知灵活性三个成分，而国际象棋训练可以对与这些成分有关的认知能力产生影响。Postal（2012）发现，国际象棋水平高的选手，能够进行正确信息的选择和有效的抑制，能够更多的进行基于自动和并行的信息编码，能够更加快速地处理信息。童美丽、金英等人（2005）发现，国际象棋训练中，老师可以通过教授记忆策略和诱发儿童自己产生记忆策略来增强儿童的记忆力。刘适兰（2003）发现，国际象棋训练可以锻炼儿童的注意力，有效地锻炼儿童正确处理全局与局部，进行任务之间的取舍能力，快速地转变各种有效的计划。

综合来看，这些研究中提及的认知能力恰好可以与执行功能的三个成分建立联系，因此，国际象棋训练也许可以作为一种认知训练的手段，且这种认知训练可能会对执行功能产生影响。

通过阅读认知训练的相关文献，笔者发现大多数的认知训练方法都是从实验范式中改进得到的。这会令人质疑到底是认知训练产生了效果，还是因为被试对实验范式十分熟悉而导致的测验成绩的提升。所以，对日常生活中大家普遍都能接触到的“益智活动”进行研究，考察其是否能对认知能力产生影响迫在眉睫。不论是围棋、象棋还是国际象棋，都是一本同源，而这些棋类活动也是最为普遍的“益智活动”，也是最不易与最终的执行功能测试手段产生效标污染的训练方法。

因此，本研究将立足于国内外现有的一些国际象棋与认知训练的研究成果，以北京师范大学珠海分校大学生为研究对象来探究国际象棋训练对大学生认知能力之一——执行功能的影响。

三、问题提出

（一）已有研究不足

在已有的棋类运动与认知能力的相关研究中，笔者发现，研究的主题大多以智力、注意、逻辑思维能力和抑制能力等认知能力为主。谢军（2001）发现进行棋类训练的青少年智力和非智力因素都会得到提高，刘适兰（2003）认为学习国际象棋可以提高学生的逻辑思维能力、抑制能力和产生策略的能力。也有研究者认为，国际象棋训练对注意力的分配和转换会产生较大影响（阮秋萍，龚佳青等，2018），还有研究者认为，国际象棋通过教授记忆策略和诱发儿童自己产生记忆策略来增强儿童的记忆力（童美丽，金英，2005）。通过文献综述部分可知，执行功能是由工作记忆、认知灵活性和抑制能力这三个成分组成的，且这三种成分或多或少都与上述研究涉及的认知能力存在联系。然而，并没有学者直接提出过棋类运动或国际象棋运动与执行功能之间可能存在的关系，因此本研究选择以它作为研究主题进行探讨。

除此之外，目前关于执行功能的干预研究多集中于 ADHD 患者、痴呆患者等发展有缺陷的个体或处于正常水平的儿童和老年人身上，对处于青年期的正常成人的执行功能研究较少。但这并不能代表干预成年人的执行功能没有价值。目前，研究者们就执行功能可以通过训练提高似乎已经达成了共识（胡利繁，2019），因此，作为一种新的干预手段，国际象棋训练有可能对成人执行功能产生影响。

综上所述，本研究的目的是探讨国际象棋训练能否对大学生的执行功能产生促进作用。

（二）研究意义

1. 实践意义

根据前人研究，可以发现目前已存在多种可以提升执行功能水平的训练种类，但是这些训练的原理大多数都源于执行功能测量的实验范式，与人们日常接触的活动相差甚远。本研究将探讨国际象棋训练对执行功能的影响，有助于拓宽执行功能的训练手段，也更贴近人们的日常生活。

2. 理论意义

在理论意义上，本研究可以在一定程度上表明国际象棋训练和执行功能之间存在相关关系，为国际象棋在认知方面的理论进行一些补充，并且为开展国际象棋活动提供理论支持。除此之外，本研究还可以拓宽研究视野，为未来研究者提供探究生活中的“益智活动”与认知能力之间的关系这一研究视角。

四、研究方法

采用准实验研究设计，通过控制是否参加国际象棋训练这一变量，来分析和比较两组大学生在执行功能水平上的差异，考察国际象棋训练对大学生执行功能的影响。

（一）研究对象

本研究选择不打乱原有的国际象棋班级，仅在已经接受北师大国际象棋选修课训练的学生（国际象棋零基础）中进行实验组的抽样。而对照组的选取则为自愿报名参与执行功能测验的未接受国际象棋训练的学生。对两组同学分别进行前后测，前后测的间隔时间为 9 周。研究共抽取了 60 名北京师范大学珠海分校大二和大三学生作为被试，女性 35 名，男性 25 名。其中 30 名为实验组被试，30 名为对照组被试。两组被试均身体健康，视力良好，且为右利手。

（二）研究工具

本研究采用了 Eprime 程序对被试的执行功能进行测量，测量在北京师范大学珠海分校心理学实验室进行，主试接受过事先培训，采用统一的指导语对被试宣读实验要求。研究采用单盲实验，被试不知道实验目的，仅了解他们将要进行一项认知测验。

（三）测量程序

以下为具体的Eprime程序内容，共分为三部分，每一部分又分为练习和正式测验两个部分：

1. 抑制能力：本研究采用Go/Nogo研究范式（Verbruggen F，& Logan GD，2008）进行测量，实验材料为两个大写的英文字母F和J。F和J字母又分为两类，一类是字母上方没有红点，看见没有红点的字母时被试需要按相应的键（若屏幕上呈现字母F就要按F，呈现字母J就要按J），这种没有红点的字母就是该实验中的Go信号；另一类是字母上方存在红点，看见字母上方出现红点时被试不需要按键反应，这种有红点的字母就是该实验中的NoGo信号（具体实验材料见图1）。练习实验有20个试次，正式实验有60个试次（Go与NoGo比例为7 ：3）。被试先进行练习试次，然后当被试认为自己完全了解实验规则后，就能自主选择进入正式实验试次。

实验的一个试次的具体操作如下：屏幕上先出现一个注视点500 ms，接着呈现刺激材料1000 ms，此时被试会进行相应的反应，然后出现一个空屏500 ms。

图1　Go/Nogo研究范式中的实验材料

2. 认知灵活性：本研究采用数字—字母的任务转换研究范式（Davidson MC, Amso D,&Anderson LC, 2006；Karbach J, &Kray J. 2009）进行测量。实验材料是由两种不同形状和颜色组成的四种不同的几何图形，分别为：红色的圆形、红色的星形、蓝色的圆形和蓝色的星形（具体实验材料见图2）。实验程序共分为三个阶段，第一阶段被试对图片的颜色进行按键反应，第二阶段被试对图片的形状进行按键反应，第三阶段按照屏幕上显示的提示词（提示词为颜色或者形状）进行按键反应。三个阶段分别有 60 个试次的正式实验和 20 个试次的练习实验，被试先进行练习试次，然后当被试认为自己完全了解实验规则后，就能自主选择进入正式实验试次。

第一、二阶段的一个实验试次具体操作如下：屏幕上先出现一个注视点 500 ms，接着出现图片刺激 1000 ms，被试会进行相应的反应，然后出现一个空屏 500 ms。在实验中，第一阶段被试要对颜色进行判断，看见蓝色按“F”键，看见红色按“J”键；第二阶段被试要对图形进行判断，看见圆形按“F”健，看见星形按“J”键。

第三阶段的一个实验试次具体操作如下：屏幕上先出现一个注视点 500 ms，然后随机出现一个提示词（形状或者颜色）500 ms，接着出现图片刺激 1000 ms，被试需要根据提示词进行相应的反应，最后再出现一个空屏 500 ms。在第三阶段，如果出现“颜色”提示词，被试要对图片的颜色进行判断，看见蓝色按“F”键，看见红色按“J”键。如果出现“形状”提示词，被试要对图形的形状进行判断，看见圆形按“F”键，看见星形按“J”键（季善玲，2018）。

图2　认知灵活性测试的实验材料

3. 工作记忆：本研究采用 n-back 研究范式（Verhaeghen P, & Basak C，2005；Owen AM，McMillan KM，& Laird AR, Bullmore E，2005）进行测量。测量分为 1-back 和 2-back 两个水平，每个水平都分别有练习实验和正式实验两个部分（季善玲，2018）。实验材料为四种几何图形，分别是圆形、三角形、菱形和正方形（具体实验材料见图 3）。在每个水平的实验程序中，练习试次均有 10 个，正式实验试次均有 40 个。被试先进行练习试次，然后当被试熟悉规则，正确率达到 75% 以上时，就能进入正式实验试次。

1-back 的一个实验试次具体操作如下：先出现一个注视点 500 ms，接着连续随机出现中间用 500 ms 空屏隔断的五个刺激，每个刺激呈现 500 ms，之后呈现一个判断刺激 500 ms，被试需要判断最后呈现的刺激与倒数第一个刺激是否相同（季善玲，2018）。如果最后出现的图形与前一个图形相同，按F键；若不同，按J键。

2-back的一个实验试次具体操作如下：先出现一个注视点500 ms，接着连续随机出现五个刺激，每个刺激呈现500 ms，之后呈现一个判断刺激500 ms，被试需要判断最后呈现的刺激与倒数第二个刺激是否相同（季善玲，2018）。如果最后出现的图形与前一个图形相同，按F键；若不同，按J键。

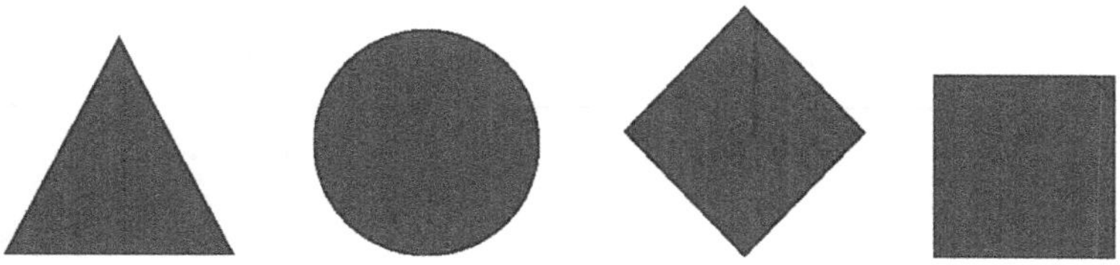

图3　工作记忆测试的实验材料

测验完毕后，主试会让被试填写一份对国际象棋训练反馈的调查问卷，问卷的内容大致为他们是否认为国际象棋训练有助于提升他们的注意、记忆和控制能力。

（四）研究程序

首先，研究者进行国际象棋训练的效果调查，让曾参与过国际象棋训练的人填写问卷。

通过调查，提出本研究的假设：国际象棋训练会提升大学生的执行功能水平。

在北京师范大学珠海分校2019年国际象棋选修课上选取30名同学进行执行功能的前后测，两次测试的时间分别为开课的第一周和结课的下一周（两次测试的时间间隔为9周）。

另选取30名自愿报名参与执行功能测验的未接受国际象棋训练的学生作为对照组，对两组学生的执行功能水平进行差异分析和比较，以考察国际象棋训练对大学生执行功能水平提升的效果。

五、结果分析

（一）实验组与对照组在前测执行功能水平上的对比

表1　实验组与对照组在前测的执行功能水平上的对比

	实验组（M±SD）	对照组（M±SD）	t
抑制功能	317.73±26.61	325.30±33.92	-0.961
工作记忆	1315.37±663.63	1266.53±588.72	0.302
认知灵活性	659.87±195.97	631.83±128.84	0.655

采用独立样本t检验分析可知，在抑制功能、工作记忆和认知灵活性水平上实验组和对照组前测差异均不显著。

（二）实验组与对照组在后测执行功能水平上的对比

表2　实验组与对照组在后测的执行功能水平上的对比

	实验组（M±SD）	对照组（M±SD）	t
抑制功能	295.93±29.30	320.80±32.67	-3.103**
工作记忆	957.00±523.39	1250.53±591.41	-2.036*
认知灵活性	527.73±118.08	617.77±118.20	-2.952**

注：***P<0.001，**P<0.01，*P<0.05，下同。

采用独立样本t检验分析可知，在抑制功能、工作记忆和认知灵活性水平上实验组和对照组后测差异均显著，实验组的反应时均显著短于对照组。

（三）实验组在执行功能水平上的前后测对比

表3　实验组执行功能水平前后测对比

	前测结果（M±SD）	后测结果（M±SD）	前测-后测（M±SD）	t
抑制功能	317.73±26.61	295.93±29.30	21.80±25.92	4.607***

续表

	前测结果（M±SD）	后测结果（M±SD）	前测-后测（M±SD）	t
工作记忆	1315.37±663.63	957.00±523.39	358.37±232.67	6.386***
认知灵活性	659.87±195.97	527.73±118.08	132.14±113.34	8.436***

采用配对样本 t 检验分析可知，在抑制功能上实验组的前测结果（M±SD）为 317.73±26.61（毫秒），后测结果（M±SD）为 295.93±29.30（毫秒），前后测差异极其显著；在工作记忆上实验组的前测结果（M±SD）为 1315.37±663.63（毫秒），后测结果（M±SD）为 957.00±523.39（毫秒），前后测差异极其显著；在认知灵活性上实验组的前测结果（M±SD）为 659.87±195.97（毫秒），后测结果（M±SD）为 527.73±118.08（毫秒），前后测差异极其显著。

（四）对照组在执行功能水平上的前后测对比

表4　对照组执行功能水平前后测对比

	前测结果（M±SD）	后测结果（M±SD）	前测-后测（M±SD）	t
抑制功能	325.30±33.92	320.80±32.67	4.50±11.26	2.189*
工作记忆	1266.53±588.72	1250.53±591.41	16.00±20.95	3.222**
认知灵活性	631.83±128.84	617.77±118.20	14.06±23.91	4.182***

采用配对样本 t 检验分析可知，在抑制功能上对照组的前测结果（M±SD）为 325.30±33.92（毫秒），后测结果（M±SD）为 320.80±32.67（毫秒），前后测差异显著；在工作记忆上对照组的前测结果（M±SD）为 1266.53±588.72（毫秒），后测结果（M±SD）为 1250.53±591.41（毫秒），前后测差异显著；在认知灵活性上对照组的前测结果（M±SD）为 631.83±128.84（毫秒），后测结果（M±SD）为 617.77±118.20（毫秒），前后测差异极其显著。

（五）实验组与对照组在执行功能水平上前后测成绩之差的对比

表5　实验组与对照组前后测成绩之差的对比

	实验组（M±SD）	对照组（M±SD）	t
抑制功能d值（前一后）	21.80±25.92	4.50±11.26	3.337**
认知灵活性d值（前一后）	132.14±113.34	14.06±23.91	5.576***
工作记忆d值（前一后）	358.37±232.67	16.00±20.95	8.026***

对实验组和对照组各自的前后测成绩之差进行独立样本 t 检验分析，在抑制功能、认知灵活性、工作记忆上实验组平均反应时的减少时间均显著多于对照组。

六、讨论

（一）实验组和对照组前后测的差异性分析

通过上述结果可知，实验组和对照组在执行功能的前测上成绩不存在显著差异，但在后测结果上两组被试存在显著差异。这正能说明经过国际象棋训练的被试，其执行功能水平比未接受训练的被试提高的程度更大。

除此之外，研究结果还显示了实验组和对照组各自的执行功能前后测成绩差异显著。笔者认为，这是因为所有被试均为大学生，在参与本研究的前后测期间会不断进行课程学习。并且，本研究为准实验设计，不能完全排除其他无关变量对大学生执行功能的影响。所以，实验组和对照组各自的执行功能前后测成绩差异显著的原因大部分是由于被试进行的除国际象棋训练之外的认知活动造成的，属于由其余不可控制的无关变量造成的影响。

（二）实验组与对照组在执行功能水平上的变化的分析

本研究的假设是国际象棋训练会提升大学生的执行功能水平，而结果表明，实验组和对照组前后测成绩之差的独立样本 t 检验结果均显著，这验证了我们的假设。有研究表明，国际象棋训练可以培养青少年制定明确目标的能力（沈广凯，2019），且根据李红（2004）等人的研究，可知计划能力是执行功能的一部分。

这恰好符合本研究关于国际象棋训练可以提升大学生的执行功能的结果。

抑制能力指的是人们在进行有目的的加工时仅注意和目的有关的刺激，忽略无关刺激的能力，实验组和对照组在抑制功能上前后测成绩之差的差异显著可以说明国际象棋训练能影响执行功能中的抑制成分。前人研究表明，国际象棋训练可以改善儿童大脑皮层的生理机制，提升儿童的注意力水平（刘适兰，2003），而注意力的功能包括注意的抑制能力。阮秋萍（2018）等人的研究也证明了国际象棋训练有助于提升儿童注意力的稳定性，而注意力的稳定性与执行功能的抑制成分都注重对无关刺激的忽略和对目标刺激的专注。

工作记忆能力指的是工作状态的记忆，实验组和对照组在工作记忆上前后测成绩之差的差异显著可以说明国际象棋训练能影响执行功能中的工作记忆成分。国际象棋训练本身就是一项公认的与智力有关的竞技体育项目。有研究表明，参加国际象棋训练可以提升青少年的学习能力和学习成绩。谢军（2001）对学习国际象棋达到中级水平和未参加过国际象棋训练的青少年进行瑞文推理测验，结果表明参加国际象棋训练的青少年智力水平更加出色。而工作记忆作为执行功能的一部分，与流体智力存在显著相关，且它本身也是流体智力的基础（刘书勤，2007）。所以，我们可以认为国际象棋训练可以影响执行功能中的工作记忆成分。

认知灵活性能力指的是对资源的分配，在本研究中，实验组和对照组在认知灵活性上前后测成绩之差的差异显著可以说明国际象棋训练能影响执行功能中的认知灵活性成分。根据注意的转移和认知灵活性的定义，可以发现两者都关注在多任务过程中对认知资源的分配。然而，在阮秋萍（2018）的研究中，她发现接受国际象棋训练的小学生在注意转移方面与未接受过国际象棋训练的小学生之间不存在显著差异，这与本研究在认知灵活性方面的结果不同。笔者认为，出现不同结果的原因可能是由于研究选择的被试的执行功能发展水平不同。王称丽（2011）的研究表明，注意力的发展水平与学生的年龄有显著相关，注意力快速发展的年龄是7—11岁，而阮秋萍的研究选择的被试多为8—9岁的小学生，可能这些被试在接受测验时注意力发展还不成熟。本研究选择的是注意力水平已经发展成熟的大学生被试，这可能是造成结果差异的主要原因。

综上所述，笔者认为国际象棋训练可以有效提升大学生的执行功能水平。

七、本研究的主要结论

通过研究，得到如下结论：国际象棋训练可以作为一种认知训练手段，提升大学生的抑制能力、工作记忆能力和认知灵活性。这说明国际象棋训练可以提升大学生的执行功能水平。

参考文献：

[1]Adele Diamond. Executive functions. Annual Review of Psychology. 2012, 64（1）: 135–168.

[2]Burgess, P. W. ,& Simons, J. S. Theories of frontal lobe executive function: clinical applications. Oxford University Press, 2005.

[3]Chang Yongmin. Reorganization and plastic changes of the human brain associated with skill learning and expertise. Frontiers in Human Neuroscience, 2014（8）.

[4]Dolores, C. M., & Elena, N. Relationship between plasticity, mild cognitive impairment and cognitive decline. Archives of Clinical Neuropsychology, 2007（5）.

[5]Diamond A. The Early Development of Executive Functions. Oxford University Press, 2006.

[6]Halligan, P. W., & Wade, D. The Effectiveness of Rehabilitation for Cognitive Deficits. Oxford University Press, 2005.

[7]Karbach, J., & Kray, J. How useful is executive control training? age differences in near and far transfer of task–switching training. developmental science, 2009, 12（6）, 978–990.

[8]Lustig, C., Shah, P., Seidler, R., & Reuter–Lorenz, P. A. Aging, training, and the brain: a review and future directions. Neuropsychology Review, 2009, 19（4）, 504–522.

[9]Matthew C. D., Amso, D., Anderson, L. C., & Diamond, A. Development of cognitive control and executive functions from 4 to 13 years: Evidence from manipulations of memory, inhibition, and task switching. Student's transcript of Gregg

shorthand for colleges,2006.

[10]Owen, A. M. N−back working memory paradigm: a meta−analysis of normative functional neuroimaging studies. human brain mapping, 2010, 25（1）: 46−59.

[11]Postal, V. Inhibition of irrelevant information is not necessary to performance of expert chess players. percept mot skills, 2012, 115（1）: 60−68.

[12]Roc í o Fern á ndez Ballesteros. Geropsychology: european perspectives for an aging world, 2007.

[13]Stephanie M. C., Louis J. M., & Hollie R. H. The role of inhibitory processes in young children's difficulties with deception and false belief. Child Development, 1998, 69（3）, 672−691.

[14]Verbruggen, Frederick, & Logan G.D. Automatic and controlled response inhibition: associative learning in the go/no−go and stop−signal paradigms. J Exp Psychol Gen, 2008, 137（4）, 649−672.

[15]Verhaeghen P., Chandramallika B. Ageing and switching of the focus of attention in working memory: results from a modified\r, N\r, −Back task. Quarterly Journal of Experimental Psychology, 2005, 58（1）:134−154.

[16]丁芳. 幼儿心理理论与执行功能的关系研究——抑制控制的角度[D]. 华东师范大学, 2004.

[17]胡利繁. 数字棋游戏对大班幼儿数学能力和执行功能的影响[D]. 华东师范大学, 2019.

[18]季善玲. 儿童期不良经历与大学生执行功能的关系研究[D]. 鲁东大学, 2018.

[19]康凯. 浅谈国际象棋对小学生综合素质的提高[J]. 赤子（上中旬）, 2015（22）: 270−271.

[20]刘适兰. 浅谈国际象棋与智力开发[J]. 中国学校体育, 2003（003）: 52−53.

[21]刘书勤. 不同维度的执行功能与流体智力的关系研究[D]. 华南师范大学, 2007.

[22]刘方英. 4—5岁幼儿执行功能的促进研究[D].四川师范大学, 2019.

[23]李红, 王乃弋. 论执行功能及其发展研究[J]. 心理科学, 2004（02）: 172−176.

[24]阮秋萍, 龚佳青, 王勇, 陈佩瑶 & 高奇扬. 国际象棋活动对儿童注意力的影

响[J]. 绍兴文理学院学报, 20018, 038（011）: 17-22.

[25]沈广凯. 国际象棋对6—7岁儿童非智力因素培养的研究[D]. 上海师范大学, 2019.

[26]田丽丽, 周欣, 康丹, 徐晶晶 & 李正清. 5—6岁不同数学能力水平儿童的执行功能差异研究[J]. 心理发展与教育, 2016, 32（1）: 9-16.

[27]童美丽, 金东英, 赵翔. 通过国际象棋活动培养幼儿记忆力[J]. 上海教育科研, 2005（011）: 87-88.

[28]王称丽. 中小学生注意力发展及培养研究[D]. 上海师范大学, 2011.

[29]王祥鹏. 基于训练的执行功能可塑性及其迁移效应[D]. 西南大学, 2018.

[30]王元, 李柯, 盖笑松. 视频游戏训练对执行功能的迁移效应[J]. 心理科学, 2019（4）: 820-826.

[31]王志红. 执行功能干预对中班幼儿数概念发展的影响[D]. 南京师范大学, 2019.

[32]谢军. 国际象棋教育与发展儿童、少年智力和非智力因素探讨[J]. 天津体育学院学报, 2001（1）: 44-46.

[33]徐娴. 棋类活动对大班幼儿学习品质的影响研究[D]. 上海师范大学, 2018.

[34]张婷. 执行功能和心理理论的关系[D]. 西南大学, 2010.

[35]张晓茹. 棋牌游戏或有助减缓老年人认知衰退[N]. 中国科学报, 2019-12-03（002）.

[36]赵思迪. 棋类活动促进中班幼儿坚持性发展的实验研究[D]. 上海师范大学, 2019

[37]周晓林. 执行控制：一个具有广阔理论前途和应用前景的研究领域[J]. 心理科学进展, 2004, 12（5）: 641-642.

国际象棋在西班牙和中国的历史和现状对我国发展国象事业的启示

胡　艺　余思聪

一、引言

2015年11月，习近平总书记在会见西班牙首相拉霍伊时指出，中方欢迎西班牙充分利用自身技术人才等优势，积极参与“一带一路”建设，双方要扩大民众交流和人文交往，夯实双边关系民意基础。

中国和西班牙分别位于“丝绸之路经济带”最东端和最西端，地理位置虽相隔遥远，但同为多民族、多元文化的国家，两国都拥有悠久的棋类历史和繁盛的棋类文化。

由于与伊斯兰世界的历史渊源，西班牙所在的伊比利亚半岛开展国际象棋活动的历史比西欧其他地区都更为悠久。早在公元8世纪初，阿拉伯人便将国际象棋带到了西班牙。国际象棋在伊比利亚半岛生根发芽，既促进了各宗教信徒的融合，又完成了自身的演化。12世纪初，下国际象棋已成为西班牙杰出骑士必须具备的七种技艺之一。至于当代，西班牙是世界上举办国际象棋赛事最活跃的地区之一，利纳雷斯超级大赛曾是棋界水平最高的传统赛事之一。

弈棋自古以来便是我国的传统，中华文化孕育了以中国象棋和围棋为代表的中国本土棋类，也接纳包容了国际象棋这一舶来品。据史料记载，国际象棋在公元11世纪由中亚商人传入新疆，在新疆有着悠久的历史和良好的群众基础。新中国成立后，国际象棋由东部沿海城市向内陆地区普及。尽管我国的国际象棋事业起步较晚，其发展却极为迅速，今年来中国军团异军突起，在世界大赛中屡获佳绩。

基于历史和现实原因，中西两国走出了具有本国特色的国际象棋发展之路，研究两国国象历史和现状，将为我们打开一扇认识欧洲、了解世界的窗口，为我国国际象棋的基层普及和专业赛事提供有益借鉴和合理化建议，为中国与西班牙的棋艺交流和棋手交往提供便利，为我国国际象棋继往开来、再创新高做出贡献。

二、国际象棋在西班牙和中国的历史传承

（一）国际象棋在西班牙的历史渊源

大部分历史学家都同意，国际象棋于公元 6 世纪左右起源于印度，在当时被称作“恰图兰卡”，之后通过各国之间的商业交往传播开来。虽然考古证据显示，在更早时期，不列颠南部海岸地区以及法国东北部的孚日省已经有国际象棋存在的迹象，但在公元 700—900 年间，因为伊斯兰民族入侵，国际象棋才正式进入欧洲并得到推广，在中世纪的西班牙和意大利颇为流行。国际象棋在其诞生地印度，乃至阿拉伯各个国家，根本不曾有“王后”这枚棋子，站在“国王”身边的是“维齐尔”。进入欧洲两个世纪之后，“王后”才在棋盘上渐露尊容。根据当时的规则，王后和象这两个棋子势力很弱，一次只允许移动一格。国际象棋在西班牙发展首先要归功于国王阿方索十世——也被称为“智者阿方索”，在他的手稿中便记载过这项集娱乐与科学于一身的活动。

公元 15 世纪，国际象棋在欧洲才开始拥有了当代国际象棋的雏形。西班牙历史上著名的女王伊莎贝拉也对这一游戏产生了巨大的影响。由于女王的果断勇敢及其在统治期间在收复运动中表现出来的出色领导才能，“女王成为棋盘山最强的一个棋子，能够向所有方向远距离移动；她的任务是保护和捍卫棋盘上的关键棋子——国王”。(克斯汀 • 唐尼 , 2016)

15 世纪末 16 世纪初，既是文艺复兴时期又是西班牙的大航海时代，著名的西班牙国象大师路易 • 洛佩斯 • 德 • 塞古拉（Ruy López de Segura, 1540—1580）在 1561 年记录下来的一些走棋规则至今沿用；1575 年他曾参与了那个时代第一场世界冠军赛；他开创及推广的“西班牙开局”也被称为“路易 • 洛佩斯开局”。同时代与其齐名的还有一位名叫阿方索 • 塞隆（Alfonso Cerón, 1535—?）的牧师，

被誉为欧洲最优秀的国际象棋大师之一。据史料记载，他曾著有一本同国象相关的书，但遗憾的是该书并未流传下来。

到16、17世纪时，国际象棋经历了巨大的变化，除了王后这颗棋子变得更加强大之外，关于兵所设立的规则也有所更改。意大利棋手有后来居上之势，出色掌握了棋技。直至18、19世纪时，国际象棋在英、法两国先成为流行于贵族阶层的桌上游戏，之后又逐渐在咖啡馆和大学中广受青睐，优秀的棋手们甚至还开办了专门的国象学校。国际象棋通过在西班牙的发展，逐步进入了欧洲人的日常生活中，时至今日已经成了为普通大众所广泛接受的一项棋类运动。

（二）国际象棋在中国的历史渊源

由于与中西亚地区在地缘和宗教上的联系，新疆在至少1000年前已接触了国际象棋。维吾尔族古典文学名著《福乐智慧》曾记载：“（使节）围棋、象棋[①]的棋艺要精，能击败对手，大获全胜。”这篇长诗成书于公元11世纪，使用回鹘语（古维吾尔语）书写，集中概括反映了当时社会现实的深刻内容和丰富哲理，是研究维吾尔族历史的重要史料。从这段文字我们可以看出，在当时，国际象棋已经在西域各族间广泛传播，下棋已成为一种外交方式，在棋盘上取得胜利可以彰显国威。

遗憾的是，国际象棋在华夏大地的传播仅限于西域少数民族，在中原文化里难觅流风遗躅。在广博中原大地的历史长河中，根植于易经文化的围棋和更贴近中原战争的中国象棋始终占据统治地位。唐宋时期的文献中最早出现“琴棋书画”的说法：音乐、弈棋、书法和绘画并列四艺，称“雅人四好”或“文人四友”，用以评价一个人的素养雅趣。这里的“棋”自然是指围棋或者中国象棋。

近代，国际象棋自东南沿海地区再次进入中国人的视线。据史料记载，1860年，加入太平天国运动的英国人呤唎乘船前往上海，航行途中同船乘客教会了他下中国象棋，他在《太平天国革命亲历记》一书中描述了中国象棋与国际象棋的不同：“虽然中国棋有几颗子很像欧洲棋[②]，但细节却完全不同。……中国棋盘不像我们的那样分为黑白两种方格……”

光绪年间，洋务派商人郑观应出海经商，曾在轮船上与洋人下过国际象棋。为区别于本土的中国象棋，在当时，国际象棋被称为“万国象棋”。

1903年，在上海的外国侨民成立“万国象棋会”。同一时期，在华洋人开始

① 古维吾尔语指的是国际跳棋和国际象棋。文中引用郝关中等1986年的译本。

② 即国际象棋。

将中国象棋棋谱翻译成外文，介绍到国外，并与不少中国象棋国手结为朋友。中国象棋棋王、“棋坛总司令”谢侠逊亦萌发了将“万国象棋”介绍入中国的想法，遂自学“万国象棋”。1912年，经人介绍，谢侠逊成为第一个加入“万国象棋会”的中国人，此后越来越多的中国人加入“万国象棋会”。20年代末至抗日战争全面爆发前，以谢侠逊为代表的中国棋手在上海和南洋等地的“万国象棋”赛上屡获佳绩，以棋艺扬国威，以棋艺救国难。

三、国际象棋在西班牙和中国的当代发展情况

（一）国际象棋在西班牙的发展

自国际象棋被引入欧洲，这项棋类运动经历了不少变迁与完善，时至今日在西班牙发展状况也依旧势头良好：在该国定期组织各级各类比赛；组织了许多致力于国际象棋训练与推广的俱乐部；努力将这项运动引入各地各级学校，让更多青少年参与其中。

1. 大师级人物引领

西班牙历史上有十多位国际象棋专家，除了前文中介绍过的路易·洛佩斯与阿方索·塞隆，近现代也出现了众多为国象事业做出卓越贡献的大师级人物，例如拉蒙·雷伊·阿尔蒂德（Ramón Rey Ardid, 1903—1988）、安东尼奥·梅迪娜·加西亚（Antonio Medina García, 1919—2003）、弗朗西斯科·何塞·佩雷斯（Francisco José Pérez, 1920—1999）、阿尔杜罗·波马尔·萨拉曼卡（Arturo Pomar Salamanca, 1931—2016）等等。

他们都自小对国际象棋这项运动充满热爱，但早期的国象专家往往都是因为偶然的机会接触到了这个有趣的游戏，随后才走上了专业道路，在国内国际比赛中取得优异成绩，成为界内佼佼者。他们不仅仅致力于比赛，在研究战术方面也获得了众多成果，拉蒙、弗朗西斯科、阿尔杜罗三人都出版了与国象主题——尤其是与比赛战术及策略相关的著作，为后人提供丰富的学习材料。

目前在西班牙举办的著名赛事主要有西班牙国际象棋联赛、利纳雷斯国际象棋超级大赛、西班牙超快棋赛等等。利纳雷斯国际象棋超级大赛始于1978年，自1988年至2010年每年一届（1996年除外），邀请世界顶级的6到8位棋手角逐大奖，

被誉为“国际象棋界的温布尔登”。遗憾的是，2010年后，西班牙深陷经济危机，也波及了这一棋界盛会。

西班牙国际象棋协会还组织各所俱乐部及学校的团队进行比赛。为2016年西班牙中部的一个小镇上举行的以拖拉机为棋子进行的“田野国际象棋赛”也吸引了全世界众多眼球。

2. 西班牙学校里的国际象棋

2012年3月15日，欧盟议会发表宣言，呼吁各成员国将国际象棋作为课程引入教育系统中。2015年2月11日，西班牙也通过决议，正式让国际象棋进入学校，将其作为体育项目大力推广。各自治省和地区皆积极响应，在各类学校中设置国际象棋课程，积极宣传这项体育运动对青少年儿童的正面影响。

至2016年3月，西班牙已经有超过1000所小学开设了国际象棋选修课或组织了相关校内活动，超过300所学校将国际象棋作为必修课开设并组织考试。另有一些学校，尽管未设立课程，但教师也将国象作为课程资源运用于课堂之上。

（二）国际象棋在中国当代的发展状况

新中国成立后，1956年，国际象棋由文化部划归体委，正式立项为体育运动，作为表演赛参加了在北京举行的首届全国象棋锦标赛。1957年，开始举办全国性的国际象棋比赛，并于次年开始国际交往。1975年，中国国际象棋协会正式加入国际棋联。1978年，我国棋手首次组队参加奥林匹克世界团体锦标赛，开始了中国国际象棋走向世界的奋斗历程，世界也从这里开始认识中国的国际象棋。1986年组建国家集训队，培养高水平运动员，涌现出大批世界级水平的棋手，尤其是女棋手。1991年，谢军打破欧洲和苏联解体前对女子世界冠军数十年的垄断，一举夺魁，并于此后多次卫冕。

谢军1970年出生于北京，6岁学习中国象棋，10岁获得北京市中国象棋儿童冠军，同年改学国际象棋。不仅是谢军，20世纪50年代至七八十年代，著名的国际象棋棋手多是由中国象棋改行，又如我国第一个国际大师、前国家队总教练刘文哲，谢军的主教练、现国家队总教练、国际特级大师叶江川，等等。叶江川17岁由中国象棋改下国际象棋，不到四年内即拿到国际象棋全国个人冠军。

谢军的夺冠在国内刮起了一场国际象棋的旋风，国际象棋在中国的地位迅速提高，人们很快认识了这一运动，无数孩子来到幼儿园、学校或者少年宫要求学习国际象棋。而谢军夺冠之前，根据当时中国国际象棋协会的统计，国际象棋作为“仅次于足球的世界第二大运动”，在中国拥有两三万爱好者。

谢军之后，中国女棋手诸宸、许昱华、侯逸凡和谭中怡相继又相继登上世界棋后的宝座。1998 年，中国女队首夺奥林匹克团体锦标赛冠军，并蝉联四届冠军，标志着中国女子国际象棋整体实力世界领先。

叶江川曾说，中国国际象棋取得的成绩是“几代人一步一个脚印走出来的”。早在 1987 年，当时的中国国际象棋协会主席陈祖德为中国国象提出了“四步走”的发展战略，即首先夺得女子世界个人冠军，然后是女子世界团体冠军，之后是男子世界团体冠军，最后是男子世界个人冠军。随着 2014 年中国男队夺得奥林匹克团体锦标赛冠军，2015 年再夺世界团体赛冠军后，“四步走”的前三步已经完成。

2015 年，《人民日报》记者对叶江川的采访揭示了中国国象崛起的秘密。走出国门参赛，被叶江川视为中国男子国象突破的密码。“我们那一代棋手，即使下到顶尖水平，可能每两年才能轮一次出国比赛，基本只能在内部进行对抗。如今这批棋手，一年可以下 10—20 场高水平国际比赛，像丁立人都能和卡尔森共训，极大地磨炼了棋艺。”

中国国象的快速发展，特别是男棋手的崛起，与国内联赛的 12 年发展同步。2005 年，中国国际象棋甲级联赛拉开大幕，每年一届，采取升降级制度。联赛不固定台次，为青少年棋手提供了“快速成长通道”。相比以往，85 后棋手成才更早，十几岁就能成为国际特级大师。在叶江川时代，训练资料还停留在“手抄本”状态，如今电脑软件发挥着巨大的辅助作用。叶江川感慨：“新一代棋手依靠强大的数据库准备布局，分析变化，训练环境和条件已不可同日而语。”

如果说联赛是金字塔的顶尖，那么群众性就是金字塔的基石。从 1995 年，中国国际象棋协会授予温州“国象之城”，到随后陆续授牌的六个“全国国际象棋之乡”，从运动员注册、技术等级制度，到教练员、裁判员管理办法，从“国际象棋特色学校”授予规范，到国际象棋进入全运会成为群众比赛项目，中国国际象棋的普及越来越全面、规范和深入。

（三）中国及西班牙棋手数据对比

根据国际棋联网站公布的最新数据[①]，中国[②]共有 150 位棋手拥有国际称号，其中国际特级大师 42 人、国际大师 33 人；西班牙共有 604 位棋手拥有国际称号，

① 2017年6月引自https://www.fide.com/。

② 不包括中国香港、澳门和台湾地区，下同。

其中国际特级大师47人、国际大师123人。前十强棋手平均等级分国家排名[1]中，中国以2707分在俄罗斯和美国之后位列第三，西班牙以2600分排15位；前十强女棋手平均分国家排名中，中国以2493排名第一，西班牙以2302位列12名。世界等级分排名前100的运动员中，中国籍棋手9人，西班牙籍棋手2人；世界等级分排名前100的女运动员中，中国籍棋手11人，西班牙籍棋手3人；世界等级分排名前100的青少年运动员中，中国籍棋手5人，西班牙籍棋手2人；世界等级分排名前100的青少年女运动员中，中国籍棋手8人，西班牙籍棋手3人。在FIDE网站上注册过的从业人士中，西班牙籍43860人，而中国籍只有2203人。

四、国际象棋在西中两国文化和社会生活中表现出的共性和特性

上述数据显示，西班牙并不是一个国际象棋明星产出国，但该国的国际象棋历史和氛围却并不单薄。

2002年1月，于第71届维克安泽国际象棋超级赛在荷兰举行之时，我国领队田卫红曾在对西班牙国家报国际象棋专栏撰稿人加西亚先生进行采访，并了解到："1987年，卡尔波夫和卡斯帕洛夫的第三次世界冠军对抗赛于10—12月在西班牙塞维利亚市展开，当时的西班牙每天有1300多万人关注比赛。他们中的百分之九十的人不懂国际象棋，但他们每天看报、看电视、听评论，讨论谁输谁赢，津津乐道。"无独有偶，我国的国际象棋开始受到大众关注，同样也是因为前文中所提及的谢军夺冠。由此可以看出，两国国际象棋发展中的明星竞赛效应都非常的明显。

在西班牙，国际象棋即本土棋类运动，拥有更加广泛的群众基础。地处欧洲一隅，拥有申根之便，不出国门而尽知欧洲各大赛事，大部分西班牙人都对国际象棋这一运动略知一二，包括在文学领域，国际象棋的提及频率也高于中国。在中国，大众更加熟知的依然是本国棋类运动，人们闲来对弈的多是中国象棋。中国象棋在漫长的历史长河中曾挡住了国际象棋进入中原大地的脚步，但随着我国全球化的步伐的加快，渴望与国际接轨的棋手和爱好者们选择了国际象棋，中国

① 即国际象棋。

象棋为她的“舶来伙伴”提供了天然的群众基础和培养高水平运动员的温床。

五、国际象棋在西班牙的发展为我国国际象棋事业未来发展带来的思考和借鉴

陈毅元帅曾说：“国运盛，棋运亦盛；国运衰，棋运亦衰。”纵观两国国际象棋运动发展历史，我们更加深刻地认识到一个国家的经济繁荣和社会物质基础对棋类事业发展的深刻影响。经济建设是我们不变的主题，综合国力的提高是棋艺事业繁荣的保障。

中国的一流棋手在数量和质量上都优于西班牙，我国相关部门可以利用这一优势，培养出更多大师级人才，用骄人的国际赛事成绩自上而下地引领我国国际象棋运动的走向，将国际象棋事业推向新的高度，在国际国内赢取更多关注与尊重。

我国可以借鉴西班牙和欧盟的成功经验，由政府主导将国际象棋推广至各级各类学校，开设兴趣小组、特长班等培训项目，加大宣传国际象棋对青少年智力开发、逻辑训练的优势，使这一运动能够真实深入到广大人民生活当中，接受了解和研究，从而发扬光大。另外，也可以通过发展一些商业赞助，增加对国象运动的经费支持，使更多优秀的国象爱好者能够受益，鼓励他们走上专业道路，为我国的国际象棋队伍增添新生力量。

与此同时，我国的国际象棋棋手可以通过国际访问、国际赛事与集训等活动同国外的棋手、队伍进行切磋交流，学习别国的经验与战术，丰富我国的国际象棋理论和文字资料，以便我国国象专业人士和各界业余爱好者能够加强对该运动进行深入了解与学习。

参考文献：

[1]呤唎.太平天国革命亲历记[M].王维周，译.上海：上海古籍出版社，1986.

[2]刘适兰.从国际象棋与中国象棋的异同看中西方文化的差异[J].武汉体育学院学报,第37卷，第5期，2003.9.

[3]克斯汀·唐尼.伊莎贝拉：武士女王[M].陆大鹏，译.北京：社会科学文献出

版社，2016.

[4]宋会群.《周易》思维与象棋起源及其设计思想[J].周易研究.第4期（总第三十期）.1996:66−72.

[5]田卫红. 西班牙每年百余场国象赛源于世界冠军对抗赛[EB/OL]. (2002−2−2) [2017−5−23]. http://sports.qq.com/a/20090202/000174.html.

[6]杨磊、胡学蓉. 中国男子国象，靠什么惊艳世界？[EB/OL]. (2015−6−1). [2017−5−23]. http://sports.people.com.cn/n/2015/0601/c22155−27086781.html.

[7]亚洛姆.国际象棋“王后”诞生记[M].雷立美，译.广州：花城出版社，2008.

[8]颜下里. “八八象棋”辨谬[J].体育与科学.第36卷，第2期(总第214期). 2015.3:38−43.

[9]优素甫・哈斯・哈吉甫.福乐智慧[M].郝关中，等，译.北京：民族出版社，1986.

[10]D í az−Punta Arenas, Ra ú l Alvarado. Ajedrez, Ajedrecistas y la vida[M]. CHILE. Ed. Atel í Ltda: 1995.

[11]Ganzo, Julio. Historia General del Ajedrez[M]. Editorial Ricardo Aguilera. Madrid: 1973.

[12]Pedro Menjibar. Breve historia del Ajedrez en España [EB/OL]. (2015−4−28) [2017−4−4]. http://www.portaldetorrejon.com/.

[13]Mar í n Bell ó n, Federico. Seis datos que prueban el é xito del ajedrez en España y en el mundo [EB/OL]. (2014−2−13) [2017−6−3]. http://abcblogs.abc.es/poker−ajedrez/public/post/seis−datos−prueban−exito−ajedrez−espana−y−mundo−17050.asp/.

文化生态学视角下杭州市校园国际象棋的发展路径研究

李小红　文　静
杭州师范大学体育与健康学院

一、前言

（一）研究背景

1. 新时代人们对美好生活的追求向往体现在家庭教育中

党的十九大报告中提出，中国已经进入社会主义新时代，社会的主要矛盾发生根本性改变，转变为人们日益增长的美好生活需要与不平衡不充分的发展之间的矛，而美好生活中家庭教育应该具有更多的获得感和幸福感，不再片面追求家庭教育唯分数唯学历的应试结果，而是让教育回归人的全面发展，为未来的美好生活做好智力体力等作储备。

2. 为杭州亚运会创造良好的比赛氛围

2023 年将举办第 19 届亚运会，国际象棋是比赛项目其中之一，亚洲的国际象棋位居世界前列，中国、印度的国际象棋水平名列前茅，杭州理应为国家竞技水平的提升做出更多的贡献，理应为后峰会前亚运的杭州时间里创造良好的国际象棋学习氛围，这就需要大力开展国际象棋普及教育及精英教育，校园国际象棋是促进国际象棋普及与提高的有效手段，在中小学开设国际象棋教育课程，让更多少儿参与学习国际象棋。

3. 杭州有着国际象棋良好的学习氛围

在杭州有很多棋院开设国际象棋培训班，同时，其他城市很难比拟的是具有中国棋院杭州分院，过去、现在为杭州、浙江省、国家输出大量的竞技人才，今后也一定这样。杭州分院不仅为学习者提供良好的教学、训练和比赛的环境，而且为学习者带来优秀的师资力量，让学习者更能展翅飞翔。

（二）问题的提出

国际象棋起源于亚洲，盛于欧洲。随全球联系的不断加强风靡世界，集游戏、娱乐、运动等功能于一身，是一项智力竞技运动。既是竞赛、艺术，又是科学。人生如棋，棋是人的意识、思想的物化，有人将棋盘比喻为人生，每一步都不容重新来过，落子之前必须要深思熟虑。在杭州，国际象棋开展近 20 年，从全国来看，杭州的水平在全国位于中上等，但与兄弟强省有点差距，同时，杭州的国际象棋水平在全省中并没有名列前茅，尤其是 12 岁、13 岁选手的水平。在小学或幼儿园里学国际象棋的小选手比例不高，因此，要使杭州市少儿国际象棋水平有质的提升，需要从国际象棋普及开始，但如何普及与提高少儿国际象棋，首先需要扩大国际象棋人口，而扩大人口，又需要强化国际象棋进校园的重要途径来突破，为国际象棋发展打下群众基础。

二、研究意义与方法

（一）研究意义

1. 理论意义

构建文化生态学视角下杭州市校园国际象棋的发展路径理论研究框架，从文化生态学概念及相关理论出发，对杭州市校园国际象棋发展的影响因素分析基础上，指出杭州市校园国际象棋发展的优势、劣势、机遇、威胁等四个方面所在，为进一步在文化生态学视角下杭州市校园国际象棋的发展路径提出策略。同时，也为其他项目进校园提供理论参考。

2. 实践意义

本研究不仅能够解决国际象棋进入校园所需考虑和亟待解决的各种问题，为更好让国际象棋在校园开展具有重要的现实价值，为学校管理者、教师以及教育管理部门提供决策参考，同时，还能够为其他项目进入校园提供借鉴意义。

（二）研究方法

1. 文献资料法

通过学校知网查阅相关市场发展和棋类的有关文献，为研究结构及内容分析提供参考。

2. 态势分析法

态势分析法就是将与研究对象密切相关的各种主要内部优势、劣势和外部的机会和威胁等，通过调查列举出来，并依照矩阵形式排列，然后用系统分析的思想，把各种因素相互匹配起来加以分析，从中得出一系列相应的结论，而结论通常带有一定的决策性。它为通过对市场发展中遇到的问题及解决方案的理论进而提出针对杭州市校园国际象棋的发展对策的基础与前提。

3. 逻辑分析法

通过对研究背景的分析为逻辑起点，深刻理解核心概念的基础上，找到事物的影响因素，提出事物发展所面临的机遇、威胁、优势和劣势等，有针对性地提出事物发展的路径的逻辑顺序，由提出问题、分析问题到解决问题的逻辑思路来研究本课题。

三、相关概念及理论阐释

（一）文化生态学概念的诠释

生态学，由德国生物学家恩斯特·海克尔于1866年提出，即研究生物体与其周围环境（包括非生物环境和生物环境）相互关系的科学。系统论、控制论、信息论的概念和方法的引入，促进了生态学理论的发展。文化生态学，百度上表述为是一门将生态学的方法运用于文化学研究的新兴交叉学科。用人类生存的整个自然环境和社会环境的各种因素交互作用的生态理论研究文化产生、发展规律的一门社会学分支学科。司马云杰（1987）指出文化生态学的理论和概念主要是用来解释文化适应环境的过程。人类是一定环境中总生命网的一部分，在这个总生命网中引进文化的因素，在生物层上建立起一个文化层。两个层次之间交互作用、交互影响，它们之间存在一种共生关系。这种共生关系不仅影响人类一般的生存和发展，而且也影响文化的产生和形成，并发展为不同的文化类型和文化模式。

（二）生态学视角下文化发展的影响因素

文化生态学主张从人、自然、社会、文化的各种变量的交互作用中研究文化产生、发展的规律，斯图尔德认为只有把人口、居住模式、亲属关系结构、土地占有形式及使用制度、技术等文化因素等各种复杂因素联系在一起，进行整合研究，才能弄清楚环境诸因素在文化发展中的作用和地位，才能说明文化类型和文化模式怎样受制于环境。文化生态学研究除自然环境对人的行为影响外，更主要的是科学技术、经济体制、社会组织及社会价值观念对人的影响。与自然环境最近、最直接的联系是科学技术，它与自然环境强相关；其次是经济体制和社会组织；最远的是价值观念，与自然环境的关系显示出弱相关，它是通过经济体制、社会组织等中间变量来实现的。

四、文化生态学视角下的国际象棋进校园影响的主要因素

（一）环境因素

校园环境是影响学生效果的重要因素。校园文化建设充分体现国际象棋元素，在校园里开辟国际象棋长廊，可把操场周围的围墙装扮成国际象棋文化墙，使整个校园成为一部立体、多彩、富有吸引力的国象教科书，既美化了校园，又提升了学校文化品位。通过兴趣课、普及课、社团课、四点半课堂、提高课、特色课，让学习在校园无处不在，学生时时受教育。在同学间、班级间进行国际象棋学习“手牵手”对接，形成帮扶发展的良好格局。通过校园小组赛、班级赛、学校“棋王棋后争霸赛”、校际“精英联赛”等棋类活动与赛事，营造学生学习国际象棋良好的氛围，推进不同层级学生的棋艺。因此，从校园、课程设置和赛事活动等方面营造良好的充满国际象棋元素的校园环境。

（二）科技因素

利用“互联网+”用于教学、训练、管理，提高竞技水平。可利用计算机小程序制作国际象棋教学、训练及管理的App，计算机软件智能化，使得计算机辅助教学成为一种新时尚，它顺应了时代发展的潮流，借助了信息技术的优势，以多媒体课件和国际象棋软件的形式，利用清晰明了、形象逼真的动画、图像、音频等多媒体信息，将原本枯燥无味的教学内容展示给学生，利用创设情境法去激发学生的学习积极性，使学生的求知欲倍增，达到事半功倍的效果。

（三）制度因素

1. 建立课外国际象棋活动与赛事体系的制度安排

作为一项教学制度，把国际象棋列入第一、二课堂范畴，成立兴趣班、提高班，有条件的安排在日常课程表中，还可以通过相对固定的社团活动来展开。如通过平时的国际象棋作业抢答评比、校内班级比赛等形式推进校内的活动。不断完善赛事体系顶层设计，建立完整的“校内竞赛—校级联赛—选拔性竞赛”的校园国际象棋课余训练和比赛体系，并力争与水平较高的中国棋院杭州分院专业化的少儿国际象棋训练竞赛体系有机衔接、深度融合，构建校级、校际间、县区级、地市级乃至省级少儿校园国际象棋竞赛制度，积极参加学校与学校、学校与棋院、学校与社会俱乐部之间国际象棋交流合作及赛事活动。通过校园“棋王棋后争霸赛”、校际“精英联赛”、市区“国际象棋等级赛”，使学生国际象棋比赛丰富多彩。

2. 经费投入保障制度

整合学校资源，优化教育经费支出结构，统筹现有经费投入渠道，加强对国际象棋的倾斜支持，切实保障师资、场地、比赛经费投入。当然，也可以通过社会赞助、社会公益力量的参与扩充经费的来源渠道。在学校，全体教师从国际象棋教研活动入手，通过课题研究、主题研修、校本课程，对课程建设、教学改革、师资队伍建设、专门教室建设、训练竞赛和校外交往等专门设立经费，确保教师参加教研活动与赛事有足够的经费保障。

五、文化生态学视角下杭州国际象棋进入校园的态势分析

在新时代，国际象棋在学校发展有着千载难逢的机遇，又有很多挑战。运用SWOT分析法全面地分析国际象棋在中小学校的发展。所谓SWOT（Strengths、Weaknesses、Opportunities、Threats）分析，即基于内外部竞争环境和竞争条件下的态势分析，就是将与研究对象密切相关的各种主要内部优势、劣势和外部的机会和威胁等，通过调查列举出来，并依照矩阵形式排列，然后用系统分析的思想，把各种因素相互匹配起来加以分析，从中得出一系列相应的结论。

（一）发展校园国际象棋的优势（S）

1. 有助于培养国际象棋竞技后备人才

在杭州，围棋为国家输送优秀人才，媒体公开报道“杭州围棋占据全国半壁江山”，虽然国际象棋没有达到围棋普及度及水平高度，但国际象棋在杭州也受到家长及学生普遍喜爱。小学校园开展国际象棋，扩大了国际象棋的人群基数，学校可为国家和省体育部门培养更多的竞技后备人才。2023年亚运会在杭州举办，国际象棋是正式比赛项目，因此，杭州的学校可利用这千载难逢的机会为国家输送更多的比赛选手，努力提高杭州市乃至浙江省国际象棋水平做出贡献。

2. 丰富校园体育文化

国际象棋是一项趣味性智力性很强的运动项目，小学校园国际象棋的开展不仅丰富了校园文化，更是传承优秀文化一种途径，能加强智力文化的导向和凝聚功能，可以引导学生形成先进的文化观念以及正确的胜负观、交友观和人生观，常言道“棋如人生”。通过校园国际象棋这种方式渗透教育元素和文化元素，实现学校文化的蓬勃发展。校园文化在一定程度上衡量着校园活动的优秀与否，而国际象棋文化对丰富校园文化具有积极作用。

3. 提升学生的智力和非智力品质

著名教育家、苏联科学院院士苏霍姆林斯基，在其1969年出版的名著《把整个心灵献给孩子》中，具体地阐述了国际象棋对学生的教育功能。他写道：“男生和女生经常久久地不离棋盘。下棋使思维条理化，促使思想集中，但最主要的是增强记忆力”“不借助于国际象棋，难以充分开发学生们的智能天赋和记忆力，

国际象棋应当作为智能修养的科目之一列入中小学教学大纲”。作为一种思维科学，国际象棋既受空间、时间和规则的制约，又为人们的思想提供了广阔的、主动因素多于被动因素的、具体形象和抽象思维相结合的活动范围。

国际象棋在熏陶人的教养、造就优雅品质、塑造人的性格、训练竞争力和挫折承受度、培养成就感等方面有独特的功效。国际象棋这种教育功能在国际象棋活动中，经过长期的熏陶，慢慢地形成的一种看不见摸不着的、通过人的行为表现出来的、但对人的发展至关重要的相对稳定的心理活动，譬如气质 、性格、品质、竞争力、心理承受度、成就感等等方面。

4. 国际象棋具有丰厚悠久的文化

18世纪时古印度是国际象棋诞生的摇篮。公元2—4世纪时，印度有一种叫作“恰图兰加”的棋戏，内有车、马、象、兵4种棋子，象征着印度古代的军制。在当时流传的印度叙事史诗《摩诃婆罗多》中，有“四军将士已安排”的诗句。“四军”就是指军队分为车、象、马、兵4个兵种。在6世纪时由印度传入波斯，在中亚和阿拉伯国家广泛流传。10世纪前后，阿拉伯国家已经出现了许多闻名一时的棋手。国际象棋大约在10世纪以后，经中亚和阿拉伯传到欧洲的各个地区，先传到意大利，然后是西班牙和法国。11世纪末叶，遍及欧洲各国。15、16世纪，国际象棋终于定型成为今天的样式和棋制。国际象棋的着法有过许多次变革。早先，王的走法虽一样，但据说是可以被吃掉的。关于王车易位的特权是从16世纪上半叶才开始有的，这是欧洲人的一项创造发明。各种走棋规则是不断演变而来的。现代国际象棋发展从19世纪中期开始，1924年曾被列为奥运会的正式比赛项目，同年成立了“国际棋联”。国际棋联主办或委托成员国协会举办的重大世界性比赛有国际象棋奥林匹克赛、世界团体锦标赛、男女个人世界冠军赛、大学生世界团体赛、少年世界冠军赛，以及各大洲的国际象棋团体赛。至于各种杯赛、邀请赛、大师赛、特级大师赛、等级分赛等更是不可胜数。国际象棋虽源于亚洲，但是代表世界最高水平的国家却在欧洲，其中苏联在解体前历届世界大赛中成绩突出。

（二）发展校园国际象棋的劣势（W）

1. 师资力量严重不足

通常情况下，幼儿园及小学没有专职的国际象棋老师，并且老师的水平通常通过入职后培训学习所得，或者自己在小学时所学，这些仅仅会国际象棋的教师并不能很好地胜任国际象棋教学工作。在能胜任教学国际象棋的不多教师中，愿意教国际象棋的教师更少，很多学校为了满足学生的兴趣爱好，采用聘用社会俱乐部教练进校上课，这似乎解决了师资短缺的问题。但是，由于这些社会俱乐部的教练通常没有教师资格证，即使学校同意进校上课，也往往遭到家长向教育部门投诉，常遇到国际象棋课上到学期一半而戛然而止的尴尬局面，这令校长无奈地放弃国际象棋课程。

2. 学校缺乏国际象棋的专门教学场所

一般来说，国际象棋上课地点就是通常的普通教室，一是没有设置国际象棋元素的氛围，二是桌子的长度与宽度不太合适学生下棋，导致学生下棋时影响学生的身体发育。国际象棋上课教室不同于一般的教室，需要有专门的教室，教室里的桌凳、空间大小、墙面地面布置等要适合学生的学习氛围，教室一定要便于师生讨论、对弈、指导和教学。

（三）发展小学校园国际象棋的机遇（O）

1. 小学生对国际象棋有浓厚的兴趣

兴趣是最好的老师，儿童和少年时期的学生处在校园国际象棋学习中主体地位。在校园发现大多数小学生喜欢国际象棋，有些学生甚至自己在周末主动寻找国际象棋教练员辅导。有部分学生一开始不喜欢国际象棋，但看到班级其他同学会下棋，急忙要求父母送他上培训班。即使有部分学生没有兴趣，老师也需要积极地有意识地引导。著名的棋后侯逸凡在小时候学棋时，就是因为对国际象棋具有独特的兴趣从而选择国际象棋。

2. 家长重视“智力开发”的育人观念

校园国际象棋的开展离不开家长的支持。随着素质教育的进一步提升，越来越多的家长不只是注重孩子的文化课成绩，也同样关注其他文体类的表现。大多数家长意识到学科类培训的应试课很大程度上剥夺了子女掌握一项自己喜爱的项目的权利，可能对学生心理上造成压抑感。因此，他们希望孩子能将国际象棋作为兴趣来启蒙学习。

3. 校外棋院培训是校园学习的有益补充

在浙江省内，有一定知名度的国际象棋棋院有几十个，社会培训机构办国际象棋培训班已经是热火朝天，如此良好的学习国际象棋社会氛围是有力推动小学开展国际象棋学习的基石。校园师资力量缺乏或不足的当下，利用校外培训机构可以很好地满足学生的未知欲、进取心，为开展校园国际象棋学习奠定基础。当然，校园国际象棋学习与校外培训融合发展、相得益彰，是未来发展的必然趋势。

4. 棋艺优秀的学生有望进入亚运会

虽然国际奥林匹克运动会大家庭中还没有国际象棋一员，但2006年亚运会开始设立了国际象棋比赛项目，一直延续至今已举办多届，随着2023年杭州亚运会的日益临近，为学生参加2023年杭州亚运会梦提供千载难逢的机会。除了亚运会，中国与世界还举行世界智力运动会，第4届全国智力运动会于2019年11月在衢州举行，国际象棋是智力运动会六个比赛项目之一。

5. 可建设国际象棋特色学校提供途径

各校的竞争体现在学校间校园文化和优质课程资源的配置上，越来越多的学校设置了自己的特色课程，以期提升学校的品位和竞争力。国际象棋作为一项少儿喜欢的时尚项目，自然成为学校优先考虑的项目之一。现阶段开设国际象棋课程的学校大部分都已经组建了校国际象棋队，成立国际象棋社团，经常性地组织国际象棋比赛，这些学校经常邀请兄弟学校开展比赛交流。2018年国家体育总局颁发了《国际象棋特色学校授予办法》，为开展校园国际象棋提供了思路，对具有开展国际象棋学习较好条件的学校可对照该办法，提供今后努力的方向。杭州育才外国语学校成为全国国际象棋特色学校之一。2019年初，中国棋院杭州分院会同杭州市教育局也命名了第五批杭州市棋类项目进课堂共建学校。

6. 国际象棋赛事为“一带一路”建设服务

“一带一路”沿线国家非常重视国际象棋教育，通过少儿学习国际象棋，开展“一带一路”国家青少年比赛，为促进国家间人民往来，彼此了解对方文化，增进国家间友谊具有不可替代的作用。2018年由国家棋牌管理中心主办了首届“龙头杯”一带一路国家国际象棋国际公开赛个人赛、团体赛。2019年在河北省秦皇岛市举办了“一带一路”国家国际象棋公开赛暨国际象棋文化节，来自俄罗斯、伊朗、土耳其、印度等10个国家的40来名棋界名人参赛。本次比赛期间不仅开展国际象棋公开赛，还举行了国际象棋文化学术交流等活动，提升国际象棋的国际影响力，促进各国之间的文化交流与合作，加深“一带一路”国家之间的友谊。

（四）发展小学校园国际象棋的威胁（T）

1. 教师被动地参与的思想难以改变

国际象棋具有智力运动的特性，除了消耗大量的脑力外，对教师而言，不愿意开展国际象棋课程，原因主要有两点：一是多数老师没有国际象棋基础，开设国际象棋课老师除自身需要一定的国际象棋技能外，还需要教学技能。二是多数老师抱着多一事不如少一事的态度，认为国际象棋不属于考试范围内而缺乏教学热情和动力。

2. 被分流到其他课程的学习

现在小学贯彻素质教育理念，在课程上体现自主学习、合作学习，培养学生德、智、体、美等全面发展的目标，学校开设很多学生喜爱的课程，如艺术类、科技类、体育类等。有些传统课程，已经具备了较好的教学设施和教师。另外，我国现阶段全力推进的足球进校园计划，绝大多数学校已经如火如荼地展开，势必会抢夺很多生源。国际象棋只是智力类的课程，虽然有一定的群众基础，但国际象棋开展与其他课程相比没有竞争优势可言，如果国际象棋不能吸引学生的兴趣，生源少，开课率低，在学生中更没有影响力，这样恶性循环发展，必然导致校园国际象棋难以生存。

3. 国际象棋社会培训水平良莠不齐

国际象棋社会培训往往租用社区公共用房、商业中心写字楼，教练通常是自幼爱好国际象棋，国际象棋技术水平尚可，但参差不齐，单从竞技棋艺水平是合格，但教学技能水平不尽如人意，因为他们没有经过专门的教学技能培训，在组织教学、课堂内容设计及讲授技巧等方面差强人意，因此总体培训质量不高。当前，部分学校的学生国际象棋水平高，能参加各种大赛，但他往往并不是学校老师培养出来，而是很多通过课外培训班教练指导。目前棋类培训机构的教练有国际象棋爱好者，极少数是退役运动员，也有兼职的在校大学生，因而国际象棋的教学质量得不到保证。

4. 人工智能的高速发展

“互联网 +”教育已风靡全国，但对校园国际象棋学习同样受到冲击，有的家长认为只要通过 App 完全可以完成学习任务，在网上与电脑下棋，与网友对弈都可以实现。有了互联网的存在，以上是完全可以实现。智能训练软件也走进普通学生家庭，棋牌与游戏相结合，国际象棋游戏数量在未来可能会出现比较大的增长，对校园国际象棋发展有一定的冲击。

六、文化生态学视角下的国际象棋进校园的发展路径分析

（一）加强国际象棋赛事品牌建设

能够获得更高的价值回报的体育赛事品牌创建，既有利于满足体育消费者更高品质的需求，也有利于体育竞赛市场经营企业开拓市场。

1. 提高政府重视程度、提高赛事服务水平

棋类赛事品牌未来作为一个城市文化品牌，它的可持续性发展离不开政府，政府是城市的决策者、设计师。品牌赛事建设是一个长期、浩大、系统的工程，需要耐心地通过几年、几十年甚至上百年的倾注，稍有不慎就会给城市形象造成负面影响，使公众对赛事品牌甚至城市品牌产生信任危机，前期长时间的积累与努力毁于一旦。一个高效、廉洁的政府形象不仅能使政府在市民心中更有威望，也能让市民对政府工作更加理解、信任与支持，还能吸引更多外部的资金、人才、技术等投入，以帮助品牌赛事的建设和竞争力的提升。

2. 保障对国际象棋在内的棋类赛事资金投入

缺乏资金是影响赛事发展的一大瓶颈，棋类品牌赛事也不例外。政府应当在财政上给予一定的支持，尤其是建设培育初期阶段，加大对赛事宣传、赛事高水平人才、赛事服务等领域的资金投入，根据目前政府出台的促进体育赛事产业发展等方面的规划、措施，扶持国际象棋文化品牌建设，同时，鼓励更多的社会力量投资国际象棋等棋类赛事，共建共享棋类品牌赛事。

3. 加大宣传力度，提升赛事的吸引力

充分利用全媒体融合加大宣传力度，才能使棋类品牌赛事知名度得以提高，可以利用营销的手段，利用对外交流合作平台，通过广告、赛事代言、大型宣传活动等方式加强棋类品牌赛事的对外宣传。不可或缺的是要更深层次地挖掘城市特色文化资源价值，提高赛事文化品位。

（二）在各级学校开设国际象棋课程

由于少儿及其家长对棋类项目的高需求性和棋类项目教学人才素质的特殊性，使得棋类项目教学人才严重缺乏，在杭州，师资力量最缺乏的是国际象棋，其次

是象棋。另外，对多数由棋类竞技职业转移到棋类培训职业的从事棋类教学的退役职业棋手和棋类业余爱好者们，虽然棋艺尚可，但不懂教学规律，缺乏教学经验，表达能力欠佳。在棋类教学工作中重视棋艺的传授，忽视棋类项目的教育功能和棋文化的传承。根据国家体育总局和教育部联合制定的《关于加强竞技体育后备人才培养工作的指导意见》中明确要求“学校体育是竞技体育后备人才培养基础”。国际象棋项目的发展要充分发挥小学学校棋类课在后备人才培养中的主体课堂作用。同时，在高等院校开设国际象棋课程有助于培养与扩大社会棋类培训师资队伍。在各级各类学校普及和推广国际象棋项目，不断完善兴趣小组、社团建设、赛事活动、课程设计和规范管理，使更多的青少年加入国际象棋活动中。将中国国际象棋项目发展为学生喜爱的健康活动，不断扩大国际象棋项目的参与人口数量，为国际象棋项目竞技后备人才选拔奠定基础。

（三）加强国际象棋项目培训市场的规范化管理

随着中国队在国际象棋项目国际赛事中不断夺冠，国际象棋的知名度和普及度逐渐提高，青少年成了学习国际象棋项目的主要人群，而参与方式主要为开设课程的学校培训和市场化的社会培训。早在 2001 年，教育部和国家体育总局就下发了《关于在学校开展“围棋、国际象棋、象棋”三项棋类活动的通知》，国际象棋教育价值得到政府的认可，家长及其子女积极参与到国际象棋学习中来，目前，国内棋牌培训市场需求旺盛，国际象棋项目培训机构越来越多，整体发展形势向好。但是，市场化的社会培训多数处于自发状态，缺少规范管理，缺乏标准化教材和培训等级制度，存在参与教学工作教师的教学水平和教练的竞技水平参差不齐等问题，因此，政府必须规范、完善国际象棋项目的市场管理，在会员制、等级分计算、称号等级标准、教师资质和市场管理等方面可借鉴欧美国家的一些做法，以此推动我国国际象棋项目市场健康可持续发展。

（四）打造“互联网 +”国际象棋的推广模式

随着信息科学技术的发展，互联网成为赛事传播和互动交流的平台，智能化使国际象棋智能训练软件改变了传统的训练模式。在学校在国际象棋项目推广发展过程中，“互联网 +”给国际象棋项目的发展带来了各种可能，虚拟空间、在线对弈、空中课堂、赛事共享等形成了国际象棋项目训练和推广中线上和线下的各种组合。“互联网 +”国际象棋应用软件将衍生出国际象棋项目新的发展模式，符合大众的需求，能够对国际象棋项目的普及发挥一定的促进作用。互联网技术软件如App在资讯传播、远程教育、网上比赛、游戏娱乐等方面对国际象棋项目推广上更有优势。建立一套“互联网+”国际象棋学习共享服务平台，以实现以家校“双赢”为目标和能使家校的资源信息达到互联互通，达到学生需求与家校需求对接便捷的效果，促进学校提升教学能力和管理能力，推动国际象棋普及，提升学生水平。

（五）强化国际象棋课堂教育质量

1. 课堂普及，人人参与

要从整个学校大力推广国际象棋课程，如今，从幼儿园大班到六年级所有的学生，都要接受国际象棋的普及教育，放学后，同学们在校园常常摆开棋盘，捉对厮杀，形成了一道亮丽的国际象棋风景线，让人人学会国际象棋成为可能。针对学优生对国际象棋的浓厚兴趣及精进发展，学校专门成立学校国际象棋运动队，安排学校最优秀的教练团队集中指导训练。

2. 编制教材，纳入校本课程

为了更好地普及与推动学校国际象棋项目的发展，学校成立由多年教学经验和训练工作实践的教师领衔组织编写国际象棋校本教材，有针对性地编写了适合本校小学生或初学者使用的教材。校本教材通常由三个部分组成，比如第一部分属基础知识，介绍行棋、走子、胜负和的判定、开局原理等；第二部分为攻杀与战术练习，内容包括闪击、牵制、击双、引入、引离、消除防御等；第三部分为残局基础。教材力求让广大学生对国际象棋有一个初步的了解和认识。

3. 拓宽其他课程的国际象棋元素

学校在国际象棋的教育中，不断尝试、发展创新，寻找国际象棋与学科教学的共同点，将国际象棋向学科课程渗透，演绎了国际象棋文化与其他学科的融会贯通。例如在语文课上进行“国际象棋大师”“探讨国际象棋优选棋局”等拓展教学，深度发掘国际象棋中蕴含的人文和棋理；在数学课上，把图形的转化与国际象棋走势相结合，找到它们相通的魅力之处；等等。通过各学科中的有效渗透，学生们的智力得到了全面发展，人文修养、棋理规则也得到延伸。

（六）加强师资力量建设

以教练教师化、教师教练化为途径，建立棋艺大师+教学名师的“双师”专业师资队伍。一方面通过教学名师的引导与示范，把棋艺大师培养成教学名师，把职业运动员（棋手）培养成教学老师；另一方面通过棋艺大师的言传身教和棋艺训练把学科老师培养成棋艺名师。主要通过棋艺大师一对一训练方式和与在校学习的职业运动员（棋手）转换身份、切磋交流技艺，可以去杭州棋院挂职实践半年以上等形式训练教学老师的棋艺，增进对棋文化的理解。可通过教学名师的教育教学授课、一对一示范、中小学生兴趣班教学训练等方式，以此提升棋艺大师、棋手的基础教育能力，学习基础教育教学理念，掌握并熟练应用基础教育教学方法，增进育人树人的职业素养和责任意识。

（七）尽快制定出《国际象棋棋艺等级标准》

当前社会上，艺术类如钢琴等已有社会考级，由 1 到 10 级，在体育类项目中如乒乓球已经出台了《乒乓球运动员等级标准》，对参加不同级别的比赛所获成绩给予相应的运动员等级称号，对普通学生的乒乓球水平可以根据《青少年乒乓球运动技能等级标准》进行认定，共有“三等九级制”整体设计“入门级”“普及级”“提高级”。国际象棋棋艺等级标准可以参考乒乓球的做法来认定，可以通过在题库中随机抽取试题进行应答，依照《国际象棋棋艺等级标准》和所答结果来等级认定。除此之外，对中小学生进行棋类比赛打分，并将棋类比赛成绩纳入学生综合素质评价体系以及教育现代化和教育质量评估体系，测评结果记入学生成长档案，作为综合评价学生发展状况的内容之一，并作为学生中考和高考录取的参考依据。

七、结语

在社会主义新时代，家长对子女的教育不再片面追求应试，对美好生活的向往体现在家庭教育中，国际象棋教育价值得到家长的普遍认可，国际象棋是杭州亚运会的比赛项目，杭州市发展校园国际象棋使形成良好的比赛和学习氛围成为可能。对文化生态学概念深入理解基础上，文化生态学视角下的国际象棋进校园影响的主要因素有环境因素、科技因素和制度因素。对杭州市国际象棋进校园存在一定的具体的优势、劣势、机遇与威胁。并进一步提出杭州市校园国际象棋的可持续发展需要加强国际象棋赛事品牌建设、在各级学校开设国际象棋课程、加强国际象棋项目培训市场的规范化管理、打造“互联网 +”国际象棋的推广模式、强化国际象棋课堂教育质量、加强师资力量建设等路径对策，对杭州市国际象棋高质量高水平发展具有一定的指导借鉴意义。

参考文献：

[1]谢军.国际象棋项目在中国的发展研究[J].首都体育学院学报,2019,31(01):4-8.

[2]宋祥生.以棋育人 全面发展——论国际象棋教育与素质教育的有机结合[J].华夏教师,2018(28):89-90.

[3]黄珠敏.以棋益智 以棋育人 特色兴校——中国象棋为特色的校园文化构建[J].教育信息技术,2014(06):44-46

[4]何小军.棋牌及其异化现象研究[J].山东体育学院学报,2013,29(02):33-36.

[5]王忠诚.特色学校建设的新思考[J].教学与管理,2013(02):8-9.

[6]张晟,黄若华,张康军.棋类教育功能的哲学思考[J].中学政治教学参考,2012(15):54-55.

[7]刘银昌.汉代棋类运动的文化内涵[J].西安体育学院学报,2010,27(05):555-557.

[8]张景,黄亚飞.我国智力运动发展策略研究[J].体育文化导刊,2009(07):42-45.

[9]田琪.国际象棋——特色学校建设选择的路径[J].人民教育,2009(Z1):77-78.

[10]童美丽,金东英,赵翔.通过国际象棋活动 培养幼儿记忆力[J].上海教育科研,2005(11):87-88.

[11]杨盛瑜,程静.以棋育才:特色课程彰显学校卓越品质[J].中小学管理,2015(11):16-17.

[12]潘安生,黄若华,王海艇.中小学开展棋类教育活动的意义[J].现代中小学教育,2013(06):44-46.

[13]杨启慧,罗珣.中华优秀传统文化进校园的乱象及其破解[J].教学与管理,2018(22):11-13.

[14]李雪玲.传统戏曲进校园的必要性及途径[J].四川戏剧,2018(05):182-185.

[15]张朋,郑小凤,万宇,梁健.民族传统体育项目进校园路径分析[J].体育文化导刊,2017(04):60-64.

[16]金蕾.儿童歌舞剧进校园的实践与思考[J].教育评论,2014(12):134-136.

[17]李蕾,曾玉华.陕西高校非遗体育文化进校园的思考与启示——以红拳与安塞腰鼓为例[J].西安体育学院学报,2014,31(06):765-768.

[18]陈玉民.可持续发展视角下武术进校园的价值及实现[J].教学与管理,2018(15):42-45.

[19]李芝涵.供给侧改革思维下校园戏剧发展策略研究[J].当代戏剧,2017(03):51-53.

国际象棋在线教育产品比较研究

董　倩
（北京大学教育学院，北京 100871）

一、研究背景

随着移动互联网的崛起，在线教育不断发展，从 PC 端逐渐平移到平板、手机等移动终端，越来越多的用户选择灵活方便、互动性较强的在线教育产品。前瞻产业研究院的报告指出，由于互联网普及、用户使用习惯的形成、企业的市场推广等原因，加上《新一代人工智能发展规划》等利好政策，未来在线教育用户规模将保持 15% 左右的速度继续增长，到 2022 年预计突破 3 亿人。[①] 一方面中国网民规模稳步扩大，给在线教育用户数量的快速增长提供了发展空间和稳定基础。另一方面，国内外在线教育产品数量快速增长，移动学习、碎片化学习等学习方式通过互联网推陈出新，给予用户差异化体验，吸引更多人参与其中。

信息技术的不断发展、用户使用习惯的改变使得棋类教育产品也不断升级，更新迭代，市场广阔。越来越多的国际象棋爱好者开始借助国际象棋在线教育产品进行战术训练、真人对弈、高手观战、开局训练、引擎分析、课程学习，不断提升个人棋艺水平。美国教育技术办公室 Richard　Culatta 指出，由于移动设备的普及、人均可支配收入、付费意愿的提高，使得学习者、教育者、家长以及其他

① 在线教育行业发展趋势分析，移动App逐渐成为主流[DB/OL]. http://www.sohu.com/a/230971860_100155997，2018-05-09.

利益相关者对于高质量教育 App 的需求剧增。[①] 而目前，市场上的国际象棋在线教育产品众多，例如以 Chess.com、lichess 为代表的国际象棋兼具网站和 App，以国象联盟、爱棋艺为代表的 App，以趣帮网为代表的网站，以飞琪国际象棋、超玥国际象棋、国际象棋充电站为代表的微信小程序等。这些产品的设计理念、侧重角度、界面呈现、交互体验等特点各异。

本文旨在通过对国内外国际象棋在线教育产品进行比较研究，促进国际象棋棋类在线教育产品在界面、内容、功能等方面不断完善，提升产品价值，增强用户黏性和活跃度。一方面通过比较研究，了解不同国际象棋在线教育产品的特点，为产品的内容和功能优化提供启示；另一方面为棋类爱好者提供不同国际象棋在线教育产品选择可能，满足更多棋类爱好者的需要，从而帮助提高个人棋艺水平，推动国际象棋事业的发展。

二、概念界定

（一）在线教育

在线教育是通过应用信息科技和互联网技术进行内容传播和快速学习的方法。[②] 在线教育针对自身有需要的学习者，以互联网作为主要媒介，运用 PC、移动设备等媒体进行教育内容传播。

（二）在线教育产品

在线教育产品是指围绕教育目标，通过应用信息科技和互联网技术进行内容传播的产品。从目标上看，在线教育产品以教育为最终目标。从使用场景上看，在线教育产品以互联网为媒介，运用 PC、移动设备（如智能手机、平板电脑等），连通线上与线下。用户既可以在学校、俱乐部等正式教育场景使用，也可以在家庭等其他环境的非正式教育场景使用。从学习方式上看，既可以是线上、线下的混合学习方式，如在线下教师指导下，学生应用在线教育产品完成某些训练，从

① Ed Tech Developer's Guide： A primer for software developers, startup, and entrepreneurs [DB/OL]. http://tech.ed.gov/developersguide,2015-04-21.

② 百度百科. 在线教育[EB/OL]. https://baike.baidu.com/item/%E5%9C%A8%E7%BA%BF%E6%95%99%E8%82%B2/460304?fr=aladdin.

而实现既定的教育目标；也可以是个体自主的个性化的学习方式，用户借助在线教育产品进行完全线上学习或者进行训练的拓展和补充。从类别上看，在线教育产品主要包括网站、App、微信小程序三类。

三、理论基础

国际象棋在线教育产品有教育性、交互性、世界性三大特征。首先，产品需要围绕一定的教育目标；其次，产品无论是教育应用程序，还是网站，都属于工具类的应用软件，具有一定的交互性；最后，产品的主要应用对象为国际象棋爱好者，而国际象棋广受世界各国爱好者喜爱，各国爱好者具有不同的文化背景。因此，国际象棋在线教育产品的评价以教学设计理论、软件评价理论、文化心理理论为理论依据。①

（一）教学设计理论

"如何根据不同类型的学习者特征开发出有针对性的教育内容和应用服务产品是当前各 App 开发商的基本生存之道。"② 教育在线产品需要满足一定的教育目标。特别是如何以学习者为中心的教学理念发挥技术的潜在教育价值，包容用户个体差异，提升学习材料的实用性和适用性，开发出符合教学设计理论的教育类产品。

（二）软件评价理论

软件评价应以用户友好体验为中心，更好地满足用户的界面、导航、媒体融合等使用需求，解决用户实际困难，给予用户更多使用指导，通过交互优化用户体验。

（三）文化心理理论

文化心理主要是指文化传统中人们最普遍的自我理解和自我意识情况。文化

① 赵慧臣, 陆晓婷, 张银平. 教育类App评价的理论分析与实施开展[J]. 电化教育研究, 2018(6).

② 刘丹，胡卫星，李玉斌，李畅.移动教育 App的研发现状与应用问题分析[J].电化教育研究，2016（8）：47–52.

心理理论可以分析使用在线教育产品的广泛社会群体，例如学生、教练、家长、管理人员等，为学习者认知和思维与产品美感、文化敏感性之间提供支持。符合使用对象的文化心理的产品应可以无形中为用户提供学习激励，促进用户更好地适应学习过程。因此，在评价过程中，应注意用户的年龄、性别、文化心理等因素，使得评价过程更具针对性。

四、评价方法

教育产品评价方法主要有列表描述、清单评价、量规评价三种。列表描述法简单明确，可帮助学生、教师、家长选择合适的产品。清单评价法方便易用，对产品评价更为全面、细致，适合管理人员、教师等来选择特定教学的产品。量规评价法更为专业，指标全面，适合专业技术开发人员、行政管理人员使用。

本文主要采用列表评价法和量规评价法进行评价。国际象棋在线教育产品数量较多，采用列表评价法有助于帮助用户高效获取合适产品。而通过指标全面的量规评价法可帮助专业人员审视产品，做出改进，提升用户体验，吸引更多用户，从而提升国际象棋普及度、认可度，从而不断提升棋艺水平，丰富棋文化氛围和人民精神生活。

（一）列表法评价与分析

国际象棋在线教育产品的列表法分析包括收集整理、分类编码、数据分析三个步骤。

1. 收集整理

首先，通过以下三种方式对国际象棋在线教育产品进行检索：第一，网站和应用商店的关键词检索（如 chess、国际象棋、国象等）；第二，国象爱好者和专家访谈调研；第三，同类别或出版商产品滚雪球搜索（如同类别的 chess tiger 和 chess tiger pro、同一出版商 Chess king 出品多个 App 等）三种。

在此过程中，下载并初步试用所有产品，对检索结果的筛选整理，共汇总国际象棋在线教育产品共计 82 个。具体筛选的剔除标准包括如下三点：第一，产品与国际象棋无关，例如五子棋、九子棋、中国象棋、飞行棋、围棋、日本象棋、跳棋等其他棋类；第二，产品为非教育目的，而是以游戏、娱乐、社交、对弈、比赛作为主要目的，例如智力游戏、国际象棋多人游戏、v-chess、小棋神、天梨国际象棋 -chess、Chess Mini、开赛了等；第三，产品无法正常使用，如双语学棋。

2. 分类编码

首先，根据呈现的不同，将国际象棋在线教育产品分为 App（72 个）、网页（2 个）、App+ 网页（4 个）、微信小程序（3 个）、微信订阅号 + 网页（1 个）五类，如下图所示。

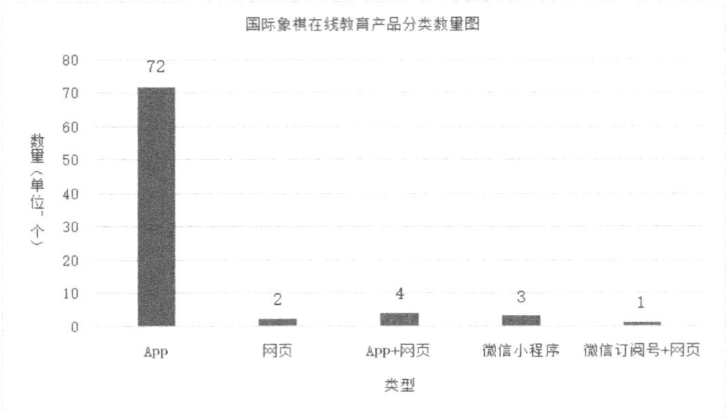

图1　国际象棋在线教育产品分类数量图

其次，借助移动应用数据和分析平台 App Annie，将 App 的费用、兼容性、类别、首次追踪时间、所有版本评级、评级人数、出版商、语言、大小、版本更新次数等十项信息进行分类汇总。

表1　国际象棋在线教育产品分类信息表（部分，共计82个）

序号	名称	类型	费用	兼容性	类别	首次追踪	所有版本评级	评级人数	要求	出版商	语言	大小	版本1	版本更新
1	lichess	APP 网页	免费	通用	entertainm	2015年3月3日	4.2	474	Requires iOS 10.2 or later. Compatible with iPhone, iPad, and iPod touch.	thibault duplessis	English	13.4 MB	1.1.0——6.0.0	47
2	国际象棋—助你提升象棋水平	APP	免费 3.99 USD Remove Advertisement	通用	games	2015年6月18日	4+	无	Требуется iOS 8.0 или более поздняя версия. Совместимо с iPhone, iPad и iPod touch.	GONG JUNJIE	английский, голландский, датский, испанский, итальянский, немецки	73.9MB	1.0——1.5.0	8
3	国际象棋—玩与学（chess.com）	APP 网页	99.99 USD Diamond Membership 14.99 USD Diamond Membership 29.99 USD Gold Membership	通用	games	2009年10月29日之前	4.6	126410	Requires iOS 11.0 or later. Compatible with iPhone, iPad, and iPod touch.	Chess.com	Afrikaans, Albanian, Arabic, Armenian, Azerbaijani, Basque	93.0MB	1.21——3.8.55	94
4	Chess for kids	APP 网页	免费	通用	games	2013年4月6日	4.2	1271	Requires iOS 9.0 or later. Compatible with iPhone, iPad, and iPod touch.	Chess.com	English	105.2 MB	1.0——2.4.14	19
5	ChessBase Online	APP	4.99USD	通用	Games	2011年4月13日	无	无	Requires iOS 9.0 or later. Compatible with iPhone, iPad and iPod touch.	ChessBase GmbH	English	70.4MB	1.0——2.35	26
6	Analyze This Chess	APP	免费	通用	Games	2016年3月19日	4.3	43	Requires iOS 9.0 or later. Compatible w	Asim Pereira（印度）	English	70.0MB	1.0.1——3.0.6	33
7	腾讯国际象棋	APP	免费 0.99 USD 60钻石 19.99 USD 1280钻石 4.99 USD 300钻石 2.99 USD 180钻石 9.99 USD 680钻石 99.99 USD 6480钻石	通用	games	2017年11月16日	3.2	95	需要 iOS 6.0 或更高版本。与 iPhone、iPad 和 iPod touch 兼容。	Tencent Mobile Games	英语	204.9MB	0.1.1——0.1.3	2
8	ChessBookStudy	APP	免费 4.99 USD Position setup	通用	Games	2014年4月2日	3.3	22	Requires iOS 8.0 or later. Compatible with iPhone, iPad, and iPod touch.	Asim Pereira（印度）	English	41.6MB	1.0——1.4.2	11
9	国际象棋-Learn Chess	APP	免费	通用	education	2009年2月18日之前	3.4	25633	Requires iOS 11.0 or later. Compatible with iPhone, iPad, and iPod touch.	Tom Kerrigan	English, French, German, Japanese, Korean,	4.9MB	1.4.0——1.8.6	14
10	Play Magnus—Chess	APP	免费 6.99 USD Magnometer Unlimited Use 4.99 USD 77 Extra Levels 2.99 USD Brain Power ×2000	通用	games	2014年2月15日	4.7	3176	Requires iOS 8.0 or later. Compatible with iPhone, iPad, and iPod touch.	Play Magnus	English, French, German, Italian, Norwegian Bokmål, Russian, Simplified	155.1MB	1.0——3.11.8	64
11	爱棋艺HD-国际象棋名师直播平台	APP	74.99 USD——爱棋艺-课程包	仅限 iPad	education	2016年1月22日	4+	无	Requires iOS 9.0 or later. Compatible with iPad.	Shan Zhen Tian Di Technology Co.,Ltd	Simplified Chinese	130.6 MB	1.2.0——2.6.0	44
12	少儿国际象棋教学合集	APP	免费 17.99 USD 优惠解锁11个课程 1.99 USD 解锁国际象棋第2课内容 1.99 USD 解锁国际象棋第3课	通用	books	2018年5月3日			Requires iOS 8.0 or later. Compatible with iPhone, iPad, and iPod touch.	ping zheng	Simplified Chinese, Traditional Chinese	168.5MB	1.0——1.1	2
13	Chess U	APP	免费 1.99 USD Bobby Fischer 201 0.99 USD Accelerated Drago 201	通用	Games	2011年5月4日	无	无	Requires iOS 5.1.1 or later. Compatible with iPhone, iPad and iPod touch.	Mark Ginsburg Chess LLC	Catalan, Croatian, Czech, Danish, Dutch, English	51.6MB	1.0——4.9.5	26
14	国际象棋—教您怎么下国际象棋	APP	免费	通用	entertainment	2016年7月6日	4.1	22	Requires iOS 9.0 or later. Compatible with iPhone, iPad, and iPod touch.	mingqi gong	简体中文	39.0MB	2.0.0——3.2.0	4
15	Learn Chess Pro - Best How To Play Chess Guides & Tips For Advanced To Beginners. Checkmate! Support	APP	1.99 USD	通用	Games	2015年1月25日	无	无	Requires iOS 6.0 or later. Compatible w	Alex Balk	English	69.4MB	1.0——1.5	3

最后，下载、注册并登录，深入使用每个产品，对其进行内容与功能、适用阶段、级别等进行编码，并对其特色内容或功能等进行备注说明。首先根据教学训练实际，建立初步的编码体系，随后对评价人数较高的五款App、两个微信小程序、一个网站、一个微信订阅号进行使用并编码，在此过程中修正、完善、补充编码框架，并确立最终的编码表。若符合编码标准，则标记为“1”，若不符合编码标准，则标记为“0”。

表2 国际象棋在线教育产品编码表

序号	一级编码	二级编码	编码标准
1	内容和功能	规则介绍	包括对国际象棋棋子走法与吃法、特殊规则、胜负和的判定等内容
		战术训练	包括几步杀练习或基本战术（闪击、牵制、消除保护等）或综合习题训练
		对战棋谱	包括过去比赛的大师对战棋谱，但是没有标注或讲解
		对局讲解	包括对过去对战的标注互动棋谱或对局讲解电子书
		引擎分析	可根据棋谱对棋局进行实时分析，显示分数、提示后续走法等信息
		对战练习	可以邀请其他用户或与电脑AI进行对战练习
		比赛	可参加产品内设比赛或自己发起比赛或车轮比赛等
		论坛交流	可通过产品与其他用户进行分享交流
		数据私教	产品提供一定的有关棋手训练的数据信息
		趣味练习	产品可以提供关于国际象棋的趣味非传统练习
2	阶段	开局	产品目标在于帮助用户进行子力准备和战略部署等，包括提供开局库、开局树或开局棋谱等
		中局	产品目标在于帮助用户制定计划、确定和实现战略战术等，包括战术训练习题、大师对战棋谱讲解等
		残局	产品目标在于帮助用户了解残局理论和实践，决胜棋局等，包括残局理论或对弈棋谱讲解等

续表

序号	一级编码	二级编码	编码标准
3	级别	入门	产品适合无国际象棋基础或未掌握国象规则的用户（无级别）
		初级	产品适合熟练掌握学习国际象棋基本规则，但无明确战术战略理论的用户 （棋协十五级棋士—十一级棋士）
		中级	产品适合掌握产品适合熟练掌握学习国际象棋基本规则，但有一定的战术战略理论的用户 （棋协十级棋士—一级棋士）
		高级	产品适合熟练掌握规则、战术战略较为成熟业余棋手（候补棋协—棋协大师）
		大师	产品适合职业棋手使用 （特级大师、国际大师、棋联大师、女子特级大师、女子国际大师）

表3　国际象棋在线教育产品编码信息表（部分，共计82个）

序号	名称	备注	内容和功能										阶段			级别				
			规则介绍	战术训练	对战棋谱	对局讲解	引擎分析	对战练习	比赛	论坛交流	数据私教	趣味练习	开局	中局	残局	入门	初级	中级	高级	大师
1	lichess	社交、有趣比赛（车轮战）	1	1	1	1	1	1	1	1	1	1	1	1	1	1	1	1	1	1
2	国际象棋—助你提升象棋水平	包括人机大战、研究推演、挑战残局、棋书棋谱、谜题等，广告太多	0	1	1	0	1	1	0	0	0	0	1	1	1	0	1	1	1	1
3	国际象棋—玩与学（chess.com）	功能齐全	1	1	1	1	1	1	1	1	0	0	1	1	1	1	1	1	1	0
4	Chess for kids	更适合小孩子	1	1	1	1	1	1	1	1	0	0	1	1	1	1	1	1	1	0
5	ChessBase Online	大师棋谱、引擎分析	0	0	1	0	1	1	0	0	0	0	1	1	1	1	1	1	1	1
6	Analyze This Chess	引擎分析	0	0	1	1	1	0	0	0	0	0	1	1	1	1	1	1	1	1
7	腾讯国际象棋	社交功能较强	1	1	1	0	1	1	0	1	0	0	1	1	1	1	1	1	1	1
8	ChessBookStudy	很多电子书，可以一边看，一边摆，可以链接analyze this分析	0	0	1	1	0	0	0	0	0	0	0	1	1	1	1	1	1	1
9	国际象棋-Learn Chess	类似电子书	1	0	0	0	0	0	0	0	0	0	0	0	0	1	0	0	0	1
10	Play Magnus—Chess	很多卡尔森的视频	1	1	1	1	0	1	0	0	0	0	1	1	1	1	1	1	1	0
11	爱奇艺HD-国际象棋名师直播平台	课程直播等	1	1	1	1	0	1	1	1	0	0	1	1	1	1	1	1	1	1
12	少儿国际象棋教学合集	课程收费，界面卡通	1	1	0	0	0	0	0	0	0	0	1	0	0	1	1	0	0	0
13	Chess U	很多课程，内嵌互动问题	0	1	1	1	0	0	0	0	0	0	1	1	1	1	1	1	1	1
14	国际象棋—教您怎么下国际象棋	视频合集	1	0	1	1	0	0	0	0	0	0	1	1	1	1	1	1	1	0
15	Learn Chess Pro - Best How To Play Chess Guides & Tips For Advanced To Beginners, Checkmate! Support	视频教程	1	1	1	1	0	1	0	0	0	0	1	1	1	1	1	1	1	1

表4　国际象棋在线教育产品编码信息总表（部分，共计82个）

序号	名称	类型	费用	兼容性	类别	首次出版	所有版本评级	评级人数	要求	出版商	语言	大小	版本1	版本更新	备注	内容和功能										阶段			级别				
																规则介绍	战术训练	对局棋谱	对局讲解	引擎分析	对局练习	比赛	论坛交流	数据私教	趣味练习	开局	中局	残局	入门	初级	中级	高级	大师
1	lichess	APP 网页	免费	通用	entertainment	[illegible]	4.2	[illegible]	Required: iOS 10.2 or later. Compatible with iPhone, iPad, and iPod touch.	[illegible]	English	15.4 MB	[illegible]	47	[illegible]	1	1	1	1	1	1	1	1	1	1	1	1	1	1	1	1	1	1
2	国际象棋—[illegible]	APP	免费 [illegible] USD [illegible]	通用	games	[illegible]	[illegible]		[illegible]	[illegible]	[illegible]	[illegible]	[illegible]	[illegible]	[illegible]	0	1	1	0	1	1	0	0	0	0	1	1	1	0	1	1	1	1
3	国际象棋—[illegible]（chess.com）	APP 网页	[illegible] USD Diamond Membership [illegible] USD Diamond Membership [illegible] USD Gold Membership	通用	games	[illegible]	[illegible]	[illegible]	Required: iOS 11.0 or later. Compatible with iPhone, iPad, and iPod touch.	Chess.com	[illegible] Albanian, Arabic, Armenian, Azerbaijani, [illegible]	[illegible]	[illegible]	[illegible]	[illegible]	1	1	1	1	1	1	1	1	0	0	1	1	1	1	1	1	1	0
4	Chess for kids	APP 网页	免费	通用	games	[illegible]	[illegible]	[illegible]	Required: iOS [illegible] or later. Compatible with iPhone, iPad, and iPod touch.	Chess.com	English	[illegible] MB	[illegible]	[illegible]	[illegible]	1	1	1	1	1	1	1	1	0	0	1	1	1	1	1	1	1	0
5	ChessBase Online	APP	[illegible] USD	通用	Games	[illegible]	无	无	Required: iOS [illegible] or later. Compatible with iPhone, iPad and iPod touch.	ChessBase GmbH	English	[illegible] MB	[illegible]	[illegible]	[illegible]	0	0	1	0	1	1	0	0	0	0	1	1	1	1	1	1	1	1
6	[illegible] Chess	APP	免费	通用	Games	[illegible]	[illegible]	[illegible]	Required: iOS [illegible] or later. Compatible [illegible]	[illegible]	English	[illegible] MB	[illegible]	[illegible]	[illegible]	0	0	1	1	1	0	0	0	0	0	1	1	1	1	1	1	1	1
7	[illegible]	APP	免费 [illegible] USD [illegible]	通用	games	[illegible]	[illegible]	[illegible]	[illegible] iOS [illegible] iPhone、iPad 和 iPod touch 兼容。	Tencent Mobile [illegible]	[illegible]	[illegible] MB	[illegible]	[illegible]	[illegible]	1	1	1	0	1	1	0	1	0	0	1	1	1	1	1	1	1	1
8	ChessBookStudy	APP	免费 [illegible] USD Position setup	通用	Games	[illegible]	[illegible]	[illegible]	Required: iOS [illegible] or later. Compatible with iPhone, iPad, and iPod touch.	[illegible]	English	[illegible] MB	[illegible]	[illegible]	[illegible]	0	0	1	1	0	0	0	0	0	0	0	1	1	1	1	1	1	1
9	国际象棋 Learn Chess	APP	免费	通用	education	[illegible]	[illegible]	[illegible]	Required: iOS 11.0 or later. Compatible with iPhone, iPad, and iPod touch.	[illegible]	English, French, German, Japanese [illegible]	[illegible]	[illegible]	[illegible]	[illegible]	1	0	0	0	0	0	0	0	0	0	0	0	0	1	0	0	0	1
10	Play Magnus—Chess	APP	免费 [illegible] USD Magnometer Unlimited Use [illegible] USD [illegible] Extra Levels [illegible]	通用	games	[illegible]	4.7	[illegible]	Required: iOS [illegible] or later. Compatible with iPhone, iPad, and iPod touch.	Play Magnus	English, French, German, Italian, Norwegian Bokmål, Russian, [illegible]	[illegible] MB	[illegible]	[illegible]	[illegible]	1	1	1	1	0	1	0	0	0	0	1	1	1	1	1	1	1	0

3. 数据分析

从类型上看，82 款在线教育产品中，网页或网站数量为 2 个，微信小程序为 3 个，既包括 App 又包含网页的有 3 个，仅包含 App 的有 72 个，既包括微信订阅号又包括网页的有 1 个。网站容易接入，但是用户黏性与体验一般。微信小程序、微信订阅号嫁接微信日活用户，开发成本较低，用户无需下载，接口较多，但入口较深，也容易受到微信上的部分功能限制。而 App 实现功能较多，用户体验较好，速度较快，但是开发和推广成本较高。根据数据可知，国际象棋在线教育产品中，功能和体验较好的 App 产品数量最多，占所有产品的 88%，微信小程序和 App 与网页组合其次，仅包括微信订阅号和网页组合的产品最少。

表5　国际象棋在线教育产品类型数量统计

类型	网页	微信小程序	App+网页	App	微信订阅号+网页
数量（单位：个）	2	3	3	72	1

从费用上看，82 款在线教育产品中，免费的有 17 个（如 lichess 等），产品本身收费的为 15 个（如 Chess tiger pro 等），产品本身免费，而其内部产品收取一定费用（如 Chess King、爱棋艺等）的为 50 个。根据数据分析，国际象棋在线教育产品中内容完全免费、内部收费、收费的产品分别占所有产品的 21%、61% 和 18%，内容付费总体比例为 80%。收费方式上，既包括按照时间进行的付费，如包年、包月等，也包括按照会员级别进行付费（如不同级别会员权限不同），还包括按照内容或服务方式进行收费（如数据私教、视频课程内容等），费用上从数十元到上千元不等。

表6　国际象棋在线教育产品收费情况数量统计

费用	免费	内部收费	收费
数量（单位：个）	17	50	15

从年份上看，国际象棋在线教育产品最早出现于 2008 年，这款产品是由出

版商 Tom Kerrigan 开发的国际象棋 -tChess Pro。随后产品数量波动中逐年增长，2016年迎来快速增长期，一年产品增长27个，其中出版商Chess King推出了19个。2016年后，虽然仍有产品相继推出，但总体数量呈下降趋势。随着产品的更新迭代，不断升级，逐步完善和优化，早期推出的产品已经占据了一定市场，后续产品若想有所突破，一方面需要挖掘用户需要，推出新的功能；另一方面需要通过优化界面设计、增强交互等方式提升用户体验，吸引更多用户使用，增强用户黏性。

表7　国际象棋在线教育产品年份数量统计

年份（单位：年）	2008	2009	2011	2012	2013	2014	2015	2016	2017	2018	2019
数量（单位：个）	1	3	4	2	4	8	7	27	16	6	4

图2　国际象棋在线教育产品年份数量趋势图

从语言上看，语言种类较为丰富，俄文、土耳其文、希腊文、德语、意大利语、法语、波兰文、中文、罗马尼亚文、英语、荷兰文、葡萄牙文、西班牙语、丹麦文、匈牙利文、巴克摩文挪威文、捷克文、日语、乌克兰文、瑞典文、芬兰文、韩语、泰语、加泰罗尼亚语、克罗地亚语、越南语、朝鲜语、马来语、印度尼西亚语、挪威博克马尔语、斯洛伐克语共31种语言，一定程度上可以看出国际象棋分布广泛。下表是用户使用最多的中英文语言产品数量统计，由数据可知，英文产品数量为69个，而中文产品为13个，且中文产品通常仅支持中文，而英文产品通常提供多国语言服务。

表8 国际象棋在线教育产品语言数量统计

语言	中文	英语
数量（单位：个）	13	69

从App类别上看，根据数据可知，类别为游戏（Games）的产品数量为65个，娱乐（Entertainment）为3个，教育（Education）为3个，图书（Books）是2个，棋盘游戏（Games board）和体育（Sports）均为1个。虽然经过筛选的App具备教育功能，但在产品定位和推广上仍然以游戏作为主打进入市场。

表9 国际象棋在线教育App产品类别数量统计

App类别	游戏 Games	娱乐 Entertainment	教育 Education	图书 Books	棋盘游戏 Games board	体育 Sports
数量 （单位：个）	66	3	3	2	1	1

从出版商看，82款教育产品的出版商有36个，其中Chess King开发数量最多，为32个，Global Business Ltd紧随其后，开发数量为6个。而27个出版商仅开发一款教育产品作为主打。

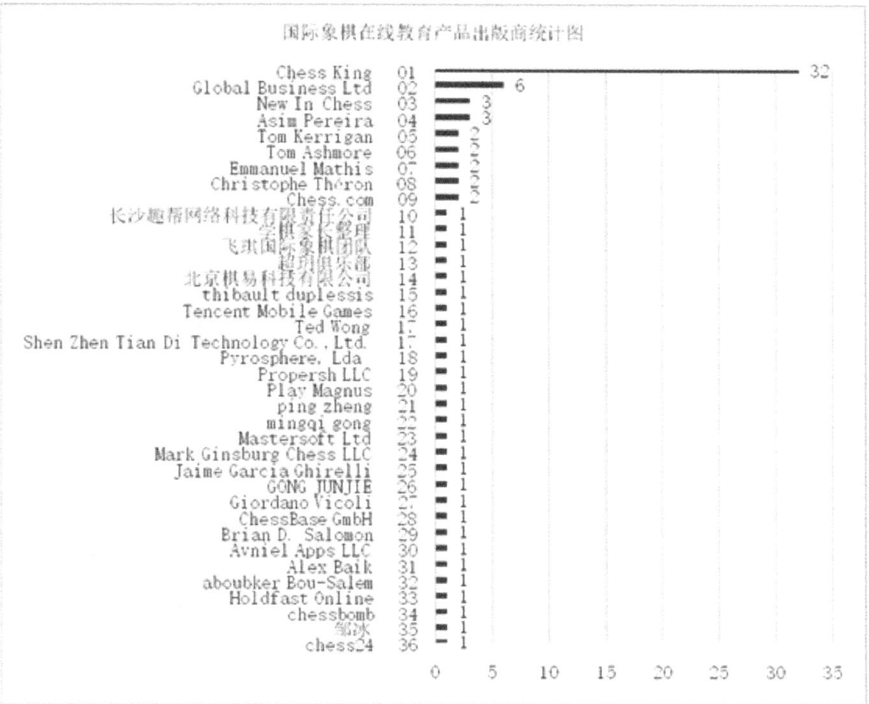

图3 国际象棋在线教育产品出版商统计图

从评级人数及分数上看，拥有评级的产品共计44个，但由于有些产品评分人数较少，因此评分合理性有待考虑。本研究选取评级人数在100以上的共计18款产品进行统计。其中评级人数最多的产品为Chess.com，人数为126410。最高评级的产品有Chess Tiger Pro、Chess King、适合初学者的国际象棋战术三款，其评级分数为4.8。而所有评价人数100以上的产品的平均评级分数为4.46（总分为5分）。评级程度可在一定程度上反映使用人数和活跃人数，总体来说chess.com使用量级远超过其他产品。总体来看，用户对于国际象棋在线教育产品的评级平均为4.46分，认可程度较高，也为产品本身及内容付费奠定了基础。

表10　国际象棋在线教育产品评分及评级人数统计

序号	名称	评分	评级人数
1	国际象棋——玩与学（chess.com）	4.6	126410
2	Chess Tiger	4.7	29738
3	国际象棋-Learn Chess	3.4	25633
4	Chess Tiger Pro	4.8	20011
5	Play Magnus——Chess	4.7	3176
6	国际象棋-tChess Pro	4.2	3059
7	Chess Tactics Pro(Puzzles)	4.7	1417
8	Chess for kids	4.2	1271
9	国象联盟——专业级国际象棋平台	4.1	1186
10	CT-ART 4.0（国际象棋战术）	4.8	725
11	Chess King	4.8	602
12	lichess	4.2	474
13	马格努斯·卡尔森（Magnus Carlsen）-国际象棋冠军	4.7	282
14	Chess Openings Pro	4.3	271
15	适合初学者的国际象棋战术	4.8	255
16	Chess Openings Explorer	4.1	247
17	象棋从入门到专家	4.7	130
18	Small Chess Pro	4.5	125

从内容与功能上看，产品中战术训练数量最多，对战棋谱和对局讲解分列二、三位，趣味练习最少。战术训练包括一步杀、两步杀等杀王练习，闪击、牵制等单向战术练习，各类战术组合或局面最恰当走法等综合练习。对战棋谱的讲解包

括书籍标注、视频讲解、引擎分析等多种形式。数据私教既包括简单的做题数量、正确率等基础数据统计，也包括更加深入的开中残局阶段特征、战术风格等数据分析。论坛交流主要包括下棋过程之中的交流探讨、论坛平台的私信、通过产品组建俱乐部等形式。趣味练习种类包括棋子闯关、连续吃子、棋子更换摆放方式或吃子方式等。比赛上，既包括个人创建锦标赛、车轮战等，也包括平台组织的各类挑战赛，还包括连通线上线下的棋王挑战赛等。

表11　国际象棋在线教育产品内容与功能统计

内容与功能	规则介绍	战术训练	对战棋谱	对局讲解	引擎分析	对战练习	比赛	论坛交流	数据私教	趣味练习
数量（单位：个）	19	62	59	47	22	18	9	11	39	7

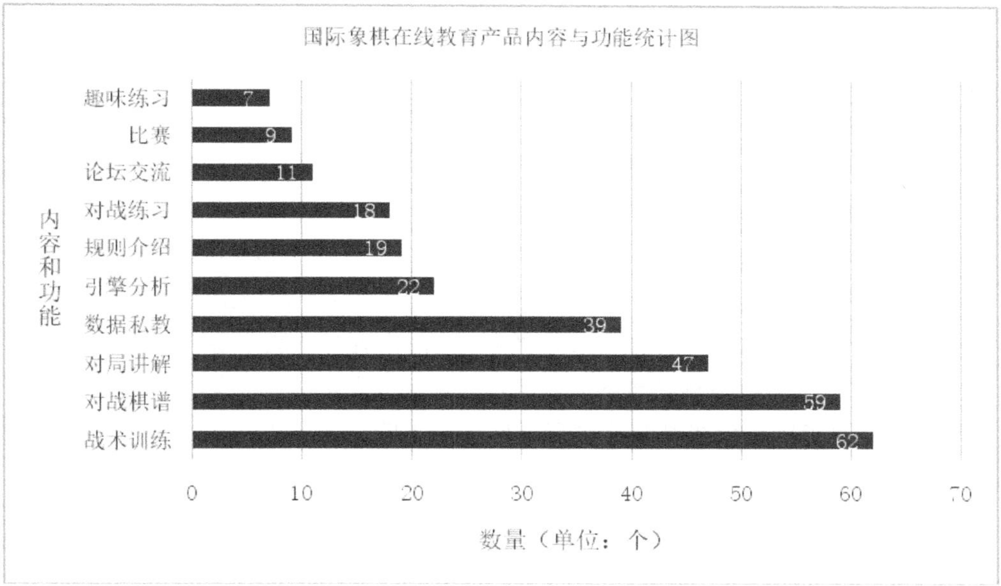

图4　国际象棋在线教育产品内容与功能统计图

从阶段上看，国际象棋在线教育产品在开局、中局、残局数量较为相近，很多产品覆盖了多个阶段的功能。一般而言，针对开局的专项产品较多，而战术训练、对战棋谱、对局讲解、引擎分析更侧重中残局的讲授，对战练习、比赛则是面向全局。值得一提的是，棋局阶段的划分是一个参考，很多局面开局与中局、中局与残局之间的过渡并不明晰，但是局面的划分有助于棋手进行更加有针对性的训练，从而提升棋艺。

表12　国际象棋在线教育产品内容与功能统计

阶段	开局	中局	残局
数量（单位：个）	71	75	75

从级别上看，产品从适合入门到初级，再到中高级，直至大师阶段，呈现逐渐减少的趋势，这也基本符合整体各级别棋手数量的趋势，即入门和初级选手较多，中高级选手居中，而职业大师数量最少。

表13　国际象棋在线教育产品内容与功能统计

级别	入门	初级	中级	高级	大师
数量（单位：个）	80	80	74	72	69

总体来看，国际象棋在线教育产品自 2008 年开始出现，此后数量逐步增长，在 2016 年达最高，此后数量逐渐减少，截至 2019 年，共有来自 36 个出版商出品的 82 款国际象棋在线教育产品，其中 Chess King 出品数量最多，达 32 款。产品类型以 App 为主，也有少量网站、微信小程序等。产品提供的语言种类丰富，共计 31 种，体现了国际象棋全球化的特征，其中英文产品为 69 种，中文产品有 13 种，可以看出国际通用语言的英语产品仍然占比较大。产品评级超过 100 人的共有 18 款，其中国际象棋——玩与学（Chess.com）评级人数最多，达 126410 人。18 款产品评级的最高分为 4.8，最低分为 3.4，平均分为 4.46。可以看出产品用户的总体满意度较高，也使产品付费成为可能。所有产品中，完全免费的有 17 个，而内容付费的有 65 个，占所有产品的 80%。产品内容与功能丰富，包括战术训练、对战棋谱、引擎分析、数据私教等共十项功能，其中具备战术训练功能的产品最多。这些产品覆盖了国际象棋开局、中局、残局三大阶段，从入门到大师等不同级别棋手可以根据需要和自身特点进行选择。

（二）量规法评价与分析

在教学设计理论、软件评价理论、文化心理理论的指导下，参考美国卡罗来纳海岸大学 Cheng-Yuan Lee 和 Todd Sloan Cherner 两位学者的《评价教育 App 的综合评价量规》（*A Comprehensive Evaluation Rubric for Assessing Instructional Apps*）的维度具体描述[①]以及赵慧臣等提出的教育类 App 评价的领域与维度设计 b，提出国际象棋在线教育产品评价框架。

---

① LEE C Y，CHERNER T S . A comprehensive evaluation rubric for assessing instructional apps [J]. Journal of information technology education research， 2015（14）：8–15.

② 赵慧臣，陆晓婷，张银平. 教育类App评价的理论分析与实施开展[J]. 电化教育研究，2018，v.39；No.302(06):100–108.

表14 国际象棋在线教育产品评价框架

领域	维度	描述	评价等级及分值				
			A（5分）	B（4分）	C（3分）	D（2分）	E（1分）
面向教育	21世纪技能	分析使用产品过程中是否需要21世纪技能	经常需要用户运用21世纪技能	有时需要用户运用21世纪技能	很少需要用户运用21世纪技能	不需要用户运用21世纪技能	导致学习者死记硬背
	连接未来学习	评价产品设置的任务中是否有为学习者准备读写和面向计算的任务，以及可为学习者提供未来学习或职业生涯所需技能	具备内容目标，教授特定的读写和算术技能，为学习者提供未来学习和职业生涯所需技能	具备内容目标，教授通用的读写和算术技能，为学习者提供未来学习和职业生涯所需技能	具备内容目标，需增强特定的读写和算术技能来为学习者提供未来学习和职业生涯所需技能	具备内容目标、通用的读写和算术技能一般，为学习者提供未来学习和职业生涯所需技能	内容不能将读写和算术技能与未来学习和职业生涯相连接
	错误价值	评价产品是否为学习者提供错误答案的解释，提供可以从错误中学习的机会	提供错误答案的解释，允许复查有关问题的材料，提供再次答题机会	提供错误答案的解释，或在用户再次回答问题之前指示问题的材料	提供错误答案的解释，不提供再次回答问题的机会	提供再次回答问题的机会，但不提供错误答案的解释	既不提供再次回答问题的机会，也不提供错误答案的解释
	教师的反馈	评价产品是否让教师监控、跟踪学习者的学习进度，并与学习者交流做出反馈	跟踪学生的学术成长、成绩及进度。教师可通过电邮或网站访问报告	只跟踪学生的成绩或进步，教师可通过电子邮件或网站访问报告	只跟踪学生成绩或进步。学生的进度只能在产品内查看	只能跟踪学生的成绩或进步。一旦退出，进度没有保存，教师无法访问	不跟踪学生的学术成长、成就以及进步
	学习材料的水平	评价产品提供的材料是否适合不同级别的使用群体	内容为特定级别水平而设，总是适合于学习者	内容为特定级别水平而设，通常适合于学习者	内容为特定级别水平而设，很少适合于学习者	内容为特定级别水平而设，但不适合于学习者	内容偏离教育目的
	合作学习	评价产品是否为学习者提供自由交流、分析的机会	用户在社区中与其他用户自由交流，分享学习工件，进行项目合作	用户在社区中与其他用户交流，分享学习工件或进行项目合作	用户在社区中与其他用户自由交流，但不能分享学习工件或进行项目合作	用户在社区中很少或根本不能控制与其他用户通信，也不能共享学习工件或项目合作	不允许用户与其他用户进行通信或互动

续表

领域	维度	描述	评价等级及分值				
			A（5分）	B（4分）	C（3分）	D（2分）	E（1分）
面向教育	个体差异包容度	评价产品的设计是否适应不同方式学习的用户	所有内容认识到用户以不同的方式学习，适应差异化教学	大多数内容认识到用户以不同的方式学习，适应差异化教学	一些内容认识到用户以不同的方式学习，适应差异化教学	很少内容认识到用户以不同的方式学习，适应差异化教学	假定所有用户以相同方式学习呈现内容
	内容的严格性	评价学习者应用产品时是否可以通过多种任务拓展思维技能	通过创建、发表评论以及综合信息来完成任务进而扩展思维	评价、阐述以及制定关于想法和现象的逻辑语句时策略性地思考	通过分类、比较、总结不同概念和术语等技能完成学习任务	仅回忆信息以完成问题	不能对学生进行思维培养，更具娱乐性
技术设计	目标导向	评价产品的每个组件是否有助于学习者满足学习目标	所有组件都有助于用户完成学习目标	大多数组件都有助于用户完成学习目标	一些组件有助于用户完成学习目标	几个组件对用户完成学习目标有贡献	任何组件都不能帮助用户学习目标
	易用性	评价产品功能是否足够直观，可以无需指导直接使用	用户可在无指导的情况下立即使用产品	用户可在最少的指导下立即使用产品	用户可使用该产品，但必须经过一些指导	用户可使用该产品，但必须经过实质性的指导	用户可使用该产品，但需要不断提供培训材料
	导航	评价产品中学习者是否可以流畅找到、浏览想要的内容和选项	用户可流畅地浏览产品的内容和选项	用户需做出一些努力来浏览产品的内容和选项	用户需多次点击或滑动来浏览产品的内容和选项	由于组织的原因，用户在应用产品的内容和选项时受到一定阻碍	因组织不连贯，用户在尝试产品的内容和选项时遇到巨大的挑战

续表

领域	维度	描述	评价等级及分值				
			A（5分）	B（4分）	C（3分）	D（2分）	E（1分）
技术设计	屏幕设计	分析产品的文本、图形、视频、声音和语音是否组织良好	产品的文本、图形、视频、声音和语音总是以增强产品内容的方式进行组织	产品的文本、图形、视频、声音和语音通常以补充产品内容的方式进行组织	产品的文本、图形、视频、声音和语音的组织方式不会增强或削弱产品的内容	产品的文本、图形、视频、声音和语音无很好组织，可能会减损产品的内容	产品的文本、图形、视频、声音和语音杂乱无章，令人困惑，降低产品的内容
	信息演示	评价产品内容呈现是否符合逻辑，有利于学习者学习，增强学习者理解、获得知识力	产品的内容以合乎逻辑的方式呈现	产品的内容以最符合逻辑的方式呈现	产品的内容以某种合乎逻辑的方式呈现	产品的内容呈现方式有些不合逻辑	产品的内容以不合逻辑的方式呈现
	媒体整合	分析产品是否将不同的媒体组件（例如文本、图形、视频、声音和语音）组合连贯	产品的文本、图形、视频、声音和语音无缝集成，形成一个连贯的产品	产品的文本、图形、视频、声音和语音充分集成，形成一个连贯的产品	产品的文本、图形、视频、声音和语音集成度很差，但仍构成一个基本连贯的产品	产品的文本、图形、视频、声音和语音与内容不匹配，但仍形成一个连贯的产品	产品的文本、图形、视频、声音和语音与内容不匹配，并不形成连贯的产品
	交互性	评价产品是否为学习者创造了回答问题等多种方式的交互，以促进用户积极参与内容	产品经常要求用户通过做出决定、回答问题或以其他方式积极参与内容	产品通常要求用户通过做出决定、回答问题或以其他方式积极参与内容	产品有时会要求用户通过做出决定、回答问题或以其他方式积极参与内容	产品只允许用户通过搜索特定内容与之交互。该产品只向用户显示内容	用户永远不会被要求做出决定、回答问题或以其他方式积极参与

续表

领域	维度	描述	评价等级及分值				
			A（5分）	B（4分）	C（3分）	D（2分）	E（1分）
技术设计	进程保存	评价产品能否使学习者保存进度，并在下次打开时返回保存位置	退出产品后，用户可重新打开并自动返回到注销时最后参与的内容	退出产品后，用户可重新打开并在接近注销时的位置自动恢复启用	退出产品后，用户可重新打开并手动选择注销时上次参与的内容	退出产品后，用户可重新打开并手动选择注销时最后参与的内容，但内容可能不同	产品的内容以假设所有用户以相同方式学习的格式显示
	平台集成	分析产品是否可以将其内容与不同的平台进行连接	产品可以与四个及以上平台进行连接	产品可以与三个平台进行连接	产品可以与两个平台进行连接	产品可以与一个平台进行连接	产品不与其他任何平台进行连接
艺术审美	兴趣	评价产品是否可以吸引其目标受众	产品的内容有最大可能吸引目标用户	产品的内容很可能会吸引其目标用户	产品的内容可能会吸引其目标用户	产品的内容可能对其目标受众没有吸引力	产品的内容很可能不会吸引其目标用户
	美学	评价产品的图形和界面的美感	产品的图形和界面最可能会激励用户参与	产品的图形和界面很可能会激励用户参与	产品的图形和界面可能会激励用户参与	产品的图形和界面可能不会影响用户是否有动机参与	产品的图形和界面可能会阻止用户使用
	个人喜好	评价产品是否允许学习者根据个人偏好进行个性化设置	用户可以个性化产品的四个或更多功能	用户可以个性化产品的三个功能	用户可以个性化产品的两个功能	用户可以个性化产品的一个功能	用户无法个性化产品
	节奏	评价产品是否允许学习者控制学习内容呈现（如视频播放）的速度	产品允许用户完全控制其在产品内容中移动的速度	产品允许用户控制其主要浏览产品内容的速度	产品不允许用户控制其在产内容中移动的速度，但内容以适当速度呈现给用户	产品不允许用户控制其在内容中移动的速度，但大部分内容以合适速度呈现	产品不允许用户控制其在内容中移动的速度，且内容以不适当的速度呈现

续表

领域	维度	描述	评价等级及分值				
			A（5分）	B（4分）	C（3分）	D（2分）	E（1分）
艺术审美	学习者控制	评价产品是否允许学习者通过交互材料，选择其参与的内容或路径	产品允许用户完成与开始参与与其内容级别相关的控制	产品允许用户对开始参与的进行级别相关的重要内容控制	产品允许用户控制与其开始参与内容的级别相关的一些控件	产品几乎不允许用户控制与其开始参与相关级别的内容	产品不允许用户控制与其开始参与级别相关的内容
	文化敏感性	评价产品适应多样民族和文化背景的能力	产品允许用户与来自世界各地不同社区的人联系和分享想法	产品允许用户使用真实的图片、图像或文本来探索全球不同的文化	产品通常会引用一种或多种文化	产品引用了不同的文化，但信息中包含了一些文化偏见	产品提供了刻板文化图像和信息
	实用	评价产品提供的学习内容是否可以对学习者的学术、专业和个人生活具有准备作用	用户最可能会将产品的内容与其学术、专业或个人生活联系起来。这种连接会激发他们使用产品的积极性	用户很可能会将产品的内容与他们的学术、专业或个人生活联系起来。这种连接可能会使他们有动机使用产品	用户可将产品的内容与他们的学术、专业或个人生活联系起来，但这种联系不太可能导致他们有动机使用产品	用户很可能无法将产品的内容与他们的学术、专业或个人生活联系起来，他们也可能没有动机使用产品	在他们的学术、职业或个人生活中，用户很可能看不到产品内容的任何价值，他们也可能没有动机使用产品

由于整体案例较多，本文参考产品类型、内容功能、评级分数、使用人数、语言、产品特点等列表法信息，选取典型案例进行量规法评价与分析。具体分类及案例如下表。

表15　国际象棋在线教育产品典型案例

序号	分类	类别特点	案例
1	整体生态类	产品内容与功能丰富，适合不同级别用户个性化训练	Chess.com、lichess、国象联盟、飞琪 国际象棋
2	视频教程类	产品以丰富的视频教学资源为主要内容	Play Magnus—Chess、爱棋艺、超玥 国际象棋
3	战术训练类	产品包含战术训练习题作为主要内容	Chess King、趣帮网
4	比赛直播类	产品以比赛服务、比赛直播等作为主要内容	chessbomb、chess24、弈战、智赛网

1. **整体生态类**

表16　国际象棋在线教育产品典型案例分析——整体生态类

名称	类型	费用	首次追踪	语言	大小	更新次数	评级人数	评级	教育框架评分
lichess	App 网页	免费	2015年	英文	13.4 MB	47	474	4.2	113
国际象棋——玩与学 Chess.com	App 网页	14.99—99.99 USD	2009年	中英文等27种	93.0 MB	84	126410	4.6	120
国象联盟	App	免费	2016年	中英文	97.1 MB	32	1186	4.1	117
飞琪国际象棋	微信小程序	免费	2018年	中文	-	无数据	无	无	112

根据国际象棋在线教育产品评价框架，lichess、Chess.com、国象联盟、飞琪国际象棋四类产品分别得分为113、120、117、112分。在面向教育领域，lichess的对战形式丰富、社区交流活跃，促进来自不同国家的用户相互交流，进行合作学习。Chess.com功能齐全，同类的还有专门面向孩子的chesskid产品，其中视频学习资源丰富，内部教师端、学生端的设置有利于帮助教师掌握学习进度。国象联盟内部习题丰富，同时内部引擎可以帮助扩展习题答案新招法，但是内部虽然有俱乐部的设置，但是在帮助教师了解学生学习、掌握学习进度做出反馈上有待增强。飞琪国际象棋对于习题解答、教师反馈、促进合作学习等方面可进一步增强。

在技术设计领域，四类产品虽然风格各异，但是总体来看比较完善。在艺术审美领域，四类产品的差异主要表现在兴趣、个人喜好、文化敏感性两个维度。在兴趣维度，飞琪国际象棋广告较多，一定程度上会引起使用者不适。在个人喜好维度，Lichess 设置了隐私和孩子模式（kid mode），用户可根据个人偏好，选择是否允许其他人挑战、允许关注、能否让孩子触碰等。Chess.com 和飞琪国际象棋则针对外观对主题界面、棋子盘棋子等进行设置。在国象联盟中，用户可对账号、对局、引擎、消息等进行设置。在文化敏感性维度，由于四类产品面向对象不同，产品的语言有所不同。

2. 视频教程类

表17　国际象棋在线教育产品典型案例分析——视频教程类

名称	类型	费用	首次追踪	语言	大小	更新次数	评级人数	评级	教育框架评分
Play Magnus—Chess	App	2.99—6.99USD	2014年	中英文等9种	155.1MB	64	3176	4.7	107
爱棋艺	App	74.99 USD 课程包	2016年	中文	130.6 MB	44	无	4+	118
超玥国际象棋	微信小程序	部分免费	2019年	中文	-	无数据	无	无	118

根据国际象棋在线教育产品评价框架，Play Magnus—Chess、爱棋艺、超玥国际象棋三类产品分别得分为 107、118、118 分。在面向教育领域，Play Magnus—Chess 虽然视频资源丰富，但缺乏教师反馈、互动交流、错题等功能。爱棋艺 App 贯穿“棋艺果”的游戏化学习元素，产品的错题训练和针对不同级别大师互动直播课程特色突出。超玥国际象棋小程序以丰富的微课课程为核心，兼具俱乐部排课、点评、作业、教务等管理功能，有利于教师对学生学习安排、成果等进行及时反馈。技术设计领域，三种产品定位清晰、界面简洁、交互性较强。艺术审美领域，三者差异主要体现在因产品语言不同而带来的文化敏感性上的差异。

3. 战术训练类

表18　国际象棋在线教育产品典型案例分析——战术训练类

名称	类型	费用	首次追踪	语言	大小	更新次数	评级人数	评级	教育框架评分
Chess King	APP	3.99—65.99USD	2017年	中英文等13种	50.7MB	10	602	4.8	112
趣帮网	网页	免费	2015年	中文	-	-	无	无	103

根据国际象棋在线教育产品评价框架，Chess King、趣帮网分别得分为112、103分。在面向教育领域，Chess King产品类别丰富，既包括开局库、不同类型的战术组合训练，也包括大师棋谱、攻王练习等。而趣帮网则是针对做题速度、正确率两个目标开展自适应的直觉训练和计算训练。由于两种产品缺乏教师反馈、合作学习等功能，因而更适合于有一定自控能力、学习能力较强的自主学习者，其中的习题数据统计数据可以帮助学生了解自我，提升水平。在技术设计领域，总体来看，两类产品比较完善。艺术审美领域，两者差异主要体现在个人喜好和文化敏感性上。Chess King可对棋盘、棋子、边框等内容进行个性化设置，产品语言包括中英文等十四种语言。而趣帮网只面向中文用户，可对习题进行收藏。

4. **比赛直播类**

表19 国际象棋在线教育产品典型案例分析——比赛直播类

名称	类型	费用	首次追踪	语言	大小	更新次数	评级人数	评级	教育框架评分
Chess 24	App 网页	1.99—18.99USD	2013年	英文等3种语言	86.4 MB	38	78	2.9	111
弈战	App	免费	2017年	中文	194.3 MB	17	无	无	107
智赛网	微信订阅号 网页	产品内付费	2015年	中文	-	-	无	无	107
Chessbomb	网页	产品内付费	2014年	英文	-	-	无	无	109

根据国际象棋在线教育产品评价框架，Chess 24、弈战、智赛网、Chessbomb四类产品分别得分为111、107、107、109分。在面向教育领域，由于四类产品更侧重比赛赛程管理、比赛直播，因而在错题、教师反馈、合作学习维度分数较低。Chess 24资源内容更为丰富，既包括战术训练、视频学习、对战练习，也包括国际象棋顶尖赛制视频直播。而Chessbomb主要提供棋谱直播与互动交流服务。智赛网、弈战是我国应用范围与人数较多的赛事服务平台。智赛网提供包括国际象棋、围棋、象棋、五子棋、国际跳棋、桥牌的智力运动组织管理服务，随后又发展了课程、战术训练等内容。而弈战定位专业棋类赛事教学平台，提供对局、人机大战、复盘等服务，重点关注围棋、中国象棋、国际象棋三棋的赛事管理服务，特别是连通线上线下的棋王争霸赛。在面向技术设计领域，对比国外产品，弈战、智赛网在产品易用性的设计上有待提升。在艺术审美领域，比赛直播类平台在引发用户关注，提升用户观赛体验上有待提升。

总体来看，国际象棋典型案例产品的总体评分较高。四类产品在面向教育领域学习材料水平较高，对于提升用户技能，连接未来学习发挥重要作用。产品差异主要体现在错误价值、教师的反馈、合作学习维度。在技术设计领域，产品目标导向清晰、产品易用性、屏幕设计、媒体融合、交互性等维度较为完善。在艺术审美领域，虽然产品风格各异，但在实用性、增强用户兴趣、学习者控制等维度较好，差异主要体现在由语言引发的文化敏感性维度。值得注意的是，以上根据量规法进行评价的结果评分侧重从教育产品的角度对产品进行评价，相关分数只是在此框架内的参考，其目的在于对于通过比较研究，优化产品内容和功能，提升国际象棋在线教育产品质量。

五、结论与讨论

本文首先对所有国际象棋在线教育产品进行梳理，随后运用列表法、量规法两种评价方式对产品进行评价与分析，最后根据以上比较，从产品定位、用户体验两个角度提出未来国际象棋在线教育产品的思考。

（一）国际象棋在线教育产品发展现状

国际象棋在线教育产品自2008年开始出现，此后数量逐步增长，在2016年达最高，此后数量逐渐减少，截至2019年，共有来自36个出版商出品的82款国际象棋在线教育产品，其中Chess King出品数量最多，达32款。产品类型以App为主，也有少量网站、微信小程序等。所有产品提供的语言种类丰富，共计31种，包括英语、中文、法语、意大利语、西班牙语、韩语等，体现了国际象棋全球化的特征，其中英语产品为69种，中文产品有13种，可以看出国际通用语言的英语产品仍然占比较大。产品评级超过100人的共有18款，其中国际象棋——玩与学（Chess.com）评级人数最多，达126410人，一定程度上反映了其使用人数较多。18款产品评级的最高分为4.8，最低分为3.4，平均分为4.46。可以看出虽然国际象棋产品较多（82款），但是用户聚群（18款）使用较为显著。在使用较多的产品中，用户的总体满意度较高，也使产品付费成为可能。所有产品中，完全免费的有17个，而内容付费的有65个，占所有产品的80%。付费产品大多为产品内嵌式收费，即用户可对特定内容或服务进行知识付费。产品内容与功能丰富，包括战术训练、对战棋谱、引擎分析、数据私教等共十项功能，其中具备战术训练功能的产品最多。这些产品覆盖了国际象棋开局、中局、残局三大阶段，从入门到大师等不同级别棋手可以根据需要和自身特点进行选择。

而我国最早的国际象棋在线教育主要是各类官方网站、个人博客等，比较成熟的产品自 2015 年起步，2016 年国象联盟、爱棋艺等 App 推出，随后各类赛事服务管理、战术训练功能的产品不断发展。2018 年，随着技术的发展，推出了国际象棋学习充电站、飞琪国际象棋、超玥国际象棋等微信小程序。这些产品大多为面向我国的中文产品，少有面向中英文用户。产品内容与功能丰富，既有以国象联盟为代表的整体生态型产品，也有具备游戏化学习元素的大师直播课堂的爱棋艺 App、微课堂为核心的超玥国际象棋小程序等课程类产品，还有趣帮网等战术训练专题网站，智赛网、弈战等赛事管理服务产品。随着产品内容和功能的不断丰富，越来越多的产品开始从课程、数据服务等进行内容付费。

（二）典型案例比较

本文参考产品类型、内容功能、评级分数、使用人数、语言、产品特点等列表法信息，选取整体生态类、视频教程类、战术训练类、比赛直播类四类国际象棋在线教育产品，运用国际象棋在线教育产品评价框架进行比较与分析。

通过比较发现，四类产品在面向教育领域学习材料水平较高，对于提升用户技能，连接未来学习发挥重要作用。由于大多数产品面向自主学习者，产品差异主要体现在错误价值、教师的反馈、合作学习维度。在技术设计领域，几乎所有产品都为满分，产品目标导向清晰、产品易用性、屏幕设计、媒体融合、交互性等维度较为完善。在艺术审美领域，虽然产品风格各异，但在实用性、增强用户兴趣、学习者控制等维度较好，差异主要体现在由语言引发的文化敏感性维度。

（三）未来发展思考

1. 产品定位

产品的发展与产品定位紧密相关，出版商在对产品进行升级迭代的过程中，需要考虑产品要满足谁的需要、这些人有哪些需要、产品是否符合目标用户需要、需要如何实现、用户需要与提供特点如何结合。通过量规法评分发现，很多产品在面向教育领域中的教师的反馈、合作学习两个维度得分较低。产品可进一步思考未来受众是线上的自主学习者，还是谋求线上与线下融合，通过构建教师端等方式来连通线下的传统教学与线上的训练，帮助教师及时掌握学生学习进度，促进师生交流与反馈。另一方面，在合作学习上，产品究竟是通过新活动或功能的开发来活跃内部用户，还是开发多语环境来吸引更多其他用户，进行扩展交流，也与后续的技术设计直接相关。此外，随着国际象棋赛事的日益增多，整体生态类平台是否考虑增加规范化的统一赛事发布与报名服务平台。在清晰目标定位后，可在技术设计领域进一步思考组件是否满足定位需要、产品易用性、交互性、信息呈现、媒体融合等问题。在艺术审美领域，随着产品日益成熟，根据马斯洛的层次需要理论[①]，在满足用户对于产品内容和功能需要的基础上，未来如何挖掘产品特色、不断挖掘和满足用户的个性化需要会越来越重要。

2. 用户体验

用户体验（User Experience）是用户在使用产品过程中建立的纯主观感受。使用者状态、系统性能、环境是影响用户体验的三大要素。未来产品设计与开发过程中，在清晰定位之后，开发商需要进一步对用户进行调研，了解目标用户的使用状态、系统性能与产品应用环境。例如用户是采用地铁、公交等碎片化的移动学习的方式，还是偏好教室或俱乐部环境下的传统学习，用户是根据兴趣进行自主学习，抑或在教师或家长的指导下，按照一定的计划进行学习等，用户能否个性化调节界面、棋子状态、内容学习进度等。这些用户使用状态与应用环境信息，影响着产品内容设置的时长、内容呈现方式、网络环境、付费模式等系统性能及产品推广。因此，国际象棋在线教育产品需要在明晰产品定位的前提下，进一步细化深入调研，在此基础上，不断改进和优化产品，提升用户体验，增强产品黏性和使用频率，从而促进更多国际象棋爱好者的参与度与活跃度，提高棋艺水平。

本文研究数据截至2019年6月10日，列表法和量规法的产品评价与分析，主要是对国际象棋在线教育产品总体现状进行描述，旨在帮助用户了解不同国际象棋在线教育产品的特点，促进国际象棋棋类在线教育产品的不断完善，满足更多棋类爱好者的需要，但典型案例分析有待进一步更加深入和具体地研究，从而帮助提高棋艺水平，推动国际象棋事业的发展。

---

① 马斯洛．人的潜能和价值[M]. 林方，主编．北京：华夏出版社，1987：162–264.

参考文献：

1.在线教育行业发展趋势分析，移动App逐渐成为主流[DB/OL]. http://www.sohu.com/a/230971860_100155997，2018-05-09

2 Ed Tech Developer's Guide： A primer for software developers, startup, and entrepreneurs [DB/OL]. http://tech.ed.gov/developersguide,2015-04-21.

3 百度百科. 在线教育[EB/OL]. https://baike.baidu.com/item/%E5%9C%A8%E7%BA%BF%E6%95%99%E8%82%B2/460304?fr=aladdin.

4 赵慧臣, 陆晓婷, 张银平. 教育类App评价的理论分析与实施开展[J]. 电化教育研究, 2018(6).

5 刘丹，胡卫星，李玉斌，李畅.移动教育App的研发现状与应用问题分析[J].电化教育研究，2016（8）： 47-52.

6 LEE C Y，CHERNER T S. A comprehensive evaluation rubric for assessing instructional apps [J].Journal of information technology education research， 2015（14）：8-15.

7 赵慧臣, 陆晓婷, 张银平. 教育类App评价的理论分析与实施开展[J]. 电化教育研究, 2018, v.39；No.302(06):100-108.

8 马斯洛. 人的潜能和价值[M]. 林方，主编. 北京：华夏出版社，1987：162-264.

试论国际象棋在维也纳的兴盛

林　琳

一、引言

国际象棋的历史可以追溯到1500年前，具体的发源地尚不可知，但是它的早期形式“恰图兰卡（Tschaturanga）”从印度北部向外发展，并经由波斯（今伊朗地区）和阿拉伯地区于9世纪登陆欧洲，成为欧洲文化不可分割的一部分。大约在15世纪后期，国际象棋的形式固定下来，规则与现今的规则无甚区别。与其他棋类、纸牌类游戏不同的是，第一，国际象棋因其理性而被认为是一种科学；第二，国际象棋的对弈过程也包含着无目的性，同时也符合美学，所以也属于艺术的范畴；第三，国际象棋虽然是一种智力活动（“国际象棋是智慧的体操”——列宁），对身体方面没有特别要求，但是其对专注力、耐力以及专业能力的要求也使其位列体育项目之中。国际象棋的规则构成了一个复杂而具有高度动力性的符号系统；在语言意义的平面上，它作为世界通用的符号，反映出可以定量化的、充满理智逻辑的思想，同时又为对弈双方和观众呈现了无穷无尽、变化莫测的思想交锋。科学、艺术和体育等三个方面的融会贯通正是国际象棋的魅力所在。在历史的长河中，不计其数的人们，无论是王公贵胄，还是下里巴人，都深深地为之所吸引：我们不仅能够在日常的游戏和消遣中找寻到国际象棋的踪迹，还可以在文学作品中、在电影电视中、在艺术作品中发现国际象棋及其相关的主题；另外，国际象棋在哲学、数学和逻辑领域，以及在音乐、社会学和心理分析中也是常见的研究对象。

国际象棋在欧洲从16世纪开始逐渐兴盛，因为主流棋手和思想的变化，中心也在不断转移：17世纪时，意大利的国际象棋理论占据主导位置（意大利学派）；18世纪初时，国际象棋中心转移至法国（法兰西学派），随后在19世纪渡过英吉利海峡到达英国，几十年后又回到了欧洲大陆的德国。通常吸引每个时代棋手的是当时超一流棋手的弈棋风格和个人见解。在19世纪到20世纪初，这样的“领军人物”大量地在维也纳涌现出来：在19世纪50年代，国际象棋协会在欧洲的许多城市如雨后春笋般涌现；定期有冠军赛和国际锦标赛举行，虽然国家间的国际象棋规则可能有所不同，但并没有减少爱好者们参与其中的热情；第一批国际象棋专业报纸开始出版问世；国际象棋在资产阶级的受众面和社会地位也在不断提升，可谓是国际象棋的“黄金时代（goldene Schachzeit）”。尽管有文献记录表明，在中世纪的巴本堡宫廷（约976—1248）就已有贵族会下国际象棋，但是为什么国际象棋会在19世纪在维也纳发展到顶峰并在长达半个世纪的岁月里作为国际象棋的世界中心呢？究其原因，维也纳在世纪末时期（fin de ciecle，指19世纪末20世纪初）坐拥两百万人口，是欧洲第四大城市；它是周边各国和各民族的往来枢纽，是财富、艺术和科学的大熔炉；同时它也是一个两极分化严重的社会：城中定居的不仅有成千上万的富翁，也有无数挣扎在温饱线上的人民。而当下棋的时候，这两方的矛盾可以同时被消解：最有声誉的艺术家和科学家、富可敌国的贵族、两手空空的国际象棋爱好者……大家坐在棋盘旁，欢聚一堂，其乐融融。除了国际象棋本身具有可以维持维也纳这座城市的稳定的特质外，下列历史社会因素也为国际象棋在维也纳的“黄金时代”做出了不可替代的贡献。

二、历史因素

（一）赌博游戏的传统

1746年2月8日，奥地利大公和国母玛丽亚·特雷西娅（Maria Theresia，1740—1780执政）颁布法规条例，将赌博（“有较大额押注的”）从赌博游戏（“消遣而已”）中脱离开来，并且对庄家和游戏参与者都明确了具体的惩罚形式。事实上，打压赌博活动、控制赌博上瘾这两项日程从中世纪后期起就已经被哈布斯堡王朝的执政者摆在了台面之上，只不过并没有拿出白纸黑字的方案，因而总是在宽容、特权和禁止之间摇摆不定，没有达到理想的效果。后来，玛丽亚·特雷西娅的儿子约瑟夫二世（Joseph Ⅱ.）也下令禁止赌博："出于预防性的目的，以防个人或家庭因此堕落"[①]，但是还是因为同样的问题——有法必依和特权阶级之间的无法平衡——使得赌博没有被完全禁止，而是成为一项在特定地点、可以被特定人群从事的活动（如宫廷贵族等）。例如1747年，即在玛丽亚·特雷西娅颁布禁令一年后，宫廷歌剧院的实业家罗胡斯·冯·洛佩斯第男爵（Rochus Freiherr von Lopesti）便获准经营禁令中的赌博游戏；1759年玛丽亚·特雷西娅又下令在宫廷戏院解禁法老牌戏（Pharaospiel）。至此，赌博虽是明文禁止的游戏，但是在实际上已经成为人们心知肚明的进入高级贵族交际圈的入场券。可以说，当时一方面禁止赌博，另一方面又希望通过赌博增加国民收入。

1751年，抽奖这项博彩形式由皇家引进王国，对于博彩的热爱在18世纪迅速在维也纳传播蔓延开来。1790年前后，一位当时没有署名的作者在其撰写的作品《一个英格兰人的旅程》（*Reise eines Engelländers*）中阐述了"顶风作案"的博彩业的盛况（Geiger 1789，102f）："尽管在德国所有地区都有规章制度明令禁止人类的灾难——博彩业，但是在首都还是有不少家庭牵涉其中。约瑟夫二世睁一只眼闭一只眼，一定程度上也刺激了博彩业的发展，他自己玩博彩也玩得不亦乐乎，甚至在维也纳博览会上公开游戏，最大化地利用国民对博彩的热爱。其间赌博游戏被皇家严令禁止，这就好像在表示：只能和我玩，只能输给我，只要注意不要被他人发现。"[②]

18世纪以及19世纪早期可以称作维也纳的"赌博世纪"。经过玛丽亚·特雷西娅的社会和经济改革，较低层次的贵族和小市民也实现了温饱和富裕，这些在他们住宅的奢侈和舒适程度上有所体现。这个世纪也是新的游戏进入的世纪，

---

① 原文为：in der heilsamen Vorsorge, dem Untergange sowohl einzelner Menschen, als ganzer Familien vorzubauen.

② 原文为：Wehrend man in allen Staaten Teutschlands durch landesherrliche Verordnungen und Strafgesätze, die Seuche der Menschheit, das Lottospiel vertilget: raset sie mitten in der Hauptstadt mit einer Wut, wodurch viele Familien zugrunde gerichtet werden und wird — von Joseph dem Menschenfreund und Menschenschätzer unter seinen Augen geduldet, gehegt, aufgemuntert!! Nicht zufrieden, daß er eigene Lotto´s unterhält´: errichtet er auch sogar auf den Messen zu Wien, eigene sogenannte Glückstöpfe; um die Leidenschaft, womit sich das Volk im Spiele zugrunde richtet, auf das möglichste zu benützen. Inzwischen sind gleichwohl alle Arten von Hasartspielen durch k.k. Verordnungen aufs schärffste verboten; gleich als wollte man sagen: "Nur mit mir sollt Ihr spelen! Wenn Ihr Eure Habe an mich verliert, so ists nicht übel gethan: aber hütet Euch, daß kein anderer was davon erhasche, als ich!"

桌球、掷骰子、法老纸牌、乐透等游戏以及讲解这些游戏规则和技巧的书籍的出现满足了维也纳人日渐强烈的棋（牌）瘾。19 世纪末期，第一批奥地利的国际象棋书籍问世，同时一个新的机构也成为这个世纪的主角——咖啡馆。咖啡馆被视为贵族沙龙的民间版本，它代表的棋牌游戏和贵族沙龙代表的奢华生活共同反映了维也纳的两个阶级的日常生活（Pilati di Tassullo 1778, 14）："维也纳人喜欢安逸，也喜欢游戏；他们的生活和这两样的关系是如此的紧密，只要和维也纳有关的人，总是和这两者息息相关。"①

私下里仍在进行赌博活动的赌徒团体在维也纳司空见惯。因为赌博而坐拥百万身价的著名赌徒中也不乏贾科莫•卡萨诺瓦（Giacomo Casanova，1725—1798，意大利传奇冒险家、作家，著有《我的一生》（*Histoire de ma vie*）和阿弗里西奥（Guiseppe Afflisio，1722—1788，维也纳多家剧院所有者）等名流，甚至莫扎特也不是赌博游戏的稀客：有证据表明，他是桌球、撞柱游戏（英国九柱戏的一种形式，游戏中投掷一个木制圆盘或球去击倒钉子）和纸牌游戏的狂热爱好者（Bauer 1995，232f）。除此之外，莫扎特的父亲还教会了他和他的姐姐下国际象棋。

虽然玛丽亚•特雷西娅在公开正式场合仍然对平民赌博持严格反对的态度，但她本人和贵族们都沉迷于赌博游戏之中不能自拔。佩泽（Johann Pezzl）在描写维也纳赌博业的繁盛时说（Pezzl 1787，120）："这项灾难性的活动吸引了大量投机者、职业玩家、碰运气者和骗子来到维也纳。他们靠纸牌和骰子养活自己，凭借贵族的赌博上瘾发家。很多家庭的主要生活地点就是围绕着美丽女子的牌桌。"②

彼时，国际象棋在这些丰富多彩的游戏的光芒中只是偏安一隅的小角色，支持者多为思想启蒙、追求理性和成功概率的城市资产阶级（如法国的卢梭、伏尔泰等人）。尽管在 18 世纪的很多介绍游戏规则和技艺的书籍中都提到了国际象棋，

---

① 原文为：Die Wiener lieben das Wohlleben und das Spiel; und sie beschäftigen sich damit so stark, daß die Leute, welche zu Wien zu thun haben, sie fast stets bey diesen beyden großen Gegenständen antreffen.

② 原文为：Diese elende Raserei zog einen ungeheuren heillosen Schwarm von Abentheurern, Spielern von Profession, Gl ü cksrittern, und Betr ü gern, vorz ü glich aus Italien und Frankreich nach Wien; ihre G ü ter und Eink ü nfte bestunden in Karten und W ü rfeln; sie nährten sich von der Spielsucht des jungen Wienerischen Adels. Das Kapital manches in Saus und Braus lebenden Hauses bastand in einem Spieltisch, mit einigen h ü bschen Weibern besetzt.

但是国际象棋始终只能够在业余生活的边缘徘徊。直到出现了会下棋的机器人——这在当时震惊了整个欧洲和新大陆。它的影响长达五十余年，也彻底将国际象棋推到了休闲娱乐的前台。

（二）土耳其机器人

按照记载，马克思米利安一世（Maximilian I.，1459—1519）是哈伯斯堡王朝最早收集昂贵棋盘的人；在 15 世纪后半叶，哈伯斯堡奥地利和西班牙的统治者先后用新颖的、更具活力的规则代替了中世纪时制定的规则。玛丽亚·特雷西娅是会下国际象棋的，但是应该只是会下，既不擅长，也不着迷。她要求贵族妇女能够对弈，自己仍然认为赌博游戏和其他一些玩意儿更为有趣：如雅克·沃康松（Jaqcques Vaucanson，1709—1782，法国发明家、艺术家）于 1737 年发明的发条鸭子，可以扇动翅膀，发出叫声，还能够吃食。应运而生的还有 1769 年匈牙利作家兼发明家沃尔夫冈·冯·肯佩伦（Wolfgang von Kempelen，1734—1804）发明的会下棋的土耳其机器人（der Schach-Türke）：这个机器人由一个枫木箱子和箱子后的人形玩偶构成，玩偶拥有土耳其人的外貌特征，穿着宽大的外衣，戴着头巾。箱子的前部有三扇门，门内有由齿轮、杠杆、轮轴和绳子构成的机械系统。这三扇门会在展示开始前打开，以证明箱子中没有藏人作弊；有时，箱子后部的门和玩偶身上的门也会打开。Faber（1983，69）记述了展示的过程："肯佩伦用钥匙启动机器，机器发出吱吱呀呀的响声，每十到十二步棋便需要重复这一过程。棋盘两边有两个烛台，上面各有三根蜡烛。当有观众表示准备好与土耳其机器人对弈时，比赛便可以开始了。通常机器人执白先行，走每一步之前都摇晃脑袋，仿佛要将棋盘看得更清楚一些似的。要是对手走了一步坏棋，他便会摇头，将棋子退回之前的位置，自己走一步棋代替。将杀对方前，他会点三下头。这种展示无异于完美的表演，表演过程中观众全程集中精力。"[①] 据 1769 年 8 月 24 日的《布尔诺知识界报》（*Brünner Intelligenz Zeitung*）记载："一位叫冯·肯佩伦的匈牙

① 原文为：Dann trat er [Kempelen] wieder zur Maschine und zog sie vermittels eines Schlüssels mit großem Geräusch auf. Dieser Vorgang wurde nach etwa zehn bis zwölf Zügen wiederholt. Links und rechts vom Schachbrett waren noch zwei Leuchter mit je drei Kerzen aufgestellt worden. Wenn einer der Zuschauer sich bereit erklärt hatte, mit dem Türken zu spielen, konnte die Partie beginnen. Der Türke hatte meistens Weiß und eröffnete die Partie. Vor jedem seiner Züge bewegte er den Kopf hin und her, als wolle er das Brett besser überschauen. Falsche Züge des Gegners verbesserte er, indem er den Kopf schüttelte, den gezogenen Stein auf seine frühere Stellung setzte und dann selbst einen Zug tat. Wenn er Schach bot, nickte er vorher dreimal mit dem Kopf. Auf diese Weise lief die Partie als perfektes Schauspiel ab, das vom Publikum mit allergrößter Aufmerksamkeit verfolgt wurde.

利政府官员新近发明了一个钟表，不仅吸引了充满好奇的爱好者的目光，而且在他们对其构造工艺的探究中牢牢抓住了他们的心。肯佩伦带来的是一个真人大小的土耳其人外貌的机器人。这个机器人可以回答问题，可以进行最为复杂的数学运算，通过字符和数字来给出答案。最令人惊讶的是，这个机器人还可以和人下棋，在对弈的过程中通过动头和手来完成比赛，和真的棋手并无二致。人们发现，如果对手走了坏着或者不合法的着法，机器人会马上指出和改正。王宫贵族几乎所有人都参与了与机器人的挑战。女皇陛下因此奖赏给肯佩伦一个装着 1000 枚杜卡特金币的金罐子，并将这个发明收藏于皇家珍奇屋中。”[①]

土耳其机器人在维也纳大获成功，肯佩伦也因此被称为工程界的天才、“新世纪的普罗米修斯（neuer Prometheus）”。当然一直不乏要求解密的声音，毕竟以当时科技水平发明出可以与 20 世纪末的“深蓝（deep blue）”相媲美的机器人的可能性并不大。之后土耳其机器人经历过收回、再造、再展甚至世界巡游（包括英、法等欧洲国家以及北美洲的美国、南美洲的古巴等国），在全世界掀起“国际象棋热”。虽然这种热度可能仅仅是对土耳其机器人的好奇，但是不可否认的是，开始下、喜欢下国际象棋的人数大幅度增长，国际象棋也成了世界性的智力体育活动。1821 年，英国人罗伯特 • 威利斯（Robert Willis）首次提出土耳其机器人中可能藏人的说法；1826 年，从肯佩伦手中买下土耳其机器人的德国人梅尔泽尔（Johann Nepomuk Maelzel）在带着它在美国巡游时，被两个半大的孩子发现阿尔萨斯籍的国际象棋大师威廉•斯伦贝谢（Wilhelm Schlumberger）从机器人中爬出，而斯伦贝谢是以私人秘书的身份参与巡游的；1836 年春天，斯伦贝谢在古巴因疟

① 原文为：Ein ungarischer Hofcammerrath, Namens von Kempelen, hat kürzlich ein künstliches Uhrwerk erfunden, dessen sinnreicher Bau oder Zusammensetzung nicht nur das Ansehen der neubegierigen Liebhaber verdienet, sondern auch ihre Einbildungskraft bey Untersuchung der darinn verborgen liegenden Kunst ungemein beschäftiget. Er hat eine Maschine, so einen Türken in Lebensgröße repraesentieret, stehend bey Hofe dargestellet. Dieser Türke antwortet auf verschiedene an ihn gerichtete Fragen, löset die schweresten arithmetischen Problemata auf, indem er die ihm vorgelegten Buchstaben und Ziffers aussuchet und zusammensetzet, und was das wundernswürdigste ist, spielet er mit jedem Zuschauer Schach. Die türkische Figur bewegt sich mit Kopf und Händen, zieht, und macht alles Nothwendige beym Spiel selbst, wie ein anderer Spieler. Man hat dabey bemerket, daß, wann jemand falsch spielet, oder seine Desseins ändern will, es die Maschine sogleich wahrnihmt, und seinen Gegner durch Zeichen corrigiret. Es haben die höchsten jungen Herrschaften beynahe alle, wie auch andere hohe Nobleße mit dieser Maschine gespielet. Der Kaiserin Maj. haben dem Herrn von Kempelen eine goldene Dose mit 1000. Ducaten zur Belohnung gegeben, und es wird dieses Kunststück, wenn selbiges genau beschrieben und gedruckt ist, in das kais. Kunst=Cabinet gebracht werden.

疾去世，同年梅尔泽尔也在从古巴返回美国的航程中去世，之后土耳其机器人于1840年被费城的中国博物馆收藏。1854年7月5日，博物馆遭到火灾，土耳其机器人也随着那场火灾消失在这个世界上。

土耳其机器人在它近一个世纪的灿烂历程中，游历了世界上众多国家，在多国的领导和政要（包括玛丽亚·特雷西娅、约瑟夫二世、保罗大公等）的面前展示高超棋艺，和多位影响世界的名人对弈（如1809年与拿破仑），击败过美国驻法大使富兰克林等多位国际象棋大师。虽然它最后被证明是一场精心策划的骗局，但是它对人工智能的推动和发展、对国际象棋在世界的传播起到了不可代替的积极影响。

三、咖啡馆作为对弈场所

18世纪的下半叶，国际象棋的社会形式发生了根本改变。咖啡馆开始代替酒馆和私人沙龙，成为国际象棋的对弈地点。咖啡馆在当时的西欧是信息交换及贸易往来的公共场所，也为亲朋聚会提供了较为中性的氛围：不像沙龙那么私密，是在半开放的环境中进行交往的平台——这些都和国际象棋的特质严丝合缝。在咖啡馆里汇集了三教九流，既有作家、政客，又有贵族、职业棋手。咖啡馆为他们提供了一个平等、开放的“手谈乌托邦”：在这里，只以棋艺论英雄，其他社会评判标准均不值一提。英国国际象棋大师乔治·沃克（George Walker，1803—1879）在拜访了巴黎的丽晶咖啡馆（café de la Regence）后写道（1850，165f）：“国际象棋一度是贵族的游戏，现在已经不是他们的独享，而是成了百万人的业余活动。一个国际象棋棋室想要成名，就必须如空气一般对所有阶层开放；而且收费不能高，须让每个买得起衣衫的人都能消受。棋和坟墓的共同点在于，所有阶层和不同在它面前都是平等的，最高的地位是留给最好的选手的。”[①] 这样的乌托邦一开始无论是在维也纳，还是在伦敦或者巴黎，均仅有资产阶级可以享受得到；工人阶级直到半个世纪后才体验到了其中的愉悦。追求个性化和解放的已经思想启蒙

① 原文为：Chess was once the game of aristocracy. It has been wrested from them, with other feudal rights, and is now the recreation of the million. A chess-room, to prosper, must be open to all classes of comers — free as the air of heaven — accessible, at small cost, to every man who can afford the luxuries of hat and coat. Chess, like the tomb, levels all grades of conventional rank and distinction, and reserves its high places for the best players.

的城市资产阶级被划为特殊的社会阶层，也是这种新风尚的捍卫者。

1683年，经历了土耳其第二次围城后，维也纳城中便出现了第一批咖啡馆的身影，尽管咖啡在几十年后才真正成为维也纳人的日常饮品。直到1700年，神圣罗马帝国皇帝利奥波德一世（Leopold I.，1640—1705）才第一次向四人颁发了咖啡馆经营许可，这四个人均为亚美尼亚或土耳其裔。当时，这种异域风情的地点的吸引力在于：入口处燃烧着篝火，同时一个真人大小的土耳其人画像在热情地招呼来客。

咖啡馆的出现是社会变化的结果，即工作地点与居住地点的彻底分离以及日益增长的业余生活参与热情。至此，之前和宗教密不可分的业余生活越发地个性化：同济会、沙龙及后来居上的咖啡馆都成为精神生活的中心。沙龙的角色逐渐为咖啡馆所取代：咖啡馆成为文人雅客的聚会场所，并被他们称为“柏拉图学会（platonische Akademie）”或“象牙塔（Elfenbeinturm）”，因为在这里，无论出身，无论社会阶层，都可以就政治、文学或艺术话题畅所欲言。讨论时可以吸烟，也可以看书读报，1706年起也可以玩桌球，1714年后也允许玩纸牌和骰子游戏。国际象棋于18世纪中期才出现在咖啡馆中。

维也纳在1839年已经拥有了88座咖啡馆。最早出现国际象棋的咖啡馆应是1764年由弗朗茨·哈维·胡戈尔曼（Franz Xaver Hugelmann，1732—1790）开的胡戈尔曼咖啡馆（das Hugelmann’sche）。咖啡馆装饰奢华，符合国际化咖啡馆的典型特征，里面不仅有土耳其人，还有希腊人、匈牙利人和意大利人，因其绝佳的多瑙河畔的地理位置，生意异常兴隆。1802年咖啡馆重新装修为“桌球大学堂（Universität des Billardspiels）”，同时也是作家咖啡馆。国际象棋-桌球-文学成为维也纳咖啡馆的经典形式。

进入19世纪以后，塔罗尼咖啡馆（Café Taroni）成为了国际象棋爱好者的聚集地。它的老板约翰·雅各布·塔罗尼（Johann Jakob Tarone，1706—1777）在1748年获得在哈伯斯堡巷（Habsburgergasse）旁的沟渠边经营咖啡馆的许可。他充分利用了地理位置优势，在咖啡馆门口摆上桌椅招揽顾客。这种露天餐厅（Schanigarten）的形式在夏天特别受欢迎：除了可以与友人吃着冰淇淋、喝着冷饮小憩以外，还可以下上一盘。1769年由意大利人约翰·米兰尼（Johann Milani，1729—1808）建立的米兰尼咖啡馆（das Milanesische）是第一家在游人点评中出现国际象棋的咖啡馆（Perinet 1788，V，15ff）：“角落里有几位思想家在下棋，一些观战群众已经开始昏昏欲睡。”[①] 然而国际象棋只为米兰尼咖啡馆带来了名气，却没有带来收入：棋手和围观群众只想下棋，从不消费，真正消费的有钱人却挤不进去（参见 Gräffer 1918， Bd 1， 282）。1795 年，为了躲债，米兰尼偷偷离开维也纳，在半路上去世。

19 世纪 50 年代，国际象棋职业棋手开始现身于咖啡馆。他们可以下棋赚钱，有时也在那里讲课。他们中间大多数为旅行棋手，在布告栏和报纸广告中提供服务报价，如《维也纳报》（*Wiener Zeitung*）于 1750 年 5 月 6 日的广告：“拜罗伊特著名宫廷棋手亚历山大·勒夫，对国际象棋有着深刻见解，精于讲解国际象棋知识，自今日起在白星咖啡馆四楼红色螃蟹旁暂留，乐于为爱好者们提供服务。”[②]

与桌球相比，国际象棋算不上热门的业余活动。大多数棋手通常选择某一家咖啡馆作为长期活动场所，因而国际象棋活动在其他场合并不多见（Fischer 1803，I，134f）：“在当地咖啡馆中常见的唯一游戏是桌球，其间也能见到几位老人一动不动地坐在棋盘旁。”[③]

第一家真正意义的国际象棋咖啡馆最早叫作克拉默咖啡馆（das alte Kramersche），由雅各布·克拉默（Jakob Kramer）于 1719 年开设，因为文人众多而闻名。一开始只在二楼有一个游戏室。1799 年咖啡馆进行了扩建和重新装修，更名为“金色皇冠咖啡馆（Zur goldenen Krone）”。1820 年前，维也纳最著名的国际象棋选手都在这家咖啡馆的二楼现身、活动，比如阿盖尔（Baptist Allgaier）和他的学生们（Gugitz 1940，132）：“在其他地点已经看不见有人下棋了。爱好者们都集中在皇冠咖啡馆的二楼，它的前身是主要服务于作家的克拉默咖啡馆。这里的大佬是阿盖尔。他的甘比特仍然是令人恐惧的下棋风格。”[④]

---

① 原文为：Hier spielen in einer Ecke ein paar Denker Schach und einige Dutzend Zuseher schlafen dabei ein.

② 原文为：Demnach der bekannte Hof-Schachspieler von Bayreuth, Alexander Löw, welcher das Schachspiel aus dem Fundament verstehet, und Lectiones darinnen zu geben, geschickt ist, sich anietzo hier in Wien in dem weissen Stern im 3. Stock neben dem roten Krebsen aufhaltet, als lasset derselbe hierdurch denen Liebhabern seine Dienste anbieten.

③ 原文为：Das einzige Spiel, welches in hiesigen Kaffeehäusern gespielt wird, ist das Billard, auch sieht man hie und dort ein paar alte Herren unbeweglich bei einem Schachbrett sitzen.

④ 原文为：Wenig hörte man noch vom Schachspiel. Liebhaber desselben versammelten sich im ersten Stock des Kaffeehauses „Zur Krone “, des ehemaligen Literatenkaffeehauses Kramer. Als Matador begann Allgaier zu gelten. Sein Gabmit ward noch lange als gefährliche Spielweise bezeichnet.

四、犹太移民

（一）维也纳的犹太移民

约瑟夫二世（1741—1790）执政后（约 1764），奥地利犹太人的生活条件有了明显的改善。1781 年，约瑟夫二世取消犹太人必须佩戴黄色标志（自 1536 年起，奥地利的犹太人须佩戴特殊识别标志），同时改善波西米亚的犹太人的教育现状。1782 年 1 月 2 日，约瑟夫二世颁布了著名的《宽容法令》（*Toleranzpatent*），并在接下来的数年中在全公国范围内推行。他规定：犹太人可以从犹太人区（Ghetto）中搬出，犹太儿童必须在德语授课的学校中学习，犹太人可以从事学术工作、开办工厂或者成为基督徒并以此为工作。两年以后，犹太人被允许可以从事法律工作；又过了四年，犹太人被要求放弃希伯来语或意第绪语（Yiddish）的姓氏，开始使用德语姓氏，并且在犹太人中推行义务兵役制。尽管《宽容法令》没有给予奥地利犹太人绝对的平等，但是对于同化犹太人有着非常积极的作用。在与拿破仑的战争中，许多犹太人扮演了特殊的爱国者的角色，大约有 3 万人参军，还有不少人捐钱。这是犹太人第一次在奥地利进行捐资。

在此期间，犹太社区不断壮大，犹太人也开始有自己的精神文化生活。1811 年，维也纳第一座犹太礼拜堂和犹太学校建立，1826 年出现了第一座犹太教堂。尽管如此，在维也纳生活的犹太人仍不超过 1600 人，大多数都是不为基督教手工业接受的小经销商。他们不能当公务员，便在无身份限制的医生、记者和作家等职业中谋求发展。1849 年宪法取消了所有歧视性的法令，但 1851 年宪法被废除，犹太人仍然不可以拥有土地或担任公职，但是他们在经济领域已经初现锋芒：他们在波西米亚和摩拉维亚（Mähren，捷克东部摩拉瓦河地区）地区开设纺织工厂，在匈牙利开展丝绸工业，在整个公国内都能见到他们的炼钢厂和铁路工程。1860 年，对犹太人的权利限制被部分取消；1867 年，奥匈宪法禁止根据宗教特征实行任何歧视：犹太人可以担任公职（包括教职），也拥有完全的宗教自由。这之后的五十年可以称为犹太人的“黄金年代（goldenes Zeitalter）”。这些政策直接促进了城市中尤其是在维也纳的犹太人人口的增加：1830 年，维也纳的犹太人口仅为 1600 人，1840 年已经增长到 4000 人，1857 年为 6200 人，1880 年则超过了 7.2 万人；犹太人口在维也纳人口中的百分比也从 1850 年的 2.6% 上升为 1880 年的

10.06%。以19世纪70年代为界，这之前进入维也纳的犹太移民以来自西里西亚（Schlesien，位于波兰）、波西米亚和摩拉维亚为主，大多数会说德语，部分受过较好的教育，可以较好地融入维也纳社会，这其中就包括第一位世界冠军斯坦尼茨；70年代后的犹太移民主要从加利西亚（Galizien，先分属乌克兰与波兰）潜入，没有德语基础，为东正教教徒，大多因为宗教迫害或屠杀逃亡至维也纳。这些移民轨迹可以在Elo（1978，120—124）对各年代国际象棋大师出生地的统计中窥见端倪：1800—1840年间，基本所有大师均来自英国和德国，这两国也是国际象棋的中心；1841—1970年间，英国和德国仍然领先，但是格拉茨（Graz，奥地利城市）和维也纳也开始聚集人气；1871—1900年间，柏林和维也纳一北一南，成为国际象棋中心。这些统计数据可以部分证实，19世纪末的“国际象棋维也纳学派”是犹太移民的成果：犹太移民不仅为维也纳带来了人口和国际象棋大师，而且也为维也纳（及其国际象棋的发展）带来了财富。

（二）犹太赞助商

罗斯柴尔德家族（Rothschild family，犹太人）是欧洲乃至全世界久负盛名的金融家族，其创始人梅耶·罗斯柴尔德（Mayer Amschel Rothschild，1744—1812）与他的儿子“罗氏五虎”先后在伦敦、巴黎、维也纳、法兰克福和那不勒斯开设银行。罗斯柴尔德家族的家族传统除了皈依犹太教以外，还有世代传授国际象棋，梅耶·罗斯柴尔德本人甚至是法兰克福最有实力的棋手之一，据传他还以国际象棋为纽带搭上了黑森选侯（Kurfürst von Hessen）威廉一世（Wilhem I.，1743—1821）。1806年，黑森选侯逃离拿破仑时，将300万美金交给梅耶·罗斯柴尔德保存。1805年，梅耶·罗斯柴尔德最早获得拿破仑战败的消息，成为英国政府的债权人。1817年3月25日，奥地利皇帝宣布罗斯柴尔德四兄弟阿姆斯洛·罗斯柴尔德（Amschel Mayer von Rothschild）、所罗门·罗斯柴尔德（Salomon Mayer von Rothschild）、卡尔·罗斯柴尔德（Carl Mayer von Rothschild）和詹姆斯·罗斯柴尔德（James Mayer von Rothschild）为贵族。1822年，奥地利皇帝授予四兄弟男爵封号。

所罗门·罗斯柴尔德（1774—1855）为罗氏银行维也纳分行的创始人，于1843年成为维也纳荣誉市民。他的孙子阿尔伯特·所罗门·安瑟伦·罗斯柴尔德男爵（Albert Salomon Anselm Freiherr von Rothschild，1844—1911）可谓当时欧洲最富有的人之一，1910年时财富达到了10亿克朗。他是位狂热的国际象棋爱好者，曾为斯坦尼茨的学生，棋艺水平虽然已经达到了专业级别，但是因为时间安排过于紧张，没有参加过什么大型比赛，很少和顶尖高手对弈。他更喜欢与较低级别的棋手下棋，享受在棋力上压制对手的感觉，是个名副其实的“棋疯子（Schachfreak）”：几乎每天都会出现在咖啡馆或者俱乐部中，很少有人能从他的外表上把他和“富裕的罗氏家族”联系在一起。国际象棋大师、《维也纳国际象棋报》（*Wiener Schachzeitung*）的主编格奥尔格·马尔科（Georg Marco，1863—1923）对他进行了详细的描写（Wiener Schachzeitung 1911，67）：“他不知疲倦地汲取国际象棋知识，每天下午五点到九点之间都会坐在维也纳国际象棋俱乐部中，全年无休，或推演开局，或分析局面。在他眼中，国际象棋并不是打发无聊时光的工具，而是他疯狂热爱的艺术。他对排局尤为偏爱。一旦在国际象棋报纸中看到排局题目，便沉浸其中。所有的题目对他来说都不算难，在解开之前，他不会停下，也没有人能打扰到他。据他的至亲表示，他研究国际象棋直到深夜，甚至到东方发白。”①

罗斯柴尔德男爵1868年成为维也纳国际象棋协会（Wiener Schachgesellschaft）的一员，1872年至1883年为主席，1885年成为名誉主席，同时也是维也纳国际象棋协会和新时代维也纳国际象棋俱乐部（der Neue Wiener Schach Club）合并的首要推进者。作为国际象棋的赞助商，他赞助了维也纳1868—1910年期间几乎所有比赛，每年《维也纳国际象棋协会年报》（*Jahresbericht der Wiener Schachgesellschaft*）的最后一句话，基本都是罗斯柴尔德男爵“友好地抹平了本年度财政赤字”②。为了在死后仍能继续资助维也纳国际象棋俱乐部，他要求两个儿子成立了“罗斯柴尔德男爵基金会（Freiherr von Rothschild-Stiftung）”，金额高达2万克朗（约合7.26万欧元）。

另一位值得一提的国际象棋赞助商为莱奥波德·特雷比奇（Leopold Trebitsch，1842—1906）。他是一位丝绸工厂主，32岁才学会国际象棋，34岁时

① 原文为：Gleichwohl war er unerm ü dlich bestrebt, seine Kenntnisse noch zu erweitern. Tagtäglich analysierte er jahraus jahrein mit den Meistern des Wiener Schach-Klubs zwischen 5 und 9 Uhr abends schwierige Eröffnungsvarianten und interessante Stellungen. Er betrachtete das Schach nicht bloß als ein Mittel zur Zerstreuung in m ü ßigen Stunden, sondern als eine Kunst, der ein eigener Kult geb ü hrt. Daher auch seine Vorliebe f ü r Schachprobleme…. Sobald die neuste Nummer irgend einer Schachzeitung erschien, vertiefente er sich in den Problemteil. Keine Aufgabe war ihm zu schwer und er ruhte nicht eher, bis er alle gelöst hatte. Darin konnte ihm niemand zuvorkommen, denn er studierte bis tief in die Nacht und — wie die Intimen wissen — bis in den grauenden Morgen hinein.

② 原文为：heuer entstandene Defizit liebensw ü rdigerweise abgedeckt habe

加入维也纳国际象棋协会，1888—1892 年为维也纳国际象棋协会副主席，1985—1897 年任主席。正是因为他的倡议，维也纳国际象棋协会与新时代维也纳国际象棋俱乐部合并成为维也纳国际象棋俱乐部（der Wiener Schach-Klub），直到去世，他都担任副主席一职。据记载，莱奥波德·特雷比奇非常有责任感，信奉“谋事在人”；在俱乐部时不区别待人，面对工作人员和大师同样和蔼可亲；每天都会出现在俱乐部，参与棋局分析，和最喜欢的棋手下棋，关照新会员。因为他在组织和经济上的支持，很多俱乐部比赛得以举行，特别是 1898 年在维也纳举办的“皇帝庆典国际象棋国际锦标赛（Internationale Kaiser-Jubiläums-Schach-Turnier）”。1907 年的维也纳冠军赛由莱奥波德·特雷比奇筹办，但他在赛前一周不幸去世。为了纪念他，该项赛事改名为“莱奥波德·特雷比奇纪念赛（Leopold-Trebitsch-Gedenkturnier）”。他在遗书中将 10 万克朗（约合 363372 欧元）留给维也纳国际象棋俱乐部，该款项每年的利息可供俱乐部承办比赛。1909 年第一笔利息取出后用以举办第二届特雷比奇纪念赛。这项赛事成为奥地利每年最为重要的国际象棋比赛，很多人在这项比赛中得以在国际平台上展现自己国际象棋才华。

维也纳国际象棋俱乐部因第一次世界大战的战争借款损耗大部分钱财，一战后再无财力支撑，1920 年由工厂主本诺·瓦鲁西克（Benno Waluszczyk）接手并举办过一场特雷比奇纪念赛后，于 1926 年再次由特雷比奇家族的奥斯卡·特雷比奇（Oscar Trebitsch）收回。20 世纪 30 年代，特雷比奇家族破产，席津（Hietzing，维也纳第十三区）国际象棋俱乐部及其赞助商菲利克斯·克莱因（Felix Klein，1849—1925，德国数学家）继续举办特雷比奇纪念赛事，直到 1938 年第 21 届纪念赛落幕。

五、余论

假如没有罗斯柴尔德和特雷比奇家族在组织和财力上的支持，维也纳在 1873 年和 1918 年之间便不可能有能力举办任何大型赛事，维也纳国际象棋俱乐部和《维也纳国际象棋报》也不会拥有今天的地位。国际象棋在维也纳的兴盛，社会历史因素是主要因素，然而思想的启蒙和对理性、科学的向往也不容忽视。如果没有思想的理性化，国际象棋很可能无法取代赌博游戏成为维也纳城市资产阶级的主要业余活动。如果要进一步探究国际象棋在 19 世纪的维也纳兴盛的必要条件，必须也对启蒙运动对维也纳的影响加以分析——虽难以量化，但应当可以从反映当时社会的文学作品中发现线索。

参考文献：

[1] Bauer, G ü nther G. (1995): Gl ü ck, Spiel und Leidenschaft, 2.A. Bad Honnef

[2] Br ü nner Intelligenz Zeitung

[3] Elo, Arpad (1978): The Rating of Chessplayers, Past and Present, London

[4] Faber, Marion (Hrsg) (1983): Der Schachautomat des Baron von Kempelen. Dortmund

[5] Fischer, Julius Wilhelm (1803): Reisen durch Oesterreich, Ungarn, Steyermark, Venedig, Böhmen und Mähren, in den Jahren 1801 und 1802. 3 Bände, Wien

[6] Geiger, Carl Ignaz (1789): Reise eines Engelländers durch einen Teil von Schwaben und einige der unbekanntesten Gegenden der Schweiz herausgegeben von seinem teutschen Freunde L. A. F. v. B. Amsterdam

[7] Gräffer, Franz (1918): Kleine Wiener Memoiren und Dosenst ü cke. 2 Bände, M ü nchen

[8] Gugitz, Gustav (1940): Das Wiener Kaffeehaus. Ein St ü ck Kultur- und Lokalgeschichte. Wien

[9] Jahresbericht der Wiener Schachgesellschaft

[10] Perinet, Joachim (1788): Annehmlichkeiten in Wien. 5 Hefte, Wien

[11] Pezzl, Johann (1787): Spielsucht. In: Skizze von Wien, 1. Heft, 118-124, 3.A. Wien und Leipzig

[12] Pilati di Tassullo, Carlo Antonio (1778): reisen in verschiedene Länder von Europa, in den Jahren 1774, 1775 und 1776; oder Briefe, die aus Deutschland, der Schweiz, Italien, Sicilien und Paris geschrieben worden. Leipzig

[13] Walker, George (1850): Chess and Chess Players: consisting of Original Stories and Sketches. London

[14] Wiener Schachzeitung

[15] Wiener Zeitung

浅论国际象棋产业研究

陈妍汀[①]　庞　博[②]

一、引言和文献综述

随着各项棋类运动在全国的普及和推广，越来越多的少年儿童开始接触和学习这些智力运动，作为“世界外语”的国际象棋也不例外。各地棋院、俱乐部和基地发展迅速，在互联网和人工智能等技术的辅助和支持下，整个国际象棋产业展现出了繁荣的生命力，各项赛事体制也都有了长足的进步。

国际象棋作为智力运动有利于青少年智力开发和逻辑思维能力的培养，这也是很多少年儿童学棋的重要原因。前人针对国际象棋对青少年智力发展的影响进行了一些研究：谢军（2001）对北京市10—14岁学棋的197名少年儿童进行测试，发现参加国际象棋运动的少年儿童智力发育水平远远超过同龄的其他人，可见国际象棋运动有助于少年儿童的智力发展；刘适兰（2003）统计了一些同学学期前后的成绩，证实了国际象棋对人的生理和心理等因素都有正面的影响，并与基础科学有着密切的关系，学棋有助于提高学生的课业成绩。

但同时囿于环境和背景的局限，现行产业发展体系仍存在着一些不足。首先是对于棋手的培养，大多数孩子在幼儿园阶段开始下棋，但是走向职业道路的只占少数，其他孩子则是当作兴趣爱好，最终会逐渐脱落为潜在爱好者或陌路人（在本文中我们只将与国际象棋产业有关的人分为职业棋手和业余棋手，而不作棋手

① 北京大学光华管理学院
② 北京大学汇丰商学院

和爱好者的区分，因为业余棋手和爱好者之间的分界线定义模糊，且区分在本文的讨论中没有意义）。而在职业棋手中，有机会参加国际性比赛并跻身国家队也是寥寥无几，对于放弃学业选择职业道路却未能取得佳绩的孩子来说，他们的出路往往很有限。因此，对于职业棋手的培养和发展保障等方面仍是我们需要关注和改进的。其次由于棋类运动自身观赏性和娱乐性的局限，普及工作困难、职业比赛转播较少、观众门槛较高等现状，棋类运动始终无法像其他竞技运动一样受到广泛关注和拥有巨星和粉丝群体。如果无法改变这些问题，棋类运动的发展将会遇到瓶颈，难以达到新的高度。

与同属棋类运动、并称“三大棋”的象棋和围棋相比，国际象棋作为“舶来品”已经在普及上获得了很大成果，现有注册棋手 2605 名，业余爱好者约千万人。三棋在所展现的思想上存在着不同，刘适兰（2003）、吴岩（2011）在国象与象棋的棋子设置和行棋规则的比较中发现象棋和国际象棋反映了中西方不同的社会意识形态，国际象棋中反映了人生而平等的理念，褪去了等级的桎梏；乌兰、谢军（2001）对国象和围棋进行比较，指出国象突出了战斗性，有利于斗志的培养。这些在国际象棋运动中体现出的独特思想也是国际象棋在青少年教育中的优势所在。

但是象棋和围棋也有着自己发展独特的优势：象棋受众范围很广，在街头巷尾会有很多人对弈和围观，并且是很多老年人的休闲方式；由于挑战围棋是证明人工智能发展程度的方式，随着人工智能的发展，围棋积累了很多热度和关注度，并且围棋运动员柯洁已经具有一定的明星效应，也吸引了很多人关注围棋，而国际象棋在这些方面存在着不足。所以在讨论各地如何培养职业棋手的同时，我们也同时探究如何进一步普及国象运动。

本文第二部分将对国际象棋产业进行整体的研究，使用 SWOT 分析方法和波特五力模型，从微观和宏观两个维度考虑；第三部分将对职业棋手和业余爱好者不同的培养模式分别提出建议，旨在为全国提供国际象棋人才培养发展道路；第四部分将探讨棋类运动可以怎样在全民中得到推广，让棋类运动深入到生活中，让更多的人感受棋文化的魅力；第五部分将讨论国际象棋产业链的构建和发展；最后一部分将对国际象棋产业未来尤其是互联网时代中的发展建议进行总结。

二、国际象棋产业研究

（一）现行人才培养模式

现在各地区国际象棋的业余普及和职业引导基本都由各地棋院、基地或俱乐部完成，其往往由退役或灵活在役的职业棋手担任主教练，招聘一些全职或兼职教练员，按照各自的培训理念或成功经验为孩子设定训练计划，像超玥、君修等知名俱乐部还加入了网课或直播的形式。受二月初疫情暴发影响，网课、网赛逐渐成为了目前国际象棋教学和训练的主要方式。这些孩子再经过国家级比赛的选拔，成绩突出的由各地负责人挑选并引导走上职业棋手的道路。

业余棋手和职业棋手的培养中又具有明显的不同：业余棋手以学业为主，仅在课余时间将国际象棋作为爱好培养，在升学的压力面前可能会暂时放弃下棋，等到考学结束再考虑重新拾起，日常训练多为粗糙的快棋赛或有针对性地采用特定比赛时限，对于等级分和等级称号没有过高的要求；而职业棋手则会选择较早地放弃学业，全身心地进行国际象棋训练，甚至前往国际象棋发展较好的地方寻找名师进行指导，对于需要仔细思考打磨的局面和问题有足够的时间和精力，之后通过国内和国际比赛获得等级分和等级称号，再经过选拔进入地方专业队乃至国家队参加顶级赛事。这就导致了业余棋手往往布局单一且疏于精细化准备，中局的计划看得少、针对非常规的临场应变能力较弱，残局基本功不扎实且棋感、判断力和大赛经验积累不足。简而言之，在对自己的行棋体系下熟到一定阶段之后，业余棋手的常见赢棋策略往往会遇到瓶颈，并很难依靠自发的悟性和能力进行调整。此时如无高水平教练加以指导（更换布局策略或是训练专业技巧），往往会失去下棋的乐趣，产生无聊、枯燥和乏味之感，对职业棋手的生活产生错误认知，从而停止继续下棋的想法。从各个省队注册运动员以及甲、乙级联赛运动员来看，极少存在少年时没有专注走职业道路的棋手。

在疫情期间，各地各俱乐部国际象棋网课和比赛直播获得了长足的发展，赛事转播量、比赛和直播观看量、话题点击量等都达到历史新高，让我们看到了互联网 + 国际象棋更多的可能性。网课和比赛直播在人才培养体系中将占据越来越重要的地位，成为未来人才培养体系中不可或缺的组成部分。

（二）国内现有赛事体制

职业比赛主要是甲级联赛、乙级联赛、全国公开赛、面向顶级棋手的对抗赛等。业余比赛中，国家级比赛包括全年龄段的棋协大师赛、业余棋王赛、青少年的“李成智”杯等锦标赛；地方级比赛包括各地自行举办的省赛、青少年棋类锦标赛等，以及一些网络赛事。此外，目前还有智运会、全运会等四年一届的大型赛事。随着互联网的发展，网络赛事也将成为未来发展的方向。同比一些国象大国（如俄罗斯）来讲，我国本土目前缺少精品的公开赛事，对于没有能力或资源出国的一般棋手来讲即缺乏生存空间。在疫情期间，各类网络赛事在如火如荼地进行，也为赛事未来的发展提供了很好的尝试，但对于网络比赛作弊现象的评判和应对也是需要在实践中不断改进的。

（三）SWOT 分析

SWOT 分析通常用于分析企业战略，而本文中对国际象棋全行业也采用这种分析方法，是希望从一个较为微观的角度进行考虑。

	S（Strength）	W（Weakness）
O（Opportunity）	Opportunity- Strength strategies	Opportunity- Weakness strategies
T（Threat）	Threat- Strength strategies	Threat- Weakness strategies

图1　SWOT分析示意图

1. S（Strength）：AI 技术发展，诸如 Stockfish、Lc0 等开源国际象棋分析软件迭出，棋手可以通过接受引擎指导受到更好训练；国际象棋对于思维的培养和训练正在受到关注，以深圳市南山区为典例，各地幼儿园、中小学纷纷将国际象棋列入必修或选修课程。

2. W（Weakness）：职业棋手退役后的发展路径较为单一，对于个人的体力和职业素养要求偏高，因此很多有天赋的孩子往往在升入初中前后会选择学业而放弃作为职业棋手的道路；国际象棋商业化程度不足，比赛普及范围和资源有限，国内对于职业比赛棋谱、转播和解说普及范围较窄，对观众的水平要求往往较高。

3. O（Opportunity）：新媒体发展，国际象棋公众号、直播、网络教学和比赛等可以起到很好的推广作用，有了新的推广渠道；随着物质生活的丰富，家长对孩子从小智力的培养更加重视，发展大环境整体利好。

4. T（Threat）：电子竞技等新兴智力运动的冲击；国家体育局智力运动扶持

的重心转移；很多国内顶尖大学未来将不再进行体育类特长生招生；比赛作弊现象频出，尤其是在网络比赛期间；疫情期间俱乐部教练迟迟无法线下复学，也无法正常进行传统赛事，将导致初级教练人才和学生流失；网课不存在地理门槛，所以流量向知名教练的马太效应显著，挤压行业内多数教练的生存空间。

5. Opportunity- Strength strategies：继续发挥国际象棋比赛和教学可以在“云端”实现的优势，利用多媒体进行教学、使用引擎辅助训练，进一步发展国际象棋网络比赛，减少地点对于国际象棋运动的限制。

6. Opportunity- Weakness strategies：利用公众号、新媒体等网络工具，加强国际象棋运动的宣传，用在一些方面获得成绩的职业和业余棋手的实例让更多的家长感受到学习国际象棋的好处，让国际象棋在家长的诸多培养孩子智力的选择中脱颖而出。我们建议录制一些入门级别的网课，让更多的人可以具备观看比赛网络直播的基本知识。

7. Threat- Strength strategies：由协会公布比赛作弊行为的处罚条例，建议从严处理，并针对作弊的严重程度进行不同等级的处罚（如当局判负、强制退赛、处以罚款等），同时建立棋手的信用系统，对于受到处罚多的棋手处以禁赛处罚，使得棋手在使用引擎进行训练的时候维护比赛公平，让引擎真正帮助到国际象棋行业健康发展。

8. Threat- Weakness strategies：为国际象棋运动员尤其是职业运动员之后的发展提供更为丰富和有保障的路径；提升国际象棋的商业化水平，增强运动员商业价值；同时加强对于国际象棋的普及，包括设立国际象棋选修课、增加赛事转播等，也是为职业棋手提供未来就业的方向。

从 SWOT 的分析中来看，国际象棋行业有着良好的发展前景，尤其是在互联网高速发展的大背景下，拥有着很多优势和机遇，这就使得弥补弱点和迎接挑战变得更为重要。

（四）波特五力模型

波特五力模型用于分析一个行业的基本竞争态势，通过采用波特五力模型进行分析，能从更宏观的角度研究国际象棋行业。

1. 同行业内现有竞争者的竞争能力：现有国际象棋职业运动员数量较多，面临的竞争压力较大。很多职业棋手上升空间有限、可选择的高水平比赛受限、未来的发展不被保障，让很多过早放弃学业的职业运动员在职业选择的时候选择面窄；同时分布省份较为集中，各个省份的整体水平相差较大。而业余棋手的数量更多，且达到一定水平之后很难再有明显的提升，所以业余比赛的竞争也很强，但是随着年龄的增长，参与比赛的人数呈现递减的趋势。

2. 潜在竞争者进入的能力：各地目前有很多小朋友在学习国际象棋，中间不乏有很多人即将进入或准备进入职业运动员这一赛道，他们中很多人经过了多年的训练并具备很强的天赋，是中国国际象棋发展重要的后备力量。他们基本上都处于棋艺水平的上升期，且随着国象运动的不断发展和中国整体水平的提高，他们将拥有更多的机会，所以进入行业的能力较强。

3. 替代品的替代能力：对于国际象棋行业来说，替代品为象棋、围棋等棋牌运动。从职业运动员的角度来看，他们需要经过多年的训练，有多年时间、精力、包括金钱上的付出，且他们将在国象项目上为省市乃至国家争取荣誉，所以被替代的可能性很低。但是如果只将国象作为爱好，以期锻炼智力水平和提到思维能力，那么学习不同的棋类运动的差异性相对较低，所以具有较强被替代的可能。

4. 供应商的讨价还价能力：在国际象棋行业中，棋手就是供应商，具有竞争力的主要是职业棋手。对于职业棋手来说，首先他们是职业比赛选手的“供应商”，由于受到注册地的限制和优先注册权的影响，很难自由选择所在的专业队，所以讨价还价能力较弱，难以为自己争取到高额的固定薪资，但是对于高水平运动员，可以通过比赛奖金丰富自己的收入来源。其次他们是国际象棋训练的“供应商”，随着互联网的发展，包括一些国手在内的顶级运动员纷纷开始直播和通过公众号进行棋局分析，这使得获取训练资源需要的成本越来越低，所以讨价还价的能力仍然较弱。

5. 购买者的讨价还价能力：对于职业比赛来说，各地方职业队和国家队是“购买者”，由于成为国家队队员是每个运动员的光荣，这方面不能从商业的角度进行考虑。而对于地方专业队，由于受到相关部门资金的限制、职业运动员数量较多和注册地带来的优势，使得他们具有较强的讨价还价能力。对于训练来说，学棋的人是购买者，随着诸多俱乐部开始提供网课和棋局引擎的资源变得易得，购买者讨价还价的能力在增强。

从波特五力模型的分析中可以看到国际象棋职业运动员之间竞争激烈、后备力量充足，虽然他们不容易被替代，但是由于管理制度等各方面的影响，从商业的角度考虑在定价中处于弱势地位。

三、国际象棋人才培养

（一）分级培养

在对国象现有的人才培养方式分析之后，我们认为各级单位应在国象人才培养体系中明确并发挥自己的作用：市级单位注重国象运动大范围的普及和推广、省级单位从中选拔人才向省队或国家输送，辅以不同等级的比赛的培养机制，同时增加职业棋手在适当年龄进入高校学习的机会，并建立职业棋手在退役后按照职业生涯成绩进入省级和市级单位从政任职的保障体系和上升渠道。

（二）赛事设立

在赛事设立上，保持现有比赛形式不变，但进一步优化甲级、乙级、丙级联赛机制，甲级联赛设立竞猜、评书或支招等活动增加与一般爱好者的接触，同时加大末位淘汰力度；乙级联赛则仿照甲级联赛形式，但可以多次举办多站赛会制或一站多轮制以增加冲甲名额；丙级联赛则设立基本的快棋赛形式，让一般多数棋协大师、运动健将或爱好者都能参与，规定多轮次且前两名晋级，划分较为明晰的业余棋手冲甲通道。同时优化棋协大师赛赛制，分为等级组和业余组，业余组设定与现在相同，而等级组则为水平更高的棋协大师提供更高的奖金，可以考虑引入国内等级分制度，为业余运动员的水平和等级评定提供参考依据；此外，可以适当降低大师赛两天半制改为双休日制，以此增加举办场次，让广大爱好者能够获得一个可以迁移应用到其他领域而受认可的称号和成绩，以此吸引更多的爱好者学棋。

四、国际象棋全民推广

现阶段国际象棋比赛电视转播较少，主要依靠网络直播，但网上大师评论和解说的比赛每年仅有几场，且水平参差不一，宣传工作存在瓶颈，暂时阻碍了国际象棋进一步的普及和推广。

在疫情期间，绝大多数运动的赛事受疫情影响而被取消，这为国象比赛的转播和国象运动的普及提供了契机。在这段时间国际象棋受到广泛的关注，也为赛事转播提供了尝试和发现问题的机会。日后应当进一步加强赛事转播，形成固定的、有规范的赛事转播渠道和转播解说程序。

其他体育运动的推广不仅依靠转播，还依靠该项运动形成的明星和明星的粉丝圈，国际象棋拥有如丁立人、王皓、韦奕等大量顶尖运动员，但未能形成像NBA等其他竞技体育显著的明星带动效应，与围棋比较这一方面也较弱，使得国际象棋运动热度不足、讨论不够。日后可以辅以新媒体宣传、文创周边等，加强顶尖棋手的商业价值并提高他们关注度，同时增加对在各个方面获得一定成功的棋手的宣传，从而带动对于整项运动的关注。我们也可以仿照海外Chess.com、chess24等平台的经验，设立一系列带奖金的线上全民快棋赛或明星邀请赛，并辅以解说，增加国际象棋运动的观赏性，前段时间南北明星对抗赛通过蒙面猜测吸引了许多流量，是一个成果颇丰的开创性的尝试。

五、打造闭环的国际象棋产业链

随着互联网在国际象棋推广、训练和比赛中越来越多的应用，加上未来一段时间内硬性因素的约束，互联网＋国际象棋将成为国际象棋产业链未来较为可能的一个发展方向。但出于国际象棋实战交互性与少年护眼的需要，我们认为线下国际象棋教学仍然有较高的潜在市场。下图表明了当前国际象棋主要的盈利模式，我们可以看出当前国际象棋的参与者较少，盈利模式单一，仍有较大的演化发展空间，可以采用缓慢的拼图式扩张丰富价值链。同时，我们也可以考虑把国象产业作为其他相对成熟产业链（如：代教育，学前辅导综合班）的一环进行价值链附着与重组，获得更完整的闭环效应。这方面可以借鉴国际象棋宣传相对较广的国家如俄罗斯、印度等。

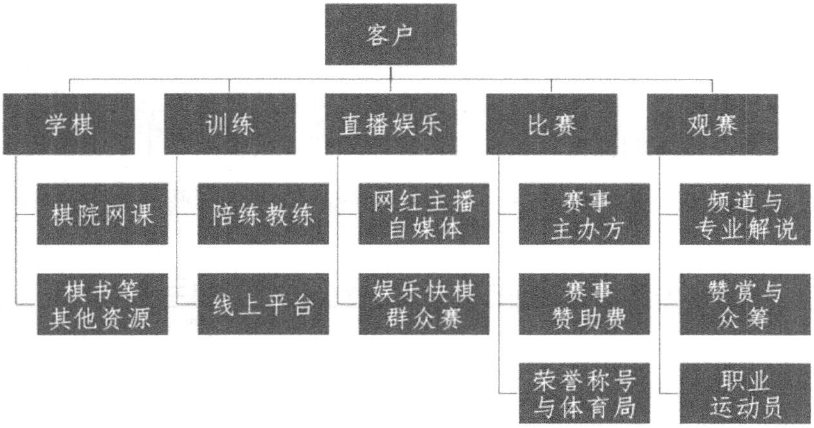

国际象棋具有三个内生功能——教育、休闲和交际。儿童从中学到生活的原则和规则，培养将来踏入社会的适应能力；成人往往需要寻找团体规则限制与个人自由之间的精神平衡，国际象棋的休闲作用给了他摆脱和逃避社会文化和生活限制、去公平地发挥个人特性的机会，同时弥补生活中的不满和沮丧；此外，通过对弈，可以结识各个圈层的爱好者，并在棋盘上大致了解对方的性格特征，从而交际结成更深厚的友谊。

与之对应的是两类自发性客户人群：对于教育功能，由于青年和成人所需要的能力并非国际象棋可以培养的，所以受众主要以初中以前儿童和陪伴他们的家长、教练为主；对于娱乐休闲功能，需要使受众在真实对弈中赢棋，或是放下输赢体会到艺术带来美的感受，受众多出现在有一定水平的中青年玩家中；对于交际功能，部分与休闲娱乐功能交叉，以国内目前的情况看，需要更多的用户才可能逐步显现，且现代国际象棋是否交际性强于斗争性仍然存疑，暂时没有明确的客户群体。

我们将国际象棋与另外的可选替代消费品进行了对比。从娱乐功能的角度来看，我们选取了成功出圈并商业化的几款游戏；从教育培养功能来看，我们选取了其他的一些同等可选消费品种，侧重于教育功能要素进行了对比。我们将从诸多角度对常见的休闲游戏方式进行对比分析，通过定性分析来大致判断国际象棋当前所处的位置、共性及差异性。

下表展示了我们的分析结果，可以看出，即使国际象棋是一项风靡全球的游戏，且兼顾两种客户人群，在当下的时代它仍然处于比较尴尬的地位。作为琴棋书画中的一项具有教育意义的培养工具，它对于中小学目前的贴合程度相对不足；

作为一项娱乐休闲项目，属于可选消费中的可选消费，虽属认可度与游戏性较高的棋牌类，但仍旧无法比拟新时代专家精心设计的游戏带来的乐趣，用户很难具有主动意愿进行学习——本质局限于策略空间有限的完全信息动态博弈，计算机化的准备和漫长的赛制使得这款游戏的趣味性和随机性相对于职业性大大降低，较高门槛阻碍了成人初学者参与。此外，我们目前没有为高水平用户提供明晰的乐趣和变现渠道。

表1　国际象棋较流行游戏有较高的价值主张

	国际象棋	CF/CS射击	王者荣耀	狼人杀	扑克牌	四国军棋	飞行棋
自发性	弱	强	强	强	中等	弱	弱
欢乐感	强	强	强	强	中等	弱	强
社交性	弱	强	强	强	强	强	强
智力性	极强	弱	中等	中等	弱	强	弱
随机性	弱	强	弱	强	强	强	强
可控性	极强	强	强	强	中等	中等	弱
刺激性	弱	强	中等	强	弱	强	弱
职业性	强	强	强	弱	弱	弱	弱
上瘾性	中等	强	强	强	弱	强	弱
成就感	强	强	强	强	弱	强	弱

表2　国际象棋较常见少儿教育缺乏公信力与可用性

	国际象棋	弹琴	书法	画画	奥数	编程	英语	体育运动
可用性	弱	弱	弱	弱	强	强	强	强
趣味性	中等	中等	中等	强	弱	弱	弱	强
科学性	强	弱	弱	弱	强	强	弱	弱
机械性	弱	强	强	强	弱	弱	强	中等
益智性	强	弱	弱	弱	强	中等	弱	弱
艺术性	弱	强	强	强	弱	弱	弱	弱

虽然我们当前的推广宣传工作做得已经非常细致了，但出于上述国际象棋项目自身的一些特质，目前仍然面临一系列问题：品类太窄（暂时没有新的国际象棋规则发展、无法多元化）、流量太少（小众运动）、门槛太高（过度职业化）、流量太贵（宣传较难）、定价过高（入门培养持续成本高、回报不显著）。

由于受众多为小朋友，国际象棋项目的宣传方式可以更加扁平化：中国国际象棋协会官网和公众号可以尝试非专业化的亲民、通俗风格，将小朋友们能够理解的、较为引人注目的棋局内容（或者官方教学点查询）替换一些专业新闻报道放置在醒目的位置，且尽快增设爱好者会员简易登记制度，以提高人气；也可以更换美观易操作的界面以增加流量，或设立官方的爱好者交流社区或贴吧。待流量数据做大后，可以进一步吸引相关投资者或者赞助商等资本入局，并考虑流量黏着度、转化问题及更多的创新商业模式问题等，逐步创建良好的商业生态系统。

考虑到当下国情，体育局的政策倾斜在一项运动发展的过程中起着较高的作用，根据目前可能的政策动向，我们认为国际象棋项目在中国实现自力更生将迫在眉睫。虽然与流行游戏相比国际象棋并没有那么好的资源，但其仍具有十分大的发展潜力。当前我国的国际象棋行业发展可以参考小众行业早期发展模式，尽早打造一条脉络清晰、成效卓著的产业链并形成商业闭环，利用上文所述的优势分析打造热点话题吸引人才和资本入局、抢占三棋一牌和琴棋书画等互补商品的高地、并通过带货周边等其他待挖掘盈利的商业方式实现自给自足——这将极大地有利于国际象棋项目未来在中国的蓬勃发展。

具体来讲，我们建议采取注重社交的代理人模式进行国际象棋宣传推广。客户通过主动分享、主动寻找其他用户而获得免费学习资源或折扣，利用客户自发代理拼团来拉新和裂变进行野蛮增长。这个过程中：1. 用户拉新的工作主要由用户来完成，每个用户都是国际象棋近乎免费的推荐员；2. 国际象棋商业化推广获得了大量低成本的流量；3. 用户也有了参与感、趣味感、占便宜的感觉。

与此同时，培养一批优秀的国象专业代理人。可以寻找教师、律师等人际圈层较广、社会地位较高的职业进行培训，为他们提供国际象棋代理的副业以打开市场。他们既拥有一定的技术水平，又拥有杰出的获客开源能力，在一定资源扶持下会获得较好的收益。可以尝试与较大的青少年培训机构（地方青少年宫，学而思、新东方等等）合作，也可以招聘曾有小教经历的教育工作者兼职或转行国象教育。出于国际象棋“可选中的可选”特点，广告需要具有持续性与实例性，最好能够精准营销客户群体，上述建议或许比单纯互联网 App 广告投入更有推广意义。

此外，对于国际象棋的新兴商业推广模式，比如网红或明星广告、多元化渗透、寻找国象共生体等，希望协会能够给予足够的政策考虑和宽容；对于一些像青岛、深圳这样国象运动蓬勃开展的地区，以及各地成功推广案例，协会能够编述总结经验，举办培训会议提供给新地区愿意为推广国象事业尽力的爱好者。

最后，在可行范围内，除了减少比赛时间增加不确定性外，可以尝试对传统的国象规则进行一些微调（如，960，取消王车移位，混双棋，三棋一牌联动等新颖形式），通过乐趣保留现有的棋手脱落为成为爱好者，为国际象棋客户群的代际传递埋下种子。笔者在上海棋院集训时曾接触过一款“神秘的后”游戏，将四国军棋元素融入到国际象棋中，对于青少年培养也更加多元化，是一个不错的联动衍生品尝试，可以考虑进行推广。

出于本文作者的局限性，对于棋院或协会具体如何下达具体措施以及相应的可行性分析和战略规划，我们无法给出详细可用的实操方案，仅在此提供一点思路供参考。

六、总结

前文通过SWOT分析和波特五力模型，我们发现国际象棋整个行业的发展面临人才培养没有形成体系、职业棋手未来发展受限、转播讲解比赛缺乏统一模式、赛事分级不一致、关注度不足等问题，在今后的发展中可以完善人才培养体系、为职业棋手未来发展提供一定的支持和保障、完善赛事转播讲解固定流程、补充丰富现有赛事、引进国内等级分制度、提升国际象棋运动关注度、推动进一步商业化、形成棋手明星效应等，同时制定相关政策推进国际象棋闭环产业链建设。

参考文献：

[1]李博.美国加州格伦代尔国际象棋公园[J].城市环境设计,2007(02):48-55.

[2]刘适兰.从国际象棋与中国象棋的异同看中西方文化的差异[J].武汉体育学院学报,2003(05):1-3.

[3]刘适兰.浅谈国际象棋与智力开发[J].中国学校体育,2003(03):53-54.

[4]王晓鹏,王骄,徐心和,郑新颖.中国象棋与国际象棋比较分析[J].重庆工学院学报(自然科学版),2007(01):71-76.

[5]乌兰,谢军.国际象棋与围棋关系的哲学思辩[J].体育文史,2001(02):10-11.

[6]吴岩.中西象棋之道与教育意义[J].河西学院学报,2011,27(04):59-62.

[7]谢军. “一带一路”背景下的智力运动项目作用及发展研究[C]. 中国体育科学学会.第十一届全国体育科学大会论文摘要汇编.中国体育科学学会,2019:163-164.

[8]谢军.国际象棋教育与发展儿童、少年智力和非智力因素探讨[J].天津体育学院学报,2001(01):44-46.

[9]谢军.国际象棋教育与开发青少年智力和非智力因素探讨[J].天津体育学院学报,2000(04):27-32.

[10]于文谦,杨晓丹.智力运动会特征解读与发展前景分析[J].山东体育学院学报,2011,27(10):5-10.

[11]张景,黄亚飞.我国智力运动发展策略研究[J].体育文化导刊,2009(07):42-45.

[12]赵金.棋文化延伸“品牌运作链”——齐鲁晚报棋院的成功之道[J].青年记者,2006(06):9-11.

[13] Li Ma. Xiangqi vs Chess—The Cultural Differences Reflected in Chinese and Western Games. 2020, 08(03):52-61.

国际象棋文化现状研究及相关因素探讨

付学华
合力科技股份有限公司

一、研究背景

国际象棋有着“智慧的体操”“人类智慧试金石”的美誉。集科学、艺术、竞技于一体，不仅具有启智、益智的作用，能够开发学生的智力，锻炼逻辑思维和辩证分析能力，而且有陶冶情操，培养人文素养的功效。早在 2001 年，教育部、国家体育总局就下发了《关于在学校开展“围棋、国际象棋、象棋”三项棋类活动的通知》。

自古以来，“琴棋书画”中的排名第二位的“棋文化”就是中国古代文人的必修项目，不仅训练了智力，而且可以培训人文素养。而随着现代全球化的加剧和现代科学技术的发展，国际象棋已经在我们国家得到了飞速的发展，取得了巨大的成绩，打下了扎实深厚的群众基础。国际象棋竞技水平的提高，也亟需国际象棋文化作为支持，否则将成为无源之水，无根之木。而在学生的学棋和教练的教棋过程中，往往过分地强调国际象棋实战水平的提高和成绩的好坏，而忽略了国际象棋文化的学习。

国际象棋文化内涵范畴非常广，包括国际象棋历史与发展、国际象棋世界冠军风采、弈棋的礼仪、国际象棋资讯信息、国际象棋文学作品、国际象棋电影艺术、国际象棋人文知识等方面。国家象棋文化的学习可以提高棋手的人文素养，更加理解下国际象棋的目的，更深层地发展国际象棋的艺术之美、人文之美，培养学员强大的内心，养成坚强的意志和顽强拼搏的品格。通过国际象棋文化的学习，能够更好地让学棋者感受国际象棋的魅力，激发兴趣，让学员能够坚持学棋的道路，延长棋才的下棋年龄。

国际象棋人文学习，能更好地培养学棋者的综合素质。诸如：增强磨炼意志克服困难的能力；胜不骄、败不馁，沉着冷静、积极进取的良好品质；守纪律、守规则、懂礼貌、尊重对手的良好品质等。

目前国际象棋文化普及的过程中存在很多问题不容忽视。中国国际象棋推广采取的是以竞技成绩引领推广的道路。用优异的大赛成绩吸引观众，进而推动国际象棋推广、竞赛培训等方面的发展。该策略在一定时期内确实产生了成效，可也产生了一些问题。在现阶段国际象棋的推广教学中，国际象棋文化的教育相对薄弱。在大多数网络教学平台上涵盖国际象棋文化的课程较少。这些知识的缺乏直观表现为：在比赛现场中常有学员因为输赢而哭闹或者骄傲自满，甚至有些家长有干扰比赛等不文明的行为。因此，国际象棋的文化的浸润和推广比较薄弱，影响了国际象棋在国内长远发展的步伐。

二、研究目的

通过对国际象棋有一定学习经历的学员及其家长的调查，掌握目前杭州市国际象棋学院对于国际象棋文化的掌握程度，及相关影响因素，为针对性的建议提出提供理论支撑。

三、研究过程

（一）研究对象：

满足以下条件者为本研究对象：

1. 已完成启蒙班课程，目前正在初级或中级班的学员。
2. 曾经参加过杭州市国际象棋比赛，目前仍然在学习国际象棋的学员。
3. 学员监护人同意参加此次调查。

（二）问卷调查：

1. 问卷设计：采用封闭式题目采集学员年龄、学习国际象棋年限、参加比赛年限、家长文化程度、国际象棋文化内容等信息；采用开放式题目采集学员和家长对于国际象棋文化的兴趣等信息。根据设计好的问卷题目，利用互联网调查问卷工具“问卷星（免费版）”进行网络问卷设计，设计完成后进行预实验，完成纠错及网络问卷的修改。

2. 调查实施：以杭州市为调查地区，将“问卷星”网络问卷发给5名教练员，该5名教练员均来自杭州棋院。由教练员通过手机微信群发给目前的国象培训班、既往曾经开课的培训班学员家长，共调查了68人份，通过在课堂上发放纸质版问卷给学员及家长，由家长填写，再发给既往曾经教过同意参加此次调查的学员家长，共32人份。调查问卷中的学员填写部分主要由学员家长询问填写或学员自填，家长部分由家长自填。

3. 质量控制：对开展招募工作的教练员进行培训，使其掌握招募要求，并明确问卷中各题目的涵义，便于在开展调查时为被调查者提供释义。问卷调查完成时，由教练员进行数据核查，对存在漏填、错填等情况进行及时的补充和纠错，以提高数据的准确性和可靠度。

4. 结果分析：通过封闭式问题采集的定量数据，采用excel进行频数分析，采用统计软件进行组间差异分析。罗列四格表，分析父母文化程度、参与程度、教练员课程设置等因素与学员国际象棋相关文化的了解程度的关系。采用SPSS统计软件进行交叉卡方分析，以 $P \leq 0.05$ 作为差异有统计学意义。

四、研究结果

（一）调查对象基本特征

1. 学员基本特征

对100名国际象棋学员的社会人口学特征进行调查，年龄最小4岁，最大12岁，中位数为6岁。6岁以上学员共54人和38人，分别占58.7%和41.3%，8人年龄缺失；男生和女生各75人和25人，分别占75.0%和25.0%。棋龄在0—

1 年、1—2 年、2—3 年、3 年及以上者分别有 31 人、35 人、18 人和 16 人，分别占 31.0%、35.0%、18.0% 和 16.0%。具体见表 1。

表1　国际象棋学员社会人口学特征

变量	人数	构成比（%）
年龄		
≤6岁	54	58.7
>6岁	38	41.3
缺失	8	
性别		
男	75	75.0
女	25	25.0
棋龄(年)		
0—1	31	31.0
1—2	35	35.0
2—3	18	18.0
≥3	16	16.0

2. 主要陪护家长基本特征

100 名国际象棋学员的主要陪护家长为妈妈最多，51 人，其次是爸爸，37 人，其他人为 12 人。陪护者文化程度为大专及本科最多，60 人，占 60.0%，其次是硕士及以上学历，共 28 例，占 28.0%，初中及以下和高中或中专分别为 8 人和 4 人，分别占 8.0% 和 4.0%。具体见表 2。

表2　国际象棋学员主要陪护家长社会人口学特征

变量	人数	构成比（%）
角色		
爸爸	37	37.0
妈妈	51	51.0
其他	12	12.0
文化程度		
初中及以下	8	8.0
高中或中专	4	4.0
大专及本科	60	60.0
硕士及以上	28	28.0

（二）国际象棋文化特征

1. 国际象棋文化现况

对国际象棋学员国象文化知识掌握现况进行分析，结果显示，关于国际象棋起源地回答正确的人数为33人，占33.0%。关于目前世界棋王姓名回答为“卡尔森”的人数为47人，占47.0%。关于我国第一个获得世界冠军的女棋手回答为“谢军”的人数为58人，占58.0%。关于下棋时“赢棋”重要还是“克服困难不断进步更重要”回答为“克服困难不断进步更重要”的人数为92人，占92.0%，回答“赢棋”重要的仅8人。

对不同性别的学员进行分析，结果显示：男生中“国际象棋起源地”“目前世界棋王姓名”“我国第一个获得世界冠军的女棋手”回答正确的比例分别为：30.7%、48.0%和54.7%。关于下棋时“赢棋”重要还是“克服困难不断进步更重要”回答为“克服困难不断进步更重要”的人数为69人，占92.0%。女生中“国际象棋起源地”“目前世界棋王姓名”“我国第一个获得世界冠军的女棋手”回答正确的比例分别为：40.0%、44.0%和68.0%。关于下棋时“赢棋”重要还是“克服困难不断进步更重要”回答为“克服困难不断进步更重要”的人数为23人，占92.0%。具体见表3。

表3　国际象棋文化知识现况及其在不同性别间的分布

变量	回答人数	回答比例（%）	男生		女生	
			回答人数	回答比例（%）	回答人数	回答比例（%）
国际象棋起源地						
回答正确	33	33	23	30.7	10	40.0
回答错误	67	67	52	69.3	15	60.0
目前世界棋王姓名						
回答正确	47	47	36	48.0	11	44.0
回答错误	53	53	39	52.0	14	56.0
我国第一个获得世界冠军的女棋手						
回答正确	58	58	41	54.7	17	68.0
回答错误	42	42	34	45.3	8	32.0
你认为“赢棋”重要还是“克服困难不断进步更重要”						
赢棋重要	8	8	6	8.0	2	8.0
克服困难不断进步重要	92	92	69	92.0	23	92.0

3. 国际象棋相关文明行为

对国际象棋学员国际象棋相关文明行为进行分析，结果显示："比赛前是否和对方握手"回答"从不握手""有时候不握手""每次都握手"分别为18人、45人、37人，分别占18.0%、45.0%和37%。对于"下棋中发现棋子不正，是否可以自己直接摆正，不经过对方同意"回答"可以"的人数为11人，占11.0%。对于"看别人下棋时是否可以在旁边大声讨论"回答可以仅1人，99人均认为不可以。"是否出现输棋后大发脾气或大哭不止"36人回答曾有过，占36.0%。71.0%的学员回答曾见过其他小朋友输棋后大发脾气或大哭不止。

对不同性别上述变量进行分层分析，结果表明：男生比赛前从不握手、有时候不握手、每次都握手的比例分别是16.0%、45.3%和38.7%。对于"下棋中发现棋子不正，是否可以自己直接摆正，不经过对方同意""看别人下棋时是否可以在旁边大声讨论"回答"可以"的比例分别为12.0%、1.3%。36.0%的人曾出现"输棋后大发脾气或大哭不止"，68.0%的男生见过其他小朋友大发脾气或大哭不止。

女生比赛前从不握手、有时候不握手、每次都握手的比例分别是24.0%、44.0%和32.0%。对于"下棋中发现棋子不正，是否可以自己直接摆正，不经过对方同意""看别人下棋时是否可以在旁边大声讨论"回答"可以"的比例分别为8.0%、0。36.0%的人曾出现"输棋后大发脾气或大哭不止"，80.0%的女生见过其他小朋友大发脾气或大哭不止。具体见表4。

表4 国际象棋文明行为现况及在不同性别间分布

变量	回答人数	比例（%）	男孩		女孩	
			回答人数	比例（%）	回答人数	比例（%）
比赛前是否和对方握手						
从不握手	18	18.0	12	16.0	6	24.0
有时候不握手	45	45.0	34	45.3	11	44.0
每次都握手	37	37.0	29	38.7	8	32.0
下棋中发现棋子不正，是否可以自己直接摆正，不经过对方同意						
可以	11	11.0	9	12.0	2	8.0
不可以	89	89.0	66	88.0	23	92.0
看别人下棋时是否可以在旁边大声讨论						
可以	1	1.0	1	1.3	0	0
不可以	99	99.0	74	98.7	25	100

续表

变量	回答人数	比例（%）	男孩		女孩	
			回答人数	比例（%）	回答人数	比例（%）
是否出现“输棋后大发脾气或大哭不止”						
是	36	36.0	27	36.0	9	36.0
否	64	64.0	48	64.0	16	64.0
是否见过其他小朋友输棋后大发脾气或大哭不止						
是	71	71.0	51	68.0	20	80.0
否	29	29.0	24	32.0	5	20.0

（三）国际象棋文化知识和行为相关因素分析

1. 国际象棋文化知识相关因素分析

将国际象棋起源地与目前世界棋王、我国首位女棋后姓名两个知识题与学员人口学特征、学员兴趣、家长相关特征进行卡方分析，结果显示：6 岁以上学员关于“目前世界棋王、我国首位女棋后姓名”回答正确的比例为 55.3%，高于 6 岁及以下学员（33.3%），差异有统计学意义（χ2=4.392，P=0.036）。主要陪护人对待孩子输棋的态度为“鼓励”者关于“目前世界棋王、我国首位女棋后姓名”回答正确的比例为 47.2%，高于惩罚或责备孩子或者无特殊对待的家长家庭（21.4%）。不同学员性别、学员认为国际象棋有趣与否、主要陪护人身份是爸爸妈妈还是其他人、陪护人不同陪伴方式、陪护人对待孩子在比赛中输棋的不同态度、陪护人对国际象棋的不同兴趣程度等，不同组间国际象棋起源地回答正确的比例均无统计学差异（P>0.05）。具体见表 5。

表5　国际象棋文化知识与人口学特征、父母特征相关性分析

变量	国际象棋起源地		χ2/P	目前世界棋王、我国首位女棋后姓名		χ2/P
	回答正确人数	比例（%）		均回答正确人数	比例（%）	
学员年龄			1.165/0.280			4.392/0.036
≤6岁	21	38.9		18	33.3	
>6岁	10	26.3		21	55.3	
学员性别			0.024/0.878*			0.222/0.637
男	23	30.7		29	38.7	

续表

变量	国际象棋起源地		χ2/P	目前世界棋王、我国首位女棋后姓名		χ2/P
	回答正确人数	比例（%）		均回答正确人数	比例（%）	
女	10	40.0		11	44.0	
学员觉得国际象棋是否有趣			0.065/0.799*			0.035/0.852
一般或没意思	11	42.3		10	38.5	
非常有趣	22	29.7		30	40.5	
主要陪护人			2.578/0.108			0.254/0.651
爸爸/妈妈	28	31.8		36	40.9	
其他人	5	41.7		4	33.3	
陪伴方式			2.916/0.233			1.311/0.252
仅接送、督促完成作业	15	28.3		24	45.3	
与孩子对弈	18	38.3		16	34.0	
陪护人如何对待孩子在比赛中输棋			1.764/0.084			5.589/0.018
惩罚/无特殊	9	32.1		6	21.4	
鼓励	24	33.3		34	47.2	
陪护人对国际象棋兴趣程度			0.534/0.465			4.122/0.042
一般/不感兴趣	21	30.4		23	33.3	
非常感兴趣	12	38.7		17	54.8	

* 确切概率法。

2. 国际象棋文明行为相关因素分析

认为下国际象棋“没意思或一般”“非常有趣”的学员下棋前每次都不握手或有时不握手比例为 73.1%、59.3%；主要陪护人为爸爸 / 妈妈、其他人“下棋前每次都不握手或有时不握手”的比例分别为 64.8%、50.0%；孩子比赛中输棋时陪护人“惩罚或责备或无特殊对待”“鼓励”者下棋前每次都不握手或有时不握手的比例分别为 71.4%、59.7%；陪护人对国际象棋兴趣程度“一般 / 不感兴趣”“非常感兴趣”的孩子“赛前不握手”的比例分别为 68.1% 和 51.6%。但上述变量经卡方检验，差异均无统计学意义（P>0.05）

年龄在 6 岁及以下和 6 岁以上者输棋后大发脾气或大哭不止的比例分别为 40.7% 和 23.7%；认为下国际象棋“没意思或一般”“非常有趣”的学员输棋后大

发脾气或大哭不止的比例分别为32.4%、46.2%；上述变量经卡方检验，差异均无统计学意义（P>0.05）。具体见表6。

表6　国际象棋文明行为与人口学特征、父母特征等相关性分析

变量	下棋前每次都不握手或有时不握手		x 2/P	输棋后大发脾气或大哭不止		x 2/P
	人数	比例（%）		人数	比例（%）	
年龄			0.121/0.728			2.904/0.088
≤6岁	36	66.6		22	40.7	
>6岁	24	63.2		9	23.7	
性别			0.358/0.550			0.000/1.000
男	46	61.3		27	36.0	
女	17	68.0		9	36.0	
学员觉得国际象棋是否有趣			1.531/0.216			1.572/0.210
非常有趣	44	59.5		24	32.4	
一般或没意思	19	73.1		12	46.2	
主要陪护人			0.989/0.320			0.042/0.837
爸爸/妈妈	57	64.8		32	36.4	
其他	6	50.0		4	33.3	
陪伴方式			0.026/0.871			2.900/0.089
仅接送/督促完成作业	33	62.3		15	28.3	
与孩子对弈	30	63.8		21	44.7	
陪护人如何对待孩子在比赛中输棋			1.185/0.276			0.931/0.334
惩罚/无特殊	20	71.4		8	28.6	
鼓励	43	59.7		28	38.9	
陪护人对国际象棋兴趣程度			2.499/0.114			0.947/0.331
一般/不感兴趣	47	68.1		27	39.1	
非常感兴趣	16	51.6		9	29.0	

五、讨论

（一）基本特征

本研究通过对杭州市初级及以上国际象棋学员的横断面调查，了解杭州市棋童国际象棋文化知识及相关行为现况，探索其相关因素，为提高杭州市棋童文化修养提供理论依据。本次调查的100名棋童中年龄以10岁以下、性别为男生、学棋年龄多在2年以内。陪护家长以妈妈居多，文化程度较高，一半以上为大专及本科学历。

（二）国际象棋文化和行为基本情况

为了更好地了解杭州市棋童对国际象棋相关历史文化、榜样文化、精神文化的了解情况，本研究分别以国际象棋起源地、目前棋王、中国第一个棋后、下棋精神需求等三个问题来了解相关文化普及情况。研究表明，国际象棋起源地回答正确的比例较低，仅33.0%；世界棋王的姓名和我国第一个女棋后的姓名回答正确率较高一点，接近50%。而认为下棋“克服困难不断进步更重要”的比例高达92%。上述结果表明，杭州市棋童在关于下棋精神文化的教育情况接受度比较高，可能与目前家长和教练在教学和训练的过程中不断强调和鼓励学员有关。棋童的家长学历均较高，本科及以上占90%左右，在他们自己的求学过程中，知道学习中具有良好的心理素质和文化修养的重要性，在培育子女的过程中也具有较高的精神传递。

但是，关于前三个文化知识相关内容的普及度较低，可能与两方面有关。第一，现在的棋童开始学棋的年龄普遍较小，而关于国际象棋起源地、棋王棋后相关的知识可能是启蒙教学中涉及，后续的初级及以上课程中涉及的相关内容较少，很多棋童已经遗忘相关的内容。第二，可能由于在平时的教学中，关于国际象棋的榜样人物的介绍较少，目前的棋王卡尔森，是众多教练关注的焦点，但是是否作为榜样人物介绍给棋童，由于本调查中未涉及相关内容，所以不好做推测或说明。

本研究还表明，比赛前从不握手或有时候不握手的比例接近三分之二。对弈前、后握手是一项基本礼仪，这既是对对手的尊重也是对自己的尊重。良好的礼仪可以让棋手很快静下心来、能正确对待比赛的输赢。但本研究中赛前握手的比例并不高，可能与家长或教练平时训练或培训的过程中忽略此内容有关。建议在平时的训练中要注意国际象棋礼仪的学习，除了赛前握手，还包括摸子动子、爱护棋具等。

此外，三分之一表明自己曾出现过“输棋后大发脾气或大哭不止”，而三分之二曾见过其他小朋友输棋后大发脾气或大哭不止。由于认知或记忆的偏差，部分棋童不愿承认自己曾经因为输棋而大发脾气或大哭不止，实际发生比例高于自我报告的比例。本调查棋童的年龄平均 6 岁，最高不超过 12 岁，在心理和认知等方面还未发育完全，尽管棋童在学棋的意义认识正确、家长对待输棋的态度上也以鼓励为主，但是棋童在对待下棋输棋赢棋的行为上仍然会存在一定程度的心理失控。成年人在这方面也会有类似的表现，尽管知道下棋是为了增加磨炼和精力，提高棋艺，但是在输棋时仍不可避免出现失落、沮丧等心理情绪。建议教练或家长在教学或陪学的过程中除了对于比赛的正确认知进行强调，同时在赛后要给予足够的心理支持，如对其进行鼓励或激励、帮助其寻找合适的宣泄方法（吃美食、游乐场玩耍、找个合适的地方哭泣、告诉爸爸妈妈等），同时通过复盘寻找输棋的原因，寻找自己的薄弱点。帮助棋童在后续的学棋过程能够更好地控制自己的情绪，这种控制能力在棋童文化课学习中也能起到很好的正向反馈。

关于“下棋中发现棋子不正，是否可以自己直接摆正，不经过对方同意”“看别人下棋时是否可以在旁边大声讨论”在本调查中的比例很低，说明本市国际象棋棋童在下棋中的文明行为了解情况还是比较好的。

对不同性别的棋童国际象棋文化知识和行为进行调查，结果发现：女生关于“国际象棋起源地”“我国首位女棋后”回答正确的比例要略高于男生，目前世界棋王的姓名男生略高于女生。男生每次都握手的比例略高于女生。男生和女生在生理、心理上有着天然的差别。与男生相比，女生普遍上课更好地遵守课堂纪律，认真听老师的讲解，及完成作业，但是女生更加害羞，所以在比赛前握手的表现上，每次握手的比例稍低。

（三）国际象棋文化在不同特征人群中的分布

本调查显示，针对国际象棋文化相关知识题，年龄在 6 岁以上，其知晓目前世界棋王、我国首位女棋后姓名的比例要显著高于年龄在 6 岁及以下者。陪护人对待孩子比赛输棋的态度是“鼓励”，其孩子知晓目前世界棋王、我国首位女棋后姓名的比例要显著高于陪护人“惩罚孩子或无特殊对待”者。此外陪护人对国际象棋感兴趣程度也对其产生一定影响，非常感兴趣的陪护人其孩子知晓国际象棋文化知识的比例高于陪护人不感兴趣者。

如上所述，年龄大的学员学棋时间相对较长、对国际象棋相关知识的了解更多更深；年龄小的学员接触国际象棋相对较短、心智不成熟，因此相关文化知识题，低年龄段的正确率相对较低。陪护人对待孩子比赛输棋的“鼓励”态度和陪护人自身对国际象棋的兴趣，有利于提高学员的学棋兴趣，可表现为上课专心，课下了解有关国际象棋广泛的信息，甚至会去主动了解目前世界上正在进行的各项比赛，从而增加了对目前棋王的了解等。国际象棋的文化等外展知识，对于儿童来说，虽然对于自身下棋的技术提高没有直接的帮助，但是作为榜样文化，对棋童提高技艺有着深远的影响。法国作家卢梭说过：“榜样！榜样！没有榜样，你永远不能成功地交给儿童以任何东西。”在某些情况下，榜样的作用甚至超过了教练员的作用。因此，重视家长自身对于国际象棋兴趣的培养、帮助家长树立对于输棋的正确态度，同时辅以平时教学过程中不断强化榜样的作用，给棋童树立有效的良好的榜样形象，培养其对于榜样的喜爱、追逐和学习的能力，为提高棋童学棋之路的可持续性和提升空间打下坚实的基础。

有研究表明，儿童竞赛后的表现与心理状态有着密切的关系。如果平时灌输下棋为了赢棋，或者输棋后被父母或教练批评等情况，会加剧棋童惧怕输棋，从而出现输棋后情绪崩溃大哭的情况。其次，输棋后表现与个人性格有着密不可分的联系。研究表明，个性好强的人，喜欢赢的感觉的棋童，会更希望赢棋，以至于在输棋后会出现情绪大起大落的情况。另外，家长自身对于国际象棋的喜爱程度和关注程度，也有可能会影响孩子对输棋的态度。家长对国际象棋比较感兴趣，对于赢棋也有着比较敏感的内心需求，或者更注意引导孩子对于比赛的心理疏导。此外，年龄、性别也有可能与输棋后表现有一定联系。相比较而言，年龄越小的孩子和女生可能在情绪控制上更加的弱。本研究同时对国际象棋文明行为“下棋前每次都不握手或有时不握手”“输棋后大发脾气或大哭不止”在人群中的分布进行分析，并未发现与此相关的因素，包括年龄、性别、学员兴趣程度、主要陪护人特征、陪伴方式、陪护人对待孩子比赛输棋态度、陪护人对国际象棋兴趣程度等，但是均未发现不同特征间的差异。可能与两个因素相关。一方面由于样本量比较小，差异的检验需要更大的差距才能被检验出。另一方面，可能存在一定的信息偏倚，调查问卷均由家长询问孩童填写，孩子在描述自身的心理状态受到理解能力和表达能力的影响。建议进一步加强对该方面的研究，尤其是在目前家长、教练都比较在意成绩的情况下，如何让棋童能够理解并采取正确的心理态度对待输棋和赢棋的结果，并表现出文明有礼貌的行为。

本研究的局限性包括样本量有限，为随机样本，不是抽样样本，代表性有限，在外推到全市国际象棋棋童的特征上具有一定局限性。建议开展大样本随机抽样的调查，以提高科学性。

六、结论

杭州市国际象棋棋童年龄以6岁、棋龄在2年内、男生为主。主要陪护家长主要为妈妈，文化程度以大专及本科为主。杭州市国际象棋棋童在国际象棋文化相关知识的知晓水平不高，部分知识女生高于男生。国际象棋相关文明行为中“比赛前不握手”“输棋后大哭不止”等现象普遍存在，但“征求对方同意后摆正棋子”“旁棋不语”等文明现象知晓度较高。年龄大于6岁、陪护人对待输棋的态度为“鼓励”、陪护人对国际象棋“非常感兴趣”等孩子知晓“目前世界棋王、我国第一个世界棋后”的正确比例较高。提高家长对于国际象棋的兴趣、帮助家长树立关于输棋的正确观念有利于提高棋童国际象棋文化知识水平。

致谢：感谢郑锦雷和连明霞两位老师对本课题调查实施的过程中给予的支持。

从特殊时期线上课堂的普及看国际象棋线上教育平台推广的价值和前景

许寒冰

2020年新春伊始，突如其来的新型冠状病毒打破了人们宁静的生活。此次疫情来势之凶猛，持续时间之长，都远远超出了人们的意料，各大行业都受到了猛烈的冲击，教育行业也不例外。开学时间一推再推，学生们度过了一个从未有过的漫长假期；与此同时，平日里家长们趋之若鹜的各类线下辅导班和兴趣班也被一律要求暂停上课。在这种特殊的环境下，各类线上教学平台悄然兴起，逐步走向了前台，成为大量青少年在这一特殊时期学习和对外交流的主要纽带。

3月份，在中小学本应开学的时间，为响应教育部“停课不停学”的号召，很多学校开设了“空中课堂”，由老师们在线给学生上直播课。然而一段时间之后，从学生和家长，包括任课老师反馈的情况来看，这一临时的举措难言成功。多数老师从未有过类似的经验，上课过程中状况频出，学员和家长更是手忙脚乱，上课质量和听课效果都大打折扣。最终，教育部紧急叫停了这种线上授课的方式。相比较而言，很多其他的特色教育和辅导机构，因为早就有这方面的经验，反而能够更好地应对此次突发情况，合理地利用网络平台来辅导学员，国际象棋就是其中之一。

本文将以此次特殊时期，国际象棋线上教学、线上对弈、线上直播等方面的开展情况为切入点，列举具体案例，结合目前国内该行业的发展状况，就国际象棋线上教育平台推广的价值和前景进行深入的探讨。

一、国际象棋线上教育的现状

在互联网飞速发展的今天，利用网络平台开展教育工作可谓大势所趋。国际象棋作为深受青少年喜爱的世界第二大体育运动，近年来随着我国的国际象棋健儿在国际赛场上屡创佳绩，受到的关注度与日俱增，普及率也水涨船高。为了满足不同层次学员的不同需求，国际象棋从业者们在进行线下培训的同时，也积极寻求利用互联网广泛开展线上课程，做到因材施教。国际象棋的线上教学模式逐步得到广泛的普及推广，正日益受到国际象棋爱好者们的重视。

国际象棋的线上教育主要分为三部分：线上课程、线上对弈，以及线上直播。目前，国内有多个深受国际象棋工作者认同和爱好者喜爱的国际象棋线上训练平台。

“众弈世界”是一款为各大棋校量身打造的线上训练平台，含有学员对弈、解题练习、线上授课、布置作业、教练员车轮战等多种功能和板块，棋校可以根据自身情况灵活使用平台的相关功能，制定相应的训练内容。该平台自 2016 年推出后，受到了国际象棋培训机构的广泛青睐。截至目前，国内共有近 900 家国际象棋培训机构利用该平台开展线上教学。除此之外，自 2019 年起，国际象棋国家少年集训队也在该平台开设线上课程，由名师团队给优秀的青少年棋手集中上课，达到了优质资源整合的目的。疫情期间，多家棋校利用众弈世界平台给学员们进行网上授课，学员报名踊跃。济南市寒冰国际象棋俱乐部在该平台开设了两期寒假课程，累计报名学员超过 200 人次；在开学时间一再推迟的情况下，俱乐部又把春季的线下课程改为线上授课，整整持续了四个月，报名学习的人数和以往线下课相比基本持平，为日后的线下复课打下了坚实的基础。该平台直观的授课界面以及简洁的操作系统受到了学员和家长的普遍欢迎，多数家长反馈学员听课效果良好，达到了特殊时期不出门而坚持练棋的效果。

“爱棋艺”也是一款深受国际象棋爱好者欢迎的线上教育平台，除了海量题库和线上对弈功能外，由数位名师联手打造，每周一节的“名师课程”也对学员有着莫大的吸引力。从 2017 年国际象棋男子世界杯比赛开始，每逢国内外重大赛事，“爱棋艺”都会开启比赛的同步视频直播，并邀请国手和名师进行在线讲解，与棋迷展开互动。这样的方式大大拉近了国际象棋爱好者与专业大师之间的距离，搭建了一个良好的交流平台，也吸引到了更多受众的参与。目前，爱棋艺注册用户达到160万人，月活跃人数超过10万人，是国际象棋线上教育的中坚力量之一。

“国象联盟”（与前文所述的“众弈世界”隶属同一家公司）是一款以对弈为主的国际象棋软件，是国内青少年棋手进行线上对弈的首选平台。它的主要优点是操作方便，能够自动生成棋谱，特别是有自带的棋局分析功能，可以帮助棋手第一时间快速复盘，找出问题所在。特殊时期，在线下对弈无法进行的情况下，棋手们纷纷通过线上对弈的方式进行练习，“国象联盟”平台所发挥的作用是不言而喻的。

“智赛网”是近年来新崛起的国际象棋线上教育平台之一。原本该平台主要以统计、发布、查询比赛信息与棋手数据为主要功能，经过板块的不断完善，现在已成为对弈、解题、举办比赛为一体的综合性线上平台。其中，解题的板块，根据棋手的等级和解题成绩的增减，题目的难度也自动升高或降低，这一独特的功能深受小棋手和家长的欢迎，训练的针对性显著加强。而在对弈板块中，智赛网发挥自身的优势，设置了不同等级的比赛，给小棋手提供了广阔的练习平台。在线下比赛迟迟不能恢复的情况下，智赛网从3月份开始相继承办了包括“全国国际象棋俱乐部团体赛”在内的多项国内青少年赛事，以及“南北明星对抗赛”等重头赛事，在特殊时期发挥了举足轻重的作用。

除了以上介绍的被广泛使用的线上教育平台外，许多知名棋手和教练在斗鱼、虎牙、企鹅电竞等网络直播平台开设了个人的直播间，并且不定期地进行直播，内容或是对弈讲评，或是普及讲解一些国际象棋的理论知识，有时也讲讲棋人棋事，和直播间网友进行互动交流。这种直播是免费观看的，所以内容相对灵活和自由一些，受众群体也不固定。但这毕竟是一种很好的传播途径，而且随着开播的知名棋手和教练员越来越多，未来这很可能成为国际象棋线上教育平台不容忽视的一股新力量。

特殊时期，很多国际象棋培训机构充分地利用了网络对弈平台，为学员们提供了学习和练兵的机会。在全国上下集体为武汉祈福加油的日子里，由青岛青伟国际象棋俱乐部主办的“青岛—武汉”国际象棋网络对抗赛，以及众多培训机构针对武汉国际象棋小棋手专门开设的免费公益课堂，更是温暖人心，体现出了国际象棋界同仁心系疫区的浓厚情谊。可以说，国际象棋的线上教育平台在这个特殊时期充分发挥了自身的作用，尽可能地降低了国际象棋培训行业受到的影响。可以确定的是，国际象棋的线上教育平台拥有丰富的土壤和广阔的发展空间，等待着我们去进一步开发。

二、开展国际象棋线上教育的作用

近年来，我国国际象棋运动在青少年普及方面成果显著，每年在全国各地进行的棋协大师赛累计多达40余场，省市比赛更是层出不穷。但表面繁荣的背后，是我们青少年棋手整体实力不够突出，人才群存在断层的现实与隐忧。

后备人才的培养，是一个项目可持续发展的重要基础，有着雄厚国际象棋群众基础的俄罗斯对此一直非常重视，这是我们难以望其项背的。即使放眼亚洲，我们的主要对手印度、乌兹别克斯坦和伊朗在后备人才培养方面也都投入了大量的精力，培养了一大批颇具潜力的希望之星。

数据显示，印度的00后棋手中，拥有国际大师称号者多达14人，拥有特级大师称号者有7人；乌兹别克斯坦00后棋手中国际大师有2人，特级大师有3人；伊朗00后棋手中特级大师有3人，特别值得一提的是天才少年菲罗贾，在2020年1月已经受邀参加了国际象棋界最为顶级的传统赛事之一——维克安泽超级大赛，并且在比赛前半程一直领跑积分榜，表现可圈可点；此后，菲罗贾还受邀参加了特殊时期的一系列高水平网络赛事，特别是在“Banter Blitz”大赛决赛中，菲罗贾力克世界冠军卡尔森而获得冠军，引起了巨大的轰动；5月份在举世瞩目的“国家杯”网络赛中，菲罗贾代表世界联队参加了比赛。这一系列的比赛成绩足以说明，菲罗贾已经奠定了自己在世界棋坛超一流棋手的位置。而他的同胞马苏德鲁则在2018年世界青年锦标赛中以绝对的优势夺得冠军，展现了强劲的冲击力。相比较而言，目前中国00后棋手中国际大师有3人，特级大师则仅有1人。与近邻对比之下，我们的紧迫感是不言而喻的。

中国国际象棋的掌门人叶江川曾在接受采访时不无忧虑地表示，中国国际象棋青少年人才存在大量流失的情况，这是造成目前我们人才厚度群不够的主要原因。而究其人才流失的原因，除了学员到了一定年龄面临学习，特别是升学考试的压力而被迫放弃学棋之外，各地区国际象棋发展不均衡，恐怕也是一个不容忽视的因素。目前，国内几家整体实力比较突出的国际象棋培训机构，主要集中在北京、山东、浙江、广东、江苏、四川等项目开展得比较好的地区。之所以造成这种局面，抛开当地政府部门以及相关政策支持等其他方面的因素，这些地方拥有众多高水平教练的执教可以说是根本性的原因。相比之下，一些项目开展相对落后的地区，因为缺乏名师的指导，导致学员在到达一定水平后难以继续提高；

还有一些天赋异禀的棋童，可能凭借自身的努力学习也能达到一定高度，然而因为当地整体水平较为落后，导致长时间缺乏高强度的训练和对抗，所以不能适应全国大赛的强度，在比赛中显得缺乏竞争力。无论以上哪种情况，时间久了家长难免心灰意冷，放弃学习也就是不难理解的事情，很多好苗子因此白白流失，殊为可惜。

每年寒暑假，我们常常能够看到，一些来自缺乏高水平教练地区的学生，选择到其他城市参加假期培训，在那里一呆就是半个多月甚至更长时间。这样的方式对于他们的提高当然是有好处的，然而这样的异地求学通常只能在假期进行，对于那些比较偏远地区的棋童来说，让他们每个周末外出去别的省市学棋是一件很不现实的事情。在这种情况下，线上教育平台的诞生与推广，无疑可以成为解决这些问题的一把钥匙，所起到的作用是多方面的：

（一）整合优质资源

线上教育平台首先可以把全国各地的高水平教练集中到一起，“八仙过海，各显神通”，打造出系统而高质量的线上课程。在这种情况下，听课学员们打破地域的局限性，足不出户，就可以听到高水平教练深入浅出的讲解。目前，国内很多优秀的国际象棋教练员都开设了针对不同层次学生的网络课，面向全国招生。许多学员根据自身的情况，报名参加了一个或多个名师的网络课，达到了快速提高水平的目的。这样的线上课程，无疑是前文所述那些缺少高水平教练地区棋童的福音。

其次，线上教育平台还可以把全国各地的高水平学员聚集到一起，集中授课组织训练。前文所述，国家少年队从2019年开始，在“众弈世界”平台组织长期集训，由国家队的教练和各地名师轮流上课。入选国家少年队的学员，大多是国内各个年龄段中的佼佼者，这些优秀学员集中在一起上课，通过课上互动，彼此之间思路得到了相互启发和补充，取长补短，可以很好地带动学员整体水平的提高。对于前文提到的很多名师面向全国招生的线上课程，也大抵能够达到同样的效果。

（二）增加训练时长

与线上教学相辅相成的是线上对弈活动。现如今，参加线上赛事已成为许多优秀运动员增加训练时长，加强彼此间交流的重要途径。对于这些立志要在比赛中有所建树的棋手而言，仅每周末1—2次的训练时间是远远不够的，参加线上比赛可以很大程度上弥补训练时间的不足，特别是增加高强度对抗的次数。2019年，四川超玥国际象棋俱乐部、北京君修国际象棋俱乐部、无锡高水平后备人才基地、中国棋院杭州分院、绍兴钱江棋院、济南市寒冰国际象棋俱乐部、青岛马宇国际象棋俱乐部等单位共同打造了一次优秀学员参加的线上赛事。这几家单位都是国内国际象棋青少年培训行业的佼佼者，在一年一度的，有“国际象棋高考”之称的“李成智杯”全国青年赛冠军赛中，这些单位的选手在优胜名次中占有相当大的比重，因此不夸张地说，此项赛事相当于一次全国国际象棋少儿精英赛，其含金量是不言而喻的。此外，一些培训机构之间的双边交流活动（特别是整体水平较高的培训机构之间的对抗赛），以及不定期举办的一些全国性网络赛事，对于参赛棋手也有很高的锻炼价值。而在当前特殊时期，因为线下赛事停摆，应运而生了多个大型的网络赛事，有一些高水平的网赛甚至吸引了国家队的部分大师和特级大师参赛。小棋手们通过参加这样的网络赛事，可以在特殊时期足不出户地进行高水平对抗，保持状态和学习热情，所起到的积极作用是显而易见的。

在这个特殊的时期，线上对弈受到了前所未有的重视，我们相信这可以作为一个契机，随着线上教育功能的不断完善，高水平赛事的覆盖面不断扩大，必将有更多的小棋手通过参加线上对弈而从中受益。

（三）节约成本，增加收入

开展线上教育，受益的不仅仅是学员，对于教练员和培训机构而言，线上平台的广泛应用，同样可以极大地节省教学成本。

一般来说，组织线下培训，首先要租赁场地，其次要购置器材，这些方面的开支必不可少。对于线下培训而言，场地的容量与接纳学员人数的多少有着直接的关系。即使场地足够大，为了保证上课的质量，一般也都会对听课人数进行相应的限制，可能导致某些学员失去学习的机会或被迫调整课时。还有不容忽视的一点是，现在很多老师都是在好多地方同时教课，有的甚至周末两天要在几个城市之间来回奔波，个中辛苦不言而喻，消耗在路上的时间和成本也是显而易见的。线上教学则可以很好地解决上述问题。

首先，线上教学所需的设备非常简单：只要一台能够上网的电脑（或手机）即可。只要把时间充分协调好，老师们足不出户，就可以在一天之内给好几个班级上课。特殊时期，不少培训机构都把线下课转换成了线上课，很多教练员都表示，在家里上课，不但省去了路上奔波的时间，而且因为环境舒适，反而更利于保障上课质量。虽然仍有相当一部分家长对线上课持有怀疑和观望的态度，但从课程开展至今家长反馈的情况来看，在节省成本的情况下，一些优秀教练的线上课质量一点不比线下课差，学员学习效果也没有受到太大影响，可以说，线上教学的成功开展为日后的线下复课打下了坚实的基础，将可能的损失降到了最低。

其次，线上教学没有场地大小的限制（当然，更没有场地租赁费用）。抛开追求质量的小班化教学，多数情况下，只要符合报名要求，线上课程对于报名的人数是没有太多限制的，因为在线上上课，无论人数多少，学员之间都不会相互干扰（相反如果是线下课，学员太多肯定会对听课产生影响）。对于教练员和教学机构而言，每多一位学员，就意味着多一份收入。在彼此节约成本的前提下，线上教学给了学员更多的学习机会和选择，也增加了培训机构和教练员的收入，这是一件双赢的事情，也是线上教育蕴藏的一大商机。

（四）明星效应助力项目推广

对于任何一个项目而言，明星效应对于推广所起到的作用都是不言而喻的。近年来，我国国际象棋健儿在国际大赛中屡创佳绩，极大地带动了项目的发展，在国内掀起了一股新的学习国际象棋的热潮。对于很多棋童来说，谢军、侯逸凡这些如雷贯耳的名字，就是吸引他们走进国际象棋殿堂的引路人。

在全球疫情暴发的时期，大量国内、国际网络赛事应运而生，其中不乏诸多大腕参赛，万众瞩目的重量级赛事：

2020 年 5 月 5 日—10 日，由国际棋联主办的“国家杯”网络团体赛在 Chess.com 网站进行。这无疑是近期诸多线上赛事中的一场重头戏，共有 6 支顶尖队伍参赛，其中包括中国队、俄罗斯队、美国队、印度队、欧洲联队和世界联队，每队要求至少有一名女棋手。除了世界冠军卡尔森因为某些原因未能出赛之外，本次比赛几乎囊括了所有世界顶尖的男女棋手，被称为“活着的传奇”的前世界冠军卡斯帕罗夫也以欧洲联队队长的身份参与到比赛中，可以说是一次国际棋坛的盛会。中国队派出由世界排名第三的丁立人领衔的超豪华阵容出战，特别是一直在英国攻读学位，阔别棋坛许久的 4 届女子世界冠军得主侯逸凡也重新代表中国队披挂上阵，更是令人瞩目。尽管比赛时间是北京时间的晚上和夜里，但仍有数以万计的国内棋迷在直播网站上关注比赛进程，并在直播间、微信群等平台踊跃讨论，为中国队加油。最终，平均等级分最高的中国队不负众望，在决赛中战平美国队，凭借预赛成绩占优而摘得这项重量级赛事冠军，为祖国献上一份厚礼。

2020年3月30日—4月10日，首届“棋”心协力南北国际象棋明星棋手网络对抗赛在智赛网举行。这个比赛最大的特点是棋手身份保密，不仅观众不知道，对弈的棋手，甚至解说嘉宾都不知道。比赛分为南方队和北方队，每队由5男3女共8名棋手组成，其中需要包括一位40—50后棋手，一位60—70后棋手，80后、90后、00后棋手各两人。每轮比赛，各队挑选一名队员上场比赛，而他们的身份，只有在这盘棋下完以后才揭晓。这种类似“天黑请闭眼”的新颖比赛方式给比赛增添了十足的趣味性，也引起了棋迷的广泛关注。由于对参赛选手年龄结构的组成有明确要求，因此参赛选手中既有年轻新锐，又有棋坛宿将。很多久未露面的前辈通过这个赛事重新回到了大家的视线中，给年轻的棋迷们讲一下过去的故事，也带给大家一番别样的感动。与此同时，包括女子世界冠军谢军、许昱华（本次赛事策划者）、特级大师章钟、卜祥志等大腕，负责在比赛进行的同时为棋迷进行解说，更是为比赛增色不少。最终双方两队以4 ∶ 4平分秋色，皆大欢喜。相比并不那么重要的比赛结果，这项赛事的举办对于国际象棋项目宣传和推广所带来的影响却是深远和持久的。

除了上述两项近期有代表性的网络赛事之外，由我国头号棋手丁立人参加的“卡尔森网络邀请赛系列赛”，女子世界冠军侯逸凡、居文君参加的“Speed Chess女子大奖赛”等多项赛事，也因为明星棋手的参与而引起了棋迷的广泛关注。套用一句时髦的话来说：“这些明星就是赛事的流量担当。”

除了明星们参与的线上赛事引发的关注热潮外，利用线上教育平台，邀请明星棋手讲课，或者进行直播与棋迷互动，也是现今一种新的趋势。相比较而言，比赛毕竟是短期的，可能就几天时间，而讲课和直播则可以是长期的、系统的。例如叶江川老师在“众弈世界”开设的免费公益课，世界冠军侯逸凡在虎牙平台进行的直播，特级大师卜祥志、黄茜、章晓雯等人推出的微课堂，特级大师彭肇勤专栏分享的棋人棋事及比赛花絮，等等，均受到了棋迷的喜爱和欢迎。超玥国际象棋俱乐部的虎牙直播间，在近期的多次高水平国际网络赛事（例如“卡尔森网络邀请系列赛”等等）中，被指定为中文解说的官方平台，由特级大师王玥、李超给大家带来比赛实时讲解，特级大师韦奕、温阳，女子世界冠军居文君等众多国手也经常做客直播间，连线参与讲解，甚至参加比赛的丁立人，也时常在赛后或者自己没有比赛的时间来到直播间和网友互动，大大增加了直播间的人气。此外，诸如北京君修国际象棋俱乐部、济南市寒冰国际象棋俱乐部、青岛青伟国际象棋俱乐部等多支国内较有影响力的培训机构，也都在虎牙、斗鱼等直播平台有自己的直播间。线上教育打破了地域的局限性是其天然的优势，拉近了小棋手和心中偶像之间的距离。未来如果有更多明星棋手涉足这一领域，无疑将对线上教育平台，乃至整个国际象棋项目的普及和推广起到积极的推动作用。

三、怎样克服线上教育发展的阻力

通过以上论述，我们不难看出，广泛开展国际象棋线上教育和推广工作是一件很有价值的事情，也是未来的趋势。然而，通过和其他同类项目的对比我们发现，国际象棋线上教育的开展仍然面临着多方面的困难，如何更好地开展这方面的工作，特别是让更多的人了解并参与其中，是国际象棋工作者们不得不去面对和克服的难题。

如前文所述，明星棋手的参与，特别是开展长期的课程或直播活动，将是推动这一平台发展的一针强心剂。目前在这一领域，有一些明星棋手和教练确实在逐步入驻，但是和同类项目对比，还远远不够。

我们将国际象棋和中国象棋线上推广的现状做一个对比，以虎牙直播平台为例。目前入驻该平台的象棋一线国手有10余人，“象棋第一人”特级大师王天一粉丝有24万人，全国冠军洪智、谢靖的粉丝都超过了10万人，女子特级大师唐丹（女子第一人）开播不到一个月，粉丝已超过3万人，还有一些象棋大师，粉丝也在5万人左右；除了这些一线国手外，还有一些退居二线的高水平棋手或教练员，粉丝数也相当可观，特别是象棋大师孙浩宇，现在几乎把直播当成自己的事业来做，直播内容五花八门（讲棋、户外对战、走访交流等等），深受网友喜爱，粉丝数已超过20万。这些象棋名家的直播，在线观看的人数一般在10万左右，如果赶上一些重大活动同步直播，人气还要更高。

而国际象棋方面，前文提到的超玥俱乐部直播间，尽管现在已成为很多赛事的中文官方直播解说平台，但粉丝数尚不足3000人；国际大师陈鹏是最早入驻直播平台的国际象棋名手之一，可以说是这方面的先行者，其开设的“陈大毛国际象棋”直播间在圈内拥有极高的知名度，但粉丝数至今也只有2万人，直播时观看人数的峰值最高能达到1万人。以上列举的这两个已经是国际象棋界直播的标杆，其粉丝量和观看直播的人数尚且完全无法和中国象棋相比，至于其他一些直播间的关注度，就更不难想象了——在虎牙直播平台，甚至没有专门开设国际象棋直播的板块，这一点本身就很能说明问题。在斗鱼、企鹅电竞等其他大型直播平台，情况也大抵相同。

是什么原因造成了这样强烈的对比和反差呢？这是我们必须冷静思考的问题。

（一）缺乏官方支持和宏观调控

中国象棋直播事业如今的红火，并非一朝一夕之功，而是经过长期运作和摸索之后，已经建立起一套非常成熟的体系。前文已经提到，明星效应是线上教育推广工作强大的驱动力，但是我们国际象棋一线高手平时将主要的时间用在训练和比赛中，很少有人愿意闲暇时间再进行直播。与之相对应的是，一些退居二线的棋手和教练员有意深耕教育事业，也愿意尝试线上直播，但却因为知名度和关注度不高，造成少有人问津，投入和产出严重失衡，时间久了可能就放弃了。要想改变这种局面，官方（国际象棋协会、明星棋手所在的地方专业队等等）支持就显得尤为重要了。

首先需要支持和鼓励明星棋手拿出部分时间参与到线上教育中，通过明星效应带动项目发展，反过来明星棋手通过直播也能获得更多的关注度，这其实是一个相辅相成的双赢局面。

其次需要通过举办各种活动，有意识地让明星棋手和优秀的教练员参与进来，进行有效的包装，解决关注度不高的问题。中国象棋因为有很好的群众基础，因此各种各样的民间公开赛，以及特殊时期的各类网络比赛层出不穷。中国象棋协会一般会指定一些知名主播作为比赛的官方解说，例如陈栋、赵玮、金松等象棋大师，虽然实力比不上那些特级大师，但讲棋却是一把好手，深受观众喜爱，现已成为象棋界的“名嘴”。前文所述，国际象棋界也不乏一些能力大于名气的棋手或教练，如果可以通过类似的活动将他们推向前台，势必能带动线上教育平台的发展。

最后要说的就是如何平衡专业和普及之间的关系，因为明星棋手讲棋，大多讲解的是专业内容，对于许多尚处于初级阶段的学员来说，短时间内很难消化和接受，通俗点说：“看的是明星脸，不是听直播内容。”如果有意识地让明星棋手多一些和初级爱好者的互动，穿插讲一些基础的东西，哪怕是棋人棋事，也会是爱好者们非常欢迎的。我们现在高兴地看到，无论是协会官方，还是明星棋手，已经开始更多地考虑这方面的问题。例如在智赛网进行的全国少儿分龄组比赛和俱乐部团体赛，虽然比赛整体水平不高，但是担任直播讲解嘉宾的却是国家队教练余少腾、女子特级大师沈阳等大咖；此外，女子特级大师章晓雯推出的国际象棋微课堂，亲自讲解国际象棋的初级理论知识，也引起了强烈的反响。我们希望，这是一个良好的开端。

（二）受众群体单一

这是国际象棋线上教育折射出来的我国国际象棋事业发展所面临的一个突出问题。中国象棋直播事业的红火，与雄厚的群众基础是分不开的。相比较而言，国际象棋的受众主要是青少年，成人则少之又少。一般来说，学生白天要上学，回家之后要做作业，可能还有一些别的兴趣活动，时间非常紧迫。况且，现在很多家长出于保护孩子视力等多方面考虑，不愿意让孩子接近电子产品，更不愿意让他们对着屏幕观看一个小时甚至更长时间的直播课程，这些客观存在的事实，是造成国际象棋线上教育平台受众面窄，人数较少的重要原因。

一个项目要想可持续性地健康发展，其整体的发展环境和土壤是非常重要的。前文已经提到了国际象棋人才流失的问题。假设现在国内有 10 万个 8 岁的孩子学习国际象棋，是否意味着十年之后就有 10 万个 18 岁的孩子在从事国际象棋运动呢？答案是否定的，根据现在的规律，到时候也许只能剩下 5 万人；再过十年，坚持下来的可能连 1 万人都不到了。

一位国内资深的国际象棋工作者曾不无忧虑地说："我们必须努力培育成人市场，成人参与得多了，才能带动更多的孩子参与这个项目，形成良性发展。"解决这个问题不是一朝一夕的事情，需要我们长久地努力。比如现在很多国际象棋等级赛专门设置了成人组，一些地方性的赛事还推出了"家长与孩子共同参赛，家长免报名费"等优惠活动，旨在让更多的成人棋手参与进来。2019 年第四届全国智力运动会，曾有人建议国际象棋项目设置业余成人组，希望以此为契机，引起各地方体育局的重视，吸引更多的成人棋手参与进来。虽然最后因为各种原因这一提议未能实施，但至少证明，我们的国际象棋工作者们已经切实地感受到这个问题的存在，并且在努力通过各种途径去改善目前的状况。

以上说的这个问题和我们要讨论的线上教育发展问题并不矛盾。线上教育主要针对的对象当然是青少年，但如前所述，只有让更多的家长提高这方面的认知，才能带动更多的孩子参与到这个平台中，乃至带动整个国际象棋事业的发展。因此，解决好这方面的问题，不仅对于线上教育平台的推广有积极的作用，对我国国际象棋事业的整体发展也必将产生深远的影响。

（三）收益有限导致积极性减弱

前文曾提到过，积极开展线上教育能够增加棋手和教练的收入，这和我们要讨论的问题并不矛盾。这里说的收益有限，主要指的是线上直播。现在的线上直播一般是免费观看，一些微不足道的收入主要来自粉丝送的礼物，但送礼是自愿的，总体而言，直播是一项公益事业。可能正是因为这样的原因，导致一些棋手或教练不愿意深涉这一领域，而把更多的时间和精力投入在比赛、线下收费教学方面。

其实，线上的公益课程和线下的收费教学并不冲突。作为教练员来说，办学要挣钱，首先要有生源，要宣传招生。线上的公益直播，能够吸引更多的人观看，本身也是对自己一种最好的、直观的宣传，可以用公益课堂带动收费课程。现在有不少教练员已经走在这条道路上，只不过正如前文所述的问题，因为包装不够，导致关注度不高，没有达到预想的效果。关于这一问题应当如何解决，前文已有相关论述，此处不再多叙。

我们要说的是，任何项目的发展和经济效益都是成正比的，前文所述，中国象棋的在线教育，因为已经有了成熟的体系，所以收益可观，正在吸引越来越多的名家入驻。而这种情况又带动了这个行业的发展，导致收益水涨船高，两者之间相辅相成，形成了良性循环。相反，目前国际象棋在这方面还相对落后，自然收益难有保证。要想改变这种局面，观望等待不是办法，只有更多的人参与其中，才能带动这一行业的发展。我们已经提到，在线教育，特别是公益直播本身的目的不完全是赚钱，更主要的作用在于带动项目的发展，如果更多有识之士能够认识到这一点，就一定能把这项事业做好，让线上教育平台成为我国国际象棋项目发展重要的助推器。

四、国际象棋线上教育必将有美好的发展前景

国际象棋的线上教育正愈发起到重要的作用，疫情的突然到来更加速了这一平台走向前台的进程。虽然这一平台的发展和功能完善是个长期的工程，但是在我们国内，已经有越来越多的国际象棋工作者、爱好者开始重视对于这一平台的利用。近段时间，借着线上教育和线上对弈活动盛行的东风，多家教学机构进行了学员之间的线上交流活动，原国家队领队李文良老师执教的美国旧金山 Bright

Chess Club，与多家国内颇有实力的国际象棋俱乐部之间的国际友谊赛也在互联网上如火如荼地进行。通过举办这样的活动，既能起到相互学习、宣传的作用，又为学员们提供了高水平的练兵机会，为线下的复课做好了最后的准备。可以预见到的是，随着线上教育和对弈活动的广泛普及开展，在广大国际象棋工作者的共同努力下，这一平台必将拥有光明的前景，成为我国国际象棋事业发展重要的助推器。

参考文献：

1.《叶江川：创新人才培养模式，狠抓后备人才提高》
众弈杯中国国际象棋甲级联赛官方公众号
2.《世界大对决5月上演，中国等六队角逐“国家杯”》
众弈杯中国国际象棋甲级联赛官方公众号
3.《国象新鲜赛事出炉，一起来玩天黑请闭眼》
众弈杯中国国际象棋甲级联赛官方公众号

信息化和大数据对国际象棋教学的促进作用

郑锦雷

一、研究背景和意义

当今时代是信息化和大数据的时代，计算机的软硬件技术和互联网的飞速发展，对国际象棋的发展起到了重要的助推作用。全世界每年有数以万计的国际象棋赛事，产生了数百万盘有官方记录的对局，汇集成了丰富的庞大对局数据库。这些国际象棋棋局大数据库是巨大的宝库，不仅是职业棋手训练的必备工具，对国际象棋的教学也会有巨大的促进作用。

国际象棋教学涉及杀王讲解、中局战术、开局讲解、残局讲解、战略要素、对局分析等众多内容，需要大量的相关教学案例支持，这样才能言之有物，形象生动。但是国内国际象棋的教学内容，一直是以相关的中文教学参考书和教练经验为主，而国内中文教学参考书的种类较少，内容涵盖不够丰富，如果仅仅照本宣科地讲解，不去寻找更多更新的实战棋局，无法适应日益增长的学生学棋的需要，学生学习这些内容，会觉得枯燥乏味，很难提高学生的学棋兴趣，学生实战水平将更难提高。

通过电脑软件信息化技术解读国际象棋棋谱大数据，可以极大地丰富国际象棋开局的教学效果，可以很好地加快课堂教学节奏，老师上课之前用电脑软件备好课，采用信息化技术，将会极大地丰富上课内容。

通过大数据的筛选，可以从庞大的对局信息数据库中，查询到适合本节课内容的信息，对于开局实例教学、残局实战例局查询、中局战术教学都会有很好的促进作用，从而丰富国际象棋的课堂教学，增加讲课的生动性，提高学生的学棋兴趣，最终达到提高棋力的良好效果。

二、研究思路和框架

采用目前世界上最流行的国际象棋分析软件 ChessBase 软件和 Mega Database 数据库进行国际象棋大数据分析。介绍 The Week in Chess 信息数据平台，获取最近国际比赛对局棋谱；介绍 Chess.com 和国象联盟 App 平台，提供网络对弈和做习题的功能，采用国际象棋的信息化教学促进实战训练和实战水平的提高。

三、研究内容

（一）ChessBase 软件和 Mega Database 数据库介绍

1.ChessBase 软件和 Mega Database 数据库采购和安装：

ChessBase 软件和 Mega Database 数据库都由著名的 ChessBase 公司发行，网站为：www.chessbase.com，在线购买，购买成功后，会通过 E-mail 发送下载链接和下载密码。下载软件后，直接在电脑上安装即可。

2.ChessBase 软件的介绍：ChessBase 软件具有输入棋局、阅读棋谱、设置棋局、评估棋局形势，分析最佳走法、大批量汇集棋谱、搜索相同局面下的棋局、搜索开局、搜索战术等重要功能，是当今世界上最流行的国际象棋应用软件。

3.Mega Database 数据库：Mega Database 2020 数据库汇集了从 1400 年到 2019 年 10 月 13 日所有有官方记录的国际象棋对局信息，包括了 8012416 盘对局。对局信息非常详细，包括：开局索引号、双方棋手姓名、双方棋手等级分、对局步数、对局时间、赛事名称等核心信息，内容极其丰富，索引方便快捷。Mega Database 数据库提供的对局索引方式有：按棋手姓名索引、按开局编号索引、按棋局步数索引、按对局日期索引等众多的综合索引条件，索引非常便捷。

（二）国际象棋信息化教学

采用电脑＋多媒体设备进行课堂教学，可以很好地提高讲课效率，形象展示对局的局面分析，评判对局优劣，推荐最佳走法，丰富讲课内容等。

1. 提高讲课效率

电脑＋多媒体的教学模式，可以将准备好的局面、需要的棋局保存到电脑中，再用多媒体投影出来，可以很好地减少课堂现场在实物棋盘上摆棋的工作，提高讲课节奏，丰富讲课内容。比如讲解“牵制战术”时，可以准备 26 个关于牵制战术的习题（图 1），

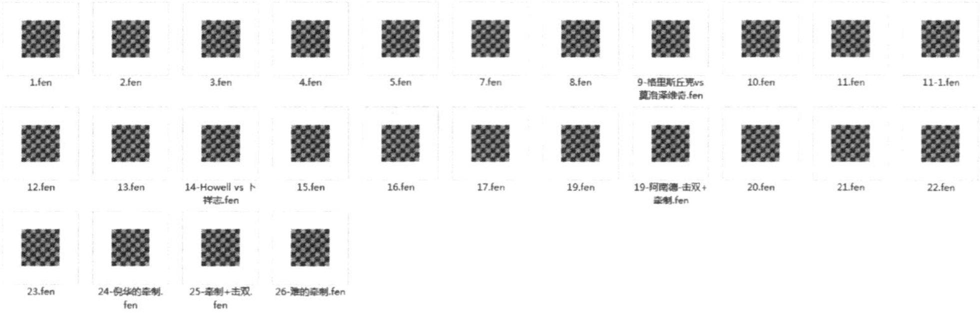

图1　牵制战术例局展示

在讲解时分别点击展示，极大地提高了讲课的效率和连贯性。特别适合应用于讲解中局战术和做相关练习题时，事先准备好较多的战术习题，课堂上讲解时，只需要点几下电脑鼠标，就可以立刻展示出相关习题内容，极大地节约了课堂上教师现场摆棋的时间。

2. 形象展示对局的分析

使用 ChessBase 软件的多媒体教学，也很适合于讲解开局，chessbase 软件采用先进的展示技术，可以直观地显示各种开局变化，而且可以辅助于画线段和不同颜色的箭头，将各种进攻和防守很好地展示出来，帮助学生有更加直观的分析演示（图 2）。

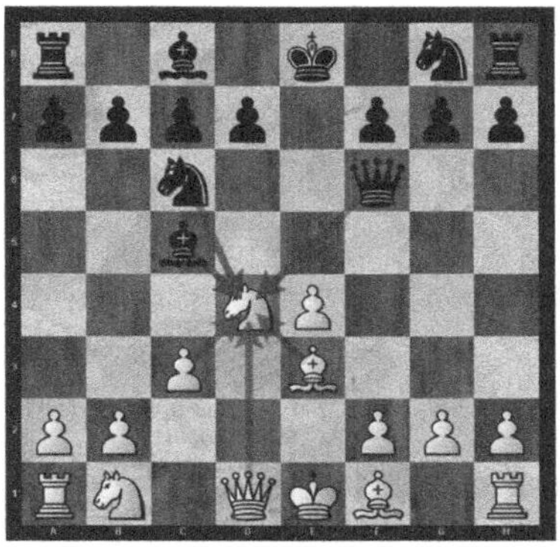

图2　苏格兰开局的攻防演示图

3. 对局局面评判和最佳走法推荐

ChessBase可以用自带的Fritz 11软件进行局面分析(图3),自动评判局面优劣,给出局面的系统评分,并给出最佳的推荐走法,可以作为局面评判的重要参考;并可以研究不同的变化走法的优劣,是教师、学生和棋手的重要助手。

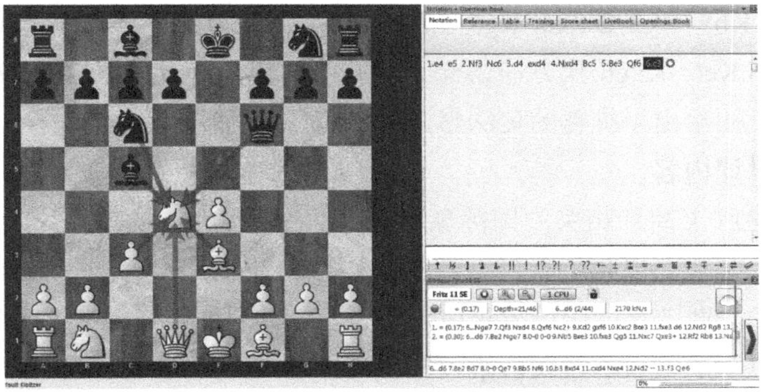

图3　Fritz 11软件自动评判局面优劣

在实际教学过程中,老师因为水平的高低不同,对同样的局面分析,往往得出的结论千差万别,甚至是完全相反,极易给学生错误的知识,甚至还会误导学生。而有 ChessBase 中的 Fritz 11 的软件分析指导,就会得出更加客观的结论。

国际象棋软件的强大功能,在残局分析中更加明显。国际象棋界公认,在棋盘上 7 个或小于 7 个棋子的残局中,公认是国际象棋软件的分析最为客观。在复杂的残局中,借助棋谱软件,可以很快地知道正确答案的结果,并能通过软件的一步一步提示,理解答案的内涵和所要解决的问题。帮助老师和学生更加深刻地理解残局的内容。

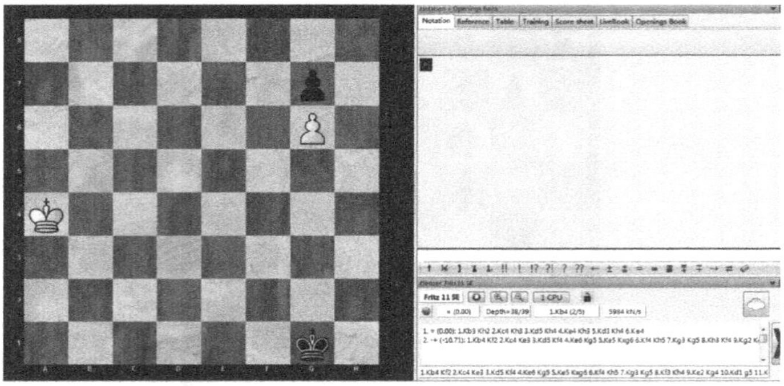

图4　Fritz 11对稍复杂的残局分析

图4中，对于稍微复杂的残局，Fritz 11可以立刻给出白方的正确走法是Kb3，并指出后面6步的走棋思路是当黑方王走到b5吃掉白兵时，白王可以有时间赶到g4格，顶住黑王进入自己兵的关键格，白方可以轻松获得一盘和棋。而对于白方看似强硬实则错误的Kb5—Kc5—Kd6—Ke7—Kf7—Kg7的吃黑兵计划，软件立刻给出了评判是-10.71分，原因就是黑方将会先吃掉白兵，黑兵将升变为后！变化如下：1.Kb5 Kg2 2.Kc5 Kg3 3.Kd6 Kg4 4.Ke7 Kg5 5.Kf7 Kh6!! 白方无法吃掉黑兵了 6.Ke6 Kxg6 黑方净得一兵，并能确保黑兵升后。Fritz 11不仅给出了局面的评分，还给出了推荐的走法思路，是重要的教学助手！

4. 丰富讲课内容

可以在电脑上演示相关的国际象棋网站、图片、视频、电影等，通过这些关于国际象棋的照片、视频、电影的展示，多方位、立体化展示国际象棋之美。

可以播放一些著名的国际象棋电影《弃兵》《卡推女王》《寻找菲舍尔》《哈利波特与魔法石》《007之来自俄罗斯的爱情》等著名包含国际象棋的电影。再展示一些有趣的包含国际象棋的动画片，比如《黏土动画》、“国际象棋宣传片”等等，都可以很好地展示国际象棋的巨大影响力，极好地提高课堂学习效果，增加孩子们对学习国际象棋的兴趣。

（三）Mega DataBase 大数据搜索分析

1. 按局面搜索相应的对局

如果讲解某一个开局，老师如果只是按照开局百科中的谱着进行讲解，让学生死记硬背这些开局谱着，而不辅助以真实的开局对局，学生学习开局会觉得非常枯燥乏味。如果在讲解开局谱着之后，辅助以真实的短小对局为实例，给学生讲解这个开局之后的真实对局变例，就会极大地提高学生学习开局的兴趣。

以苏格兰弃兵开局（C44）为例，1.e4 e5 2.Nf3 Nc6 3.d4 exd4 4.c3 dxc3 5.Bc4 cxb2 6.Bxb2（图 5），这个是开局谱着。

图5　苏格兰弃兵Bxb2变例的开局

其开局目的是白方连弃两个兵，但是换来的补偿是有很快的双象出子领先优势。如果开局只是讲到这里，不讲解后续的变化，学生对开局的学习将只是了解一小部分而已。那么后面的真实对局如何，这就需要老师收集大量相应的对局。

而国内外对苏格兰弃兵开局讲解的书籍并不是很多，如何才能搜索到苏格兰弃兵开局对应的真实对局，而且最好是短小对局，这就需要用到大数据的 Mega Database 数据库了。

通过输入图 5 中的局面，可以在 Mega Database 数据库中进行搜索，以搜索出这一局面之后的所有对局，就可以在 800 多万盘的庞大对局库中，搜索到 241 盘有着同样局面的对局，可以按对局步数进行排序，从最短的只有 10 步对局，直到最长的 68 步对局，对局信息包括双方的姓名、等级分、对局步数、对局时间、比赛名称等（图 6）。

Number	White	Elo W	Black	Elo B	Result	Moves	ECO	Tournament	Date	VCS	Round	Medal
3666819	Uesato,J		Ho,V		1-0	10	C44	Fremont Weibel tt	27.01.2006			
3538482	Cuhra,M	1724	Olejnicek,J	1991	1/2	10	C44	Tabor op	06.08.2005		9	
3163231	Taskiran,R		Kilic,I		1-0	11	C44	TUR-ch Kusadasi	07.03.2004		12	
4634398	Urytskyy,M	2090	Oberle,M	1588	1-0	11	C44	Erbendorf op	12.06.2009		4	
1798770	Speicher,F	1630	Schock,K		1-0	12	C44	Filseck op 2nd	1998			
6558772	Labanauskas,D	1272	Baranauskas,V		1-0	12	C44	LTU-ch U14 Panevezys	31.03.2015		3	
884495	Herman,D		Re,L		0-1	12	C44	ARG-ch sf Rosario	1992		8	
6690946	Martins,J	2173	Jacome,F	2109	1-0	13	C44	Rio de Janeiro Euwe Memorial 2nd	17.08.2015		4	
3011150	Tillema,M		Obels,P		1-0	14	C44	Hengelo U12 op	08.08.2003	c	7	
424681	Penrose,J	2405	Pryor,J		1-0	14	C44	England	1980			
3967112	De Vries,L		Broek,H		0-1	15	C44	NED-ch U11 Waalwijk	06.04.2007		3	
3285384	Papargiriou,A	2115	Papadopoulos,A	2005	1-0	15	C44	Nikea op 12th	2004		6	
2759153	Androutselis,T	1385	Pavlatos,N	1290	1-0	15	C44	Patras op	08.08.2002		9.41	
1271530	Zitek,A		Marschner,R		1-0	15	C44	CSS-ch U12 Svetla nad Sazavou	1995			
6429679	Kollar,V	2044	Haluska,P	1977	1-0	15	C44	SVK-chT2C 1415	12.10.2014		2.5	
3496365	Todorovic,O	2051	Hadziselimovic,M		1-0	16	C44	BIH-chT (Women)	05.06.2005		2	
7497697	Kostov,N	1631	Iliev,D	2145	0-1	16	C44	Sofia MGU op 204th	27.01.2018		3	
195087	Liptay,L		Kluger,G		1/2	16	C44	HUN-ch18 Budapest	01.1963			
961921	Alexopoulos,G	2235	Sadowsky,A		1-0	17	C44	Long Island-ch g/10' rapid	30.05.1992	vS	9	
7923994	Maldonado,R	1907	Almiron,S	1338	1-0	17	C44	Rio Grande op 19th	09.07.2019		7	
3153635	Weidemann,C	2220	Kalka,A	2384	0-1	18	C44	Ruhrgebiet Cup tt	07.02.2004		1.2	
2326436	Bosbach,M	1882	Stieg,K	1261	1-0	18	C44	Bergisch Gladbach-ch 22nd	08.09.2000		5	
6285833	Bichinov,K		Bocharov,I	2473	1-0	18	C44	Saratov Shestoperov Memorial U11	23.06.2014		8	
3699666	Allen,T	1463	Frank,R	1235	1-0	18	C44	San Francisco TNM Spring op	11.04.2006		3	
633510	Kountz,J		Schott,G		1-0	18	C44	Baden-ch MB Eppingen	1988		2	
907026	Bonne,R	2105	Penson,T	2325	0-1	18	C44	Geraardsbergen op	1992		7	
3141106	Tian,W		Kwok,J		1-0	19	C44	Fremont MSJE CC	25.10.2004			
452065	Martorelli,A		Passerotti,P	2335	1-0	19	C44	ITA-ch40 Napoli	14.03.1981		1	
5829173	Shpartko,G	2165	Zavgorodniaya,A	1894	1-0	19	C44	St Petersburg Blockade op	05.01.2013		3	
713885	De Eccher,S	2270	Lev,R	2415	1-0	20	C44	Lugano op	10.03.1989		8	
5780775	Heffetz,S	1884	Paul,B	1629	1-0	20	C44	BCF-chT3S 1213 (4NCL)	04.11.2012		2.136	

图6　C44苏格兰弃兵Bxc2开局的搜索列表，共241个对局

可以根据学生的相应水平，挑出对应难度的对局给学生讲解，这样开局的讲解就会形象而生动，可以极大地提高学生学习开局的兴趣。

图7　西西里防御封闭体系Qd2走法

2018年4月23日，当今世界冠军卡尔森执白棋，在西西里防御的封闭体系中走出了创新的着法Qd2（图7），白棋取得了巨大的开局攻势，并最终精彩获胜。

卡尔森的这步创新的走法，立刻引起了世界棋坛的广泛关注，棋评专家撰文描写这步创新走法为“Carlsen Line”（卡尔森线路）。白方的这步走法看似很怪异，因为阻挡了自己c1象的出路，但是卡尔森看得更加深远，他的下一步将是挺兵到b3，再出象到b2，再长易位，再挺兵到f3，以配合白方冲兵到g4和h4，白方将会在a1—h8大斜线和王翼，展开对黑王的多线路进攻，黑方将承受巨大的压力。

所以，这步“卡尔森线进攻”走法一经走出来，就引起世界很多著名高手的关注，截至2019年10月共有172盘相同开局的对局，包括卡鲁阿纳、中村光、杜波夫、安德列金、多明格斯、中国棋手李超等多名世界高手的效仿，取得了较好的成绩（图8）。

Number	White	Elo W	Black	Elo B	Result	Moves	ECO	Tournament	Date	VCS	Round	Medal
7549353	Carlsen,M	2843	Wojtaszek,R	2744	1-0	31	B23	Gashimov Memorial 5th	23.04.2018	VCS	5	
7895097	Caruana,F	2819	Vachier Lagrave,M	2779	1-0	37	B23	Norway Masters blitz 7th	03.06.2019		4	
7866312	Caruana,F	2819	Vachier Lagrave,M	2773	1/2	49	B23	Grenke Chess Classic 6th	21.04.2019		2	
7588002	Nakamura,H	2769	Grischuk,A	2766	1-0	42	B23	Leuven GCT blitz	15.06.2018		8	
7578267	Nakamura,H	2769	Vachier Lagrave,M	2789	1/2	41	B23	Norway Chess 6th	03.06.2018		6	
7880951	Nakamura,H	2761	Vachier Lagrave,M	2780	1-0	52	B23	Abidjan GCT rapid	08.05.2019		1	
7829087	Dominguez Perez,L	2739	Topalov,V	2740	1/2	107	B23	Saint Louis Champions Showdown blitz	24.02.2019		24.4	
7578077	Li,C	2724	Sarana,A	2587	1/2	58	B23	CHN-RUS Summit Men 11th	31.05.2018		4.1	
7788544	Andreikin,D	2719	Amonatov,F	2614	1-0	47	B23	Wch Blitz St Petersburg	29.12.2018		3	
7788745	Andreikin,D	2719	Firouzja,A	2607	0-1	83	B23	Wch Blitz St Petersburg	29.12.2018		5	
7559015	Fedoseev,V	2706	Najer,E	2667	1-0	41	B23	RUS-chT Sochi	02.05.2018		2.3	
7544193	Andreikin,D	2702	Zhao,J	2601	1/2	29	B23	CHN-chT China	10.07.2018		8.2	
7594590	Andreikin,D	2702	Shevchenko,K	2554	1-0	40	B23	Minsk Kupreichik Memorial op rapid	21.06.2018		4	
7651577	Dubov,D	2691	Firouzja,A	2561	1-0	33	B23	Abu Dhabi op 25th	09.08.2018		3	
7919302	Vallejo Pons,F	2687	Banikas,H	2601	1/2	30	B23	GRE-chT 47th	03.07.2019		3.3	
7591834	Demchenko,A	2670	Dastan,B	2538	0-1	40	B23	Teplice op 13th	23.06.2018		8	
7973907	Sevian,S	2665	Yanayt,E	2264	0-1	64	B23	Continental op 49th	14.08.2019		1	
7781288	Guseinov,G	2664	Sarana,A	2618	1-0	34	B23	Wch Rapid St Petersburg	28.12.2018		13	
8003696	Morozevich,A	2659	Zakhartsov,V	2519	0-1	99	B23	Skolkovo Russian Rapid GP	21.09.2019		5	
7544233	Sethuraman,S	2657	Zou,C	2363	1-0	28	B23	CHN-chT China	11.07.2018		9.5	
7606193	Guseinov,G	2654	Martinez Alcantara,J	2545	1/2	65	B23	Barbera del Valles op 41st	07.07.2018		4	
7742614	Sevian,S	2641	Sasikiran,K	2671	1-0	50	B23	Saint Louis Winter-A	09.11.2018		5	
7550000	Paravyan,D	2631	Ofitserian,B	2414	1-0	31	B23	RUS-ch U20 Loo	27.04.2018		8	
7979020	Lagarde,M	2626	Moussard,J	2595	1-0	36	B23	FRA-ch 94th Chartres	19.08.2019		3	
7895878	Jumabayev,R	2625	Raja,H	2437	1-0	37	B23	Asian Continental op 18th	09.06.2019		3	
7920471	Deac,B	2621	De Lucas Bello,F	1964	1-0	25	B23	Benasque op 39th	04.07.2019		1	
7916092	Khismatullin,D	2618	Sarana,A	2641	0-1	55	B23	RUS-ch Higher League 72nd	03.07.2019		6	
7983281	Popov,I	2604	Kovacevic,A	2480	1-0	37	B23	SRB-chT Subotica	22.08.2019		1.1	
7800895	Chigaev,M	2604	Sunilduth Lyna,N	2575	1-0	57	B23	PRO League Stage rapid	06.03.2019		9	
7894321	Lagarde,M	2600	Firouzja,A	2682	0-1	45	B23	FRA-ch rapid final	31.05.2019		2.3	
7886252	Lagarde,M	2600	Donchenko,A	2595	0-1	94	B23	FRA-chT Top 12 2019	19.05.2019	VCS	2.1	

图8　西西里防御封闭体系之卡尔森线进攻法相似开局搜索情况（按等级分排序）

——以上知识素材的收集，都得益于 ChessBase Mega 2020 数据库的庞大数据集，可以极为方便地搜索出各种开局下同种局面出现的各种信息。经过这样的数据分析，再讲解卡尔森线进攻的开局秘密武器，就会形象而生动，学生学起来津津有味。

2. 按开局索引号搜索

如果知道某种开局的开局索引号，比如苏格兰开局的索引号为 C44—C45，如果想查询苏格兰对局中的一些 12 步以内的短小对局，就可以按开局索引号进行搜索，在搜索框中，分别输入“ C44—C45”和“步数为 0—12 步”，以及“1-0，0-1（只挑出有胜负的对局，和棋不列出）”就可以搜索出所有 12 步以内的只有胜负的苏格兰开局的短小对局，老师可以根据需要挑出来给学生讲解。

3. 对局信息的搜索

如果在查看国际象棋书籍时，书中只列出了某个对局的片断，而如果想知道这个对局的来龙去脉，可以通过大数据库 Mega Database 的搜索框，输入对局双方的姓名和对局时间，搜索出整个对局信息，从而可以方便快捷地在多媒体上给学生讲解。而且可以利用大数据库软件自带的分析引擎，进行对局形势和最佳走法分析，方便老师的多方位讲解。

4. 按棋手进行对局搜索

如果对某位高手的对局感兴趣，Mega Database 还可以提供按棋手姓名、等级分进行搜索的功能。

（1）棋手信息检索：比如如果很欣赏当今世界冠军卡尔森的棋局，想了解卡尔森早期的对局，就可以按卡尔森的姓名“Carlsen Magnus ”进行搜索，Mega Database 就可以将卡尔森所有有记录的 2879 盘对局全部搜索出来，再按时间排序，以查看卡尔森早期儿童时代的对局，挑出相应的内容给学生讲解，以增加榜样作用，激发学生的学棋兴趣。

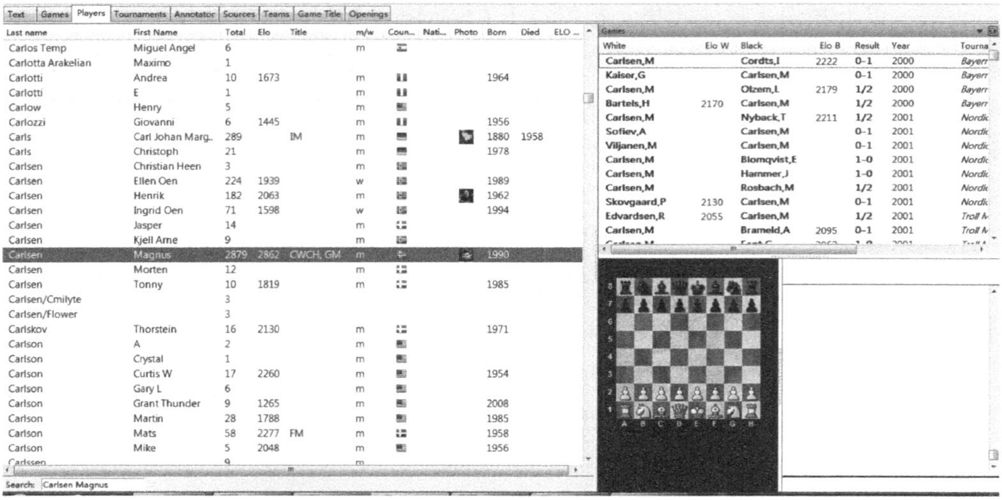

图9　Mega Database 2020数据库搜索的Carlsen所有对局

（2）在检索框中检索：按棋手的姓名检索该棋手的全部对局，可以输入想查询的 Carlsen Magnus 的姓名（图 10）。

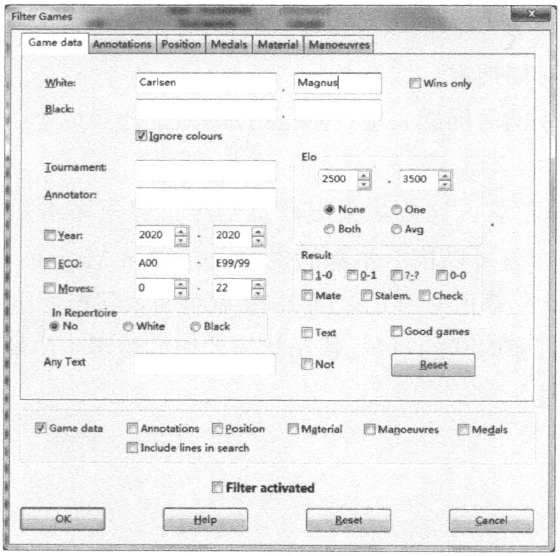

图10　在搜索框中，按姓名检索Carlsen Magnus的所有对局

如此便能查询出所有该姓名的所有棋局（图 11），并包含对手姓名、等级分、步数、对局日期等相关内容。

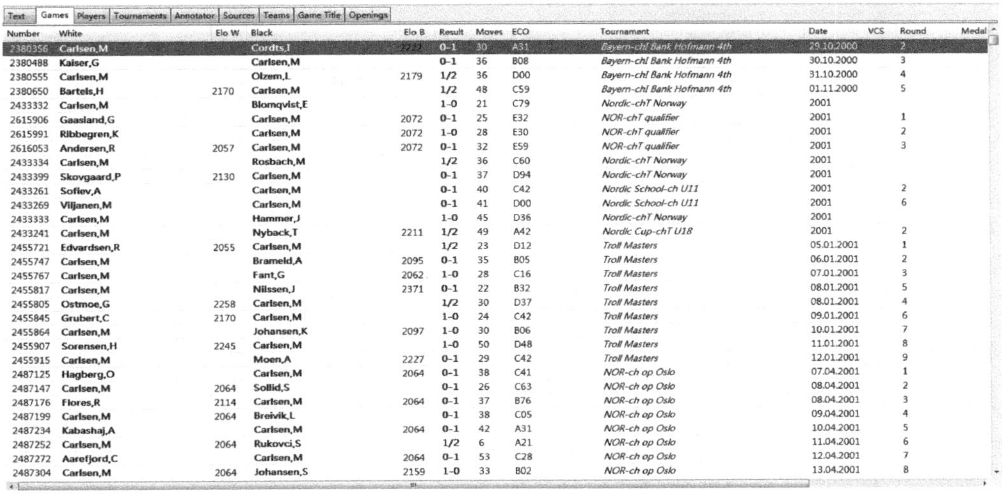

Text | Games | Players | Tournaments | Annotator | Sources | Teams | Game Title | Openings

Number	White	Elo W	Black	Elo B	Result	Moves	ECO	Tournament	Date	VCS	Round	Medal
2380356	Carlsen,M		Cordts,I	2222	0-1	30	A31	Bayern-chI Bank Hofmann 4th	29.10.2000		2	
2380488	Kaiser,G		Carlsen,M		0-1	36	B08	Bayern-chI Bank Hofmann 4th	30.10.2000		3	
2380555	Carlsen,M		Olzem,L	2179	1/2	36	D00	Bayern-chI Bank Hofmann 4th	31.10.2000		4	
2380650	Bartels,H	2170	Carlsen,M		1/2	48	C59	Bayern-chI Bank Hofmann 4th	01.11.2000		5	
2433332	Carlsen,M		Blomqvist,E		1-0	21	C79	Nordic-chT Norway	2001			
2615906	Gaasland,G		Carlsen,M	2072	0-1	25	E32	NOR-chT qualifier	2001		1	
2615991	Ribbegren,K		Carlsen,M	2072	1-0	28	E30	NOR-chT qualifier	2001		2	
2616053	Andersen,R	2057	Carlsen,M	2072	0-1	32	E59	NOR-chT qualifier	2001		3	
2433334	Carlsen,M		Rosbach,M		1/2	36	C60	Nordic-chT Norway	2001			
2433399	Skovgaard,P	2130	Carlsen,M		0-1	37	D94	Nordic-chT Norway	2001			
2433261	Sofiev,A		Carlsen,M		0-1	40	C42	Nordic School-ch U11	2001		2	
2433269	Viljanen,M		Carlsen,M		0-1	41	D00	Nordic School-ch U11	2001		6	
2433333	Carlsen,M		Hammer,J		1-0	45	D36	Nordic-chT Norway	2001			
2433241	Carlsen,M		Nyback,T	2211	1/2	49	A42	Nordic Cup-chT U18	2001		2	
2455721	Edvardsen,R	2055	Carlsen,M		1/2	23	D12	Troll Masters	05.01.2001		1	
2455747	Carlsen,M		Brameld,A	2095	0-1	35	B05	Troll Masters	06.01.2001		2	
2455767	Carlsen,M		Fant,G	2062	1-0	28	C16	Troll Masters	07.01.2001		3	
2455817	Carlsen,M		Nilssen,J	2371	0-1	22	B32	Troll Masters	08.01.2001		5	
2455805	Ostmoe,G	2258	Carlsen,M		1/2	30	D37	Troll Masters	08.01.2001		4	
2455845	Grubert,C	2170	Carlsen,M		1-0	24	C42	Troll Masters	09.01.2001		6	
2455864	Carlsen,M		Johansen,K	2097	1-0	30	B06	Troll Masters	10.01.2001		7	
2455907	Sorensen,H	2245	Carlsen,M		1-0	50	D48	Troll Masters	11.01.2001		8	
2455915	Carlsen,M		Moen,A	2227	0-1	29	C42	Troll Masters	12.01.2001		9	
2487125	Hagberg,O		Carlsen,M	2064	0-1	38	C41	NOR-ch op Oslo	07.04.2001		1	
2487147	Carlsen,M	2064	Sollid,S		0-1	26	C63	NOR-ch op Oslo	08.04.2001		2	
2487176	Flores,R	2114	Carlsen,M	2064	0-1	37	B76	NOR-ch op Oslo	08.04.2001		3	
2487199	Carlsen,M	2064	Breivik,L		0-1	38	C05	NOR-ch op Oslo	09.04.2001		4	
2487234	Kabashaj,A		Carlsen,M	2064	0-1	42	A31	NOR-ch op Oslo	10.04.2001		5	
2487252	Carlsen,M	2064	Rukovci,S		1/2	6	A21	NOR-ch op Oslo	11.04.2001		6	
2487272	Aarefjord,C		Carlsen,M	2064	0-1	53	C28	NOR-ch op Oslo	12.04.2001		7	
2487304	Carlsen,M	2064	Johansen,S	2159	1-0	33	B02	NOR-ch op Oslo	13.04.2001		8	

图11　按姓名检索Carlsen Magnus的棋局列表

（3）双方棋手对局检索：

比如想知道卡尔森和中国棋手丁立人，在 2018 年的对局情况，可以在搜索框中，输入双方棋手姓名，再输入年份为“2018”（图 12）。

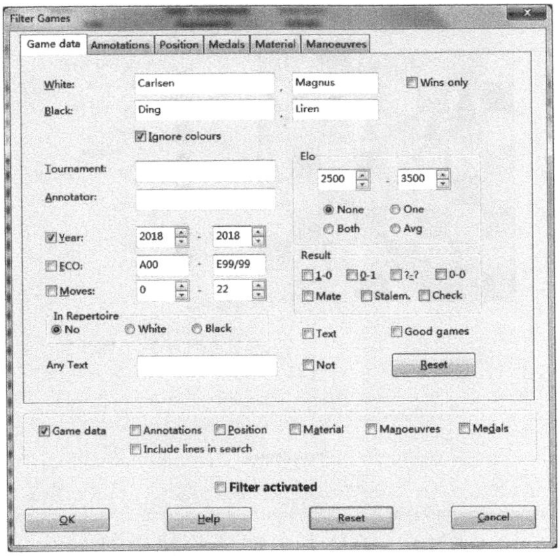

图12　在搜索框中输入需查询的双方棋手姓名和年份

Maga Database 2020 数据库就可以立刻搜索出卡尔森和丁立人在 2018 年的共三盘对局信息（图 13）：

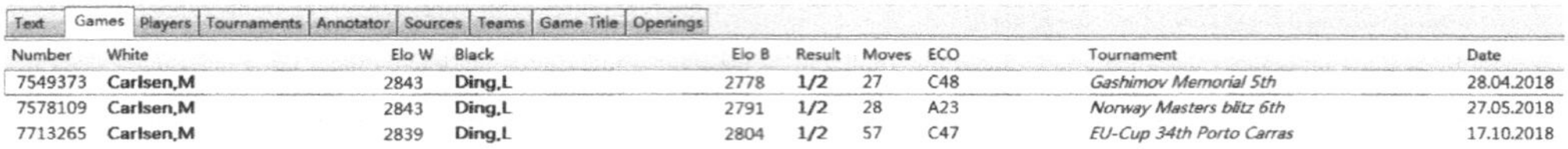

Text | Games | Players | Tournaments | Annotator | Sources | Teams | Game Title | Openings

Number	White	Elo W	Black	Elo B	Result	Moves	ECO	Tournament	Date
7549373	Carlsen,M	2843	Ding,L	2778	1/2	27	C48	Gashimov Memorial 5th	28.04.2018
7578109	Carlsen,M	2843	Ding,L	2791	1/2	28	A23	Norway Masters blitz 6th	27.05.2018
7713265	Carlsen,M	2839	Ding,L	2804	1/2	57	C47	EU-Cup 34th Porto Carras	17.10.2018

图13 搜索出卡尔森和丁立人在2018年的三盘对局信息

如果欣赏第八位世界冠军塔尔的进攻型的对局，可以在 Mega Database 中搜索“Tal Mihail”，就可以查询到塔尔的有记录的所有对局，逐一欣赏，挑出其中适合学生的进行讲解。

5. 按残局局面进行搜索和软件分析

在残局教学中，可以摆出相应的残局，在 Mega Database 数据库中搜索相应的残局内容，找出真实的残局对局例子，以增加残局教学的生动性。同时可以利用 ChessBase 软件，进行引擎分析，找出该残局下最佳走法；还可以分析其他不同走法的优缺点，可以很好地进行残局的教学。

Mega Database 可以搜索出包含相同棋子位置的所有对局信息，比如在针对特定的兵型中，可以很好地按特定兵型进行对局检索。比如想了解下图这样的斯拉夫结构兵型的相关对局情况（图 14），

图14 斯拉夫兵型结构搜索图

可以设置出这样的局面，在 position 中，复制出此局面，就可以搜索 5 万盘相同兵型结构的斯拉夫兵型对局（图 15）。

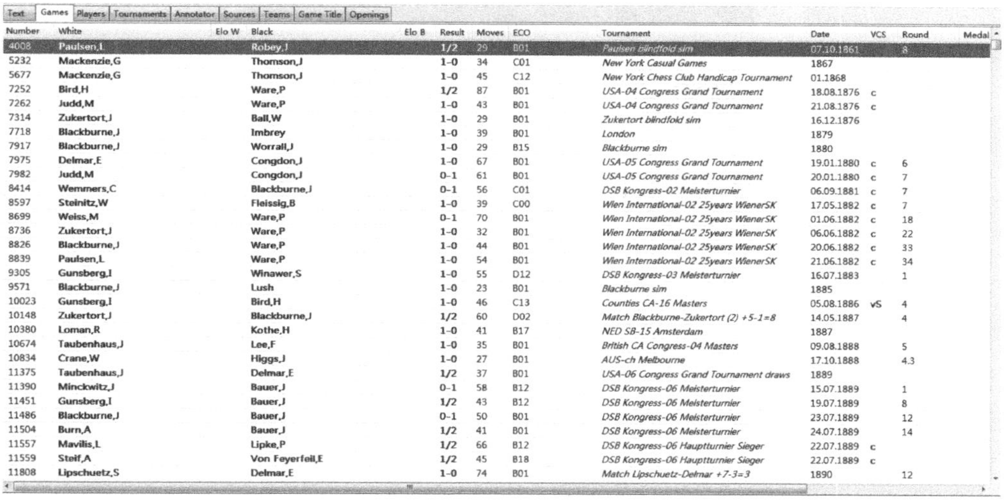

Number	White	Elo W	Black	Elo B	Result	Moves	ECO	Tournament	Date	VCS	Round	Medal
4008	Paulsen,L		Robey,J		1/2	29	B01	Paulsen blindfold sim	07.10.1861		8	
5232	Mackenzie,G		Thomson,J		1-0	34	C01	New York Casual Games	1867			
5677	Mackenzie,G		Thomson,J		1-0	45	C12	New York Chess Club Handicap Tournament	01.1868			
7252	Bird,H		Ware,P		1/2	87	B01	USA-04 Congress Grand Tournament	18.08.1876	c		
7262	Judd,M		Ware,P		1-0	43	B01	USA-04 Congress Grand Tournament	21.08.1876	c		
7314	Zukertort,J		Ball,W		1-0	29	B01	Zukertort blindfold sim	16.12.1876			
7718	Blackburne,J		Imbrey		1-0	39	B01	London	1879			
7917	Blackburne,J		Worrall,J		1-0	29	B15	Blackburne sim	1880			
7975	Delmar,E		Congdon,J		1-0	67	B01	USA-05 Congress Grand Tournament	19.01.1880	c	6	
7982	Judd,M		Congdon,J		0-1	61	B01	USA-05 Congress Grand Tournament	20.01.1880	c	7	
8414	Wemmers,C		Blackburne,J		0-1	56	C01	DSB Kongress-02 Meisterturnier	06.09.1881	c	7	
8597	Steinitz,W		Fleissig,B		1-0	39	C00	Wien International-02 25years WienerSK	17.05.1882	c	7	
8699	Weiss,M		Ware,P		0-1	70	B01	Wien International-02 25years WienerSK	01.06.1882	c	18	
8736	Zukertort,J		Ware,P		1-0	32	B01	Wien International-02 25years WienerSK	06.06.1882	c	22	
8826	Blackburne,J		Ware,P		1-0	44	B01	Wien International-02 25years WienerSK	20.06.1882	c	33	
8839	Paulsen,L		Ware,P		1-0	54	B01	Wien International-02 25years WienerSK	21.06.1882	c	34	
9305	Gunsberg,I		Winawer,S		1-0	55	D12	DSB Kongress-03 Meisterturnier	16.07.1883		1	
9571	Blackburne,J		Lush		1-0	23	B01	Blackburne sim	1885			
10023	Gunsberg,I		Bird,H		1-0	46	C13	Counties CA-16 Masters	05.08.1886	vS	4	
10148	Zukertort,J		Blackburne,J		1/2	60	D02	Match Blackburne-Zukertort (2) +5-1=8	14.05.1887		4	
10380	Loman,R		Kothe,H		1-0	41	B17	NED SB-15 Amsterdam	1887			
10674	Taubenhaus,J		Lee,F		1-0	35	B01	British CA Congress-04 Masters	09.08.1888		5	
10834	Crane,W		Higgs,J		1-0	27	B01	AUS-ch Melbourne	17.10.1888		4.3	
11375	Taubenhaus,J		Delmar,E		1/2	37	B01	USA-06 Congress Grand Tournament draws	1889			
11390	Minckwitz,J		Bauer,J		0-1	58	B12	DSB Kongress-06 Meisterturnier	15.07.1889		1	
11451	Gunsberg,I		Bauer,J		1/2	43	B12	DSB Kongress-06 Meisterturnier	19.07.1889		8	
11486	Blackburne,J		Bauer,J		0-1	50	B01	DSB Kongress-06 Meisterturnier	23.07.1889		12	
11504	Burn,A		Bauer,J		1/2	41	B01	DSB Kongress-06 Meisterturnier	24.07.1889		14	
11557	Mavilis,L		Lipke,P		1/2	66	B12	DSB Kongress-06 Hauptturnier Sieger	22.07.1889	c		
11559	Steif,A		Von Feyerfeil,E		1/2	45	B18	DSB Kongress-06 Hauptturnier Sieger	22.07.1889	c		
11808	Lipschuetz,S		Delmar,E		1-0	74	B01	Match Lipschuetz-Delmar +7-3=3	1890		12	

图15　斯拉夫兵型结构对局搜索结果列表

其中按等级分排序，可以查询到卡尔森走的斯拉夫兵型的对局（图 16）

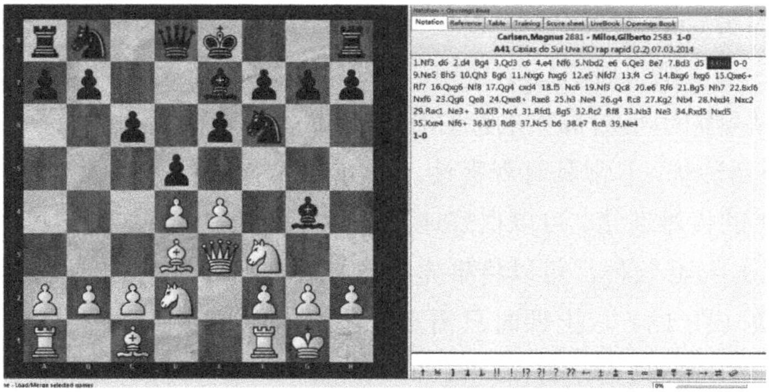

图16　Calsen Magnus vs Miles Gilberto 的斯拉夫兵型对局

6. 中局战术搜索和汇总

Mega Database 数据库提供了按不同战术名称进行搜索战术的功能，分别有：击双、牵制、闪将、消除保护、引离、引入、串子、底线弱点等众多的战术类别，可以按这些不同的战术类别进行战术实际对局例子的搜索，为战术讲解提供了丰富的素材（图 17）。

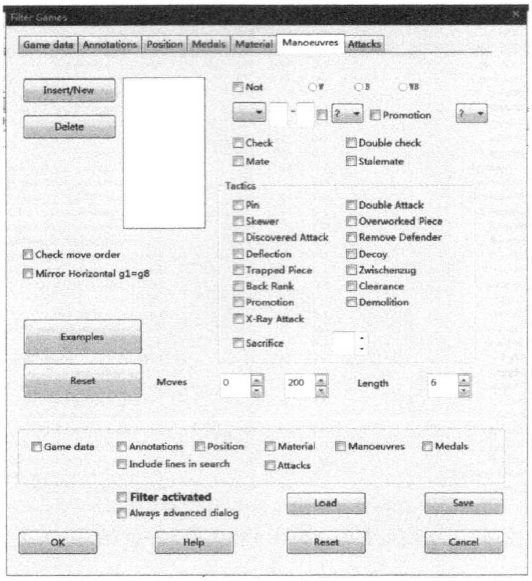

图17　ChessBase 15根据战术搜索相关的对局

本项目购买 ChessBase 15 正版软件和 Mega Database 2020 正版数据库，制作出操作手册，可以供各级教练员使用。除上述功能之外，还可以进行按开局分类的国际象棋精彩的短小对局集的汇总出版产出。短小精悍的短对局，是国际象棋中的珍宝，小巧玲珑，非常具有观赏性，可以让学生明白赢棋其实可以变得很简单，克服孩子下棋的畏难情绪，可以很好地激发学生的学棋兴趣，促进国际象棋教学。

通过 ChessBase 软件，可以将事先准备好的中局内容在 ChessBase 软件上制作成例题讲义集（图 18），上课时只需点击鼠标，就可以很快给出讲解例题，极大地提高了教学的便捷性。

Number	White	Elo W	Black	Elo B	Result	Moves	ECO	Tournament	Date	VCS	Round	Medals
1	Morphy,P	2690	De Feuguieres		1-0	11	C34	*Paris FRA*	1936		98	
2					Line	11	C50					
3	Alekhine,A		Mikulka,R		1-0	19	C34	*Alekhine sim*	1925			
4	Kosar,M	1862	Petrik,K	1350	1-0	7	C50	*SVK-chT3A2 0809*	08.03.2009		9.7	
5	Gholamiorimi,A	1440	Jaeger,S	800	1-0	11	C50	*Innsbruck op-B 1st*	28.08.2017		3	
6	Enter New Game				1-0	14	C53		12.05.2017			
7	Grufield		Thore		0-1	15	A90		1925			
8	Dhull,S		Radhakrishnan,A		1-0	7	C23	*BCF-ch U08 Bournemouth*	23.07.2016		5	
9	Mate in two		White to move		Line	2		*#657*				

图18　a2-g8进攻精彩对局课堂讲解例局

（四）最新国际大赛棋谱的搜索

当今时代是信息爆炸的时代，每天都会有国际象棋的各种比赛，产生成千上万个棋局。如果能最快获取当今世界最新的国际象棋比赛信息和棋谱资料，并在讲课时挑选好合适的最新比赛对局及时讲解给学生，更能增加学生们的学棋兴趣。

1. 最新比赛棋谱下载：有众多平台能提供最新的比赛直播，比如：Chess24、chessbomb、ChessBase 官网等，而能直接下载最新比赛棋谱的网站主要是“The Week in Chess”（简称为 TWIC），网站为：https://theweekinchess.com/，其中“Recent PGN”提供了近一年来所有大赛的棋谱下载。

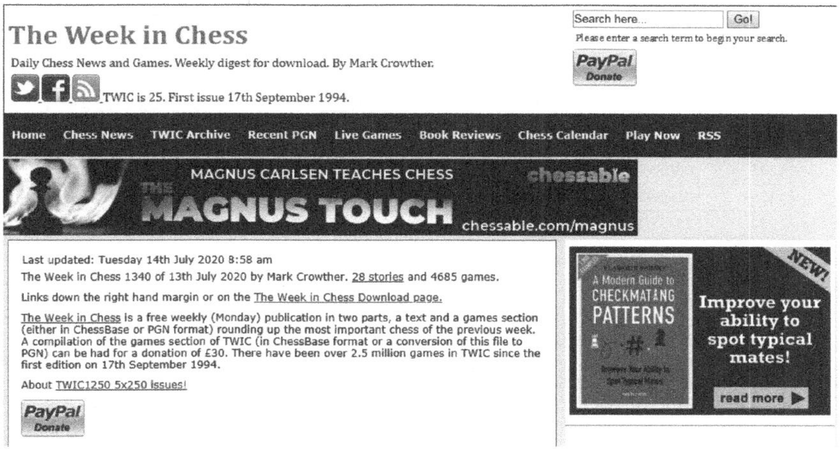

图19　TWIC官方网站

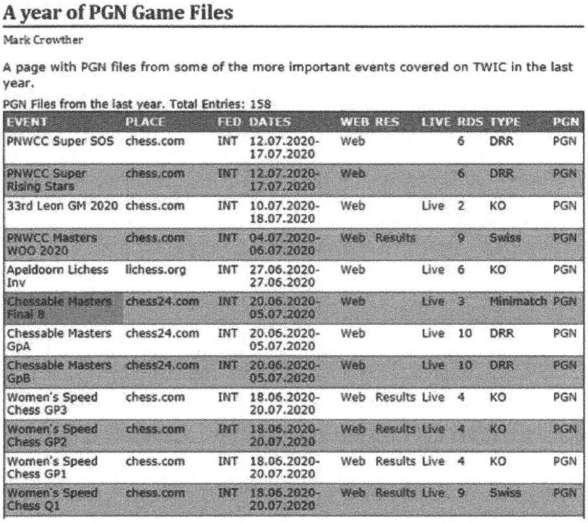

A year of PGN Game Files

Mark Crowther

A page with PGN files from some of the more important events covered on TWIC in the last year.

PGN Files from the last year. Total Entries: 158

EVENT	PLACE	FED	DATES	WEB	RES	LIVE	RDS	TYPE	PGN
PNWCC Super SOS	chess.com	INT	12.07.2020-17.07.2020	Web			6	DRR	PGN
PNWCC Super Rising Stars	chess.com	INT	12.07.2020-17.07.2020	Web			6	DRR	PGN
33rd Leon GM 2020	chess.com	INT	10.07.2020-18.07.2020	Web		Live	2	KO	PGN
PNWCC Masters WOO 2020	chess.com	INT	04.07.2020-06.07.2020	Web	Results		9	Swiss	PGN
Apeldoorn Lichess Inv	lichess.org	INT	27.06.2020-27.06.2020	Web		Live	6	KO	PGN
Chessable Masters Final 8	chess24.com	INT	20.06.2020-05.07.2020	Web		Live	3	Minimatch	PGN
Chessable Masters GpA	chess24.com	INT	20.06.2020-05.07.2020	Web		Live	10	DRR	PGN
Chessable Masters GpB	chess24.com	INT	20.06.2020-05.07.2020	Web		Live	10	DRR	PGN
Women's Speed Chess GP3	chess.com	INT	18.06.2020-20.07.2020	Web	Results	Live	4	KO	PGN
Women's Speed Chess GP2	chess.com	INT	18.06.2020-20.07.2020	Web	Results	Live	4	KO	PGN
Women's Speed Chess GP1	chess.com	INT	18.06.2020-20.07.2020	Web	Results	Live	4	KO	PGN
Women's Speed Chess Q1	chess.com	INT	18.06.2020-20.07.2020	Web	Results	Live	9	Swiss	PGN

图20　TWIC中提供最近一年的国际大赛比较棋谱下载功能

2.TWIC 每周棋谱下载：

TWIC 还提供了每周世界大赛的棋谱下载功能，在 https://theweekinchess.com/ 官网中的“TWIC Archive”，提供了最新一周以来的国际大赛棋谱，每期棋谱大约 2000 盘对局（图 21）。

TWIC Downloads						
TWIC	Date	Read	Text	PGN	CBV	etc
1340	13/07/2020	Read		PGN	CBV	
1339	06/07/2020	Read		PGN	CBV	
1338	29/06/2020	Read		PGN	CBV	
1337	22/06/2020	Read		PGN	CBV	
1336	15/06/2020	Read		PGN	CBV	
1335	08/06/2020	Read		PGN	CBV	
1334	01/06/2020	Read		PGN	CBV	
1333	25/05/2020	Read		PGN	CBV	
1332	18/05/2020	Read		PGN	CBV	
1331	11/05/2020	Read		PGN	CBV	
1330	04/05/2020	Read		PGN	CBV	
1329	27/04/2020	Read		PGN	CBV	
1328	20/04/2020	Read		PGN	CBV	
1327	13/04/2020	Read		PGN	CBV	
1326	06/04/2020	Read		PGN	CBV	
1325	30/03/2020	Read		PGN	CBV	
1324	23/03/2020	Read		PGN	CBV	
1323	16/03/2020	Read		PGN	CBV	
1322	09/03/2020	Read		PGN	CBV	
1321	02/03/2020	Read		PGN	CBV	
1320	24/02/2020	Read		PGN	CBV	
1319	17/02/2020	Read		PGN	CBV	

图21　TWIC 每周棋谱下载

截至 2020 年 7 月 13 日，已经完成了 1340 周的棋谱下载，极大地方便了教练、棋手和学生对最新国际大赛对局的检索。

（五）在线网络实战平台

国际象棋水平的提高，离不开大量的实战练习。面对面的实战对局，因为需要对局双方见面才能实战，受到极大的限制。当今的信息化时代，已经有众多强大的网络对弈平台，比如著名的 www.chess.com、国象联盟、ICC、Playchess 等等，每天都会有大量的国内外爱好者在网络平台上实战下棋，为随时随地能下棋提供了极大的便利。老师可以指导学生保持一定的在线平台对局数量，并将在网络上的下棋发给老师及时点评。而且网上平台都能在复盘时提供对局软件分析，既能保证训练量，还可以在线获得强大的复盘分析指导，可以很好地促进学生棋力水平的提高。

下棋水平的提高，光靠实战下棋还是远远不够的，做国际象棋习题也同样重要！现在很多学生不能获得足够多的和他水平相匹配的国际象棋习题，极大地制约了学生下棋水平的提高。Chess.com 和国象联盟 App 不仅提供强大的在线对弈功能，还有海量的战术习题可以练习。两款 App 会根据孩子的做题水平积分，自动提供相应水平的各种习题在线点击完成。习题内容包括：得子战术练习、杀王练习、残局练习、致胜走法等等，习题做对可以得分，做错会相应扣分，而且每题的做题对错和得分都能直观地展示出来，极大地方便家长和老师的监督。每道习题的答案还会有软件分析，并能提示错误原因，供学生理解掌握每道题的思路。

通过实战对局和做习题，双管齐下，辅助以信息化的讲解，相信学生的下棋水平一定能够突飞猛进，获得质的飞跃。

四、研究结论

综上所述，当今时代是信息化的时代，信息化产生了庞大的大数据，国际象棋大数据收集汇总后，进行相应的分类和搜索，为学习国际象棋学生水平的飞速提升提供了很好的帮助，更为国际象棋的教学提供了绝佳的丰富素材。通过大数据的搜索，可以丰富国际象棋的教学内容，使国际象棋的教学和实战对局、做习题相结合，增加学生的学棋兴趣，提高学棋效果，促进学生国际象棋水平的飞速提高。

探析国际象棋的演变与时代背景的关联

姚　岚

国际象棋起源于约公元500年的印度笈多帝国（the Gupta Empire），并在中世纪通过阿拉伯商人传入欧洲。国际象棋每到一地，就会吸取当地的文化风俗，其设计和规则也随之改变。并且，随着各个地区社会环境的改变，国际象棋的规则、普及度以及发达程度也会发生变化。本文将对中世纪欧洲、文艺复兴时期欧洲、20世纪苏联以及近现代中国国际象棋的演变与发展进行重点阐述。在19世纪之前，因为国际象棋的规则还不完善，在各地的设计也大相径庭，所以，本文对于这段时期的侧重点会放在国际象棋规则与设计和社会环境的关联上。19世纪之后，国际象棋的规则以及比赛用棋的设计基本确定，因此对于这段时期的侧重点会放在国家政策以及各国国情对国际象棋发展的影响上，包括探究各国棋手的综合实力与国际象棋的普及度。本文还将通过对国际象棋在古与今、中与外、不同时代、不同文化的对比，如中世纪的欧洲与中东伊斯兰国家的对比和20世纪的苏联、美国与中国的对比，来探究国际象棋发展的规律以及对国际象棋发展的有利条件。最后，结合国际象棋发展的历史与时代背景的关联，并结合中国国情，本文将对国际象棋在中国的发展与传播提出建议。

一、中世纪欧洲国际象棋——社会环境的真实写照

国际象棋的设计和规则在不同的地方都有明显的差异。在中世纪欧洲（主要指的是西欧，包括大不列颠、法兰克王国、神圣罗马帝国、伊比利亚半岛等地），国际象棋的设计与规则都深受封建社会制度和习俗的影响。欧洲的中世纪（约

476—1492）被称作欧洲的“黑暗时期”，主要有以下几个特征：一、实行封建制，社会等级制度森严；二、长年累月的战争不断，包括封建领主之间争夺领土的战争、国家之间的战争和与中东的宗教战争；三、基督教（也就是西欧的天主教）对于人们的生活有着很大的影响力。这些特征都在当时国际象棋棋子的设计以及规则的制定中有所反映。可以说，每一个棋子都对应着一个中世纪欧洲社会的角色，而且棋子的设计与走棋规则几乎真实地反映了这些角色在社会上起到的作用以及重要性。

国际象棋在中世纪欧洲的设计远比现代国际象棋要精细，规则也与现代国际象棋的规则大相径庭。以在苏格兰出土、如今在大英博物馆展出的刘易斯棋子（Lewis chessmen）为例，棋子被精美地雕刻出了人的形态。刘易斯棋子来自挪威，由北欧的维京人在扩张与贸易的途中带到了大不列颠。因此，刘易斯棋子能很好地反映中世纪欧洲，特别是北欧的国际象棋文化以及社会特征。

在刘易斯棋子中，棋子“马”被雕刻成骑士的形象，甚至在英语中的命名也从“马”变成了“骑士（Knight）”。骑士是欧洲中世纪的一个主要角色。中世纪的欧洲盛行骑士精神，最重要的一点是勇气的展现和对战争疯狂的热爱，并且在血战胜利后被册封为骑士是十分光荣的。特别是圣殿骑士团（Knights Templar），由天主教修道士组成，他们以骁勇善战出名。圣殿骑士团于1119年建立，建立之初的目的是保护前往圣地耶路撒冷的朝圣者不受袭击，但后来他们积极地参与十字军东征，在与穆斯林军队的较量中发挥了重要的作用。因此，在中世纪欧洲的国际象棋中，棋子“马”是威力最大的棋子之一，威力甚至等同于棋子“车”，这也是因为那个时候的棋子“象”和“皇后”远不如现在威力那么大。

与棋子“马”相似，棋子“象”被雕刻成了主教的形态，英语中的名字也从原来的“象”变成了“主教（Bishop）”。这很大程度上是因为，在中世纪的欧洲，基督教统治了人们的生活，因此神职人员，特别是主教，是欧洲最有权势的群体之一，有时候主教的权利甚至凌驾于王权之上。例如，英格兰君主亨利八世因为他的第一任妻子生不出儿子而决定与她离婚。然而，当时的教会禁止离婚。因此，作为惩罚，亨利八世被教皇（最高级别的主教）开除了教籍。被开除教籍在中世纪的欧洲被认为是最大的罪过之一。由此可见，主教在欧洲中世纪社会的地位举足轻重。这一点对于西欧的社会是独特的，因为在同一时期别的地区，如东欧的拜占庭帝国和中东的伊斯兰国家，皇权永远凌驾于神权之上。虽然用“主教”来命名原名为“象”的棋子表明了主教在中世纪欧洲的重要性，但是，在中世纪，棋子“象”的走法和现在是完全不同的，而且威力远比现代国际象棋小很多。当时的“象”一次只能斜着走两格，并且有一段时间它可以像马一样跳过棋子走棋。当现实生活中的主教大权在握时，他们在棋盘上的威力却受到了限制；而自文艺复兴和宗教改革以来，主教的地位逐渐下降，他们在棋盘上的威力却反而增加了。这是一个奇怪的自相矛盾。[1]

更值得注目的是，棋子“皇后”被雕刻成了沉稳的谋士，右手托腮望向远方，仿佛是在为国王出谋划策，深思远虑。“皇后”这个棋子的出现说明了女性在欧洲中世纪的地位相对比较高。在中世纪的欧洲，女人被允许和男人一样外出打工、继承土地，甚至拥有政治和经济权利。女性成为统治者的例子也不在少数。比如，英格兰君主亨利八世（Henry Ⅷ, 1491—1547）唯一的儿子爱德华五世（Edward Ⅴ, 1537—1553）英年早逝，因为没有男性继位人，亨利八世的女儿，血腥玛丽（The Bloody Mary, 1516—1558）和伊丽莎白一世（Elizabeth I, 1533—1603），先后成为英国的君王。这里必须指出，欧洲女性较高的地位并不是绝对的。中世纪的欧洲仍然是男权社会，女性必须服从男性，且“厌女情绪”（misogyny）在欧洲盛行。但是与其他地区，比如中东、印度相比，中世纪欧洲女性的地位还是比较高的。而在许多文化中，“皇后”这个棋子是不存在的。比如，在中东伊斯兰教世界，棋子“皇后”被叫作“维齐尔”（Vizier）的棋子取代，意思是高级政治顾问或部长。这是因为中世纪中东女性的地位相对较低。在中东，一夫多妻制盛行，且女性不可抛头露面，不能像男人一样参与政治活动。而另一方面，中世纪欧洲的“皇后”是棋盘上最弱的棋子。它第一步可以向任意方向移动两格，之后的每个回合只能斜着走一格。这是因为，正如前文所述，中世纪欧洲女性地位较高并不是绝对的，女性的权利和政治权利仍然受到限制。[2]

实际上，棋子“皇后”威力的逐渐强大与欧洲女权主义的兴起息息相关。在15世纪，欧洲出现了完善的女权主义理论。例如，意大利法国作家克里斯汀·德·皮桑（Christine de Pizan, 1364—1430）在她的著作《妇女之城》（*The Book of the City of Ladies*）和《给爱神的书信》（*Epître au Dieu d'Amour*）中首次提出了反对

“厌女情绪”的理论，并倡导男女平等的关系。同时，在15世纪晚期的英格兰都铎王朝（the Tudors），女性继承人的政治权力也逐渐增长。正如前文所述，都铎王朝的女性继位人血腥玛丽和伊丽莎白一世相继成为英国的统治者。并且，从15世纪开始，不仅是在英格兰，还有在不少欧洲国家，出现了越来越多的女性统治者，如西班牙的伊莎贝拉一世（Isabella I of Spain, 1451—1504）、苏格兰的玛丽一世（Mary I of Scotland, 1542—1587）和俄罗斯的凯瑟琳大帝（Catherine the Great, 1729—1796）。因此，15世纪开始女性的觉醒与女性政治权利的提高刚好与15世纪末棋子“皇后”威力的剧增相一致。

此外，在刘易斯棋子中，大部分的棋子都被雕刻得栩栩如生，然而只有棋子“兵”没有被雕刻出人的形态。这是由于棋子“兵”代表了农民阶层，在中世纪欧洲社会处于最底层。这些农民必须效劳于他们的领主，为这些领主提供食物和兵役，为的是换取土地和保护。在欧洲贵族眼里，这些农民根本就没有身份，能够被随意驱使、剥削、杀戮、替换。因此，兵没有被雕刻出人的形态，甚至在国际象棋中不被称为“棋子”，而且被给予了最小的威力。兵的走棋规则也与现代国际象棋截然不同。最初，“兵”在每次回合中都只能向前走一格。而且，当“兵”到达第八横排时它不会升变。它们只是再也不能动了，并且变得毫无用处。在中世纪的一段时间里，“兵”拥有了升变为皇后的选择，也就是可以升变为当时棋盘上最弱的棋子。当皇后的威力变得更大之后，“兵”就被给予了升变为其他威力较小的棋子的选择。所以，在中世纪，“兵”的升变并不能为“兵”在棋盘上的作用带来实质性的改变。

兵升变规则的演变也与农民阶层在现实生活中地位的变化有很大的关联。在中世纪的欧洲，社会等级森严，农民一生都要为领主操劳，几乎没有机会改变自己的社会地位。但到了19世纪，大多数欧洲国家都经历了革命，政治体制转变为了君主立宪制或共和制。农奴制不复存在，农民也不再服从于领主了。与中世纪相比，他们更可能通过努力改变自己的命运，过上更好的生活，就像棋子“兵”在经历了无数艰难险阻之后，能够升变为更强的子力一样。因此，“兵”可以升变为除了“兵”本身和王以外的任何棋子的规则被逐渐引入，并在19世纪更加完善。

与棋子雕刻精美的欧洲不同，在中东，棋子都没有被雕刻成人的形态，而是被雕刻得十分抽象。这与中东的伊斯兰教文化有关。与欧洲中世纪的天主教不同，伊斯兰教禁止偶像崇拜。在伊斯兰文化中，不仅是国际象棋棋子，还有他们的建筑、艺术和雕刻，从来都不会出现人的形象。由此可见，在中世纪，文化的差异能够在很大程度上影响棋子的设计。

中世纪时期的文化不仅影响着国际象棋的设计与规则，还决定了国际象棋的社会定位。在中世纪的欧洲，国际象棋是一项贵族运动，然而，一些形式的国际象棋却被描绘成平民化，且被教会反对甚至禁止。据中世纪伊比利亚半岛西班牙语撰写的书、最早的棋书之一《棋书》（*Libro de Ajedrez*）记载，在中世纪，国际象棋大致有两种形式。一种就是正常的对弈，双方轮流走棋，与现代的国际象棋对弈方式相似；还有一种被称为dice，也就是掷骰子决定哪一方走棋以及走什么棋子。据《棋书》描绘，掷骰子走棋的大多都是平民百姓，而且这种下棋方式经常与酗酒、赌博联系在一起。由于在中世纪欧洲酗酒和赌博都是被教会严令禁止的，这种制筛子的走棋方式是不被允许的。而正规的国际象棋对弈深受贵族们的喜爱，并被认为是最高贵的游戏，因为下棋需要高端的技巧。伊比利亚的卡斯蒂利亚和莱昂王国国王阿方索十世（Alfonso X of Castile and León, 1221—1284）把国际象棋视为贵族教育，地位与其他传统的贵族运动射箭、骑马等同。这里需要指出，当时的国际象棋只是一种娱乐和一种贵族教育，而绝非正规的比赛项目。此外，国际象棋象征着智慧。由于每一个棋子都象征着一个社会上的角色，伊比利亚半岛的统治者认为能下好棋的君主也一定是能管理好国家的君主。国际象棋也成为伊比利亚半岛的一个重要的艺术表现形式。比如，在《棋书》中，欧洲人与穆斯林的交流、富人与乞丐之间的关系、情人的故事、信徒与圣贤的对话，许多都以国际象棋绘画的方式展现。但是，教会对正规的国际象棋对弈依然持反对态度，禁欲主义的基督教价值观在中世纪神职人员中盛行，包括禁止肉体和精神上的欲望以及禁止娱乐体育活动。国际象棋被视为一种博弈和娱乐项目，而且神职人员认为，国际象棋的对弈，特别是赢棋的快感，是欲望的体现。然而教会不可能完全禁止国际象棋，因为国际象棋不会像掷骰子走棋一样被看作是罪过，而只是一项世俗的产物。[3]

二、文艺复兴时期——国际象棋文化的复兴

国际象棋在欧洲的演变和流行，与欧洲的文艺复兴有很大的关联。文艺复兴的开始，主要归因于两个原因：其一是通过十字军东征，欧洲人从阿拉伯人的手中获取了有关于古希腊、古罗马的文献。于是，欧洲的学者开始钻研古希腊、古罗马的思想和文化，并对这些古代文明产生了敬仰与崇拜之情。其二是黑死病席卷欧洲，带走了三分之二欧洲人的生命，就连自称能够通灵上帝的神职人员也相继死去，这让人们怀疑“教会和牧师是上帝的代表”这一说法。许多学者开始认为，神职人员的教导并不是基督教的真理，而人们应该通过自己坚定的信仰去实现对神和真理的追求。这也是 15 世纪欧洲宗教改革的原因之一。因此，自从 15 世纪以后，宗教对国际象棋发展的限制逐渐减弱。

文艺复兴的本质，是对古希腊古罗马文化的效仿以及科学和艺术的复兴。国际象棋开始被认为是一种艺术表现，或者说是一门科学。与中世纪时期的国际象棋不同的是，文艺复兴时期的国际象棋不再纯粹是一项博弈与游戏。有些学者将国际象棋看作一项科学产物，并开始对国际象棋进行了系统性的研究。而且，许多曾经反对国际象棋的神职人员也参与到对国际象棋的研究中，比如西班牙牧师路易斯・拉米雷兹（Luis Ramírez de Lucena, 1465—1530）与西班牙主教鲁伊・洛佩兹（Ruy Lopez de Segura, 1530—1580）。以意大利为首的南欧是文艺复兴开始的地方，国际象棋也最先风靡于南欧。在意大利，出现了第一批国际象棋俱乐部和第一批国际象棋理论思想。当今的国际象棋规则，比如王车易位和兵第一步可以走两格，都是在那个时候的意大利被引入的，并且在整个欧洲传播开来。在南欧的其他地区，也涌现了许多国际象棋理论家，比如西班牙主教洛佩兹，他最先开始了对开局理论以及对简单残局的研究。后来的西班牙开局（Ruy Lopez / Spanish Opening）就是以他的名字命名的。

然而，虽然国际象棋开始在更多的地区更多的人群中变得流行，国际象棋并没有随着欧洲文化艺术的复兴而平民化。国际象棋主要还是贵族的游戏，而且在贵族中更加被重视。尤其是在俄罗斯，沙皇疯狂地迷恋上了国际象棋，并把国际象棋视为身份显赫的象征。特别是从 16 世纪开始，蒙古金帐汗国（The Golden

Horde）的统治势力在俄罗斯逐渐被瓦解，俄罗斯境内趋于太平。俄罗斯沙皇也不再依附于蒙古统治者了，而有了独立的统治权，并有了下棋的“闲情逸致”。第一位俄罗斯沙皇伊凡四世（Ivan the Terrible, 1530—1584）就是国际象棋的狂热爱好者。他每天都会花大量的时间下棋。有记载称，他是在准备棋的时候死于中风的。伊凡的继任者，彼得大帝（Peter the Great, 1672—1725）也喜欢国际象棋。彼得大帝甚至在军事活动中下棋，并将国际象棋引入俄罗斯的社交聚会。与中世纪的伊比利亚王国相似，国际象棋在俄罗斯被赋予了政治含义，成为贵族统治阶层的象征。

然而，实际上，文艺复兴对俄罗斯的影响远不如南欧的国家。而且，无论是在文化方面还是在科学技术方面，当时的俄罗斯都不如西方国家发达，更不用说在国际象棋的发展方面。但是，俄罗斯的沙皇意识到了俄罗斯与西方国家的差距，并且积极学习西方先进文化。彼得大帝还特地前往西欧学习，并实施了旨在实现俄罗斯西方化、现代化的全面改革。这也与国际象棋在俄罗斯贵族间的流行有着很大的关联。国际象棋不仅是俄罗斯的贵族运动，也是俄罗斯的文人墨客非常重视的活动。俄罗斯著名诗人普希金（Alexander Pushkin, 1799—1837）就是一名国际象棋的爱好者。他收集了不少国际象棋期刊，并创作出了一些关于国际象棋的诗歌。比如，他在著名的一首诗《尤金·奥涅金》（*Eugene Onegin*）中描绘了一位年轻的诗人与他的未婚妻下棋的场景。普希金还把学习国际象棋当作一件光荣的事情，并希望自己的妻子学习国际象棋。如此浓厚的国际象棋文化氛围为日后国际象棋在俄罗斯的发展与壮大奠定了基础。[4]

三、近现代时期——苏联的国际象棋与社会环境

与中世纪、文艺复兴时期不同的是，国际象棋的规则在19世纪已基本定型，并且正式成为比赛项目。因此，对于苏联国际象棋的研究不再会涉及国际象棋的设计与规则，而是主要侧重于国际象棋在苏联社会的地位以及发达程度与苏联社会制度的联系。

在冷战期间，苏联是国际象棋超级大国。自从1948年苏联特级大师米哈伊尔·鲍特维尼克（Mikhail Botvinnik, 1911—1995）成为世界冠军，到1991年苏联解体，

除了苏联棋手世界冠军的头衔被美国天才棋手罗伯特·詹姆斯·菲舍尔（Robert James Fischer, 1943—2008）夺走的三年（1972—1975），苏联一直享有对棋坛的绝对统治。虽然不可否认的是，在政治和军事方面，苏联已经强大到足以对抗美国了，可是许多苏联人仍然生活贫困，特别是跟二战之后经济飞速发展的美国相比。然而，当苏联涌现了一大批杰出的棋手时，国际象棋在美国却没有那么盛行，且美国棋手的综合水平与苏联相差甚远。

实际上，苏联棋手对棋坛的统治在第二次世界大战结束后才真正开始。在20世纪40年代之前，苏联并没有培养出有实力争取世界冠军的棋手。那时，俄罗斯忙于一战、革命和二战，并没有把精力花在国际象棋上，苏联政府也没有对国际象棋给予足够的重视。的确，第四届世界冠军亚历山大·阿廖欣（Alexander Alekhine, 1892—1946）的祖籍是俄罗斯。但是他不能算是苏联培养出来的，因为在他年轻的时候，经历了无数的革命与政变，为了寻找一个安稳和平的能够训练棋的环境，他逃往法国，并且把国籍改成了法国，因此还背上了叛国的骂名。此外，他的棋力提升最快的几年都是在法国度过的。由此可见，20世纪初期的苏联并不具备培养优秀棋手的条件。

二战之后苏联国际象棋的飞速发展与苏联稳定的国内环境有一定的关系。虽然当时的苏联正处于与美国的冷战阶段，美苏之间关系高度紧张，但是苏联境内却是处于一个相对稳定太平的环境，大部分的苏联公民几乎没有受到影响，过着相对和平的生活，特别是比起二战期间人人都要为性命而担忧的状况，二战之后苏联人民的生活环境已经有天差地别的改变了。

另一个关键的因素是苏联政府开始认真地对待国际象棋了。实际上，美苏冷战没有正面大规模的武力冲突，大部分的战争都是在第三世界的战场上进行的，而冷战最明显的特点是通过航天技术、核武器以及各种体育竞赛项目的比较间接体现实力，从而达到震慑对方的效果。因此，国际象棋成为苏联证明自己实力、赶超美国的工具，冷战也给了苏联政府在国际象棋上投入的动力。为了鼓励更多的人学棋，苏联政府会给杰出的棋手，特别是世界冠军，提供丰厚的奖励以及在社会上的特权，这激励了很多人，尤其是生活不富裕的人，在国际象棋上投入大量的时间和精力。除此之外，苏联是典型的中央集权政治体系，这意味着国家能够集中它所有最好的资源并倾尽全力去培养国际象棋世界冠军。[5]

此外，苏联国际象棋学校的建立也促使了苏联国际象棋的发展。苏联国际象棋学校的建立在当时的苏联意义重大，培养出卡尔波夫、卡斯帕罗夫和克拉姆尼克等顶尖棋手。苏联国际象棋学校的创始人、第六届世界冠军鲍特维尼克是一名工程学家和计算机科学家，因此他把他对于科学严谨的精神运用到了国际象棋上。他的理念是用科学的态度以及方法对待国际象棋的教学。鲍特维尼克使国际象棋成为学校的正式课程，并给他的学生布置反映他自己棋风的作业。他开发出了系统化训练方法，主要包括：全面研究相对有限的开局、分析自己的对局、高手的对局和对手的对局以及寻找自己的优势和劣势，强调赛前准备、研究和创新。这些方法很多在当时都是具有划时代意义的。诚然，文艺复兴时期的国际象棋理论家以及世界冠军斯坦尼茨（William Steinitz, 1836—1900）和拉斯克（Emanuel Lasker, 1868—1941）等杰出棋手也对国际象棋有过如此系统的研究，但是没有像鲍特维尼克那样把国际象棋的系统性学习作为教育的至关重要的一部分引入一个国家，也没有对一个国家的国际象棋发展有过如此巨大的贡献。[6]

综上所述，苏联独特的政治与社会环境和先进的国际象棋思想很大程度上促进了苏联国际象棋的崛起和对棋坛的统治。

四、中国国际象棋的跌宕起伏

与欧洲不同的是，现代国际象棋传入中国的时间较晚，约在 19 世纪末才开始传入中国的沿海城市。当时的中国正遭到西方列强的入侵，并且经历了无数的社会变革，民不聊生，所以，中国没有精力在文化体育活动上大量投入。与 20 世纪初的苏联相似，当时的人们无心下棋，国际象棋也只是作为一个民间的娱乐项目存在。

诚然，当时中国的国际象棋爱好者对国际象棋在中国的传播与发展也有过努力。比如，中国现代象棋运动的先驱、“百岁棋王”谢侠逊（1888—1987）潜心学习了国际象棋的下法和棋谱的翻译法，并在 1903 年成立了万国象棋会，旨在传播国际象棋文化，并且让更多的棋类爱好者有学习锻炼的机会，同时促进中外棋手的交流。但是在20世纪初，中国才刚刚开始接触国际象棋，还处于一个对国际象棋探索的阶段，训练方法和水平远远达不到专业的程度。1933年，世界冠军阿廖欣来访上海，并与上海的棋手进行了两次盲棋车轮，中国棋手几乎全军覆没，仅谢侠逊和杨文恺侥幸守和。由此可见，当时中国棋手的水平与世界顶尖级别还相差甚远。

在经历了无数的战争与动荡之后，新中国成立了，中国境内逐渐趋于太平。虽然与当时的苏联相似，中国也经历了不断的境外战争，如抗美援朝战争和越南战争，但是，大部分中国百姓的生活都没有受到太大的影响。而且，在党和国家的号召下，人们对中国的前途充满信心和期待，干劲十足。新中国成立后，中国的经济开始复苏，中央也开始重视文化体育事业，这与同一时期的苏联相似。国际象棋被正式列为体育竞赛项目，并且在一些大城市，如上海、北京、广州，定期举办国际象棋活动。其次，中国定期开展与外国棋手的交流活动和对抗赛。1958年，苏联的国际象棋团队到访中国比赛和讲学，并与中国棋手进行了三场对抗赛，均以苏联棋手大获全胜告终。1963年，苏联国际象棋队再次来访中国，并与中国棋手进行了多场友谊赛，同样以大比分获胜。由于党和国家的支持与国际象棋爱好者的不懈努力，中国棋手的水平飞速提高。在1965年与苏联的交手中，中国棋手刘文哲（1940—2011）和张东禄甚至战胜了苏联的特级大师克罗基乌斯（Nikolai Krogius）。在这段时间，中国国际象棋发展迅速，国际象棋文化一派生机。

然而，国际象棋在中国的发展在“文化大革命”期间又遭受了一次严重的打击。用中国国际象棋著名活动家、棋艺作家林峰的话来讲，国际象棋被当作“封资修的黑货”受到批判。从1967年开始，各地的比赛被叫停，各省队、市队的训练也陆续被取消。再加上当时中国与苏联政治关系的不断恶化，中国棋手与外国棋手的交流和切磋也彻底停止了。

但是，民间的国际象棋活动仍然没有中断，而是转为了“地下活动”。其中，上海的国际象棋活动最为注目。在1968年到1972年之间，李绍德、林峰、杨哲民等上海棋手几乎每周都会轮流在自己的家中举办国际象棋训练和比赛，吸引了许多上海的国际象棋爱好者。北京也有着这样一批为国际象棋而“奋不顾身”的棋手。比如，北京棋手刘文哲和他的家庭在“文化大革命”期间受到了巨大的冲击，他的身体状况也每况愈下。但是政治和身体上的打击没有削减他对国际象棋的热情。他开始整天泡在图书馆钻研有关国际象棋的书籍和资料，始终相信国际象棋比赛和活动总有一天会恢复。此外，上海棋手许宏顺、林峰等组织了全国国际象棋通讯赛，为全国各地渴望切磋棋艺的国际象棋爱好者创造了交流和比赛的机会，也营造了良好的国际象棋文化氛围。这些棋手不为名利，只因为对国际象棋的热爱，在中国国际象棋最艰难的时候没有轻言放弃，而是依然坚定地钻研国际象棋。由此可见，人民对国际象棋的热爱至关重要，很大程度上决定了一个国家的国际象棋事业能否在“黑暗时期”挺过难关，获得更好的发展前景。

1972 年，在老一辈无产阶级革命家的关怀下，国际象棋的训练和赛事逐渐得到了恢复。“文化大革命”期间的第一次大规模全国国际象棋锦标赛于 1974 年在四川举行，紧接着全国国际象棋运动会在 1975 年举行，标志了中国国际象棋运动的初步恢复。这一年，中国也恢复了国际象棋的国际交往。中国正式宣布加入国际棋联，并与亚洲强队菲律宾队展开了友谊对抗赛。虽然中国棋手以总分 25 ∶ 35 的成绩告负，但是，和以往与外国棋手的战绩相比，可以发现，中国棋手有了明显的进步。特别是上海棋手戚惊萱，上满 6 场，获得了 5 胜 1 和的好成绩，战胜了 1 名特级大师和 3 名国家大师。由此可见，中国棋手在“文化大革命”时期的坚持与努力获得了一定的回报。[7]

在改革开放之后，中国的经济发展飞速，为在国际象棋上的投入创造了条件。并且，国家又重新开始重视国际象棋了。为了提高国际象棋的普及度和棋手的实力，党和国家采取了一系列措施，包括：增设团体、青少年比赛，并增设女子组，这给了更多国际象棋爱好者参加比赛的机会；颁布《国际象棋棋手等级制》，完善了授予特级大师、国家大师和 1 到 3 级等级称号的规定，这使得国际象棋在中国更加规范化、专业化；在上海、成都、杭州、北京等地建立国际象棋高水平培训基地，并开设国家队集训，这使得更多在国际象棋方面有天赋的人有机会接受专业训练。

通过中国棋手的不懈钻研和与外国棋手的不断交流学习，中国也拥有了自己独特的更加科学的国际象棋训练方针和计划。最著名的是围棋棋王出身的陈祖德

（1944—2012）在 1988 年提出的“四步走”的战略，这四步是：获得女子个人世界冠军、女子团体世界冠军、男子团体世界冠军、男子个人世界冠军。陈祖德的方针具有科学性，因为女子世界冠军相对要容易许多，而且中国已经出现了不少在国际象棋方面探索多年、富有经验的男子棋手，虽然离世界男子顶尖水平还有一定的差距，但是他们掌握了较为先进的理论知识和国际象棋教育方法，可以有效地帮助中国的女子棋手进行日常训练和准备比赛。

在 20 世纪 90 年代，中国在国际象棋上取得了巨大的成就。1991 年，谢军击败了苏联前棋后齐布尔达尼泽，获得了女子世界冠军。这是中国国际象棋历史性的突破，同时也在中国掀起了一波国际象棋热潮，从而促进了国际象棋在中国的普及与发展。此外，多位男子棋手，如叶荣光、叶江川、徐俊等，相继获得了特级大师的称号，中国队在国际象棋奥赛中也多次获得了优异的成绩。

而如今，中国已经多次获得奥赛冠军，并且培养出了多位女子世界冠军，在国际棋坛上也早已占有一席之地了。短短几十年时间，中国能从对国际象棋一无所知到成为一个国际象棋强国，创造了历史，也创造了奇迹。这与中国一代人的努力密不可分。他们在逆境下不卑不亢，没有轻言放弃，而是始终坚守自己的信念，并且不断学习先进的思想和方法，才有了今天如此辉煌的成就。

五、关于国际象棋在中国未来发展的建议

通过对古今中外国际象棋演变历史的分析和探究，不难发现，社会环境与时代变迁能够塑造国际象棋的演变和发展。因此，通过分析中国国际象棋的发展历程，结合中国的国情和现状，可以预测中国国际象棋未来的发展。

与二战后的苏联时期相似，国际象棋在中国已经进入了黄金时期。有利于中国国际象棋发展的条件有以下几点：一、中国作为兴起的超级大国，国内安定太平，并且部分地区的经济发展远超过当时的苏联，这为国际象棋的发展创造了良好的社会和经济环境。二、党和国家的支持。与苏联相似，中国是一党执政，而且国家很重视国际象棋的发展。因此，中国有条件在国际象棋上投入大量的时间和精

力来培养人才。还有一点与苏联相似的是，中国颁布了对于优秀的棋手的特殊政策。不少中国高校，如上海财经大学、天津南开大学和深圳大学，都有对优秀棋手的特招政策。中国两所最顶尖的院校，清华大学和北京大学，还会招收水平突出的棋手，包括个人世界冠军、奥赛团体世界冠军和世界青少年锦标赛冠军。此外，职业棋手享有较高的工资和比赛奖金。第十二届世界冠军卡尔波夫在近期俄罗斯电视台的采访中说过，国际象棋项目在俄罗斯已经不再是一个有保障的职业了，因此他不打算让他的儿女成为职业棋手。这种情况在大多数欧洲国家也是如此。然而，与之相反的是，国际象棋项目在中国已经逐渐成为一个有保障的职业。越来越多的棋手选择成为职业棋手或者全职教练。中国也有着世界上最大的国际象棋教育市场。因此，中国的国际象棋教育行业也吸引了许多外国人才和高端教练。三、中国拥有足够多的优秀的前辈作为新一代棋手的激励。早在1991年，谢军获得女子世界冠军就掀起了在中国的学棋热潮，并且在之后的几十年，中国女子棋手几乎包揽了女子世界冠军，统治了棋坛。2018年，中国男子女子均在世界奥赛中夺冠，创造了奇迹，也让更多中国棋手有了学棋的动力。四、中国有较完善的训练系统和优秀的教练。中国在北京、杭州、四川等地都建有高水平国际象棋人才训练基地，配置齐全，有特级大师教练指导，培养出众多全国冠军和世界青少年锦标赛冠军。并且，中国著名教练叶江川和余少腾等培养过许多优秀的棋手，如最年轻的女子世界冠军侯逸凡，并曾经多次获得国际教练员奖项。结合以上的条件，可以说，国际象棋在中国的发展有着非常广阔的前景。

诚然，国际象棋在中国的发展存在着非常大的提升空间，这不仅限于中国顶尖棋手实力的提升空间，还包括学棋氛围、普及度、国际象棋的文化底蕴等要素。对于国际象棋在中国未来的发展，本文提出以下几点建议：

（一）注重国际象棋引擎对国际象棋训练的作用。这一点与20世纪不同，因为当时的引擎没有那么发达，而且当年有封盘的规则，在高级比赛中，封盘之后一般由棋手的智囊团对封盘时的局面进行拆解。因此，在20世纪，国际象棋拼的不仅是棋手的实力，还是智囊团的综合水平和团队的合作。强大的国际象棋引擎在20世纪末被引入，因为棋手可以用引擎拆棋，所以封盘的规则不再使用，团队的合作也不再像20世纪中期那样举足轻重了。引擎逐渐成为国际象棋训练分析必不可少的一部分。所以，当今的国际象棋训练侧重的是棋手的思考与电脑引擎的结合。第十三届世界冠军卡斯帕罗夫曾经在TED演讲中发表过他对国际象棋引擎的看法。卡斯帕罗夫认为，计算机的发展和它对人类社会日益增加的影响力是必然趋势，在计算机的时代，棋手需要学会合理地使用国际象棋引擎，结合计算机和人类的优点，从而更好地发挥和提高自己的水平。在中国，对于国际象棋引擎的使用普遍存在这样一个问题：一些处于瓶颈期的青少年棋手过度依赖于国际象棋引擎，从而导致了他们独立判断和思考能力的缺失。因此，他们对很多开局都停留在纯粹的记谱阶段，并没有很好地理解每一步棋的目的。所以，这里建议，在学棋早期，棋手们需要注意合理使用国际象棋引擎，最好只用于拆解有争议的开局和走法以及检验自己的理解，避免对引擎的过度依赖。[8]

（二）把国际象棋引入学校，作为学校长期且稳定的特色课程。这一点借鉴的是苏联的国际象棋学校。把国际象棋作为选修课，作为评分的一个部分，在如此有竞争性的环境下，学生会更加有动力学习国际象棋。国际象棋作为学校的课程也能保证棋手的训练量，棋手不会因为学业繁忙而耽误国际象棋的训练甚至放弃国际象棋。而且，将国际象棋课程引入学校能够提高国际象棋在中国的普及度，让更多的孩子有机会接触国际象棋。此外，开设国际象棋选修课有利于劳逸结合，学生不会因为繁重的课业或者紧张的国际象棋训练而感到枯燥和无聊。正如鲍特维尼克结合他的经历所述，只有在各领域都保持着广泛的兴趣，他才没有失去对下棋的激情和渴望。这些好处在我自己的亲身经历中有着很好的体现。我曾经投身于中国支教2.0的公益活动中，并为安徽省岳西县柳畈小学的学生首次通过互联网开设了国际象棋课程，这一开就是三年。课程效果显著，学生不仅对国际象棋基础有了大概的了解和掌握，还通过国际象棋了解了各国文化，认识了更广阔的世界。国际象棋现在已经成了柳畈小学的传统活动。每年老师都会带领学生一起学习国际象棋并且举办比赛。此外，国际象棋对提高这些学生的逻辑思维能力、记忆力和判断力有着极大的帮助。许多学生反映，他们在学校的学习中思维变得更加敏捷，而且遇到问题常常能够用得到在国际象棋上学到的知识，并且能够举一反三。不少学生还考上了市里的重点中学。由此可见，将国际象棋引入学校，无论是对学生在国际象棋上的发展，还是对学生的全面发展，都是非常有帮助的。实际上，这种模式已经在部分中国的城市开始运行了。比如，国际象棋课程在上海等地已经被引入了众多中小学课程中，并且，对于国际象棋比赛成绩优异的棋手，学校还设有小升初考试和中考的加分政策。这无疑提高了学生学棋的积极性，同时促进了国际象棋的发展。

（三）促进与外国国际象棋的交流。虽然中国的国际象棋水平已经处于世界顶级，并且在最近几年内不断上升，但是不得不说，国外在国际象棋的教学方法、教育理念和文化传播方面还是有不少值得中国棋手学习的地方。无论是16、17世纪的俄国沙皇，还是20世纪的中国国际象棋爱好者，都是在与国外的交流中不断学习，不断吸取经验，提升自我的。而且，通过与外国棋手的交流，中国棋手能够更好地了解国外顶尖棋手的棋风，从而为与外国棋手的比赛做好更加充足的准备。更重要的是，与国外棋手的交流不但学习的是棋艺，而且还学习的是文化。的确，与20世纪相比，中国棋手与国外的交流已经变得十分司空见惯。中国杰出的棋手经常参加国际顶级赛事，与外国名手有了足够多的交流和切磋。并且，中国也经常举办国际大赛，吸引了许多外国棋手前来参加。然而，目前中国国际象棋与国外的交流大多数都停留在棋艺上的切磋，而缺少了思想文化上的交流，比如，国外的国际象棋文化氛围的探究、国外的国际象棋教学方法与中国的区别、国外职业棋手和业余棋手对国际象棋的看法等。因为，国际象棋不仅是一项竞技项目，更是一项文化载体，承载着上千年的历史、不同国家的文化和一代代人智慧的结晶。第一位中国女子世界冠军、北京棋院院长谢军与苏联棋手的交流就是一个很好的例子。谢军与苏联棋手、第七届世界冠军斯梅斯洛夫（Vasily Smyslov, 1921—2010年）建立了深厚的友谊，谢军欣赏斯梅斯洛夫高尚的品德，并走进了他的生活，走入了苏联国际象棋文化。谢军还与卡斯帕罗夫合作，翻译了卡斯帕罗夫的著作《棋与人生》（*How Life Imitates Chess*），其中包含了许多国际象棋中蕴藏的智慧。谢军认为，下棋的意义不仅在于棋艺的切磋，更是在于与伟大棋手思想和精神层面的交流。实际上，这种文化交流的形式不应该只局限于像谢军那样的顶尖棋手，而是所有的国际象棋爱好者都应该积极参与的。

（四）培养棋手对国际象棋的热情，而不是一味地带有功利性地学习。急于求成是一些中国棋手和家长普遍存在的问题，希望通过突击训练获得优异的名次，或者希望把国际象棋当作进入名牌大学的跳板。对于少年棋手来说，这可能会让学习国际象棋成为一项任务，一项负担，从而导致了棋手的心态上的问题，或是逐渐对下棋失去了兴趣。因此，学习国际象棋的心态要端正，学棋学的不仅是棋艺，还能学到逻辑思维和独立判断思考的能力，学到历史文化，学到坚持不懈、敢于拼搏的精神。好的国际象棋教育应该把国际象棋当作一个爱好，一个精神上的追求，而不是博取名利的工具。正如鲍特维尼克所说，精通国际象棋并不是棋手的唯一目标。人们下棋是因为喜欢它，并乐在其中。而且，人们总是可以从国际象棋中学到很多。因此，国际象棋的教育可以从这几个方面出发：如何将国际象棋的思维方式运用到数学、计算机等学科的学习中；如何将国际象棋的智慧运用到生活中；国际象棋的历史教育，了解国际象棋的发展历史，各个国际象棋学派的发展、优缺点以及中国老前辈的不懈努力等；把国际象棋和爱国教育相结合，了解中国老一辈棋手在国际象棋上的努力，从中学习到他们的精神。[9]

总　结

国际象棋的历史源远流长，从中世纪到现代，国际象棋在不同的时代背景下经历了无数的演变。本文从国际象棋的历史出发，总结了国际象棋演变与发展的规律，并建议吸取前辈们的经验和教训，且将其运用到中国国际象棋的发展上来，这将会对中国国际象棋的未来发展具有重大意义。

参考文献：

[1]Chess Noob #10 – How the Rules of Chess Have Changed. The Regency Chess Company, 2012, 07. https://www.regencychess.co.uk/blog/2012/07/chess-noob-10-how-the-rules-of-chess-have-changed-over-the-centuries/.

[2]Caroline Walker Bynum. Fragmentation and redemption: essays on gender and the human body in Medieval religion. Bynum American Council of Learned Societies, 2012.

[3]Olivia Remie Constable. Chess and Courtly Culture in Medieval Castile: The Libro de ajedrez of Alfonso X, el Sabio. Speculum, 2007, 04.

[4]Alexander Terekhov. A History of Chess in Russia. Chess24, 2020. https://chess24.com/en/read/news/a-history-of-chess-in-russia.

[5]Yuri Golyshak, Sergei Kruzhkov. Boris Spassky 2016 interview. Sport-Express,

2016. https://www.chess.com/blog/Spektrowski/boris-spassky-2016-interview.

[6]Kramnik Vladimir. Kramnik Interview: From Steinitz to Kasparov. Internet Archive, 2005, 05. https://web.archive.org/web/20080512052013/http://www.kramnik.com/eng/interviews/getinterview.aspx?id=61.

[7]林峰.国际象棋初级教程[M]. 北京体育大学出版社，2006.

[8]Garry Kasparov. Don't fear intelligent machines Work with them. TED, 2017. https://www.ted.com/talks/garry_kasparov_don_t_fear_intelligent_machines_work_with_them.

[9]林峰，魏顺兴，缪美娣.向棋王棋后学棋[M]. 北京学苑出版社，2003.

“未来社区”建设赋能国际象棋项目发展的实施路径
——以浙江为例

吴晓旻

一、相关概念和理论基础

（一）相关概念

1. 国际象棋的概述

国际通行棋种。习称“象棋”，在中国，为区别于中国象棋，故名。雏形为公元2—4世纪初流行于印度的一种棋戏恰图兰卡。约于20世纪初传入中国沿海城市，1956年起列为国家体育项目。[①] 国际象棋在全球广泛流行，在各大洲都有数以万计的棋手，1924年在法国巴黎成立的国际棋联，于1999年被国际奥委会吸收为成员，目前有190个会员国。

2. 社区的概述

社区是城市的最小单元。1887年，德国社会学家费迪南•滕尼斯在《社区与社会》一文中首次提出了“社区（community）”一词，认为它是基于血缘、朋友和邻里关系建立起来的“共同体”[②]。1933年，“社区”这一概念被我国社会学家费孝

① 林峰，陈桂康.国际象棋词典[M].上海：上海辞书出版社，1987.

② 费迪南•滕尼斯.社区与社会[J].顾海萍，译.都市文化研究,2007,3(2):169–175.

通翻译后引入国内，并将其解读为“和谐的人际关系和互助合作的共同体”①。社区是指聚居在一定地域范围内的人们所组成的社会生活共同体。目前城市社区的范围，一般是指经过社区体制改革后作了规模调整的居民委员会辖区。

3. 未来社区的概述

“未来社区”承载着人民对美好生活的向往，是一个具有前瞻性的动态概念，随着时代的发展和科技的进步与时俱进。2019 年，浙江省政府首次提出建设“未来社区”，是继千万工程、特色小镇、最多跑一次之后，浙江推动高质量发展的又一张“金名片”。

未来社区，是突出高品质生活主轴，有归属感、舒适感、未来感的新型城市功能单元，要打造成为绿色低碳智慧的“有机生命体”、宜居宜业宜游的“生活共同体”、资源合理配置的“社会综合体”。即搭建“139”系统框架，“1”是以满足人民美好生活向往为中心，“3”是聚焦人本化、生态化、数字化三维价值，“9”是未来邻里、教育、健康、创业、建筑、交通、低碳、服务、治理等九大场景创新的有机统一的新人居空间。其具有 6 大特征：一是以美好生活为目标追求。二是以美丽宜居为环境底色。三是以智慧互联为基本特征。四是以绿色低碳为核心理念。五是以创新创业为时代风尚。六是以和睦共治为治理方式。

以满足人民美好生活向往为中心	三维价值	九大场景

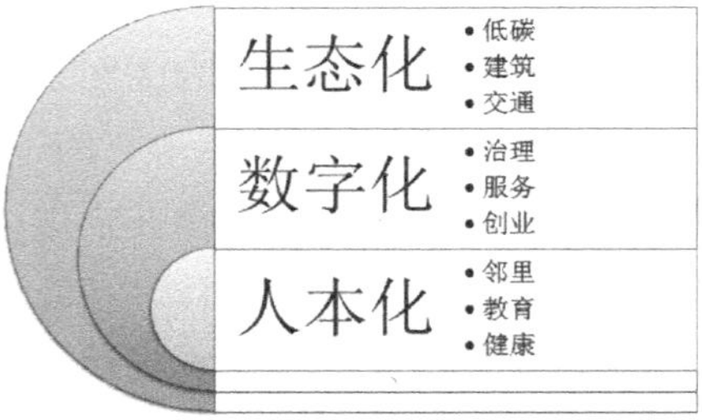

图1　未来社区139建设理念示意图

① 费孝通.费孝通全集.第5卷(1947)[M]. 呼和浩特:内蒙古人民出版社,2009.

（二）基础理论

1. 新公共服务理论

政府干预过度会导致各治理主体的积极性被压制。新公共服务是一场基于公共利益、民主治理过程的运动，政府的角色是服务，对象是公民，方式是建立公共机构、非营利机构和私人机构的联盟，以满足彼此都认同的需要。新公共服务理论是指关于公共行政在以公民为中心的治理系统中所扮演的角色的一套理论，即将公共服务、民主治理和公民参与置于核心地位。[①]新公共服务理论包括以下七个方面的基本观点。（1）政府的职能是服务，而不是“掌舵”。（2）公共利益是目标而非副产品。（3）在思想上要具有战略性，在行动上要具有民主性。（4）为公民服务，而不是为顾客服务。（5）责任并不简单。（6）重视人，而不只是重视生产率。（7）公民权和公共服务比企业家精神更重要。[②]

新公共服务理论对于“未来社区”建设赋能国际象棋项目发展研究具有重要的理论指导意义。其意义主要表现在：（1）在未来社区建设中，政府适当放权为居民提供社会服务，而不是扮演掌舵者的角色；（2）国象主管部门的作用应当是引导企业、非营利社会组织、社区组织和从业者、社区居民共同探索，共同确定国际象棋项目在“未来社区”的建设方案，实现多元共治的格局。

2. 社会参与理论

当前，“一元治理”正在向“多元治理”的范式转变。社会参与理论主要是指公共事务治理中从政府为中心的单一参与模式，转向政府、企业、社会、公众等多群体组织的多元参与模式，政府不再是唯一的决策主体，而是与企业、社会组织、公众形成参与式治理的新格局。政府由于其垄断性和封闭性，会出现公共政策制定偏差、公共产品供给不足、公共效率低下等问题；企业由于其信息不对称，会出现投机性倾向；社会组织则有资金不足、信任危机等问题。当然也各具优势，政府具有宏观和稳定性，企业具有充裕资金和效益，社会组织有公益性。

社会参与理论对于“未来社区”建设赋能国际象棋项目发展研究具有重要的理论指导意义。其意义主要表现在：（1）“未来社区”分布广泛，需要整合资源，引导社会参与。（2）“未来社区”是具有基层性和基础性，最贴近群众，能够凝

---

① 丁煌.西方行政学说史[M].武汉：武汉大学出版社，2007.

② 珍妮特·V.登哈特，罗伯特·B.登哈特.新公共服务：服务，而不是掌舵（第3版）[M].丁煌,译.北京：中国人民大学出版社,2016.

聚、调动、服务群众，发挥其主观能动性，有利于推动国际象棋项目高质量发展。

3. 生活体育理论

生活体育是居民日常生活中积极开展的体育活动，倡导在日常生活场景中设计出生活化游戏的情景，使人能够随时随地方便介入、轻松参与。通过降低体育运动的参与门槛，引发民众参与的兴趣，提高参与频率，使体育运动转化为其自觉的身心发展需要，进而提升生活品质，创新生活文化。

生活体育理论对于“未来社区”建设赋能国际象棋项目发展研究具有重要的理论指导意义。其意义主要表现在：（1）生活体育作为社区居民身心健康的重要保障和生活水准的衡量标识，具备天时、地利、人和的优势，有巨大发展空间，是未来社区建设的重要组成部分；（2）生活体育构建学习型社区，有利于推动国际象棋项目普及推广；（3）生活体育创新文化生活，有利于推进棋文化建设；（4）国际象棋作为生活体育项目，可以提升生活品质，增进邻里关系，促进社会和谐。

二、“未来社区”建设赋能国际象棋项目发展的挑战和机遇

（一）国际象棋项目基本情况

随着我国经济实力不断发展壮大，中国国际象棋项目经过历代国象人的不懈奋斗，目前已经迈入综合实力强国序列。多位中国棋手在国际组织中任职，叶江川担任国际棋联副主席，诸宸担任国际棋联司库。据国际棋联6月份公布显示，中国全球排名位列第三，仅次于俄罗斯、美国，各类注册人员（含港澳台地区）5197人，丁立人世界男子技术等级分排名第3位，侯逸凡世界女子技术等级分排名第1位。但在青少年人才储备方面有待加强，目前Top100青少年棋手中，中国少年棋手仅4人，而印度、美国、俄罗斯分别是15人、12人、11人。为此，需要进一步做好国际象棋项目普及推广，为提升竞技水平奠定基础。

表1 国际象棋排名前十国家指标

序列	国家	注册人数	2020年至今赛事数	Top100棋手	Top100女棋手	Top100少年	Top100少女
1	俄罗斯	97912	2175	22	18	11	16
2	美国	18377	215	10	4	12	7
3	中国	5198	37	9	14	4	8
4	印度	97334	82	4	7	15	13
5	乌克兰	15497	556	8	4	4	3
6	亚美尼亚	1851	23	4	3	4	2
7	阿塞拜疆	5247	42	6	3	4	2
8	匈牙利	11218	285	4	2	1	3
9	法国	68219	1221	3	5	1	0
10	西班牙	57834	971	3	3	3	2
总计		378687	5603	73	63	59	56

数据截至 2021 年 6 月 20 日，数据来源：国际棋联官方网站：https://fide.com/.

（二）后疫情时期国际象棋项目发展面临挑战

近年来，中国国际象棋协会围绕国家“五位一体”总体布局和“四个全面”战略布局，在体系建设、竞技成绩、普及发展、新闻宣传、品牌赛事、市场开发、文化建设和对外交流八大领域持续发力，为开启高水平全面建设社会主义现代化新征程发挥独特作用。但受制于国际象棋项目品类窄、门槛高、流量少等自身特质，特别是受疫情影响，国际象棋项目发展面临许多新情况、新问题。

1. 品牌赛事供需矛盾大。赛事供给不足，各级别国际象棋赛事被取消、推迟，赛事计划大幅降低。2020 年我国（含港澳台地区）在国际棋联备案的赛事 35 项，较 2019 年同比下降 58.82%，据不完全统计，2020 年以来，全国有近 13 项国际象棋赛事因疫情原因延期。如 2020 年全国国际象棋青少年锦标赛暨第 28 届“李成智杯”全国少年儿童冠军赛，上海、山东、江苏、浙江 4 省市的 2021 年全国国际象棋棋协大师赛均延期举办。对于部分有晋级需求、原计划争取高水平运动员特招名额的青少年棋手带来不便。

2. 培训机构生存压力大。校外培训政策趋紧，资本裹挟 K12 教育无序扩张，教育部成立校外培训监管司，《关于进一步减轻义务教育阶段学生作业负担和校外培训负担的意见》《未成年人学校保护规定》等全方位监管政策落地，行业前景面临着极大的不确定性。2020 年线下国象教育培训机构停课近半年时间，存在不同程度亏损状况，且一旦本地暴发零星疫情，就一律停课，部分教育培训机构负责人面临房租压力、国象专职从业人员面临短暂失业。线上培训弊端显现，如一对 N 的网课或者录播课，缺乏师生互动沟通，学生注意力不集中，低龄、初阶学生自律能力不足，甚至出现利用家长提供的电子产品在上网课期间打游戏的现象，学习效果大打折扣。

3. 线上赛事保障难度大。线上赛事易受网络技术影响，且计算机辅助作弊偶有发生。全球高水平赛事由于参赛棋手处于多个时区，一些棋手凌晨参赛不利于水平发挥，且受网络质量和流畅度限制，体验感不佳，例如在 Chess.com 平台进行的 2020 年国际棋联网络奥林匹克团体赛，由于冠亚军决赛出现了断网问题，俄罗斯队和印度队并列冠军。另外，2020 年起，国际象棋赛事转战线上后，出现某青少年棋手在比赛期间多次断线、疑似作弊行为被专家认定，使得国际象棋界的声誉遭受损失。此后国际棋联主席德沃尔科维奇就反作弊政策发表公开信，制定国际棋联网络国际象棋竞赛规则，中国国际象棋协会也发布了《拒绝作弊，共建诚信》公益宣传片，采取政策管理、赛事监管、平台数据等多种措施，倡导公平竞赛、反对作弊，最大程度地降低作弊风险。

（三）“未来社区”建设赋能国际象棋项目发展的现实基础

2021 年 3 月颁布的《中华人民共和国国民经济和社会发展第十四个五年规划和 2035 年远景目标纲要》提出，要“坚持党建引领、重心下移、科技赋能，不断提升城市治理科学化精细化智能化水平，推进市域社会治理现代化”。“推动资源、管理、服务向街道社区下沉，加快建设现代社区。”[①]2021 年 6 月，浙江省委十四届九次全会审议并原则通过了《浙江高质量发展建设共同富裕示范区实施方案（2021—2025 年）》，指出要“要着力建设共同富裕现代化基本单元，全省域推进城镇未来社区、乡村新社区建设，让共同富裕惠及每一位群众。”据浙江省第七次人口普查数据显示，浙江全省城市化率 72%，大约 4659 万人常住在城镇社区。自 2019 年浙江启动未来社区试点工作以来，2019—2020 年先后发布了两批共 60 个省级试点，预计直接受益人数 63.8 万人，计划引进人才数 43.2 万人。2021 年，全省纳入未来社区建设 90 个，整合提升类 40 个，拆改结合类 27 个，

① 中华人民共和国中央人民政府网.中华人民共和国国民经济和社会发展第十四个五年规划和2035年远景目标纲要[OL] http://www.gov.cn/xinwen/2021-03/13/content_5592681.html.

拆除重建类 17 个，规划新建类 4 个，全域类 2 个，实现社区整体智治和智慧生活，打造共同富裕现代化基本单元。本文通过对全省 11 个地市居民进行网上问卷调查，收回问卷 362 份。从知晓情况、参与情况、痛点难点、需求情况等方面进行分析，为促进国际象棋普及推广，推进国际象棋项目高质量发展提供决策依据。

1. 研究分析居民对未来社区的感知和意愿。60.5% 的居民表示了解清楚什么是未来社区，其中 11.5% 的居民表示非常了解未来社区。对于是否愿意将自己居住的小区建成未来社区这个问题，86.19% 希望居住社区纳入未来社区建设，仅 1.66% 表示不愿意，对此我们可以看到未来社区建设的前景非常广阔。

2. 研究分析居民社区活动参与度。如图 2 所示，目前居民参与社区公共活动频率普遍不高，49.72% 的居民一年仅 1—2 次参与，38.4% 的居民表示没参加过，仅 4.7% 的居民每年参加 5 次以上。居民参与公共活动的意愿很大程度影响“未来社区”建设赋能国际象棋项目发展的实际效果。调查中 97.24% 居民支持在“未来社区”建设中引入国际象棋项目，且子女未接触过国际象棋的居民中也有 75% 支持社区引入国际象棋项目。90.06% 居民表示自己与家中老人愿意参加社区普及推广国际象棋项目学习，如果将国际象棋引入未来社区建设，可以在社区参加国际象棋学习或对弈，85.08% 居民希望每周参与 1—2 次，10.5% 希望每周参与 3 次。可见当前社区公共活动匮乏，如果引入国际象棋项目居民还是相对支持的。

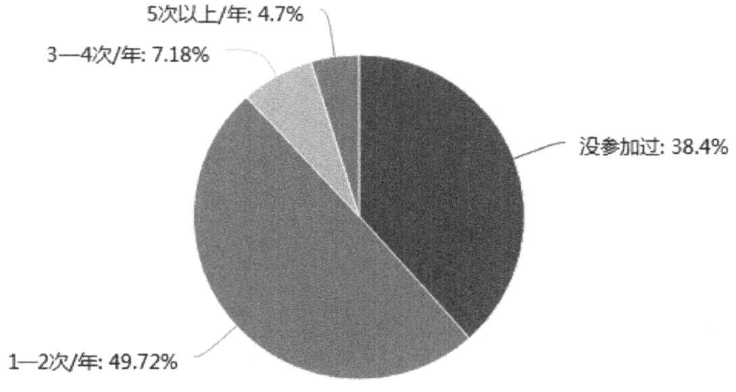

图2　居民参与社区公共活动频次图

3. 研究分析当前居民学习国际象棋的难点痛点。国际象棋项目学习需要长期投入，且考验毅力、短期激励不显著。因此对出行时长较敏感。如图 3 所示，目前棋童去国际象棋培训机构的主要出行方式是私家车，占 62.35%，步行仅占 6.63%。

出行所需时间16—30分钟占41.27%、5—15分钟占34.94%，60分钟以上占6.02%，81.63%集中在半小时交通圈。

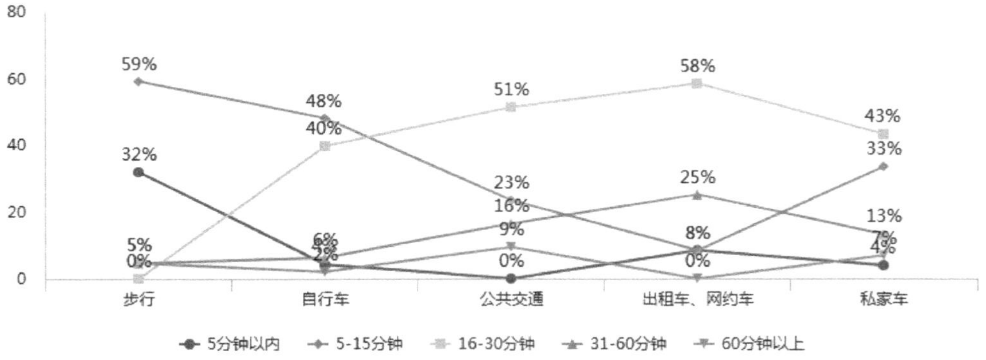

图3 居民学习国际象棋项目出行方式和出行时间统计图

由图4对居民学习国际象棋项目时长和距离交叉分析得出，在学棋1年以内的居民中，有17.65%选择5分钟以内的机构，而在学棋4年以上的居民中，有15.58%交通出行耗时1小时以上，可见初学者大多选择就近的机构学习，高阶段对于优质教育资源要求更高。故而可以理解，为什么有64.64%居民认为在社区参加国际象棋活动有利于减轻交通出行压力。

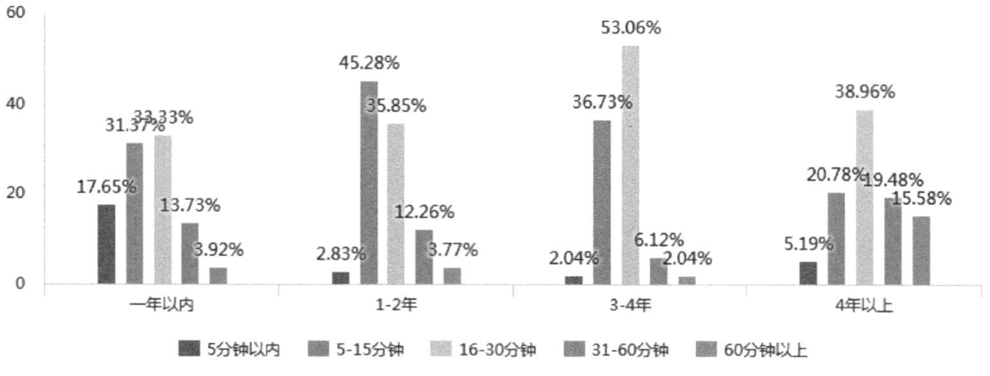

图4 居民学习国际象棋项目时长与距离统计图

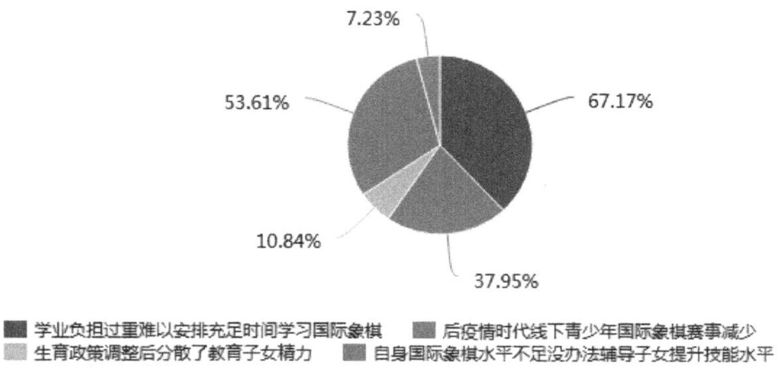

图5 居民学习国际象棋项目难点分析图

根据图5可见，67.17%的居民表示子女学业负担过重，难以安排充足时间学习国际象棋；53.61%的居民认为自身国际象棋水平不足，没办法辅导子女提升技能水平；37.95%居民认为后疫情时代线下青少年国际象棋赛事减少；10.84%表示生育政策调整后分散了教育子女精力。另选择其他的受访者表示，难点聚焦在三方面，一是教育权威部门支持力度欠缺，二是优质教育培训机构距离太远，三是无法常态性寻找到同级别的棋手对弈，线上对弈担心影响视力。

4. 研究分析居民对社区国际象棋活动需求。对于在社区参加国际象棋活动的优点，81.49%的居民表示在社区参与活动有助于提升国际象棋技能水平，80.94%表示可以丰富业余生活，64.36%表示有助于增进邻里关系。根据图6国际象棋服务需求的多项选择调查结果显示，88.67%居民希望提供安全舒适的国际象棋对弈空间，77.62%居民需要提供智能化的国际象棋教学培训，68.23%居民需要提供国际象棋赛事服务，42.82%居民需要提供图书、餐饮等国际象棋元素商店。另外还有受访者表示希望开设家长课堂，传授教育经验，带动其他家长提升整体学习氛围。

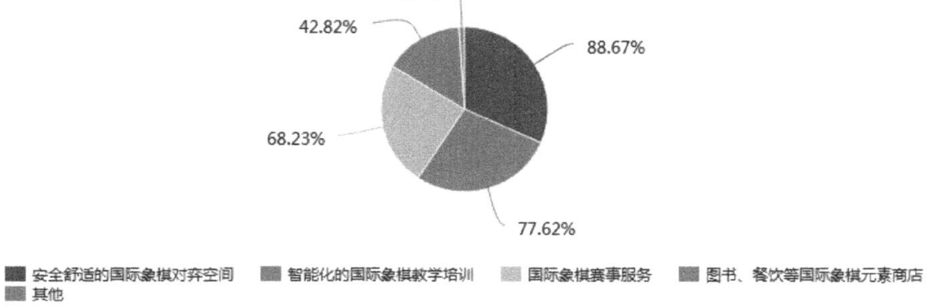

图6 居民对国际象棋项目服务需求统计图

典型案例：全国国际象棋高水平后备人才基地（温州）位于温州市鹿城区蒋家桥社区，该社区辖区范围东至小坝节河，南至锦绣路，西至车站大道，北至洪殿河，辖区总面积0.67平方公里，绿化面积16.5万平方米。辖区内有凯润花园（一区、二区、三区），东港小区、华馨园、盛德大厦、大诚商厦、金润花苑、学院大厦、桃源居、吕浦花苑、吕浦花园、金桥花园、电化小区、置信原墅、学院中路305弄、蒋家桥锦园、吕浦湾锦园及洪殿工业区民房和小坝节民房组成。常住人口20818人，户籍人口8208人，机关企事业单位15个，店面297间，社区现有支部11个，在册党员283名。社区设有社区便民服务中心、办公室、会议室、党员活动室、市民学校。社区现有工作人员14名，平均年龄39岁。全国国际象棋高水平后备人才基地（温州）自2007年迁入蒋家桥社区凯润花园一区，在社区办学已10余年，以普及国际象棋教育、推广国际象棋文化、培养国际象棋人才为宗旨，从事国际象棋相关的后备人才教育培训。基地租用小区公共用房，对本小区青少年予以学费优惠。据不完全统计，先后培养学生2000余人次，深受家长学生好评。

（四）国际象棋项目融入“未来社区”建设动力及特征

自国际象棋在1956年被列为国家体育项目，已历经65年发展历程，相较其他棋类项目，如围棋、中国象棋，仍存在群众基础弱、影响力有限、圈层年龄小等问题，对融入社区建设、扩大覆盖面有着较强的内驱动力。

1. 动力

（1）促进国际象棋项目普及推广。在传统的国际象棋项目发展过程中，普及推广方式相对单一，多由专业培训机构、国际象棋特色学校进行普及。据2021年全国国际象棋锦标赛和中国国际象棋联赛等赛事的运动员注册名单显示，当前我国国际象棋注册运动员2454人。融入“未来社区”建设后，将引导优质国际象棋教育培训机构下沉社区，迭代升级国象普及推广体系，推动人的全生命周期国际象棋项目服务优质共享，扩大国际象棋项目覆盖面。

（2）促进国际象棋训练理念变革。当前在青少年后备人才训练方面，遇到瓶颈问题是缺乏距离相近、水平相近的同龄人在线下便捷对弈。融入“未来社区”建设后，社会组织、国际象棋从业者可搭建社区对弈平台，促进集体训练资源共享，采用计算机辅助训练方式提升青少年后备人才对棋局的理解，改革创新开局技术、不断完善弈棋风格，推进后备人才梯队建设。

（3）促进国际象棋教育精准评价。在教育“内卷”愈演愈烈的背景下，依据科学、合理且可量化的评定数据，提供高效精准的国际象棋教育显得尤为重要。融入“未来社区”建设后，国象从业者可依托人工智能和大数据，帮助学生更合理地规划学习进程，提供量身定制的教学与训练，提高教学效率，从而实现因材施教，推动个性化国际象棋教育普及，办好人民满意国际象棋教育。

2. 特征

（1）参与主体的多元性。在未来社区里，教育主体将涉及党群部门、企业、社会组织和社区居民，教育对象可拓展至青少年、成人、老年人等全龄段，有效激活了多元主体活力，形成各方合力普及推广国际象棋项目的格局。如党群服务中心可以引进师资开设覆盖全龄段的国际象棋公益培训，社会组织可以搭建知识流动、技能共享的终身学习平台。

（2）服务供给的智慧性。大数据、5G、物联网等信息技术的发展为国际象棋项目数字化改革提供巨大的动力，进而为国际象棋事业的发展提供重要机遇。尤其是数字经济“一号工程”创新落地单元——“未来社区”建设，国际象棋项目可提前嵌入未来社区实体建设和数字化建设，依托其社区智慧服务平台，促进国际象棋服务供给多样化。

（3）学习体验的舒适性。由于学习地点位于社区，能有效减少交通出行时间，特别是对于青少年培训，无需家长接送，节省的时间可以让居民投入到家庭生活或生产工作之中，有效提升幸福指数。未来建筑场景可以营造沉浸式和以人为本的智慧舒适学习空间，教育者可以搭建模拟场景下的浸入式学习模式，并提供无微不至的学习支持服务。

三、“未来社区”建设赋能国际象棋项目发展的路径和政策建议

（一）国际象棋项目融入“未来社区”建设场景体系设计

根据未来社区的“139”系统框架，设计国际象棋项目未来生活服务场景，打造“整体智治”社区级城市国际象棋公共服务体系。

1. 打造未来建筑场景。针对建筑“千楼一面”、同质化等问题，具有国象生活美学的空间形态。打造“国象、艺术、建筑”交融的社区风貌空间形态，倡导

空间集约利用和功能复合利用，在新建类未来社区童玩区域，打造国象雕塑、建筑物墙饰等景观小品，借鉴沉浸式戏剧剧场空间设计，塑造有社交属性、具辨识度、可推广启蒙的国际象棋教学实体空间。打造“国象、绿化、品质”交融的社区公园空间形态，将部分绿植打造成立体国际象棋的形状，建设具有国际象棋元素的公园绿化，使之成为未来社区中绿色生态网络的重要组成部分，充分展现社区的人居品质。对未明确规划社区空间利用的未来社区，建议适当留白，推广弹性较大的空间设计模式，使得建筑场景可以根据未来空间需求进行灵活改造。

2. 打造未来创业场景。针对创业成本高等问题，配置高性价比的创业空间、开放共享的创业服务，培育社区创业创新载体，零距离对接国象产品供给和需求。顺应未来生活与就业融合趋势，依托未来社区配套的低成本、泛在化、开放式的社区众创空间，举办全省开放式双创活动，通过项目路演，激发国象从业人员创业创新激情和活力。围绕“创社区所需、创生活所求”，预留市场多元开发空间，引导搭建无人值守国象训练场地、智能化国象产品卖场、线上社区国象赛事场景。发挥未来社区绿色开放空间体系引流聚人兴业作用，加强赛事引进、俱乐部孵化，将国象消费场景与亲子互动、公共艺术、休闲餐饮等业态叠加。

3. 打造未来教育场景。针对国象课外教育渠道有限、优质教育资源稀缺、项目覆盖人群少等问题，营造“时时可学、处处能学、人人皆学”的全龄段社区全民国象教育环境。健全终身学习机制，围绕未来社区“人本化”价值取向，遵循人的生命成长规律，开发各年龄段社区居民感兴趣、实用性强、开放迭代的数字化学习资源。针对青少年，引入“远程名师＋线下教师”双师课堂教学，探索公益引流惠及商业、商业造血反哺公益持续运转模式。针对成人，借助中国国际象棋协会主办的国际象棋初级教练员网络培训班，培养一支结构精良的国象社区教师队伍，促进社区资源、技能、知识全面共享。针对老年人，盘活社区师资力量，配置幸福学堂，鼓励跨代际、项目制的混龄方式，适老化普及智力运动项目，引导形成互助学习小组、交流圈。

4. 打造未来邻里场景。针对邻里关系淡漠化趋势，依托国际象棋项目重构邻里社交、邻里互助、邻里文化体系。聚焦邻里社交，通过青少年跨龄互动、能人技能交换、共学养老等模式，以棋交友、以棋会友、棋乐融融，重建熟人社会及交流系统。聚焦邻里互助，探索建设“时间银行”，建立“我为人人、人人为我”的邻里贡献积分机制，通过服务换积分、积分换服务，有机叠加商业、教育、文化、体育等高品质公共服务，鼓励社区居民主动参与国象活动、共享资源，打造邻里互助生活共同体，营造“远亲不如近邻”的社区睦邻氛围。聚焦邻里文化，打造“以棋促德、以棋益智、以棋怡情、以棋养性”社区棋文化，促进特色邻里文化传承和再造，创建“交往交融交心、舒适舒心舒服”的文化家园。

5. 打造未来低碳场景。针对威胁人类生存与发展的气候变化问题，在打造符合节能减排措施的“绿色、低碳、人文”国象消费场景，体现国象人在推进碳达峰、碳中和中的使命担当。注重低碳生产方式，综合利用太阳能等清洁能源，应用“光伏建筑一体化 + 储能”的供电系统赋能国象消费场景，降低未来社区能耗水平。注重低碳生活方式，强化 TOD 布局理念，社区内设置风雨连廊，为青少年和老年人提供舒适便捷宜人安全的出行环境，减少成人接送时间消耗，就近享受优质国象教育资源、国象元素业态资源，提升绿色低碳出行比例。

表2 未来社区场景功能模块“8+N”清单表

场景	模块	项目
创业场景	社区众创空间	提供联合办公空间（办公、会议、配套等）、创业咖啡、创新学院等创业交往空间
	社区商业	书店、餐饮等国际象棋元素的日常消费商业业态
	人才公寓	为引进国际象棋专业人才提供租赁式或产权式的高品质居住环境
教育场景	城市书房	与各级图书馆互联互通，复合型的国际象棋学习交流场所
	幸福学堂	多龄段共享的社区国际象棋教育公益平台、终身学习基地
	共享教室	青少年国际象棋教育培训活动场所
邻里场景	社区公园	全龄段室外交往活动中心，提供国际象棋日常兴趣活动场所，包括含国际象棋雕塑、建筑物墙饰等景观小品、公园
	党群服务中心	社区党群工作、志愿者服务活动场所
选配项（N）	区域公共设施	沉浸式国际象棋剧场空间、无人值守国象训练场地
	社区商业扩充模块	智能化国象产品卖场

（二）“未来社区”建设赋能国际象棋项目发展支撑体系

“未来社区”建设赋能国际象棋项目发展是系统工程，涉及领域广，需搭建“平台、技术、资金、人才”四大支撑体系，推动国际象棋项目高质量发展。

1. 平台方面：建设“未来社区”建设赋能国际象棋项目发展智库平台，成立由发改、住建、民政、教育、文化、人社、市监、环保、体育组成的专家团队，为国际象棋项目在未来社区发展提供全过程咨询和决策服务。强化与国际棋联、中国国际象棋协会、国内外龙头国际象棋俱乐部等机构合作，动态跟踪国象行业发展动态，为国际象棋项目在未来社区持续创新发展提供新动力。组建国象产业联盟，促进跨界合作、联动协作，支持有条件的龙头企业发展成为“平台型企业”建设国象产业资源交易平台，推进国象产品与服务标准化。

2. 技术方面：以浙江数字化改革为契机，加强智能技术应用，深化数字科技类企业和国象项目合作，推动人工智能、移动穿戴设备、语音交互等技术在国象领域的应用，推动国象产业数据化、国象体验互动化、国象社交情境化，推进国象产品和服务线上线下融合创新。实施未来社区赋能国象项目发展基础数据化战略，搭建国际象棋项目普及推广数据库，支持国象知识付费 App 应用推广，促进 AI+ 国象教育，定制个性化学习路径，引导企业挖掘国象消费数据，促进供需调配和精准对接，将“数字国象”打造成未来社区创业亮点。

3. 资金方面：倡导公益 + 商业模块构成，基础性配置由政府部门主导投入，主要是承担国象项目公益普及推广，商业性配置作为增值服务部分，如文创、餐饮等业态由企业自行投入。畅通多元支持渠道加大硬件设施投入，通过适当提高容积率、发行未来社区国象项目 REITs 产品、支持国象公益普及推广等方法，鼓励土地开发企业在新建、重建类未来社区建设主动建设国象消费场地设施。多渠道筹措国象社区发展基金，利用杭州亚运国象项目的无形资产，通过国际象棋协会 IP 授权收益、品牌影响力大的国象“独角兽”企业赞助、党群活动中心专项资金、居民众筹社区基金汇聚国象社区事业发展资金池，支撑国象公益普及推广。

4. 人才方面：用足人才政策招才引智，深入推进国象产业链、创新链、人才链、价值链融合发展，释放未来社区建设的裂变效应，引导专业人才下沉社区推进国际象棋项目发展。依托“浙里办”App 创设国象专业人才库，探索“揭榜挂帅、正向激励”新模式，促进国际象棋项目普及推广。强化“国象专业人才、社区创业者、社区志愿者”等“三个联动”，全方位推进培训赋能，提升业务素质。优化国象人才服务生态，畅通优秀国象退役运动员创业渠道，让未来社区成为各路国象英才的向往地、创业地、圆梦地。

（三）“未来社区”建设赋能国际象棋项目发展政策建议

通过“未来社区”政策管理工具组合创新，推动国际象棋项目发展政策制度系统性变革。

1. 未来社区打造高质量国象公共空间政策。完善未来社区国象公共空间建设“1+X”政策体系，出台未来社区建设国象公共空间的实施意见，从空间形式、建设要求、管理运行、保障措施等方面予以明确，打造有辨识度的社区国象文化地标，彰显未来社区的文化个性。制定未来社区国际象棋公共文化空间建设和服务的细化标准，制定系统化运行、管理、监督等实施细则。研究制定吸引社会力量参与未来社区国际象棋公共文化空间建设的相关政策，形成政府引导、市场运作、社会力量广泛参与的多方联动的管理运行体制。

2. 未来社区国象产业商业运营创新支持政策。根据浙江省《未来社区商业建设及运营规范》标准，制订国际象棋产业的社区商业规模、业态配置、业态功能标准，明确经营、招商、安全、文化管理要求，积极推动未来社区国际象棋产业创新发展。为国象产业商业运营搭建高性价比的技术、服务供给体系，有效推进项目审批、政策落实、资金到位。引导国际象棋产业相关企业充分利用信息新技术、消费新形式、商业新价值，优化运营模式和管理标准，降低成本，在保证经济利益同时，最大限度履行社会责任。

3. 未来社区试点国象教育资源支持政策。出台未来社区试点国象教育的实施意见，从教育内容体系、教学组织体系、基础保障体系等方面着手，打造一批国际象棋未来社区典型样板。建立差别化国际象棋社区教育扶持政策，研究制定相应激励措施，对辖区内机构提升服务质量，对重点机构采取“一事一议”的方式，施行“一机构一策”，进一步放大政策叠加效应。加强教育领域数字化改革制度供给，建立国际象棋学习数字化资源运营机制，开发国际象棋数字化学习资源和在线课程，打造国际象棋教练IP。完善以学习者为中心的课程资源建用体系，构建全方位的资源建设质量与应用评价体系，满足社区居民国际象棋培训、对弈训练需求。

参考文献：

[1]林峰，陈桂康.国际象棋词典. [M]上海：上海辞书出版社,1987.

[2]费迪南·滕尼斯.社区与社会[J]. 顾海萍,译. 都市文化研究,2007,3(2):169-175.

[3]费孝通.费孝通全集 第五卷(1947)[M]. 呼和浩特:内蒙古人民出版社,2009.

[4]丁煌.西方行政学说史[M]. 武汉：武汉大学出版社, 2007.

[5]珍妮特·V. 登哈特，罗伯特·B. 登哈特. 新公共服务：服务，而不是掌舵（第3版）[M]. 丁煌, 译. 北京：中国人民大学出版社,2016.

[6] 中华人民共和国中央人民政府网.中华人民共和国国民经济和社会发展第十四个五年规划和2035年远景目标纲要[OL] http://www.gov.cn/xinwen/2021-03/13/content_5592681.html.

[7]浙江省人民政府.关于印发浙江省未来社区建设试点工作方案的通知[Z]. 2019, 03.

[8]浙江省人民政府办公厅.关于高质量加快推进未来社区试点建设工作的意见[Z].2019,11.

[9]郁建兴，吴结兵.走向科学化、精细化、智能化的未来社区治理体系[J].浙江经济,2019(07):21-23.

[10]田毅鹏."未来社区"建设的几个理论问题[J].社会科学研究.2020,42(2):8-15.

附　录

尊敬的女士/先生：

您好！感谢您在百忙中参与我们的调查，本问卷旨在了解您对在“未来社区”建设中引入国际象棋项目的态度，为促进国际象棋推广普及、丰富相关产品供给、提升居民满意度、推进国际象棋项目高质量发展提供决策建议，因而真诚希望能够得到您的支持。本问卷不涉及商业机密和个人隐私，答案无对错之分，您的如实回答对我们的研究非常重要，非常感谢您的支持配合！祝您工作顺利，身体健康，家庭幸福，万事如意！

1. 您所在的城市：

A 杭州　B 宁波　C 温州　D 绍兴　E 台州　F 嘉兴

G 金华　H 湖州　I 衢州　J 丽水　K 舟山

2. 您的性别：

A 男　B 女

3. 您对“未来社区”了解吗？

A 非常了解　B 基本清楚　C 没听说过

4. 您是否希望将所居住的社区纳入“未来社区”建设？

A 是　B 否　C 无所谓

5. 您及家人参与社区公共活动的频率：

A 没参加过　B 1—2 次 / 年　C 3—4 次 / 年　D 5 次以上 / 年

6. 您是否已生育孩子？

A 是（继续回答下一题）　B 否（跳到第 14 题）

7. 您孩子所处的年龄段（多选）：

A 5 岁以下　B6—10 岁　C 11—15 岁　D 16 岁以上

8. 您孩子的性别组合：

A 男　B 女　C 男男　D 女女　E 男女　F 其他（请注明：　　　）

9. 您孩子是否接触或学习过国际象棋？

A 是（继续回答下一题）　B 否（跳到第 14 题）

10. 您的孩子接触或学习国际象棋的时间：

A 一年以内　B 1—2 年　C 3—4 年　D 4 年以上

11. 您的孩子去国际象棋培训机构的主要出行方式是：

A 步行　　B 自行车　　C 公共交通　　D 出租车、网约车　　E 私家车

12. 您的孩子去国际象棋培训机构出行所需时间：

A 5 分钟以内　　B 5—15 分钟　　C 16—30 分钟

D 31—60 分钟　　E 60 分钟以上

13. 您认为当前国际象棋学习最大的难点是（多选）：

A 学业负担过重难以安排充足时间学习国际象棋

B 后疫情时代线下青少年国际象棋赛事减少

C 生育政策调整后分散了教育子女精力

D 自身国际象棋水平不足没办法辅导子女提升技能水平

E 其他

14. 您支持在“未来社区”建设中引入国际象棋项目吗？

A 支持　　B 不支持　　C 无所谓

15. 您希望国际象棋项目融入“未来社区”建设能为您及家人提供以下哪些方面的服务（多选）：

A 安全舒适的国际象棋对弈空间　　B 智能化的国际象棋教学培训

C 国际象棋赛事服务　　D 图书、餐饮等国际象棋元素商店

E 其他

16. 如果可以在社区参加国际象棋学习或对弈，您认为怎样的频率合适？

A 不参加　　B 每周一至两次　　C 每周三次　　D 其他

17. 您认为在社区参加国际象棋活动的优点（多选）：

A 有助于提升技能水平　　B 有利于减轻交通出行压力

C 有助于增进邻里关系　　D 可以丰富业余生活

E 其他

18. 如果在社区普及推广国际象棋项目，您与家中老人是否愿意参加学习？

A 是　　B 否

19. 您对“未来社区”建设中融入国际象棋项目有什么建议意见？

中国国际象棋文化创意产业发展的存在问题及发展策略

薛倩茹

一、绪论

1. 我国体育文化创意产业发展态势良好

体育产业作为第三产业的重要组成部分，已逐渐发展成为国民经济的支柱产业。其中体育文化创意产业作为体育产业的重要组成部分，它的发展依赖于体育产业的发展，同时又作用于体育产业的发展，而且完全有可能成为体育产业发展新的增长点。目前，随着人们对体育需求的日益经常化、广泛化、多样化和个性化，体育消费将逐渐成为人们生活消费的重要组成部分，从而带动了体育文化创意产业的发展。

2. 国家利好政策鼓励国际象棋文化创意产业发展

十九届五中全会公报指出："繁荣发展文化事业和文化产业，健全现代文化产业体系，提高国家文化软实力。""体文融合"将结合体育强国、文化强国的资源禀赋及目标任务，推动体育产业与文化产业融合，增强"体育＋文化"产业育民、富民、乐民功能，形成体育创意产业。国际象棋作为一项集科学、艺术、竞技一体的体育竞技项目，是中国与国际交流体育文化的重要载体。培养国际象棋文化是中国国际象棋体育产业稳步发展的根本基石，助力中国国际象棋体育文化创意产业崛起。

3. 国际象棋文化创意产业发展处于初步发展阶段

响应和实施国家提出的“百城千县万乡”棋牌推广工程，国际象棋运动发展至今已具有一定的历史积累与基础。但因为各种问题和因素的影响，国际象棋文化创意产业发展处于初步发展阶段。“国际象棋＋文化创意”产业融合发展，释放产品价值，拉长产品生命周期，打造国际象棋文创产品在各个领域的良性可持续生态，是未来国际象棋事业的重要议题。

（一）研究意义

1. 社会意义

目前，体育事业迅猛发展，但体育文化建设与人民日益增长的多元文化需要还存在一定差距。本课题基于国际象棋文化创意产品发展现状的研究，对国际象棋文化如何与中国文化进一步通达和融合，多元文化融合产生更加活跃的产业竞争力，促进国际象棋文化创意产业的发展提出新路径。向国际象棋爱好者展示真实、全面、立体的带有中国特色的国际象棋文化，满足其精神文化体验感之余，树立中国文化自信。

2. 现实意义

本课题致力于研究国际象棋文化创意产品发展现状和发展策略。分析目前其发展过程中的存在问题，剖析原因并提出相应的发展策略，提出国际象棋文化创意发展的新思路。在体育文化创意产业概念下，将国际象棋注入文化创意，让非体育专业的人们有了参与创意性国际象棋体育活动的机会，通过文创产品让大众感受到国际象棋的魅力，并以此为潮流，进一步释放国际象棋体育运动的吸引力，是国际象棋体育文创从业者需要思考的一个问题。

（二）文献综述

在维普网、中国知网、国家哲学社会科学文献中心、百度文库等平台上搜索关键词国际象棋文化创意产业、体育文创产业等关键词，查阅大量文献并记录归纳。根据本文研究方向，大体从国际象棋文化创意产业存在问题及原因分析、对策建议两大方面，因为国内有关国际象棋的文献很少，所以只能在研究体育文化创意产业发展方面对现有的研究成果和文献进行梳理、归纳和总结。

在中国体育文化创意产业发展方面，周薇的《我国体育文化创意产业发展问题研究》提出，对影响我国体育文化创意产业发展的各种因素进行了实证研究，她认为经济因素（包括产业结构调整、企业参与、市场需求）、政治因素、文化因素、人力资源、科技资源、国外经验的六个因素影响显著。对本文研究中国国际象棋文化创意产业存在问题及原因分析具有一定的指导作用。

在文创产品市场营销方面，陈俊杰的《文化创意产品的市场营销渠道建设》围绕着创意文化产业的文化营销方面，结合创意文化产业市场营销中的基本问题和营销方式进行一定的探索。为本文研究国际象棋文化创意产业在市场营销方面的存在问题及对策建议提供一定的参考意见。

二、国际象棋文化创意产业的存在问题及原因分析

（一）中国国际象棋文化创意产品发展的存在问题

1. 产品缺乏创新性，设计缺少文化内涵

在产品类型方面，目前中国的国际象棋文化创意产品大多集中在以装饰观赏和收藏为主的体育纪念品、生活美学产品方面，如U盘、橡皮擦、魔方、钥匙扣、书签等许多造价成本相对较低的产品。产品品种雷同、种类少、制作工艺粗糙、实用性不强等问题较为明显，相似产品屡见不鲜，缺乏创意感与新鲜感。

在产品设计方面，目前市面上的国际象棋文化创意产品主要在产品外观、包装设计上面融入国际象棋元素，一些经典元素不断地被模仿和重复，与其他文创设计产品的差异较小，特色不明显，缺乏故事性。国际象棋文化资源挖掘深度不够，开发水平不高，国际象棋数百年在西方发展的文化资源优势还没有得到充分的挖掘，充分转化为发展优势。

其次，现有国际象棋文化资源未能与数字技术、文化内涵、文化效应有机结合，实现生产方式和业态上的创新。科学技术是发展国际象棋文化创意产业的推动力，国际象棋文化创意产业依靠现代高度发达的科技化传播方式，通过创意文化和信息技术的有机结合，以实现有效激发文化企业的市场活力和盈利能力。如何将经典的国际象棋文化优势资源进行开发和创造，使之形成新的形式，从而成为新的经济增长点。发展体育文化创意产业的核心是为传统国际象棋文化找到新的发展道路，但在与高新科技有效结合方面，目前国际象棋文化创意产业的发展还存在明显的不足。

2. 销售渠道不健全，营销策略组合不完善

销售渠道方面，目前市场上的国际象棋文化创意产品主要的销售渠道主要分为：线上，淘宝等电商平台的店铺、微店；线下，赛事景点、文创市集、活动周等季节性流动专柜、专做文创产品定制的自营实体店等。销售渠道种类少、数量也小，新渠道拓展缓慢，缺乏渠道上的战略拓展。

市场推广方面，市场营销渠道把控力不足，很少能够充分发挥新媒体极强的媒介传播力和交互性，整体宣传力度较小，宣传渠道较单一，营销过程缺乏创造力，受众参与度也不高，缺乏创新性市场策略组合来辅助拓展销售范围。大多国际象棋文创品牌产品的营销会依托在线上的微信公众号、小红书等文化营销的平台推广，没有扩大自身产品的企业影响力和市场发展的价值，尤其是从现阶段很多文化创意产业企业官网的搭建来看，除了业务洽谈和企业简介以外，产品介绍空白，日常管理缺乏维护，使得创意文化产品的时效性不强。

3. 政策扶持力度不大，专业人才储备不足

虽然国家近年来不断出台利好政策扶持体育创意产业的发展，但是目前国家对文创产品开发相关扶持政策还在不断完善，尤其是针对国际象棋文化产业的扶持力度不足，难以吸引能够推动国际象棋文化创意发展的各类专业人才的积极参与，亦不利于社会各界对国际象棋文化产业的关注和支持。国际象棋文化产业的发展起步比较晚，使得国际象棋文化产业发展的整体实力不强，国际象棋文化产业链少、效益不高等问题十分明显，企业规模和总量都偏小，国际象棋文化创意企业的实力和竞争力较弱，且以中小型国际象棋文化创意产业居多，缺乏支柱性国际象棋文化创意企业，这些都是制约国际象棋文化创意产业核心竞争力的因素，也是影响国际象棋文化创意产业政策制定的关键所在。

文化创意产业是需要人才高度集聚的行业，所有的开发创意、知识产权等都需要人才来完成。但目前，发展国际象棋文化创意，是严重缺乏高层次国际象棋文化创意人才的。一款文创产品的销售，卖出的不仅仅是产品本身，还包括对国际象棋文化理解的创意。国际象棋文化创意产业本质上就是内容产业，内容就是核心竞争力。文化创意产业作为一个新的行业，需要大量的创新型人才，但目前国际象棋专业人才的文化水平参差不齐，加上无论在配套政策还是制度环境方面，国际象棋文化创意产业都还不足以吸引和留住人才，才造成国际象棋文化创意人才缺乏的局面。

（二）问题产生的原因分析

1. 文创产品同质化问题严重，市场需求了解不足

产品同质化是整个文化创意产业的通病，国际象棋文化创意发展不久，需要先借鉴成功案例，不断探索属于国际象棋特色的发展之路。同时，与市场对接不够，缺少文创产品营销经验。开发的产品结构有待优化和调整，在创意设计、制作生产、宣传营销、服务等一系列环节的衔接上，有待进一步完善。

2. 中国国际象棋重竞技轻文化，文化浸润程度不深

由于历史原因，国际象棋在中国的发展相对国外的百年发展在文化方面较为欠缺的。运动引进中国后，缺乏与国内外的高等学府经常性的交流，没有得到大范围的普及。且当今中国国际象棋俱乐部的建设，大部分是围绕着棋手技术培养的。这是兴趣班＋职业技能培训文化，而不是日常的俱乐部文化。重竞技轻文化的国象氛围使得群众心中留下“国际象棋是精英人士的运动”的印象，国际象棋文化得不到大众化发展，国民的国际象棋文化浸润程度不深。

3. 国际象棋在中国发展历史较短，文化传播力度不强

1956 年，国际象棋才被中国体育行政部门列为正式体育竞赛项目。国际象棋的普及率远不及中国象棋和围棋等项目，国际象棋在中国发展的文化基础是较薄弱的，缺乏政策的大力扶持与社会资本的投入，导致国内的国际象棋俱乐部、协会等组织数量较少，力量也较薄弱，国际象棋文化推广在我国的发展进程较慢，文化传播力度不强。

三、国际象棋文化创意产业的发展策略

国际象棋文化创意产品要想为人们带去更深层次的文化精神上的感动，设计师不仅应关注设计之“术”，更应关注设计之“道”里的“国际象棋之道”，将其融入设计，可赋予产品更新颖、更美观的视觉享受，还能体验更深刻、独特的国际象棋文化内涵。

（一）文化赋能创新设计，打造中国特色国象文创品牌

古今中外，文化对设计有着极其重要的影响，不仅作为设计灵感的来源，而

且是评价尺度和探索设计创新的一个重要因素，产品设计创新实现的最佳途径是建立基于区域文化要素的本土设计知识与产品设计特征之间的相互联系，从而打造一个多种文化交融基础上的产品设计创新模式。毋庸置疑，不同的文化会产生不同的产品设计，许多的产品都会自然而然地带着本土文化的基因，不同文化的交流和融合，往往能带来产品设计的创新和思维碰撞的火花，不同文化符号，同时呈现产生的不只是碰撞与比较，而是多元文化的共同繁荣与发展。

中西文化结合，增加群众对国际象棋文化的认同感，丰富国际象棋文化内涵，树立中国国际象棋文化自信。

（1）国际象棋＋中国物质文化：中国的物质文化种类丰富，历史悠久，具有众多可塑的文化元素。如：以中国园林建筑、景观、服饰、历史文物等实质物体为创意设计来源，融入棋盘场景打造。

（2）国际象棋＋中国非物质文化（吉祥文化、时令民俗、传统工艺等）：中国的吉祥文化源远流长，与中国人的日常生活息息相关。抓住文化元素的精髓从内容创作、生产、包装进行国际象棋文化创意产品再设计。如棋盘采用民间传统工艺制作，赋予共同的吉祥观的内涵，以时令民俗为表现形式，让国际象棋讲好中国文化故事，展示国际象棋立体的中国文化形象。

（二）与前沿技术紧密结合，提高产业影响力

科技是体育文化创意产业发展的物质载体和技术支持，它决定体育文化创意产业发展的规模、程度和方向。创意思想需要与现代科技紧密结合，不断注入科技含量，利用高科技手段引领时尚的消费模式，创造可观的市场需求。科技的发展催生了体育文化创意产业的出现，科技的进步提供了体育文化创意产业发展所需的不竭动力，没有科技，体育文化创意产业就没有了表现方式。发展国际象棋文化创意产业，科技的发达是根本要求。一个区域的科技发达程度，可以通过数字、网络等现代信息技术在其社会生产和日常生活中的应用程度得到反映。科技就成为国际象棋文化创意产业发展所必需的基础因素，而科技在某区域的发展程度则是该区域发展体育文化创意产业的根本环境需要。依靠科技进步，加强创意开发文创产品，提高产品核心竞争力，时刻紧抓市场需求，优化国际象棋文化创意产业结构。

（三）拓宽营销渠道，创新营销模式

1. 完善高效的渠道体系

在线上渠道方面，由于文创行业目前依然属于小众化市场，网络广告等传统的覆盖型营销方式性价比较低，而自媒体、短视频等营销方式更加精准，也更适合初创企业。

（1）网红营销 + 社群营销：采用名人效应 +KOL 方式宣传推广国际象棋文化和文创产品，重视推广内容的输出，推广品牌故事与产品特性；也可在公众号上持续更新产品与设计的最新动态，不断与用户进行互动，通过社群运营打造粉丝集群，并吸引更多的文创团队入驻，一同为消费者提供优质时尚的文创产品。而一个良好的社群，是会延续和放大品牌的价值，是会有更多忠实的、有共同愿景的粉丝来参与国际象棋文创品牌建设、推广的。

（2）长期营销渠道建设可考虑进驻电商平台：在淘宝和京东上设立官方品牌旗舰店，然后根据电商平台的促销方式制定相应的营销方案。

线下渠道除了文创市集、文创集合店、自营实体店等，若想线下渠道深度拓展，因线下渠道会涉及地点、运输、库存等因素，更适合已经有现有的自营、经销、线上等渠道基础，想再进行深度拓展渠道的企业。

国际象棋文创进入棋类主题文创园区，为了群众能够更好地了解并认同国际象棋文化，可以打造一个以中西棋类文化创意设计为特色的文创园区，满足中西棋类爱好者共同需求的文化窗口。国际象棋虽然是西洋棋，但无论是在历史起源、结构设计还是行棋规则与中国象棋都有异同点。而围棋、中国象棋等棋类文化的历史源远流长，在中国文化消费中已经形成了独特的消费环境和文化优势。国际象棋可以借助这种中国象棋的文化优势，拉近国际象棋与群众之间的距离。通过各个产业产品围绕一个主题衍生出不同的产品，将不同的棋类文化进行融合创新，既拓宽了国际象棋文化的文化广度，也能让中国群众体验中西棋类文化的碰撞融合，推动国际象棋在中国的发展进程。

2. 打造国际象棋 IP，创新营销方式

如今，随着市场环境的变化，品牌传播方式越来越丰富多元，许多企业可以通过多种渠道抵达受众，与受众产生联系。随着近年来品牌 IP 化的趋势逐渐显现，在新的商业时代中，许多企业通过品牌 IP 化的方式寻求改变。

品牌 IP：打造国际象棋 IP 形象的方式推动国际象棋文化创意的品牌建设。国

际象棋文化创意品牌若想在聚集性的营销活动中脱颖而出，就必须要有一个能够被群众记住的品牌亮点。而经过创新设计的优秀国际象棋 IP 形象可以向受众展示和传达自身品牌的内涵，使受众感受到品牌的亮点，可以极大限度凸显品牌的差异化，使其在众多同类品牌中脱颖而出，从而给受众留下深刻印象。而且品牌 IP 化后，能够降低营销的成本，比起明星代言人，国际象棋文创品牌可让 IP 形象轻松参与到各类营销活动中，以多种方式出现在受众面前，玩转不同品牌间的跨界营销，并为企业发展和品牌建设带来更多可能性。

个人 IP：近年来，我国电竞直播平台迅猛发展，带动了竞技运动电竞化的热潮。国际象棋作为一项智力竞技运动，且由于互联网的出现，大多数国际象棋爱好者都有在线上下棋的习惯。可以培养一些专业的国际象棋网红博主，在直播平台上与网友连线下棋直播下棋过程，然后在不断分享下棋心得的同时带动国际象棋文创产品的销售。在个人 IP 搭建社群，实现 IP 线下交付的过程中，能够帮助品牌更好地了解粉丝的需求、对产品服务的评价甚至是建设性的意见。

表情包 IP：将国际象棋的棋子用现代网络语言重新解读，迥异于平时严肃冰冷的形象，让人感觉幽默、搞笑还兼带吐槽效果。如：王车易位，在每一局棋中双方各有一次机会，可以同时移动自己的王和一个车的一步棋，用网络诙谐的语言可以是国王见“情况不对，你顶上，我开溜！”的搞笑行为加以动图生动表现。在这些用国际象棋中的战术行为、术语来表现的表情包面前，网友们突然与高雅端庄的国际象棋有了认同感和共鸣，棋子也由此鲜活了起来。表情 IP 发端于微信平台崛起所代表的社交网络时代，将国际象棋文化精神渗透进表情 IP，每天出现在年轻人的对话框中，融入年轻人群的沟通文化，是将国际象棋推入年轻人群体，提高国民认知度的快速手段。

游戏 IP：电子竞技赛事近几年风头正盛，营销价值不断凸显。国际象棋也是一项竞技运动，与电子竞技的运动特性不谋而合。如腾讯的国风竞技手游——王者荣耀，手游当中有许多角色，每位角色都会有不同主题的特效皮肤，可以选中部分角色特性与国际象棋棋子的特性相匹配，设计一系列限量版特效皮肤。如：棋子王后高贵、力量强大，而王者荣耀的芈月角色，在中国历史上是太后，尊贵冷艳的气质、强大的战斗技能非常符合棋子王后的气质，可以设计一款国际象棋王后主题的皮肤，用游戏币购买可得。还可以在手游中设置国际象棋主题场景，增加游戏模式。与之类似的还有国际象棋文创企业可以与“明日方舟”手游合作，打造一个以国际象棋为灵感的全新地图，将棋盘元素融入场景打造，游戏模式融入国际象棋规则，增加模式的可玩性与创新性。玩家在享受烧脑游戏体验的同时，也在以别样方式了解国际象棋文化，受到其潜移默化的影响。为国际象棋文创注入新的活力并提供借鉴方向，促进国际象棋文创产品的多样化发展。

（四）产业跨界融合造平台，市场灵活驱动发展

从市场和产业的角度出发，构建以国际象棋文化创意产业园区、创意型基地为载体发挥集聚效应的产业链。联系设计、制作、包装、销售、文旅、教育一体化的产业链条，形成一个全新的国际象棋产业平台。比如，从国际象棋相关产业出发，进行产业融合，建立一个人才、技术、资金兼具的国际象棋文化创意示范基地。

人才与技术：培养或引入文创设计团队。如热衷于国际象棋文创的大学生创业团队，借助政府对大学生创业的资助补贴与园区扶持政策，招揽国际象棋文创专业人才，甚至可以鼓励专业团队参与园区环境的设计规划，为专业人才提供一个创业氛围浓厚、资源集聚的创业环境。文创团队负责产品设计、产品策划与定位，从创意、原理、结构等方面进行产品创新性研发，根据产品的核心竞争力与市场定位，制定产品策略。产品制作方面，招揽工艺品加工厂等生产商，从产品的材料选择、加工工艺与方法、产品制作到产品包装提供一体式服务。

资源与平台：在园区举办国际象棋文创设计大赛，参赛作品要以国际象棋文化为核心要素和艺术创作灵感，包括旅游纪念品、工艺美术品、生活创意品等作品类别，大赛要求所有参赛作品应为原创设计。在奖项设置上，举办方不仅会设立现金奖励，还有政策扶持和宣传支持。对获得金、银、铜奖的作品，园区联合当地区政府还将提供专项资金支持其量化生产和市场推广，获得天使投资资金。最终更能够吸引更多的参赛团队与各行社会资本的关注与积极参与，这样参赛团队能获得相应的资源，得到社会资本的帮助，还能通过比赛平台实现资源对接。

文旅产业：设计国际象棋主题研学游活动、国际象棋主题夏令营等文旅产品，延长国际象棋文化创意产业链。如国际象棋体育主题游。以打造国际象棋运动名片为中心，充分彰显国际象棋运动个性与特色的体育文化旅游产业发展模式，同时也是品牌突出的文化创意产业模式。国际象棋主题游不仅以运动参与为核心和综合娱乐来吸引顾客，也注重打造国际象棋品牌形象，达到持续的品牌效应，促进各种项目及资源的纳入与活动的丰富化，通过丰富游客的体验度来吸引游客主动消费，在项目参与的过程中，产生经济活动，从而带来经济收益。

其他产业：教育产业，国际象棋培训班、俱乐部等。让小朋友从小就能学习国际象棋运动的同时，还能欣赏国际象棋文化创意产品、体验国际象棋文化的丰富性，同时还能带动园区内文创产品零售的增长；影视产业，出品国际象棋代表性影视产品，带动国际象棋影视衍生品的设计。

（五）加大政策扶持力度，引资引人才助产业发展

体育文化创意产业作为新兴产业，国家缺乏对它的有针对性的政策引导与扶植。任何一个产业在萌芽之期和发展的薄弱阶段都需要一定的外在支持，尤其对于探索阶段的国际象棋文化创意产业，政府的适当引导和支持是必需的。政府的关键角色在于制定良好的发展支撑政策和一定的公众设施投入。考虑到内地的经济状况，政府的规模型公众设施投入难以成为创意发展的寄托所在，倒是政策性鼓励是内地政府的主导性手段，可以通过一定的发展性鼓励政策，如土地审批和税收优惠等，促进国际象棋文化创意产业的发展，同时营造自由、开放、灵活、变通的文化创意氛围，做到洋为中用、东西结合，开创我国国际象棋文化创意产业发展的新契机。因此，通过政府引导与扶持，塑造知名品牌，支持国际象棋文化创意企业做大做强。

要想发展国际象棋文化创意产业，需要通过相应的产业政策使得产业发展能够得到合理的资源配置。政府优惠扶持政策一般会涉及部门招商、税费减免、融资扶持、用工引智等多个方面，直接或间接促进企业的健康发展。如建立一个国际象棋文创基地。从文创基地的认定工作、荣誉颁发、人才引进奖励，到场地的租金扶持、人员的社保扶持、场地物料补贴，再到进入文创基地的文创团队创业补贴、公司荣誉认定、销售额奖励、纳税补贴或减免扶持等等，都需要政府能够配套相应的资源与扶持力度。只有得到政府的重视，才能吸引社会资本对国际象棋文化创意产业的积极参与。

人才是企业的第一资源，是科技进步和社会经济发展最重要的资源和主要推动力。只有在好政策的指引下，才能引进更多的爱好国际象棋的文创人才，也会留住更多的骨干，为国际象棋文化创意事业发展提供源源不断的强大动力。一是坚持以人为本，注重国际象棋文化创意产业人才的培养。应大力改革我们的教育理念及教育方式，尤其是高学历创意人才的培养，以实践为主而以理论介绍为辅，发挥国际象棋文化创意学科的作用；我国体育文化创意产业专业学科不发达，还应注重对现有国际象棋人才的培训，增强其专业化水平，提高其创造积极性和潜力；二是做大做强我国国际象棋文化创意企业，建立领军式企业。应以做大做强几个中心企业为核心，先强带动后强，优化产业布局，改善品种结构；应加快投融资体制改革，吸引社会资金流向国际象棋文化创意产业。

四、结论

国际象棋文化创意产业是实现国际象棋产业长远利益和全面发展的重要组成部分。本文基于现代时代背景，深入挖掘国际象棋文化，找到其可以和中国元素进行结合的设计点，跨界进行拓展性设计，让群众在对国际象棋的主要功能加深认知的同时，能够加强国际象棋与其他产业或产品之间的互动，扩大国际象棋的影响力，同时借助国际象棋的文化性，提高其他产品的文化高度；创新市场营销模式，完善高效的渠道体系，打造国际象棋 IP，将国际象棋置于文化创意视角中，立足于市场与产业，就是要求国际象棋能够站在一个更高的角度，寻找到可以让文化创意自由发挥，实现更高价值的产业平台，突破国际象棋产业单线式发展的束缚，从而带来巨大的经济效益；中国国际象棋文化创意产业的瓶颈是创意人才的匮乏，大批量国际象棋文化创意人才的教育与培养是我国未来国际象棋文化创意产业获得大发展的前提；任何一个产业在萌芽之期和发展的薄弱阶段都需要一定的外在支持，尤其对于探索阶段的国际象棋文化创意产业，政府的适当引导和支持是必需的。塑造知名品牌，支持国际象棋文化创意企业做大做强。通过企业聚集，充分激发国际象棋文化创意产业的集群发展与规模效应，构建以国际象棋文化创意产业园区、创意型基地为载体发挥集聚效应的产业链，以促进国际象棋文化创意产业的健康发展。

参考文献：

[1]张健,孙辉,李婷文,张建华.大型体育赛事及其衍生品的社会经济效益与优化策略[J].西安体育学院学报,2020,37(01):51−58.

[2]徐静. S公司文化创意产品营销策略研究[D].上海外国语大学,2019.

[3]陶磊. 卡通形象在中国象棋再设计中的应用[D].吉林艺术学院,2018.

[4]王树奇. 中西棋道中的文学理念与关系处理[D].重庆师范大学,2016.

[5]洪碧云. 文化创意视角下中国象棋再设计探究[D].江南大学,2014.

[6]乃英.文化创意产品价值的实现路径分析[J].社会科学,2012(11).

[7]陈俊杰.文化创意产品的市场营销渠道建设[J].现代营销(下旬刊),2019(03).

[8]龙飞. 河南省体育文化创意产业之研究[D].河南师范大学,2013.

[9]周薇. 我国体育文化创意产业发展问题研究[D].沈阳体育学院,2010.

[10]李家燕,张辉.互联网+艺术+科技背景下的唐陵数字文创产品开发研究[J].戏剧之家,2020(29):193-196.

[11]王宏.宋晟:文创+科技=未来文创大时代[J].杭州科技,2018(04):16-18.

县域小众智力运动项目现状、困境及突破
——以苏州市吴江区国际象棋运动为例

俞文杰　陈　素　吴伶峰

2020 年，一部以国际象棋为题材的美剧《女王的棋局》（又名《后翼弃兵》）在国内引发了一股观看热潮，成为朋友圈的一项热议话题。然而，该片在曾经的全国百强县，撤市设区后如今又位于全国百强区前列的苏州市吴江区，似乎仅在圈内从业者和爱好者中间被津津乐道，在社会面并没有泛起多少涟漪。回顾过去，经过了近五年的发展，国际象棋运动在吴江仍处于开局起步阶段，社会的认知度和参与度长期低位运行，类似的情况不仅是国际象棋运动在吴江发展的真实写照，也是诸多小众智力运动项目在相当一部分县域生存环境的缩影。

一、吴江国际象棋运动发展历程

2016 年下半年，吴江青少年活动中心秋季班引进国际象棋课程，首期开设两个启蒙班，国际象棋第一次正式在吴江落地。第二年暑期，该中心在举办三期国际象棋培训后因故暂停招生。但同时期，吴江首家国际象棋专门培训机构——吴江黑格国际象棋俱乐部成立，在吴江奥林清华三区商业中心租赁场地，拥有一名全职教练，先后开设启蒙班、初级班、高级班、提高班等系列课程。至今，该俱乐部累计培训学员 500 余人次，3 名学员获国际象棋候补棋协大师称号，14 人获一级棋士称号，拥有等级称号的学员近 400 名。当前，该俱乐部共有兼职老师 3 名，在学学员 35 名。学员年龄以小学一至四年级学生为主体。受疫情影响，去年开始

学员人数呈显著下降趋势，目前处于勉强维持运营的状态，盈利情况并不理想。

2020 年 9 月 26 日，经苏州市吴江区体育总会和民政局批准，吴江国际象棋工作者、爱好者自愿组织成立非营利性社会团体——苏州市吴江区国际象棋协会。会长由一名企业家担任，吴江黑格国际象棋俱乐部负责人担任副会长兼秘书长，另有副会长 1 人，理事 4 人，会员 87 人，理事和会员以学员家长为主，无专职工作人员。协会办公地址位于吴江东恒盛国际大酒店，设施相对简单，只有几张办公桌和几组柜子。活动经费主要来自企业赞助和黑格俱乐部经营创收。

二、吴江国际象棋运动取得的成绩

多年来，吴江国际象棋运动虽然基本处于自然发展、单打独斗的状态，缺乏像国内一些地方政府的全方位政策支持，国际象棋人口处在较低水平，普及率不甚理想。但经过不断探索，发展至今也取得了“四个首次”的不俗成绩。

1. 首次举办本土赛事。2020 年 11 月 15 日，经苏州棋院和吴江区体育总会指导，以及在中信银行吴江支行的支持赞助下，吴江区国际象棋协会承办了 2020 年“中信银行杯”苏州市国际象棋精英赛，来自苏州的近百名棋手参赛，这是吴江首次举办国际象棋赛事，本土办赛取得了零的突破，《吴江日报》和吴江电视台分别进行了报道。

2. 首次常态化进校园课堂。经多方沟通，从 2021 年春季学期开始国际象棋公益性课程首次进入吴江学校，成为吴江思贤实验小学的社团课程。吴江区国际象棋协会选派的教练受聘为兼职教师，每周五为该校三年级 37 名选学的学生上课，为该校学生学习国际象棋、切磋棋艺提供了条件和平台，也成为吴江国际象棋运动良性发展的有利契机。

3. 首次举办师资培训班。经积极争取，2021 年 5 月 16 日，吴江区文体旅局首次举办吴江区三级社会体育指导员暨国际象棋初级裁判员培训班。吴江区国际象棋协会组织 23 人参加培训。培训内容以《社会体育指导员技术等级培训大纲》规定内容进行，并就国际象棋起源、发展、比赛规则、竞赛组织与编排、裁判规则等知识进行详细讲解，进一步促进了吴江国际象棋的普及和推广，加强了国际象棋运动裁判员基本素养和人才队伍建设。

4. 首次纳入政府购买服务目录。2021 年 4 月 23 日，吴江区民政局发布《2021

年吴江区具备承接政府职能转移和购买服务条件的社会组织名单》，苏州市吴江区国际象棋协会成功被纳入，具备承接吴江各级政府部门依法转移、委托、授权的职能以及购买相关服务项目。

三、吴江国际象棋运动遭遇的困境

近年来，县域体育培训需求增长迅速。然而，不仅是吴江，也许对绝大部分县级市场来说，足球、篮球、羽毛球、乒乓球、游泳、跆拳道等项目在以前和现在都是主流。即便是同为小众和新兴项目，击剑、网球、轮滑等也呈发展势头。反过来讲，据中国体育产业发展报告（2019）披露，公众在运动项目选择比例上棋牌类仅占3.97%。考虑到棋牌项目包括围棋、中国象棋、五子棋、桥牌等诸多种类，以及国际象棋在大中城市集聚的现状，县域国际象棋运动在整个体育培训市场的占比可能只是沧海一粟。归纳起来，吴江国际象棋运动主要存在以下三大方面的困境。

（一）面临资金瓶颈，盈利状况不佳

1. 经营性俱乐部创收能力较低。虽然吴江黑格国际象棋俱乐部成立已近四年，多年来在苏州圈内打出了一定的知名度，先后有 4 名学员获得省级比赛冠军，3 名学员获得亚军，11 名学员获得季军，20 余人获得前八名。但从经济角度看，俱乐部的盈利状况并不理想，除去房租、水电、人员等经营成本，虽然利润大体逐年缓慢上升，但维持生存的压力一直存在。而且，随着时间推移，老学员多，新学员少的倒金字塔结构愈发突出，课程报名比例出现失衡。特别是疫情期间几乎未招收新学员，现有的 35 名学员中启蒙班学员仅 4 人，而大师班学员却有 15 人，长此以往容易导致后继乏力。

2. 国际象棋协会受经费缺乏困扰。当前，吴江区国际象棋协会的经费来源较为单一，以企业家赞助和俱乐部经营补贴为主，甚至发起人自掏腰包解决。加之当前政府补贴审核严格，申请难度较大，更使经费捉襟见肘。该协会 2020 年成立之初曾申请过 1 万元的一次性开办补贴和 3000 元的委托代记账补贴，但一次性开办补贴被以并非重点扶持对象和枢纽型社会组织为由驳回。

（二）产品、品牌和渠道缺陷制约发展

1. 市场及渠道拓展能力不足。当前，吴江国际象棋的群众基础距目标有相当的差距。在文化底蕴不浓的背景下使得拓展国际象棋培训市场也困难重重。2019年来，虽然在资金压力较大的情况下仍以制作易拉宝、橱窗广告等形式加大了宣传推广力度。但一方面县级城市拥有的媒体资源较少，仅有的《吴江日报》和吴江电视台阅读量和收视率已大不如前，同时俱乐部的微信号关注量也偏少，效果并不理想；另一方面因学员基本以小学生为主，受学业压力影响，参加各类课外补习挤占了不少空余时间，黑格俱乐部教室在工作日白天和晚上基本处于空置状态，即便周末使用率也未饱和。

2. 创新能力不足，未形成特色品牌。一方面，虽然吴江至今仅有一家国际象棋培训机构，续费率平均在60%左右，然而规模偏小，活力不足，变革与创新的动力也不强。虽暂时没有竞争，但其实也不会竞争。服务不到位、娱乐性不强、内部管理松散、制度建设不健全等问题突出，高质量供给不足和健康度不高长期并存，供需不平衡已日渐显现，深受学员退费困扰。另一方面，吴江国际象棋培训以传统课堂教学为主，未开辟线上课程，教学模式单一，与其他产业的融合程度也相当低。尽管在国家政策和体育消费趋势的影响下将来可能会获得更好的发展空间，但也会更加迫切需要专业、私人化的指导，否则环境再好也难以吸引高端消费者。如2021年3月就相继有银行和企业高管咨询但最终未成功签约。此外，吴江区国际象棋协会还很“年轻”，处于发展的初级阶段，资金和人员规模有限，会员覆盖率不高，影响力也不强，组织架构、运营能力也尚待提高，品牌建设更是严重滞后，在汲取各方面资源的能力、功能发挥上与现实需求存在较大差距。

（三）人员专业化、职业化程度较低

1. 缺乏专业管理人才科学决策。无论是协会还是俱乐部，管理人员都处于“非专业化”“非职业化”状态，管理能力欠缺，不了解市场需求与变化，对既有资源缺乏整合重组能力，难以带领组织完成创新，确保竞争优势。

2. 教练员队伍稳定性较差。黑格国际象棋俱乐部当前聘请的三名教练员均为兼职，其中两人为在校大学生，两人正准备考研，一人毕业后可能回原籍工作，一旦有人员流失立即会对当前教育培训秩序造成不良影响。而招聘新教师周期较长，因薪资未达预期吸引和留住专业高素质人才的能力偏弱，更有人甚至不愿接

受免费教练员培训。

3. 服务水平有待提高。虽然有两名教练员曾是专业运动员，专业素养不存在问题。但一般仅满足于上课，对课后家长的咨询回应不及时甚至没有回应，明显缺少服务行业从业人员应有素养，服务意识、服务水准等方面有较大提升空间。虽然还有志愿者提供服务，但服务的质量不稳定，影响了俱乐部和协会的品牌传播度和美誉度。

四、国内县域国际象棋运动优秀案例分析

1. 江苏省兴化市。兴化市国际象棋起步于20世纪80年代。在当地政府大力推动下，兴化开展了“国象进校园”活动，诸多小学、幼儿园开设了国象课，有数千名青少年儿童利用课余时间学习国际象棋，国际象棋在兴化具有广泛的参与度和认可度，先后被授予“国际象棋之乡”“中国国际象棋高水平后备人才培训基地”称号。社会培训机构方面拥有叶江川（兴化）国际象棋学校、果果棋院、武安国象俱乐部、星宝国象俱乐部等一批专业培训学校，培训规模超300万元，并充分利用现代教学手段，全面推行计算机辅助教学，定期开展远程视频教学。赛事组织方面坚持市场化运作，强化与知名企业合作，通过冠名权转让自筹办赛资金，承办了11届中国兴化全国国际象棋锦标赛（个人甲组）、10届全国国际象棋少年精英赛等国内顶级水平国象赛事，吸引包括新华社、人民日报、央视等数十家权威媒体报道，这已成为该市的品牌赛事，不仅推动了国际象棋运动发展，也打响了兴化城市文化品牌和城市知名度。

2. 浙江省绍兴市越城区。绍兴市越城区自20世纪90年代初开始发展国际象棋特色教育活动。政府先后投入800多万元经费在全区80余所小学、幼儿园普及国际象棋教学活动，自编《国际象棋教育读本》，许多学校形成了人人一副国际象棋，个个会下国际象棋，班班是赛场，周周有赛事的良好氛围，3所学校被授予“全国国际象棋学校”和“浙江省国际象棋特色学校”，全区被授予“国际象棋之乡”称号。越城区一方面抓师资培训，多次举办国际象棋教练员、裁判员培训班，累计有1000余名教师参加专门培训。另一方面将国际象棋运动从学校引向社会，从学生走向群众，催生了弈星棋院、显智棋院、浙江省钱江棋院等一批专业培训机构，全区常年学棋少儿达5万余人。此外，将国际象棋比赛列入年度体育竞赛计划，

每年举办 5 次国际象棋赛事，先后举办“申奥”万人大赛总决赛，承办浙江省第十三届运动会国际象棋比赛等，并引起权威媒体密集报道，国际象棋运动蔚然成风。

3. 山东省聊城市东昌府区。聊城市东昌府区自 2006 年开展国际象棋运动以来，积极推动此项运动在青少年中的普及和发展，先后投资 450 万元建设 7 处标准化训练机构和中国国际象棋后备人才基地，培养专职国际象棋教练员近 100 名，与 100 所中小学和幼儿园建立了合作关系，先后有 7 所中小学校和幼儿园被授予“全国国际象棋特色学校”，全区被授予“国际象棋之乡”，常年在训运动员近 4000 人，多年来该区根据项目优势先后组织了几百场国际象棋比赛，参与人数达十几万人次。2018 年以来还积极开发国际象棋好棋、好书、好文创产品，编印《调动的艺术》《残局教科书》《卡尔森妙局精粹》等一批优秀书籍，市场反应良好。

纵观上述三个优秀县域国际象棋运动案例，可以发现一条清晰的路径，即坚持政府引导、市场主导，以政策支撑、环境营造为主线，以国际象棋相关项目落地为着力点，以培育壮大市场主体为突破口，以打造持续性品牌赛事为载体，供需两端同时发力，不断壮大市场主体力量，让“有形之手”和“无形之手”相得益彰，有效促进了县域国际象棋运动的蓬勃发展。

五、进一步加强县域国际象棋运动的建议

从宏观上看，我国正处于重要战略机遇期，高质量成为现代体育产业发展的根本要求。同时，以吴江为代表的一些县级城市体育服务业也处在量质并举发展的关键期，国际象棋等小众智力运动项目应积极抢抓机遇，进一步坚定信心，保持定力，趋利避害，奋勇前进，在固根基、扬优势、补短板等方面持续发力，不断提高服务力、竞争力和影响力，让小项目也迸发大精彩。

（一）全面加强自身能力建设

1. 面向市场增强开发能力。无论是体育社会组织还是专业培训机构，都应坚持市场导向，以服务为中心，充分运用好市场机制，通过举办更多的进校园、进企业、进社区等公益活动来获得市民的认可，并把有限的资金和社会资源更多地向邻里中心和学校倾斜，增强内生动力，激发市场活力，让更多的人认识了解参与，进而保持原有资源的前提下持续获取更多的资源，努力增加国际象棋人口，以此

降低对外部环境的过度依赖。

2. 加强教练员队伍建设。强化国际象棋协会的主阵地作用，制定有效方案积极与区域内各个中小学和大专院校合作，通过将在校体育教师和优秀学员吸纳为外聘兼职教练，畅通人才渠道，扩充专业团队，并定期开展教学服务、职业素养和管理能力培训，增加教练员继续学习的机会，全面提高综合业务素质。同时，健全专职教练员待遇保障机制，细化工作标准，动态调整薪酬待遇，根据教练员在一段时间内所做工作的成效给予合理回报，激励教练员更加积极地投入国际象棋推广工作中，确保当地国际象棋运动发展健康有序。

3. 打造培训和赛事品牌。注重可持续发展，努力把公益活动和日常培训打通，把培训活动和专业赛事打通，不谋求举办单次的大型赛事，而是争取举办或引进重复性的高质量小型国际象棋赛事，在培训和赛事运营和组织方面积极下功夫，从推广、招商以及衍生品等多方面的内容进行深耕运作，培育本土国际象棋文化品牌。

（二）努力营造良好外部环境

1．尽享政府政策红利。积极参与政府购买服务、项目扶持，尽力高质量完成政府购买或委托提供的公共体育服务。呼吁政府支持本地国际象棋协会等社会体育组织参与更多学校的体育课程和社团活动，积极举办青少年训练营、专业能力讲座等，力争让青少年在学校想学就学。积极呼吁推动政府引进有一定品牌影响力的国际象棋赛事，并主动对接参与体育赛事策划、体育赛事承办、体育广告培育等工作。适时邀请退休领导干部参与指导协会工作，借助“余威”“余热”强化政府支持。

2．构建国际象棋宣传矩阵。美国体育公共关系学者斯托尔特认为，公共关系在体育组织中也许比在任何其他领域中更重要。作为小众智力运动项目，国际象棋的发展离不开宣传。只有扩大国际象棋本身的影响力，才能形成一定范围内的口碑效应。宣传工作做得越多，参加的人也会越多，提供的国际象棋项目质量也更有保证。虽然当前传统媒体特别是县级媒体逐渐式微，但因亲近本土，仍因建立稳定的合作关系，以确保报纸、电视广播、网络等媒体上出现自身形象和有利信息。同时，加大新媒体运营，充分挖掘多样化传播路径，可与抖音、快手等专业机构合作引入直播、短视频等推广国际象棋文化，吸引更多的人成为国际象棋爱好者。

3．与学校形成稳定协作关系。加强与各公立学校、私立学校特别是国际学校的沟通交流，帮助学校充分认识国际象棋等智力运动项目所具有的特殊教育功能，推动国际象棋进课堂，注重国际象棋精神和底蕴的培育，让学生足不出户感受国际象棋文化的魅力，进一步丰富校园生活，助力培养学生健全的人格，并尽可能推动学校明确发展目标，协助争创相关特色学校。

（三）链接社会资源，争取双赢共赢

1．强化与商业营销机构合作。国际象棋等小众智力运动要达到社会效益和商业利润双丰收，除了要有足够的群众基础外，也势必与许多行业发生关联，链接多方资源，这就需要与各商业营销机构加强合作，借助其广泛的资源和丰富的服务经验。一是与美团、千千惠生活、八点福利社等知名和本土生活服务平台合作，加大引流力度。二是学习吸收商业组织的成熟营销体系，强化赛前策划、赛时实施，赛后处理专业化运作，有针对性推出比赛商品和特许纪念品品牌。三是大力挖掘国际象棋的娱乐性，全力打造宣传自己的精英棋手，使国际象棋所蕴含的抽象品牌形象物化为鲜活的个人。

2．强化与赞助企业互利互惠局面。根据国际象棋等小众智力运动项目特点尽量选择形象相匹配的赞助企业，在谋求资金、人力物力等方面保障的同时，充分考虑赞助方与国际象棋目标人群的生活贴近度，可在宣传册、海报、秩序册、参赛证内加入赞助企业介绍信息和产品广告，尽可能制作得既专业又有纪念价值，帮助赞助企业提升知名度、拉动消费。

现代国际象棋奠基人菲利多尔研究

李洵哲

引　言

弗朗索瓦 - 安德烈 • 达尼康 • 菲利多尔（François-André Danican Philidor）是18世纪法国国际象棋运动家，被誉为那个时期最伟大的棋手。在长达四十多年的棋艺生涯中，他一方面在棋力上胜过同时代棋手，另一方面长期往返于英法两国之间进行国际象棋竞赛、授课和表演，大大促进了两国国际象棋文化发展，引领了英法国际象棋界18世纪后半叶至19世纪前半叶的竞争与交流，长达近一个世纪之久。18世纪中期，菲利多尔出版了自己的传世著作《国际象棋分析》（*L'Analyse des Echecs*），被认为是首位对国际象棋做出系统分析的棋艺理论家。他创造性地提出了“兵”对于国际象棋棋局的重要价值和意义，并尝试以科学作为国际象棋理论分析的基础。19世纪晚期的《世界国际象棋杂志》（*International Chess Magazine*）将他誉为“现代国际象棋之父”。目前我国的体育史研究中，对于国际象棋特别是欧洲国际象棋史的研究仍相对较少。林峰（2001）的《国际象棋史话》一书从宏观上论述和探讨了国际象棋在全球范围内的发展；刘适兰（2003）则更多从棋子兵种的角度探讨国际象棋与中国象棋的异同及中西方文化差异；金铁男（1985）对国际象棋史的回溯也是从19世纪后半叶第一位世界冠军斯坦尼茨开始的；林琳（2020）在《欧洲国际象棋赛事溯源》一文中提到了菲利多尔及其理论贡献，但因文章主题原因并未对菲利多尔本人开展深入研讨。鉴于上述研究现状，本文将尽可能全面地收集与菲利多尔本人、18—19世纪欧洲国际象棋文化、赛事、理论与实践研究等相关的资料与文献，对菲利多尔这位国际象棋历史上具有划时代意义的重要人物的理论贡献和他留给现代国际象棋的遗产进行梳理、分析与呈现，以便更好地理解和认识19世纪之前国际象棋在欧洲的历史文化渊源和棋艺理论发展历程，为相关研究提供参考。

一、菲利多尔的棋手生涯

1726年9月7日，菲利多尔出生于法国城市德勒（Dreux）的一个音乐世家，他的父亲就在法国国王路易十四的皇家乐团中担任管乐手。家族遗传的杰出音乐天赋让菲利多尔在6岁时就入选了凡尔赛宫皇家礼拜堂的乐团成为一名侍童，而正是在那里他第一次接触到了国际象棋。每天早晨，乐手们在礼拜堂等待国王前来聆听演奏期间，都会以对弈国际象棋作为消遣，年幼的菲利多尔也在旁观中学习，并逐渐参与其中。

少年菲利多尔很快成为皇家乐团中国际象棋下得最好的人。14岁离开乐团后，菲利多尔通过教授和演奏音乐自力更生，同时开始在巴黎的各大咖啡馆中下棋。18世纪上半叶，巴黎和伦敦的人们聚在咖啡馆中下棋已经成为一种常态。1741年，菲利多尔来到了著名的摄政咖啡馆（Le Café de la Régence）。在那里他结识了当时法国最强的棋手勒加尔（François Antoine de Legall），后者由此成为了他的老师。

师从勒加尔期间，菲利多尔展现出了惊人的天赋。起初老师可以让一个车与他对局；仅仅过了三年，菲利多尔已经能够与老师完全公平地进行对局：不让子也不让先。1745年，由于音乐上的契机，菲利多尔前往荷兰。他在海牙与那里的英国军官们下棋，同时也教棋。这不但给他带来了收入，更让他有机会于1747年来到了伦敦。

同年，菲利多尔在伦敦的斯劳特咖啡馆（the Café Old Slaughter）与叙利亚人斯塔玛（Philippe Stamma）进行了十番棋的对抗赛。斯塔玛是当时世界最强棋手之一，然而对抗赛的结果却呈现一边倒：按照赛制，菲利多尔必须赢棋才算该局获胜，而斯塔玛只要取得和棋就算获胜。即便如此，菲利多尔仍然以8胜1和1负完胜斯塔玛。从那时起，菲利多尔已经被认为是非正式的国际象棋世界冠军了。1755年，菲利多尔在摄政咖啡馆战胜了自己的老师勒加尔，他当代最强棋手的地位已经无可撼动。

1772年，菲利多尔再次造访伦敦。伦敦的帕斯洛国际象棋俱乐部（Parsloe's Chess Club）成立，菲利多尔此后20余年间每年都在那里任教一个季度，同时进行盲棋表演，最多时甚至下一对四的盲棋车轮战，轰动一时。菲利多尔长期往返于巴黎和伦敦之间，直到1792年移居英国。1795年8月24日，著名棋手菲利多尔在伦敦逝世，讣告称他“下出了最后一着，步入了另一个世界”。

二、菲利多尔的棋艺理论研究及贡献

1748年，菲利多尔旅居荷兰期间开始撰写《国际象棋分析》一书。书中通过排局的形式呈现了策略和战术运用，也包括开局和残局。菲利多尔在书中提出了著名的论断：“兵是国际象棋的灵魂。”《国际象棋分析》刚一问世便大获成功，英国驻军将领坎伯兰公爵（Duke Cumberland）一人就订阅了50册，军官们购买了多达百余册。它很快就被翻译成英文、德文，欧洲多国君主都邀请菲利多尔前往他们的宫廷，在王室面前展示他的天才棋艺。

在16世纪以前的国际象棋对局中，棋手们总是注重出动重子直接向对方的王发起进攻，热衷于快速、漂亮的攻杀。《国际象棋分析》一书的出现从根本上转变了人们对于国际象棋的观念。菲利多尔的理念放弃了对于迅速杀王的追求，而建立了一系列基于合理原则的全局着法逻辑。这本书出版后，没过多久就成为18世纪下半叶影响最为广泛的国际象棋教材。随着菲利多尔的思想扩散传播，国际象棋是一种建立在正确的法则之上的、关于理性的游戏，这一理念也迅速地在人们的头脑中扎根。菲利多尔写成《国际象棋分析》时还不到23岁，正因为如此，这本书的理念从一开始就不是收集大师名局供人们学习和复刻，而是提供了一种全新的总体思路，使得棋手们通过运用自己的理性思维，在各种情况下都能下出更好的着法。

菲利多尔的“兵是国际象棋的灵魂”这一论断可谓闻名遐迩。国际象棋自中世纪以来一直是“贵族的游戏”，对局的模式就像封建领主的一对一决斗，棋盘上的重子象征着贵族和骑士，而兵对应的则是平民百姓。在这样的一种视角下，没有人注意到兵有可能在棋局中扮演关键的角色。通常棋手们都认为丢掉一个兵只是无足轻重的损失，对棋局的胜负没有什么实质性的影响。菲利多尔在提出自己革命性的国际象棋理论时这样说道：“我的主要目标就是通过对棋艺的革新让自己为公众所了解。这一革新之前从没有人觉察到，或者也许是没有人曾经成功地做到——那就是运用好兵。兵是国际象棋的灵魂：它们可以独立地构成进攻与防守；它们的位置好坏左右着棋局的胜负。”

菲利多尔在书中对于各类着法都给出了详细而直接的注释，指出了选择如此下法的原因。这一点是任何他的前辈棋手都未曾做过的。菲利多尔认为：“一位棋手不清楚他下出一步棋，哪怕是走一步兵的原因，就好比一位将军久经沙场但说不出该如何打仗。” 在菲利多尔看来，下棋和作战相似，棋局是由一个具有整体性的计划开始的。试举一例，本书的第一局着法如下：

1 e4, e5

2 象 c4, 象 c5

3 c3, 马 f6

4 d4, …

菲利多尔在此注释说：“走 d4 有两个重要的原因。其一是阻止对手的象攻击自己的 f2 兵；其二是将兵的力量投入到棋盘的中心，对于将来实现升变有着重大的意义。”

菲利多尔的研究将国际象棋从一种纯粹的游戏，一种贵族眼中更偏向艺术的活动引向了可以理论化的科学。

三、菲利多尔与18—19世纪的欧洲国际象棋文化

18 世纪至 19 世纪上半叶，法国与英国堪称当时的世界国际象棋中心。如前文所述，当时两国的棋手们以咖啡馆为活动中心，聚集在一起下棋，促进了国际象棋理论和实践水平的不断提高。巴黎的摄政咖啡馆无疑是最负盛名的地方，同时普罗科普咖啡馆（Le Café Procope）也是棋手们常活动的一家。在伦敦，棋手们聚集在斯劳特咖啡馆和萨洛平咖啡馆（Le Café Salopian）。帕斯洛国际象棋俱乐部成立后，菲利多尔主要在那里下棋。

法国启蒙思想家、哲学家卢梭（Jean-Jacques Rousseau）和伏尔泰（Voltaire）都酷爱国际象棋，虽然水平不高，但他们都是摄政咖啡馆的常客。菲利多尔在这里与他们进行了切磋，每次都会引来大量群众围观对局。另一位法国启蒙思想家、哲学家狄德罗（Denis Diderot）在他的小说《拉摩的侄儿》（*Le Neveu de Rameau*）中对于摄政咖啡馆的国际象棋活动有着生动的描述：“逢到天气太冷或者雨下得太大，我就躲进摄政咖啡馆，以观看别人下棋为消遣。巴黎是全世界棋下得最高明的地方，而摄政咖啡馆则是全巴黎棋下得最高明的地方。高深莫测的勒加尔，机敏细致的菲利多尔……都来这里厮杀。”

在菲利多尔18世纪40年代的英国之旅期间，他除了与斯塔玛进行了十番棋对抗赛外，也与当时英国最强的棋手亚伯拉罕・詹森爵士（Sir Abraham Janssen）交过手，并且战胜了后者。1774年帕斯洛国际象棋俱乐部在伦敦成立，会员限定为100人，他们同时也是俱乐部的赞助者。会员缴纳年费以聘请菲利多尔在每年的一月至五月期间来到伦敦，在俱乐部下棋、授课。《国际象棋分析》一书于1777年再版时，菲利多尔特意写上："献给杰出而可敬的俱乐部会员们。"菲利多尔在俱乐部进行盲棋表演，广告公开发布在报纸上，每次都吸引到大量观众前来观看，包括俱乐部的很多尊贵会员，甚至还有驻在伦敦的外国使节。

法国大革命一定程度上导致了以巴黎咖啡馆为基地的国际象棋俱乐部的衰落。但在菲利多尔的影响下，优秀的法国棋手依然层出不穷。18世纪末，巴黎的棋手们逐渐重新聚集起来开展活动，德夏佩尔（Alexandre Louis Honoré Lebreton Deschapelles）很快从中脱颖而出。德夏佩尔极具天赋，在很长一段时间内他都能够让所有挑战者一个兵加一先，甚至两先。德夏佩尔的学生德拉布尔多奈（Louis-Charles Mahé de La Bourdonnais）青出于蓝，1821年他战胜了自己的老师，成为法国最强的棋手。1834年，德拉布尔多奈与英国棋手麦克唐纳（Alexander McDonnell）展开了漫长的系列赛。根据记录，两人共交锋了多达85局，最终德拉布尔多奈以45胜13和27负的战绩取得了胜利。

除了英法两国顶尖棋手的个人对抗外，巴黎和伦敦的棋手们也以俱乐部为单位展开通讯赛，以集体的智慧相互切磋。菲利多尔逝世后，帕斯洛国际象棋俱乐部逐渐退出了历史舞台，19世纪30年代英国国际象棋俱乐部的领头羊是威斯敏斯特俱乐部（the Westminster Club）。就在德拉布尔多奈与麦克唐纳进行系列赛的同一年（1834），威斯敏斯特俱乐部与巴黎俱乐部之间也进行了两局制的通讯赛，结果是巴黎俱乐部连下两城。巴黎俱乐部的领军人物圣达芒（Pierre Charles Fournier de Saint-Amant）正是德拉布尔多奈和另一位法国棋手斯伦贝谢（Wilhelm Schlumberger）的弟子。

德拉布尔多奈于1840年逝世。圣达芒在1843年的对抗赛中负于英国棋手霍华德・斯汤顿（Howard Staunton），普遍认为这次比赛一方面相当于非正式的世界冠军赛，一方面标志着从菲利多尔以来的法国国际象棋百年霸权地位旁落到了英国人手中。

菲利多尔的影响并不局限于西欧诸国。亚历山大・彼得罗夫（Alexander Dmitrievich Petrov）是19世纪上半叶最出色的俄罗斯棋手，他撰写了首部俄语国际象棋教材。彼得罗夫在书中的最后一部分专门选取了菲利多尔的15局棋进行分析，涵盖了开局和残局。彼得罗夫对国际象棋在俄罗斯的发展意义重大，他对国际象棋的理论贡献以及他所创立的国际象棋学校影响了整整一代俄罗斯棋手，因此他也常被誉为“北方的菲利多尔”。

四、菲利多尔的历史评价

自菲利多尔崭露头角至今，近300年来他在世界棋坛始终享有盛誉。英国女子国际象棋冠军、作家萨纳克斯（P. A. Sunnucks）在她所著的《国际象棋百科全书》（*The Encyclopaedia of Chess*）中评价菲利多尔为“18世纪最伟大的棋手之一”。与菲利多尔同时代的人们对他杰出棋艺的赞誉更为直接：《百科全书》（*L'Encyclopédie*）是法国18世纪启蒙运动的象征和代表作之一，由狄德罗主编。主要撰稿人之一若库尔骑士（le Chevalier de Jaucourt）在《棋手》这一部分中这样介绍菲利多尔：“我们都承认这（国际象棋）是一种很有难度的游戏。然而在巴黎有一位年仅18岁的年轻人，他能够盲棋同时对阵两位水平不错的棋手，并且都战而胜之。……这位年轻人就是菲利多尔先生。”英国人理查德·拉姆（Richard Lambe）1764年出版的《国际象棋史》（*The History of Chess*）也引述了相关的内容。

旅居法国的德国棋手基塞利茨基（Lionel Kieseritzky）在19世纪中期成为当时法国最强的棋手，并于1846年得到了法国国际象棋协会颁发的金牌。在给兄弟的信中，基塞利茨基怀着喜悦之情写道：“菲利多尔、德夏佩尔、德拉布尔多奈，他们这三位法国本土棋手都未曾得到过这样一枚奖牌。而我，一个外国人得到了它，证明了他们对我的好感与认可。”这也从一个侧面体现了在当时的棋手们心目中，菲利多尔和他的接班人们拥有相当高的地位。

国际象棋第一位正式世界冠军威廉·斯坦尼茨（Wilhelm Steinitz）在他创办的《世界国际象棋杂志》中称菲利多尔为“现代国际象棋之父”。第五位世界冠军尤伟（Max Euwe）评价：“菲利多尔奠定了现代国际象棋局面型下法的基础。他引领国际象棋走出了几何观察活动的范畴，进入了演绎推理的世界，这个世界是无极限的。”

当然，关于菲利多尔和他的《国际象棋分析》，历史上也不乏反对和质疑的声音。最早的批评来自摩德纳学派的意大利棋手们，代表人物有庞齐亚尼（Domenico

Lorenzo Ponziani）、里奥（Ercole del Rio）和洛利（Giambattista Lolli）。他们的基本理念是尽可能保持子力的活跃，对于兵的有效运用并不在意。这样的风格相对于菲利多尔的体系，能够更加有效地攻击对手的失误，但进入残局阶段则并不那么有利。应该说，他们的一些意见是中肯的。他们指出《分析》中的一些棋局存在错误，里奥认为菲利多尔对一些着法的演示是“不成功的”。摩德纳学派始终认为按照菲利多尔的思路，棋局进展过于缓慢，他们快速出动重子进行战术组合的下法能够更快地击败对手。

1775 年，巴黎的几位优秀棋手如维尔多尼（Verdoni）等出版了著作《国际象棋理论与实践》（*Traité Théorique et Pratique du Jeu des Echecs*），书中也向菲利多尔的《国际象棋分析》提出了一些挑战。不过他们的批评较为和缓，只是认为《分析》中的一些棋局是为诠释作者的理念而设计的，更倾向于教育意义，但就着法而言并不十分精确。相对于意大利棋手们与菲利多尔的理念与风格之争，巴黎的棋手们总体上还是遵循着菲利多尔学派的对局原则的。

五、结论

菲利多尔无疑是国际象棋历史上一位举足轻重的人物，他的出现具有划时代的意义。菲利多尔的贡献主要体现在几个方面：

第一，他是一位天赋很高的棋手，在青年时代就登上了当时棋坛的巅峰，直到逝世都未逢敌手，留下了不少名局。他的盲棋表演也是当时一绝。

第二，菲利多尔更重要的贡献在于他创造性地革新了国际象棋的理念，更注重全局计划、注重理性思维、注重逻辑分析，将国际象棋由艺术导向科学；并且首先提出了之前为人所轻视的“兵”对于国际象棋对局思路和棋局胜负的重要价值，改革了棋局弈法，著述流传后世。他的理念在 18 世纪欧洲启蒙运动注重理性、民主和平等，反对封建专制、特权主义的时代大背景下，意义尤为重大。

第三，菲利多尔 20 余年往返巴黎和伦敦之间，通过下棋、教棋、出版著作，大大带动了西欧的国际象棋文化发展，开启了英法两国作为欧洲乃至世界国际象棋中心的时代。英国的帕斯洛俱乐部因他而成立，他的接班人德夏佩尔、德拉布尔多奈等长期保持着法国国际象棋的领先地位，大批外国棋手旅居法国交流和提升棋艺，英法棋手之间的个人和团体交流更是始终不断。这一繁荣盛况延续到菲利多尔本人逝世近半个世纪之后，才逐渐被新崛起的德奥等国取代。

无论是与菲利多尔同时代的，还是稍晚于他的一流棋手和社会名流，都对他超人的实力和先进的理念推崇有加，对他给现代国际象棋发展打下的基础予以充分肯定。他的著作《国际象棋分析》虽然由于时代局限，不可避免地存在一些瑕疵，但堪称一部伟大的作品。未来进一步深入研究菲利多尔的棋艺理论的形成与发展，结合他所处时代欧洲的思想启蒙、社会变革，将有助于我们更深刻地理解国际象棋运动更多的内在逻辑，对国际象棋运动和文化在我国的发展起到借鉴和推动作用。

参考文献：

[1]林峰. 国际象棋史话[M]. 上海：上海辞书出版社, 2001.

[2] Sunnucks, P.A. The Encyclopaedia of Chess. London, 1976.

[3] International Chess Magazine. 1888.

[4] Lambe, Richard. The History of Chess. London, 1764.

[5] Murray, Harold James Ruthven. 1913. A History of Chess. Cambridge.

[6]林琳. 2020. 欧洲国际象棋赛事溯源[R]. 杭州.

[7] Leconte, Jean-Olivier. 2021. Deschapelles – Mythes et Réalités[R]. Paris.

[8] Hoffmeister, Frank. 2021. Kieseritzky, Harrwitz, Rosenthal – les premiers professionels étrangers en France[R]. Paris.

[9] Fiala, Vlastimil. 2021. Alexander Petroff – The northern Philidor[R]. Paris.

[10] Leconte, Jean-Olivier. 2021. L'organisation des échecs en France avant la création de la Fédération nationale en 1921[R]. Paris.

[11] Allen, George. 1863. The Life of Philidor. Philadelphia.

[12] Didier, Renard. 2002. Jeu des échecs, société politique et art de la guerre. Les révolutions du XVIIIe siècle [J]. Revue des sciences sociales du politique.

[13] Dupont-Danican, Jean-François. 1996. François-André DANICAN PHILIDOR[EB/OL]. http://www.mjae.com/philidor.html.

[14] Philidor, François-André Danican. 1749. L'Analyse des Echecs. London.

[15]狄德罗. 拉摩的侄儿[M]. 江天骥, 译. 北京：商务印书馆, 1981.

经济欠发达地区国际象棋现状与发展策略研究
——以赣南为例

袁德林1,2，吴谭1,3，王鸿1,4，龚盛1,5,6

（1. 赣州市国际象棋协会，江西 赣州 341000；2. 江西应用技术职业学院，江西 赣州 341000；3. 赣州职业技术学院，江西 赣州 341000；4. 赣州天空棋艺文化工作室，江西 赣州 341000；5. 赣州四中，江西赣州 341000；6. 赣州时光棋院体育文化发展有限公司，江西 赣州 341000）

一、引言

我国的国际象棋项目被大众的熟悉程度较低，1991 年谢军荣获女子世界冠军，国际象棋项目才逐渐进入大众的视线。2001 年 2 月中华人民共和国教育部体育卫生与艺术教育司和国家体育总局群体司联合下发了《关于在学校开展“围棋、国际象棋、象棋”三项棋类活动的通知》[1]，对国际象棋的普及和开展起到了极大的促进作用。目前，我国国际象棋人口数量快速增长，尤其是近几年随着中国国际象棋国家队在世界大赛上接连取得好成绩，创造历史，使得人们对国际象棋的关注度骤然上升[2]。

但是，我国国际象棋发展呈现出一种严重不平衡态势。在经济发达地区和大城市得到了较好的开展，尤其是在小学和幼儿园得到了较好的普及，国际象棋特色学校、特色幼儿园数量不断增加，非特色学校也大都有各种形式国际象棋教育课程。在革命老区、西部地区（新疆等有国际象棋传统的地区除外）等广大经济欠发达地区国际象棋发展举步维艰，甚至无法开展。根据智赛网（http://www.

zhisai.net/）公开的参赛信息统计，浙江、山东、江苏等省的国际象棋相关培训机构均多达 100 余家，甘肃、贵州、广西等西部省、自治区国际象棋培训机构仅 1 家或寥寥几家。

赣南是中央苏区的主要地域，2020 年刚完成全面脱贫，经济基础较弱，缺乏支持国际象棋发展的地方性政策。本文调研国际象棋在该地区的发展现状，提出发展对策，期望能对赣南以及其他经济欠发达地区的国际象棋发展起到促进和推动作用。

二、赣南国际象棋的发展与现状

（一）赣南经济社会发展现状

赣南是江西省南部区域的地理简称，由地级赣州市下辖的 3 区 13 县 2 县级市组成，总面积 39379.64 平方千米。2020 年常住人口 870.80 万人，GDP3645 亿元，城镇居民人均可支配收入 37031 元。人均 GDP 低于全省值的 24% 和全国值 42.2%，城镇居民人均可支配收入低于全省值 9.3% 和全国值的 15.5%，属于经济欠发达地区 [3-5]。

（二）地方性支持政策

区域内基本没有支撑国际象棋发展的地方性政策，特别是教育部门的政策。从体育部门来看，没有由体育部门主办的市级、县级国际象棋赛事，也未将国际象棋项目列入市运会等综合性运动会，仅支持成立了赣州市国际象棋协会、于都县国际象棋协会，筹备成立章贡区国际象棋协会，资金扶持只针对参加省运会、全运会江西省选拔赛等特别重要赛事。从教育部门来看，没有举办中小学生的国际象棋赛事，也未列入升学的特长生招生计划，仅有 1 所在校生规模不足千人的小学将国际象棋列入 1—3 年级校本课。

（三）赣南国际象棋发展历程与现状

赣南国际象棋发展主要分为三个阶段，第一阶段为 20 世纪 80 年代左右，赣南地区有个别中国象棋爱好者了解国际象棋项目，曾代表赣州地区参加江西省国际象棋相关赛事，由于属于兼项性质，基本没有起到推动赣南国际象棋发展的作用。第二阶段为20世纪90年代末至2010年，20世纪90年代末，受谢军第三次获得世界冠军的影响，赣州市第一中学学生中自发形成了小规模国际象棋群体，约有20人，但随着学生升入大学而逐渐消失。2002—2005年开始，棋类培训市场逐渐开始兴盛，部分棋类培训机构开设了国际象棋培训项目，至2004年曾一度达到100人左右的在训学员的规模，此后围棋培训逐渐强大并迅速占据绝大部分棋类培训市场份额，国际象棋在训学员不断减少，至2009年已不足10人。第三阶段为2010年至今，2009年底，赣州城区成立了一家国际象棋俱乐部，专门从事青少年国际象棋培训活动，在训学员规模不断增加，至2015年接近100人，目前城区有两家培训机构，在训学员（不含中小学校内普及）合计维持在100人左右。此外，在兴国、于都等县城也有零星国际象棋培训机构，规模极小。

表1　赣州市国际象棋爱好者及普及人员统计表

称号	棋协大师	候补大师	一级棋士—二级棋士	三级棋士—六级棋士	六级棋士—十级棋士	无等级
人数	12	9	25	63	174	约3000

从表1可以看出，本区域相关从业人员利用各种方式，采取了小学和幼儿园校本课等形式做了大量的普及工作，但是仅有少量学生能够参加比赛并获得相应称号，说明本项目在家长中认可度较低，家长不愿意付费让孩子进一步学习或参赛。

三、赣南国际象棋相关人员调查

为了对赣南国际象棋现状和发展有更加全面和清晰的认识，笔者以访谈（当面或电话）的形式对本区域从业人员进行调研，以问卷形式对本区域学员家长分别进行了调研。总计发放学员家长问卷（含学员情况）100份，回收问卷100份，有效问卷100份，回收率和有效率都达到了100%。

（一）从业人员情况

由于本地国际象棋发展较弱，目前从业人员仅有9人，其中有3位专职从业人员和6位兼职从业人员，分属6家培训机构或个体经营，其主要情况如表2至

表 7 所示。

表2 从业人员学历分布表

学历	硕士	本科	大专
专职人数	0	1	2
兼职人数	2	4	0

表3 从业人员棋力水平分布表

棋力	棋协大师	候补大师	一级棋士至四级棋士	五级棋士以下
专职人数	1	1		1
兼职人数	2	2	2	

表4 从业人员性别分布表

性别	男性	女性
专职人数	2	1
兼职人数	4	2

表5 从业人员年龄分布表

年龄	31—40岁	20—30岁
专职人数	1	2
兼职人数	6	0

表6 从业人员从业年限分布表

从业年限	11年及以上	6—10年	3—5年	2年及以下
专职人数	1		1	1
兼职人数	2	4		

表7 兼职从业人员本职工作情况表

职业	小学教师	中学教师	高等学校教师
人数	3人	1人	2人

从表中可以看出，尽管赣南地区从业人员较少，经营较为分散，但总体学历层次高，年富力强，棋力水平较高，有着较为丰富的教学经验。

（二）学员情况

1. 性别比例

表8 学员性别表

性别	男	女
人数	86	14
比例	86%	14%

从表8可以看出赣南地区国际象棋学生性别比例相差较大，女学生数量较少。这是由于在广大家长认为棋类是男孩子的游戏，男孩更加适宜学棋，文献表明在围棋学员性别比例上也有较为相似的结果[6]。

2. 初学国际象棋年龄

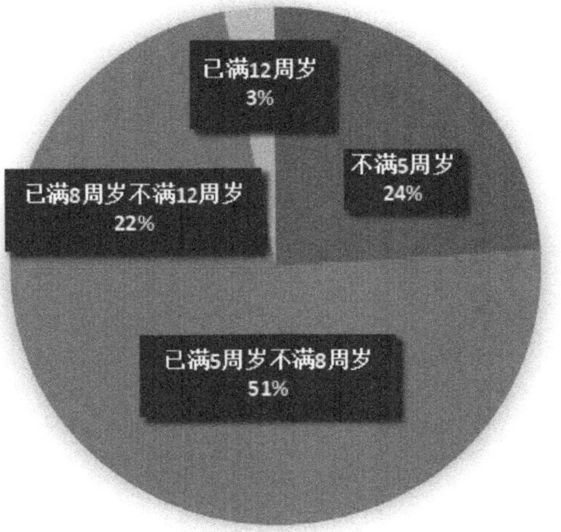

图1 学员初次学习国际象棋年龄分布图

从图 1 可以看出，绝大部分学员学棋时间较早，8 周岁以下的总共占据了 75%，该时间段也是孩子数学和逻辑思维的重要发育阶段，该时段也是开始学习国际象棋的最佳时期之一，是基本符合科学规律的。

3. 学习国际象棋年限

表9　学员学习年限表

学习年限	2年以下	3—5年	6年以上
人数	33	57	10
比例	33%	57%	10%

从表 9 可以看出，绝大部分孩子的学习年限不足 6 年，结合初学年龄分析，大部分学员在小学阶段就会放弃国际象棋学习，这是主要由于进入中学后学员课业越发紧张，大部分家长不愿意孩子继续在国际象棋上花费时间，把重心放在文化课学习上，文献表明在其他课外兴趣班存在类似情况[7]。

4. 学员棋力水平

采用中国国际象棋协会业余等级称号衡量学员棋力水平，该称号只有参加相应比赛并达到规定的胜率方能获得，最高称号为棋协大师，其次为候补棋协大师，最后为棋士，其中棋士称号包括 1 级棋士到 15 级棋士，1 级棋士最高，15 级棋士最低。具有棋协大师和候补大师称号的学员比例，能反映出当地学员整体的训练水平，也能从侧面反映出当地教练员的教学水平。

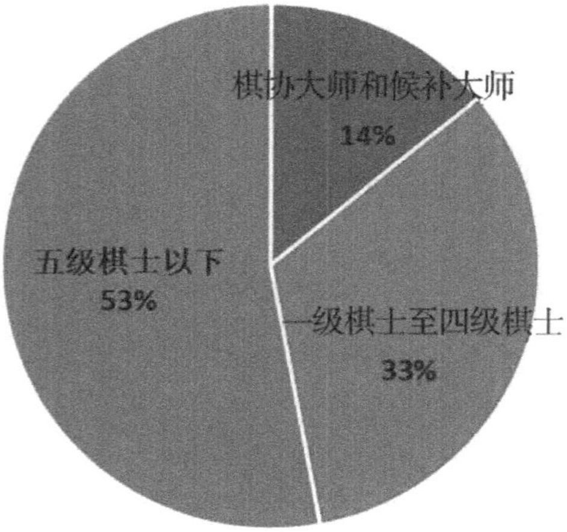

图2　学员棋力分布情况图

从图 2 可以看出，学员中具有棋协大师和候补大师称号的高达 14%，说明本区域学员整体竞赛成绩较好，尽管普及程度不高，但教学成绩能够和国际象棋较为发达的城市媲美[8]。

（三）家长情况

1、家长职业分布

表10　学员父母职业分布表

行业	公务员	教师	医护	企业技术/管理	企业一般职员	个体工商户	自由职业者	其他
人数	19	37	12	40	25	22	34	11
比值	9.5%	18.5%	6.0%	20%	12.5%	11.0%	17.0%	5.5%

从表 10 可以看出，学员父母中公务员比例为 9.5%，远超过我国总人口中公务员占 1% 的比例，同样教师、医护人员、企业技术及管理人员也远超过我国这些职业人群的比例，说明这些职业的家长有较强的意识让孩子学习国际象棋。

2. 家长学历分布

表11　学员家长学历比例与全国同龄人学历比例对比表

学历	硕士及以上	本科	大专	高中及以下
学员家长比值	4.5%	29%	40.5%	26%
全国同龄人平均注1	1.1%	2.7%	5%	92.3%
赣州全市注2	无数据	无数据	9.3%	90.7%

注 1：依据 1981 年出生人口，1999 年高考录取数据，2003 年研究生录取数据。

注2：依据第七次全国人口普查数据，赣州市大专及以上学历人口总比例为9.3%。

从表 11 可以看出，学员家长学历层次较高，受过高等教育的占比达 74%，远超过全国同龄人的平均值和赣州市的平均值，这是由于这类家长有较强的培养孩子的意识，同时具有一定的视野，能够了解和认识到国际象棋对孩子的教育作用，认同国际象棋这个舶来品。

3. 家长收入分布

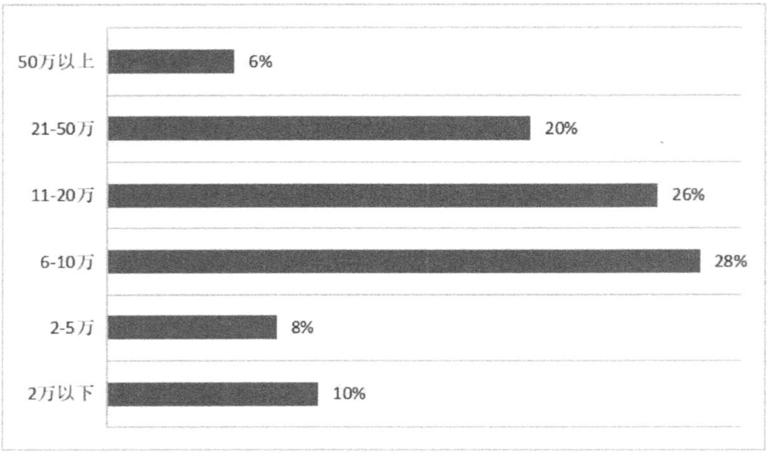

图3　学员父母人均年收入分布图

从图 3 可以看出学员父母人均年收入较高，绝大部分高于全国城镇职工平均工资。20 万以上高收入学员家长占比 26%，而根据洛伦茨曲线与居民吉尼斯系数估算，该收入人口仅占全市人口的 3%，说明国际象棋更容易被高收入家庭所接受。

4. 选择学习国际象棋的原因

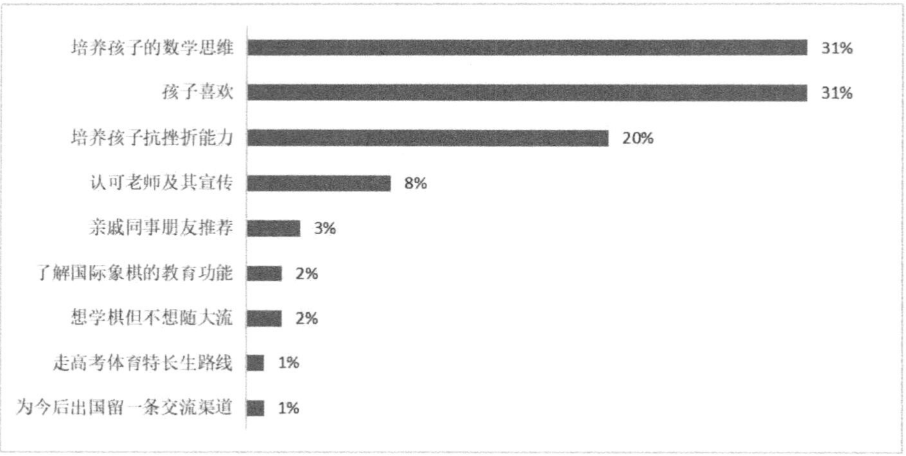

图4　选择付费让孩子学习国际象棋的原因

从图 4 可以看出，家长选择付费让孩子学习国际象棋主要原因为孩子喜欢和培养孩子数学思维。这提示广大教练员在免费培训环节（如校本课、公开课等）

中需要抓住孩子的兴趣，让学生对国际象棋产生浓厚的兴趣。在课后需要及时跟家长沟通，重点推介国际象棋能够培养学生的数学思维和抗挫折能力。这样两方面共同提升家长的报名欲望，提高孩子学习国际象棋的可能性。此外，亲朋推荐、了解国际象棋等方面的原因尽管所占比例较低，但这些家长往往会让孩子学习较长的时间，也会陪伴孩子共同学习，学习情况较好，竞赛成绩优异，也是不可忽略的重要因素。

四、欠发达地区国际象棋存在的主要问题与发展策略

综合以上调查，可以看出随着经济文化水平的日益提高，少儿的素质教育和特长培养越来越受到重视，这为赣南的国际象棋项目奠定了一定的社会基础。但是总的来说，作为经济欠发达地区，赣南国际象棋项目起步较晚，规模较小，还存在很多亟待解决的问题。

由于地方教育部门支持政策对当地国际象棋的发展可以起到决定性作用，但绝大部分地区都难以获得此类政策支持。此外，经济欠发达地区赚钱效应不足，难以采用商业模式等经济性手段促进国际象棋发展。因此，本文在论述发展策略时不考虑这两种因素。

（一）加强重点人群认同度，提升普及效率

调查结果表明，赣南地区的教练员做了较多的普及工作，但是绝大部分校本课和免费课的效果不佳，不能将学生及其家长吸引进入国际象棋殿堂。从学员家长调查结果反馈，高学历、高收入、体制内家长容易对国际象棋项目产生认同。

因此，经济欠发达地区的培训机构和教练员在国际象棋开展的初期，应事先做好相应的市场调查，挑选此类型家长较多的小学或幼儿园针对性地开展普及活动，能够起到事半功倍的效果，从而带动当地国际象棋的前期发展。

但是作为欠发达地区，此类家长占比低、数量少，想进一步提升国际象棋在当地的普及和发展就需要针对属于中等收入、中等学历等家长开展工作，通过互联网传播、走进社区等多种宣传方式让他们充分了解、认同国际象棋，从而愿意让孩子学习国际象棋，这也是欠发达地区发展国际象棋的难点。

（二）建立良好师生感情，激发学员兴趣

从调研结果来看，学生的兴趣也是重要的影响因素。但是，传统国际象棋的授课方式是严肃的，长期如此会使孩子由于害怕老师从而失去兴趣。实际上学员在和蔼可亲、循循善诱的老师面前能够放松地听课，更容易记住和理解老师讲授的知识点，达到良好的教学效果。学生和老师间建立良好的师生感情，把老师当成自己的朋友，就会向老师诉说自己学习国际象棋中遇到的各种困难，老师也不会因此而盲目地批评孩子，这样可以调动孩子的积极主动性。此外良好的师生关系能够使老师在带领学生参加比赛时，能轻松安抚学生的紧张情绪，利于学生比赛的正常发挥，获得优异的竞赛成绩，激励他更好地学习国际象棋。

（三）提升师资力量，培养三位一体教练

开展国际象棋项目，依靠的核心力量就是国际象棋教练员，教练员水平的高低会影响学员学习的上限水平和家长的信任度。从赣南国际象棋发展来看，2005年尽管学员人数出现了历史最高值，但是受到教练员自身能力的制约，终究还是昙花一现，迅速消失。后期由于存在高水平、高素质的教练员，尽管缺乏国际象棋发展的政策土壤，通过依靠良好口碑和优异的成绩，也逐渐开始普及和发展。

作为需要引领当地国际象棋普及和发展的教练员，应具有多方面综合素养与背景，主要有教育背景、竞赛背景、教学素养。首先，我们宣传招生时常说学习国际象棋能促进孩子文化课程的学习，因此教练员自身应该有较好的教育背景，学生及其家长才能信服这类宣传，同时也能用自身的求学经历向学生诠释国际象棋是如何促进文化课程的学习。其次，家长也较关注教练员自身的竞赛水平，因为国际象棋下得好不好，最终是要靠比赛成绩来界定，如果一个教练员没有比赛经历，也就肯定不具备过硬的专业知识，就算教学经验再丰富，和学生沟通再顺畅，再受孩子们喜欢，在教学的后期会产生一些局限性，难以满足国际象棋发展的需要。最后，教练员教学能力也非常重要，有些教练自身棋艺出众，竞赛成绩好，有着扎实的理论知识，但教学经验不足，不擅长和孩子交流沟通，在教学上效果不是很显著。这些教练应该拓展自己的知识面，多向有经验老师请教，加强自己的沟通能力和教学能力，使自己能更好地开展教学工作。

综上所述，我们把欠发达地区的教练员能力可以定义为教育背景、竞赛背景、教学能力三者之和，如式1所示。其中教育背景赋分35分，其赋分方法如式2所示，

竞赛背景赋分 40 分，其赋分方法如式 3 所示，教学能力赋分 25 分，总分 100 分。

$$A=E+C+T \qquad 式 1$$

其中 A（ability）代表教练员能力，E（education）代表教育背景赋分，最高 35 分封顶，C（competition）代表竞赛背景赋分，最高 40 分封顶，T（teach）代表教学能力，最高 25 分封顶。

$$E=d+s+y \qquad 式 2$$

其中 d（degree）代表学历，博士 =30，硕士 =24，本科 =18，大专 =12，高职和中专 =10。s（school）代表毕业学校，985 高校 =6，211 高校 =4，一本高校 =2。y（year）代表毕业年限，5 年以内 =0，5—10 年 =3，10—20 年 =6，20 年以上 =9。

$$C=t+f+b \qquad 式 3$$

其中 t（title）代表等级称号，专业运动员 =40，棋协大师或相当水平 =30，候补大师或相当水平 =20，一、二级棋士或相当水平 =10。f（frequency）代表参赛频率，累计参加过省级及以上赛事 20 次及以上 =5，累计参加过省级及以上赛事 10 次及以上但不足 20 次 =3，累计参加过省级及以上赛事 3 次及以上但不足 10 次 =1。b（best）代表最佳成绩，单次赛事获奖金额超 2 万元 =5，单次赛事获奖金额 1 万—2 万 =4，单次赛事获奖金额 0.3 万—1 万 =3，无奖金的全国赛事冠军 =2，无奖金的省级赛事冠军 =1。

教学能力属于较主观的描述，可以根据学生竞赛成绩、学生最佳成绩和教练自身成绩的差值、任课班级平均留生情况，学生满意度评价，家长满意度评价等方面综合评判，本文不展开论述。

一般认为，得分 90 分以上的教练属于优秀，80 分以上为良好，60 分以上为合格。作为欠发达地区，受到当地软环境的制约，需要普及和发展国际象棋，教练员需要付出比发达地区教练更多的努力，其各方面要求也更为严苛。教练员和培训机构管理人员可以参照评分，并根据自身情况补齐短板，不断提升教练员综合能力，打造三位一体的国际象棋教练。

五、结论

1. 赣南地区国际象棋社会环境较差，缺乏政策支持，仅有民间机构做普及与发展工作，国际象棋人口群体较小。

2. 当地教练员队伍较少，经营较为分散，但总体学历层次高，年富力强，棋力水平较高，有着较为丰富的教学经验。

3. 当地尽管普及程度不高，但学生整体竞赛成绩较好。

4. 欠发达地区中高学历、高收入、体制内家长容易对国际象棋项目产生认同。开展国际象棋初期重点定位上述家长的孩子效果较佳。

5. 初步构建了教练员能力评价标准和公式。

参考文献：

[1] 教育部、国家体育总局. 关于在学校开展“围棋、国际象棋、象棋”三项棋类活动的通知[Z]. 2001.

[2] 谢军. 国际象棋项目在中国的发展研究[J]. 首都体育学院学报，2019，31(1)：4-8.

[3] 赣州市统计局. 赣州市2020年国民经济和社会发展统计公报[Z]. 2021.

[4] 江西省统计局. 江西省2020年国民经济和社会发展统计公报[Z]. 2021.

[5] 国家统计局. 中华人民共和国2020年国民经济和社会发展统计公报[Z]. 2021.

[6] 徐芳，许洪松. 苏州市少儿围棋运动开展现状及对策研究[J]. 体育世界，2013，9(9)：46-47.

[7] 陈玲. 高年级小学生课外兴趣班逃兵多[N]. 武汉晚报，2014-12-30 (12).

[8] 孙铭阳. 哈尔滨市国际象棋培训市场开展现状及对策研究[D]. 哈尔滨：哈尔滨师范大学，2019.

基金项目：中国棋院杭州分院2021年度棋文化研究“4+x”课题，《经济欠发达地区国际象棋现状与发展策略研究——以赣南等原中央苏区为例》。

作者简介：袁德林（1984年—　），男，汉族，江西赣州人，工学硕士，高级工程师，“西部之光”访问学者，赣州市国际象棋协会会长，主要从事钨与稀土方面新材料方面的研究和国际象棋基层普及推广竞赛方面的工作。

国际象棋网络比赛的现状及未来发展研究

梁志华[①]　董　倩[②]　杨子程[③]

一、研究背景

（一）新冠疫情暴发：体育赛事从暂停到快进

2020 年初，新冠疫情暴发并在全球范围内蔓延。疫情的突发紧急性、不可预测性为各项事业的发展带来冲击，公众生命安全遭遇严重威胁，经济发展蒙受重大损失，社会正常运行秩序经历巨大挑战，体育领域也未能幸免。体育赛事上，世界重大比赛因疫情纷纷停摆、延期或异地举行。在此背景下，借助互联网等信息技术的网络体育赛事应运而生。从 2020 年有限的网络比赛到 2021 年共计 48 场主要世界赛事[④]。

（二）满足观众需要：体育观赛从危机到转机

在此背景下，2020 年 7 月，国家体育总局发布《科学有序恢复体育赛事和活

① 珠海市国际象棋协会秘书长珠海519000
② 北京师范大学教育学部博士后
③ 2022年入读帝国理工数学系大学生
④ 宋昱,王凯圆.疫情防控常态化背景下体育赛事运营管理的策略研究[J].南京体育学院学报,2021,20(05):9–15.

动推广体育行业复工复产方案》[①]。方案指出，科学有序恢复体育赛事和活动，是在疫情防控常态化情况下发展体育事业、体育产业的必然要求。按照“外防输入、内防反弹”的总体防控策略，根据党中央、国务院关于复工复产的有关要求，科学、安全、有序、积极恢复体育赛事和活动的发展，可采取改变赛事方式，借助线上、线下等多种形式分类推进，有序恢复体育赛事和活动。体育比赛因其竞争性、对抗性、不可预知性等特点，受到大众的喜爱。在此要求下，体育比赛与网络媒体的结合成为趋势，以满足大众的观赛需要，以及与此相关的社交、文化等高层次需要。

（三）项目普及推广：国际象棋从冲击到机遇

疫情影响国际象棋项目发展。比赛方面，线下比赛全面暂停或延期，网络比赛则依托 Chess.com、Chess24、智赛网、国象联盟等平台的网络比赛层出不穷，并提供多语种直播解说，丰富了互动体验。2020 年 3 月，备受瞩目的国际象棋世界冠军候选人赛中，各位顶尖高手一改往日的握手致意，出现“撞肘问候”的特别礼仪。我国国际象棋运动员注册时间推迟，各级各类线下培训和比赛全面暂停。

体教融合、双减政策等为国际象棋项目发展迎来新机遇。2020 年 8 月，国家体育总局和教育部联合印发《关于深化体教融合促进青少年健康发展的意见》[②]，从加强学校体育工作、完善青少年体育赛事体系等八大方面提出 37 项举措，全方位推动深化体教融合，促进青少年全面健康成长。2021 年 7 月，中共中央办公厅、国务院办公厅印发《关于进一步减轻义务教育阶段学生作业负担和校外培训负担的意见》[③]，并在新闻发布会中表示，“双减”的同时推动“双增”，即在减少作业负担和减少校外培训负担“双减”的同时，推动学生参加户外活动、体育锻炼、艺术活动、劳动活动的时间和机会，以及增加接受体育和美育方面课外培训的时间和机会的“双增”。

在疫情背景下，国际象棋项目在国家宏观政策引领下迎来机遇。国际象棋兼

① 国家体育总局. 体育总局关于印发《科学有序恢复体育赛事和活动推动体育行业复工复产工作方案》的通知[EB/OL].https://www.sport.gov.cn/n4/n15204/n15205/c954815/content.html.2020-07-09.

② 体育总局,教育部.关于印发深化体教融合促进青少年健康发展意见的通知[EB/OL].http://www.moe.gov.cn/jyb_xxgk/moe_1777/moe_1779/202009/t20200922_489794.html.2020-08-31.

③ 教育部. 中共中央办公厅国务院办公厅印发《关于进一步减轻义务教育阶段学生作业负担和校外培训负担的意见》[EB/OL].http://www.moe.gov.cn/jyb_xxgk/moe_1777/moe_1778/202107/t20210724_546576.html.2021-07-24.

具体育、智育等特色，既可以帮助专业运动员发展逻辑思维、全局观念等思维方式，又可丰富学校第二课堂教学主题。

二、研究意义

（一）理论意义

1. 有利于丰富我国体育网络赛事的研究项目范围

在中国知网进行文献检索（截止检索时间为2022年6月26日）发现，以“网络赛事”或“网络比赛”为主题的CSSCI期刊共38篇，研究者对网络比赛的关注始于2008年，近年来，文章数量逐步增长。但是我国学者对体育网络赛事的项目聚焦篮球、足球、排球等体育运动项目，现在尚无对国际象棋及相关棋类网络赛事的研究。本研究以国际象棋为切入点，可以扩展我国体育网络赛事的体育项目的领域。

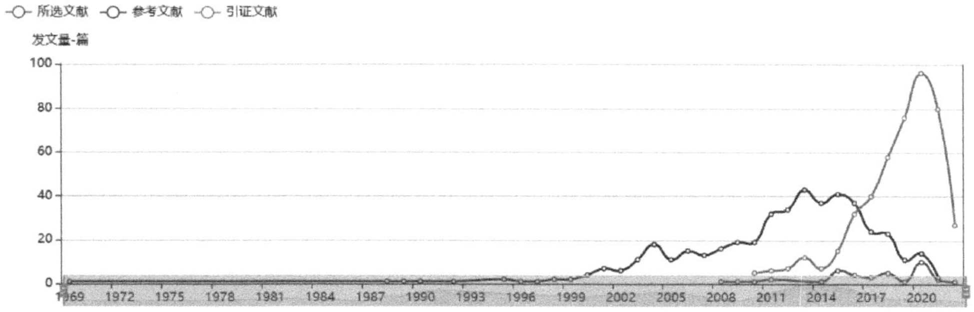

图1　中国知网CSSCI期刊检索结果

2. 有利于加强国际象棋网络比赛规则的理论研究

根据对中国知网文献的调研发现，现有关于体育网络赛事的研究更多是从传播学[①②③]或法学[④⑤⑥]视角出发，研究体育网络比赛的直播方式[⑦]、直播技术[⑧]、解说技巧[⑨]、赛事版权[⑩]等问题，鲜有对网络比赛规则的系统化研究。棋类项目是运动员以棋盘为中介的智力运动，而非传统体育运动项目基于身体行为的对抗竞技，在对弈场景、器材方面的限制相对较小。本研究以国际象棋为例，探索棋类项目在“互联网+”领域的网络比赛的规范化、可行性、标准化发展，可能为其他项目提供启示和借鉴。

（二）实践意义

1. 有利于规范国际象棋网络比赛的管理

国际象棋网络赛事的开展需要多元主体的参与，既包括政府、协会的宏观引领，也包括平台技术的不断优化和全方位保障、裁判员的公平公正执裁，还需要企业的资金支持、技术服务。政府、协会、平台、裁判、企业、教练、运动员等多方主体既相互关联，又相互独立。只有多元利益主体各司其职，协同共治，才能共同促进国际象棋项目的多元发展。受到新冠疫情影响，原有的线下比赛被迫转移至线上，在疫情常态化的大环境下，网络比赛的重要性日益提升。然而对于国际象棋网络比赛的规则、秩序、等级评定、责任分工等仍有待探索。本研究旨在发动多元主体的力量，推进完善国际象棋网络比赛的特点，形成符合国际象棋线上比赛规模的赛事管理及秩序，促进项目规范化发展。

---

① 万晓红,陈嘉宝.新传播生态下体育赛事网络舆论特征及治理——基于结构分析与情感分析的双重视角[J].体育科学,2021,41(04):23-31.

② 曾红宇,颜家水,胡芳豪.媒介融合下体育赛事网络版权运营困境与策略研究[J].出版广角,2021(07):73-75.

③ 王晓晨,关硕,于文博,李芳.体育赛事网络舆情的传播特征研究——基于2019年女排世界杯的文本情感分析[J].成都体育学院学报,2020,46(05):74-81.

④ 汪美芳.论体育赛事网络直播权益的法律保护[J].江西社会科学,2020,40(11):172-180.

⑤ 王磊.“网络转播体育赛事”的法律保护路径探讨[J].电子知识产权,2018(10):21-32.

⑥ 姚鹤徽.体育赛事网络转播法律保护制度的缺陷与完善[J].天津体育学院学报,2016,31(03):198-203.

⑦ 潘顺磊,刘江波,杨俊刚.体育赛事网络直播的发展趋势探究——以腾讯体育为例[J].传媒,2020(22):59-61.

⑧ 孟祥阳,邹月辉.问题窥探、技术变革与应用策略:5G时代的体育赛事直播[J].体育科技文献通报,2022,30(05):222-224+235.

⑨ 朱聚晶,庞承智,钱浩然.网络直播时代全民健身赛事体育解说创新研究[J].新闻研究导刊,2019,10(07):9-10.

⑩ 张钦坤,田小军.体育赛事网络版权生态保护探讨[J].中国版权,2015(05):33-36.

2. 有利于推动项目可持续、高质量发展

受到疫情影响，国际象棋网络比赛日渐常态化，成为交流棋技、推广棋艺的重要手段。但实践中，存在缺乏网络掉线、服务器不稳定、作弊识别困难、对弈缺乏真实感、时差等问题，网络赛事的公平性饱受诟病，成绩认定及等级评定面临质疑【中国国际象棋协会在2021年才出台业余等级称号七级棋士（含）以下可以通过网赛的形式获得称号的文件。但对其他称号，包括计算等级分等，网络比赛的成绩不能评定，专业称号更加不能靠网络比赛获得。这也使得网络比赛就专业和娱乐两个发展方向而言更倾向于往娱乐的方向发展】。

本研究在深入了解如今国际象棋网络比赛发展现状的基础上，从比赛规则制定、平台优化、赛事技术服务等多个角度出发，深入了解国际象棋网络比赛涉及的举办地政府、赛事组织者、赞助商、裁判员、教练员、志愿者等多方群体的意见和建议，以推动国际象棋网络比赛体验，从而拓展国际象棋市场，促进产业链经济的多元化发展，为推动国际象棋项目的可持续、高质量发展提供建议。

三、研究设计

研究沿着“现状调研—问题识别—提出对策”的思路，拟综合运用文献法、问卷法、个案分析法、访谈法、参与式观察法等研究方法对国际象棋网络比赛的现状及未来发展开展研究。

（一）现状调研

在文献调研的基础上，提出新冠疫情期间国际象棋网络比赛现状分析框架（如比赛平台、比赛数量、参赛人数、观赛人数、裁判数量等客观定量数据，裁判员执裁感受、运动员体验等主观定性数据）。在确立基本分析框架的基础上，通过搜索网络平台日志数据、专家访谈、个案分析等多种方式，收集疫情期间国际象棋网络比赛现状的相关数据。

（二）问题识别

对国际象棋网络比赛现状的定性和定量数据进行分析，总结疫情对国际象棋网络赛事的利益相关者（举办地政府、赛事组织者、赞助商、赛事参与者、媒体、裁判员、教练员、志愿者、家长、观众等）的影响，识别实践中面临的关键问题，并通过参与式观察、专家访谈等方式进一步了解问题产生的原因其可能的影响因素。

（三）提出对策

在了解国际象棋网络赛事发展现状、识别实践中的问题的基础上，运用 SWOT-ASEB 矩阵分析方法，对比线上线下国际象棋赛事的区别，便于了解线上、线下国际象棋赛事的特点，从而更有针对性地提出国际象棋网络赛事发展对策和建议，构建未来国际象棋网络比赛的发展愿景。

四、国际象棋网络比赛的现状调研

（一）国际象棋网络比赛概念界定

国际象棋网络比赛一种是以互联网为媒介，比较国际象棋本领、技能的高低的活动。包括发布、宣传、报名、测试、抽签、排签、对弈、裁判与仲裁、成绩公布、颁奖等环节。

（二）国际象棋网络比赛数据分析

非疫情时，国内尚无全国国际象棋网络比赛（以中国国际象棋协会主办为依据），全国性比赛均为线下比赛方式。仅有各地零星举办的国际象棋网络赛事，网络比赛不成气候。疫情以来，国内全国国际象棋网络比赛始于 2020 年 2 月，比赛名称为 2020 年国际象棋世界冠军候选人备战网络热身赛，共有 8 名棋手在智赛网进行线上对弈。

疫情开始国际象棋网络比赛蓬勃发展。以 lichess.org 平台为例，2020 年最多有 9 万名棋手对弈，每天会产生 300 万盘国际象棋对局，每秒会产生 4000 步棋，平台中共有国际棋联注册的国家棋手 3000 余名（见图 2）。

图2　lichess网络平台2020年国际象棋网络比赛数据

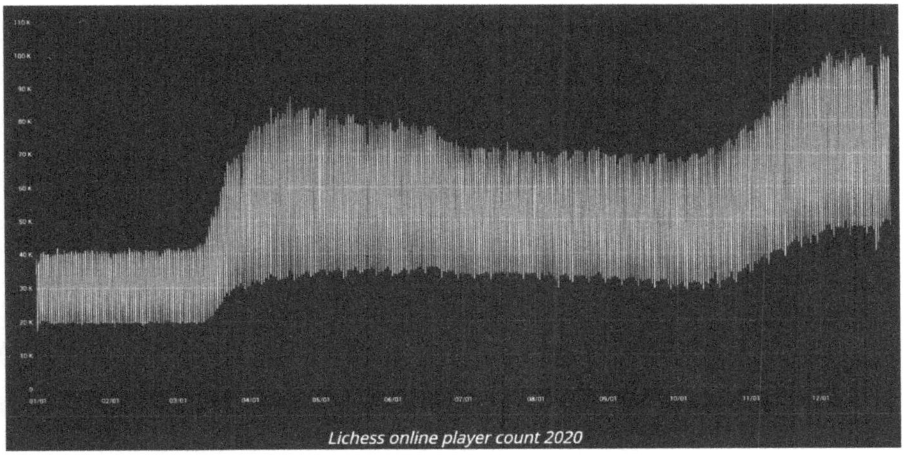

图3　lichess网络平台2020年日活跃玩家统计

数据分析发现（图 3），疫情催生了网络比赛的发展。2020 年 3 月中旬，国外疫情暴发时，lichess.org 国际象棋对弈平台的在线人数激增，由 4 万多名棋手陡增至将近 7 万人。除 lichess.org 外，其他平台也迎来了注册人数的大幅增长。Chess.com 仅在 2020 年 1 月便收获了 67 万订阅者，同年 4 月，即疫情开始初期，新增了 150 万的订阅者。相比去年同期，Chess24.com 每日登录的人数则在疫情开始时达到了原来的 3 倍，每天产生的对局数也是原来的 2 倍。[1]

经统计由中国国际象棋协会发布的赛事（包括国内国外凡与中国国际象棋有关联的赛事），2020 年共举办 37 项，其中借助线上平台的网络赛事 26 场，线下比赛 9 场【其中 1 场世界国际象棋男子候选人锦标赛（第一阶段）比赛地点为俄罗斯，其余均为国内赛事】，线上、线下相结合的赛事共 2 场。2021 年，共开展 67 项国际象棋赛事，其中线上比赛共 33 场，平台包括 Tornelo、Chess.com、智赛网、Zoom、腾讯会议等，线下比赛 34 场（其中 2 场比赛地点为俄罗斯）。

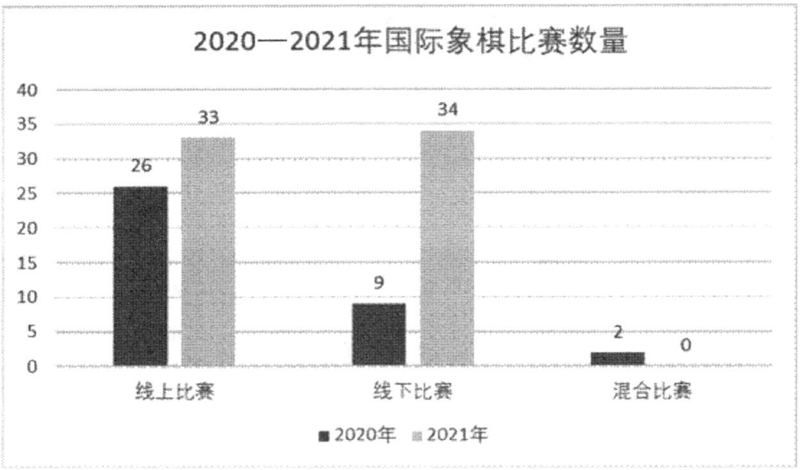

图4 2020—2021年国际象棋比赛数量

截至 2022 年 6 月 30 日，根据中国国际象棋协会微信公众号全国比赛数据统计（见附录 1）：2020 年全国国际象棋网络比赛或以上级别共比赛 29 场，参赛棋手超 7000 人次；2021 年全国国际象棋网络比赛或以上级别共比赛 10 场，参赛棋手超 3000 人次；2022 年截至六月，全国国际象棋网络比赛或以上级别共比赛 9 场。

根据中国某国际象棋平台数据，2021 年，国际象棋网络比赛数量超过 1300 场，比赛组在 3400 组以上，对局数量超过 15 万盘，参赛棋手人数突破 5 万人次。

在等级评定方面，由于其真实性难以把控。国际象棋网络比赛的职业比赛既不评级，也不计算等级分。中国国际象棋网络比赛的业余比赛目前最高可以评定为七级棋士。

① Online chess taking advantage of opportunity to grow, entertain during coronavirus pandemic[EB/OL]. https://www.forbes.com/sites/michaellore/2020/05/26/online-chess-taking-advantage-of-opportunity-to-grow-entertain-during-coronavirus-pandemic/?sh=123e382eb974.2020-05-26.

（三）国际象棋网络比赛个案分析

为了解国际象棋网络比赛的现实问题，结合对国际象棋网络比赛的参与式观察以及对X裁判的访谈，选取X全国国际象棋网络比赛出现的违规情况进行个案分析，旨在对国际象棋网络比赛可能遇到的违规、投诉、判罚等问题进行深入探索。

X全国国际象棋网络比赛的组别包括2008—2009年出生组、2010—2011年出生组、2012年以后出生组三个类别。比赛使用智赛网作为国际象棋网络对弈平台，腾讯会议作为线上沟通与视频监督平台，比赛设裁判长、副裁判长，裁判类型包括监局裁判、网络裁判两类。在比赛过程中，共出现22名棋手的违规情况（见表1）。

由表可知，国际象棋网络比赛中的投诉事由分为六类：其一，视频裁判在棋手实时对局过程中，借助腾讯会议发现棋手有违规行为，如CP1、CP7；其二，组委会在巡视腾讯会议时发现棋手在实时对局中存在违规行为，如CP5；其三，裁判在接到投诉后，通过调阅视频发现问题，如CP6；其四，组委会在成绩复核时，发现选手在不同网络比赛的成绩差异过大，调阅视频核实，如CP8;其五，未接到正式投诉，但坊间议论颇多，组委会调阅视频发现异常，如CP19、CP20、CP21、CP22；其六，棋手的着法与引擎的吻合度很高，不符合选手的实际水平，如CP2、CP3、CP20。

其中，第一至第五类均与选手在线上下棋时的画面有关，违规行为包括但不限于频繁切换屏幕（如CP4、CP5、CP16），下棋思考过程中频繁地看向棋盘以外区域（如CP1、CP3、CP15），与家长或其他人有语言交流行为（如CP7、CP17），未按要求露出全部身影（如CP14）或视频像素很低（如CP19）。第五类与棋手对弈水平紧密相关，可借助AI分析棋手与软件的吻合度等。第一类与第二类属于国际象棋网络比赛中的实施问题发现，第三类至第六类均属于国际象棋网络比赛之后的投诉处理、成绩复核或引擎核查。

在判罚结果方面，裁判组会借助AI辅助分析，并与组委会中职业棋手进行二次复合，还会与棋手家长或教练进行进一步沟通，多方对比做出最后裁决，判罚结果主要包括当轮次或投诉的某几轮比赛判负、取消排名、退赛等三种方式。

表1　国际象棋某比赛个案分析

序号	人员	出生年份	级别	投诉事由	调查证据	判罚结果
1	CP1	2009年	棋协大师	视频裁判看到有违规行为	第九轮视频中，棋手左手边不在视频画面中，走棋时屡次看往左手边，不看向对弈棋盘，看完左手边后随即就要有走棋动作	最后一轮判负，取消排名
2	CP2	2010年	1级棋士	引擎吻合度高，与水平不符	比赛时，左手频繁滑动身下物品，且频繁回头看向摄像头。去年比赛时也有违规行为	当轮判负，退赛，取消排名
3	CP3	2008年	1级棋士	引擎吻合度高，与水平不符	第八轮被投诉，查看第八和第九轮视频发现，比赛期间频繁身体后仰，移出摄像头范围。频繁向下观看，对弈使用的手机黑屏都不管，相信看完之后再对弈	最后两轮判负，取消排名
4	CP4	2011年	1级棋士	比赛期间切换软件，被视频裁判看到	视频中明显看到对弈过程中频繁切换屏幕	当轮判负，退赛，取消排名
5	CP5	2013年	2级棋士	组委会巡视视频会议室发现其异常	视频中明显看到对弈过程中频繁切换屏幕	当轮判负，退赛，取消排名
6	CP6	2010年	棋协大师	视频裁判察觉异常	比赛期间频繁看向摄像头，并且手部频繁滑动摄像头后面的物品	当轮判负，退赛，取消排名
7	CP7	2011年	1级棋士	组委会审核成绩时发现选手在2月月赛和3月月赛成绩差异太大，因此调阅视频核实	视频中本人无异常，但是家长的影子频繁出现在其身后。观看第八轮和第九轮视频后发现家长有支招可能，随即打电话询问，家长承认第八轮有过言语行为，第九轮没有，和视频呈现情况对比基本符合	家长态度较好，描述和视频观察一致，仅第八轮判负

续表

序号	人员	出生年份	级别	投诉事由	调查证据	判罚结果
8	CP8	2009年	1级棋士	未接到正式投诉，但组委会根据具体比赛情况调阅视频发现异常	查看视频发现，比赛期间频繁身体后仰，移出摄像头范围，并且有向下观看行为。身处杭州，从未取得过线下赛优异成绩，经询问教练属于自我修炼棋手。由于不符合棋力发展规律，随即打电话向家长告知裁判执裁结果，家长无异议	取消排名
9	CP9	2012年	3级棋士	未接到正式投诉，但组委会根据具体比赛情况于第六轮调阅视频发现异常	视频中选手用身体挡住右手前方，视频裁判提醒其换姿势时露出了另一部的手机。前五轮全胜，因选手本身级别与成绩差别过大，因此通知家长执裁结果，家长无异议	当轮判负，退赛，取消排名
10	CP10	2009年	三级运动员	未接到正式投诉，但组委会根据具体比赛情况调阅视频发现异常	前三轮结束后，在视频中明显看到对弈过程中左手频繁在摄像头附近滑动，且多次看向摄像头，左手滑动之后走棋，严重违规。因其第二次月赛中以第一名的成绩晋级线下赛，因此复查第二次月赛后三轮视频，发现选手有相似的违规动作。当即通知其家长，家长态度很好，感谢组委会发现问题，并严格教育女儿，经裁判组和仲裁组仔细考虑，鉴于其良好的悔过行为，并且本身有一定棋力水平，决定不取消其线下总决赛资格。	退赛，取消排名

续表

序号	人员	出生年份	级别	投诉事由	调查证据	判罚结果
11	CP11	2009年	棋协大师	未接到正式投诉，但组委会根据具体比赛情况调阅视频发现异常	裁判组在巡查视频中发现其有频繁看向摄像头左侧，且左手有滑动摄像头左端物品的行为，眼神也经常看向摄像头左侧。经查阅棋盘发现，多盘棋与引擎吻合度颇高，并且和已经查明有违规行为的某棋手对弈时下成和棋。随即与家长电话，家长询问孩子后感谢组委会查出问题，严格教育孩子	退赛，取消排名
12	CP12	2009年	棋协大师	未接到正式投诉，但组委会根据具体比赛情况调阅视频发现异常	裁判组在巡查视频的过程中发现其在每一轮均有频繁触碰右手袖口的动作，特别是该他自己走棋时，频繁滑动袖口再走棋，裁判组认为其袖口内有辅助物品。查阅棋盘发现棋局质量颇高，多盘棋与引擎的吻合度很高	退赛，取消排名
13	CP13	2012年	候补大师	第二轮、第六轮、第九轮均被投诉	第二轮未在视频监局范围内，自己也未录制视频，但棋局质量颇高，遂判其重下，很快落败。第九轮视频裁判对其产生怀疑，有明显滑动并观看旁边物品的行为，经核查其他轮次视频均有此行为。判其退赛，成绩无效，电话家长告知，家长态度极其恶劣，辱骂裁判组和组委会，申请仲裁之后维持原判，家长对判罚无异议。因第六轮和第九轮的投诉均超过了规定的投诉时间，因此成绩没有更改	退赛，取消排名

续表

序号	人员	出生年份	级别	投诉事由	调查证据	判罚结果
14	CP14	2010年	1级棋士	未接到正式投诉，但组委会根据具体比赛情况调阅视频发现异常	前四轮2和2负，出现明显的送子送杀。后五轮全胜，进入晋级名次。裁判组观看棋局之后，发现其前后判若两人，遂查看视频，视频中摄像头处于长期黑屏状态，偶尔出现也只是正对脸部的机位，完全看不到棋盘和下棋的工具	退赛，取消排名
15	CP15	2010年	1级棋士	未接到正式投诉，但组委会根据具体比赛情况调阅视频发现异常	9盘得7.5分进入晋级名次，裁判组发现选手的棋局质量颇高，不符合该年龄段棋手应有的实力。遂查看视频，发现其在第五轮中有明显手部频繁滑动手机屏幕的动作，并且当时对手并未走棋，手部动作时间颇久，并且频繁看向摄像头。和其教练询问发现，其在当地也存在线上与线下比赛成绩差异过大的问题，在把棋谱发给教练进行核查，教练表示如无意外，不会下出如此高质量的对局，不符合选手棋力水平	退赛，取消排名
16	CP16	2010年	1级棋士	第四轮接到投诉，说其视频显示有切换软件行为	经裁判组查实，第四、五、六轮均在视频前有切屏行为，并且视频不规范，频繁看向摄像头	第四到六轮判负，退赛，取消排名
17	CP17	2013年	1级棋士	未接到正式投诉，但组委会根据具体比赛情况调阅视频发现异常	裁判组巡查视频中发现，其多轮多次回头与摄像头之外的人有言语交流，但因其未开麦克风，无法知晓所说内容。经查看棋谱发现，第七、第八轮引擎吻合度颇高，第九轮引擎吻合度低至22，反差明显。引擎吻合度22已经不符合能晋级棋手的正常水平	退赛，取消排名

续表

序号	人员	出生年份	级别	投诉事由	调查证据	判罚结果
18	CP18	2011年	1级棋士	2月和3月比赛均有投诉，但由于投诉者超过规定期限因此没有判罚	2次月赛在进入视频监局的轮次基本输棋，未进入视频监局的轮次有2人投诉，且棋局经核查确实疑点颇多	第三次月赛进入线下赛
19	CP19	2009年	棋协大师	未接到正式投诉，但坊间议论颇多。组委会根据具体比赛情况调阅视频无法确定	视频不完全规范，像素很低，只能看到一半身影。比赛棋局发挥迥异，面对同年龄段李成智杯前五名棋手下棋时，发挥判若两人，有赢有输，差异较大，但此前在线下从未有过优异成绩	已进入线下赛
20	CP20	2011年	1级棋士	未接到正式投诉，但坊间议论颇多。组委会根据具体比赛情况调阅视频没发现异常	参加2月和3月月赛成绩差别较大，2月月赛以第二名晋级，3月则前16都未进。在随即进行的黑龙江省的线下锦标赛中发挥差异较大，不符合线上成绩	已进入线下赛
21	CP21	2009年	1级棋士	未接到正式投诉，但坊间议论颇多。组委会根据具体比赛情况调阅视频没发现异常	前三轮三连胜，最后六轮只得2.5分，反差太大	已进入线下赛
22	CP22	2015年	3级棋士	未接到正式投诉，但组委会根据具体比赛情况调阅视频发现异常	7岁女选手在最后一轮弃权的情况下获得6分，即8盘6分，进入晋级名次。调阅视频发现，所有轮次的屏幕全程太亮，无法看清棋盘，家长明显在周围。查看棋盘发现，有些着法和体系非常专业，和此年龄段应有的水平差距过大	已进入线下赛

（四）国际象棋网络比赛相关群体

体育赛事的利益相关者包括核心利益相关者（政府、主办社区、赛事所有权人、赛事主办机构、赞助商）、蛰伏型利益相关者〔媒介、观众、赛事参与者（运动员、裁判员、教练员）〕、边缘型利益相关者（赛事工作人员、赛事志愿者、普通民众等）三个类别。[①]

国际象棋比赛作为体育赛事之一，其利益相关者包括核心利益相关者（举办地政府、中国国际象棋协会、赛事承办方、赞助商）、蛰伏型利益相关者（媒体、观众、运动员或棋手、裁判员、教练员）、边缘型利益相关者（赛事工作人员、志愿者、普通民众等）。

在疫情影响下，国际象棋比赛的不同利益相关者的角色及作用发生变化。

表2　不同利益相关者在国际象棋线下比赛、网络比赛角色

序号	利益相关者	主体		线下比赛的职责	网络（线上）比赛的职责	网络（线上）比赛主要变化
1	核心利益相关者	举办地政府		赛事组织、赛事协调、场地提供、赛事服务等	赛事组织、赛事协调、疫情防控等	疫情防控压力增大、财政压力加剧
2	核心利益相关者	赛事组织者	中国国际象棋协会	赛事组织、赛事协调、赛事运营、赛事指导、赛事推广	赛事组织、赛事协调、赛事运营、赛事指导、赛事推广、疫情防控、线上比赛制度修订	疫情防控责任加剧、赛事规则及标准建立与健全、赛事运营方式变化
			赛事承办方	赛事组织、赛事协调、赛事指导、赛事推广	赛事组织、赛事协调、赛事指导、赛事推广、技术支持	疫情防控责任加剧、赛事运营方式变化、技术支持

① 骆雷,黄海燕.体育赛事利益相关者——概念、类别与分析框架[C].中国体育科学学会(China Sport Science Society).第九届全国体育科学大会论文摘要汇编(2).中国体育科学学会(China Sport Science Society):中国体育科学学会,2011:426.

续表

序号	利益相关者	主体		线下比赛的职责	网络（线上）比赛的职责	网络（线上）比赛主要变化
3	核心利益相关者	赞助商	资金赞助商	提供资金支持（用于工作人员劳务、裁判员劳务、运动员奖金等费用）	提供资金支持（用于工作人员劳务、裁判员劳务、直播嘉宾劳务、运动员奖金、线上平台使用及线上软件购买等）	资金增加在赛事线上技术及支持服务等费用的支出，赞助热情降低
			技术赞助商	提供棋谱复盘等	提供棋谱复盘、线上支持服务、对弈平台、防作弊技术等	增加线上支持服务、对弈平台、防作弊技术等，赞助热情增加
			产品赞助商	提供T恤、棋书等线下可销售产品	提供国际象棋网络对弈需要的相关软件或硬件支持	提供国际象棋网络对弈需要的相关软件或硬件支持
			人员赞助商	提供线下工作人员支持	提供线上工作人员支持（特别是对国际象棋相关的信息技术较为熟悉的工作人员）	提供线上工作人员支持（特别是对国际象棋相关的信息技术较为熟悉的工作人员）
4	蛰伏型利益相关者	媒体		赛事新闻撰写、现场视频拍摄、棋手或教练员采访等	赛事新闻撰写、网络录屏或截屏、远程采访等	网络录屏或截屏、远程采访等
5		观众		线下观赛或线上棋谱观赛	线上棋谱、直播等观赛	线上直播观赛，人数增加，覆盖不同层次人群，精众向泛众转变

续表

序号	利益相关者	主体	线下比赛的职责	网络（线上）比赛的职责	网络（线上）比赛主要变化
6	蛰伏型利益相关者	运动员或棋手	线下参加比赛 面对面与人下棋，实际触摸立体棋子下棋	线上参加比赛，需要更多国际象棋软件、线上会议平台的使用技能 棋手面对电脑，而非鲜活的人，难以观察对手的表情、行为等状态，有时难以保持专注 需要接受比赛用时通常较短，棋子从立体变为平面的变化	信息素养要求提升 参赛棋手级别集中在青少年、大学生、职业棋手等，职业棋手不计算等级分
7		裁判员	负责维持比赛秩序、比赛抽签、规则执裁等	负责维持比赛秩序、比赛抽签、防作弊检查等	裁判数量增多，裁判类型进行细分，包括视频裁判、规则裁判
8		教练员	负责赛事报名、组织、复盘等	负责赛事报名、组织、复盘等，但都均需借助线上平台	信息素养要求提升 需要掌握国际象棋软件、视频会议软件等进行棋艺指导
9	边缘型利益相关者	赛事工作人员	线下服务	线上工作支持服务	信息素养要求提升 需要掌握国际象棋对弈平台、视频会议、微信等软件
10		志愿者	通常为当地工作人员	志愿者服务需要较高的信息素养 家长需要作为志愿者帮助青少年棋手进行电脑相关测试等信息技术支持	志愿者服务需要较高的信息素养
11		普通民众	观赛较为困难	观赛较为容易，方式更多元	观赛更便捷，方式更多元

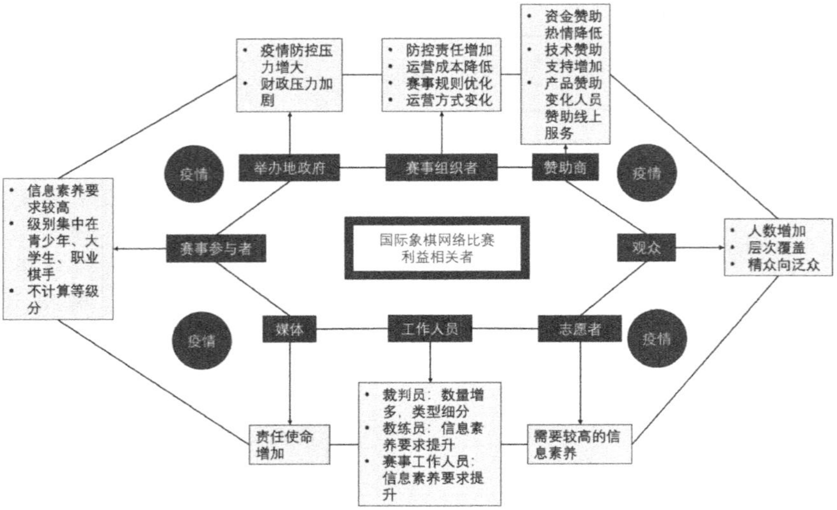

图5　新冠肺炎疫情背景下国际象棋网络比赛利益相关者所受影响分析

综上所述，在中国国际象棋协会、国际象棋网络比赛承办地政府、赛事组织者、赞助商、运动员（棋手）、教练员、裁判员、赛事工作人员、媒体、志愿者等多方协作之下，国际象棋网络比赛呈现逐年增长趋势，在比赛过程中存在成绩公平性、公正性受质疑等问题。为规范和完善国际象棋网络比赛秩序，减少棋手作弊现象，在比赛进程中需要多方主体的参与和支持，相较于国际象棋线下比赛，对相关工作人员的信息素养要求提升。

国际象棋网络比赛的裁判员细化为监局裁判和视频裁判，共同负责核查棋局质量、监督棋手视频规范性等工作。通过巡视选手参与国际象棋网络比赛的实时视频画面、国际象棋软件核查棋手棋谱与引擎吻合度、国际象棋职业棋手复核棋手所下棋谱、对比棋手既往成绩与当下成绩、教练员和家长沟通反馈等方式，维持国际象棋网络比赛成绩的真实性、公平性。网络比赛中，裁判不仅要具备足够的国际象棋专业技能，还要熟练掌握计算机设备、网络、软件等的运用。自2020年以来，随着全国性的国际象棋网络比赛数量增加，造就了一批综合能力突出的裁判员，他们为国际象棋注入新的活力，也在国际象棋与新兴技术融合发展发挥桥梁作用。据统计，2020年至今，30岁以下具有本科以上学历的国际象棋网络裁判员增加了近百人，他们主要担任网络监局裁判。裁判员既是新兴科技的学习者、运用者和实践者。伴随科技的进步，国际象棋项目不断发展。

五、国际象棋网络比赛的问题识别

疫情背景下，国际象棋网络比赛面临赛事组织协调困境、规则公平有效困境、社会经济效益困境等问题。

（一）赛事组织协调困境

国际象棋网络比赛面临赛事组织协调困境。体育赛事是一个多行业、多部门共同形成的产业链。[①] 体育比赛本身是一个复杂的系统，包括赛事规则制定、赛事宣传推广、赛事风险管理等多个流程阶段，每个阶段均需要多元利益主体的参与，需要投入大量的人力、物力、财力，方可满足赛事组织方、赛事投资方、运动员、教练员、裁判员、观众等多元主体的需求。

首先，疫情背景下，除了日常的运营，还增加了线上线下结合比赛的安全防疫等环节。其次，从线下到线上比赛不仅只是场景的转换，还隐性地增加了很多技术门槛，例如需要熟练掌握微信、腾讯会议、ZOOM、Skype、钉钉等日常沟通软件，Chess.com、国象联盟、智赛网、chess24 等国际象棋对弈平台，大大提升了对国际象棋比赛运营方相关工作人员的信息素养要求，很多青少年比赛需要更多来自家长的支持与帮助。最后，以往线下比赛经验有时难以直接迁移至国际象棋网络比赛，甚至有时经常出现难以预判的突发情况。

（二）规则公平有效困境

国际象棋网络比赛面临规则公平有效困境。线下比赛裁判需要重点关注国际象棋棋子（王、后、车、象、马、兵）的走法及吃法、三种特殊规则（王车易位、兵的升变、吃过路兵）、结果（胜、负、和）判定，特别是青少年棋手对规则的违反等问题。线上比赛所使用的国际象棋软件可以自动扮演裁判在国际象棋基本规则上的角色，还可以替代运动员进行棋谱记录，替代了传统线下国际象棋比赛的裁判职责以及填补了运动员的棋谱记录责任。然而，由于线上比赛，缺乏有效的监督，出现了很多作弊等现象，虽然很多比赛采用快棋赛来减少棋手使用引擎的时间，但仍无法规避线上比赛使用引擎作弊的现象，由此国际象棋网络赛事饱受诟病，因而难以实现通过线上比赛来升级的作用。国际象棋网络比赛面临赛制

① 金媛.新时代全民健身网络赛事高质量发展研究[J].当代体育科技,2021,11(21):169–171.

及规则设置，如何更好地确保公平、公正、干净的国际象棋网络竞赛对弈环境有待探索。

（三）社会经济效益困境

国际象棋网络比赛采用远程方式连接来自不同地域的运动员或棋手，在交通（机票、火车票等）、餐饮、住宿等消费收入方面的经济效益会大打折扣，特别是青少年比赛通常需要家长陪伴，网络比赛限制了家长等同行人员的由国际象棋比赛带动的当地旅游产业发展。一方面，由于线上比赛通常报名费较低，且关注度存在不确定因素，赞助商的冠名收益、广告收益、电视转播等社会及经济效益难以估计，使得赞助之路受到一定阻碍。加之线上比赛需要技术、平台等诸多门槛，不仅需要资金赞助，还需要比赛平台及技术服务支持。另一方面，观众线上观赛的激情难以得到有效释放，对于赛事 IP 的价值发挥等存在一定困境。

六、国际象棋网络比赛的未来发展

国际象棋网络赛事发展现状、识别现实问题的基础上，运用 SWOT-ASEB 分析方法，比较线上、线下国际象棋赛事的区别，了解线上线下国际象棋赛事的特点，吸取国内外办赛经验及教训的参考，随后提出国际象棋网络比赛的未来发展。

（一）SWOT-ASEB 矩阵分析法

SWOT 分析是 20 世纪 80 年代美国旧金山大学韦里克提出的分析方法，用于战略指定等分析，[①] 具有结构化、系统化特征。SWOT 基于内外部竞争环境和竞争条件下的态势分析，将与研究对象密切相关的各种主要内部优势（Strength）、劣势（Weakness）和外部的机会（Opportunity）和威胁（Threat）等，通过调查列举出来，并依照矩阵形式排列，然后用系统分析的思想，把各种因素相互匹配起来加以分析，从中得出一系列相应的结论，而结论通常带有一定的决策性。SWOT 分析法最初用于企业管理，后因 SWOT 分析矩阵系统直观、便于理解、可操作性

---

① 亚琳,张媛媛,马丽丹,曹博健,谷晓萍,马宏宇.沈阳农业大学开展校园旅游SWOT分析[J].沈阳农业大学学报(社会科学版),2017,19(03):340–345.

强等优点而被广泛应用于高等教育[①]、新闻传播[②③]、旅游开发[④]、环境治理[⑤]、区域规划[⑥⑦]、领域发展[⑧]、国家发展战略研究[⑨]等领域。[⑩]

优势 （Strength）	机会 （Opportunity）
劣势 （Weakness）	威胁 （Threat）

图6　SWOT分析模型

ASEB（Activity, Setting, Experience，Benefit）栅格分析法将曼宁一哈斯一德赖弗一布朗（Manning-Hass-Driver-Brown）需求层次分析与SWOT分析结合起来，形成一种新的管理方法，有利于管理者有效地掌握消费者行为。[⑪]需求层次理论界定了四个层面上的需求，分别是：对某种特定活动的需求（第一层次）；消费者在特定环境中对某种活动的需求（第二层次）；从这些活动中获得体验的需求（第三层次）；体验后最终获得满足的需求（第四层次）。这样，不同层面的有形或

① 邵明英,付宇杰.移动互联背景下高校“课程思政”师生互动研究——基于SWOT分析法[J].思想教育研究,2020(04):155-159.

② 孙世会.基于SWOT-PEST分析的超高清视频产业发展研究[J].传媒,2020(24):33-36.

③ 钟国云,陈欢.新时代中国共产党国际形象的塑造与传播——基于新媒体的SWOT分析法[J].新闻爱好者,2019(04):90-93.DOI:10.16017/j.cnki.xwahz.2019.04.026.

④ 张俊英.青海打造国际生态旅游目的地SWOT分析与发展对策[J].青海社会科学,2021(03):103-109.DOI:10.14154/j.cnki.qss.2021.03.013.

⑤ 胡新丽.基于SWOT-AHP的新媒体背景下民族地区环境治理模式探析——以云南省大理白族自治州为例[J].西南民族大学学报(人文社科版),2020,41(04):184-192.

⑥ 连文达,于小盼.福建省义务教育优质均衡发展战略的SWOT分析[J].教育学术月刊,2021(04):49-57.DOI:10.16477/j.cnki.issn1674-2311.2021.04.007.

⑦ 孙飞达,朱灿,陈文业,刘琳,陈晓霞,高娟婷.青藏高原地区草原生态旅游资源及其SWOT分析——以若尔盖草原为例[J].中国农业资源与区划,2019,40(06):48-54.

⑧ 吕栋.中国体育产业发展：机遇、挑战与转型策略——基于SWOT分析的视角[J].山西财经大学学报,2021,43(12):127-132.DOI:10.13781/j.cnki.1007-9556.2021.12.010.

⑨ 刘瑾,高同彪.新经济形势下东北地区规模经济发展战略AHP-SWOT分析[J].东北师大学报(哲学社会科学版),2022(02):111-127+147.DOI:10.16164/j.cnki.22-1062/c.2022.02.015.

⑩ 段立国.大数据背景下高校精准思政工作的SWOT分析及策略建构[J].马克思主义理论学科研究,2021,7(08):118-127.

⑪ Lynn C.国际旅游规划案例分析[M].周常春,苗学玲,戴光全,译.天津.南开大学出版社,2003:669-695.

无形需求就形成了一个等级层次结构。ASEB 多用于旅游领域，如旅游开发[①②]、旅游体验[③]等。

借助 SWOT-ASEB 矩阵分析法对国际象棋网络赛事相较于线下国际象棋赛事的发展进行分析，从而对国际象棋网络比赛的发展进行探索，提出更有针对性的发展对策和建议，通过构建可行性路径，构建未来国际象棋网络比赛的愿景。

	活动（Activity）	环境（Setting）	体验（Experience）	利益（Benefit）
优势（Strengths）	SA	SS	SE	SB
劣势（Weaknesses）	WA	WS	WE	WB
机遇（Opportunities）	OA	OS	OE	OB
威胁（Threats）	TA	TS	TE	TB

图7 SWOT-ASEB矩阵分析模型

表3 网络国际象棋赛事相较于线下国际象棋赛事的SWOT-ASEB分析

	活动（Activity）	环境（Setting）	体验（Experience）	利益（Benefit）
优势（Strengths）	比赛现场的场地布置量小	灵活、快捷、开放、灵活；不受时间、空间限制	可以借助视频、语音、图片、文字等与来自不同国家或地区的人交流、沟通	转播收入、流量增多，连接不同地区的人
劣势（Weaknesses）	办赛经验不足；因时差问题带来的不同时区赛事协调工作	受限于网络环境、平台功能、选手熟悉的对弈时间与棋子形态变化，棋手之间的交流可能性减少	线上平台掉线、不稳定；赛事服务工作等因素，受信息素养影响较大	门票收入，因比赛带来的交通、住宿、餐饮、旅游等周边费用减少

① 严艳,连丽娟,林明太,陆邦柱.基于ASEB栅格分析法的旅游产品开发研究——以福建省湄洲岛为例[J].资源开发与市场,2009,25(08):757-759.

② 邓晓霞,严艳.基于ASEB栅格分析法的旅游产品深度开发研究——以呼和浩特市为例[J].干旱区资源与环境,2012,26(01):128-134.

③ 李湘豫,梁留科,韩辉.河南佛教文化体验式旅游ASEB分析[J].地域研究与开发,2011,30(04):98-102.

续表

	活动（Activity）	环境（Setting）	体验（Experience）	利益（Benefit）
机遇（Opportunities）	赛事运营升级，可以借助互联网开展多种国际象棋网络比赛的组织、营销、运营策略	线上举办形式的变化，可以吸引更多人群，构建国际象棋社群，扩展国际象棋的交流圈	优化线上体验；管理人员根据数据的线上选拔	赛事IP价值提升，网络比赛数据积累有利于分析用户画像，有利于对弈、监测一体化平台建设
威胁（Threats）	因疫情带来诸多外部不可控因素，受到政策影响等的冲击	网络不发达、疫情严重地区影响较大	国际象棋网络比赛涉及的多元主体责任分工；选手网络作弊现象、赛事公平度的质疑；赛事内容版权等	直接的现金流变现方式收缩；需要借助流量进行变现

（二）国际象棋网络比赛的未来发展

1. 国家政策：借助利好政策，助力赛事举办

国家政策为赛事发展谋定方向。新冠疫情以来，为了促进体育赛事的举办，国家从宏观上为产业发展、赛事运营提供指引，并且提出了可操作性的指导意见。《国务院应对新型冠状病毒感染肺炎疫情联防联控机制关于做好新冠肺炎疫情常态化防控工作的指导意见》①《国家体育总局统筹推进新冠肺炎疫情防控与体育工作领导小组关于有序恢复体育赛事活动的指导意见》②，在疫情常态化背景下，审慎、安全、有序恢复体育赛事和活动提供指南与方向。

此外，在五育并举、双减带动双增、体教融合等政策带动下，国际象棋成为素质教育新风口，从而带动更多人参与国际象棋网络比赛。2022 年 2 月 9 日，为了全面加强和改进新时代学校体育工作，构建德智体美劳全面培养的教育体系，中共四川省委办公厅、四川省人民政府办公厅印发《关于全面加强和改进新时代学校体育工作的实施方案》，指出学前教育阶段重在培养体育兴趣爱好；义务教育

① 国务院应对新型冠状病毒感染肺炎疫情联防联控机制关于做好新冠肺炎疫情常态化防控工作的指导意见国发明电〔2020〕14号.http://www.gov.cn/zhengce/content/2020-05/08/content_5509896.htm.2020-05-08.

② 体育总局统筹推进新冠肺炎疫情防控与体育工作领导小组关于有序恢复体育赛事活动的指导意见[EB/OL].http://www.gov.cn/xinwen/2020-06/03/content_5516940.htm,2020-06-03.

阶段帮助学生掌握1—2项运动技能，积极构建“一校一品”“一校多品”的学校体育发展新局面，推动武术、棋类等中华传统体育项目进校园。[①]

疫情防控相关政策为国际象棋网络赛事提供了规范指引，有利于安全、科学、有序地开展国际象棋网络赛事。双减等相关政策有利于增加一代代国际象棋青少年群体的参与度，从而带动更多人通过国际象棋网络比赛享受国际象棋这项智力运动，推动项目的可持续、高质量发展。

2. 赛事理念：提升风险防控，营造良好生态

赛事理念彰显赛事的价值追求。国际象棋网络比赛要以人民身体健康和安全为基础，坚持疫情防控、网络安全、赛事公平、素质教育多管齐下。在国际象棋网络赛事运营的过程中，树立全产业链的运营理念，注重赛事平台及产品开发、俱乐部运作、赛事品牌与项目文化塑造、赛事版权授权、冠名权、培训指导、经纪及各种文创衍生品、教学课程等的综合开发利用，[②]推动网络比赛促进项目发展，营造良性的国际象棋发展生态。

3. 赛事服务：加强制度建设，规范系统管理

赛事服务为赛事体验提供保障。良好的赛事服务离不开多方利益主体的努力。政府是牵头羊，体育社会组织是桥梁，市场是赛事运作场所，公众是基石。[③]因此，需要加强制度建设，规范系统管理，明确多元主体责任，畅通多元话语渠道，整合内外部资源，净化网络办赛环境。团队构件上既要有广度，也要有深度。[④]

中国国际象棋协会颁布了《中国国际象棋协会网络比赛赛风赛纪管理规定（2020试行版）》《中国国际象棋协会竞赛纪律准则和处罚规定（2021试行版）》，在国际象棋网络比赛的实际运用中不断优化迭代，可进一步根据比赛中遇到的问题进行优化，让试行版转为通行版，从而为良好的赛事体验提供保障。针对网络比赛中的网络断线、线上作弊等问题，可以多方借鉴其他领域的经验与案例。

借鉴研究生线上复试的设备调试要求，可以优化视频角度及环境要求。腾讯会议直播和录制视频角度要求方面，直播和录制的视频角度能够看到比赛设备的对局画面和运动员的侧面；要求屏幕、双手、脸在同一镜头内；视频画面清晰。

---

① 四川超玥国际象棋俱乐部.“双减”之后，国际象棋或将成为学校素质教育又一新风口？[EB/OL].https://page.om.qq.com/page/ORg6ghC59Mvw676wABZocaXQ0,2022-02-18.

② 宋昱,王凯圆.疫情防控常态化背景下体育赛事运营管理的策略研究[J].南京体育学院学报,2021,20(05):9-15.

③ 金媛.新时代全民健身网络赛事高质量发展研究[J].当代体育科技,2021,11(21):169-171.

④ 赵晨,谷爱琼.新媒体时代付费体育赛事网络直播发展研究[J].合作经济与科技,2019(24):88-90.

网络比赛期间选手所处的环境要求方面，比赛期间棋手所处环境要保持安静，视频内不得出现其他人的身影。棋手在比赛过程中，需全程打开视频及声音，不得与他人交谈，且不可随意进行除比赛需要界面外的软件切换，不能打开的软件包括但不限于QQ、微信。一经发现，直接判负。

借鉴电子竞技、围棋网络比赛办赛经验，可设置经过认证的专门线下场地用于参与网络比赛。线上比赛若一直打开视频会耗费较多流量，且会在一定程度上影响信号的传输。因此，可设立专门的线下场地，这个场地需要满足以下要求：其一，网络条件良好（如带宽高、丢包率低）；其二，安装手机检测门，用于确保参加网络比赛的棋手未携带手机、笔记本、数码相机等设备；其三，安装UPS防断电装置，可以有效规避突然网络问题导致的信号终端；其四，有足够数量的电脑设备及备用机，且安装了相关软件（如腾讯会议、ZOOM、浏览器等）支持国际象棋线上比赛；其五，在多个不同视角安装足够数量的摄像头，可以将网络比赛的清晰画面及声音实时录制并传递至比赛主办方；其六，配备一定数量的具有专业资质的裁判员监督棋手在网络比赛中的行为；其七，可以满足报名、比赛、观赛、办证等“一站式”服务。

4. 赛事推广：发挥多方力量，助力品牌打造

赛事推广为项目发展拓展资源。国际象棋网络比赛的赛事推广一方面有利于吸引更多国际象棋爱好者，拓展项目的品牌影响力，另一方面，有利于提升国际象棋的商业价值，满足赞助商的投资效益，为国际象棋发展注入更多活力，拓宽资金、技术、平台支持渠道，鼓励更多企业支持国际象棋项目发展，赋能建立国际象棋网络比赛品牌建设，以此达成长效合作机制，助力国际象棋的可持续、高质量发展。

其一，借鉴综艺节目的品牌推广，可以在国际象棋赛事推广中，以故事的形式制造更多悬念、冲突效果；其二，加强与央视等主流媒体的合作，提升国际象棋项目的宣传报道层次；其三，在国际象棋网络直播过程中，借鉴东方甄选直播经验，除了专业知识的讲授，融入棋文化、人物故事等通识性内容，吸引更多流量；其四，在国际象棋网络赛事过程中，推出棋谱直播、视频直播、现场画面直播、访谈等多种类型的可能，给予观众更多选择，如可以选择专门的中国棋手的画面直播，从而优化观赛体验；其五，积极探索新技术结合，例如国际象棋元宇宙的探索。

（三）国际象棋网络比赛的未来畅想

疫情的冲击使得国际象棋项目从线下走向线上，疫情褪去，线上比赛以其不受时空限制、时间灵活等优势，仍会成为棋类比赛的主流。但是如何让线上比赛更公平，吸引更多人参与其中仍需要多元主体的共同探索。

近期来看，线上与线下融合的模式是大势所趋。2020 年和 2021 年的国际象棋世界奥林匹克网络赛即是如此。比赛先采用线上形式，凡进入最后八强的队伍，需在统一的线下空间内进行线上比赛，但线下空间会有裁判进行现场监局，以此来规避作弊的风险，最大限度保障比赛的公平性。2021 年全国国际象棋甲级联赛亦采用了相同的比赛办法，12 支甲级队虽各据一方，但均采用整个队线下集中现场裁判监局的比赛办法。更早之前围棋很多比赛，包括主要的团体赛事一直也采用如此竞赛方式。

未来建议可以以城市或地区为单位，设专用的比赛线下场地来进行线上对弈，在线下场地安排裁判现场执裁。专用赛场应该具备网络比赛的一切设备条件。传统的线下比赛是统一的赛场，线上＋线下融合比赛模式是为网络比赛建立线下分会场。

长远来看，随着科技的发展，棋类比赛的元宇宙也许在不久的将来会得以实现。元宇宙本质上是对现实世界的虚拟化与数字化过程，通过众多工具、平台的不断融合而成形。元宇宙基于扩展现实技术来为大众提供沉浸式体验，基于数字孪生技术生成现实世界的镜像，将虚拟世界与现实世界密切融合。

元宇宙在国际象棋的应用有利于优化异地棋手的下棋体验。让身处不同空间的棋手在对弈时能感受到有如在同一空间的感觉。对弈可以通过目前的电子设备实施，也可以有更先进的对弈模式，比如在同一个棋盘上，像传统的比赛一样走出每一步棋。棋手们不但可以看到彼此，而且可以通过技术进行即时同步的虚拟镜像呈现，甚至可以有对话、握手等互相交流的真实体验。

打破了时间和空间的限制，元宇宙里的国际象棋比赛还有许多优势。例如，在元宇宙中，棋手们可以沉浸式与自己喜爱的棋手交流，近距离观看他们的比赛直播和支持他们。这样的设想不再遥远：元宇宙游戏公司巨头阿莫尼卡已经和国际象棋世界冠军卡尔森的团队合作，打算将国际象棋冠军巡回赛搬到元宇宙中，让国际象棋爱好者们都能切身感受这场棋类盛宴。再例如，若元宇宙中的虚拟角色真正成为现实人物的虚拟镜像，上述的作弊现象也可以被有效抑制，因为此时棋手的一举一动都会像在现实中一样，严格受对手和虚拟裁判的监督。

随着技术的不断演进，国际象棋网络比赛的未来发展值得期待。

附录1：中国国际象棋协会微信公众号全国比赛数据统计

序号	开始时间	结束时间	比赛名称	级别（以最高为准）	比赛平台	参赛年龄	参赛人数	裁判数量	裁判类型
2020年									
1	2.2	2.2	“青岛—武汉”网络国际象棋友谊赛	城市间对抗赛（青岛—武汉）	智赛网	青少年	40	3	国家级
2	2.22	2.23	2020年国际象棋世界冠军候选人备战网络热身赛	特级大师	智赛网	职业棋手	8	2	国际级 国家级
3	2.17	2.21	“棋心抗疫”大渡口区“必胜杯”国际象棋网赛	市级比赛（重庆）	智赛网	青少年	500	20	各级别
4	2.23	2.23	“棋心抗疫”合肥市首届国际象棋网赛	市级比赛（合肥）	智赛网	青少年	无数据		
5	3.7	4.25	银丰杯2020年“棋心协力国象战疫”全国国际象棋网络赛	全国比赛	智赛网	青少年	1598	50	各级别
6	3.9	3.22	“棋心协力、棋抗疫情”全国国际象棋网络亲子赛	全国比赛	智赛网	青少年、成年	236个家庭，472人	20	各级别
7	3.28	3.29	2020年中国国际象棋国家队明星新秀网络对抗赛	国家队比赛	智赛网	国家队职业棋手	16人，国家男女队各8人	3	国家队教练担任裁判长

续表

序号	开始时间	结束时间	比赛名称	级别（以最高为准）	比赛平台	参赛年龄	参赛人数	裁判数量	裁判类型
8	3.3	4.1	2020年首届“棋”心协力南北国际象棋明星棋手网络对抗赛	全国比赛	智赛网	职业棋手+5名主播（职业棋手）	南北方各5名男+3名女	5	国家级以上
9	3.29	半天	龙巨杯国家队网络对抗赛	国家队比赛	智赛网	职业棋手	8名，4名明星棋手+4名新秀	2	国际级
10	4.13	4.26	“好棋杯”2020年全国国际象棋少年网络团体赛	全国比赛	智赛网	青少年	30支队伍，每队10人	20	各级别
11	4.18	4.19	“世界加油棋力抗疫”候选人赛	世界比赛	Chess.com	国家青少年队	6支队伍，每队5人	10	各级别
12	5.11	5.17	2020年“深圳杯”全国国际象棋俱乐部网络个人赛竞赛	全国比赛	国象联盟	不限			
13	5.31	一天	亚洲青年国际象棋网络快棋锦标赛中国区资格赛	亚洲比赛	Chess.com	20岁以下	30		

续表

序号	开始时间	结束时间	比赛名称	级别（以最高为准）	比赛平台	参赛年龄	参赛人数	裁判数量	裁判类型
14	5.3	5.31	“光明科学城杯”2020年国际象棋特级大师线上明星赛	全国比赛	国象联盟	丁立人韦奕侯逸凡雷挺捷	4人	5	国家级以上
15	6.12	6.14	2020年全国国际象棋少数民族青少年网络友谊赛	全国比赛	智赛网	少数民族青少年	280	10	各级别
16	6.26	6.27	2020年首届黑吉辽蒙国际象棋网络友谊赛	全国比赛	智赛网	不限	771		
17	6.2	6.21	2020年深圳南山粤港澳大湾区国际象棋网络公开赛	11城市赛	国象联盟	不限	11支队伍、每队14人	10	各级别
18	7.9	7.12	大学生国际象棋网络精英赛	全国比赛	智赛网	大学生	55所高校，200名大学生		
19	7.25	8.3	国际棋联网络奥林匹克赛	国际比赛	Chess.com	不限	163队，每队6人		

续表

序号	开始时间	结束时间	比赛名称	级别（以最高为准）	比赛平台	参赛年龄	参赛人数	裁判数量	裁判类型
20	9.25	9.27	“胶州湾发展集团杯”2020上合组织国家国际象棋网络团体赛	国际比赛	Chess.com	不限	9国，10队，每队4人	15	各级别
21	10.7	12.7	第一届“智圣”智力运动会国际象棋比赛	全国比赛	弈战平台	不限			
22	9.18	9.20	2020年中国大学生国际象棋网络赛暨2020年世界大学生智力运动会（线上）国际象棋项目选拔赛	全国比赛	智赛网	大学生			
23	10.24	10.25	“北辰杯”京津冀国际象棋网络赛	三地区比赛	智赛网	青少年	500		
24	10.16	12.1	“机器人谷杯”第一届中国城市国际象棋联赛（团体）	全国比赛	智赛网	不限	320人	30	各级别
25	11.16	11.8	2020年全国国际象棋青少年选拔挑战赛		智赛网				
26	11.21	11.22	国际象棋之乡网络联赛	全国比赛	智赛网	不限	每队5人		
27	11.28	11.29	2020中国中学生国际象棋网络锦标赛	全国比赛	智赛网	中学生			

续表

序号	开始时间	结束时间	比赛名称	级别（以最高为准）	比赛平台	参赛年龄	参赛人数	裁判数量	裁判类型
28	12.27	12.28	“上海海湾杯”2020全国国际象棋新人王赛	全国比赛	国象联盟	2000年出生	8人，国家青年队		
29	12.3	1.3	“机器人谷杯”第一届中国城市国际象棋联赛（团体）	全国比赛	线下总决赛（海南）	不限	8支队伍，每队4人	8	国家级以上
2021年									
1	2.2	4.11	2021年“迎亚运·智圣杯”全国少年儿童国际象棋公开赛	全国比赛	智赛网	青少年			
2	2.5	2.7	“一带一路”中国—中东欧2021年中国·沈阳少年国际象棋团体赛（线上）	国际比赛	lichess.org	青少年	12国，14支队，每队4人		
3	2.14	2.16	2021年“李成智”中国国际象棋国家队新秀网络对抗赛	全国比赛	智赛网		国家二队+李杯冠军，24人		

续表

序号	开始时间	结束时间	比赛名称	级别（以最高为准）	比赛平台	参赛年龄	参赛人数	裁判数量	裁判类型
4	8.28	8.29	2021年“全民健身日”全国国际象棋少数民族青少年网络友谊赛	全国比赛	智赛网				
5	6.11	9.23	“瑞丰银行杯”2021年全国业余棋王争霸赛	全国比赛	弈战平台	不限			
6	9.22	9.24	2021年第四届“博弈杯”青少年国际象棋网络邀请赛	国际比赛	lichess.org		中方8名，外方8名		
7	10.29	10.31	“深圳大学杯”2021年世界名校国际象棋邀请赛（线上）	国际比赛	Chess.com	大学生	6队，每队5人		
8	11.08	11.09	“上海海湾杯”2021全国国际象棋新人王赛	全国比赛	国象联盟	2001年后出	10名		
9	11.26	11.29	2021全国国际象棋青少年选拔挑战赛	全国比赛	智赛网	青少年	752	20	各级别
10	12.18	12.28	“超玥杯”2021中国国际象棋甲级联赛	全国比赛	智赛网	不限	12队，每队6—8人	20	国家级以上
2022年									
1	1.01	1.02	2021鄞州杯中国国际象棋电视快棋赛	全国比赛	Chess.com	职业棋手	10人，6男，4女		

续表

序号	开始时间	结束时间	比赛名称	级别（以最高为准）	比赛平台	参赛年龄	参赛人数	裁判数量	裁判类型
2	1.22	1.24	2022年全国国际象棋青少年网络快棋赛	全国比赛	智赛网	青少年	800+	20	各级别
3	2.11	2.14	2022年“迎亚运•智圣杯”全国少年儿童国际象棋公开赛	全国比赛	智赛网	青少年			
4	2.18	2.2	“高阶棋艺杯”2022年“李成智”中国国际象棋国家队新秀网络对抗赛（第一阶段）	全国比赛	智赛网	国家青年队	24人，男12人，女12人		
5	5.1	5.3	“体总杯”2022年中国城市国际象棋联赛热身赛	全国比赛	智赛网	成年、青年、少年	共1124人	30	各级别
6	5.14	5.15	“全民健身线上运动会”2022年“李成智杯”全国国际象棋少数民族网络友谊赛	全国比赛	智赛网	少数民族，不限			
7	5.3	9.11	“全民健身线上运动会”“嘉绍大桥杯”2022年全国业余国际象棋棋王争霸赛	全国比赛	弈战平台	不限			
8	6.3	6.4	“全民健身线上运动会”2022年全国中学生国际象棋网络锦标赛	全国比赛	智赛网	中学生			

续表

序号	开始时间	结束时间	比赛名称	级别（以最高为准）	比赛平台	参赛年龄	参赛人数	裁判数量	裁判类型
9	6.19	一天	2022全国国际象棋之乡网络联赛	全国比赛			共40人		

附录2：全国赛事数据由中国国际象棋协会官方微信号获得

#群众赛事
42. 2020年全国国际象棋青少年选拔挑战赛规程
41. 十支队伍竞逐"胶州湾发展集团杯"2020上合组织国家国际象棋网络团 ...
40. 第二届中国城市国际象棋联赛(团体)竞赛规程
39. 2020年中国大学生国际象棋网络赛暨2020年世界大学生智力运动会 ...
38. 【第一届"智圣"智力运动会国际象棋比赛规程
37. "胶州湾发展集团杯"2020上合组织国家国际象棋网络团体赛竞赛规程

#群众赛事
48. "上海海湾杯"2020全国国际象棋新人王赛竞赛规程
47. "机器人谷杯"第一届中国城市国际象棋联赛昌江・棋子湾总决赛竞赛 ...
46. 2020中国中学生国际象棋网络锦标赛开幕
45. 国际象棋之乡网络联赛：促进交流提高 激发地方热情
44. 2020年全国国际象棋之乡网络联赛竞赛规程
43. 2020年"北辰杯"京津冀国际象棋网络赛圆满落幕

#群众赛事
54. 2021年"全民健身日"全国国际象棋少数民族青少年网络友谊赛竞赛 ...
53. "瑞丰银行杯"2021年全国业余棋王争霸赛（国际象棋）竞赛规程
52. 2021年"李成智"中国国际象棋国家队新秀网络对抗赛规程
51. 2021年"迎亚运·智圣杯"全国少年儿童国际象棋公开赛竞赛细则
50. "机器人谷杯"首届中国城市国际象棋联赛落幕 济南银丰荣膺冠军
49. 央视体育|2020全国新人王赛收兵 徐志行夺冠

#群众赛事
60. "深大杯"世界名校国象邀请赛：深圳大学队夺一等奖
59. "深圳大学杯"2021年世界名校国际象棋邀请赛（线上）规程
58. "电魂杯"第二届"智圣"智博会国象明星双人赛举行颁奖仪式
57. "信雅达杯"第二届"智圣"智运会国象赛 孔祥睿张立晨分获公开组和少 ...
56. "上海海湾杯"2021全国国际象棋新人王赛竞赛规程
55. 2021年第四届"博弈杯"青少年国际象棋网络邀请赛竞赛规程

#群众赛事
66. 新华社|2022年全国国际象棋青少年网络快棋赛完赛
65. 2022全国国际象棋青少年网络快棋赛圆满落幕 裁判长精彩点评
64. 2021鄞州杯中国国际象棋电视快棋赛落幕 丁立人谭中怡分获男女冠军
63. 鄞州杯2021年中国国际象棋电视快棋赛明天开幕 十位大师元旦线上 ...
62. 新华社|超玥杯国象甲级联赛：上海队加冕八冠王
61. 2021全国国际象棋青少年选拔挑战赛今天开战 近800人角逐

#群众赛事
72. 城市国象联赛热身赛收官 深圳龙岗国王队获少年组第一名
71. 城市国象联赛热身赛首日战罢 天津清零队称霸成年组
70. "全民健身线上运动会"2022年"李成智杯"全国国际象棋少数民族网络 ...
69. "高阶棋艺杯"2022年"李成智"国际象棋国家队新秀网络对抗赛 黄仁 ...
68. "高阶棋艺杯"2022年"李成智"中国国际象棋国家队新秀网络对抗赛 ...
67. 2022年"迎亚运・智圣杯"全国少年儿童国际象棋公开赛第一次网络 ...

12:27
#群众赛事
订阅
中国国际象棋协会
76个内容
倒序
76. 2022全国国际象棋之乡网络联赛开幕 八支队伍线上争锋
1周前 阅读 1266
75. “全民健身线上运动会”2022年全国中学生国际象棋网络锦标赛落幕
06/05 阅读 2050
74. “全民健身线上运动会”2022年“李成智杯”全国国际象棋少数民族网络 ...
05/16 阅读 1623
73. “全民健身线上运动会”2022年全国中学生国际象棋网络锦标赛竞赛 ...
05/13 阅读 3855
72. 城市国象联赛热身赛收官 深圳龙

国际象棋训练对学生认知功能影响的系统综述研究

杜晶晶

一、绪论

（一）课题研究背景

1. 社会背景

（1）政策法规支持

2021 年 7 月，中共中央、国务院办公厅印发《关于进一步减轻义务教育阶段学生作业负担和校外培训负担的意见》。同年 8 月，国务院教育督导委员会办公室印发专门通知，拟对各省“双减”工作落实进度每半月通报一次。10 月，全国人大又表示：“双减”拟明确入法，避免加重义务教育阶段学生负担。在落实过程中，帮助学校回归学科教育主阵地的角色，把课余时间留给学生，最终通过丰富多样的课余活动，实现提升学生综合素养的效果，恢复教育本质的目的。2019 年 7 月，中共中央、国务院印发《关于深化教育教学改革全面提升义务教育质量的意见》，提出主要举措之一：坚持“五育”并举，其中第四条条文还明确表示提升学生智育水平，需着力培养认知能力，促进思维发展，激发创新意识。而国际象棋作为智力教育行业中的重要分支，不仅仅是一门智育项目，还是一项培养孩子竞技精神的体育项目。早在 2001 年，教育部 7 号文件《关于在学校开展“围棋、国际象棋、象棋”三项棋类活动的通知》曾明确指出：棋类具有教育、竞技、文化交流和休闲娱乐等功能于一体的综合活动。

（2）部门举措响应

除了政策文件的陆续出台，各级部门也积极响应政策号召。2020 年 10 月，北京市教委联合市体育局举办中小学智力运动比赛，比赛项目包括围棋、国际象棋在内的五个项目。无独有偶，2022 年 3 月，杭州市体育局联合教育局举办中小学生阳光体育竞赛活动，其中围棋、跳棋、国际象棋和桥牌项目由中国棋院杭州分院主办【杭体局〔2022〕4 号】。2021 年 7 月，杭州市教育局德体卫艺处就将四棋一牌（围棋、象棋、国际象棋、国际跳棋、桥牌）活动纳入高中体育特长生资格项目中【杭教办德体卫艺〔2021〕98 号】。

2. 现实需要

除了国家宏观层面的响应和支持，围绕国际象棋活动的各个主体也存在现实问题亟待解决，家长对于棋类运动对儿童的益处不甚了解，教师教学环节需要教育心理学层面研究的支撑，国际象棋在中小学校园的推广也需要实证性的依据。因而在此背景下，本研究探讨的国际象棋训练对儿童认知能力影响研究，正是立足国情、顺应社会、满足主体的现实需要。

（二）课题研究意义

1. 实践意义

明确国际象棋对儿童认知影响的具体方向，不仅为学生和家长选择提供指导性的建议，也对国际象棋的教学过程提供操作性的建议，立足国情为“五育并举”政策提供实证性依据。证实相关的课余活动本身可以提高学生的能力水平，在游戏和竞赛中促进学生的全面发展，让教育回归本质，构建教育良好生态的目的；明确国际象棋领域对其他能力的迁移规律，通过对比不同的国际象棋教学方案，探究实现学习迁移的最好方式，为教师教学中更好地实现学生特殊能力向一般能力的迁移提供借鉴方案，也为国际象棋教育事业的发展提供借鉴，满足创造性和实践性的要求。

2. 理论意义

本研究旨在通过系统性综述的研究方法，对以往国际象棋与儿童认知能力的相关研究进行梳理，结合迁移理论探究国际象棋对儿童认知能力的影响效果。国际象棋对学生认知能力的影响本质上是特殊能力向一般能力的迁移过程，目前针对该过程的理论仍存在争议，研究结果提供更丰富的实证证据。凡是有教育的地方就会有迁移，从来不存在相互间不产生影响的学习，因此迁移在教育教学中无处不在，尤其与培养学生解决问题能力和创造性密切相关，实现对该问题的深入探讨，拓展或证实学习迁移领域的相关理论内容，证实共同要素说的合理性。丰富国内智力运动的研究内容，抛砖引玉，对未来研究提供基础，具备科学性和前瞻性的需要。

（三）课题研究思路及框架

1. 研究思路

本研究以数据库中正式发表的关于国际象棋与儿童认知能力的相关文献作为研究对象，对相关的文献进行系统性分析。目的是探究国际象棋训练对学生认知能力的影响是否显著，影响认知的具体维度和方向，以及在此过程中年龄、学生类型、教学方法及训练时长等其他因素是否产生影响，围绕结果进行讨论，提出可行性的建议和方案。

2. 研究框架

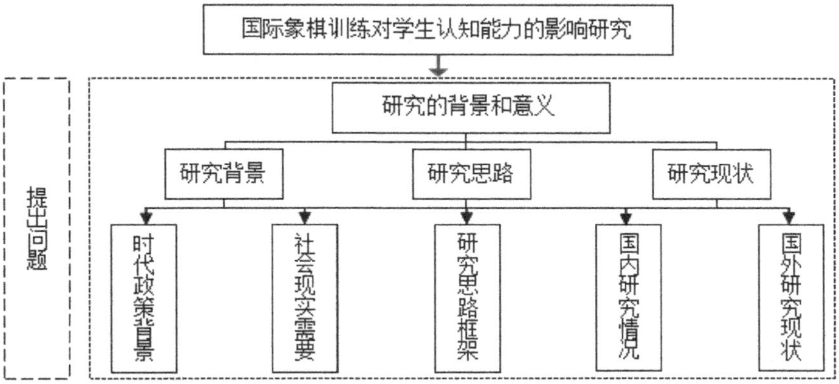

分析问题
国际象棋对学生认知能力研究的必要性
政策法规支持
主体现实需要
国象教育功能
研究存在争议
选题的意义和目的
根据研究主题检索文献
确定纳入和排除筛选标准
文献的筛选和纳入
数据的提取与编码
分析归纳研究结果
总结研究结论
研究资料与选取文献的方法
数据的提取与编码，纳入文献特征值
学生年龄阶段
学生被试类型
训练累计时长
训练/教学方式
实验等级
认知能力
解决问题
国象训练情况
人口学特征
认知能力增强
研究结果
数学技能与问题解决
视觉空间加工能力
思维的自我监控
认知能力各个维度
把握关键期，非智因素
混合教学法，因材施教
着五育并举，体教融合

二、国际象棋对儿童潜在益处的相关研究

（一）国际象棋的相关研究

作为战术性棋盘游戏，国际象棋不仅是世界上最流行的游戏之一，也是研究人类高水平认知机制的理想范式。事实上，最早就有研究者认为，国际象棋是专长心理学研究的理想模型环境，他认为国际象棋在认知科学中的作用，可以与果蝇在遗传学科中的地位相媲美（Simon & Chase,1973）。最早起源于国际象棋的专长研究是 Groot（Bilalic et al., 2008）发现国际象棋大师的搜索效率和对棋盘的回忆都要优于专家水平的棋手。随后，Chase 和 Simon （1973b）从心理学视角系统研究了国际象棋专家的优势表现及其机制，例如发现国际象棋大师对真实棋局的回忆远高于新手，而当棋子是随机摆放在棋盘上，专家与新手则没有差异。随后的几十年，研究者使用不同的任务和范式，采用不同的实验技术得出了相似的结论，即专家在棋盘复盘率、对棋子回忆正确率和视觉搜索效率上都比新手有优势（Bilalic et al., 2008; Reingold & Sheridan, 2012）。

大量的研究都致力于理解国际象棋技能的认知过程，人们对棋手的感知、学习、记忆也有很多了解（Gobet, 2015; Gobet, De Voogt,& Restchitzki, 2004），但关于国际象棋技能在多大程度上转移到其他的学习领域还存在争议，目前可以明确的是国际象棋对于与记忆相关的功能（Tulving，1998），视觉加工（Cohen et al. 2004;Sheridan & Reingold, 2017），以及注意处理（McAlonan et al. 2008）有明显的效果，并且关于国际象棋作为认知增强剂的观点早已经在英国大众传媒报纸等渠道反复被提及（Garner, 2012）。

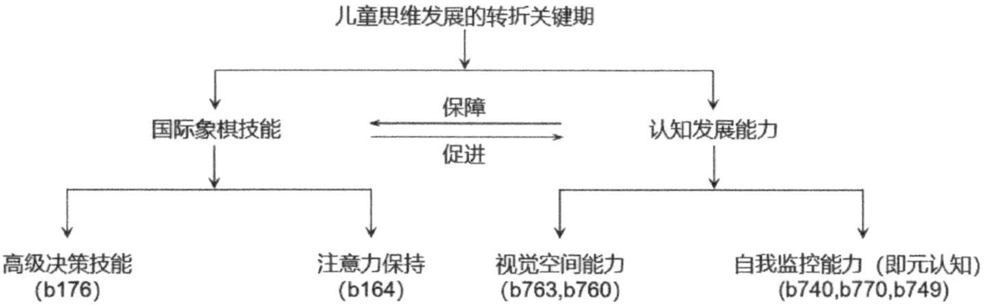

一些研究人员假设，通过国际象棋获得的技能可以转移到其他领域。有两种主要的解释来支持这个假设。第一，国际象棋需要决策技能和高级过程。例如从问题中获取和选择相关信息，类似于数学和阅读中的应用（Margulies,1992）。第二，由于国际象棋是一项需要集中注意力和解决问题的任务，下棋增强这些认知能力，从而有利于儿童的学习成绩（Bart, 2014）。甚至欧洲议会也有公开表达了它对在学校教授国际象棋作为一种教育工具的兴趣和积极的看法（Binev,2011）。

（二）国际象棋训练与认知能力的相关研究

1. 国内研究

认知相关各项能力的发展是学生成长阶段重要内容，更是影响学业表现的重要基础（张厚粲，1996）。由于下棋过程中涉及的认知活动极其复杂，几个来自不同功能区域的大脑认知活动需要同步协调（Hänggi，2014），包括情绪处理（Drevets, 2008）、自我参照过程（Vogt，1992）、与记忆相关的功能（Tulving，1998），视觉加工（Cohen et al. 2004;Sheridan & Reingold, 2017），以及注意处理（McAlonan et al. 2008）等，因此作为研究人类高水平认知的理想范式，国际象棋的研究不仅为了解专家专长认知模式和人工智能做出了重要贡献（Ericsson & Charness, 1994; Reingold & Charness, 2005），而且对于处在身心发展阶段的儿童青少年群体来说，国际象棋所具备的潜在益处也一直是研究热点，尤其是对于实现一定的教育目的来说，国际象棋是理想的游戏项目（Bart, 2014; Jerrim, Sawtell, & Wiggins, 2016; Kazemi, Yektayar,& Abad, 2012）。国际象棋提供了战术和策略之间的最优解决，复杂性和简单性之间的最佳权衡，还结合了数值、空间、时间和组合等方面。此外，国际象棋排列组合的多样性有助于保持注意力，这对于学龄期儿童至关重要，这些特征培养了注意力、解决问题和思维自我监控的能力。另外，国际象棋和数学之间的一些重叠对于学生认知能力提升也是优势所在，例如基本的算术与棋子的值、棋盘的几何形状等。一项关于学生视觉空间能力的研究结果也表明，棋类训练时间与视觉空间能力的分数之间存在正相关（Alaina, 2013）。谢军通过瑞文标准测验证实国际象棋训练有利于培养和发展学生的智力因素（谢军，2001）。林泳海等人也通过对比幼儿园国际象棋班和普通班的学生，结果表明经过国际象棋班训练的学生具有更强的推理、想象和自控能力，利于儿童认知能力发展（林泳海 & 姚炳辉，2001）。虽然已有元分析结果表明，国际象棋对中小学整体认知能力增强效果的效应值较小（Sala et al., 2016），但目前国际象棋对于儿童认知能力的影响因素的系统性综述仍是空白，教学方式、训练时长的影响在过程中起到的作用，认知影响的具体方向等问题尚未被关注（Sala et al., 2017）。

国内关于国象教学的研究多集中在国际象棋在文化理念的教育作用上，对于儿童平等理念的形成、良好礼仪的培养、规则道德的习得和竞争对抗的意识都有良好的促进作用。另外对于国际象棋在国内的发展相对缓慢，学者们也提出了一些相关的建议，在实际教学中顺应儿童逻辑思维发展的特点，在推广过程中发挥体育课在课堂中的主体作用，以竞赛的方式加强选手的心理素质和团队意识，以及随着国际象棋少儿培训市场的日益壮大，高水平国际象棋教练的需求缺口也不断扩大。

2. 国外研究

作为战术棋盘游戏，国际象棋不仅是世界上最流行的游戏之一，也是研究人类高水平认知机制的理想范式。事实上在国外，国际象棋一直是研究高级认知心理活动的理想模型环境，国际象棋在认知科学中的作用，可以与果蝇在遗传学科中的地位相媲美（Simon & Chase,1973）。最早起源于国际象棋的专长研究是Groot（Bilalic et al., 2008）发现国际象棋大师的搜索效率和对棋盘的回忆都要优于专家水平的棋手。随后 , Chase 和 Simon （1973b）从心理学视角系统研究了国际象棋专家的优势表现及其机制，例如发现国际象棋大师对真实棋局的回忆远高于新手，而当棋子是随机摆放在棋盘上，专家与新手则没有差异。随后的几十年 , 研究者使用不同的任务和范式 , 采用不同的实验技术得出了相似的结论 , 即专家在棋盘复盘率、对棋子回忆正确率和视觉搜索效率上都比新手有优势（Bilalic et al., 2008; Reingold & Sheridan, 2012）。

大量的研究都致力于理解国际象棋技能的认知过程，人们对棋手的感知、学习、记忆也有很多了解（Gobet, 2015; Gobet, De Voogt,& Restchitzki, 2004），但关于国际象棋技能在多大程度上影响到其他学习领域知之甚少，尤其是针对认知快速发展时期的儿童来讲。关于国际象棋作为认知增强剂的观点已经在英国大众传媒报纸等渠道反复被提及（Garner, 2012）。

一些研究人员假设，通过国际象棋获得的技能可以转移到其他领域。有两种主要的解释来支持这个假设。第一，国际象棋需要决策技能和高级过程。例如从问题中获取和选择相关信息，类似于数学和阅读中的应用（Margulies,1992）。第二，由于国际象棋是一项需要集中注意力和解决问题的任务，下棋应该增强这些认知能力，从而有利于儿童的学习成绩（Bart, 2014）。然而，关于国际象棋教学的有效性，大部分人质疑的点在于国际象棋是否能真正在应该在数学、理解文本或发展集中注意力方面提供任何优势。

三、国际象棋训练对儿童认知能力发展的研究

（一）研究方法

本研究对国内外数据库中正式发表的关于国际象棋训练影响学生认知能力的相关文献进行系统性检索，检索时间为1980年至2021年。对国际象棋教学方式、作用于儿童认知能力发展的效果及其影响因素等问题进行系统性综述。

1. 文献检索策略

英文数据库包括Google Scholar，Web of Sciences、PsycInfo、ProQuest，中文数据库包括中国知网、万方、维普。检索词为国际象棋（chess OR 国际象棋）；儿童（children OR student OR 学生）；认知能力（congnitive OR congnitive function OR 认知）。

2. 纳入和排除标准

（1）纳入标准：

①以学生为研究对象，尽量采用随机抽样的方式；

②采用准实验或实验设计，相关和事后研究排除在外；

③必须使用国际象棋教学或训练作为干预手段之一；

④不限制测量工具，使用认知能力作为评价指标，其中包括一般智力、元认知、问题解决能力、视觉空间能力等。

（2）排除标准：

①重复文献；

②缺乏相关指标；

③综述类文献。

3. 文献筛选和纳入

由两位研究者独立进行，对检索到的文献标题、摘要进行筛选评估，主要提取内容包括国际象棋训练形式、时长及评价指标。最后，再对纳入的文献进行进一步的核实检测，及时查漏补缺，目前已有11篇文献被纳入研究，涉及1510名被试。

早在20世纪80年代，人们就认识到国际象棋训练对儿童认知能力影响的积极效果，因此本研究检索的时间跨度为1980年1月到2021年12月，文献基本特征见下表。

研究	年龄	被试	数量	所在国家	教学/训练方式	持续时长	累计时长	实验类别	增强效果	测量指标
Aciego 等(2012)	6-16 岁儿童	普通儿童	210	西班牙	课外活动	一学年	96 小时	有前测、有主动控制组	认知能力、问题应对和解决能力增强	WISC-R
Aydin (2015)	初中	数学视觉障碍儿童	27	土耳其	未知	十二周	48 小时	有前测、无主动控制组	数学问题解决能力增强	未知
Barrett 等(2011)	六七八年级	各类型障碍儿童	31	美国	未知	一学年	25 小时	随机分配、有前测	数学问题解决能力效果不显著	TASk
Christiaen 等(1981)	五年级	普通儿童	40	荷兰	未知	两年	42 小时	有前测、无主动控制组	认知能力和智力水平增强	DGB
Gliga 等(2014)	9-10 岁	普通儿童	38	罗马尼亚	混合教学模式	十周	20 小时	随机、有前测	认知能力增强	Krapelin test; Rey test
Hong 等(2007)	8-12 岁	学业障碍儿童	38	韩国	未知	一学年	20 小时	随机分配、	认知增强效果不显著	RPM
Kazemi 等(2012)	10-16 岁男生	普通儿童	180	伊朗	未知	六周	96 小时	随机分配、	元认知和解决问题能力增强	TIMSS Panaoura, Philippou & Christou test
Sala 等(2015)	8-11 岁	普通儿童	560	意大利	混合教学模式	三周	10-15 小时	随机分配、有前测、	数学问题解决能力增强	OECD-PISA
Sala 等(2017)	8.5±0.67 岁	普通儿童	233	意大利	学校课内	未知	25 小时	方便分配、有前测、有主动控制组	元认知能力效果不显著	Panaoura and Philippou's (2007) question naire
Scholz 等(2008)	9-12 岁	学习障碍儿童	53	德国	学校课内	一学年	24 小时	方便分配、有前测	数学技能增强	Arithmetic test designed by the authors; DL-KG
Sigirtmac (2012)	6-7 岁	普通儿童	100	土耳其	未知	无	无	方便分配、无前测	空间概念发展	未知

4. 数据提取与编码

拟提取文献的多个特征值进行编码，包括文献作者、出版年份、实验人数、所在国家、实验类别、被试年龄、被试类型、训练方式、累计时长以及测量指标。两名研究人员对文献进行独立编码，拟采用一致性系数对研究数据编码结果的可靠性进行测量。

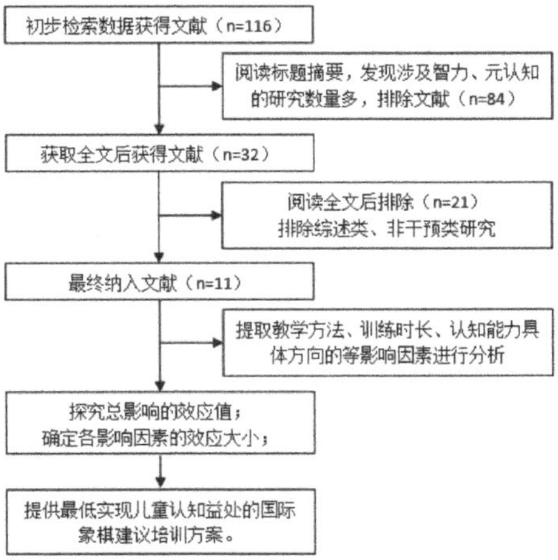

被试年龄编码包括小学低年级（6—9岁）、小学高年级（10—12岁）、初中（13—15岁）。被试类型编码包括普通儿童、困难儿童（视觉障碍、学业困难等）。训练方式编码包括混合教学、传统教学。根据实验开展时长，训练周期编码记为0—6个月、6—12个月和12个月以上三类。根据训练或教学情况，将累计时长编码记为10—20个小时，20—40个小时，40个小时以上。

（二）研究结果

最终共有11篇文章被纳入研究，文献基本特征见表。

1. 国际象棋训练情况

影响儿童国际象棋训练的主要因素包括训练时长、训练频率和教学方式等。

纳入的11项研究，基本都是在学校等教育场所实施训练或教学，持续时长大多集中在6—12周，累计时长为20—48小时不等。影响效果量的大小与训练的时长呈正相关，研究结果表明训练时长25—30小时，可能是得到国际象棋的潜在教育益处的最低门槛。虽然以往对于训练持续时长的效果并未有学者做出研究，但是国际象棋作为一项需要复杂认知加工的活动，较短的持续训练周期对儿童的认知增强效果显然不明显。

另外，在以往研究中关于教学方式的影响作用，Gliga在对9—10岁普通儿童实施的是国际象棋大师教学与课后实战练习的混合教学模式；Sala对8—11岁普通儿童采用偏数学概念的基本规则和战术的混合教学模式。可以看出以上研究者在实验过程中的教学模式，都是采用更加互动性、导向性的非单一教学方案，最终达到了更好地增强儿童认知能力的效果。

2. 参与国际象棋训练的学生的人口学特征

参与国际象棋训练的学生的人口学特征主要包括学生的年龄、类型和认知状况等。

关于年龄对于国际象棋训练效果的影响，已有的研究大都集中在儿童学龄期，即5—12岁阶段，这一阶段的儿童的主要活动由游戏逐步过渡到学习，具有较高的游戏动机和学习需要，因此可以通过国际象棋的活动或者对游戏规则的掌握，从而实现内隐学习的最好效果。儿童在小学阶段的数概念迅速地获得发展，尤其在这一活动中潜在的数学和其他课程领域的重要概念（Brousseau,1997; Pelay, 2011）。除此之外还可以在国际象棋训练过程中获得一般的认知技能，如注意力的和智力，这对他们的学业成绩也会产生积极的影响。

另外，国际象棋训练的效果受学生类型的影响，相比普通儿童，学习障碍儿童尤其是数学方面有障碍的儿童，从国际象棋训练中获得的收益更多，在该群体中开展国际象棋训练的认知增强效果会更好。对于这一影响因素，已有研究还没有形成共识。因此，未来研究需要进一步验证国际象棋训练对于不同类型学生的效果差异，尤其针对是特殊群体的儿童，设计调整相对完善的教学训练方法，提升国际象棋训练在不同人群中的应用。

3. 国际象棋训练对学生认知能力增强的效果

（1）数学技能及数学问题解决能力

数学技能和问题解决能力被视为是科学、技术、工程和数学（STEM）学科工作的必要前提条件，也是未来培养技术人才的基础。而国际象棋教学被认为可以提高中小学生的数学能力，该假说不仅得到了一定的科学支持，事实上大部分国家已经将学校里的国际象棋课作为改善数学教学效果的一种辅助干预措施，英国出台了全国范围内的国际象棋课程（Richland，2012）。

数学能力的获得和运用对于小学儿童来说至关重要，尤其部分学习障碍会伴随其他自我感知和社会交往等障碍，Sala 等认为国际象棋可以有效增强认知和数学技能，这种观点符合桑代克相同要素说，即两种任务之间的迁移随其共有的认知要素的程度而变化。而国际象棋与数学领域一些共同的元素更容易促进相对一致的思维习惯（Costa & Kallick, 2009），使得迁移更容易发生，例如，基本的算术与棋子的值，棋盘与几何的形状，等等。近期一项评估国际象棋训练有效性的元分析结果也显示（Sala &Gobet，2016）：国际象棋确实有增强中小学生数学成绩（$\bar{d}$=0.38）的效果。

（2）视觉空间能力

视觉空间认知加工是指利用视觉认知，通过想象、推理等空间技能，感知视觉环境、物体特征、状态、空间位置和心理操作，从而解决问题。长期接受棋类训练的人在视觉搜索任务上要明显优于一般棋手，这表明国际象棋训练的一个关键效果是快速识别复杂的视觉空间模式的能力（Sheridan & Reingold, 2017），国际象棋专家的搜索效率也优于普通棋手（Connors,2011）。该现象在儿童身上也屡见不鲜，一项关于 90 名青少年（约 17 岁）的研究结果表明，为期一年国际象棋课或控制班比赛前后测试，初级智力测试中的“空间能力”子测试和“数字能力”子测试成绩，可以直接预测一年后的国际象棋水平（Frank & Hondt, 1979）。

视觉空间技能在国际象棋训练的早期发展中可能很重要，尤其是空间能力和视觉记忆能力与儿童的国际象棋技能有关，但在成人中相关性不那么强。但最终其他特征可能会变得更重要（Ericsson, 1993），这些视觉空间能力和国际象棋技能之间的联系随着时间的推移而减弱。总之，来自成年人的数据并不一致地表明国际象棋技能和智力之间的相关性。这就是为什么国际象棋干预研究关注的是儿童的认知技能而不是成年，前者的学习迁移的可能性远大于后者。

（3）元认知和认知能力

国际象棋训练对儿童各项认知能力发展有密切的关系，以往研究具体表现在推理能力、计划能力、思维的自我监控和解决问题的策略等方向上。在柏林智力结构模型测试中，将国际象棋专家与非国际象棋控制组进行比较发现，专家在复杂信息的处理能力、工作速度和数字相关的任务上表现得明显更好（Doll &Mayr，1987）。在儿童身上也发现了类似的结果，儿童组的棋手（平均年龄 11 岁）在皮亚杰任务上的得分高于同龄儿童得分（Horgan &Morgan，1987）。Schneider 等人采用视觉记忆研究发现国际象棋组儿童的效果明显好于控制组儿童（Schneider &Gruber, 1993）。一项关于儿童棋类训练的时间与视觉空间技能关系的研究表明，与每周下棋时间更少的儿童相比，下棋时间长的儿童视觉空间技能 WRAVMA 测试的平均值表现出显著差异，结果表明棋类训练时间与 WRAVMA 上的分数之间存在正相关（Alaina, 2013）。

四、国际象棋训练及教学体系方案

（一）国际象棋训练助力各层级目标实现

提供“双减政策”的实证性依据，证实相关的课余活动本身可以提高学生的能力水平，在游戏和竞赛中促进学生的全面发展，让教育回归本质，构建教育良好生态的目的；明确国际象棋教学带来积极影响的具体方向，为学生和家长选择丰富的课余活动部分建议；明确国际象棋领域对其他能力的迁移规律，对于国际象棋的教学过程和教材编写都有重要的指导价值，为教师教学提供可行性案例和借鉴性建议，通过对比不同的国际象棋教学方案，探究实现学习迁移的最好方式，也为教学中更好地实现学生特殊能力向一般能力的迁移提供借鉴方案，可以说无论是宏观层面还是个人角度都满足目标要求，实现双赢的局面。

（二）国际象棋训练满足各维度主体需要

1. 家长视角：把握关键期，非智因素促成长

小学阶段处于儿童思维认知发展的重要转折期，基本特点是从具体思维为主要形式逐步过渡到以抽象逻辑思维为主。尤其是国际象棋对弈中，棋手对棋盘的布局和步骤的计划，可以推动儿童的思维活动向概括抽象性发展，并在此过程中提高儿童的图形推理和知觉分析策略。

家长也应重视非智力因素对儿童的影响，国际象棋的规则和竞争对弈的游戏性质，有助于该阶段的儿童更好地参与同伴竞争和服从社会行为规范，帮助儿童更好地建立社会性认知。

2. 教师视角：混合教学法，因材施教助发展

教师和教练在教学中，确立更加清晰的教学目标，尤其在小学阶段，教学内容要符合学生认知发展规律、教学过程要增强活动性和游戏化、教学模式更要提高互动性和参与度，结合线上和线下，讲解和实战等混合教学模式，激发学生对国际象棋的兴趣，实现更好的效果。在教学内容中适当增加国际象棋文化背景等内容，比如国际象棋中的兵，如果能冲到对方底线，就会“从奴隶变成将军”等相对平等的观念，引导从国际象棋文化中树立正确的人生观价值观。

对待专业棋手学生，在日常的教学和训练比赛中，围绕不同的学生特质和性格来开展，加强心理素质的锻炼和个人意志力的培养。

3. 学校视角：着五育并举，体教融合谋布局

面对新时代党和国家事业发展对教育改革与人才培养的新要求，习近平总书记在全国教育大会上明确指出：“要努力构建德智体美劳全面培养的教育体系，形成更高水平的人才培养体系。”

人才培养始于素质教育，学校是第一抓手。而国际象棋活动将结合智力和体育竞技于一体，相较于其他智力运动项目而言，国际象棋的不对称性导致其计算方式与其他棋类运动也存在着较多的不同之处，加之活动范围小、器材成本低等优势特点。学校应大力推广，结合国际象棋名人和当地机构设施，进入校园进行指导，提高学生活动参与性。

参考文献：

[1]中共中央办公厅、国务院办公厅. 关于进一步减轻义务教育阶段学生作业负担和校外培训负担的意见. [2021-07-24]. http://www.gov.cn/zhengce/2021-07/24/content_5627132.html.

[2]中共中央办公厅、国务院办公厅. 关于深化教育教学改革全面提高义务教育质量的意见. [2019-07-08]. http://www.moe.gov.cn/jyb_xxgk/moe_1777/moe_1778/201907/t20190708_389416.html.

[3]国家教育部、国家体育总局. 关于在学校开 展"围棋、国际象棋、象棋"三项棋类活动的通知. [2001-07-08]. http://www.moe.gov.cn/jyb_hygq/hygq_zczx/moe_1346/moe_1362/tnull_36730.html.

[4]谢军. 国际象棋教育与发展儿童、少年智力和非智力因素探讨. 天津体育学院学报, 2001, 16（1）, 3.

[5]张厚粲, & 王晓平. 中国儿童认知能力的性别差异发展倾向:韦氏儿童智力量表结果分析. 心理科学, 1996（2）, 7.

[6]李洪玉, & 林崇德. 中学生空间认知能力结构的研究. 心理科学, 2005, 28（2）, 3.

[7]Alsina, F. S., Prat, J., Bataller, J. J., & Melsom, J. Stand-Alone, Interactive Modular Energy-Production System, 2009.

[8]Awh, E., Jonides, J., Smith, E. E., Schumacher, E. H., Koeppe, R. A., & Katz, S. Dissociation of Storage and Rehearsal in Verbal Working Memory: Evidence From Positron Emission Tomography. Psychological Science, 1996, 7（1）, 25-31.

[9]Baddeley, A. D., & Andrade, J. Working memory and the vividness of imagery. Journal of Experimental Psychology-General 2000, 129（1）, 126-145.

[10]Baddeley, A. The episodic buffer: a new component of working memory? Trends in Cognitive Sciences, 2000.

[11]Bart, & William, M. On the effect of chess training on scholastic achievement. Frontiers in Psychology, 2014, 5, 762.

[12]Bilalic, M., Mcleod, P., & Gobet, F. Expert and 'novice' problem solving strategies in chess - Sixty years of citing de groot （1946）. Thinking & Reasoning, 2008, 14（4）, 395-408.

[13]Brent, A., Vogt, David, M., Finch, Carl, R., & Olson. Functional Heterogeneity

in Cingulate Cortex: The Anterior Executive and Posterior Evaluative Regions. Cerebral Cortex, 1992, 2（6）, 435–443.

[14]Brousseau, G. Theory of Didactical Situations in Mathematics. Mathematics Education Library, 1997.

[15]Casco, C., Tressoldi, P. E., & Dellantonio, A. Visual selective attention and reading efficiency are related in children. Cortex, 1998, 34（4）, 531–546.

[16]Chan, D. Fat separator cover, 2008.

[17]Chase, W. G., & Simon, H. A. The Mind's Eye in Chess. Visual Information Processing, 1973.

[18]Chassy, Philippe, Gobet, & Fernand. Risk taking in adversarial situations: Civilization differences in chess experts. Cognition: International Journal of Cognitive Psychology, 2015.

[19]Costa, A., & Kallick, B. E. Discovering & Exploring Habits of Mind. A Developmental Series, Book 1. Academic Achievement, 2000, 158.

[20]Facoetti, A., Zorzi, M., Cestnick, L., Lorusso, M. L., Molteni, M., Paganoni, P., Umilt à , C., & Mascetti, G. G. The relationship between visuo–spatial attention and nonword reading in developmental dyslexia. Cognitive Neuro Psychology, 2006, 23（6）, 841–855.

[21]Frank, A., & D'Hondt, W. Aptitudes et apprentissage du jeu d' é checs du Zaïre. Psychopathologie Africaine Dakar, 1979, 15, 81–98.

[22]Guttman, R., Epstein, E. E., Amir, M., & Guttman, L. A Structural Theory of Spatial Abilities. Applied Psychological Measurement, 1990, 14（3）, 217–236.

[23]Hambrick, D. Z., Oswald, F. L., Altmann, E. M., Meinz, E. J., Gobet, F., & Campitelli, G. Deliberate practice: Is that all it takes to become an expert? Intelligence, 2014, 45, 34–45.

[24]Hanushek, E. A., Peterson, P. E., & Woessmann, L. U.S. Math Performance in Global Perspective: How Well Does Each State Do at Producing High–Achieving Students? PEPG Report No.: 10–19. Program on Education Policy & Governance Harvard University, 2010, 42.

[25]Horgan, D. D., & Morgan, D. Chess expertise in children. Applied Cognitive Psychology, 2010, 4（2）, 109–128.

[26]Huntley, J., Bor, D., Hampshire, A., Owen, A., & Howard, R. Working memory task performance and chunking in early Alzheimer's disease. British Journal of Psychiatry the Journal of Mental Science, 2011, 198（5）, 398.

[27]Jahn, G., Knauff, M., & Johnson-Laird, P. N. Preferred mental models in reasoning about spatial relations. Memory & Cognition, 2007, 35（8）, 2075-2087.

[28]Jerrim, J., Macmillan, L., Micklewright, J., Sawtell, M., & Wiggins, M. Does teaching children how to play cognitively demanding games improve their educational attainment? Evidence from a Randomised Controlled Trial of chess instruction in England. Journal of Human Resources, 2017: 516-7952.

[29]Kazemi, F., Yektayar, M., & Abad, A. Investigation the impact of chess play on developing meta-cognitive ability and math problem-solving power of students at different levels of education. Procedia - Social and Behavioral Sciences, 2012, 32（none）, 372-379.

[30]Kirchner, & Wayne, K. Age differences in short-term retention of rapidly changing information. J Exp Psychol, 1958, 55（4）, 352-358.

[31]Marcel, Frydman, Richard, & Lynn. The general intelligence and spatial abilities of gifted young Belgian chess players. British Journal of Psychology, 1992.

[32]Mawdsley, J. R., Carter, J. D., Wang, X., Niyogi, S., Fan, C. Q., Koc, R., & Osterhout, G. Composite-coated aluminum bipolar plates for PEM fuel cells. Journal of Power Sources, 231（JUN.1）, 2013, 106-112.

[33]Mcalonan, K., Cavanaugh, J., & Wurtz, R. H. Guarding the gateway to cortex with attention in visual thalamus. Nature, 2008, 456（7220）, 391.

[34]Mihailov, E., & Savulescu, J. Social Policy and Cognitive Enhancement: Lessons from Chess. Neuroethics, 2018, 11（2）, 115-127.

[35]Nori, R., Grandicelli, S., & Giusberti, F. Individual Differences in Visuo-Spatial Working Memory and Real-World Wayfinding. Swiss Journal of Psychology, 2009, 68（1）, 7-16.

[36]Ontañ ó n, S., & Plaza, E. On Knowledge Transfer in Case-Based Inference. Paper presented at the Springer Berlin Heidelberg, 2012.

[37]Pace, D., Williams, T. N., Grochowska, A., Betts, A., Attard-Montalto, S., Boffa, M. J., & Vella, C. Manifestations of paediatric Leishmania infantum infections in

Malta. Travel Medicine and Infectious Disease, 2011, 9（1）, 37–46.

[38]Pelay, N. Playing and learning mathematics : elaboration of the concept of didactic and ludic contract, 2011.

[39]Pelay, N. Jeu et apprentissages math é matiques : é laboration du concept de contrat didactique et ludique en contexte d'animation scientifique. Universit é Claude Bernard – Lyon I, 2012.

[40]Reingold, E. M., Charness, N., Schultetus, R. S., & Stampe, D. M. Perceptual automaticity in expert chess players: Parallel encoding of chess relations. Psychon Bull Rev, 2001, 8（3）, 504–510.

[41]Reingold, E. M., & Sheridan, H. Eye movements and visual expertise in chess and medicine. Oxford Handbook on Eye Movements, 2012.

[42]Rittle–Johnson, B., & Star, J. R. Does comparing solution methods facilitate conceptual and procedural knowledge? An experimental study on learning to solve equations. Journal of Educational Psychology, 2007, 99（3）, 561–574.

[43]Sala, G., Foley, J. P., & Gobet, F. The Effects of Chess Instruction on Pupils' Cognitive and Academic Skills: State of the Art and Theoretical Challenges. Frontiers in Psychology, 2017, 8.

[44]Sala, G., Gorini, A., & Pravettoni, G. Mathematical Problem–Solving Abilities and Chess. SAGE Open, 2015, 5.

[45]Sala, G., & Gobet, F. Cognitive and academic benefits of music training with children: A multilevel meta–analysis. Memory & Cognition, 2020, 48（8）, 1429–1441.

[46]Sawtell, M., Jamieson, L., Wiggins, M., Smith, F., Ingold, A., Hargreaves, K., Khatwa, M., Brooks, L., Thompson, R., & Christie, D. Implementing a structured education program for children with diabetes: lessons learnt from an integrated process evaluation. Bmj Open Diabetes Research & Care, 2015, 3（1）, e65.

[47]Scholz, M., Niesch, H., Steffen, O., Ernst, B., & Schwarz, H. Impact of chess training on mathematics performance and concentration ability of children with learning disabilities. International Journal of Special Education, 2008, 23（3）, 138–148.

[48]Schumacher, E. H., Lauber, E., Awh, E., Jonides, J., Smith, E. E., & Koeppe, R. A. PET Evidence for an Amodal Verbal Working Memory System. Neuroimage, 1996, 3（2）, 79–88.

[49]Sheridan, H., & Reingold, E. M. Chess players' eye movements reveal rapid recognition of complex visual patterns: Evidence from a chess–related visual search task. Journal of Vision, 2017, 17（3）.

[50]Smith, T., Bartlett, C., & Krawczyk, C. Are the Advantages of Chess Expertise on Visuo–Spatial Working Memory Capacity Domain Specific or Domain General. Memory & Cognition, 2021.

[51]Trinchero, R. Can chess training improve Pisa scores in mathematics? An experiment in Italian primary schools, 2013.

[52]Tulving, E., & Markowitsch, H. J. Episodic and declarative memory: Role of the hippocampus. John Wiley & Sons, Inc., 1998, 8（3）, 198–204.

[53]Vecera, S. P., & Rizzo, M. Spatial attention: normal processes and their breakdown. Neurologic Clinics, 2003, 21（3）, 575–607.

[54]Veenman, M., Elshout, J. J., & Groen, M. Thinking aloud: does it affect regulatory processes in learning. Tijdschrift Voor Onderwijsresearch, 1993, 18（6）, 322–330.

[55]Wayne, C., Drevets, Jonathan, Savitz, Michael, & Trimble. The subgenual anterior cingulate cortex in mood disorders. CNS Spectrums, 2008.

德·切索里斯与国际象棋的讽喻

何东腾

一、德·切索里斯其人与他的《棋戏》

雅各伯·德·切索里斯（Jacobus de Cessolis）的《棋戏：论人类道德风尚及贵族与平民的义务》（*libellus de moribus hominum et officiis nobilium ac popularium super ludo scachorum*）[①]依照考据是完成于13世纪末的一部著作，这本书在体量上虽然只是一本小册子（*libellus*[②]），但却是欧洲中世纪第一部较为完整介绍国际象棋的讽喻著作。这部作品在国际象棋历史和文化方面是一部极具奠基性的著作，而且涉及的内容丰富，在文学研究乃至社会与政治思想等领域都得到越来越多的关注。《棋戏》在中世纪流传甚广，现存下来就有超过三百个手抄本，在印刷术在欧洲被发明之后也产生了许多的印刷本，在中世纪晚期其抄写流传的数量可以说仅次于圣经。这些抄本和印刷本除了拉丁语原文的版本外，在中世纪晚期还出现了许多其通俗或民族语言的译本，如法语、意大利语、英语、德语、荷兰语、加泰罗尼亚语、瑞典语、捷克语。这些译本当中最为著名的是英国首位印刷出版

① 关于书名，该著作按照中世纪大部分书籍命名的惯例，其实是以正文开头incipit（以……开始）后面所接的一组词语libellus de moribus hominum et officiis nobilium为题，直译为中文应当是《论人类道德风尚及贵族的义务》，一般简称为Liber de ludo scaccorum（“论棋戏/国际象棋”）。现代学者在指称这本著作时，也会另取一个意思更为完整的题目，如M.A.伯特（Marie Anita Burt）的校勘版本将书名定为libellus de moribus hominum et officiis nobilium ac popularium super ludo scachorum（“以国际象棋论人类道德风尚及贵族与平民的义务”）。本文主要参考M.A.伯特的版本。

② 该著作题目中的首个拉丁文libellus是书（liber）的指小词，故为小册子的意思。

商威廉·卡克斯顿（William Caxton）在 1474 年翻译的 *The game and playe of the chesse* 版本，而且卡克斯顿还把这部著作选取进第一批印刷出版的书目中，这意味着《棋戏》还是西方最早印刷出版的书目之一。

相比《棋戏》在中世纪的广为流传，其作者雅各伯·德·切索里斯的信息我们能得到的信息却少得可怜，除了《棋戏》之外我们也没能发现他还写过其他任何的著作。我们仅能从《棋戏》大多数抄本的序言中得知作者的名字、生活的地方和他的身份。序言里作者亲自道出了名字雅各伯·德·切索里斯——名字中的切索里斯表示他来自切索勒（Cessole）——归属于意大利热那亚城的一个小镇，并且声明自己是一个道明会士（Praedicatorum Ordo）。即便如此，这些都可能是一个间接获取得来的信息，因为根据大多数的中世纪手稿来看，几乎没有作者会把自己的名字明示在作品的开篇当中。根据学界的观点，这一导言是在各类抄本中后加的，因为中世纪的抄本大都会设置一个序言以表明该抄本的来源，只是在《棋戏》中缮写员有意无意地混淆作者与抄写者、第一人称与第三人称视角的界限，以增加作品的权威性。除此之外，在巴黎的另一名道明会士 Jehan Herron 在他负责翻译的《棋戏》1347 年法译本中则提到，雅各伯是一个神学大师（maistre en divinité）[①]。以上是我们能获取到的两则关于雅各伯·德·切索里斯身份的可信信息。而在 Quétif and Échard 则更明确地提到雅各伯是法国兰斯的道明会修院里的一位神学大师（maistre en divinité），虽然这则信息存在一些争议，但在道明会里修院之间的人员调动本身也是习以为常的情况。

然而《棋戏》这本书并不仅仅是一本单纯的国际象棋游戏的指导手册，正如其题目所示，这是一本有关道德教化的讽喻著作。国际象棋恰好提供了一个很好的模型，以用来论证道德与社会正义。《棋戏》被分为四个部分，第一部分主要交代了国际象棋的起源，这个神奇的游戏是何时何地又由何人出于何种理由所发明出来的，其中提到了古巴比伦的哲学家薛西斯发明了国际象棋最首要的目的便是通过教化来匡正君主以达到正义的统治。第二部分和第三部分则分别根据国际象棋的棋子中贵族和平民的不同角色，通过一些典故与贤人语录，来论述社会上每个人物为了公共利益应该具备哪一些伦理德性。而在第四部分，将棋盘指代为象征世俗国家的巴比伦城，并且通过讨论各种棋子与自身角色特性相匹配的走法，来论述各个社会角色应当如何配合以维护共同体利益。虽然国王在国家中仍保留

①

着重要的地位，但正如珍妮·亚当斯（Jenny Adams）在其研究里所主张的，切索莱提供的图景实际上展现了各个社会阶层相互依赖的公民秩序，而不再仅仅聚焦于国王自身的权威。《棋戏》是面向社会各个阶层而不仅仅是对国王展开训导，这与当时流行于中世纪晚期和文艺复兴时期的“君主宝鉴”（mirror of princes）这种著述形式有所区别。

二、国际象棋在欧洲的传播与流行

一个中世纪的道明会修士为什么会想到撰写一部以国际象棋为对象的著作，这本身就是一个让人同时感到困惑和有趣的事情。国际象棋最初传到欧洲并普及的时候，这个蕴含着机运和战争元素的游戏也并不受到天主教会的待见。

国际象棋是在10世纪的时候从阿拉伯地区传入欧洲，在公元1000年之后便已经在欧洲大部分地区逐渐流行开来了。可是面对国际象棋的流行，天主教会从一开始便保持着警惕甚至抨击的态度。在中世纪的基督教文明中，民众日常生活中的方方面面都会受到教会的关注与训导，以保证民众的行为符合基督教的教义。这种训导与管理是建立在教会严丝合缝的教阶体制之下的，各个地区都通过教区和更小的堂区来负责本地平信徒日常和信仰生活。因此，在考察国际象棋在欧洲的传播时，教会的态度是需要特别关注的。

对于流行于中世纪的桌上游戏——不管是骰子、双陆棋还是国际象棋，教会基本都是持批判的态度。实际上这些游戏在教会的眼中并无任何差别。最首要的原因是这些游戏都非常地依赖机运，因此人们在玩这些游戏的时候一般会习惯于下注。这种赌博性质的游戏会把人们引向罪恶。在中世纪的时候国际象棋的游戏规则并没有完全地定型和标准化，不同的地区的着法可能会存在细微的差别，现代国际象棋的标准化规则在15世纪晚期才大致被固定下来。或许也是为了让游戏进行得更快，国际象棋还经常会搭配骰子来进行对局。著名的天主教圣师，奥斯蒂亚的枢机主教彼得·达米安（Peter Damian，1007—1072）曾在一封信中谴责佛罗伦萨的主教一次与他同行的途中和其他旅行者下了一晚上的国际象棋，抱怨其贵为主教，怎么能让国际象棋来玷污自己要举祭基督圣体的双手，要传播基督福音的唇舌，让自己沦为一个骰子手（*aleatores*）。即使在佛罗伦萨主教在澄清自己所玩的国际象棋与机运和赌博没有多大关系之后，达米安也坚持把国际象棋看作是一种不同的赌博游戏。国际象棋被视为跟机运相关的赌博游戏的一种类型，这是和当时的国际象棋经常用到骰子是相关的。除了赌博，国际象棋被教会批判还有着其他的原因，如过度的沉迷棋局，过度的消遣使人浪费了时间。

即使在教会内，批判国际象棋的文字也更多地出自修道院里的修士之手，由于国际象棋的逐渐流行，教士们对于国际象棋的严厉态度也逐渐松动且变得个人化的。特别是国际象棋逐渐被贵族接纳为一种日常的生活方式之后更是如此，毕竟许多位居高位的教士都是从贵族家庭当中产生的。到后来，教会原本对国际象棋的批判态度更多地是睁一只闭一只眼，国际象棋实际上在教会默许下继续迅猛地流行着。与教会整体对国际象棋的否定态度不同，国际象棋不仅流行于个别教士以及世俗贵族之间，而且给予正面的教化应用。到了中世纪晚期，不少的教士已经把国际象棋作为题材融入他们的面向群众的讲道当中。彼得·阿方索（Petrus Alfonsi）在其著作《教士学校》（*Disciplina Clericalis*）把国际象棋定为“骑士七技”之一，托马斯·霍克莱夫（Thomas Hoccleve）更是将德·切索里斯的这本《棋戏》作为其著作《论君主统治》（*De Regimine Principum*）的重要资源。

三、国际象棋的隐喻与讽喻

除了作为游戏风靡了整个欧洲，在中世纪文学中，国际象棋确实也是人们最喜欢运用的隐喻形象之一。正如其在游戏层面对生活的影响充满着争议，其在中世纪文学中所展现的寓意也同样复杂。不过，我们还是大致可以分为两类，第一类主要是一些叙事体的传奇文学，特别是中世纪法语区所盛行的“武勋之歌”（*Chansons de geste*），两人对局其中的国际象棋是常常出现于其中的隐喻对象，换言之，这类作品更注重隐喻中的“棋手”对象。第二类则被围绕着国际象棋展开的劝谕文学（moralities），在其中国际象棋被做道德化处理的讽喻对象，融入寓布道或文本之中，或为相关的道德故事和政治秩序提供框架。

在传奇文学里面与国际象棋相关的叙事中，爱情和争端是两大主题。由于下棋是两个人进行的，在这种共处的机会下，若下棋的双方是一对男女，其中一方——通常为男性——会从棋局中出神，被另一方的美貌所吸引。这种出神与被爱情冲昏头脑的主题是如此相像，很多时候两者就是共生的主题，因而下棋本身常常充当了一对情人非理性行为的象征。这样的故事往往以悲剧收场，正如在亚瑟王传奇里的骑士兰斯洛特（Lancelot）和王后桂妮维亚（Guinevere），以及中世纪著名的爱情故事“特里斯坦与伊索尔德”（*Tristan and Isolde*）的情形那样。不过，国际象棋也并不总是作为爱情中不祥的征兆，有时它作为一个关键促成了情人美满重聚，在“弗洛伊尔与布兰切弗洛”（Floire et Blanchefleur）的许多版本中就是如此。布兰切弗洛被卖到了巴比伦，弗洛伊尔追寻她，并来到布兰切弗洛被关着的塔楼下，通过与看门侍卫下了好几天的棋赢取其青睐，才得以进入塔楼解救自己的心上人。

在一些传奇中，国际象棋还是政治纷争的集中表征以及暴力冲突的触发点。在《沃里克的盖伊》（*Guy of Warwick*，*ca.*1300）中，一名萨拉森王国的王子法布尔受邀和一名苏丹王子萨多克下棋，萨多克输掉了对局，恼羞成怒地谩骂羞辱并用拳头揍起他的对手，不仅如此，还拾起一个国际象棋的“rook”棋子当作武器攻击法布尔。法布尔拿起沉重巨大的棋盘还以攻击，最后把挑起这场游戏和现实“国际象棋”的萨多克击杀在地。在12世纪末的另一部传奇《艾蒙的四个儿子》（*Les Quatre Fils Aymon*）中，也出现了类似的情形，冲突发生在艾蒙的其中一个儿子雷诺和查理曼大帝的侄子贝尔特洛之间，两人一同下棋，在对局后的冲突中贝尔特洛被棋盘一击致死。而这个传奇中国际象棋的隐喻作为更为明显，查理曼和艾蒙家族在先前的政治纠纷中便处于剑拔弩张的状况，而国际象棋的对局最后成了政治稳定性和社会凝结力破裂的一个契机和具体的象征。国际象棋使冲突一触即发，棋子和棋盘成了武器，棋盘上有序的对弈演变成了棋局之外的混乱冲突。

国际象棋成了传奇文学中的一个不断出现的独立母题，棋子和棋盘作为实施暴力的手段，是暴力冲突的隐喻符号，并且代表着政治的失序。在一些传奇中，比如12世纪末的中古法语传奇《珀西瓦尔，圣杯故事》（*Perceval, le Conte du Graal*）——这部作品还被誉为中世纪传奇的源头（*fons et origo*），冲突本身不需要通过下棋触发，国际象棋本身便是冲突与失序的符号。在这部作品当中当人们发现圆桌骑士高文杀死该国的国王时，高文和倾情于他的公主便被人们围困在一座塔楼里，高文穿装备着盔甲和长剑，却缺少了一块盾牌，于是他当场直接拾起一个棋盘充当盾牌，公主则拿起巨大沉重的棋子当作武器投向攻击者。

关于爱情和争端的国际象棋的隐喻——对局中的出神，棋子与棋盘从原本的功能与秩序中被剥离出来用作武器，某种程度都是对国际象棋原本内涵的褫夺。国际象棋智性、自制和合乎秩序的形象被作为颠覆的对象，并反过来又使这种颠覆融进国际象棋的符号当中。

然而这种隐喻只是传奇文学中的一种修辞的元素，使国际象棋成为一个作品的主导性隐喻的则是另一类体裁——劝谕文学。劝谕文学开启了一种完全不同的国际象棋的符号意义，在这类体裁中，国际象棋往往有更宽广的寓意，暗喻着整个世界与生命。而且其中各种隐喻相互串联，构成一个更为丰富的讽喻整体。

这一类国际象棋著作现在欧洲所能找到最早的作品是“雷瓦尔抄本”（*Reval Manuscript, ca.*1270），里面有三层比喻在教士当中流传甚广：

1. 世界如同国际象棋一样：所有棋子，国王、骑士和农民都置于同一个地方当中，那就是棋盘——地球。 2. 迟迟不愿悔改的人，如同对局势知之甚少却又妄想胜利的棋手。 3. 人应当谨小慎微，莫把心置于危险之地，而当交之于上帝；如同棋手把棋子拿在手上，长时间地思考着该把其放在那个合适的位置上。

然而，这三层比喻中只有第一条关于棋子和棋牌的比喻在后面出现的劝谕文学中更多地被继承下来并得到不断的拓展，而后面两条关于棋手的内容则鲜有出现了。比如在国际象棋劝谕文学中最早的完整文章《国际象棋道德劝谕》（*Quaedam moralitas de scaccario*）——这部著作由于被归到教宗英诺森三世的名下，也有着另一个更为人知的名字《英诺森劝谕》（*Innocent Morality*），穆瑞（Murray）在开创性的研究著作《国际象棋史》中归结了其中的主要内容：

世界就如同一个棋盘，黑白相间，代表着生命与死亡，称颂与责备两种状态。其中的棋子便是共同生于这个世界上的人，在今世占据着不同地位，拥有不同头衔，共同竞争，最终的人生都要迎接一个抹平一切差别的共同命运。而国王也总是在棋袋中躺于其他棋子的底下。

国王行棋和吃子的能力是涉及全方位的，因为国王的意愿就是法律。

王后行棋只能斜着走，因为女人贪恋过大，除了抢夺和不义她们无事精通。

Rook 代表着巡游于整个王国的巡逻法官，他们行棋总是直着走，应为法官必须公正处理事务。

骑士的行棋是直行与斜走相结合，直行代表他收取地租的合法权力，斜走代表他的勒索与错谬。

Aufin 是带角的主教（但不是摩西从西奈山上下来时带有的那种角），他们行棋是斜着走，因为几乎每个主教都因贪婪而滥用职权。

Pawn 是穷人。他们行棋是直行的，除了吃子的时候：只要穷人远离贪婪的时候他就是好的。Pawn 升变成了 Fers 之后，他便是斜着走，由此可见，当一个穷人被抬升到超出他本应所处的地位时，他是多么难以正确行事。

在对局中，当一个人犯下罪过，魔鬼便会说“将军！”（Check）；除非他通过迅速忏悔来摆脱“将军”，否则魔鬼就会说“将死！”（Mate）并将他带入无处可逃的地狱。因为魔鬼会用各种各样的诱惑来捕获不同的人，就像猎人用猎犬来捕获不同的动物一样。

通过上面的内容可以看到，在《英诺森劝谕》中并没有关注棋手的因素，而是更多地把背后讽喻的寓意托于棋子的角色和走法上，如直行代表着正直，斜走代表着邪恶。

四、德·切索里斯《棋戏》中的国际象棋讽喻

德·切索里斯的《棋戏》同样是一部国际象棋劝谕文学的著作。与先前的同类作品不同的是，除了它是一部篇幅更为完整的国际象棋著作之外，还有便是它独独地把更多的思考留给了棋盘上不同的棋子所代表的角色，以及这些角色之间的关系。由此这部著作最为独特的一点便是把国际象棋与社会和政治关系通过讽喻联结起来，借着讽喻的寓意德·切索里斯试图构想出一幅正义与有序的社会图景。

在中世纪传统中，存在着各种不同的隐喻来表现社会秩序并赋予其特定的意义。比如教堂建筑，树和人的身体，等等。其中人的身体是最为著名且应用得最为广泛的隐喻符号。这个隐喻最开始仅仅是具备宗教含义，圣保罗在哥林多前书中便把教会表述为基督的身体。而后身体的隐喻渐渐地广泛运用于整个世俗的国家当中，比如在索尔兹伯里的约翰（John of Salisbury）的《政治家》（*Policraticus*）中——德·切索里斯作品中的中的许多事例便是来源于这一著作——他便把整个社会视为一个身体，国王是这个身体的头，而法官和地方长官则分别是这个身体的眼睛和耳朵。但在德·切索里斯的《棋戏》中，给出的政治图像又恰恰与身体大相径庭，国王虽然依旧是国家的主导，却失去了其绝对地位，作为共同体平行的一员而存在。

要理解德·切索里斯是如何把国际象棋运用于社会讽喻，必须来看看各卷章节中是分别通过什么方式来处理两者之间的相关性的，由此我们也能瞥见德·切索里斯写作的一些特点。德·切索里斯在第一卷交代了国际象棋的起源，说到国际象棋被哲人薛西斯（Xerxes）发明的原因中最首要的是为了匡正当时巴比伦国

王以未米罗达（Evilmerodach）残暴的天性，以维护国家持续和正义的统治。以未米罗达曾把他父王尼布甲尼撒的身体切分成三百块并投给三百只秃鹰吞食，并且对所有敢于进言的智士与朝臣一律格杀勿论。正是在这种钳口禁语的形势下，薛西斯发明了国际象棋并在贵族当中流行开来，这个新的游戏相当有趣以至于把国王也吸引了过来并要求薛西斯来教授他这门新游戏。薛西斯同意了国王的请求，正是在这种好奇心下国王必须先放下自己的身段，以学生的身份听从薛西斯的“教诲”才能掌握这门游戏。于是薛西斯便介绍了棋盘以及各类棋子的外形，并开始教导其这些不同的棋子——国王、贵族与平民在游戏中所代表的道德与义务。正是通过这种迂回的方式，薛西斯很巧妙地在游戏中成了“帝王之师”来建言甚至教导君主应当以正义而非暴力来统治王国。

后面另外两个原因某种程度上则解释了国际象棋为什么为如此流行甚至能够把国王也吸引过来。国际象棋被发明的第二个原因则是为了避免闲散。闲散或懒惰在基督教的传统中本来就是七宗罪之一，按照德·切索里斯的意思闲散与百无聊赖会使人生发沮丧，并且是诱发罪恶的温床。因此培养一个适当的消遣并非一件可有可无的小事，这至少可以摆除沮丧并带来有益的快乐。在驱散百无聊赖这方面国际象棋可谓是再适当不过的解药，其区别于其他流行的基于机运的赌博游戏不同，是一种基于理智而非激情的游戏。这也引出了最后一个原因，即国际象棋被发明是顺从人的好奇与智识之心，这也是作为游戏之所以具备强大吸引力最为重要的一点。

在薛西斯和以未米罗达的这个故事中我们也可以发现，国际象棋之所以得以流行，其发明的三个原因是不能割裂开来看待的。如果遵循德·切索里斯的述说，象棋从一开始便是社会讽喻与智性消遣的一个结合体。穆瑞和许多研究者在评价《棋戏》各卷的时候，都倾向于认为只有第一和第四卷才是真正关乎作为游戏的国际象棋，而中间论及贵族和平民义务的两卷多多少少是在挂羊头卖狗肉，是游离于游戏之外的一些论述了。这样的看法对于德·切索里斯的本意未免是失之偏颇的，这是以现代国际象棋的规则来反推中世纪国际象棋所造成的“历史错乱”。德·切索里斯之所以在国际象棋的缘起上选用了这么一则故事，除了确实想让国际象棋起到“君主宝鉴”的作用外，还有就是想从历史的层面说明国王、贵族和平民的道德与义务在国际象棋诞生之初，便是作为一个重要的“游戏规则”被设置在对局下棋当中的。每一步行棋都考虑到其背后可以进一步解释的或好或坏的道德寓意。《棋戏》后面的几卷都是在铺陈了解这一“规则”所当做的预备，换言之，这本著作可以承当着两者角色，既是一本国际象棋游戏指导手册（the didactic work），也是一本国际象棋劝谕文学。当然，这很可能本身也是德·切索里斯以自己的时代立场反推至历史上的国际象棋所造成的另一则“历史错乱”，不过这就是另当别论的事情了。这样的设置相当巧妙，如果国王以未米罗达深深地被这个游戏的新奇与消遣所吸引，就必须不断聆听和解释其中的社会角色的隐喻——不管其是否接受，那么游戏是无法进行的。也正是以游戏的方式，薛西斯不仅降低了自己进言被砍头的风险，而且更重要的是能让国王在游戏中不断地聆听和学习哲人智士的训导。

从第二卷开始，德·切索里斯正式介绍棋子的种类，以及国际象棋在开局行棋之前在棋盘上所摆放的初始位置，也由此开始进入国际象棋游戏的社会和政治的寓意世界。中世纪国际象棋棋子在棋盘的初始位置与现代国际象棋无异，这一章涉及的都皆为“大子”，代表国王和贵族的棋子摆放在棋盘的底线上，中间是国王和王后，从中间向边线方向依次摆放着*Alphilus*—法官、骑士和*Rochus*—使臣，使臣也被称为国王代表。[①] 其中每个棋子都要求具备与自己角色相称的德性：1. 国王应该具备仁慈、博爱、坚韧、正义、真实、虔敬和自制的德性；2. 王后应当是纯洁和充满智慧的，后者包括审慎和教育子女；3. 骑士则应该是勇猛、明智、可信赖、慨然和具有怜悯之心的。4. 法官应当具备听从法律、专注和勤勉的德性；5. 使臣，或说国王代表应该具备正义、怜悯、谦逊、智慧、忍耐、自愿贫穷和慨然的德性。

在论述这些德性的时候，德·切索里斯引用了大量的历史上的“格言和事例”（*sententiae et exempla*）加以说明，这些发人深省的名言与生动的故事在篇幅上构成了第二和第三卷的主体，并以此解释每个棋子在现实生活中的政治寓意，这也构成了这部著作非常重要的特征。在中世纪的意大利，格言和事例的叙述对于向世俗社会传授的非正式而适当的行为规范来说是非常重要的一种方式。这部著作按照德·切索里斯自己的说法是源于他向道明会弟兄和会外世俗人士的布道集成的，某种程度上除了给同会会士提供了默想材料，也给平信徒起到了很重要的训诲作用。这些格言与事例涉猎广泛，涵盖了古代希腊和罗马的名人事迹、旧约圣经的故事、中世纪时期的历史故事，还有发生在作者所处的伦巴第地区的一些政治事件等等。而非常奇特的是，德·切索里斯作为一个中世纪托钵僧，却很少采

① *Alphilus*和*Rochus*两个棋子代表的角色与现代国际象棋有所不同，现代国际象棋中这两个棋子分别代表主教和塔楼。

用基督之后的圣徒事迹或者明显带有宗教色彩的例子，反而其中大部分采用的都是世俗社会——特别是古希腊和古罗马——带有道德教诲色彩的例子。少次出现的基督教圣徒只有圣伯尔纳德、圣安波罗修和圣雅各伯，即便如此，这些圣徒的神迹例子也是在与道德事件相关的情形下出现的，比如圣伯纳德奇迹般的掷骰子，其目的是吸引虚伪的商人和自以为是的赌徒这样的人去过正义的生活，而不是强调奇迹本身。这说明德·切索里斯身上某种折中的特点，或许也与他的道明修会的背景是契合的，世俗德性是遵循自然之光的，而自然的事物本身便是与超性的神圣事物相统一的。

德·切索里斯采用的这些故事是如此的丰富，这些格言与事例的来源不可能只源于一处，虽然绝大部分作者都没有说明出处，但根据不同学者的考据也确实发现了几个很重要的文献来源。根据 Köpke 的看法，其中最重要的是本文前面略有提及的索尔兹伯里的约翰的《政治家》，德·切索里斯在《棋戏》中也有几次明确地提到了这部著作，而且很多选取的故事在这本著作中都能找到，而且该著作的后半部分内容也是按照国王、大臣和骑士的义务来编排的。而根据 Jean-Michel Mehl 的看法，另一部重要的资源是道明会弟兄博韦的文森特（Vincent of Beauvais，ca.1190—1264) 的《宝鉴大全》（*Speculum maius*），这是一本百科全书式的著作，《棋戏》涉及正义、谦逊和坚韧这些德性的部分都能在其中找到许多的原型，而且在会院的图书馆中藏有同一修会弟兄的著作抄本也是极有可能的。至于没被以上著作覆盖到的材料，或许德·切索里斯手头还存在古典作家的一些原作抄本。

《棋戏》第三卷则是介绍了八个pawn——平民棋子及其在棋盘上的初始位置，与现代国际象棋一样，平民被放到了棋盘的次底线上。所不同的是，区别于其他任何国际象棋著作的相关内容，这八个平民并不像一般理解那样是毫无差异的“兵子”，而是各自代表了八种不同职业的平民群体，这在国际象棋史上是非常独特的。这八类平民通过手中与职业相称的工具彼此区分。这些职业分别是：农民、裁缝-抄写员、商人、船夫、医生、旅馆老板、城门守卫，甚至赌徒。

这八类平民也和贵族一样应当要求德性——赌徒是例外，并且这些德性都与他们的职业相称，例如，敬畏上帝、忠诚和勤奋是农民的一些特征；而抄写员（不仅是抄写员，还有那些以圣经为生的律师和官僚）必须博学多才，受过良好教育，工作诚实，友谊纯洁。还有一些德性是八类平民所共有的，德·切索里斯补充道，纯洁的友谊应该是所有匠人和市民的特征，并从西塞罗、奥维德和彼得·阿方苏斯那里汲取了许多智慧的语录。

区分平民的职业差别与强调他们的德性，也是《棋戏》中政治寓意的一个重要内容，平民不是无关紧要的乌合之众，而是作为能够凭借自己的特点对社会角色产生独特且至关重要的作用。每类平民在不同的王室或贵族棋子前面的位置也是特定的，按照德·切索里斯的想法这是对他们与贵族有着社会角色上的配合，比如农民在使臣的前面一格，是“因为最为首要的是国王的代表通过这些人为整个王国提供生活的需求物资”。而对于所有贵族而言农民的作用则是基础性的，德·切索里斯除了表明平民德性的私人方面之外，更强调平民德性对应当为整个共同体利益服务，“农民应当正直守法。尽管贵族自身没有任何的收益利润，但他代表着上主的尊威。因此农民比照料自己更周到地去照料他人，因为贵族与大人的生命掌握在劳作者的手中。技艺是以这样的方式被置于其中，没有任何一种技艺是指向自己而自足的，而是指向通融于他人”。

第四卷正是进入到游戏对局的开局，先前关于棋子的静态描述转向了动态的下棋。这一卷首先介绍了棋盘，然后再对各类棋子的行棋走法做介绍和解释。德·切索里斯在这里的处理类似于《英诺森劝谕》的做法，根据棋子的走法来解释不同的社会和道德寓意。但德·切索里斯没有简单地把直走或斜走与正义或邪恶对立起来，而是每个棋子的走法代表着与之相称的德性。国王综合了所有其他棋子——使臣、骑士、法官、王后、平民——的走法，“他也应该拥有属于他们的完美的德性：骑士的胜利、法官的智慧、使臣的权力和力量、王后的谦虚、平民的团结。这所有的德性都是国王的荣耀”。其不同之处还在于强调不同社会角色在棋盘移动时立足于整个王国共同体考虑的格局。比如国王要对王国进行有效的统治和管理，其在开局的首步棋只能一次行走两格，之后也只能一次走一格，不宜离开棋盘己方的领域或距之过远。

另外每个社会角色之间需要相互配合，每个角色都是不和或缺的，不能只着眼于自己的私人义务，而要投入到争取整个共同体利益的荣耀当中。“如果每个人都只考虑自己的职务，而不关心共同体利益或王国的荣耀，那么王国很快就会分裂，国王将丢失其地位，王后将失去其尊严，整个王国也将失去荣耀。”由于国际象棋的社会模型强调这种全民参与的特性，Jenny Adams 在其研究著作中主张，德·切索里斯想提供一种更为理想的关于政治共同体的国际象棋隐喻，试图取代原先在中世纪所流行的国家是身体的隐喻。国王不再是这个身体的头，对构成这个身体其他部分的臣民有绝对的支配作用，而是在棋盘上成了王国中的一员，被包含在另一个社会母体当中，受限于社会正义。

Jenny Adams 的观点把《棋戏》中国际象棋的社会与政治寓意放在了整个政治思想史的维度上来考察，不仅肯定了德·切索里斯的国际象棋政治隐喻的开创性，而且也把国际象棋提供的均质的社会模型作为现代民主政治发展中的一环来看待。但是，国际象棋的社会寓意作为一个系统和有序的政治体模型来看待，还潜藏着一些内在问题。国际象棋的杀王目的是不可忽略的，游戏的最终结局是杀死对方的国王，或者自己的国王被杀，国王的最终缺席本身就与德·切索里斯提供的社会所有成员构成的有机秩序与正义是相悖的。国王的死使得王国毫无秩序可言。德·切索里斯虽然强调社会成员放到平行地位上的有机配合，在这种政治中，不同等级的人也越来越被视为潜在的变革推动者，但他也绝不至于是一个现代意义上的民主斗士。德·切索里斯是否自发地想把国际象棋转化为有着现代民主意味的政治隐喻符号，来推动建立一个全新的政治模式，这是值得商榷的，相较而言，他更像是社会关系的敏锐观察者。

德·切索里斯的《棋戏》是一部独特的作品，其对国际象棋的讽喻描写是开创性的，借着国际象棋论述了不同社会角色该如何遵循自身的德性，去共同构建一个理想与正义的共同体。社会上各个等级的不同人群都能在国际象棋这个社会讽喻中找到他们自己的位置，听关于他们自己的故事，这也是为什么这部著作在所有的人中流行开来。不过，相比德·切索里斯对于棋子角色的静态描写，一局动态的现实国际象棋对局恐怕要更加地吸引人，就如在《棋戏》首卷的描写中巴比伦国王被人下棋深深吸引一样。总而言之，《棋戏》或者阅读只是一个开始，棋子的静态描写是在游戏之外的，其所营造的社会隐喻是可以在游戏中实践且变得更为具体和丰富。人们在具体的国际象棋中一方面可以谋划着战术思考怎么求胜，另一方面又可以根据不同的棋子和移动来改善棋局中所讽喻的“正义秩序”。给智性竞技的下棋对局加增了价值判断的元素，虽然不知当时的人是否真的有这么下，但想必这是非常有趣的。

参考文献：

[1]de Cessolis, J., & Williams, H. L. The Book of Chess. Edited and translated by HL Williams. New, 2008.

[2]Jacobus, & Burt, M. A. Jacobus de Cessolis: Libellus de moribus hominum et officiis nobilium ac popularium super ludo scachorum, 1957.

[3]Adams, J. Power play: the literature and politics of chess in the Late Middle Ages. University of Pennsylvania Press, 2006.

[4]Murray, H. J. R. A history of chess. Clarendon Press, 1913.

[5]Del Puppo, D. The Limits of Allegory in Jacobus de Cessolis' De Ludo scaccorum. In Chess in the Middle Ages and Early Modern Age (pp. 221–240). De Gruyter, 2012.

[6]Bubczyk, R. "Ludus Inhonestus Et Illicitus?" Chess, Games, and the Church in Medieval Europe. In Games and gaming in medieval literature (pp. 23–43). Palgrave Macmillan, New York, 2015.

[7]Ritual, M. Revenge and the Politics of Chess in Medieval Romance. In Medieval Romance and Material Culture. (pp.129–146). Woodbridge: D.S. Brewer, 2015.

[8]Luchitskaya, S. Chess As A Metaphor For Medieval Society. In Saluting Aron Gurevich (pp. 277–300). Brill, 2010.

[9]Juel, K. Chess, Love, and the Rhetoric of Distraction in Medieval French Narrative. Romance Philology, 2010, 64(1), 73–97.

国际象棋产业化发展路径的探究
——基于国际象棋的文化属性

彭欣蓓

一、绪论

（一）研究背景

1. 智力运动是全民健身的重要支点

健康的概念包含身心健康，智力运动与体力运动结合，才可实现真正的健康。智力运动作为全民健身的重要组成部分受到政府高度重视。列宁把国际象棋形象地比喻为“智慧的体操”，作为智力运动之一的国际象棋，对不同年龄层次的群众身心健康都颇有益处。

2. 产业化发展符合“十四五”国际象棋项目发展规划

规划指出“十四五”时期体育强国战略的实施和人民日益增长的体育文化需求促进了国际象棋运动发展。在主要任务中，规划指出要依托5G、物联网、大数据、人工智能等新技术手段为国际象棋项目发展注入新动力，利用品牌赛事、活动搭建各种平台，采用多媒介、多视角的宣传手法拓宽渠道，扩大产业规模，加强宣传推广；挖掘核心价值，传播棋文化。深入挖掘国际象棋项目文化的核心价值，加强棋文化保护和传承，推动国际象棋项目文化建设。[1]

（二）研究意义

1. 理论意义

前人对国际象棋产业研究处于宏观分析层面，在发展策略层面缺少具体化的实施建议。另外，对于国际象棋这一具有丰富文化内涵的智力运动，产业的发展一定是与其文化密不可分的，但从目前的研究成果来看，在这一方面的研究较为空白。本文结合营销学、文化产业学等理论，以国际象棋文化属性为基础，运用SWOT 分析法对国际象棋产业现状进行了分析，从而探讨出产业发展路径，弥补了上述研究视角以及研究方法的空白，为国际象棋乃至智力运动产业的研究提供了一个新方向和新视角。

2. 现实意义

由于国际象棋文化挖掘不够深入，群众对项目关注度、文化认同度不高，市场化不足等问题，国际象棋产业化发展受到了制约。因此，作为智力运动的国际象棋，“曲高”更需“和众”。本文在国际象棋产业发展现状的基础上，通过挖掘国际象棋运动的特点以及文化内涵，提出了讲好“文化故事”、打好“文化牌”、唱好“文化戏”、紧扣“文化魂”、搭好“文化台”的五个产业化发展路径。以棋文化赋能国际象棋产业，这将有助于将国象运动化“小众”为“大众”，在文化建设、棋文化素质教育以及品牌赛事 IP 打造等方面推动产业的可持续发展，探索出多元化的国际象棋产业发展路径，实现更高的经济效益与社会效益。

（三）研究现状

智运文化是智力运动与生俱来的优势，通过文化赋能实现智力运动的产业化，对教育、经济、国际交流等方面都具有积极的意义。2014 年 5 月 4 日，习近平总书记在北京大学师生座谈会上深刻而精辟地指出，“人生如棋局！外交如棋局！”总书记对文化育人和棋理内涵的精辟解释，深刻揭示了棋文化的丰富内涵及其所具有的重要育人价值。张震在《体育文化与智运文化》中指出，文化的支撑使智力活动高尚化，变成了一类有灵魂并值得反复推敲的文化现象。[2] 马永军从文化教育的角度审视智力运动，他认为智力运动是介于竞技与文化之间的一种形态，它的价值存在于人们的生活中，并植根于生活，对人们的物质、精神世界产生深远影响。[3] 智力运动都来自人类的生产生活，两者最大区别在于智力运动凝聚了更多人类的思想和信念，是人类智慧的结晶。较体能运动而言，智力运动的文化属性和思想内涵更丰富更厚重。[4]

关于智力运动产业的研究较为空白，现有研究主要从宏观层面探讨产业的发展和现状。从研究视角看，国内学者更集中于对历史渊源、文化内涵本身的分析探讨，缺少从文化拓宽到当今社会、经济、产业发展的多元化领域研究。杨晓丹认为目前阻碍我国智力运动项目发展的障碍之一是智力运动没有与智力运动文化有机结合。[2]在现有少数棋类产业的研究中，象棋、围棋文化研究占大多数。作者认为传统象棋就是我国民众益智健身的重要手段和方法之一，主要体现在益智健脑、精神娱乐、强身健体、社会教化等几个方面。[5]作者提出象棋文化产业的对策：加大象棋文化的建设和宣传、增强象棋文化产业投资的盈利能力、打造“互联网＋象棋文化产业”，提高竞争力。[6]马林认为中国围棋产业化道路应该逐步摆脱几十年根深蒂固的传统发展模式，既投入到市场经济的大潮之中，又保有围棋本身具有的深厚文化内涵，调动和发掘文化元素本身的市场开发价值，让围棋产业化既体现着经济效益，适应时代的发展需求，又保有文化的根基，甚至通过围棋的文化属性创造出更大的经济价值。[7]

对于国际象棋而言，作为世界上最有代表性的智力运动项目，国际象棋可以成为表现中华民族高超认知水平和独特文化发展轨迹的绝佳载体，弘扬光大中华民族的聪明才智和海纳百川的包容精神。[8]国际象棋文化内涵范畴非常广，包括国际象棋历史与发展、国际象棋世界冠军风采、弈棋的礼仪、国际象棋资讯信息、国际象棋文学作品、国际象棋电影艺术、国际象棋人文知识等方面。中国国际象棋推广采取的是以竞技成绩引领推广的道路。用优异的大赛成绩吸引观众，进而推动国际象棋推广、竞赛培训等方面的发展。在现阶段国际象棋的推广教学中，国际象棋文化的教育相对薄弱。在大多数网络教学平台上涵盖国际象棋文化的课程较少。[9]

目前，国内学者逐渐重视对国际象棋运动的研究，但更多的抓住的是其文化属性中的教育功能，探讨对儿童、高校学生等智力或非智力的影响或是教育意义，而忽略了其他也同样具有重要意义的文化属性。阮秋萍等人探讨了国际象棋学习对学龄中期儿童注意力的影响[10]；孙铭阳分析了国际象棋对青少年综合素质的影响[11]；沈广凯通过实验组对照，研究了国际象棋对6—7岁儿童非智力因素培养的影响。[12]

现有关于国际象棋产业的研究非常稀缺，在查阅到的文献中，吴晓旻将国象产业定义为“以国际象棋为支撑点而形成的基本产业，以及围绕国际象棋推广产品、服务或提升知名度而形成的相关产业”。同时，她从供给侧结构性改革视角出发，根据国际象棋产业市场特别是浙江杭甬温三地市场，提出要进一步深化体制改革、培育多元主体、利用人工智能、挖掘消费潜力、促进融合发展。[13] 基于国际象棋文化属性来探讨其产业发展的研究目前基本是空白状况。

二、国际象棋的文化属性

（一）艺术性与时尚性

国际象棋相关的艺术史可以追溯到早期基督教艺术时期（约公元 4 世纪），就在君士坦丁大帝刚刚“建都”君士坦丁堡的时候，“拜占庭式”教堂里就已经出现了棋盘格元素。在文学史上，国际象棋上升到了“超现实主义”高度。超现实主义与达达主义创始人之一——马赛尔•杜尚曾说过一句名言：“不是所有的艺术家都是棋手，但所有的棋手都是艺术家。”他将国际象棋与绘画结合，许多的作品中都呈现了国象元素。同时，众所周知的是，相较于中国象棋和围棋，国际象棋棋子的外观更加的生动形象，非常适合用于展现。在 21 世纪以来，已有许多国际知名时尚品牌设计、大型舞台表演主题、商业海报制作、广告片宣传拍摄等颇具影响力的领域，将国际象棋元素融入高雅、前卫的艺术设计中，彰显了其独特的艺术性以及极具标识度的时尚感。

（二）历史性与象征性

关于起源的传说有各种版本，比较可靠的说法认为它是由古代印度发明的，它的原型是一种叫作“恰图兰卡”的棋，其中有 4 种棋子：兵、骑步、战车和大象，正好反映了古代印度军队的组成兵种。据现有史料记载，国际象棋的发展历史已将近 2000 年。虽然国际象棋的起源地至今说法不一，有诸如起源于中国、印度、锡兰、波斯、阿拉伯国家等等的不同观点，但可以肯定的是它是人们社会生活的产物，是人类思想、意识的物化。无论是行棋规则还是棋盘中的每一个棋子代表的历史社会角色象征，都反映了历史文化背景。

国际象棋中的兵在到达底线时可以晋升为马、象、车、后，这个规则反映了下方的激励机制。在这种历史背景下，许多西方的士兵为军事胜利做出贡献时，就能不断地升官，直到成为伟大的军事领袖，拿破仑-波拿巴就是一个典型的例子；骑士（马）代表中世纪的骑兵。骑士是中世纪的“绅士士兵”或战士阶层的成员。骑兵被要求“保护弱者、无防备者、无助者，并为所有人的普遍福利而战”；象代表主教，代表教会。在中世纪，教会是一股很强大的力量，宗教在每个人的生活中都扮演着重要的角色。在西方国家，皇权总是涉及宗教，宗教经常干涉皇权。由此可见，代表宗教概念的“象”出现在国际象棋中也不足为奇；车意味着城堡。从石器时代开始，欧洲大陆的人们就开始建造城堡，以占领要地。随着时间的推移，城堡成为一种文化标志，并被国际象棋所吸收[14]；后最初的走法仅相当于象棋中的士。到了1475年，浪漫的法国人将它威力骤增，横、竖、斜均可以走，且性别也发生了改变，成为王的妻子。由此可见资产阶级文艺复兴对当时社会的影响。在古代西方的历史上，女权是一个重要组成部分，女王的统治屡见不鲜。[15]

（三）竞技性与娱乐性

法国著名思想家伏尔泰曾描述道：“国际象棋是对人类智慧最尊重的竞赛。”国际象棋源于战争，64格棋盘中变幻莫测的局面和各种各样的战术组合，赋予了国际象棋独特的竞技魅力。作为智力运动之一，国际象棋同样是存在一定的专业性，其博弈过程又仅存于个人大脑，很难展现给观众，这使得只有圈内人甚至是有一定棋力水平的人才能体会其中的竞技魅力，对普通群众有较高的感知“门槛”。

然而，毋庸置疑的是，国际象棋的实质也是一种娱乐休闲项目，适合作为一种亲子、朋友互动游戏的形式。同时，国际象棋除了传统的两人对弈以外，还有像“双人棋”这样具备趣味性的形式，具有很强的娱乐性。另外，新冠疫情的暴发加之新科技的助力，国际象棋通过多样化的线上赛事，成了电竞的一种形式。据esportcharts数据显示，在2021年3月初举办的网红棋赛，观众峰值达到了近38万，创下了国际象棋赛事关注人数的新高。2020年7月，加拿大华裔棋手周齐宇成为首个与电竞俱乐部签约的国际象棋选手。随后，知名棋手中村光也被TSM俱乐部签约。同时，他也在Twitch直播平台作为明星主播，提高了自身和国象的知名度。据Protocol数据显示，2021年2月，Twitch用户总共观看了183万小时的国际象棋内容，比2019年一整年都多。由此看来，通过线上化的历程，国际象棋的竞技性和娱乐性被展现得更加淋漓尽致。

（四）教育性与哲理性

在很久以前，国际象棋就与骑术、游泳、射箭、击剑、狩猎、作诗并列成为西方骑士教育的七大必修科目。这不仅仅是看中了国际象棋的益智功能，更是看重其教育的隐性功能，其中也包括了培养人的教养、气质、性格，增强创造力、意志力等非智力因素的积极作用。著名教育家、苏联科学院院士苏霍姆林斯基在他的名著《把整个心灵献给孩子们》中写道："国际象棋——循序渐进的逻辑思维的最好学校。"同时，国际棋联发布的《国际象棋青少年发展报告》指出，国际象棋可以帮助孩子们开发智力，并充分发掘他们的全部潜能；国际象棋除了有助于孩子智力、批判性思维等方面的发展，在报告中还明确指出，通过下国际象棋可以发展孩子们阅读、写作、计算、责任、尊重5个方面。对于大学生而言，他们通过学习国际象棋，可以提高自我控制力，培养大局观，提高逻辑思维能力，并体验到成功与失败的感觉，从而增强其受挫折能力。

再者，国际象棋的教育价值还体现在其规则背后的内在哲理。比如，国际象棋中后（Queen）的走法由最初极为有限的走斜角，发展为横、竖、斜三条线都可以走的威力最大的棋子，则是西方文艺复兴时代女权思想的折射，而从现在的时代来看，同样也代表了女性已经成为社会中不可或缺的力量；"落子无悔"是对规则——行棋后不得悔棋的描述，而映射到人生也是如此。本杰明·富兰克林曾说："国际象棋不只是一种娱乐，人生是一局棋。"国际象棋中丰富的人生哲理不仅体现在行棋规则上，也反映在对弈里的每一步棋、每一次思考、每一次决策中。以一盘棋局为例，每一盘棋局都是一个新的开始，有着不可预知的变数，在这个过程中棋手对于每一步棋的思考不能独立开来，而是要纵观全局，用细腻缜密的计划进行布局；"弃子"在战术组合中是常见的着法，这其实是一种"得与失"之间的抉择；最后，棋局中必然会产生输、赢或是和棋，这就好比人生中的成、败或是和解，人们应该学会该如何去面对不一样的结果。

（五）包容性与社交性

国际象棋是适合任何人的。1848年，国际象棋成为有史以来第一项具有包容性的运动，主要体现在对广泛参与者的包容。包括以下两个方面。一是参与者不会由于年龄、性别、种族、国籍等客观的差异而受到差别的待遇或不公平的竞争；二是国际象棋还为弱势群体发声，为这些残障人士开办特殊的赛事，培养相关的从业人员。

同时，国际象棋是一门生动、直观的国际语言，在互联网技术、新媒体平台的高速发展下，可以跨越语言、时空的障碍，与世界各地爱好者对弈、甚至以棋会友。作为世界上仅次于足球的第二大运动，国际象棋为国际合作交流搭建了一座沟通的桥梁，在国际舞台上发挥了重要的作用。

三、国际象棋产业发展的SWOT分析

表1：国际象棋产业发展的SWOT分析

S-优势	广泛的群众基础
	项目发展政策逐步完善
W-劣势	文化认同感不强，社会影响力有限
	项目处于较为孤立的地位，大众认知不足
	大众及媒体关注度不高
	缺乏棋文化的素质教育
O-机遇	外部政策红利
	科技赋能
T-挑战	新冠疫情影响线下参与
	国内外产业发展差距较大，竞争优势不突出

（一）Strengths

1. 广泛的群众基础

据资料显示，世界上的国际象棋爱好者达到7亿人。2020年，国际棋联《2020年活动报告》数据显示，FIDE注册棋手达到980K，超过5000万大众棋手在多个在线对战平台进行比赛。[16]同时，国际棋联公布了“国际象棋进学校”初步调研结果，调查结果显示，目前全球共有2560万名儿童在学校环境中参加国际象棋活动。其中，印度有1500万儿童，中国有500万儿童，其他地区有560万儿童；2020年线下赛事停摆，国际象棋网络赛事无缝链接，蓬勃发展。据数据显示，国内某国际象棋对弈平台注册人次达109万，某赛事平台在2020年举办的国际象棋网络赛事达 3000 多场。

2. 项目发展政策逐步完善

表2：部分国际象棋行业相关政策	
类型	政策内容
普及推广单位管理	《全国国际象棋特色学校（幼儿园）称号授予办法》
	《全国国际象棋之乡称号授予办法》
	关于发展基层国际象棋活动站
从业人员管理	《中国国际象棋协会教练员管理办法（暂行）》
	《裁判员管理办法》
	《协会棋士等级条例》
	《国际象棋教师授予办法》
项目培训	《国际象棋项目培训规范》
赛事活动	《国际象棋赛事活动管理》
	《国际象棋赛事活动参赛指引》
	《国际象棋赛事活动办赛管理》
	《国际象棋网络比赛有关意见》

其中，值得注意的是，近两年来，在从业人员管理政策的指导下，国际象棋教练员队伍不断壮大，覆盖面越来越广泛。至 2020 年 10 月，36 个省、自治区、直辖市、计划单列市等棋牌主管单位；目前各地一线的社会培训机构（青少年宫、棋校、俱乐部等）数以千计，国际象棋项目的从业人员达万人，在训人员达百万人。五年内新增初级和中级教练员 3650 人、国家级裁判 109 人；截至当时，共获批国际象棋之乡达 9 个，全国特色学校超过 500 所，全国开设国际象棋专项课程的高校达 11 所。国家持续推进国际象棋进学校、全国国际象棋之乡、国际象棋活动站等计划，为国际象棋的教育人才队伍迅猛发展提供良好的条件；另外，目前全球共有约 92550 名国际象棋教师（School Teacher）和约 145690 名国际象棋指导员（Instructor）在各学校提供国际象棋教学和指导工作。

（二）Weaknesses

1. 文化认同感不强，社会影响力有限

国际象棋起源于国外，对西方来说国际象棋就是一种生活方式。对中国来说，国际象棋属于“舶来品”，假如说围棋、中国象棋如中国茶文化，那么国际象棋就如咖啡文化。这种“引进来”的运动在中国的传播推广中，就缺少了如围棋、中国象棋带给人们的强烈的民族文化认同感，从而导致了一定的文化折扣现象（指因文化背景差异，国际市场中的文化产品不被其他地区受众认同或理解而导致其价值的减低），这也是目前国际象棋运动在国内普及推广中面临的一大挑战。

2. 大众认知不足，产业化发展的协调性不强

国际象棋在我国推广和普及是在改革开放几十年间，随着国力的不断强大和体育事业的不断飞跃而快速发展起来的。其发展主要是政府为主导的赛事组织、校园推广和高水平运动员培养等事业型领域。由于全民对于智力运动及其文化内涵的认知普遍不高，消费需求难以被激发，以市场为主导，协同发展的产业化发展模式尚未形成。目前，国际象棋无论是在运动还是产业的发展上，在我国都处于相对孤立的地位，智体协同发展实践较少，无法从根本上解决“智力运动是脑力的而非体力的，全民健身是健体”的大众认知。

3. 各界关注度不高

“观棋不语”是从古至今流传下来的传统礼仪，加之比赛现场要求安静拒绝观看，普通爱好者看不懂水平高的比赛等条件的限制，这就使大众无法直观地参与和感受其智力竞技的魅力，形成目前内行痴迷，外行冷漠的局面，即虽然赛事众多，但大多难以吸引普通观众。另外，相比其他体育竞技，由于国象的观赏门槛较高，媒体对其关注度和宣传力度也有限，这更给国象运动披上了“小众”的外衣。如何借助新平台、新手段，将竞技魅力充分外显，提高观众的感知和体验收获；如何创新办赛和推广形式，提高观众和市场的参与度，让国象“曲高”也“和众”，有高度也有广度，这都是普及推广、市场化及产业化发展道路中必须解决的问题。

4. 缺乏棋文化的素质教育

“重成绩、轻文化”是现在我国国际象棋培训机构的普遍现状。即使是在发展较为成熟的地区培训机构，在课程设置方面，棋文化专业课程也并未囊括其中，多数培训机构更重视学生的实战水平从而忽略了棋文化根基不牢这一硬伤。棋文化素养的缺失，导致了棋文化研究、创意、传播以及相关产品研发等方面在人财力方面投入不足，产业化发展的准备不足。

（三）Opportunities

1. 外部政策红利

（1）全民健身计划（2021—2025 年）（以下简称计划）

计划指出，要广泛全民健身赛事活动，普及运动项目文化，发展运动项目人口；支持各地利用自身资源优势培育全民健身赛事活动品牌，鼓励京津冀、长三角、粤港澳大湾区、成渝地区双城经济圈等区域联合打造全民健身赛事活动品牌，促进区域间全民健身协同发展；同时，大力发展运动项目产业，积极培育户外运动、智能体育等体育产业，催生更多新产品、新业态、新模式。

（2）双减政策

在“双减政策”的影响下（“双减”政策就是做两大减法，一是减轻学生作业负担，二是压减学科类校外培训机构），学生课外活动时间得以增加，这也为体育产业的发展开发了新的蓝图，青少年体育培训机构数量呈爆发式增长。作为具有天然优势的智力运动之一，国际象棋对青少年智力与非智力因素的积极作用获得了许多家长的认可和青睐，迎来了一阵学习浪潮。

2. 科技赋能

随着国家政策的支持和资本市场的进入，人工智能、大数据、云技术、5G 等新科技在体育领域的应用越来越普及，培育数字体育、智慧传媒新业态，支持线上培训、网络体育赛事活动等新业务逐渐兴起，这为体育产业发展提供了新动力。幸运的是，国际象棋同样也得益于此，科技赋能使国际象棋可以通过互联网维持赛事的举办，在 5G、VR 技术的助力下，还能够以现场直播、VR 观赛的方式，拉近赛事与公众的距离，这对国际象棋的推广普及尤为重要。

（四）Threats

1. 新冠疫情影响线下参与

疫情影响深远，全球局势不稳定，国际象棋产业发展难免受其影响，面临着巨大的挑战。国内外许多赛事由于疫情而延期或取消，这对于侧重在普及推广的国内业余赛事来说影响更为显著。其举办的频次大幅减少，使得许多业余爱好者无法持续参与比赛而放弃学棋，导致了国象人口的流失。另外，疫情对于其他产业的打击也会间接地对国际象棋产业发展产生一定的负面影响，比如疫情期间严重受挫的旅游产业。旅游业的停摆使“国际象棋＋旅游”的产业融合模式的探索之路无法得到有效的进展，仍然停留在初步的起步阶段。

2. 国内外产业发展差距较大，竞争优势不突出

相较于国际上百花齐放的国象产业业态，国际象棋产业化发展仍处于一个探索阶段，业态模式单一。同时，在国际象棋文化研究和社会资本对国际象棋文化的关注与参与度相比国外市场距离较大，外部市场竞争长期存在。

四、案例分析

如今，为了更好地推广普及国际象棋，促进产业的发展，国内外组织越来越重视对国际象棋文化的挖掘和推广，并将其融入到了实践中。除了传统形式的赛事，国内外组织者将国际象棋的教育性、历史性、娱乐性等文化属性融入更多元化的棋文化活动中，并开展了更多样化、更具创新性和娱乐性的节事活动，充分展现了国际象棋丰富的文化内涵。以下选取了目前国内外较为典型、影响力较大的节事活动进行分析。

（一）全球性特色节事活动

1. 国际象棋节庆活动

（1）7·20 日“世界国际象棋日”

联合国大会于 2019 年 12 月 12 日一致决定，通过由亚美尼亚常驻代表团提出并由 53 个国家共同发起的议案，将 7 月 20 日定为世界国际象棋日，以纪念 1924 年 7 月 20 日世界国际象棋联合会在巴黎成立的日子。在每年节日来临之际，国际棋联都会推出“教会身边的人下棋”活动。2020 年的国际象棋日，Twitter 上有 2829 人的 13633 条推文使用 #International chess day# 标签，活动覆盖面超过了 1.22 亿受众，潜在影响超过 2.02 亿人。同样，在 Instagram 和 Facebook 等其他社交媒体平台也获得了广泛关注。“世界国际象棋日”成为多个国家 / 地区的热门话题，许多全球知名品牌、机构和名人都加入了这一倡议。

（2）女子国际象棋节日——皇后节

2021 年 6 月 11 日，国际棋联推出了“皇后节”活动。这一活动由一系列全球和洲际女子网络国际象棋赛事和教育活动组成，除了国际象棋赛事外，还开展了若干国际象棋研讨会和社交活动。该活动旨在建立强大的全球女性国际象棋社区，提高女性对国际象棋生活的方方面面的参与度。借助 Netflix 热播剧《女王的棋局》的成功和所带来的国际象棋吸引力，国际棋联通过本活动，促进了全球各地，不同背景、国家和层次的女性，在弈棋竞技、组织、裁判和宣传推广等领域的参与度。

（3）世博会“国际象棋主题日”活动

2021 年迪拜世博会举办了国际象棋主题日活动。三位格鲁吉亚大师参与讨论了如何加强女性在国际象棋界的地位，并介绍了女性对国际象棋所做的突出贡献和成就。之后，加普林达什维利、约谢里阿尼和吉维塔泽与迪拜文化和国际象棋俱乐部的棋手进行了一场车轮战。车轮战后，迪拜世博会的中央舞台变成了一个巨大的棋盘，上演了一场精彩的国际象棋主题戏剧表演。同时，多场国际象棋赛思和活动也在世博会的各展馆进行。这种集讨论、赛事、表演于一体的主题活动使国际象棋毫无违和地融合到了世界性会展产业中，成为世博会上一个亮点，吸引了全球的关注。

2. 特殊群体赛事活动

国际象棋富有巨大的潜力，不仅仅在休闲方面，还包括满足社交需求、发展认知能力以及拓展残障人士的沟通能力方面。国际象棋的社交性、教育性不只是局限于青少年和普通的成年人，对于一些特定群体来说，也有着重大的意义。在国际棋联的倡导和带动下，国际象棋作为一个教育工具，在更多的领域实现了普及推广，并在许多特殊群体中实现了其社会价值，这也为国际象棋产业的发展开辟了一个新道路。

（1）“国际象棋自由计划”——监狱国际象棋

2021 年，国际棋联推出了“国际象棋自由计划”，已成为国际棋联社交倡议的重要组成部分。截至目前，国际棋联已成功举办两届囚犯洲际赛，赛事规模在一步步地扩大。为了将这一赛事打造成传统的影响力大的赛事，国际棋联还与多个机构联合举办了“鉴于国际象棋”圆桌会议，分享教育经验。据调查，俄罗斯全国目前有 1000 多个相关国际象棋计划正在开展，涉及 2.2 万名囚犯。有大约 700 名囚犯还参加了国际象棋网络赛事。一些研究已经证明，在囚犯们看来，国际象棋不仅是一种游戏，而且还是进入新的无边界限制的社会空间的一个机会；国际象棋可减少再犯。许多证词也表明，国际象棋能够改变生活。与广泛的社会一样，在监狱中，体育运动的影响可能是非常深远的。

（2）残疾人赛事活动

世界残疾人国际象棋锦标赛始于2013年，至今已举办四届，目前国际棋联注册的残疾棋手接近2500人；2020年，国际棋联推出了首届残疾人国际象棋网络奥赛，这对于有生理缺陷的棋手是意义重大的一场赛事；2021年5月，国际棋联举行了第一届“机会均等”网络研讨会。本次研讨会旨在介绍和了解有关残疾国际象棋棋手的重要信息，消除国际象棋中的残疾概念的神秘性，并为组织者、教练和裁判员提供与残疾棋手互动和服务的基本技能。

（二）国内特色赛事活动

1.“奔跑吧·少年”全国儿童青少年国际象棋系列活动

2022年，为贯彻落实习近平总书记关于体育工作重要指示批示精神，深化体教融合，进一步推动儿童青少年积极参与国际象棋运动技能训练和赛事互动，促进儿童青少年在国象赛事中享受乐趣、健全人格、锤炼意志，“奔跑吧·少年”全国儿童青少年国际象棋系列活动全面开展，其中包括了覆盖家庭、学校和社区的“奔跑吧·少年”全国国际象棋校园联赛、国际象棋公益讲堂、线上答题闯关、线上知识竞赛等多样化活动，这不仅打破了以往单一的赛事、培训的传统模式，还将丰富的棋文化融入了活动中，增加了趣味性，让更多人了解、认识国际象棋。

2.全民健身线上运动会

为深入实施全民健身国家战略，全民健身线上运动会正如火如荼地开展，国际象棋发挥了其在疫情下得天独厚的优势，借助此次运动会开展了多样化的推广普及活动，满足了群众多元化的体育健身需求。为了贴合更多还未对国际象棋运动、国际象棋文化有了解的群众需求，除了有像全国国际象棋之乡网络联赛、中国环渤海城市国际象棋网络精英赛、全国中学生国际象棋网络锦标赛等的业内赛事活动，线上运动会还包括了“女子国际象棋大讲堂”“全民健身，国象同行”国际象棋微课堂这两个科普性活动，让国际象棋走进了大家的休闲生活。

五、国际象棋产业化发展路径

（一）讲好“文化故事”，以棋育人

1. 积极开展棋文化的理论系统研究工作

具体的可落实的措施主要包含两个方面，一是以真实的、历史的棋人棋事出发，编制相关的棋文化故事、人物传记等书籍；二是基于现今社会、经济、体育文化发展的时代需求，与业内具备学术研究背景和能力人士，开展棋文化产业的学术研究，将理论与实践相结合共谋产业发展路径。

2. 持续推进“育人”工程

在形成棋文化理论体系后，在教学中应注重对国际象棋哲理性、教育性等具有教育功能的文化属性的传授，诸如专注力、批判性思维、全局观、抗压能力等，以棋文化素质教育为切入点，推动国际象棋运动的普及推广。一是无论是在青少年还是成年人的教学中，都应做到棋局实战及棋文化素质教育两不误。把国际象棋作为课程引进校园，并配备专业讲师在传授专业技术的同时，引入棋文化教育，构建国际象棋文化的传承体系。二是除了传统的专业实战教学，还应当重视对青少年注意力、记忆力、想象力等智力方面的培养。由于青少年认知水平权限，在理解棋理方面存在一定的难度，在传授规则、战术等专业知识的时候，可以通过简单易懂的历史故事，在生动展现战术运用技巧的同时，将抽象的“棋理”化为具体，有助于学生的理解和运用；针对大学生等成年阶段的棋手，应在国象教学中融入抗压能力、逻辑能力、大局观等思维训练，在传授实战知识的同时，着重发挥国象在非智力能力上的教育性质，提高大学生综合素质。三是专业协会和组织应为高校社团建设提供专业师资指导，定期组织高校社团的交流、培训、比赛，促进国际象棋在高校的普及力度。

（二）打好“文化牌”，打造特色赛事 IP

1. 新科技赋能，拉近与大众之间的距离

一是运用数字技术，创新推广模式，与文博和会展相结合，策划组织受国际象棋爱好者喜欢的国际象棋数字藏品的设计和展览。

二是结合云技术的应用，通过赛事直播同步棋局解说，增加与平台观众实时

互动，比如连麦、分析棋局或在特定局面进行战术解说或有奖竞猜等。利用VR技术等手段，让观众身临其境感受比赛，解决观众无法观赏的问题。

2. 新媒体宣传，提高关注度

一是运用短视频、明星课堂、直播等多样化宣传模式，展示国际象棋文化的魅力，强化文化形象，搭建互动交流平台，增强国际象棋文化的影响力和市场吸引力，为培育文化产品研发、销售、传播等各领域市场化、产业化发展的标杆营造良好的氛围。

二是参考国外电竞直播平台入驻明星棋手的模式，国内新媒体平台也可以打造国际象棋互动社区、短视频频道，形成国际象棋线上社群。

3. 丰富棋文化赛事活动类型，吸引大众关注度

基于国际象棋与生俱来的娱乐性，开展如亲子赛、明星车轮赛、人机对战等特色赛事，降低大众参与门槛，增强国象赛事趣味性和可观赏性；同时，可以举办棋文化相关的周边活动，将国际象棋的艺术性和文化性从棋盘中抽离出来，形成多样化的休闲活动，如国际象棋主题绘画、摄影、短视频征集、棋文化知识竞赛等，这不仅能够通过创新有趣的方式吸引大众对国象的关注，挖掘和扩大市场消费潜力，还能延伸出更多的新业态。

（三）唱好“文化戏”，国际象棋产业多元融合发展

一是从竞技性与娱乐性出发，与影视、动漫、音乐、综艺节目等领域进行重构型融合。借鉴电影《后翼弃兵》的经验，通过传播能力较强的影视、音乐作品，借助背景音乐、渲染、适当夸张的动作场景等表现手法，将国际象棋对弈中局面的紧张感、棋手的心理活动等从视觉、听觉上充分体现，通过强烈的感官刺激，让大众能够身临其境地感受到国象的竞技魅力。通过创作综艺节目，提炼观众喜爱的元素，深入浅出地展现国际象棋的魅力。

二是开发主题动漫，以棋子为卡通人物的原型，将行棋过程中的哲理性通过故事形式生动地展现，诠释国际象棋的艺术性、哲理性。人生如棋，棋盘上每一个棋子都是一个栩栩如生的人物，而棋局中隐含的人生哲理，对于儿童还是成年人都具有很好的教育意义，而这恰好可以形成一部集趣味性、教育性为一体的国际象棋动漫研学读本或影片。

三是以艺术性与时尚性为基础，提炼国象文化元素，结合市场需求，开发国际象棋文化创意产品。通过与中国传统文化相结合，以其历史性和象征性为基础，

实现中西融合的文化碰撞之美，运用本土化的方式推广国际象棋文化，降低文化差异导致的文化折扣。

四是开发数字信息类产品如电子虚拟游戏等。体育电子游戏可以在游戏中对该项运动文化进行全面的传播与重构。国际象棋本身就具有娱乐性，在日常生活中也以休闲娱乐的角色被大众广为接受。通过游戏吸引年轻人体验式的参与，将国际象棋的历史文化融入游戏视觉、情节等设计中，引领玩家以轻松简单的方式在游戏中践行该运动的价值观念，进而从游戏中认知、认同棋文化，以游戏经济反哺国象产业发展。

（四）紧扣“文化魂”，打造沉浸式国象体验空间

基于国象的艺术性，可以与高雅的文化空间融合，也可以与公共服务空间共享。一是建议规划建设高标准的中国国际象棋博物馆，条件成熟的省份如浙江、山东、江苏等可以探索设立国际象棋展览馆，利用创新的展陈方式和新媒体技术，开发沉浸式的国际象棋主题展陈空间，为广大博物馆观众和国际象棋爱好者提供愉悦和独特的国际象棋体验之旅；二是国际象棋协会加强城际合作，配合高水平国际国内赛事的举办，策划组织赛事周边的主题活动如跨地区国际象棋文化沙龙活动、“国象角”交流分享会、文化创意产品及艺术品展览等，拉近专业竞赛和爱好者之间的距离，延伸专业体育赛事的消费链条，带动周边相关行业发展，为产业化发展提供良好的外部动力。

（五）搭好“文化台”，智体协同发展

1. 加强政策的协同性，延伸产业领域

研究出台国际象棋产业持续发展的顶层设计和落地政策，扶持范围从现有专业竞赛和校园推广延伸到国际象棋文化传播、文化产业研发营销、国际象棋文化主题园区或特色小镇等多个领域，促使国际象棋产业多元化发展。通过制定智体协同发展的相关支持政策，鼓励市场资本整合，以“体”带“智”，借助受众广泛的体育竞技项目为国际象棋引流，提高国际象棋关注度。同时，深入挖掘国际象棋与其他体育项目的文化共性以及思维关联性，以此为宣传推广切入点，增加大众对国象的认知度。

2. 借力休闲体育产业协同发展

全民健身和全民休闲时代的到来，利用闲暇开展体育锻炼不仅仅是对健康的

需求，也是国民康养身心、亲子交友、追求高品质生活的需求，是广大人民群众对幸福生活的追求。后疫情时代户外体育消费呈井喷式增长趋势，休闲体育产业应运而生，市场潜力巨大。通过政策和宣传引导，促使广大体育爱好者在健身锻炼的休息时间尝试结合脑力运动，通过“健身”带动“健脑”。让健身者在“健身”休息之余从智力运动中发现乐趣，并产生兴趣，使智力运动真正能融入全民健身之中去，借助休闲体育产业的发展平台，合作共赢、创新发展，协同推进国际象棋文化产业的健康发展。

参考文献：

[1] 中国国际象棋协会. “十四五”国际象棋项目发展规划(征求意见稿)[EB/OL]. 2021[2022-6=29]. https://mp.weixin.qq.com/s/wnSuK_XhyDmjzra5KQrWBw.

[2]杨晓丹. 我国智力运动的演进与发展对策研究[D].辽宁师范大学,2013.

[3]马永军,胡俊生,郑兵.智力运动:一种值得教育关注的生活元素[J].中国体育科技,2013,49(05):120-124.

[4]赵云雁,支剑峰,喻泽斌.利用智力运动文化属性促发展的研究[J].大众科技,2020,22(04):143-145+58.

[5]邢金善.传统象棋文化与全民健身[J].体育文化导刊,2016(06):61-64.

[6]郑玄,贾鑫.象棋文化产业存在的问题及对策[J].中国市场,2020(22):64-65.

[7]马林. 中国围棋产业化道路分析研究[D].内蒙古师范大学,2014.

[8]谢军. “一带一路”背景下的智力运动项目作用及发展研究[C]//.第十一届全国体育科学大会论文摘要汇编.,2019:163-164.

[9] 付学华. 国际象棋文化现状研究及相关因素探讨[EB/OL]. 2020[2022-6-29]. https://mp.weixin.qq.com/s/cEIZDypFTTK6TzrxxtwkUw.

[10]阮秋萍,龚佳青,王勇,陈佩瑶,高奇扬.国际象棋活动对儿童注意力的影响[J].绍兴文理学院学报(教育版),2018,38(02):17-22.

[11]孙铭阳.国际象棋对青少年综合素质的影响研究[J].体育风尚,2018(11):197-198.

[12]沈广凯. 国际象棋对6—7岁儿童非智力因素培养的研究[D].上海师范大学,2019.

[13]吴晓旻. 国际象棋产业供给侧结构性改革方向探索——以浙江为例[EB/OL]. 2017[2022-6-29]. https://mp.weixin.qq.com/s/AxmKaAmN0kfdLuZmglSM5A.

[14]Ma, Li.Xiangqi vs Chess—The Cultural Differences Reflected in Chinese and Western Games[J]. Open Journal of Social Sciences. 08. 52-61. 10.4236/jss.2020.83006.

[15]刘适兰.从国际象棋与中国象棋的异同看中西方文化的差异[J].武汉体育学院学报,2003(05):1-3.

[16] 国际棋联. 国际棋联2020年活动报告[EB/OL]. 2020[2022-6-29]. https://mp.weixin.qq.com/s/0v0TXpu7eNgbESJgf62B_A.

国际象棋产业发展与标准化课程设计

陈妍汀

一、引言和文献综述

在教育界，随着“双减”政策的推进，素质教育取代应试教育的地位，开始受到家长越来越多的关注，家长希望孩子德、智、体、美、劳全面发展，“智”是其中重要的一环，棋类运动广受想要培养孩子思维能力的家长青睐，作为“世界外语”的国际象棋也不例外，国际化的属性和与基础科学的密切关系（刘适兰，2003）更是让其脱颖而出。

作为集教育、竞技、文化交流、娱乐等各种作用于一体的国际象棋运动，是非常优良的教育载体，随着“三棋”进校园通知的下发，国际象棋进入校园更加可行（陶玉玮、陈万云，2007）。国际象棋在学校的开展受时间、场地、人员、设备等的限制较少，又可以吸引到孩子们的注意，在素质教育中具有不可或缺的地位（钟伟强，2000）。在校园内推广国际象棋运动，可以通过课堂普及、重点培养、编制教材纳入校本课程、拓宽实践领域、在校园文化里体现国际象棋元素等方式，实现国际象棋教育与素质教育的有机融合（宋祥生，2018）。现在网上针对少儿的国际象棋课程有很多，都在为合理设计课程的同时增加趣味性做着尝试，希望不仅可以锻炼思维，还能够进一步培养兴趣。

著名的苏联教育学家苏霍姆林斯基认为：“国际象棋是循序渐进的、培养逻辑思维能力的最好学校。它能够养成严守秩序的思维、培养注意力、发展记忆力。”对于国际象棋的教育，尤其是青少年国际象棋的教育，已经有很多研究，但这些研究的侧重点在国际象棋对于青少年成长发展，包括智力发展和心理健康等各方面的影响。国际象棋教育由于它本身的特点和作用，容易引起青少年兴趣而被接受，它对于培养青少年的注意力、观察力、记忆力、想象力、思维力有着独特的作用，从而构成了开发青少年智力和非智力因素的基础（谢军，2000）。

国际象棋训练可以提高青少年较长时间集中注意力的能力（刘适兰，2003），有实验对此进行验证，在绍兴市某国际象棋特色学校和一所普通学校共选取 313 名被试，发现在注意的稳定性方面国际象棋组儿童得分显著高于一般儿童、在注意的分配方面国际象棋组儿童得分显著低于一般儿童、在注意的广度和注意的转移方面两组儿童均没有显著差异，学习国际象棋可以提升学龄期儿童注意的稳定性，但也会损害注意的分配（阮秋萍等，2018）。

青少年时期学习国际象棋可以激发学习兴趣、强化能力训练，包括洞察能力、计算能力、面对挫折的能力等（康凯，2015），还可以培养孩子良好的道德情操和坚强的意志品德（刘适兰，2003），下棋可以帮助幼儿，学会调整自己的心理、提高心理承受能力、增强幼儿的自信心、磨炼意志力等（严丽丽，2013），还能够培养青少年的竞争意识、树立向上的价值观（宋祥生，2018）。

除了教育领域，国际象棋也经常出现在人们的日常生活中，偶遇棋盘格元素已经变成司空见惯之事。在影视作品中，国际象棋多次作为室内摆件出现，或是反映人物较高的智商和清晰的逻辑思维，或是显示家庭高雅的意趣和氛围；在时尚界，黑白格作为一种设计元素经久不衰，而用黑白格构成棋盘的国际象棋更是被不断地融入时尚作品中，走入人们的视野。这些赋予了国际象棋除了传统宣传中常常提到的锻炼思维、提高智力之外新的含义。尽管影视作品、时尚元素可以让国际象棋被更多的人看到，但如何让看到的人变成对这项运动感兴趣的人，从而成为国际象棋爱好者，是接下来需要进一步思考的问题。

近年来棋类运动呈现加速发展的趋势，随着互联网和 AI 技术的发展，国际象棋学习训练方式和手段、推广模式都得以扩展，但同时囿于环境和背景的局限，现行国际象棋产业发展仍存在着一些不足。本研究将对国际象棋产业目前的发展状况和瓶颈进行分析，结合现阶段少儿国际象棋教育和品牌使用国际象棋 IP 引发热议的现象，探究国际象棋未来发展可能的方向和可行措施，让更多的人感受国际象棋的魅力。接下来将主要分三个部分展开：国际象棋产业发展现状、标准化课程设计、其他可行措施，最后对全文进行总结。

二、国际象棋产业发展现状

中国国际象棋项目的发展走了一条与西方国家截然不同的道路，在普及推广和市场尚未成熟、项目在国内还不被广泛知晓的情况下，以世界级大赛的优异成绩引起了社会关注，从而有效推动了国际象棋项目的普及推广、竞赛培训等方面的发展（谢军，2019）。以国际象棋在俄罗斯的发展作对比，俄罗斯国际象棋运动员的领先地位还停留在20世纪，国际象棋教研室被关闭，停止招生，这成为俄罗斯在高水平国际象棋比赛中丧失领先地位的原因之一，同时俄罗斯国际象棋领域的科学研究成果数量出现了下滑（И．В．米哈依罗娃等，2019）。

目前全国很多地方建立起国际象棋俱乐部，由拥有专业背景、较为专业的老师担任教练，成为国际象棋在全国范围普及的主要阵地，国际象棋运动员、教练员、裁判员的培养也已经逐渐呈现出梯度的态势。但同时也存在着一些问题、在一些方面触及发展瓶颈：地区发展差距较大、青少年棋手世界竞争力仍有待提高、专业棋手未来发展受限、转播讲解比赛缺乏统一模式、网络赛事反作弊规则不完善等。

1. 现行人才培养模式

现在各地区国际象棋的业余普及和职业引导基本都由各地棋院、基地或俱乐部完成，其往往由退役或灵活在役的职业棋手担任主教练，招聘一些全职或兼职教练员，按照各自的培训理念或成功经验为孩子设定训练计划，像超玥、君修等知名俱乐部还加入了网课或直播的形式。受各地疫情间歇性反复出现的影响，网课、网赛逐渐成为目前国际象棋教学和训练的主要方式。这些孩子再经过国家级比赛的选拔，成绩突出的由各地负责人挑选并引导走上职业棋手的道路。

业余棋手和职业棋手的培养中又具有明显的不同：业余棋手以学业为主，仅在课余时间将国际象棋作为爱好培养，在升学的压力面前可能会暂时放弃下棋，等到考学结束再考虑重新拾起，日常训练多为粗糙的快棋赛或有针对性地采用特定比赛时限，对于等级分和等级称号没有过高的要求；而职业棋手则会选择较早地放弃学业，全身心地进行国际象棋训练，甚至前往国际象棋发展较好的地方寻找名师进行指导，对于需要仔细思考打磨的局面和问题有足够的时间和精力，之后通过国内和国际比赛获得等级分和等级称号，再经过选拔进入地方专业队乃至国家队参加顶级赛事。这就导致了业余棋手往往布局单一且疏于精细化准备，中局的计划看得少、针对非常规的临场应变能力较弱，残局基本功不扎实且棋感、判断力和大赛经验积累不足。简而言之，在对自己的行棋体系下熟到一定阶段之后，业余棋手的常见赢棋策略往往会遇到瓶颈，并很难依靠自发的悟性和能力进行调整。此时如无高水平教练加以指导（更换布局策略或是训练专业技巧），往往会失去下棋的乐趣，产生无聊、枯燥和乏味之感，对职业棋手的生活产生错误认知，从而停止继续下棋的想法。从各个省队注册运动员以及甲、乙级联赛运动员来看，极少存在少年时没有专注走职业道路的棋手。

从 2020 年出现疫情开始至今，各地各俱乐部国际象棋网课和比赛直播获得了长足的发展，赛事转播量、比赛和直播观看量、话题点击量等都达到历史新高，让我们看到了“互联网 +”国际象棋更多的可能性。其实疫情开始前国际象棋已经出现了线上化的趋势，但在没有紧迫性的情况下，这一转变较为缓慢且不彻底，但是在疫情的倒逼下，网络化、线上化成为全世界完成交互事宜的大趋势，国际象棋也在这一波洪流的冲击下，实现了线上的转化。网课和比赛直播在人才培养体系中将占据越来越重要的地位，成为未来人才培养体系中不可或缺的组成部分。

2. 国内现有赛事体制

职业比赛主要是甲级联赛、乙级联赛、全国公开赛、面向顶级棋手的对抗赛等。业余比赛中，国家级比赛包括全年龄段的棋协大师赛、业余棋王赛、青少年的“李成智”杯等锦标赛；地方级比赛包括各地自行举办的省赛、青少年棋类锦标赛等，以及一些网络赛事。此外，目前还有智运会、全运会等四年一届的大型赛事。随着互联网的发展和疫情的影响，网络赛事已经成为现阶段比赛的主要形式和未来比赛发展的方向。同比一些国象大国（如俄罗斯）来讲，我国本土目前缺少精品的公开赛事，对于没有能力或资源出国的一般棋手来讲即缺乏生存空间。

在疫情期间，各类网络赛事在如火如荼地进行，也为赛事未来的发展提供了很好的尝试，但对于网络比赛出现的诸多问题，例如作弊现象的评判和应对、网络平台不稳定性的解决也是需要在实践中不断改进的。目前为了防止网络作弊现象的出现，通常网络比赛中用双设备进行监控，并采用快棋的形式，这对于网络流畅度提出了新的要求，尤其是国际性赛事，受到网速和时差的影响更为严重。同时很多网络赛事并不纳入等级分计算体系，这对于有积分和等级晋升需求的棋手，严重影响到了他们的发展规划。对于国内的一些网络赛事，由于仍然缺少稳定的赛事对弈平台，在参与人数较多、赛事形式复杂等情况下，平台出现崩溃的现象也时有发生，赛事平台的开发和维护也成了目前遇到的一个问题。

3. SWOT 分析

SWOT 分析通常用于分析企业战略，而本文中对国际象棋全行业也采用这种分析方法，是希望从一个较为微观的角度进行考虑。

	S（Strength）	W（Weakness）
O（Opportunity）	Opportunity- Strength strategies	Opportunity- Weakness strategies
T（Threat）	Threat- Strength strategies	Threat- Weakness strategies

图1　SWOT分析示意图

（1）S（Strength）：AI 技术发展，诸如 Stockfish、Lc0 等开源国际象棋分析软件迭出，棋手可以通过接受引擎指导受到更好训练，现阶段引擎之间也会有一些比赛对抗，棋手可以通过观看引擎的比赛学习新的着法和思路；国际象棋对于思维的培养和训练正在受到关注，以深圳市南山区为典例，各地幼儿园、中小学纷纷将国际象棋列入必修或选修课程。

（2）W（Weakness）：职业棋手退役后的发展路径较为单一，对于个人的体力和职业素养要求偏高，因此很多有天赋的孩子往往在升入初中前后会选择学业而放弃作为职业棋手的道路；国际象棋商业化程度不足，比赛普及范围和资源有限，国内对于职业比赛棋谱、转播和解说普及范围较窄，对观众的水平要求往往较高；国内运动员尤其是青年运动员普遍在世界范围内的相对水平不处于顶尖梯队。

（3）O（Opportunity）：新媒体发展，国际象棋公众号、直播、网络教学和比赛等可以起到很好的推广作用，有了新的推广渠道；随着物质生活的丰富，家长对孩子从小智力的培养更加重视，发展大环境整体利好。

（4）T（Threat）：电子竞技等新兴智力运动的冲击；国家体育局智力运动扶持的重心转移；很多国内顶尖大学未来将不再进行体育类特长生招生；比赛作弊现象频出，尤其是在网络比赛期间；反复出现的疫情使得俱乐部教练无法稳定开展线下教学，也无法正常进行传统赛事，将导致初级教练人才和学生流失；网课不存在地理门槛，所以流量向知名教练的马太效应显著，挤压行业内多数教练的生存空间。

（5）Opportunity-Strength strategies：继续发挥国际象棋比赛和教学可以在“云端”实现的优势，利用多媒体进行教学、使用引擎辅助训练，进一步发展国际象棋网络比赛，减少地点对于国际象棋运动的限制。

（6）Opportunity-Weakness strategies：利用公众号、新媒体等网络工具，加强国际象棋运动的宣传，用在一些方面获得成绩的职业和业余棋手的实例让更多的家长感受到学习国际象棋的好处，让国际象棋在家长的诸多培养孩子智力的选择中脱颖而出。建议录制一些入门级别的网课，让更多的人可以具备观看比赛网络直播的基本知识。

（7）Threat-Strength strategies：由协会公布比赛作弊行为的处罚条例，建议从严处理，并针对作弊的严重程度进行不同等级的处罚（如当局判负、强制退赛、处以罚款等），同时建立棋手的信用系统，对于受到处罚多的棋手处以禁赛处罚，使得棋手在使用引擎进行训练的时候维护比赛公平，让引擎真正帮助到国际象棋行业健康发展。

（8）Threat-Weakness strategies：为国际象棋运动员尤其是职业运动员之后的发展提供更为丰富和有保障的路径；提升国际象棋的商业化水平，增强运动员商业价值；同时加强对于国际象棋的普及，包括设立国际象棋选修课、增加赛事转播等，也是为职业棋手提供未来就业的方向。

从 SWOT 的分析中来看，国际象棋行业有着良好的发展前景，尤其是在互联网高速发展的大背景下，拥有着很多优势和机遇，这就使得弥补弱点和迎接挑战变得更为重要。

4. 波特五力模型

波特五力模型用于分析一个行业的基本竞争态势，通过采用波特五力模型进行分析，能从更宏观的角度研究国际象棋行业。

（1）同行业内现有竞争者的竞争能力：现有国际象棋职业运动员数量较多，面临的竞争压力较大。很多职业棋手上升空间有限、可选择的高水平比赛受限、未来的发展不被保障，让很多过早放弃学业的职业运动员在职业选择的时候选择面窄；同时分布省份较为集中，各个省份的整体水平相差较大。而业余棋手的数量更多，且达到一定水平之后很难再有明显的提升，所以业余比赛的竞争也很强，但是随着年龄的增长，参与比赛的人数呈现递减的趋势。

（2）潜在竞争者进入的能力：各地目前有很多小朋友在学习国际象棋，中间不乏有很多人即将进入或准备进入职业运动员这一赛道，他们中很多人经过了多年的训练并具备很强的天赋，是中国国际象棋发展重要的后备力量。他们基本上都处于棋艺水平的上升期，且随着国象运动的不断发展和中国整体水平的提高，他们将拥有更多的机会，所以进入行业的能力较强。

（3）替代品的替代能力：对于国际象棋行业来说，替代品为象棋、围棋等棋牌运动。从职业运动员的角度来看，他们需要经过多年的训练，有多年时间、精力、包括金钱上的付出，且他们将在国象项目上为省市乃至国家争取荣誉，所以被替代的可能性很低。但是如果只将国象作为爱好，以期锻炼智力水平和提高思维能力，那么学习不同的棋类运动的差异性相对较低，所以具有较强被替代的可能。

（4）供应商的讨价还价能力：在国际象棋行业中，棋手就是供应商，具有竞争力的主要是职业棋手。对于职业棋手来说，首先他们是职业比赛选手的“供应商”，由于受到注册地的限制和优先注册权的影响，很难自由选择所在的专业队，所以讨价还价能力较弱，难以为自己争取到高额的固定薪资，但是对于高水平运动员，可以通过比赛奖金丰富自己的收入来源。其次他们是国际象棋训练的“供应商”，随着互联网的发展，包括一些国手在内的顶级运动员纷纷开始直播和通过公众号进行棋局分析，这使得获取训练资源需要的成本越来越低，所以讨价还价的能力仍然较弱。

（5）购买者的讨价还价能力：对于职业比赛来说，各地方职业队和国家队是“购买者”，由于成为国家队队员是每个运动员的光荣，这方面不能从商业的角度进行考虑。而对于地方专业队，由于受到相关部门资金的限制、职业运动员数量较多和注册地带来的优势，使得他们具有较强的讨价还价能力。对于训练来说，学棋的人是购买者，随着诸多俱乐部开始提供网课和棋局引擎的资源变得易得，购买者讨价还价的能力在增强。

从波特五力模型的分析中可以看到国际象棋职业运动员之间竞争激烈、后备力量充足，虽然他们不容易被替代，但是由于管理制度等各方面的影响，从商业的角度考虑在定价中处于弱势地位。

三、标准化课程设计

手机等电子产品的普及，改变了人们学习知识和阅读的习惯。“互联网+”背景下教育呈现出了很多不同的趋势，例如人们集中精力的时间变短。国内外混合式教学的概念演变经历了三个阶段：技术应用阶段、技术整合阶段以及“互联

网 +”阶段，混合式教学在当前“互联网 + 教育”的理念下展现出了新的内涵，研究者普遍看好混合式教学的研究和应用前景（冯晓英等，2018）。未来的“互联网 + 教育内容”将重在探索以课程设计为核心，集成整合各类优质教育教学资源，构建教育资源的网络超市，为社会提供多层次、高品质的公共教育服务；“互联网 + 教育体验”将以学习者的需求为导向、以学习者的体验为核心（张岩，2016）。“互联网 +”时代为教育的建构与重组提供了新的思考方式，也为 STEAM 教育到创客教育的变迁提供了有利环境，从 STEAM 教育到创客教育的转变，本质上深化了从培养简单学科素养（即 STEAM 素养）到综合素养的转变，实现了从培养项目学习能力到培养创新能力的转变（李小涛等，2016）。“互联网 +”环境下网络课程建设的标准化、网络课程资源库标准化等是未来课程发展的趋势（张冬，2021）。

智慧课堂是“互联网 +”时代学校教育信息化聚焦于教学、聚焦于课堂、聚焦于师生活动的必然结果。利用“互联网 +”的思维方式和大数据、云计算等新一代信息技术打造智能、高效的课堂，实现课前、课中、课后全过程应用（刘邦奇，2016）。国际象棋的教育中对于互联网的应用更多的是移动互联网，即智能手机的应用，在目前的数字化校园里，手机已经成为学生学习与交流的重要工具，碎片式学习越来越普及，越来越多的微课（微视频）可以通过手机即时观看，问题讨论、作业与考试也可通过手机来完成。随着数字校园向智慧校园的迈进，手机的这种应用及趋势只会越来越频繁（王竹立等，2015）。而对于“互联网 +”国际象棋，“互联网 +”国际象棋培训共享服务平台由以下 5 个系统组成，这 5 个系统分别是行业指导与监管服务系统、国际象棋培训资源分享系统、棋校管理系统、国际象棋自主学习系统、平台会员服务管理系统（牟林峰和张月琴，2018），这些都是未来国际象棋设计标准化课程可以利用的资源和基础。

在数字时代，尤其是移动互联网时代，人们的阅读习惯发生改变，数字化时代作为阅读主体的读者，在数量上是不断扩大的，总体阅读率上升；从阅读媒介维度看，数字阅读媒介兴起，书报刊等传统纸质媒介的阅读率提升乏力；阅读内容方面，功利阅读超越人文阅读，“浅阅读”、泛阅读的取向明显，娱乐追求超越理论探讨；阅读方式上，由过去单纯的读，变为现在的读、听、看三种方式并存；阅读环境方面，在途阅读兴起（李新祥，2013）。

现在人们更多利用碎片化的时间进行学习，对文字的需求降低，而对图片和视频的需求增加。知识付费也成为近年来的热门词汇，对于知识的供给方，需要及时发现需求的改变，并作出相应的调整。国际象棋的入门规则对于成年人来说比较程式化且难度适中，可以通过较短的时间（20—30分钟）说明清楚，现在已经有介绍国际象棋最基础行棋规则的推送，阅读时间在10—15分钟。这一时间基本符合人们的阅读习惯，但只有图文难以让阅读者产生具体的图像动态记忆和真实感受到国际象棋的魅力，仅通过一个推送只能学习到基础规则，即知道如何走子，这种学习可能在短期内让阅读者可以知道规则，但也无法保证真的记住，更不是真的了解如何行棋。所以非常有必要对现有的推送介绍规则模式进行改进。

在实际对课程的设计中，可以针对基础知识和初级开局、中局、残局技巧设计出一套标准化的课程，采用分集的方式，每一集时间安排在5分钟左右，制作成视频配以讲解，音画结合，循序渐进，让人们可以利用碎片化的时间逐集观看，在每集视频的开始快速回顾学过的内容，在每集最后辅以适当的练习，使用或诙谐幽默或娓娓道来的讲述方式，让更多的成年人学会并喜欢上这项棋类运动。

对于入门阶段的儿童学棋者，同样可以让学棋的过程始于视频，如何让他们在其中保持兴趣和提高注意力是标准化课程设计的关键。可以采用每节课安排更短的时长、添加卡通形象和动画、设计更多的习题加以巩固等方式，让课程更加符合儿童的接受能力。随着“双减”政策的实施，归为素质教育的国际象棋课程成为很多原先关注应试教育的互联网公司的发展新方向，也有很多头部互联网公司开始了尝试，例如网易、有道等，还有一些专注于国际象棋教育的机构，开始在线上推出国际象棋入门级别课程。

线上国际象棋系列课程数量并不少，标准化课程也已有平台发布，部分为提前录制好的课程，而绝大部分实际还是老师线上授课，据不完全统计，ChessKid、HI-CHESS、有道精品课、腾讯课堂等平台均有相关课程，但以上课程均针对儿童，网络上相关的国际象棋教学视频也不在少数。其中ChessKid上的儿童入门课程比较符合前文提到的针对儿童标准化课程设计的相关情况。但现有的线上系统课程中绝大多数距离标准化课程仍然存在差距，很多呈现出专题化和进阶阶段的问题，并不适合作为入门视频观看。还有些视频内容过于低幼，让成年人难以持续观看。总体来看，市场上现有课程并不具有标准化课程希望达到的程度，设计新的标准化课程将有利于国际象棋的推广，且顺应时代的趋势。

四、其他可行措施

1. 设计国际象棋游戏

对于关注到国际象棋运动的成年人，他们对此的态度更多的是好奇，认为这是一种可以交友的途径和打发空闲时间的娱乐方式，这时候如果看到枯燥的课程和教材很可能会选择放弃，并且双人对弈的模式难以满足成年人广泛社交和快速交友的需求。如果可以设计出一款吸引成年人兴趣、可以打发时间、带有交友属性的游戏，可以让他们对此的好奇转化为想要进一步接触的动力。

近年来游戏从网页端逐渐转向手机端，开始游戏更加便捷，每局游戏时长也在缩短，充分满足成年人填充碎片空闲时间的需求。组队团战游戏也在逐渐取代单机游戏的地位，成为社交的新方式。国际象棋游戏从这一角度出发，可以将不同局面设计成地图，让玩家和npc扮演棋子，不同的行棋和战术作为招数，让玩家在游戏的同时，既能与队友交流、完成社交，又能通过控制招数和观察地图学到国际象棋的相关知识。同时这类游戏也将吸引到更多的青少年初步接触国际象棋，进而转化为国际象棋的学习者。

国际象棋有很多不同于正常对弈的玩法，例如chess960、填子、四国国象等，这些趣味性更强、上手更快，胜负不再完全受到棋艺水平的限制，增加了很多偶然性，更可以让下棋时间不长的爱好者感受快乐。可以设计更多新颖的玩法，例如近期出现的翻棋，吸引更多的爱好者。

2. 拍摄相关影视作品

近年来《棋魂》《舍我其谁》等电视剧的播出，让更多人了解到围棋运动和围棋运动员的培养，其中对围棋的行棋规则在一定程度进行了介绍，也在其中宣传了围棋的棋理和从棋中可以悟出的人生哲理；《荣耀乒乓》通过片尾动画小片的方式，向观众展示专业的乒乓球知识；冬奥期间，《冰球少年》《冰雪之名》《超越》《陪你逐风飞翔》等从不同的角度展示了冰球、花样滑冰、短道速滑等冰上运动，对冬奥起到了很好的宣传作用，吸引更多人参与到冰雪运动中。

影视剧中不乏国际象棋的镜头，《猎罪图鉴》《家族荣耀》《精英律师》《不说再见》等电视剧中都出现了国际象棋的身影，以展示剧中人物聪明、冷静、沉稳的特征，也展示了人物之间博弈的关系，在一定程度上吸引了观剧者的目光。但在这些电视剧中国际象棋只是作为装饰和配角存在，并没有介绍相关规则。《后羿弃兵》则起到了介绍的效果，与其他运动相似，国际象棋热血中蕴藏着相关人员的成长，同时具有很多历史故事，有很多可以挖掘的故事线。如果国内也能够拍摄国际象棋主题的影视作品，相信可以让人们更好地了解到国际象棋的规则。

3. 打造联名 IP 设计

棋盘格一直是时尚界经久不衰的元素，棋盘格的服饰、配饰都是日常穿搭中不可缺少的单品。很多奢侈品中引入了棋盘格的设计或者在宣传时运用了国际象棋的元素，现在国际象棋的联名设计也逐渐平民化，星巴克在今年情人节推出了联名 IP“棋逢对手”。海马体推出了国际象棋作为道具的写真集，《一年一度喜剧大赛》中的选手、宋佳、马伊琍等明星都拍摄过这类写真。每一轮联名设计的推出都会引发一次讨论，这无疑是很好的宣传。除了棋盘格可以作为时尚元素，棋子也可以融入设计中，进行国际象棋相关文创周边的设计，与时尚、快销等品牌联名，可以达到事半功倍的宣传效果，但这方面目前为止仍然是缺失和不足的。

4. 加强比赛直播讲解

很多人开始接触国际象棋的时候遇到问题和困难，除了规则带来的门槛之外，还有看不懂比赛的问题。目前缺乏国际象棋比赛的转播渠道，现有为数不多的转播由于解说很多具有较强的专业性，再一次提高了门槛，很多已经具有一定水平的国际象棋爱好者都无法从观看赛事中获得乐趣，更别说普通的爱好者。加强赛事转播的渠道和赛事转播水平是解决这一问题的关键，其他的一些运动得以出圈，开始也是因为幽默的解说，以幽默的话语作为吸引，在解说中讲清规则，从而使得这项运动的规则在观众听众中得以传播，下次再看相关比赛的时候，他们就可以不完全依赖于解说。

国际象棋也可以考虑相似的路径，先以通俗有趣或激情洋溢的解说吸引受众，再通过解说不断带领受众入门，不断跨过规则产生的门槛，让更多的人可以自行看懂赛事的部分内容并让观众感受到国际象棋在平静之外也拥有热血的属性，然后再进行专业的讲解，突出棋局的战术性和全局性，提升受众的水平。这两者也可以结合进行，既满足爱好者观看的需求，又帮助水平更高的观赛者从中提高棋艺。但这对解说者提出了极高的要求，要集幽默、健谈、专业于一身，可以先探索出一种方式，再对相关从业者进行培训，满足赛事转播对于解说员的需求。同时很多运动项目的赛事转播会增加互动环节，例如预测比分、说说对比赛的想法等，国际象棋同样可以借鉴，这已经有过相关的尝试，在2021年候选人赛的时候开辟了比分预测互动通道，收获了很好的反响。

5. **赛事商业化发展**

纵观发展较好的各项体育运动，赛事的商业化是其中不可缺少的一环，现在一些世界级的最高水平国际象棋比赛也引入了商业的元素，国内正在进行尝试，之前的城市联赛很多代表队的队名中加入了赞助商的名字，可见国际象棋这项运动也受到了一些资本的关注。当赛事转播可以形成体系之后，将会有更多的商业资本投资于这项运动，从而国际象棋的很多价值将会变现，由隐形价值转为显性价值，这一情况的出现将有利于整体运动的发展，所以国际象棋相关赛事商业化也可以成为考虑的方向。

五、总结

国际象棋产业现在的发展仍面临地区发展差距较大、青少年棋手世界竞争力有待提高、专业棋手未来发展受限、转播讲解比赛缺乏统一模式、网络赛事反作弊规则不完善等问题。本文为国际象棋产业的发展、在成年人和青少年这两个不同群体中的推广提出建议，提出为了推广国际象棋运动，可以利用数字时代人们获取知识的特点，通过合理的标准化课程设计，教授人们国际象棋规则，辅以国际象棋游戏、相关影视作品、联名IP设计、比赛直播讲解、赛事商业化等，保持并增强人们兴趣。

参考文献：

[1]И. В.米哈依罗娃,О.Н.斯契潘诺娃,姚颂平.国际象棋项目在俄罗斯的发展现状[J].首都体育学院学报,2019,31(01):1−3.

[2]冯晓英,王瑞雪,吴怡君.国内外混合式教学研究现状述评——基于混合式教

学的分析框架[J].远程教育杂志,2018,36(03):13-24.

[3]康凯.浅谈国际象棋对小学生综合素质的提高[J].赤子(上中旬),2015(22):264-265.

[4]李小涛,高海燕,邹佳人,万昆."互联网+"背景下的STEAM教育到创客教育之变迁——从基于项目的学习到创新能力的培养[J].远程教育杂志,2016,34(01):28-36.

[5]李新祥.数字时代我国国民阅读行为嬗变及对策研究[D].武汉大学,2013.

[6]刘邦奇."互联网+"时代智慧课堂教学设计与实施策略研究[J].中国电化教育,2016(10):51-56+73.

[7]刘适兰.浅谈国际象棋与智力开发[J].中国学校体育,2003(03):53-54.

[8]牟林峰,张月琴."互联网+"国际象棋培训共享服务平台的探究[J].山西科技,2018,33(03):42-45.

[9]阮秋萍,龚佳青,王勇,陈佩瑶,高奇扬.国际象棋活动对儿童注意力的影响[J].绍兴文理学院学报(教育版),2018,38(02):17-22.

[10]宋祥生.以棋育人 全面发展——论国际象棋教育与素质教育的有机结合[J].华夏教师,2018(28):89-90.

[11]陶玉玮,陈万云.从国际象棋功能谈国际象棋进校园的可行性[J].徐州教育学院学报,2007(04):206-207.

[12]王竹立,李小玉,林津.智能手机与"互联网+"课堂——信息技术与教学整合的新思维、新路径[J].远程教育杂志,2015,33(04):14-21.

[13]谢军.国际象棋教育与开发青少年智力和非智力因素探讨[J].天津体育学院学报,2000(04):27-32.

[14]谢军.国际象棋项目在中国的发展研究[J].首都体育学院学报,2019,31(01):4-8.

[15]严丽丽.下国际象棋能促进幼儿健康心理的发展[J].教育教学论坛,2013(34):271-272.

[16]张冬."互联网+"背景下加强职高在线课程的标准化建设[J].中国标准化,2021(16):145-147.

[17]张岩."互联网+教育"理念及模式探析[J].中国高教研究,2016(02):70-73.

[18]钟伟强.学校开展国际象棋活动在素质教育中的作用[J].体育师友,2000(01):39-40.

多元智力理论视域下国际象棋教学与评价

余　婕

一、引言

加德纳在《智力的结构》一书中对智力的概念进行了全新的诠释，指出人的智力不只是一种能力而是几种能力的综合。他认为“智能是在某种社会或文化环境的价值标准下，个体用来解决自己遇到的真正难题或生产及创造出有效产品所需要的能力”[1]。基于此，加德纳提出了多元智力理论。这种全新的智力理论超越了传统智力观，打破了传统智力理论以语言能力和逻辑数理能力为核心整合能力的认识。多元智力理论强调智力结构的多元性，即人的智力是由言语－语言智力、逻辑－数学智力、视觉－空间智力、身体－动觉智力、自知－自省智力、人际交往智力、音乐－节奏智力、自然观察智力、存在智力九项组成。多元智力理论强调每位学生都有自己独特的优势智能，因而对每位学生的评价不能只从单一的尺度，应该以多维度、全面发展的眼光去评价学生。多元智力理论的提出革新了教学观，同时对国际象棋的教学也有着重大的启示意义。该理论影响了西方各国教育改革的指导思想，同时也对国际象棋的教学和评价理念有着深层次的影响，为国际象棋的教学和发展指明了新的研究视角。

国际象棋又称西洋棋，拥有“智慧体操”的美称。国际象棋有黑白两色棋子，双方各执 16 枚棋子，体现的是一种双方对垒的博弈精神，对智力的开发具有重要作用。随着国家体育总局对国际象棋的普及和推广，儿童学习国际象棋成为一种潮流和趋势，相应的国际象棋赛事也越来越完善和丰富。从进行国际象棋的教学来看，学生在完成双方的对弈过程中，往往需要经历下棋前的准备、正式对弈和复盘反思3个阶段。在下棋的这三个过程中，通过下棋前的准备及记录棋谱可以锻炼学生的动手操作能力；通过正式的对弈过程可以培养学生的逻辑思维能力和观察能力；对局结束后，学生根据所记棋谱还原对局，反思对局中自己存在的失误，提高自身自省能力。由此不难发现，学生学习国际象棋时开发的各项能力与多元智力类型之间存在相同点，因此我们可以从多元智力理论的视域下对传统国际象棋能力（在本文中，笔者将国际象棋中的注意力、观察力、记忆力、想象力、思维力等称为传统国际象棋能力）的构成进行重新审视。本文在已有的研究基础上，将传统国际象棋能力与学生下棋过程中的多元智力构成进行匹配，提出了国际象棋教学中的“基础性智力”和“特长性智力”的培养目标，并据此初步构建了“基础＋提升”的国际象棋教学评价指标。

二、多元智力理论视域下的国际象棋能力的构成

（一）当前研究概括及拓展

在以往的国际象棋与智力的研究中，学者们已经证明了国际象棋在提升个体注意力、观察力、记忆力、想象力、思维力等方面的积极作用。本文将传统国际象棋能力与多元智力类型按其含义进行匹配，总的来说可以概括为表1所示的国际象棋对弈各阶段中的多元智力构成。

表1

国际象棋对弈阶段	对弈具体过程	传统国际象棋能力	智力类型
对弈前	摆棋、对局前礼仪	动手能力	身体—动觉智力 言语—语言智力 人际交往智力
对弈中	棋谱记录	动手能力 观察能力	身体—动觉智力 视觉—空间智力
	下棋中的进攻与防守	抽象推理能力	数理—逻辑智力 视觉—空间智力 自然观察智力

续表

国际象棋对弈阶段	对弈具体过程	传统国际象棋能力	智力类型
对弈中	下棋中的战术应用	抽象推理能力 观察能力 类比、组合能力	视觉—空间智力 数理—逻辑智力 自然观察智力
对弈后	根据棋谱记录复盘分析	反思能力 分析能力 知觉辨别能力 图形比较能力	数理—逻辑智力 自知—自省智力 身体—动觉智力

从表1中可以看出，传统的国际象棋能力相匹配的多元智力类型有身体—动觉智力、言语—语言智力、人际交往智力、视觉—空间智力、数理—逻辑智力、自知—自省智力等七种智力，尚未涉及音乐—节奏智力、存在智力。而笔者认为学生在学习国际象棋和国际象棋的博弈过程中，这两种智力也起到了一定的作用。国际象棋的学习和博弈过程中，看似与音乐—节奏智力毫无关系，但这一智力在国际象棋的学习和博弈中体现在美育的范畴。例如，学生在下棋过程中，不注意棋子的整齐摆放（在棋盘中未放进所属格子或吃子后乱放），容易导致对棋子的错误判断以及棋子的丢失。在国际象棋实战中，棋手往往会通过子力上的让步来达到自己的战术目的，因而不惜以弃子为代价，但王这个子力是绝对不能舍弃的。人生如棋，正确的舍弃就是一种智慧，但有的东西却是不能舍弃的，那就是人格、尊严，以及法律和道德底线，这说明学生在国际象棋对应中需要具备存在智力。因此，笔者认为在国际象棋的对弈中，学生需要具备多元智力理论中的九种智力类型，并在下文中将其简称为“多元国际象棋智力”。

（二）“多元国际象棋智力”的双层次培养目标

在国际象棋教学中，为促进学生在九种智力类型上获得更全面、个性的发展，本文在已有的“多元国际象棋智力”的基础上提出了“双层次国际象棋智力发展”的培养目标，也就是将“多元国际象棋智力”的培养目标划分为“基础性”“特长性”两个层次。这两个层次智力培养目标的划分是基于以下事实和实践。

1.“多元智力理论”的基本特征

多元智力理论具有四个基本特征。一是多元智力理论注重多元性。加德纳认为九种智力要素是相对独立的，智力类型之间没有主次之分，不能只看重其中的一两种智力要素而忽视了其他要素。二是多元智力理论强调智力的差异性。智力的差异性并非指智力的高低，而是九种相对独立的智力类型在每个人身上的组合不同，所以每个人的智力特点各不相同。三是多元智力理论突出实践性。正如加德纳在《智力的结构》中提到的那样，智力是个体在解决实际问题时展现的能力，是创造出社会所需的有效产品的能力。发展多元智力的实质是要培养个体面对新的问题或情况下创造新的解决方法的能力，这也是发现新知识的能力。四是多元智力理论重视智力的开发。个体的智力发展关键在于开发，这就需要有一种全新的教育体系，能够准确地评估每位学生的优势智能及智力的发展方向。以往的研究者们将研究视角聚焦在智力的“多元性”和“创造性”上，智力的“差异性”和“开发性”受到忽视。所以，我们在关注学生国际象棋能力“多元性”的同时，还需关注每位学生在智力类型上存在的不同能力倾向和优势智能。

2. 国际象棋教育与发展儿童智力因素的关系

国际象棋教育除了对非智力因素的发展具有重要作用外，对儿童智力的提升也具有明显的作用。中国首位国际象棋女子世界冠军谢军以 197 名 10—14 岁儿童为研究对象，探讨了国际象棋教育对儿童智力发展的作用。其实验结果表明，接受国际象棋教育的青少年在智力发育方面处于领先地位，他们在感受社会和接触新鲜事物时也优于同龄人。[2] 换而言之，国际象棋教育对儿童智力发展具有积极作用。由于智力具有差异性，国际象棋教育对儿童智力要素类别的发展也不尽相同。例如，有的学生逻辑推理能力强，下棋之前就提前想好了后几步棋；有的学生观察能力强，能够及时观测到对手使用的战术；有的学生空间想象能力强，能够纵观大局。由此可见，一盘棋的输赢一定是“多元国际象棋智力”综合发挥的结果。这就启示我们在国际象棋教学过程中，除了要培养学生具备基本的棋力水平外，也要针对性地选择其中的某些方面对学生进行培养，使其长处更长。

3. 国际象棋教学实践带来的思考

笔者曾担任小学及初中“国际象棋”校本课程的教学工作，在教学过程中确实发现每一位学生在国际象棋对弈中表现出不同层面的能力差异。有的学生观察能力敏锐，善于给对手布下陷阱；有的学生推理能力强，能够推理出对手的下一步棋并提前想好应对策略；有的学生善于反省，能够在复盘中反思自己的失误，并在下次对局中吸取教训。除此之外，国际象棋教育对学生多元智力的开发也会影响学生其他学科的表现。

基于上述多角度的思考和实践，不同的学生存在个体差异，在多元国际象棋智力的优势智能类型上各不相同，基于此我们提出了国际象棋教学中的“基础性

+特长性”的培养目标。

（三）“基础性+特长性”国际象棋智力培养目标内涵

“基础性+特长性”国际象棋智力培养目标要求国际象棋教学注重“基础性”和“发展性”的相互结合。“基础性的国际象棋智力”是指学生通过国际象棋的学习和对弈能够获得国际象棋对弈三阶段中所应具备的各项基础国际象棋智力，每位学生必须通过国际象棋在上述九种智力上得到发展。这种发展具体表现在国际象棋教学中就是应掌握国际象棋的规则及棋子的走法，对弈时能够正确地应用国际象棋战术、完成进攻或防守、记录对局棋谱、完成复盘分析等等。除了培养学生达成上述最基本的国际象棋教学目标之外，教师可以根据每个学生的特点及在学习和对弈中表现出来的某些优势，有针对性地促进他们在这方面能够获得较高水平的发展（即“特长性国际象棋智力”）。

在本文中，笔者认为学生完成一局国际象棋对弈所应具备的国际象棋智力类型有：言语—语言智力、视觉－空间智力、数理－逻辑智力、自知－自省智力。这四种智力归属于教师在国际象棋教学中应该引导和培养学生的“特长性智力”目标。当然，国际象棋的“基础性智力”和“特长性智力”的培养目标是同等重要的。教师在国际象棋教学中不能偏向学生的“特长性国际象棋智力”培养。反之同理，如果只注重培养学生的“基础性国际象棋智力”而忽视每位学生的智力特点。学生的棋力水平得不到提高，在国际象棋中获得的智力发展也受到限制。双层次多元国际象棋智力培养目标的示意图如图 1 所示。

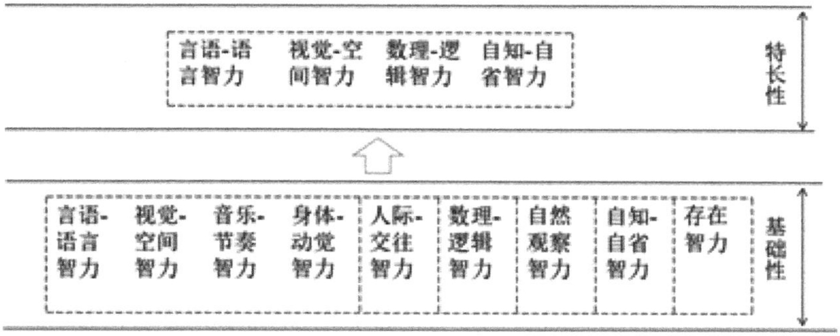

图1　双层次多元国际象棋智力培养目标示意图

三、双层次国际象棋智力培养目标对国际象棋教学的启示

（一）多元化的国际象棋教学目标

传统的国际象棋教学往往以比赛或等级来衡量学生的学习效果，比赛的失利也在一定程度上挫伤了部分学生学习的积极性。多元智力理论视域下国际象棋教学的核心是最大程度地开发学生的潜能。因此，国际象棋的教学目标需要进行多元化的设计。在国际象棋教学中，不仅要设计国际象棋知识与技能方面的“基础性”教学目标，还应设计推理、空间想象、自我反省、言语表达等“特长性”教学目标。例如，以培养学生逻辑推理能力为目标的教学设计；以培养学生空间布局战术为目标的教学设计；以培养学生反思不足为目标的教学设计；以培养学生的世界观、价值观为目标的教学设计；等等。通过不同的国际象棋教学目标设计，充分发挥国际象棋在智育方面的独特作用。

（二）丰富国际象棋的教学内容

现代教育改革提倡学生的全面发展，学生需要的不是单个智力类型而是多种智力类型的组合。国际象棋的教学内容应满足学生全面发展的智力开发需要。就国际象棋战术教学而言，教学内容不仅包含牵制、引离、击双、长将、闪击等战术规则，更有包含这些战术规则之外的逻辑理解。学生不仅需要学习这些战术规则，更需要理解和分析为什么要使用这些战术以及什么时候能用，什么时候不能用。国际象棋开局的教授更是如此。教师除了教授开局知识，也可以向学生分析大师经典对局，让学生从中学习大师的逻辑推理与布局艺术。

（三）采用多种教学方法

基于多元智力理论视角及双层次的国际象棋智力培养目标，国际象棋教学可以探索如下的教学方法：1. 小组学习法。国际象棋比赛虽然不是团队作战。但在教学中采取小组合作的方式，可以促进学生间的交流，相互观摩，取长补短。例如，教师可以让两个小组的学生各执一方棋子，同一小组的学生轮流走棋。在这个过程中，学生除了关注对手的每一步棋，还需时时关注组内同学走棋的优势和劣势，

这对学生的数理—逻辑智力和自然观察智力的开发具有巨大的帮助。2. 小先生制。小先生制是陶行知先生最先提出的一种教学方式。依据“即知即传人”的原则，让学生来充当“小老师”，在课堂内外向同学、父母传递国际象棋的相关知识，既给了学生充分展示自我的机会，也进一步推广了国际象棋的发展。这个过程也开发了学生的身体—动觉智力、言语—语言智力、人际交往智力。

四、“基础+提升”的国际象棋教学评价指标

与学生“基础性国际象棋智力”和“特长性国际象棋智力”相对应的评价方式是“基础”与“提升”的评价指标。当前国际象棋课程的评价方式主要以国际象棋比赛结果或等级为主，笔者认为这一评价方式属于双层次国际象棋智力中的基础性国际象棋智力评价。当前的评价模式需要关注学生发展的各个层面，因此笔者在此基础上提出了与“特长性国际象棋智力”相对应的“提升”评价指标体系，以期使学生在基础性国际象棋智力得到训练的同时，在优势智能上能够获得较大的发展。关于“基础”评价指标的构建，如表 2 所示（该评价指标仅供参考）。

表2

<table>
<tr><th>对弈阶段</th><th>一级指标</th><th>二级指标</th><th>评价方式</th></tr>
<tr><td rowspan="4">对弈前</td><td rowspan="2">身体—动觉智力</td><td>棋子摆放是否整齐</td><td rowspan="2">教师、对手观察</td></tr>
<tr><td>能否将战术题中的局面在棋盘上准确呈现</td></tr>
<tr><td>言语—语言智力</td><td>是否明白本次对弈规则</td><td>教师口头提问</td></tr>
<tr><td>人际交往智力</td><td>对局前与对手的沟通与交流是否得当</td><td>教师、对手观察</td></tr>
<tr><td rowspan="6">对弈中</td><td rowspan="3">数理—逻辑智力</td><td>能较大程度推理对手的走棋及战术布局</td><td rowspan="3">自评、互评、对局报告分析</td></tr>
<tr><td>战术的合理使用</td></tr>
<tr><td>进攻与防守得当</td></tr>
<tr><td rowspan="2">视觉—空间智力</td><td>能否正确地记录对局过程</td><td rowspan="2">教师观察、对局报告分析、棋谱记录</td></tr>
<tr><td>合理安排战术布局</td></tr>
<tr><td>自然观察智力</td><td>能否对对手的走棋进行合理应对</td><td>教师观察、对局报告分析、棋谱记录</td></tr>
</table>

续表

对弈阶段	一级指标	二级指标	评价方式
对弈中	音乐一节奏智力	棋子摆放与下棋礼仪是否符合规范	教师观察
	存在智力	能在对弈中领悟人生哲理	自评
对弈后	自知一自省智力	能否通过棋谱复盘找出自己及对方的失误	自评、互评、教师问答
	数理一逻辑智力	能否找到应对自己失误的措施	自评、教师问答
	身体一动觉智力	能否根据棋谱准确复盘	自评、教师问答

表 2 中的“基础”评价指标除了对局分析报告及棋谱记录，还增加了教师观察、自评和互评等方式。多种评价方式相结合有利于学生在“基础性国际象棋智力”的各个方面发展，同时也改变学生“重输赢、轻反思”的国际象棋学习观。

在“提升”的评价方面，可以根据学生在多元国际象棋智力中的优势智力进行评分。“特长性国际象棋智力”相对应地“提升”评价指标体系初步构建如表 3 所示（该评价指标仅供参考）。

表3

智力类型	评价指标	智力发展方式
言语一语言智力	与裁判、对手表达清晰	鼓励和引导学生争当“小先生”，传授国际象棋知识
数理一逻辑智力	开局、战术布局、残局将杀合理	创新性开局及战术布局，推测对手更远的应对步骤，促进学生数理逻辑思维
视觉一空间智力	正确记录对局棋谱	完成一至三步杀及盲棋训练
自知一自省智力	运用国际象棋软件引擎、棋谱记录反思自我不足	找到自己在对局中的不足并弥补不足

综上所述，国际象棋教学中的“基础性 + 特长性”的多元智力培养目标的提出以及“基础 + 提升”的评价指标构建的目的在于建立一个多元化的国际象棋教学评价体系，以促进学生各方面的智力在国际象棋学习中得到最大化发展以及学生的优势智能获得最大限度的发挥。对于如何在国际象棋教学实践中完善该评价体系、深入探讨国际象棋与学生多元智力各个智力的关系，还需我们进一步探索和实验研究。

参考文献:

[1]加德纳.多元智能[M].沈致隆,译.北京:新华出版社,1999:12.

[2]谢军.国际象棋教育与发展儿童、少年智力和非智力因素探讨[J].天津体育学院学报,2001(01):44-46.

设计学角度下国际象棋衍生品的研究

陈紫璇

一、前言

（一）选题背景

“十四五”时期是我国开启全面建设社会主义现代化国家新征程的第一个五年。“十四五”时期体育强国战略背景下，人民的体育文化需求日益增长。人们对于体育文化的需求除了学习新技能以外，也逐步提高到需要参与赛事、购买衍生品、了解体育文化等，这就对国际象棋运动的发展提出了更高的要求：除了在培训领域继续保持以外，棋文化衍生产品也应进入大众的视野。另外，“一带一路”国家间的国际交流越发密切，国际象棋作为一个具有社交功能的国际性运动，在此发挥了积极的作用，成为国际舞台上的“宠儿”。2014 年，习近平主席访问印度时，赠送给喜好国际象棋的莫迪一副玉质国际象棋，这也在更高的层次上说明了国际象棋在国际舞台上的全球性。国际象棋文化衍生品正是国际象棋文化的一个载体，其开发将是大势所趋。

积极培育推广棋文化，对国际象棋项目历史瑰宝收集留存。积极探索挖掘现代科技和国际象棋项目的内在关系，充分挖掘数字时代下的国际象棋产业，整合新科技与国际象棋项目相关联的资源，积极带动项目现代化发展；加强对外交流力度，配合国家整体战略，着力开展多边和双边交流，充分发挥本项目的国际影响力。国际象棋衍生品产业发展模式符合现代经济社会标准，是体育产业经济的重要组成部分。

(二)选题意义

艺术文化大众化的发展促进了各种各样衍生品的出现，随着我国经济社会的不断发展，各类型衍生品市场发展越来越广且迅速。国际象棋不仅是一项普通的智力竞技项目同时它具有一定的商业价值和审美价值。

作为国际象棋衍生品可以将艺术设计与国际象棋有效地结合。国际象棋衍生品满足广大人民群众日益增长的精神文化需求。通过有效的设计，国际象棋衍生品有利于缩短普通民众与艺术，民众与国际象棋之间的距离，使得“国际象棋+艺术设计”这一新颖的形式，更加地生活化与大众化。因此，我国推动国际象棋艺术衍生品的发展有利于丰富民众的业余生活，开发我国国际象棋衍生品市场的发展潜力。在此基础上提出了提升国际象棋艺术衍生品市场竞争力的有效方式，从而把国际象棋推向更高的舞台，有着积极的现实意义。

二、国际象棋衍生品的相关概述

(一)国际象棋衍生品的定义

国际象棋衍生品，即以国际象棋为主设计创作元素的衍生产品，是国际象棋文化衍生品设计的外在表达形式。国际象棋衍生品设计的形式多样。可以划分为凝固的、非凝固，比如关于国际象棋的书籍为凝固的文化衍生品，书籍装帧设计则是重要的表现手段。国际象棋的战略则为非凝固的文化衍生品。现市场上不断有新的国际象棋衍生品出现，小到日常生活衍生品如衣服、钥匙扣、徽章等。大到国际象棋相关的影视作品。文化衍生品在现代设计中，占有重要的地位，如故宫博物院的文创设计带动了文化衍生品的发展，更广泛地宣传了故宫本体文物。同理，国际象棋衍生品其在发挥衍生品本身作用的同时，对国际象棋文化进行传播。

(二)国际象棋衍生品的种类

国际象棋衍生品涵盖的范围非常广，其主要分类包括：国际象棋书籍衍生品、国际象棋赛事衍生品、国际象棋企业形象识别衍生品、国际象棋联名衍生品、国际象棋 IP 衍生品等等。

1. 国际象棋书籍衍生品：消费者在日常生活中购买的具有国际象棋战术特色和意义的书籍。这类产品可以借助生活中常见的物品国际象棋，完成该独特性的文化产物。人们在追求知识的同时，对书籍装帧设计或者产品设计也有更高的要求。

书籍装帧设计是指从书籍文稿到成书出版的整个设计过程，书籍的设计形式也可以分为平面书籍或者立体书籍，它包含了艺术思维、构思创意和技术手法的系统设计。书籍设计的范围也包括了封面、腰封、字体、版面、色彩、插图、材料等各个环节的艺术设计。在国际象棋书籍装帧设计中，在设计学中有个“三秒定律”当消费者在购买商品时，看到商品第一眼判断它是否能抓住消费者眼球。现有市面上的国际象棋书籍不论是封面还是内容的表现形式都过于单一。是较为常见的书籍装帧工艺及设计手法。基本是通过双面或者单面铜版纸印刷，表面覆膜过油加书籍腰封的胶装书籍工艺来实现。在书籍方面，近几年沉浸式阅读和立体书籍是发展的新趋势。沉浸式阅读已在悄然改变人们传统阅读方式，不仅仅只能用眼睛去看文字理解内容，还可以用读图、听音频、看视频等多种模式，从中寻找阅读的乐趣，获得更丰富的阅读体验。国际象棋书籍衍生品可以往立体书籍的方向发展。

常见的国际象棋书籍衍生品

立体书籍衍生品

2. 国际象棋 IP 衍生品：IP 是英文短语 Intellectual Property 的首字母缩写，直译成中文叫知识产权。但在我们日常用起 IP 这个词时，不能简单地用中文的知识产权来解释。到底如何定义，目前没有一个很明确统一的说法。一般大家提起来，是指包括了小说、影视剧、游戏、动漫等各种基于创造性的智力成果所产生的具有一定知名度和影响力的作品或人物、形象等。除此之外，现在很多通过互联网内容、直播、短视频等平台打造出来的各种网络红人和形象，都是一种 IP。

从设计学角度来说，大多数 IP 衍生品产品源于主体物即国际象棋本身的符号化，通过艺术手法使国际象棋 IP 衍生品具有独立属性的商品。例如迪士尼公司的影视作品《米奇与米妮》中的米奇 IP 形象就深入人心也被广泛应用，其中迪士尼公司旗下的星黛露和玲娜贝儿更加成为 IP 形象的顶流。又如漫威旗下拥有 5000 多个 IP，从 2008 年第一部《钢铁侠》，成就了“漫威宇宙”。漫威宇宙模式重构了《星球大战》以来系列电影的逻辑，影响了整个衍生品产业的营销模式。IP 衍生品周边产品，包括衣物、饰品、玩偶等都获得了很可观的收益。

迪士尼官方星黛露IP衍生品

迪士尼官方玲娜贝儿IP衍生品

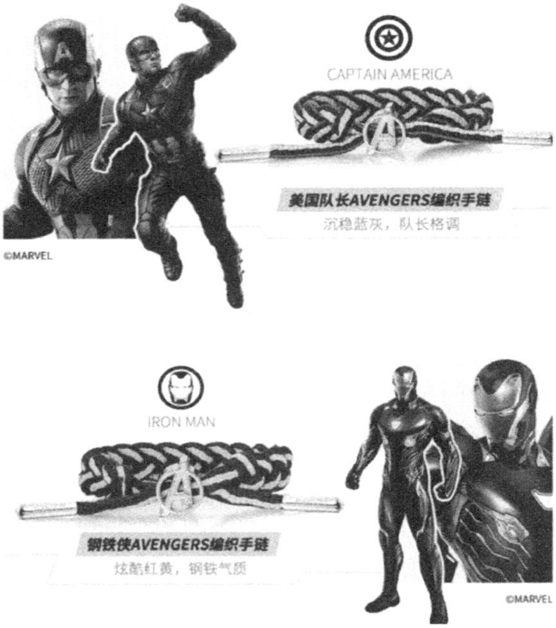

漫威公司官方超级英雄系列IP衍生品

3. 国际象棋联名衍生品：是指国际象棋品牌或者棋院及其他相关机构与任何品牌之间较为常见的一种合作模式，可根据国际象棋相关机构及企业文化进行结合与创作，丰富双方的产品及知名度。这给品牌商品赋予了更多可能性，增加了商品的卖点，提高消费者的购买兴趣。如图所示是泡泡玛特 Molly 国际象棋系列与护肤品品牌阿芙的联名潮玩产品。品牌间跨界合作也能提高国际象棋的知名度和商业价值。

泡泡玛特Molly X阿芙联名国际象棋潮玩产品

（三）国际象棋衍生品的现状

1. 国内国际象棋衍生品现状

在国内来说，国际象棋文化衍生品、国际象棋 IP 衍生品，平面印刷的衍生品如帆布袋、笔袋、水杯、文化衫、帽子等等，这些在我们日常生活中较为常见，其相关研究相对来说较为完善，但相对来说国际象棋赛事衍生品、国际象棋文化企业衍生品的发展尚处于初级阶段。

国际象棋衍生品不管是款式还是设计种类，在市场上还是相对较少的，存在热度较低的问题。设计不符合美学要求的国际象棋衍生品也较多，也导致消费者对于国际象棋的购买热情不大。在现有的衍生品市场中，潮玩盲盒占有重要地位，而国际象棋衍生品潮玩盲盒是一个可开发的领域，具有很巨大的潜力。下图是一些国内市场较为热门的国际象棋衍生品潮玩盲盒。

非人哉国际象棋衍生品潮玩产品盲盒

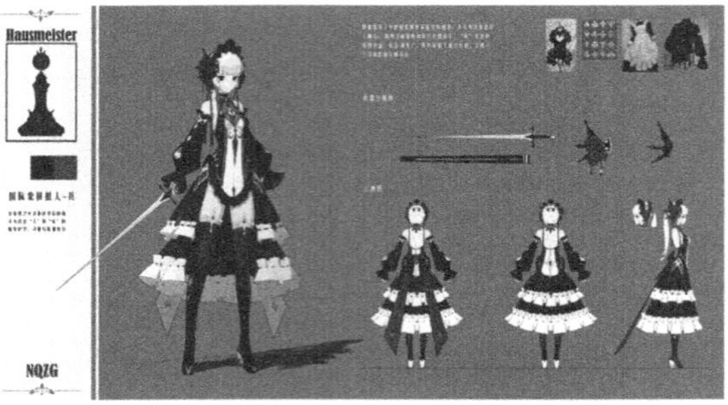

国际象棋周边衍生品

2. 国外国际象棋衍生品现象

在国际来说，国际象棋元素是比较常见的。一些品牌的主打系列，如 Vans 和 Louis Vuitton 等的产品中“棋盘格”元素更是受到了热烈追捧，棋盘格子是极简的几何图形，在设计上运用广泛且容易搭配。“棋盘格”的色彩丰富，应用范围广泛，涉及生活中的各个方面。

“棋盘格”及“国际象棋符号”的几何感都具有符合当代流行元素的审美要求及视觉感受。在一些影视作品中，国际象棋也成为比拼、博弈的暗示。这都是国际象棋衍生品在宣传推广国际象棋文化中起的积极作用。

Louis Vuitton棋盘格系列衍生品

Vans棋盘格系列衍生品

（四）国际象棋衍生品的影视化

影视化是设计美学中的一种。与实用美学相关，同大众文化、传播学的关系直接，受当代文化影响深刻，同时又深刻地反作用于当代的文化走向。影视设计美学仍然属于哲学性质，既有哲学属性又有社会属性。影视设计美学“越来越综合化，同时也越来越个性化”，当代影视作品也跟国际象棋衍生品有密切关系。

中国影视作品《猎罪图鉴》中的国际象棋对弈，就围绕着剧情中画像师与反派间心理博弈时“王兵残局”在国际象棋局面上的体现，为剧情注入了悬疑色彩。

借用国际象棋的对弈是有背后的隐喻的，艺术家杜尚就是一位国际象棋高手，而科学家爱因斯坦也是一位国际象棋高手。其实是杜尚对决爱因斯坦，艺术与科学的巅峰之战，引出后面的剧情。

《猎罪图鉴》镜头国际象棋设计美学

《猎罪图鉴》镜头国际象棋设计美学

美国影视作品《女王的棋局》中讲述了女主被遗弃并托付给肯塔基州的一家孤儿院。她具有惊人的国际象棋天赋，同时对政府提供给孩童的镇静剂上瘾。女主被自己心中的恶魔所困扰，在药物和痴迷的双重作用下，她变成了一个令人印象深刻、技艺高超且富有魅力的弃儿，并决心打破男性主导的国际象棋界建立的传统界限。

在《女王的棋局》分镜中，严谨遵循黄金分割美学设计法则。如以下两个分镜为例子，会以国际象棋作为背景凸显镜头的纵深感，前大后小透视法则；以国际象棋棋盘为中轴线左右对称，保证画面呈现出来的平衡性。霓虹灯的背景棋盘格具有识别性，能抓住观影者的视觉感官。

《女王的棋局》镜头国际象棋设计美学

关于国际象棋电影的《王者之风》是发人深省的一部优秀的励志片，主要讲述重刑要犯尤金•布朗狱中就跟狱友学棋，出狱的尤金•布朗为了生存做起了教育，带领不服管的学生们学习国际象棋，让更多不务正业的学生对国际象棋产生兴趣。男主角通过国际象棋来引导一个满是问题少年的班级走向正途，最后在国际象棋大赛中取得了惊人的成绩的励志故事，运用国际象棋作为影视化手法很好地解读了人性最初的善意。

三、国际象棋衍生品设计学特征

（一）文化艺术性

国际象棋衍生品应具有文化艺术性，“文化是由人类进化过程中衍生出来或创造出来的”。国际象棋文化是由各种元素组成的一个复杂的体系。将国际象棋文化加入美学特性，呈现出具有艺术感的国际象棋衍生品产物。

（二）文化识别性

国际象棋衍生品应具有文化识别性，用符号具体化、视觉化的传达形式，形式多样效果直接。用完整的视觉传达体系，将国际象棋转换为具体符号的概念，塑造出独特的国际象棋形象，更加形象更具有识别性。

（三）商业价值

国际象棋衍生品是文化元素经由创新转化，具备市场和产业价值的产品形式。加强衍生品开发，探索适应市场规律的经营模式，有助于促进衍生品形式、服务模式、市场战略等发生根本性变革，创造新的经济增长点。国际象棋衍生品开发应与市场需求高度契合。

四、国际象棋衍生品创新发展建议

（一）非遗和国际象棋融合设计

近年在政府的大力支持下，非物质文化遗产的发展受到了更多人的重视，非遗是各地各族人民在漫长的历史中经历长期的生活生产实践积累创造形成，并世代流传下来的灿烂成果，是一个民族的文化烙印和智慧结晶。为国际象棋衍生品的开发提供了新的思路。

运用木雕、玉雕、掐丝珐琅、刺绣等非遗工艺形式与国际象棋元素有机融合，呈现出国际象棋衍生品。非遗与国际象棋的中西融合，一定会创造出更绚丽的火花。

（二）高新科技和国际象棋融合设计

21 世纪各高新科技快速发展，特别是后疫情时代国内很多地区都推出“VR+文旅”的新发展模式，国际象棋衍生品可借鉴这一模式，推广“国际象棋＋科技”的创新手段 5G 直播、VR、研学活动进行设计融合。构建良好的国际象棋衍生品市场提质增效，构建产业生态圈，推动产业发展。双方将结合自身的优势，在资源整合、文化创新等国际象棋产业方面进行战略部署，提供更多符合“高新技术＋国际象棋”消费市场需求的系列技术创新衍生品。

1. 5G 直播：5G 直播是指凭借 5G 强大的通信基础网络，在多种媒体平台“零延时”展示非遗的创作过程。跨越时空、微距离体验国际象棋的乐趣。借助数字化互联直播平台，以直播带货等方式展示国际象棋衍生品，展现国际象棋独特美学用作宣传及推广。

2. VR：沉浸式体验全景基于全景图像的真实场景虚拟现实技术，借助智能手机、传感设备和全景摄像头，实现全方位互动式观看的真实场景，以体验VR及结合设计做推广的方式，是较为前沿的国际象棋衍生品设计。

3. 研学游：产学研创新性与国际象棋设计合作，进行国际象棋进校园活动，让更多的人了解国际象棋，为国际象棋衍生品市场拓宽销售渠道。

4. 快闪店：是指品牌在商业繁华地区设置的地点不固定、开店时间短的一种临时性店铺。正如其名字一般，快闪店的一个大的特征就是快，快闪店可以与国际象棋衍生品相结合。

快闪店的开店时间往往会比较短，成功抓住机不可失、时不再来的消费者心理，并以不一样的国际象棋创意和体验式的场景服务吸引更广泛的人群，达到有效宣传国际象棋文化及推广国际象棋衍生品的效果。

五、结语

本文以国际象棋衍生品的现状及设计发展趋势为重点研究方向，从了解国际象棋衍生品的现状为基础，继而分析国际象棋衍生品市场的设计趋势，根据衍生品市场的审美需求和商业价值，提出国际象棋衍生品可行的发展方向。

从选题到最终完稿感谢棋院的支持。推广和发展国际象棋文化有助于提升文化自信，国际象棋衍生品开发是我们对国际象棋的价值挖掘和创新发展。国际象棋衍生品的研究任重道远。

参考文献：

[1]李峥. 艺术衍生品在艺术大众化和艺术品市场中的应用探讨[J]. 读天下, 2016.

国际象棋与人类多元智能的科学研究

范婷婷

一、问题的提出

传统意义上的智能发展过于片面，多元智能更为宽泛和科学，它强调智能的社会文化性和现实创造性，是全人类都能够使用的学习、解决问题和创造的工具。

多元智能理论认为人的智能是一种生理和心理潜能，是可以学习、提升的。加德纳认为智能可以在任何年龄阶段发展，或任何能力层次的人都可以通过学习让自己在各个方面都变得很聪明。在世界范围内产生了深远影响，国际象棋作为素质教育的第一教具成为人类多元智力发展的重要载体。

多元智能在世界其他20多个国家和地区，包括加拿大、英国、澳大利亚、亚洲的日本等许多国家和地区的理论研究和实验探索也开展得蓬蓬勃勃，北京、上海、山东诸城多所学校开设了多元智能教育实验区。中国教育学会“十五”科研规划重点课题——“借鉴多元智能理论，开发学生潜能的实践研究”项目取得阶段性成果。国家积极推进教育改革，全面实施素质教育为棋类项目教育功能的发挥拓展了空间。

中共中央、国务院印发《关于深化教育改革，全面推进素质教育的决定》为教育改革指明方向，并进一步促进我国的教育改革向纵深发展。中央《关于进一步减轻义务教育阶段学生作业负担和校外培训负担的意见》的颁发是使教育真正回归教育本真属性，是解应试教育惯性思维和行为的金钥匙。

在这样的大背景下，作为有独特教育功能的棋类项目，自然会被人们重视和运用。

梅河口市国际象棋协会是山东师范大学儿童青少年多元智能教育理论实践基地，梅河口市共有 34 所学校开设国际象棋校本课程，全市共有学科教师兼国际象棋教师 300 多人，为此课题的研究提供了有力的资源和师资保障。全市共有国际象棋学生 1 万余人，其中 100 多名学生和教师已经完成了多元智能测评，为此课题的研究提供了个案保障。

本研究目的是：国际象棋运动促进学生多元智能发展，从满足社会发展需要和孩子身心发展需要的实际出发，使教育符合孩子的发展特点，以在促进孩子基本素质获得全面和谐发展方面充分发挥其独到的教育功能。

国际象棋让无形的多元智能发展变得有迹可循，把知识化繁为简，成为理论与实践的完美载体，成为检测 4—16 周岁学生素质的又一重要工具。探索国际象棋活动对人类多元智能发展的影响，为开展国际象棋教育活动提供一定的理论支持与参考。

二、研究方法

（一）研究对象

选取吉林省梅河口市15所中小学幼儿园的2966名青少年儿童(年龄跨度为4—16 岁），选取国际象棋特色学校全体学生，国际象棋校本课学校中大班、一、二年级部分国际象棋学生和各校国际象棋社团学生为研究对象。

（二）研究方法

采用问卷调查、综合评估、个别访谈、个案分析、对比研究及文献法等研究方法。

（三）问卷调查

1. 对全市各校学习国际象棋课程的学生和未学习国际象棋的学生的调查

2. 对全市各校学习国际象棋课程的学生家长和未学习国际象棋的学生家长的调查

3. 对全市各校学习国际象棋课程的学校校长和未学习国际象棋的学校校长的

调查

4. 对全市各校一、二年级学习国际象棋课程的学生和持续学习国际象棋的学生的调查

通过上述问卷调查表明学习国际象棋可以有效提高学生的专注力、逻辑思维能力、记忆力、自我约束能力、时间管理能力、抗挫折能力和集体意识。

（四）综合评估

测试体系

中国智慧工程研究会"十四五"规划重点项目——《儿童青少年多元智能测评》

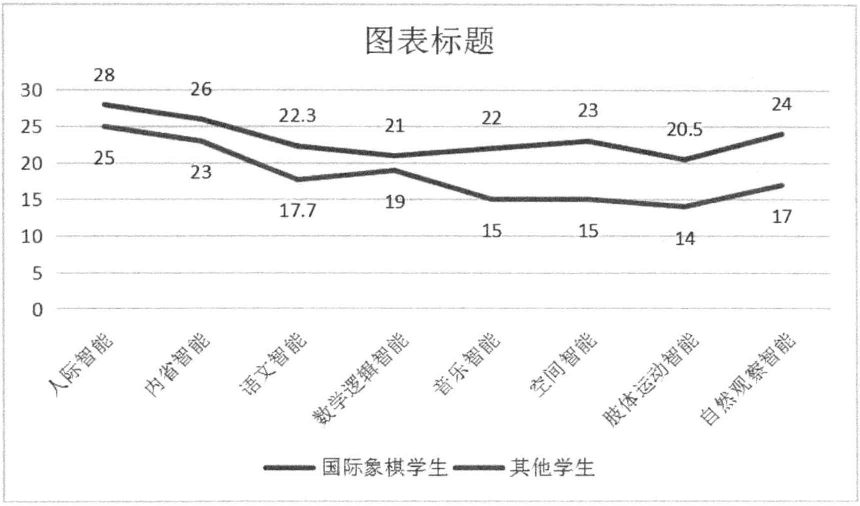

图1

通过对比表明，学习国际象棋的学生八大智能均高于普通学生。

（五）个别访谈

访谈1：梅河口市教育党工委书记任殿臣

将国际象棋在学校中推广普及，是梅河口市教育改革的一项重点工作，在2017年开始启动，由点及面逐步开展，现在国家"双减"政策落实后，已普及到梅河口市各乡镇中小学，在国家《家庭教育促进法》实施后，家校共建工作在我市全面铺开，国际象棋项目成为我市家校共建的一大特色，国际象棋项目的普及

不仅为国家培养了国际象棋后备人才，也让学生们通过学习国际象棋，锻炼了思维能力，培养了竞争意识，接受挫折教育和逆境教育，促进了心理心智的健康成长。国际象棋将一直伴随着他们成长，让他们终身受益，这是我们教育战线的工作者，送给孩子们最好的礼物。

访谈 2：梅河口市教育局体卫艺科科长吴云刚

“体教结合”是新的历史条件下加强学校体育工作、推动素质教育的一项新的重要举措，是整合体育、教育等资源而实施的人才培养战略的重要措施。国际象棋是将科学、文化、艺术、竞技融为一体的智力体育项目，能开发智力、培养逻辑思维和想象能力。

国际象棋对幼儿园、小学、初中、高中各年龄段的学生有着不同的教育作用，成为多元智能在实际应用中的重要载体，得到学校教师、家长和学生们的一致好评。

访谈 3：梅河口市第二实验小学校长狄彩丽

国际象棋作为一项智力型体育项目，自从推广普及到学校以后，大大提升了学生们的综合素质，提高了学校的整体面貌，成为校园传统体育项目的有益补充，成为校园赛事的一大亮点：学生参与度高、普及面广。

2017 年，我校把国际象棋引入课堂，将国际象棋和素质教育紧密的结合，体现了体育、教育事业最根本的培养目标，符合人才培养的内在要求，并取得喜人佳绩，我校将把国际象棋做为校园特色，进一步发展。

访谈 4：梅河口市第二中学（全国国际象棋特色学校）杨鹏校长

第二中学将棋类文化发扬光大，棋类特色教育从无到有，从小到大，从学校走向社会，把“棋文化”发展作为特色化的重点项目全面覆盖我校初中、小学、幼儿园。形成了独树一帜的棋类办学特色，推动校园文化发展，学校面貌焕然一新。

第二中学以“以棋益智，以棋养德”为棋训宗旨，大力推广棋类活动，把棋类活动列入校本课程，从 2019 年起，国际象棋就作为“社团活动”纳入了学校兴趣课程体系，设置并将国际象棋所蕴含的教育内涵融入学校管理、课程建设，家校共建等各个方面，学校面向全校学生大力普及棋类教学，开展了丰富多彩的棋类活动，形成浓厚的校园文化氛围。

访谈 5：梅河口市双兴学校国际象棋史航教师

作为一名数学老师，我在经过国际象棋专业培训后，在我校担任国际象棋社团课教师。

我校因地处农村，留守儿童居多，因此从一至八年级学生中选取部分学生组建国际象棋社团课，每周两节。通过近一年的学习，这些学生不仅在国际象棋方面取得了优异成绩，也在学习及其他方面有显著进步。

通过访谈表明学习国际象棋有助于学生综合素质的全面提升。

（六）个案分析

个案1：梅河口市第二实验小学四年九班马溪

马溪2011年出生，小学一年级时因学校开设国际象棋校本课程而接触国际象棋，2018年第一届梅河口市国际象棋“校园杯”比赛小学一年级女子组冠军获得者，在校随学校校本课程学至二年级结束，三年级参加校社团课继续学习国际象棋，2021年梅河口市第一届国际象棋锦标赛中获城区小学三年级组女子冠军，于2021年5月开始在梅河口市国际象棋协会深入学习国际象棋，于2021年12月末在全市期末质量抽测中（全市小学四年级共计4356人），获得全市第6名，第二实验小学第1名的优异成绩。马溪同学在一至三年级时学习成绩居于班级中上等，能在四年级期末测试中取得长足进步，得益于她国际象棋的持续学习和深入学习。

个案2：梅河口市第二中学初三毕业生初敬智

初敬智2006年出生，2018年梅河口市第二中学开设国际象棋社团课接触国际象棋，2019年吉林省国际象棋等级赛无级别组冠军，2019年9月开始在梅河口市国际象棋协会免费学习国际象棋，于2020年成为一级棋士，2021年9月以全市中考成绩206名升入梅河口市重点高中，第一次考试后名列全校第8名，现稳居高一前十名。国际象棋对他的影响很好地体现在空间智能、数学逻辑思维智能、人际智能和语言智能上。

通过个案分析表明学习国际象棋有效提高了学生的空间智能、数学逻辑思维智能和人际智能。

（七）对比研究

对比1：梅河口市第二中学（全国国际象棋特色学校）六年的学生期末考试平均分成绩

年级 平均分 年份	一年级	二年级	三年级	四年级	五年级	六年级	七年级	八年级	九年级
2016年	88.62	87.25	87.08	85.25	86.23	85.36	78.52	79.25	78.86
2017年	88.72	87.86	87.15	85.81	86.70	86.99	81.40	80.44	81.67
2018年	90.63	88.85	88.88	86.58	88.16	87.67	83.74	83.14	83.51
2019年	90.80	90.57	90.69	87.57	88.56	89.51	85.62	85.33	85.38
2020年	91.02	92.40	91.39	89.17	89.33	90.52	86.79	88.06	88.30
2021年	92.76	94.23	92.59	90.88	90.00	91.60	89.25	90.45	89.89
2022年	94.12	95.04	92.93	92.73	90.64	92.15	90.37	92.50	92.87

对比2：梅河口市开展国际象棋校本课程学校和其他学校学生在梅河口市社团及各项比赛中国际象棋和其他学生获奖情况

比赛类别 获奖数 学校	声乐类比赛	器乐类比赛	书画类比赛	舞蹈类比赛	语言类比赛	竞技类比赛
全市报名人数	126	130	113	165	129	130
第二实验小学	15	9	2	3	13	12
第三幼儿园	11	10	11	7	14	12
第四幼儿园	8	11	6	9	14	1
第一中学	5	3	2	2	9	15
山城镇中心校	14	8	4	4	5	4
解放街中心校	8	7	15	15	3	4
实验中学	8	13	12	2	14	13
第三中学	5	2	11	12	10	7
红梅镇学校	14	13	2	3	11	7
湾龙学校	3	4	15	14	10	15
第四中学	3	6	3	4	3	11
双兴学校	10	7	5	14	8	9
第二中学	3	12	11	13	1	11

通过对比研究表明开展国际象棋课程学校的学习成绩和文体活动均有显著提高且优于其他未开展国际象棋课程的学校。

三、研究结果

（一）国际象棋促进语言智能的发展

语言智能就是诗人身上所表现出来的对语言文字的掌握能力。指人对语言的掌握和灵活运用的能力，表现为个人能顺利而有效地利用语言描述事件、表达思想并与他人交流。

研究统计，4 岁的儿童并不能完整表达自己想法，但国际象棋教学因为设计了大量适合儿童学习的儿歌、故事、找相同、找不同等环节，使学生在语言智能发展方面等到了显著提高。《国际象棋弟子规》、儿歌、故事使国际象棋课堂在欢声笑语中进行，“我的分享”环节使学生们可以自由表达，最大程度地使语言智能得到锻炼。

（二）国际象棋促进内省智能的发展

内省智能指认识、洞察和反省自身的能力，表现为能够正确地意识和评价自身，并在此基础上有意识地调整自己适应生活的能力。

国际象棋日常的复盘训练：国际象棋在对弈的过程中，棋手们经常会出现吃子的取舍问题；下整盘棋时需要记录棋谱，进而产生反思，棋手慢慢会形成很好的自省能力，不断反思、不断突破。

（三）国际象棋促进人际智能的发展

人际智能指能够有效地理解别人和与别人交往的能力，表现为觉察、体验他人情绪、情感和意图并作出适当的反应。

国际象棋是一项对弈运动，比赛时更成为一种集体活动，不同年龄、不同种族、不同身份的人都可以同台竞技。国际象棋学习的过程成功扩大了棋手们的朋友圈，很多人因国际象棋而结缘，从竞技对手成为生活中的朋友，相互欣赏、相互赏识、相互鼓励。

（四）国际象棋促进数学逻辑智能的发展

数学逻辑智能是数学和逻辑推理的能力以及科学分析的能力。这种智能主要是指运算和推理的能力，表现为对事物间各种关系，如类比、对比、因果和逻辑等关系的敏感，以及通过数理进行运算和逻辑推理等进行思维的能力。

下棋过程是一个“猜想”的过程。从开局起，出子就有不同的风格。幼儿每下一步棋，就要想下一步接着怎么走，还要猜测对手下一步会怎么走，如何应对，若是对手不这么走，自己又该怎么应对，这样很好锻炼了孩子的逻辑思维能力。

苏联的学者叶•雅•基克在其所著《国际象棋与数学》一书的前言中写道：“国际象棋的棋盘、棋子和它的走法，常常用来图示各种不同的数学概念和解题。在有关控制论、博弈论、计算数学、战役研究、图论、数论和组合分析的书籍中，可以见到国际象棋的例证和术语。国际象棋对发展电子计算机程序设计的现代方法，具有很重要的地位。”

“数学和国际象棋还有一个共同点，即它们都有一种通俗的引人入胜的数学形式，棋盘上的数学游戏、解题和智力测验均属这种数学形式。我们把这种数学叫作国际象棋数学。几乎在每一本奥林匹克数学习题集、智力游戏和趣味数学的书中，都可以找到与国际象棋棋盘和棋子有关的精彩的难题。其中很多题都包含有趣的历史故事，因而引起一些著名学者的注意。例如瑞士伟大的数学家奥伊勒解过关于马的行进路线（‘骑士巡回’）的棋题，德国伟大的数学家卡尔•高斯则解过八个后的棋题。”

棋盘中的数学

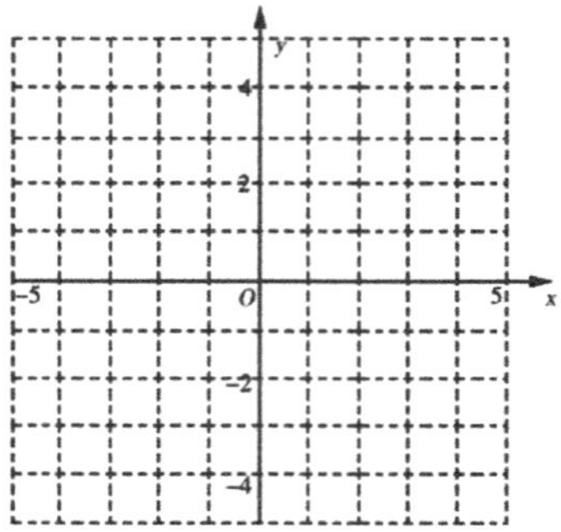

图2

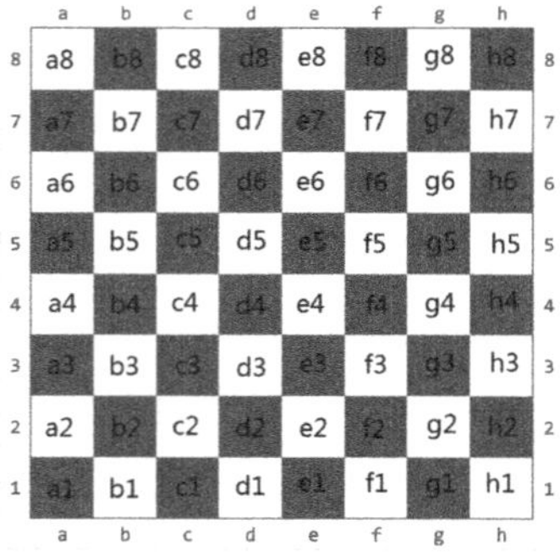

图3

如图2所示，国际象棋棋盘是个正方形，由横纵各8格、颜色一深一浅交错排列的64个小方格组成。深色格称黑格，浅色格称白格。横排分别被标记为a,b,c,d,e,f,g,h；而竖排分别被标记为1,2,3,4,5,6,7,8。因此棋盘的每一个格子都有了其表示方式，从a1到h8与64个格子一一对应，这样的记录方式与数学中的平面直角坐标系（图3）如出一辙。

（五）国际象棋促进音乐智能的发展

音乐智能指个人感受、辨别、记忆、表达音乐的能力，表现为个人对节奏、音调、音色和旋律的敏感，以及通过作曲、演奏、歌唱等形式来表达自己的思想或情感。

《国际象棋小兵之歌》《国际象棋之歌》《孤兵》《织卒之歌》《Chess》等歌曲促进了音乐智能的发展。

（六）国际象棋促进空间智能的发展

空间知觉能力指的是“从空间中辨认和区分刺激物，并通过它们与已有经验的联系来解释这些刺激物的能力”。

国际象棋棋子富于立体化形象化，很容易吸引幼儿的注意力，适宜幼儿记忆以及对棋子形状的分辨。国际象棋棋盘是一个8×8黑白相间的64格，棋格左右对称，并且每个格子都有其固定格位。底边从左到右用a—h八个小写字母表示，从白方到黑方用1—8表示，如白车在a1上，每个棋子与棋格一一配对；棋子布局呈左右对称，通过下棋可以明确棋子与自己的空间关系，增强空间关系知觉能力。

另外，棋盘上有正方形、三角形规则，棋子的走动路线有横（车）、直（兵）、斜（象）线；每个棋子都赋予分值（如：兵1分，马3分，车5分等）。通过国际象棋可以学到最基本的图形推理（图形分辨、比较、类比组合）、空间关系等基础知识。

（七）国际象棋促进肢体运动智能的发展

肢体运动智能指运用整个身体或身体的一部分解决问题或制造产品的能力，表现为用身体表达思想、情感的能力。

国际象棋是要动脑筋的，看着对方落子，既要考虑对策，还要记棋谱。在下棋的过程中需要手脑并用，快棋赛时棋手们需要边下棋，边拍棋种，这样可以很好发展棋手的肢体协调性。

（八）国际象棋促进自然观察智能的发展

自然观察者智能指辨别生物以及对自然界的其他特征敏感的能力，表现为对物体进行辨认和分类，并能洞察自然或人造系统的能力。

国际象棋通过与全国乃至世界棋手间的比赛和交流，可以了解各地的自然地貌和风土人情，更可以开阔视野、扩大知识面。

四、研究应用

多元智能指导下的国际象棋教学：

（一）政策支持确保国际象棋教学

自 2017 年开始国际象棋项目进校园活动得到了梅河口市教育局大力支持，各项工作均由梅河口市教育局以红头文件的形式，下发到梅河口市内所有中小学及幼儿园。2017 年《关于开展国际象棋项目的通知》、2019 年《关于普及国际象棋项目的通知》、2021 年《关于深化国际象棋推广的通知》。

1. 根据国家教育部、体育总局的要求，结合梅河口市实际情况，制订切实可行的考核标准，以开展国际象棋教学的班级数、学生数、师资数；学生评级数、晋级数；组织比赛次数等可量化的指标和活动延伸工作进行考核。

2. 由各校长牵头组建国际象棋工作领导小组，建立国际象棋教学师资队伍，使他们成为国际象棋进校园推广工作的主要师资力量；各学校根据本校实情，积极探索培训机制，制定详实方案，积极稳步推进国际象棋活动在校园的全面开展。

3. 城区公办幼儿园在中班、大班开设国际象棋特色课程每学期 30 课时，每周 2 课时，各园根据实际情况合理安排上课时间。

4. 全市开展课后托管的各中小学做到国际象棋校本课程全覆盖。1—2 年级利用课后托管时间开展国际象棋教学活动，每周每班 1 课时，每学期 15 课时。

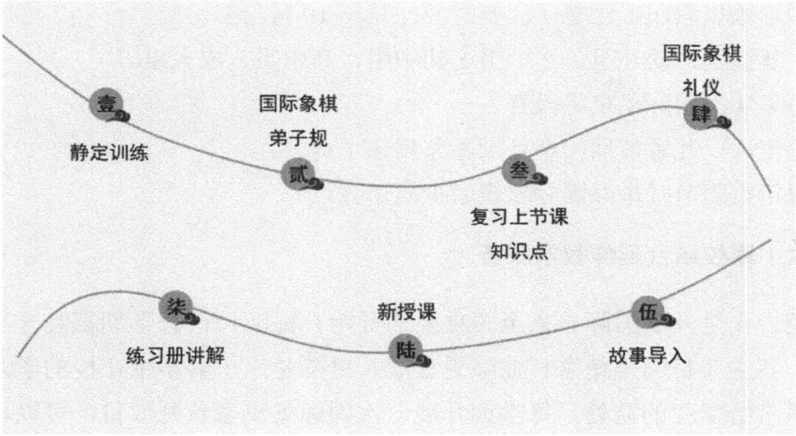

图四

（二）专业教师团队的国际象棋教练员队伍，确保授课质量

学校选派班主任或热爱国际象棋事业的责任心强的教师，由梅河口市国际象棋协会委托国家级高水平教练员进行统一培训及周期性培训。现全市共有国际象棋教师 478 人工作在教学一线。

（三）小学低年级全员开课，确保普及；高年级社团有助提高

各校组建国际象棋校队，由专人负责，参加吉林省及梅河口市各类国际象棋比赛，3—9 年级按不低于学籍数的 9% 选拔学员，男女比例 2 ∶ 1，每周 1 课时，各校根据实际情况合理安排上课时间。

（四）国际象棋校本教材渗透多元智能，使教学可视化、系统化

教材分为幼儿园版和小学版两种。幼儿园版分为上下两册，内容为基础走法和国际象棋的规则，并加以大量的国际象棋儿歌加深学生的记忆和国际象棋的游戏增加学生的兴趣。小学版每课分为四部分：讲授新课、注意力训练、国象礼仪和自我评价。

（五）以赛促教扩大影响

1. 梅河口市国际象棋锦标赛（比赛时间：每年 4 月份）。
2. 梅河口市“校园杯”国际象棋比赛（比赛时间：每年 11 月份）。

3. 国际象棋教职工比赛（比赛时间：每年 10 月份）。
4. 比赛组别：幼儿组、小学组、初中组、高中组、成人组。
5. 每年 4 次国际象棋等级赛。
6. 每年六一儿童节期间举行国际象棋亲子赛。
7. 每年重阳节时举办国际象棋老少同乐会。

（六）家校结合延伸教学服务

家校合作是开展国际象棋至关重要的开始！梅河口市每学期都会开展一次家长培训，其主要目的是使家长能够更直观、更清楚地了解学生在校的学习成果和国际象棋带给学生的益处。每学期开展一次国际象棋家长开放日，可以让家长更真实地感受学生在校上课比赛的状态。

2021 年寒假开始，以公益课的形式为广大家长进行 8 次国际象棋培训，现共计 486 名家长参加培训。

五、结论

参加国际象棋活动的青少年儿童在语言智能、数学逻辑智能、空间智能、身体运动智能、音乐智能、人际智能、内省智能和自然观察智能方面都得到了发展。

国际象棋是学生多元智能发展的重要载体，促进了学生基本素质的全面提升。

参考文献：

[1]叶·雅·基克《国际象棋与数学》

[2]霍华德·加德纳《多元智能》

[3]谢军.国际象棋教育与发展儿童、少年智力和非智力因素探讨[J].天津体育学院学报,2001（01）:47-49.

[4]刘适兰.浅谈国际象棋与智力开发[J].中国学校体育,2003（03）:53-54.

国际象棋运动社区推广策略的研究

梁广彬

一、绪论

（一）研究背景

1. 国家“十四五”规划利好政策，赋能国际象棋运动推广

“十四五”时期是我国开启全面建设社会主义现代化国家新征程的第一个五年，是我国加快推进体育强国建设、筑牢体育强国根基、奋力实现体育现代化的开局时期，也是国际象棋项目夯实发展基础、拓展项目人口、提升竞技水平的关键时期。在机遇与挑战并存的2022年，坚持改革创新，坚持协同推进，积极推进群众国际象棋活动，为国际象棋运动的推广、发展注入新活力。

2.“全国百城千县万乡棋牌推广计划”的深入推进，为国际象棋运动进社区提供群众基础

为深入贯彻十九大精神，坚持“以人民为中心”的发展理念，体育总局棋牌中心计划自2018年起，推动实施“全国百城千县万乡全民棋牌推广工程”，通过对棋牌行业资源的优化整合，建设我国棋牌事业发展的长远目标，提高全民棋牌普及水平，实现棋牌公共赛事产品和服务的规范化、系统化，充分满足广大群众不断增长、日益多元的棋牌健身娱乐需求。

3. 全民健身国家战略为国际象棋运动在社区的推广和发展提供新的机遇

习近平同志在十九届五中全会报告中指出，广泛开展全民健身活动，建设体育强国的决策部署。由国家体育总局发布的《体育强国建设纲要》（以下简称《纲要》）中指出，广泛开展全民健身活动，坚持以人民健康为中心，制定并实施全民健身计划，普及科学健身知识和健身方法，因时因地因需开展全民健身活动。国际象棋是一项有益身心的、智力和体力兼备的健康运动，从参与的人数和场地等条件而言，非常适合在社区开展，全民普及的基础条件良好。《纲要》提出统筹建设全民健身场地设施，加强全民健身中心、体育健身公园、社区文体广场等场地设施建设，与住宅、商业、文化、娱乐等建设项目综合开发和改造相结合，合理利用城市空置场所。全民健身这一国家战略部署，为国际象棋运动发展提供新机遇、新航向。

（二）研究意义

本课题以国际象棋为例，围绕全民健身国家战略，利用政策红利，探索国际象棋运动推广的新模式、新路径，对于贯彻落实全民健身国家战略及国际象棋事业的健康和谐发展具有积极的社会意义。

课题通过对国际象棋运动现行推广方式的分析，抓住痛点，针对其在社区推广方面的短板，为国象运动的普及与推广提供新方向、新思路。本课题的研究成果对于扩大国际象棋的人口基数，推动国际象棋事业的发展具有现实意义。

二、国际象棋运动的发展现状

（一）现行推广方式分析

1. 校园推广

通过国际象棋进校园活动，加强国际象棋与传统教育的链接，培养学子们的兴趣，更有效地在校园中普及国际象棋运动。

2. 赛事推广

通过在各个城市举办各类比赛，提升国际象棋的知名度。如第一届“机械人谷杯”中国城市国际象棋联赛、南北对抗赛、联赛等。

3. 名人推广

借助国际象棋名人，如在国际象棋领域的国际冠军、棋王、棋后，以及年轻的国际象棋运动员中的佼佼者等，通过举办友谊赛、明星赛、座谈会等方式进行推广。

4. 活动推广

通过举办棋类活动加强对国际象棋的宣传，如“2020年一带一路辽宁国际棋牌节”等，通过体育与文化相结合的方式，助力国际象棋运动的推广。

现有的推广方式大多以传统的方式进行推广，推广方式比较单一且大多处于国象圈内，圈外形式单一，相关的文化衍生品也较少。

（二）文化认可度不高，国民热度不高

与文化认同度较高的中国象棋、围棋不同，在大多数国人意识中国际象棋属于外来文化。国际象棋在我国相对缺少历史底蕴，群众基础比较薄弱，目前还未深入人心。横向对比中国象棋、围棋，均是棋类智力运动项目，但是有历史底蕴作为支撑，以弘扬历史文化作为着力点，可以满足从众心理及社交需求，更加深入人心。

三、国际象棋运动社区推广的可行性分析——SWOT分析

（一）S —优势

1. 社区人流大，受众群体广泛

广泛的人群基础有利于国际象棋的推广。国际象棋是一项老少皆宜的智力运动项目，适用于不同年龄阶段的人群，而社区是人们日常生活的场所，聚集大量人流，全面涵盖青少年儿童、壮年、中老年等群体，因此社区为国际象棋运动的推广提供了一个优质的成长土壤。

2. 宣传推广氛围好，口碑宣传比例高

聚集性是社区居民的一个特点，在初级层面可以通过人群的聚集性来吸引更多的人关注，运用简易、趣味的宣传手段，逐渐加深居民对国际象棋概念、规则、玩法等的了解，再通过居民茶余饭后的口口相传加大宣传覆盖范围；高级层面可以通过大家聚集讨论对居民进行深度宣传并通过现场教学等方式，培养居民下国际象棋的习惯。同时，社区与社会、学校、企业的联系紧密，容易建立联系，更

有利于国际象棋的推广宣传。

3. 社区居民思想较为开放，参与活动的积极性高

随着社会经济的不断发展，网络科技的不断变革，越来越多的新鲜事物涌现，人民对于新鲜事物的接受程度普遍提高。国际象棋是一个适合各种场合的智力运动项目，除体育竞技外，还适合于家庭娱乐、群体团建等，尤其适合思想比较开放，家庭群体较多的社区，不仅可以丰富居民的日常生活，还能增进家庭、邻里间的感情。

4. 有益身心，提高智力，拓展思维

据调查，世界上共有22位诺贝尔获奖者的儿童时期经历都与国际象棋的教育密不可分。国际象棋融科学、艺术、经济、教育、娱乐为一体，适合各个年龄阶段的人群。儿童、青少年：提高心理素质、智力、记忆力、创造力、想象力等；中老年：对促进身心健康有着积极作用，锻炼思维能力，促进大脑活动，加强社会互动，减少孤独感等。

（二）W —劣势

1. 社区推广资源缺乏

大部分社区可用于国际象棋运动推广的人力、物力、财力都有限或缺失，基础设施建设不够完善。相对于学校、培训机构，社区的国际象棋相关设备较为缺乏，缺失日常的接触机会，导致不易持续性的传播，不利于日常宣传推广。

2. 相比中国象棋、围棋，国际象棋在社区的基础比较薄弱

目前活跃于社区的智力运动主要是中国象棋、围棋，社区普遍具有相关的设施以供娱乐。因历史文化的原因，社区居民对中国象棋、围棋的了解程度也更高，除如深圳等部分城市，其他区域的国际象棋传播的深度不够，相较中国象棋、围棋的竞争力较低。

（三）O —机遇

1. 双减政策下，非学科类课外活动成为家长为孩子选择的新宠

双减政策下，学生的课外活动时间增加，非学科类课外活动成为学生课外时间的首选。除体育运动、语言表演、文化活动等，益智教育类活动更受学生家长的偏爱。作为智力运动的国际象棋，不仅对儿童身心健康有益，也有助于学科学习的思维培养。因此，以国际象棋文化素质教育为出发点和落脚点，打造国象益智教育标杆，借势入社区。

2. 全民健身战略的部署，乘政策红利东风

“十四五”规划指出，2035年将建成体育强国的目标，有利的政策为国际象棋在社区的发展提供新的机遇。场地设施不足是影响全民健身发展的一大痛点，在全民健身战略的部署下，政府将统筹建设全民健身场地设施，建设社区“15分钟健身圈”，社区居民将更便捷地参与到体育、智力运动中。国象运动可乘国家大力建设体育运动基础设施的东风大力发展，逐步完善基础设施。

同时，体育相关政策利好不断，给国际象棋的社区推广勾画了精彩的发展蓝图。国际象棋作为智力运动，随处都是“健身场”。国际象棋是一项消耗体力、脑力的运动，非常考验耐力、心理素质、智力、体力、思维能力，仅需一副棋、棋盘即可随时开展，切切实实地实现了全民健身。

（四）T—威胁

由于中国象棋、围棋具有传统文化背景的先天优势，在社区的推广和发展相比国际象棋更为普及。无论是大街小巷还是学校社区，最为常见的智力运动项目是中国象棋、围棋，国际象棋相对少见，且国际象棋易与中国象棋混淆，导致国际象棋在社区的推广与发展存在不容忽视的难题。同时，在大多数人的观念中，国际象棋是“引进来”中国的，存在一定的文化差异，这种与生俱来的文化折扣使国象在国内的发展更加具有挑战性。

四、国际象棋运动社区推广策略

（一）多元化营销方式助力线上、线下联动推广

1. 活动营销

（1）打造集观赏性与体育运动性、竞技性于一身的社区赛事

目前国际象棋赛事主要有政府、棋协、棋社举办，由社区举办的娱乐赛、互动赛较少。国际象棋是一项十分具有观赏性、娱乐性的智力运动，通过社区举办如亲子赛、社区赛、跨社区赛等互动赛事进行宣传，不仅可以丰富社区居民日常活动，更能有力地推动国际象棋在社区领域的推广。

（2）开展社区国际象棋公益宣讲活动

相对于中国象棋、围棋，大多数人对国际象棋不甚了解，因此可以通过举办公益宣讲活动课更好地推广国际象棋运动。

如棋而至团队[①]于2022年2月26日与中山市星求索书苑、东区社区合作共同于星求索书苑举办国际象棋公益宣讲课。活动由东区社区招募10余组家庭参与，现场包含国象规则讲解、趣味互动、有礼问答、自由实践等阶段，除报名参与家庭外，还成为路人的焦点，许多人在侧旁听。整场活动举行2小时，活动结束后仍有许多孩子、家长留步咨询、学习、下棋实践，部分家长积极添加宣讲老师微信，以待后续学习交流，宣传效果十分显著。

通过实践发现，采用接地气的营销模式，以社区为立足点举办公益课程、活动比较容易被大众所接受，社区居民的参与度、积极性也较高，无论是孩子还是家长都愿意去了解国象，甚至想进一步学习及深入了解。除“社区＋企业＋商圈”的模式外，还可以通过走进社区的内部公益课进行推广。因此，从灵活多变的社区公益课程出发，辅以有趣、有料、有礼的公益课程，对于国象运动的社区推广有着助力作用。

2. 新媒体社区推广营销

新媒体营销作为网络大爆发时代的产物，具有线下运营不具备的跨空间、跨时间高效传播的特点。新媒体运营极易引起流量效应，在如今短视频盛行的时代，趣味的笔记、短视频极易吸引人群关注与传播。如棋而至团队成员曾在小红书发布一篇《请“象”我看“棋”！棋盘格背后的国际象棋~》笔记，一周内获得6800+赞，4300+收藏，粉丝增加600+。通过此篇笔记的效果可以看出，在如今网络媒体不断发展的时代下，优质、有趣的软文笔记比较容易被大众所接受，因此新媒体可作为国际象棋社区推广的宣传平台。

新媒体平台不仅可以加强国象运动在社区内的推广传播，还能带动更大领域的宣传程度。通过在抖音、微博、小红书、哔哩哔哩等新媒体平台设立国象话题、明星直播专区、主题频道等网络社群，发布备受年轻人青睐的内容，推动国际象棋在网络社区的推广。同时，以线上社群、线下社区的双向联动，如在抖音以社区为单位举办国象相关互动话题，在推广国象运动发展的同时能够保持较高的人群活跃度。

---

① 佛山市如棋而至文化有限公司

3. **体验式营销**

借助独具特色的棋盘格元素进行场景设计，融入教学、文化创意产品售卖、名人名局的展示等多元场景，打造沉浸式社区国象文化体验空间。

通过棋协与社区合作建立驻点，布置国际象棋基础设施，利用国象相关主题文化元素打造打卡场景，让居民与国象文化元素进行沉浸式交互，进而在潜移默化中加深对国象的印象，激发居民对国象的兴趣，再通过不定期活动加强宣导。

鼓励文创企业、团队加大国际象棋相关文化元素的利用、创造。深挖国民的兴趣喜好，通过将国际象棋文化元素具象化、实物化来进行推广，如国际象棋创意盲盒、T 恤、帆布袋等。通过国象文化元素与日常实物的创意性结合，让国象文化在潜移默化中融入社区居民的生活，更容易引发居民了解、学习国象的兴趣。

（二）以明星的榜样力量为社区推广切入点

名人、明星作为公众人物，具有很高的宣传推广效应，容易引发人们的关注，因此可通过邀请国际象棋领域名人走进社区的方式宣传。如邀请名人主讲社区公益课、举办明星挑战赛的方式吸引社区居民的兴趣。同时，名人具备榜样的力量，家长会通过名人事迹鼓励孩子学习，孩子会因为崇拜而进行效仿，在这种潜移默化的方式下，更容易带动居民了解、学习国际象棋的兴趣。

（三）争取地区政府及社区组织支持，以点带面促推广

1.“以点带面”，争取获取政府与社区支持，通过政府、社区培养一批社区国象运动的教练志愿者，做好基层设施、人才建设，为国际象棋在社区的推广打下坚实基础。

2. 在国家大力号召全民健身的背景下，鼓励社区在“健身”的同时也“健脑”。通过地方棋协与社区的党群建设、文化体育建设相结合，将国际象棋运动纳入社区日常文化体育的规划之中，提高社区组织的主观能动性。鼓励社区树立典型，通力打造国际象棋特色文化社区，定期进行表彰和宣传。

3. 鼓励社区幼儿园、小学引进国际象棋兴趣课堂，申报全国国际象棋特色学校，从社区学校出发向外延伸推广。

五、结语

在这个机遇与挑战并存的时代里，智力运动大力发展，国际象棋运动该如何从中脱颖而出是一个十分值得思考的问题。本文通过对国际象棋社区推广方式的分析，提出相关的推广建议，希望能够为国际象棋的发展提供新思路、新方法。

国际象棋是一座具有创造性、艺术性、益智性、娱乐性的智慧“殿堂”，它不仅仅是一项智力运动，它带来的创造力、逻辑思维、智力的提升，都将伴随人一生的成长。最后，祝愿国际象棋运动的发展越来越好！

国际象棋地方商业赛事品牌机制建设研究

俞文杰　陈　素　吴伶峰

国际象棋地方商业赛事是国际象棋运动健康有序发展的重要组成部分，不仅有利于提高我国国际象棋整体水平，也有助于激发全社会参与热情，推动国际象棋文化深入传播。《“十四五”国际象棋项目发展规划》明确提出要“加强传统商业赛事的品牌建设，挖掘赛事品牌潜力，合理合规开发市场，整合资源，开发国际象棋项目衍生品”。国际象棋地方商业赛事要在市场上获得成功，不仅需要高质量的产品和优质的服务，更重要的是要建立独具匠心的品牌。因此，对国际象棋地方商业赛事的开发运营亟须深入研究和探讨，对相关品牌价值的构建需要在赛事管理、运营服务、品牌传播等方面协同发力，以此提升赛事价值，挖掘商业潜力，推动国际象棋赛事持续健康发展。

一、国际象棋地方商业赛事品牌建设的重要性和必要性

品牌就是知名度，是一种能够带来溢价、产生增值的无形资产，也是产品形象在公众心目中地位的体现。近年来，国际象棋事业发展迅速，地方国际象棋赛事早已不再是政府的“独角戏”，而越来越成为地方商业体育产业中的重要一环。但平心而论，国际象棋地方商业赛事虽然发展速度快、数量增长大，但赛事同质化、品质低端化、发展不均衡等问题也逐渐显现。赛事“千篇一律”不仅会带来审美疲劳，也容易引发参赛者忠诚度不高，参赛体验不佳，赞助回报不足等弊端。而且，除了一部分顶级赛事外，我国国际象棋运动的市场化程度相比足球等热门体育项目仍不算高，市场开发方面还远没有跟上速度，产业化层次亟待升级。特别是国际

象棋在历经持续多年的快速普及之后，很多市场价值却未能以此为契机充分挖掘，加之诸多地方商业赛事在当前疫情多点暴发影响下因无法获得顶级赛事所享有的财政支持及大量高质量商业赞助，生存发展受到了诸多考验。

因此，打造特色品牌对于国际象棋地方商业赛事的生存与发展已变得至关重要。赛事的深度开发不应仅满足于数量的增长，而是要以能够展现国际象棋运动的活力和魅力为先，否则国际象棋赛事品牌就如同缘木求鱼，更难以产生眼球经济。同时，品牌也需要承载一定的精神内涵，应通过市场的作用让赛事得到发展和壮大，并通过其载体及媒体或服务体现出来，最大限度地挖掘赛事价值，有效激发商业潜力，利用好、开发好、维护好品牌建设带来的益处，实现预期的经济和社会目标，推动国际象棋运动在地方的持续稳步发展。

二、新冠疫情背景下地方国际象棋赛事SWOT 分析

（一）国际象棋地方商业赛事具有的优势

1. **新媒体平台优势日趋显现**。大部分地方国际象棋协会和俱乐部均有自己的新媒体账号，方便运用当前流行的一系列媒体平台扩大和提高地方商业赛事影响力和知名度。依托微信、抖音等新媒体定期公布和宣传地方商业赛事具有成本低、更新速度快的特点，而受众面可能不亚于传统媒体。特别是以网络视频平台持续直播赛事以及对较为精彩的片段进行宣传具有良好的推广效果，长期坚持势必能够进一步扩大地方潜在的国际象棋人口，使当地公众对国际象棋运动更为喜闻乐见，也能更好地使社会对国际象棋内在价值观产生认同，从而带动地方国际象棋事业的发展繁荣。

2. **国际象棋进校园活动稳步推进**。近年来，不少地方国际象棋协会和俱乐部在积极举办赛事的同时，努力推动将国际象棋运动纳入各级学校体育课程，普及国际象棋知识，激发学生的热爱和参与热情，已有越来越多的学校吸纳国际象棋课程，如江苏省盐城市亭湖区有 32 所中小学、幼儿园将其纳入校本课程、园本课程，盐城白雪棋院已经深入五个街道，保证了社区、街道国际象棋运动的有序开展。通过进校园活动不仅有力扩大国际象棋的影响力，确保学生能够长期接受锻炼，也增加了地方商业赛事举办地的选择范围，有利于推广国际象棋运动，有效传播

国际象棋文化。

（二）国际象棋地方商业赛事目前的劣势

1. **群众基础较为薄弱**。当前，一般中小城市既缺少培养全年龄段国际象棋人才的机制，也没有制定国际象棋人才职业发展中长期规划，基本处于自然发展阶段，既造成现阶段师资、“明星”等各类人才缺乏，也导致后备军不足。而从地方商业赛事本身来看，虽然疫情前举办次数和规模均逐年增长，但基本上仍以青少年业余考级为主，群众参与度并不高，传统媒体曝光率也较低。在宣传推广时，没有充分根据社会偏好设计主题，提高赛事的认知度和美誉度，导致多数地方赛事的社会影响力处在低位运行，制约了国际象棋运动在社会面的深入。

2. **商业模式尚不成熟**。地方发展国际象棋商业赛事，必须拥有具有较强标识度的品牌价值，但目前国内相关赛事提供的服务参差不齐，顶级赛事在这方面因为能为赞助商提供较多展示机会而获得较为充足的赞助，但许多地方赛事因为影响力有限，往往难以为赞助商提供这样的展示平台，无法很好满足其对扩大声誉的需求。加之赛事的丰富性、娱乐性、参与性欠缺，特色挖掘不足，所以不容易获得高端赞助商的青睐，目前很多情况下即便有赞助也往往是实物形式，现金赞助比例较低，赛事收入主要以报名费、办证费和政府补贴为主。此外，赛事冠名、品牌标识等由于会随着赞助商的更换而变化，导致宣传效果难以延续，也不利于品牌的深耕。

3. **地方特色文化结合度不够**。有的地方存在盲目跟风、攀比的心理，不切实际地追求高规格与高层次赛事，以致办赛成本高启但效果却不一定尽如人意。赛事品牌的建立和良好形象并非一朝一夕能完成，但很多商业赛事没能科学地结合自身情况和地方体育发展战略，合理选择赛事规模与层次，与自身实力存在错位，尤其很少能与地方特色文化结合，建立起独特的赛事品牌。如旨在提高学生学习兴趣、提供交流棋艺舞台，为无锡中国国际象棋高水平后备人才培训基地选拔苗子的无锡市“人才杯”国际象棋等级赛至今已举办了十届，但该赛事与无锡锡剧文化、紫砂文化、惠山泥人文化等地方特色融入还不深，比赛与地方发展的良性互动还不够顺畅。对赛事举办后的扩散效应也重视不足，影响力还无法达到质的飞跃。

（三）国际象棋地方商业赛事面临的机遇

1.**“双减”政策助推非学科类培训升温**。“双减”政策的持续落地给很多学科类培训机构带来较大冲击，但对属于非学科类的体育培训行业则带来新的发展机遇。“双减”政策让学生的空闲时间增多，用于国际象棋等课外体育项目学习的时间和精力必然会相应增加，将给国际象棋培训和比赛带来更多发展空间。另外，学科类培训释放出来的家庭资金也有可能被用到国际象棋学习和参赛上。

2.**寄托情感的文创产品日趋受青睐**。在市场化趋势的大背景中，在提高赛事品质的同时，在文创产品等衍生品方面开发赛事商业价值能为主办方带来更大收益，不仅产生经济效益，让消费者产生认同感进而带动消费，也是传播积极正面的国际象棋品牌价值的渠道之一，有利于赛事的可持续发展。如山东聊城积极拓展国际象棋发展模式，推动国际象棋项目多元化发展，成立山东好棋体育文化有限公司，开发了一系列好棋、好书、好文创产品，取得了良好成果。同时，赛事主办方应注重文创产品的设计，好的纪念品不仅可以满足国际象棋爱好者的收藏需求，提高爱好者的忠诚度，还可以体现赛事特点。此外，应注重对参赛者的市场开发。与一般的爱好者相比，参赛者投入的时间和情感更多，对相关赛事更具心理上的认同感，由此对文创产品的购买意愿更高。当前一部分地方还缺乏足够的国际象棋品牌名片，而借助相关赛事可以塑造亮点，如一些结合赛事特点、地方特色、文化内涵设计的写真、挂历、吉祥物、玩具等文化创意产品大受欢迎，可作为赛事补充收益，缓解办赛压力。

（四）国际象棋地方商业赛事遭遇的挑战

1.**赛事举办的持续性**。赛事品牌的建立和传播需要定期举办比赛，通过持续性的内容输出，不断提高知名度和影响力，塑造品牌形象，强化品牌核心价值。而且，持续高质量的赛事有助于提高观众的密集度，增加媒体的聚焦度，从而直接影响赛事的形象。但当前不少举办方没有建立起战略合作意识，与利益相关的群体合作不甚稳定，和赞助商、广告商和媒体的合作往往过于注重短期利益关系，缺乏长期的合作，从而不能有效提升为利益关系群体提供服务的能力，导致赛事组织与利益关系群体的合作周期短，赛事品牌的经营开发存在较大不确定性，增加了品牌打造的难度。如何坚持长期高水平办赛，建立一个符合各项运营指标的专业赛事，并通过相关的推广活动培养国际象棋文化，与利益相关方形成共同体，并不断优化升级，是今后地方赛事深化发展的必然要求。

2. **市场开发的针对性**。体育市场就是满足社会需求的市场，国际象棋比赛参与者投入的时间和情感多，具有较强的认同感，是加大赛事盈利点和收入渠道的重要潜在群体。而当前地方商业赛事在背景板、参赛服、奖牌以及赞助商提供的各种实物等资源上能做到较好利用，如西安“希文杯”国际象棋棋士赛就为每个参与者准备了纪念奖牌、优秀志愿者证书，还聘请摄影团队拍摄赛场照片。但与此同时，在赛事标志、赛事宣言以及赞助商和广告信息等方面还有很大的提升空间，对这些资源的开发和利用能创造应有的经济效益，但当前是否能根据赛事特点针对性开发，设计相关周边产品时能否准确把握群众心理还有不确定性。

三、国际象棋地方商业赛事品牌建设的路径选择

品牌赛事潜藏着巨大的商机，国际象棋地方商业赛事创立品牌对于赛事的生存和发展至关重要。即便国际象棋赛事规模不大，也不应只是将其作为孤立项目来对待，而应该将其作为一个商业平台来运营。总体上看，我国地方赛事商业模式与赛事本身的发展阶段是基本适应的，其特点与问题的形成皆有客观因素。未来，随着我国国际象棋市场的不断发展和赛事间竞争的推动，各地国际象棋运动将不断走向成熟，赛事品牌百家争鸣的时代必将到来。

（一）定位方面应积极打造赛事品牌

目前，国际象棋的发展方向是以市场为导向满足大众文娱需求，因此应加强差异化定位和培育赛事特色，充分挖掘赛事具有的市场潜力，自制赛事 IP，包装赛事形象，培育赛事文化，抓住一切可能的机会实现“弯道超车”，为地方经济社会发展贡献力量。

要加强赛事组织文化，增强内部凝聚力，同时在社会公众中塑造良好的社会形象，为提高赛事的经营效益发挥积极作用。优秀的赛事文化可以争取到社会对赛事的理解、信任和支持，并对提高赛事声誉、树立赛事形象等具有重要意义。国际象棋赛事文化中蕴含着健康、团结、向上的精神内核，举办方要通过科学、有计划、有步骤地培育赛事文化，树立良好组织形象，便于赛事得到社会信赖和支持，为自身的发展创造和谐的内部气氛和良好的外部环境，增强赛事竞争力。

鉴于当前地方商业赛事的主要受众为年轻群体。在追求经济利益的同时，要重视将友谊、关爱等体育精神赋予到赛事中，使其符合年轻人审美的文化元素，挖掘比赛过程中的精彩故事，弘扬正面的体育精神，培育更多内涵，使社会产生共情感。而且，虽为商业赛事，但商业化气息也不宜过浓，可考虑与地方慈善机构合作，将一部分收入投入慈善事业，实现盈利与公益相结合，进一步提高赛事良好社会形象。

（二）办赛方面应不断提升服务质量

赛事质量是所有国际象棋比赛的核心，是拓展国际象棋发展空间的前提，应努力打造高质量赛事，通过业务和服务创新，在赞助、推广、技术等方面持续发力，活跃赛事氛围，以更好地服务参赛者、赞助商和其他参与人群，确保赛事一直保持较高水准。

赛事质量及其可观赏性是拓宽赛事渠道的根本前提，媒体需要的是观众率，赞助商和广告商需要的是曝光率，只有打造出高质量的赛事产品，才能吸引潜在参赛者、赞助商、广告商及媒体等利益关系人的兴趣，建立共同纽带。必须加强国际象棋商业赛事专业化建设，举办方要按照市场规律提高产品策划、包装和运营能力，形成独具创意的内容设计，找到赞助商与赛事本身的结合点，即通过对内容加以包装或改装，在不改变赛事本质的前提下，塑造出赛事产品与赞助商或被赞助商品的有机形式，提高两者之间的结合度。

促进赛事各种收入渠道的全面开发。如制作包括优秀参赛者的图片和赛程安排的赛事海报，既可向公众告知比赛、举办方和赞助商相关信息，赛后也可以作为礼物赠送。而秩序册可在预算允许的范围内，制作得既专业又有纪念价值，以满足参与人员收集的需求和将其作为参加赛事的见证及留念的需要。

要加强与体育中介机构的合作。中介具有较高的专业化水平，对体育赞助和广告的策划和实施有着丰富的经验，密切合作能大大提高赛事举办方的经营效益，降低经营风险。在专业中介公司的加持下，有助于加强和国内同类赛事的交流沟通，切实提升赛事市场开发水平，最大限度地挖掘赛事价值，充分利用好、开发好、维护好专业优势给赛事市场开发带来的好处。

（三）营销方面应重视赛事市场推广

当前，任何国际象棋赛事的公共关系都离不开传播媒介，赛事的影响力与媒体推广平台息息相关。媒体平台越宽，赛事推广效果越好。各类媒体对赛事的报道形式和内容直接关系到赛事信息扩散及其社会形象，因此举办方应充分发挥媒体效应，善于寻找新闻点，通过电视、报刊、网络、新媒体等多种渠道加大赛事宣传，激发参与赛事的热情，扩大赛事影响力。

宣传前应充分考虑赛事的天时地利人和，突出赛事时间地点的有效把握，尽量选择世界国际象棋日等有特殊意义的节日或大众休闲娱乐期的假日，节假日办赛既增加了活跃气氛，也给赛事赋予了新的内涵和意义。同时，要合理选择比赛地点，挖掘赛事举办地点的如环境、交通、旅游、文化等特色，这不仅是吸引参赛者的优势，也是吸引赞助商的有效方式。

深入挖掘传统媒体的传播价值。当前传统媒体依然具有举足轻重的地位，对国际象棋地方商业赛事的推广意义重大。如电视媒体具有现场感强、画面清晰以及高覆盖性等优势。而平面媒体具有长久保存等特点，图文并茂的信息传播方式可以让受众更深刻地理解和喜爱国际象棋运动，为赞助商和合作伙伴拓宽宣传渠道。依托新媒体信息量大、成本低、更新快等特点，积极利用其推广赛事，如举办前运用互联网广告和搜索引擎将与赛事相关的关键词投放在百度等专业搜索引擎上，增加点击率。

充分发挥自媒体平台方便快捷的优势。如制作比赛花絮，也可以邀请安排有影响力的国际象棋选手和教练员在自媒体持续报道，并设置讨论话题，适当给予互动奖励，以激发大众参与热情。在条件允许的情况下，应尽量整合外部市场推广机构，利用其专业服务能力，提升赛事营销水平。

（四）成本方面应提升赛事品牌附加值

打响赛事品牌可以在报名费、广告赞助、媒体传播、企业合作等多个方面获得直接和间接的回报。因此赛事举办方应创新运营模式，通过更加市场化的赛事运营手段和策略，更多借助社会资本，引入市场的力量，调整和优化赛事成本结构，逐步实现赛事的可持续盈利，更好地发挥赛事对地方发展的推动作用。

加大赛事盈利点和收入渠道的拓展力度，努力增加文创产品等赛事衍生品销售收入，改变收入结构和盈利模式较为单一的现状。文创产品应结合赛事特点、地域特色、文化内涵进行创意设计，其产品类型可以多种多样，如具有地方和赛事特色的水杯、纪念章、磁性贴等，又如苏州历史悠久，景色优美，人文景观多，苏州园林闻名中外，这都是可以成为文创产品设计的资源。此外，还可以与各地的博物馆、图书馆等具有文化创意产品开发和生产经验的机构合作，不仅有利于产品开发，还方便学习其专业经验，为后续的自主开发积累经验。

参考文献：

[1]陈皓明.中美职业体育的比较研究——以NBA和CBA为例》[M].中信出版社，2018.

[2]易剑东、张斌.职业体育与媒体：国内外比较研究》[M].广西师范大学出版社，2018.

[3]张文健.职业赛事的现状和改进对策研究[M].北京体育大学出版社，2015.

[4]孔庆波.体育赛事产品消费与运营[M].北京体育大学出版社，2015.

[5]由会贞、周珊、郭龙飞.长三角品牌赛事培育探索与成效[M].中国社会科学出版社，2021.

[6]黄海燕:加快推进上海建设全球著名体育城市[J].体育科研，2018(6).

[7]李雪昆.探索赛事版权内容多元发展[N].中国新闻出版广电报，2021-9-2(5).

[8]周敏、陈飞.新时代我国体育赛事版权运营困境之破解路径研究[J].文体用品与科技，2021(6下).

[9]曾红宇、颜家水、胡芳豪.媒介融合下体育赛事网络版权运营困境与策略研究[J].新传媒，2021(7).

[10]冯科、杨永丽、花静.大型体育赛事民商事法律风险的主要表现及其控制研究[J].法制博览，2021(10下).

棋类运动的IP形象打造

尚书玉

在互联网+的时代大背景下，各种新型媒体形态层出不穷，互联网这种传播的方式也不再是年轻人的专属，基本实现了全国性的覆盖。棋类文化作为中国传统文化的代表也迎来了新的发展时机，一直以来相比起篮球、足球这类体育赛事，棋类运动对受众群体要求较高，导致人数较少。尽管如此，棋类运用依然在时代历史的冲刷下源远流长，这也向大家证明了属于棋类文化独特的文化内涵。它们不应该被打上“过时”的标签，棋类运动也可以很潮流很时尚，我们需要活化棋类运动的打开方式，让人们可以从更多角度来了解它，当下新型的文化产业——IP，就是一种很值得尝试的方式。

一、打造IP形象的重要性

当下IP形象的运用非常的广泛，其中最突出的是实体企业，他们成功打造了许多超级IP。比如我们耳熟能详的腾讯的超级企鹅IP形象，再有常见的购物平台天猫的猫IP形象，再小到我们日常生活三只松鼠坚果品牌IP形象，等等。他们的成功也让我们看到了文化传递的更多方式，这为棋类运动的推广注入新鲜的活力。

（1）IP的概念

IP是英文“Intellectual Property”的缩写，翻译成中文就是知识财产。知识财产是一个“心智创造”（creations of the mind）的术语，包括音乐、文学和其他艺术作品，发现与发明，以及一切倾注了作者心智的语词、短语、符号和设计等被法律赋予独享权利的“知识财产”。但这只是我们字面上去理解的IP，因为知识财产本身并不能被看作真正的IP，它是成为IP的基础，拥有着孕育IP的能量，只有当其被形象化、人格化，并且引爆流行之后才能算是真正意义上的IP。就像金庸的小说刚写出来的时候并不能算IP，当其开始流行，从文学升级到影视，再延展到游戏等各个领域，被不断衍生的时候，才成为了IP。2018年举行的中国文化IP高峰论坛也首次定义了“文化IP”的概念，是指一种文化产品之间的连接融合，是有着高辨识度、自带流量、强变现传统能力、长变现周期的文化符号。[①]

（2）IP形象的分类

IP形象从其诞生的方式可以主要分为三个大类，分别是故事型形象IP、颜值型形象IP、宣传型形象IP。

故事型形象IP主要来自漫画、动画、游戏等艺术载体中的主要艺术形象，如《海贼王》中的路飞、《西游记》中的孙悟空等。[②]颜值型形象IP则不需要复杂的故事背景，紧靠设计本身就足够有吸引力，例如从网络表情包发展来的Line的熊和兔子、长草颜团子，再或者如今的靠盲盒崛起的泡泡玛特旗下的众多IP形象。宣传型形象IP则是由企业、政府、公共活动等宣传需要而诞生的，这也是我们本次棋类运动IP形象打造的出发角度，利用形象IP简洁且独特的形象设计语言，达成视觉的传播方式，并根据当下时代进行不断丰富、调整，以适应当下的文化趋势。

（3）打造IP形象的重要性

IP的形成是文化积攒到一定程度的量级后对外输出的精华，将文化思想进行具体可视化的体现，这也正好弥补了棋类运动在文化传播上的短板。受限于棋类运动本身的特点，其基础规则的复杂性，比赛过程的时间周期较长，且不易展示，这就使得棋类文化的普及上有很强的局限性，不容易被大众所了解。而IP形象这种可视化的表达方式，会使得大众对于文化主体产生多元化的认知，使得双方间能更快地建立联系，降低棋类运动本身复杂规则所带来的抵触情绪，通过可爱、有趣的IP形象，以最普遍的媒介，最接“地气”的话语，最有趣的内容，传达出棋类运动本身蕴藏的文化价值，与受众形成情感上的共鸣。

① 沈鹏《文化IP的三阶段传播过程》。
② 苏梅《形象IP设计及应用》。

二、棋类运动IP形象的设计要点

（1）IP 形象的定位

打造 IP 的第一步就是定位，这也意味着战略和方向。定位是建立 IP 的基石，也是后续环节的核心引领。定位的准确与否，将从根本上决定 IP 的命运，好的定位是 IP 成功的一半。首先要对目标用户群体有深刻的了解，其次对于时代趋势和流行文化也要有敏锐的洞察，在此基础上找准空白和差异点，实现战略定位。

在这里我们可以参考当下的成功 IP 形象，例如 2012 年诞生的三只松鼠。创始人敏锐地捕捉到坚果这个传统品类有着品牌空白，将有机会诞生知名品牌，这不仅与坚果本身的营养价值高、便于运输、保质期长等条件有关，更为重要的是国内迎来新一轮消费升级。民众对食品的需求开始由解决温饱提升至健康和品质的更高追求，而作为全球公认的健康食品，坚果的成长空间巨大。对于三只松鼠这个 IP 形象而言，从一开始，目标人群定位就非常明确，它们没有追求大而全，而是选择 80、90 后的受众群体作为目标客户，他们个性鲜明、新潮时尚、注意细节，代表新主流，是未来商业的主导力量。他们习惯了网上购物，注重消费体验，所以三只松鼠选择网络作为其主要渠道。这样，三只松鼠的定位就是第一个互联网森林食品品牌，代表天然、新鲜和爱萌。

回归到棋类运动本身，无论是围棋、象棋还是国际象棋等，其本身远不止一种益智的游戏，更是人类文化史上的一件瑰宝，一门启迪智慧、陶冶情操的艺术，文化外延更是联系着哲学、天文、数学、军事、教育等诸多领域。棋类运动本身拥有着良好的受众基础，上至老叟下至稚童，年龄跨度也十分广泛。且近些年来，以棋类为主题的影视作品也不断涌现，例如 2020 年真人版《棋魂》，2022 年《新围棋少年》，再加上各种电视剧中棋类运动的身影，这都使得其传播范围不断扩大，为棋类运动 IP 的诞生创造了良好的大环境。针对这样大而全的受众群体，就更要注重文化的普适性，棋类运动其突出的文化内涵可以归纳为“益智”和“养性”，也就是以棋益智，以棋养性。

（2）IP 形象的设计角度

1. 风格特征

形象IP的风格特征设定根据时代不同、受众不同、国情不同、传递内容的不同会有多种风格。早期的风格通常着重突出形象的一个特点，采用单一的风格，例如：萌、憨、贱、呆等，但单一的风格缺乏持续发展的能力，后来演变为多种风格的叠加，例如日本熊本县的吉祥物熊本熊，就采用了“呆+萌”的风格特点，以其圆圆的眼睛，胖嘟嘟的身材，一直微笑的表情，赢得了全世界年轻人的追捧。

熊本县吉祥物熊本熊

从当下受众的喜好来看，以“可爱”“萌”这类风格的IP形象的接受程度很高，其年龄的跨越度也较为广泛。像2022年北京冬奥会的吉祥物——冰墩墩，其形象友好可爱、憨态可掬，便是运用了“可爱+憨”的风格特征。棋类运动的IP形象也可以以此为鉴，采用“可爱”这一风格元素，给人一种小巧的、令人依恋的、亲密无害的，从而使人解除防备与紧张感的感觉。[①] 从而以此建立起来与大众更亲密的关系，摆脱原本棋类运动沉闷的刻板印象，以“可爱+N”的风格特征，让受众感受到积极的情感，释放压力，主动与棋类运动产生联系。

2. **比例设定**

我们目前的IP形象通常都以人物或者是拟人态的动物为主，相比于简单的符号或者简易的图形，拥有人类特征的形象能传递出更多的情绪，具有更强的互动性，使得大众有更真实、亲切的感受。那在这类艺术形象中，比例设定是一个重要的元素。

① 四方田犬彦著，孙萌萌译，《论可爱》。

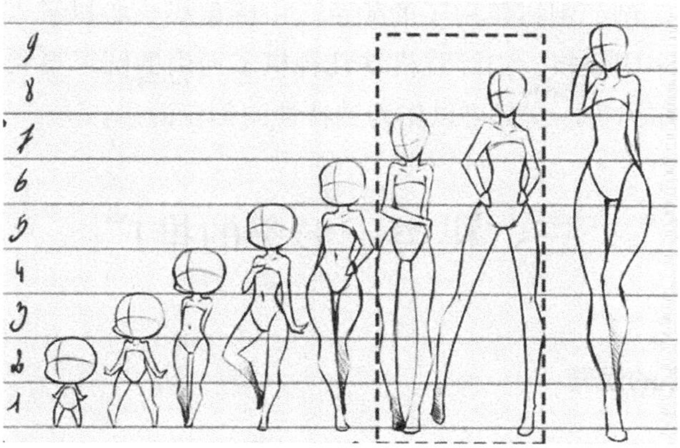

形象设定比例示意图

通常而言，形象设计的身高比例是从两头身高——九头身高，随着头身比例越来越大，形象的年龄感也会逐渐增强，这和人类的生长规律是相吻合的，如两头身是最接近婴儿的身材比例，也是最可爱的一种比例设定，所以萌系的IP形象通常都会采用两头身的设计比例，也是最常用的一种比例设定。当然如果棋类运动的受众群体更偏向于青少年，也可以考虑三头身或者四头身，这种设定有较为修长的四肢，能更好地表现活泼好动的形象特征。五头身以上的较为接近成年人的形象则更适用于故事型的IP形象，如果考虑以影视作品中的人物为原型，例如《围棋少年》里的江流儿，或者《棋魂》中的佐为，则可以考虑。这类型的IP形象依靠的不是形象本身，而是人物的性格、故事情节、逻辑关系等构成的文化认同。

3. 独特性打造

独特性应该是IP形象打造中最为重要的环节，这也主要通过美术设计来完成，属于整个IP形象设计中的点睛之笔。通过深入细化五官、装饰、轮廓、道具等部位，调整其颜色、形状、比例等元素完成IP形象独特性的打造，形成令人印象深刻的记忆。就以熊猫为原型的IP形象举例，熊猫作为世界公认的国家国宝在形象设计领域广受欢迎，就单从吉祥物这个分支来看，就有1990年亚运会吉祥物——盼盼，2008年北京奥运会——福娃晶晶，再到2022年冬季奥运会——冰墩墩，这些都是以熊猫作为原型，但每个熊猫都有自己的独特性。其中冰墩墩就以其头部外壳造型取自冰雪运动头盔，装饰彩色光环，将文化要素和冰雪运动融合并赋予了新的文化属性和特征，充分体现了冬季冰雪运动的特点。

在棋类运动IP的塑造中，我们也可以充分挖掘棋类运动的特点运用到形象的独特性塑造中去，例如围棋黑白子的颜色，中国象棋核心棋子“将”“帅”的文字意象，围棋、中国象棋、国际跳棋这几种棋子通用的圆形形状，再或者棋类运动棋盘的线条型布局等，这都可以作为独特性的创作源泉。

三、棋类IP形象的推广

（1）IP 形象的运营

IP 形象的成功与否，最重要的一个环节就是 IP 形象的运营。想要从艺术设计，变成有血有肉的 IP 形象，就需要不断地输出作品来塑造和强化。其内容的选择可以结合棋类影视作品、棋类知识教学、棋类历史讲述、棋类赛事宣传等，通过文学、漫画、动画、短视频的形式，将创造出的内容通过多媒体平台传播，逐渐扩大受众群的规模，并通过线上或线下一系列的活动吸引大众参与互动，与大家共创内容，形成良好的循环。

除了原创性的内容，我们也可以参考其他商业 IP 的运作模式，像影视植入不失为一种很好的破圈方式，还是以三只松鼠为例，它的广为人知就离不开影视剧中的植入，热播剧《微微一笑很倾城》《欢乐颂》《好先生》《小别离》《小丈夫》和知名动画《十万个冷笑话》中都有它的植入。而我们当下的很多热播的古装剧其实都有棋类运动的身影，这不失为一个很好的合作契机。

另外也可以从一些细微的角度入手，例如当下微信沟通中常用的表情包，有趣搞笑的表情包能够在网络上形成“病毒式”的传播，它不需要过于复杂的内容，具有表达情绪的功能，把握当下流行的表达方式，就能形成裂变式的传播。

（2）保持 IP 形象的更迭

除了 IP 形象的运营，我们更要保证 IP 形象的生命力，其中很重要的一点就是需要根据社会发展的不同阶段，文化推广的不同需求，展现出 IP 形象不一样的姿态。就像米老鼠这个迪士尼经典形象，自 1928 年诞生至今也经历了几次大的更迭，更加符合现代的审美。

米老鼠IP形象更迭

棋类运动的IP形象也不可能一蹴而就，而应该根据需求不断推陈出新，贴合当下的文化潮流，对IP形象不断地打磨完善，保持IP形象的生命力。

（3）IP形象的跨界合作

IP形象的推广不仅仅只能依靠自身的力量，跨界合作就是另外一种扩大传播的方式。像我们熟知的故宫IP就已经和很多品牌进行跨界合作，在零食方面与奥利奥联名，推出故宫特别版的礼盒，里面有一个“朕的心意”音乐盒，以饼干为唱片，只要咬一口饼干就能切歌，而里面的歌曲也是浓浓的古风，比如《朕的心意》《琵琶》等，让受众在购买饼干的同时，也能体会到故宫文化的熏陶。

对于棋类运动而言，本身的跨界合作并不多，但也不乏值得深入合作的品牌。例如作为“国民游戏”的《王者荣耀》就在2018年3月上线了以围棋少年为原型的游戏英雄人物，在游戏中的攻击武器就是围棋的黑白两棋子，基础技能释放为黑白棋子轮流落子，高级技能则以弈星自身位置为棋盘一角，画出一个虚空棋盘。S25赛季“落子无悔”，王者荣耀更是邀请了围棋世界冠军古力担任王者荣耀围棋文化顾问，对弈星这个角色进行了重做，融入了更多“中盘”“官子”等的围棋元素，这也使得围棋文化搭载着电子竞技进入了更多人的视线。我相信棋类运动与其他产业的合作远不止于此，利用棋类IP形象，从大众生活的“衣食住行”等方方面面入手，实现多维度的合作，真正将棋类文化融入大众的生活。

（4）IP形象的衍生

在IP形象成功的基础上，我们还可以衍生周边产品和服务，挖掘IP的商业化价值。设计以棋类为主题的文创产品，既要体现棋类文化的元素，还要注意符合大众的审美和实用功能。这类产品多为生活小物，例如帆布袋、手机壳、文件夹、冰箱贴、手账贴纸、玩偶等。

我们也可以将 IP 形象融入当下的棋文化产业如棋类竞赛业、棋类教育业、棋类衍生制品产业等，可以说整体产业初具规模，但仍未发挥出产业链中各部分的最大价值，那 IP 形象的打造，将为各种产业注入新鲜的活力，创造更多元的发展机会。

棋类运动的 IP 形象打造不仅仅是一个形象的设计，更是整个棋类 IP 的开始，由此还可以衍变出更多的 IP，例如棋类运动员个人 IP 打造，增加棋手的社会影响力，解决退役棋手的再就业问题，反过来也进一步推动棋文化的传播。只有形成一个完整的文化生态圈，秉承着开放、合作、共生、共享、共赢的特征，才能实现棋文化的进一步推广。习近平主席曾说："我们要对中国传统文化进行深度地挖掘和阐述，从浩瀚的中国元素中，找到稳定的支撑和营养，在扎根于中国优秀文化的同时，建立好我们的文化强国。"落实到我们，就应该探索和活化棋文化，打造属于棋类运动自己的 IP，通过深受消费者喜爱又具有传统文化价值内核的 IP 形象，将棋文化推向更广阔的舞台。

参考文献：

[1]沈鹏.文化IP的三阶段传播过程[J].传播力研究, 2020（2）.

[2]苏梅.形象IP设计及应用[J].超星期刊, 2021（8）.

[3]四方田犬彦,著.论可爱[M].孙萌萌,译.山东人民出版社, 2021.

合作性棋类运动与幼儿多元智力发展的关系研究

林允照　曾玲晖　孙　楠　柯羽菲　唐　棋　余心怡
浙大城市学院

一、棋类运动的种类

合作性棋类运动是所有游戏参与者一起努力，通过合作来获得最后的胜利。竞争性棋类运动包括围棋、象棋、五子棋等，参与游戏的一般有两人，双方各自为营，通过竞赛，获得个人的胜利。为了将其适用于幼儿这一特殊群体，合作性棋类运动也会经过一系列改良，简化游戏细节，增加一些吸引幼儿注意力的设计细节。

二、幼儿智力发育规律

幼儿的智力发育是指在各种社会环境以及教育因素作用下，随着年龄的增长，呈现出有规律的曲线变化。智力发育是一个连续的、有规律的发展过程，不同个体在不同阶段有着不同的发展速度。一般来说，在11—12岁前，人的认识能力得到飞速发展，之后进入慢速发展时期，20岁到35岁期间人的认识能力处于最高值。对于智力的发展，研究人员有各自的观点。著名科学家桑代克曾就年龄与学习能力之间的关系提出了自身看法，他认为23—45岁是学习能力的黄金年龄期；23

岁以前，学习能力呈现增长趋势，而到了45岁之后学习能力则显著下降。在智力增长速度方面，宾特纳认为幼儿自出生及至5周岁期间，智力得到快速发展；自5—10岁，智力发展速度虽有所减慢，但也呈现出飞速发展的局面，10岁后智力增长速度开始逐渐变缓，直到16岁之后，智力已不再有所增长。

提到智力的发展，就不得不说到脑的发育，幼儿自出生起，大脑就进入了快速发展阶段。到6个月时，大脑重量也达到成人的一半。4岁时幼儿的大脑重量已与成人几乎没有差别。出生后1年，大脑中的神经细胞也已增值完成，此后便不再复制再生，支持神经细胞的发展也在1年之后结束。神经与神经间的接头突触，自幼儿出生后便处于快速发展时期。由此看来，在幼儿阶段给予孩子相应刺激，会促进孩子的智力快速发育。

近年来，有研究发现半岁前婴儿能够理解5以内数的概念，在此阶段可以慢慢对孩子进行识数的教育。2岁前的孩子有了记忆后，能够记住玩具所在的位置。4到5个月婴儿逐渐具备解决问题的能力，8—12个月则能解决难度更大的问题。幼儿语言的发展速度也十分惊人，自出生以来，幼儿开始接受外界刺激，9—12个月则能说出指示性单词，18—24个月则能慢慢开始展开词语对话。根据不同时期幼儿发展的差异性，有针对性地给予孩子不同的刺激，则有利于孩子智力更好的发育。

三、棋类运动对幼儿学习品质的影响

幼儿在学习过程中以不同的学习态度与学习方式去认识事物，拥有良好的学习品质，幼儿在学习过程中就能够积极主动地以正确的方式去学习新事物，这一类人往往能够较快地掌握新鲜事物。在幼儿阶段养成良好的学习品质对后续教育极为关键，而棋类运动对于良好学习品质的培养发挥着重要作用。在合作性棋类运动中，孩子们在学习规则后，双方开始展开对弈，在实战中运用游戏规则，并能够总结出一系列获胜方法来积累胜利果实，从而增加孩子的自信心。在遇到失败后，经过家长与老师的引导，孩子也能够勇于面对。在经历数次胜败之后，孩子们懂得胜不骄、败不馁，明白有输才有赢的道理。在后续学习过程中，孩子们遇到了挫折也会坦然面对，坚持到最后一刻，绝不轻易认输。在对弈过程中，光有坚持也是远远不够的，获胜需要方法，因此，在幼儿教育过程中，也要教孩子学会思考，思考每一步棋的作用，并找到正确的应对方法，从而不仅有助于后续的排兵布阵，又能阻断对方的布局。与此同时，自省教育也必不可少，在每一局后要学会自我反省，进行自我总结，逐渐使孩子们在学习过程中获得自觉、自省，以及独立解决问题的能力，从而达到身心全面发展。

四、棋类运动对幼儿学习行为的影响

学习行为是指在某种想法指导下为了取得某种学习成果而进行的活动总和。兴趣是幼儿最好的老师，激发孩子们的兴趣才能使孩子形成固定的学习行为。例如，在围棋的教学上，为了吸引孩子们的注意力，会把黑棋和白棋分别比作大灰狼和小白兔，大灰狼一步一步包围小白兔，小白兔一步步依靠智慧逃离“包围圈”。通过简单的说明，孩子们不仅大致明白了围棋的基本玩法，还更愿意参与其中。以此为基础，经过后续的不断学习，孩子们对棋类运动的兴趣逐渐深化，慢慢养成了良好的行为习惯。

五、棋类运动对幼儿数学能力和执行能力的影响

（一）数学能力

数学能力就字面来看可以简单理解为利用已掌握的数学知识来解决数学问题的能力，根据苏联心理学家克鲁捷茨基数学能力的范围，主要囊括如下几方面。①数学能力包括概括能力，就是将题干中的关键信息进行提炼概括的能力。②运算能力，就是对数学问题进行计算以获取正确答案的能力。③逻辑推理能力，就是根据现有信息，推测事件走向的能力。④空间能力，就是根据平面图案和现有数据，进行空间想象与构造的能力。⑤逻辑能力，就是能够根据已有的信息，进行发散性思考、联想的能力。在中国存在着与之不同的观点，20 世纪 80 年代以来中国较为流行的观点是数学能力由三方面组成，数学运算能力、逻辑思维能力及空间想象能力。通过调查研究发现，棋类运动对幼儿的数学能力有显著促进作用。

（1）常进行棋类游戏可以锻炼学生的逻辑思维能力。归根结底，逻辑思维能

力就是提取现有的信息，对信息进行加工，并根据信息的内在联系进行合理推演、判断。在一些合作性棋类游戏中，对弈双方在下每一步棋前，都要搜集棋盘中现存的信息，并对该信息进行整合加工，形成合理性推测，展开心理预演，推测对手棋子的动向。

（2）常进行棋类游戏可以锻炼幼儿的运算能力。例如，围棋盘有十九道，对其加以利用，幼儿可以在棋子的分与和之中学会十九以内的加法与减法，以十九以内数的加减为基础，幼儿则能更加容易掌握运算的技巧。

（二）执行能力

在棋类游戏中，对于幼儿来说，执行能力就是遵守规则，服从指挥的能力。为确保游戏的顺利展开，在开展游戏之前，老师及家长要详细介绍游戏的规则并在老师的引导下让孩子们自行进行角色分配。在后续游戏开展过程中，老师及家长自觉担任规则的监督者，督促孩子们遵守规则。在游戏中，孩子们体会到了游戏的乐趣，因此也会自愿遵守规则。

六、棋类运动对幼儿认知功能的影响

（一）思维能力

人的思维能力虽有先天的基础作用，后天锻炼对思维能力有更加深远的影响，研究表明，幼儿早期接受良好教育能很大程度强化思维能力。因此，开发思维一定要从娃娃抓起，而下棋就是提升幼儿思维能力最有效的方法之一。小小的棋盘上，每一次落子都会带来无穷的变化，这就要求在下棋过程中，幼儿要集中注意力，仔细观察每一步棋，认真思考，谨慎落子，用智慧取得最后的胜利。例如，在下跳棋的过程中，每个游戏参与者占据一角的棋子，他们必须选用合理的方法，使自己的棋子在最少步数内到达对方阵营，一开始孩子们只会一步步移动棋子，并不能很好理解“跳”棋的含义，但当有一方开始运用“跳”的方法后，孩子们慢慢学会调整自己的下棋方法，减少下棋的步数。通过一次次的学习、调整，孩子们的大脑不断接受新的语言与数字的刺激，大脑细胞处于持续活跃状态，孩子们的思维能力明显提高。

（二）想象能力

想象力是一个人智力的重要组成部分，可以说如果一个人的想象力缺乏，那就会丧失对事物的创新能力，因此，如何提高幼儿的想象能力格外重要。在孩子们完全熟悉棋类游戏的规则之后，可以根据自己的想象，对游戏细节进行修改，创造独一无二的游戏，甚至可以改变游戏的规则，提高游戏的难度，在这过程中，孩子们为了更好的游戏体验，不断对游戏进行分析、思考，最终使想象力得到很大的提高。

（三）注意力

注意力是一个人专注于某件事的能力，注意力集中对幼儿学习能力的提升有一定的帮助。下棋可以提高幼儿的注意力，在下棋过程中，孩子们通过高度集中注意力，关注棋子的变化，久而久之，孩子们在下棋的过程中逐渐养成集中注意力的好习惯。

（四）记忆能力

下棋过程中，强大的记忆力是必不可少的，在苏联教育家苏霍姆林斯基的观点里，不会下棋的人就不能充分增加智能和记忆力，由此可知下棋可以充分锻炼一个人的记忆力与智能。在棋类学习过程中，会涉及棋谱一类的知识，这就需要孩子们在理解的基础上记忆，为之后的运用打下良好的基础。经过反复的记忆训练，大脑的记忆能力不断增强。

七、基于幼儿多元化智力发育的合作性棋类游戏设计的思考

（一）简化规则，添加故事情节或者角色形象

幼儿阶段的孩子认知能力还处于发展阶段，对于一些复杂的游戏规则会感到难以理解以至于对游戏失去兴趣，相反，如果简化游戏规则，孩子们更易在游戏过程中体会到成就感，游戏也得以顺利进行。例如，如果孩子们普遍喜欢小猪佩

奇这一动画片，那我们便可以将其中的人物形象立体化，赋予每个棋子不同的角色，并编造一些冒险故事，让所有角色在棋盘上进行探险，经过探险后获取宝藏，棋盘可以设置得更为童趣一些，仿照动画片中的探险之路，吸引孩子们的兴趣。

（二）增加游戏的情境性

让整个游戏不仅仅局限在棋盘之上，而是以棋盘为基础，将棋局拓展到整个游戏活动室，在棋盘每一处设置障碍处，也在活动室里布置同样的场景，只有孩子们通过障碍之后，棋子才可以继续前进。障碍之处活动的选择也要符合孩子们的年龄段，并且要有难度的变化，在刚开始可以是简单的活动，例如，获得活动室的某样东西或是绕着活动室跑一圈；越接近终点，就要稍稍加大难度，例如，出一些计算题，让孩子们进行合作解答。由此，孩子们在棋类游戏中就能得到身心全方位的锻炼。

（三）在游戏过程中设置奖励机制

家长及老师在游戏过程中不仅担任规则讲解者的角色，还肩负着鼓励、引导的多重任务。当孩子们在棋盘上遇到棋局困境时，鼓励孩子们积极完成任务以突破障碍；当孩子们觉得任务难以完成时，鼓励孩子们间相互帮助，永不言弃；当孩子们因为某个细节而产生争吵时，引导孩子们自主解决问题；当孩子们对游戏设置有更好想法时，鼓励孩子，并对其想法进行引导，甚至展开实践，以此实现孩子们的创意；当孩子们最终完成游戏后，也可以给孩子们一些物质鼓励，真实满足孩子们找到“宝藏”的喜悦感。

八、结语

合作性棋类运动能提高幼儿的学习品质，改良学习行为，提高数学能力和执行能力，完善幼儿的认知功能，因此，在设计合作性棋类运动时，简化规则，添加故事情节或者角色形象，增加游戏的情境性，在游戏过程中设置奖励机制。

参考文献：

[1]毛丹红.“棋”思妙想乐在“棋”中——浅议游戏棋对幼儿能力的培养[J].学苑教育，2014（13）:26-26.

[2]谢军.国际象棋教育与开发青少年智力和非智力因素探讨[J].天津体育学院学报，2000，15（4）:27-32.

[3]孙铭阳.国际象棋对青少年综合素质的影响研究[J].体育风尚，2018，0（11）:197-198.

[4]胡丽菊.乐在“棋”中，促进学生多元化发展[J].好日子，2019（26）:1.

[5]马军芬.巧阅读、多渠道、促棋趣——浅析幼儿园棋类游戏的开展策略[J].作文成功之路：小学，2015（3）:1.

[6]张丽红.谈幼儿园围棋课堂的“情”与“趣”[J].小学科学：教师，2015（11）:1.

[7]许红梅.兴趣动力技能[J].小学科学：教师，2017（3）:1.

[8]张敏敏.幼儿游戏棋教学的探索与实践[J].佳木斯职业学院学报，2016（9）:2.

[9]闫红.围棋教育功能的探索[J].新课程，2016（26）:1.

[10]唐淑女.游戏活动中幼儿学习行为的教师观察与指导研究[J].亚太教育，2022（2）.

[11]谈军.幼儿游戏棋活动的开发与创新[J].江苏教育研究，2020（2）:4.

[12]姚红庆.幼儿园“三棋”游戏的开发与运用研究[J].儿童大世界:教学研究，2016.

图书在版编目（CIP）数据

国际象棋论丛. 第1辑 / 王国平主编. -- 杭州 :浙江古籍出版社, 2022.12

（棋文化全书. 国际象棋全书. 国际象棋研究文库）

ISBN 978-7-5540-2430-0

Ⅰ. ①国… Ⅱ. ①王… Ⅲ. ①国际象棋—文集 Ⅳ. ①G891.1-53

中国版本图书馆CIP数据核字（2022）第216702号

国际象棋论丛（第1辑）

王国平　主编

出版发行　浙江古籍出版社

（杭州市体育场路347号　邮编：310006）

网　　址　https://zjgj.zjcbcm.com

责任编辑　郑雅来

责任校对　吴颖胤

封面设计　吴思璐

责任印务　楼浩凯

照　　排　浙江时代出版服务有限公司

印　　刷　浙江新华数码印务有限公司

开　　本　710 mm × 1000 mm　1/16

印　　张　39.25

字　　数　703千字

版　　次　2022年12月第1版

印　　次　2022年12月第1次印刷

书　　号　ISBN 978-7-5540-2430-0

定　　价　120.00元